Seifert • Locher
HOAI 2021
Honorartabellenbuch

HOAI 2021 – Honorartabellenbuch

Einleitung:

RA Prof. Dr. Ulrich Locher

Honorartabellen:

Dipl.-Ing. (FH) Werner Seifert

Werner Verlag 2021

Bibliografische Information der Deutschen Nationalbibliothek

Die Deutsche Nationalbibliothek verzeichnet diese Publikation in der Deutschen Nationalbibliografie; detaillierte bibliografische Daten sind im Internet über http://dnb.d-nb.de abrufbar.

ISBN 978-3-8041-5450-6

www.wolterskluwer.de

Umschlagkonzeption: futurweiss kommunikationen, Wiesbaden

Satz: Datagroup-Int SRL, Timisoara, Romania

Druck und Weiterverarbeitung: Wydawnictwo Diecezjalne i Drukarnia w Sandomierzu, Sandomierz, Polen

Gedruckt auf säurefreiem, alterungsbeständigem und chlorfreiem Papier.

Inhaltsübersicht

Einleitung

I. Die Entwicklung der HOAI

Die Urfassung der HOAI stammt aus dem Jahr 1977. Sie erlebte inzwischen 8 HOAI-Novellen. Die seit dem Jahre 1977 mit wenigen Änderungen geltende Fassung wurde durch die HOAI 2009 grundlegend novelliert. Nach dem Koalitionsvertrag der damaligen Regierungsparteien vom 11.11.2005 sollte die HOAI dadurch systemkonform vereinfacht, transparenter und flexibler gestaltet sowie noch stärkere Anreize zum kostengünstigen und qualitätsbewussten Bauen verankert werden. Nach mehreren Überarbeitungen trat die 6. HOAI-Novelle (HOAI 2009) am 18.08.2009 in Kraft.

Gleichzeitig mit der Verabschiedung der HOAI 2009 hatte der Bundesrat dem Verordnungsgeber den Auftrag erteilt, diese insbesondere in Bezug auf die Modernisierung der Leistungsbilder, die Honorarstrukturen sowie die Herausnahme der so genannten »Beratungsleistungen« aus dem verbindlichen Preisrecht zu überprüfen. Aus diesem Grund wurden bereits kurz nach Inkrafttreten der HOAI 2009 von dem für die HOAI zuständigen Bundesministerium für Verkehr, Bau- und Stadtentwicklung und dem Bundesministerium für Wirtschaft und Technologie Gutachten zur Untersuchung der Leistungsbilder und zur Aktualisierung der Honorartafeln in Auftrag gegeben. Diese Untersuchungen und Gutachten führten letztlich zur 7. HOAI-Novelle (HOAI 2013), die am Tag nach ihrer Verkündung in BGBl am 17.07.2013 in Kraft trat. Für alle Architekten- und Ingenieurverträge, die vor diesem Datum abgeschlossen worden sind, findet weiterhin die HOAI 2009 Anwendung (§ 58 HOAI 2013).

Da das in den bisherigen Fassungen der HOAI enthaltene gesetzliche Preisrecht mit dem Gebot einer Honorarvereinbarung zwischen den Mindest- und Höchstsätzen (vgl. § 7 Abs. 1 HOAI 2013) nach Auffassung des EuGH gegen Art. 15 Abs. 1, Abs. 2 Buchst. g und Abs. 3 der Richtlinie 2006/123/EG des Europäischen Parlaments und des Rates vom 12.12.2006 über Dienstleistungen im Binnenmarkt verstößt (EuGH BauR 2019, 1624), musste die HOAI erneut geändert werden. Die Neufassung gilt nach § 57 Abs. 2 HOAI 2021 für ab dem 01.01.2021 geschlossene Verträge. Für zuvor abgeschlossene Verträge gilt die zum damaligen Zeitpunkt gültige Fassung der HOAI.

II. HOAI und Europarecht

Während das BVerfG (BauR 2005, 1946) in dem Verbot einer Honorarvereinbarung unter den Mindest- und über den Höchstsätzen eine Beschränkung der Berufsausübungsfreiheit sieht, die aber sachlich gerechtfertigt ist, war es seit langem umstritten, ob darin ein Verstoß gegen die Dienstleistungs- oder die Niederlassungsfreiheit liegt. Um diesen europarechtlichen Bedenken zu entgehen, wurde in § 1 HOAI 2009 der persönliche Anwendungsbereich gegenüber früheren Fassungen eingeschränkt. Die HOAI galt nur noch für Architekten und Ingenieure mit Sitz im Inland, soweit diese die davon umfassten Leistungen vom Inland aus erbrachten. Auf ausländische Architekten war die HOAI in der Regel nicht mehr anwendbar. Diese konnten das Honorar ohne die Beschränkungen des gesetzlichen Preisrechts der HOAI frei vereinbaren, falls sie nicht unter den Geltungsbereich des § 1 HOAI 2009 fielen.

Der EuGH hat in dem Gebot einer Honorarvereinbarung zwischen Mindest- und Höchstsätzen einen Verstoß gegen Art. 15 Abs. 1, Abs. 2 g, Abs. 3 der Dienstleistungsrichtlinie festgestellt (EuGH BauR 2019, 1624). Das in § 7 HOAI 2013 geregelte gesetzliche Preisrecht konnte aufgrund dieses vom EuGH festgestellten Verstoßes gegen das Europarecht keinen Bestand haben. Es wurde in der HOAI 2021 abgeschafft. Umstritten ist weiter, ob die Entscheidung des EuGH Auswirkungen auf bereits abgeschlossene Verträge zwischen Privaten hat und somit eine horizontale Wirkung entfaltet. Dies hätte zur Folge, dass sich die durch das bisherige gesetzliche Preisrecht jeweils begünstigte Partei nicht mehr auf die Unwirksamkeit einer Honorarvereinbarung aufgrund einer Höchstsatzüberschreitung oder einer Mindestsatzunterschreitung berufen könnte. Die obergerichtliche Rechtsprechung zu dieser Frage ist völlig uneinheitlich. Der BGH (BauR 2020, 1490) neigt dazu, eine Auswirkung auf Altfälle zu verneinen. Er hat aber diese Frage dem EuGH zur Entscheidung vorgelegt. Sollte dieser eine horizontale Wirkung eines Verstoßes gegen die Dienstleistungsrichtlinie verneinen, wurde dem EuGH die weitere Frage vorgelegt, ob in dem bisherigen gesetzlichen Preisrecht ein Verstoß gegen die Niederlassungsfreiheit gem. Art. 49 AEUV oder gegen sonstige allgemeine Grundsätze des Unionsrechts vorliegt und ob ggf. aus einem solchen Verstoß eine horizontale Wirkung herzuleiten ist. Dies hätte zur Folge, dass dann auch vor dem Inkrafttreten der HOAI 2021 geschlossene Honorarvereinbarungen unterhalb der Mindest- oder oberhalb der Höchstsätze wirksam wären. Eine Entscheidung des EuGH zu diesem Vorlagebeschluss steht noch aus.

III. Persönlicher Anwendungsbereich

Durch den Wegfall des gesetzlichen Preisrechts in der HOAI 2021 aufgrund der Entscheidung des EuGH vom 04.07.2019 konnte auch die in § 1 HOAI 2013 enthaltene Beschränkung entfallen, wonach die HOAI nur für Auftragnehmer mit Sitz im Inland gilt. Sie ist nunmehr auch auf die vom Anwendungsbereich der HOAI umfassten Leistungen ausländischer Architekten und Ingenieure anwendbar, soweit diese Leistungen im Inland erbringen.

Während in den bisherigen Fassungen der HOAI die Honorare von »Architekten und Architektinnen und der Ingenieure und Ingenieurinnen« geregelt wurden, gilt diese nunmehr für »Honorare für Ingenieur- und Architektenleistungen«. Neben der sprachlichen Entschlackung wird damit klargestellt, dass die HOAI leistungs- und nicht berufsstandsbezogen ist. Die HOAI gilt deshalb nicht nur für Leistungen von Architekten und Ingenieuren, sondern auch für Nichtarchitekten bzw. Nichtingenieuren, wenn diese Architekten- oder Ingenieurleistungen erbringen, deren Honorar in der HOAI geregelt ist. Dies war bisher umstritten, wobei der BGH und im Anschluss daran die Rechtsprechung die Leistungsbezogenheit der HOAI bejaht hatten (BGH BauR 1997, 677; a.A. Locher/Koeble/Frik, HOAI, 14. Aufl. § 1 Rdn. 21 ff.). Die praktische Bedeutung bestand darin, dass im Falle einer berufsstandsbezogenen Anwendung der HOAI Nichtarchitekten bzw. Nichtingenieure nicht an das gesetzliche Preisrecht gebunden gewesen wären mit der Folge, dass diese das Honorar ohne die Bindungen des gesetzlichen Preisrechts hätten frei vereinbaren können.

Nunmehr kann auch ein Generalplaner in einem Generalplanervertrag gegenüber einem Subplaner das Honorar aufgrund des Wegfalls des gesetzlichen Preisrechts frei vereinbaren. Er ist ebenfalls nicht mehr an die Mindestsätze gebunden.

IV. Überblick über die Neuregelungen der HOAI 2021

Die Regelungen der HOAI 2013 wurden zwar überwiegend in die HOAI 2021 übernommen. Allerdings enthält diese nicht mehr das zentrale Element einer im Regelfall zwingenden Honorarvereinbarung zwischen Mindest- und Höchstsätzen. Das Gebot einer Honorarvereinbarung zwischen Mindest- und Höchstsätzen mit der Folge der Unwirksamkeit einer davon abweichenden Vereinbarung musste aufgrund der Entscheidung des EuGH vom 04.07.2019 entfallen, so dass Honorarvereinbarungen zukünftig bis zur Grenze der Sittenwidrigkeit frei getroffen werden können, wenn die dafür vorgesehene Form eingehalten wird. Die HOAI wird auch in Zukunft zum einen als Grundlage für eine Honorarvereinbarung von Bedeutung sein und zum anderen dann, wenn die Parteien keine oder eine formunwirksame Honorarvereinbarung getroffen haben. Neben der Änderung der Ermächtigungsgrundlage für die HOAI in den §§ 1, 2 ArchLG, welche aufgrund der Entscheidung des EuGH vom 04.07.2017 ebenfalls anzupassen war, sind in der HOAI 2021 selbst folgende wesentlichen Änderungen enthalten:

– Der sachliche Anwendungsbereich wurde in § 1 HOAI geändert. Danach regelt die Verordnung nicht nur die Berechnung der Entgelte für Grundleistungen sondern für »Leistungen« und somit für alle Leistungen also auch Besondere Leistungen sowie Beratungsleistungen, welche in der Anlage 1 enthalten sind. Die Gleichstellung der Beratungsleistungen mit den Leistungen in den Teilen 2 bis 4 der HOAI wird durch die Neufassung des § 3 Abs. 1 HOAI unterstrichen, wonach neben der Definition von Grundleistungen klargestellt wird, dass es sich dabei auch um die Leistungen in der Anlage 1 und somit um Beratungsleistungen handelt. Dies hat Auswirkungen auf die Honorarvereinbarung, weil auch dafür nunmehr der Allgemeine Teil der HOAI gilt, so dass Honorarvereinbarungen für Beratungsleistungen nicht mehr formfrei getroffen werden können, sondern dafür die nunmehr nach § 7 Abs. 1 S. 1 HOAI 2021 für eine Honorarvereinbarung erforderliche Textform eingehalten werden muss.

- Kernpunkt der in der HOAI 2021 enthaltenen Neuregelungen sind die aufgrund der Entscheidung des EuGH vom 04.07.2019 erforderlichen Änderungen über die Grenzen einer wirksamen Honorarvereinbarung. Danach bleibt es bei dem Grundsatz, dass es den Parteien frei steht, auch eine vom System der HOAI abweichende Honorarvereinbarung zu treffen.
  - Während in den bisherigen Fassungen der HOAI die Schriftform Wirksamkeitsvoraussetzung für eine Honorarvereinbarung war, wurde in der HOAI 2021 zwar nicht völlig auf ein Formerfordernis verzichtet. Dieses wurde aber unter Berücksichtigung der kommunikationstechnischen Entwicklung auf die Textform nach § 126 b BGB reduziert.
  - Im Unterschied zu den bisherigen Fassungen der HOAI wurde darauf verzichtet, die Wirksamkeit von dem Erfordernis einer Honorarvereinbarung »bei Auftragserteilung« abhängig zu machen. Eine Honorarvereinbarung kann nunmehr zu jedem Zeitpunkt getroffen werden.
  - In Abweichung von den bisherigen Fassungen der HOAI kann eine wirksame Honorarvereinbarung nicht nur zwischen Mindest- und Höchstsätzen getroffen werden (vgl. § 7 Abs. 1 HOAI 2013). Vielmehr unterliegt eine Honorarvereinbarung nur noch den Schranken der Sittenwidrigkeit nach § 138 BGB.
  - Die bisherigen Absätze 2 bis 6 des § 7 HOAI sind entfallen, weil es keine verbindlichen Honorare mehr gibt. Deshalb war auch die Regelung zum Bonus- und Malus-Honorar überflüssig.
  - Da der Inhalt einer Honorarvereinbarung nicht mehr durch die in den Honorartafeln enthaltenen Mindest- und Höchstsätze begrenzt wird, hat der Architekt oder Ingenieur seinen Auftraggeber nach § 7 Abs. 2 HOAI vor Abgabe von dessen Willenserklärung zur Honorarvereinbarung in Textform darauf hinzuweisen, dass auch ein Honorar vereinbart werden kann, welches außerhalb der Honorartafeln liegt. Voraussetzung dafür ist, dass der Auftraggeber Verbraucher i. S. d. § 13 BGB ist. Wird ein derartiger Hinweis nicht rechtzeitig erteilt oder unterlassen, gilt im Falle einer Honorarvereinbarung über dem Basishonorarsatz für die Grundleistungen lediglich ein Honorar in Höhe des jeweiligen Basishonorarsatzes als vereinbart.

- Fehlt eine Honorarvereinbarung oder liegt eine unwirksame Honorarvereinbarung vor – beispielsweise eine mündlich abgeschlossene Vereinbarung –, ordnet § 7 Abs. 1 S. 2 HOAI an, dass für Grundleistungen der jeweilige Basishonorarsatz als vereinbart gilt. Es tritt damit eine Fiktion ein, welcher der bis zur HOAI 2009 geltenden Mindestsatzfiktion entspricht. Gegenüber der in § 7 Abs. 5 HOAI 2013 für derartige Fälle enthaltenen »unwiderleglichen Vermutung« der Geltung der Mindestsätze hat sich im Ergebnis ebenfalls nichts geändert.
- In dem neu eingeführten § 2a HOAI wurde eine Regelung aufgenommen, wonach die Honorartafeln lediglich Orientierungswerte – und keinen verbindlichen Rahmen – enthalten. Ebenso wurde zur Klarstellung eine neue Begrifflichkeit eingeführt. Die Honorartafeln enthalten nicht mehr Mindest- und Höchstsätze, sondern den Basishonorarsatz (bisher Mindestsatz) und den »oberen Honorarsatz« (bisher Höchstsatz). Inhaltlich hat sich dadurch nichts geändert. Die entsprechenden sprachlichen Anpassungen wurden dann in den Honorarregelungen für die einzelnen Leistungsbilder vorgenommen. So wurden beispielsweise durchgängig die Wörter »die Mindest- und Höchstsätze« durch »sind die in der nachstehenden Honorartafel aufgeführten Honorarspannen Orientierungswerte« ersetzt (vgl. z. B. § 35 Abs. 1 HOAI).
- Das für die Wirksamkeit von Honorarvereinbarungen oder teilweise auch nur aus deklaratorischen Gründen vorgesehene Schriftformerfordernis wurde durchgängig durch die Textform ersetzt. Dies betrifft z. B. die §§ 4 Abs. 3, 6 Abs. 2, 7 Abs. 1, 8, 9 Abs. 1, 10, 12 HOAI.
- Die durch das neue Bauvertragsrecht eingeführten Regelungen über die Fälligkeit von Abschlagsforderungen in § 632a BGB sowie der Forderung aus der Schlussrechnung in § 650g Abs. 4 BGB und deren Geltung für den Architektenvertrag wurden die in § 15 HOAI enthaltenen weitgehend identischen Fälligkeitsregelungen überflüssig. Die Neufassung des § 15 HOAI enthält deshalb einen bloßen Verweis, dass für die Fälligkeit der Honorare aus der Schlussrechnung § 650g Abs. 4 BGB und für die Fälligkeit von Abschlagsforderungen § 632a BGB entsprechend gilt.
- Bei den Ingenieurbauwerken wurde § 44 Abs. 7 HOAI 2013 gestrichen, wonach ein Ausnahmefall i. S. d. § 7 Abs. 3 HOAI 2013 vorliegt, wenn der Planungsaufwand für Ingenieurbauwerke mit großer Längenausdehnung, die unter gleichen baulichen Bedingungen errichtet werden, in einem Missverhältnis zum ermittelten Honorar steht. Dies gilt für die vergleichbaren Regelungen des § 52 Abs. 5 HOAI 2013 aus dem Leistungsbild Tragwerksplanung sowie des § 56 Abs. 6 HOAI aus dem Leistungsbild Technische Ausrüstung entsprechend. Dadurch wurde ein Unterschreiten der Mindestsätze in besonderen Fällen ermöglicht, was nach der HOAI 2021 problemlos möglich ist.

- Entfallen ist auch die in § 6 Abs. 3 HOAI 2013 enthaltene Regelung über das Baukostenvereinbarungsmodell. Diese hatte sowieso keine Rolle gespielt, weil der BGH die Unvereinbarkeit mit der Ermächtigungsgrundlage und deshalb die Unwirksamkeit der Vorschrift festgestellt hatte (BGH NZBau 2014, 501).

V. Überblick und Einstieg in die HOAI

Für den nicht laufend mit der HOAI befassten Architekten oder Ingenieur wirkt diese auch in der Fassung 2021 aufgrund ihrer scheinbaren Unübersichtlichkeit, die noch durch den Verweis auf die Anlagen gesteigert wird, häufig furchterregend und abschreckend. Dabei unterliegt die HOAI einer klaren systematischen Gliederung, deren Kenntnis das Arbeiten wesentlich erleichtert. Sie ist in fünf Teile gegliedert. Beim Teil I (§§ 1-16) handelt es sich um den Allgemeinen Teil. Dieser gilt für alle Auftragnehmer und alle in der HOAI geregelten Leistungen der Flächen-, Objekt- und Fachplanung sowie für die Beratungs- und Besonderen Leistungen (§ 1 HOAI 2021). Sodann hat der Architekt oder Ingenieur nur noch denjenigen Teil herauszusuchen, der die Honorare der von ihm ausgeführten Leistungen regelt. Im Teil II sind die Leistungen der Flächenplanung mit der Bauleitplanung (§§ 17-21) sowie der Landschaftsplanung (§§ 22-32) aufgeführt. Teil III regelt die Objektplanung und somit die Architektenleistungen bei Gebäuden und Innenräumen (§§ 33-37) sowie Freianlagen (§§ 38-40). In den §§ 41 bis 44 ist das Honorar für Ingenieurbauwerke und in den §§ 45 bis 48 für Verkehrsanlagen geregelt. Teil IV betrifft die Honorare der Fachplanung, zunächst in den §§ 49 bis 52 die Honorare für die Tragwerksplanung sowie anschließend in den §§ 53 bis 56 die Honorare für die Technische Ausrüstung. In der Anlage 1 zu § 3 Abs. 1 sind weitere Fachplanungs- und Beratungsleistungen wie die Umweltverträglichkeitsstudie, die Bauphysik, die Geotechnik sowie die Ingenieurvermessung enthalten. In Teil V befinden sich Überleitungs- und Schlussvorschriften (§§ 57-58).

Der Architekt oder Ingenieur benötigt für die Ermittlung seines Honorars im Grunde selbst dann nur zwei Teile, wenn keine vom System der HOAI abweichende Honorarvereinbarung getroffen wurde. Zum einen den Teil I mit seinen allgemeinen Vorschriften und in einem zweiten Schritt denjenigen Teil, in dem das Honorar für die von ihm erbrachten Leistungen geregelt ist. Darüber hinaus benötigt er noch die in den Anlagen enthaltenen Honorartafeln sowie die Leistungsbilder. Damit werden die einschlägigen Vorschriften der HOAI auf wenige Paragraphen reduziert.

Für die Abrechnung nach dem System der HOAI sind vier Komponenten maßgeblich:
- die anrechenbaren Kosten
- die Honorarzone
- die Honorartafel
- der prozentuale Umfang der erbrachten Leistungen

Die HOAI lässt jedenfalls für ab dem 01.01.2021 geschlossene Verträge jede Art von Honorarvereinbarung zu, soweit diese die Textform einhält und nicht sittenwidrig ist (§ 138 BGB). Eine Begrenzung der Honorarhöhe durch Mindest- oder Höchstsätze findet nicht mehr statt.

VI. Die Honorartafeln

Die Honorartafeln legen nicht mehr den Mindest- und Höchstsatz für Grundleistungen fest. Vielmehr enthalten sie lediglich Honorarspannen als Orientierungswerte, welche für die Höhe des Honorars nicht verbindlich sind. Zwischenwerte sind im Falle einer Berechnung des Honorars auf der Grundlage der Honorartafeln linear zu interpolieren. Die Tabellen können nicht über die in den jeweiligen Honorartafeln angegebenen Höchstwerte (z. B. € 25 Mio. für die Objektplanung) oder unter die Mindestwerte (z. B. € 25.000,- für die Objektplanung, vgl. § 35 Abs. 1 HOAI) extrapoliert werden. Oberhalb der Tafelwerte kann das Honorar formfrei vereinbart werden. Wurde keine Honorarvereinbarung getroffen, gilt die übliche Vergütung nach § 632 Abs. 2 BGB (BGH BauR 2004, 1640). Vor allem bei Verträgen mit öffentlichen, häufig auch mit privaten Auftraggebern werden in diesen Fällen die Richtlinien der staatlichen Hochbauverwaltung (RifT) zur Honorarvereinbarung herangezogen. Sie gelten wie alle anderen Honorarvorschläge nicht »automatisch«, sondern nur im Falle einer ausdrücklichen Vereinbarung. Liegen die anrechenbaren Kosten unterhalb des Mindestbetrags der Tafelwerte (z. B. unter von € 25.000,- bei der Objektplanung), kann das Honorar frei vereinbart werden. Sonst gilt ebenfalls die übliche Vergütung nach § 632 Abs. 2 BGB. Dies bedeutet, dass die Honorarhöhe von einem Sachverständigen ermittelt werden muss, falls sich die Parteien nicht darüber einigen.

Gesetz zur Regelung von Ingenieur- und Architektenleistungen (ArchLG)

Gesetz zur Regelung von Ingenieur- und Architektenleistungen vom 4. November 1971 (BGBl. I S. 1745, 1749), das zuletzt durch Artikel 1 des Gesetzes vom 12. November 2020 (BGBl. I S. 2392) geändert worden ist.

§ 1 Ermächtigung zum Erlass einer Honorarordnung für Ingenieur- und Architektenleistungen

(1) Die Bundesregierung wird ermächtigt, durch Rechtsverordnung mit Zustimmung des Bundesrates eine Honorarordnung für Ingenieur- und Architektenleistungen zu erlassen und Folgendes zu regeln:

1. die Grundlagen und Maßstäbe zur Berechnung von Honoraren,
2. Honorartafeln zur Honorarorientierung für Grundleistungen, auch in Abgrenzung zu besonderen Leistungen,
3. eine Regelung, wonach bestimmte in den Honorartafeln angegebene Honorarsätze für Grundleistungen für den Fall als vereinbart gelten, dass keine wirksame Honorarvereinbarung getroffen wurde,
4. die bei der Honorarvereinbarung einzuhaltende Form und die zu beachtenden Hinweispflichten.

Bei der Bestimmung der Honorartafeln zur Honorarorientierung nach Satz 1 Nummer 2 ist zur Ermittlung angemessener Honorare den berechtigten Interessen der Ingenieure und Architekten und der zur Zahlung Verpflichteten Rechnung zu tragen. Diese sind an der Art und dem Umfang der Aufgabe sowie an der Leistung des Ingenieurs oder Architekten auszurichten.

(2) Grundleistungen im Sinne des Absatzes 1 Nummer 2 und 3 sind Leistungen, die regelmäßig im Rahmen von Flächen-, Objekt- oder Fachplanungen auszuführen sind. Sie umfassen insbesondere auch Leistungen der Beratung, Planung, Maßnahmendurchführung sowie Leistungen im Zusammenhang mit Vergabeverfahren.

§ 2 Unverbindlichkeit der Kopplung von Grundstückskaufverträgen mit Ingenieur- und Architektenverträgen

Eine Vereinbarung, durch die der Erwerber eines Grundstücks sich im Zusammenhang mit dem Erwerb verpflichtet, bei der Planung oder Ausführung eines Bauwerks auf dem Grundstück die Leistungen eines bestimmten Ingenieurs oder Architekten in Anspruch zu nehmen, ist unwirksam. Die Wirksamkeit des auf den Erwerb des Grundstücks gerichteten Vertrages bleibt unberührt.

Verordnung über die Honorare für Architekten- und Ingenieurleistungen (Honorarordnung für Architekten und Ingenieure – HOAI)

vom 10. Juli 2013 (BGBl. I S. 2276), geändert durch Artikel 1 der Verordnung vom 2. Dezember 2020 (BGBl. I S. 2636).

Auf Grund des § 1 Absatz 1 des Gesetzes zur Regelung von Ingenieur- und Architektenleistungen vom 4. November 1971 (BGBl. I S. 1745, 1749), der durch Artikel 1 Nummer 1 des Gesetzes vom 12. November 2020 (BGBl. I S. 2392) neugefasst worden ist, verordnet die Bundesregierung:

Teil 1 Allgemeine Vorschriften

§ 1 Anwendungsbereich

Diese Verordnung gilt für Honorare für Ingenieur- und Architektenleistungen, soweit diese Leistungen durch diese Verordnung erfasst sind. Die Regelungen dieser Verordnung können zum Zwecke der Honorarberechnung einer Honorarvereinbarung zugrunde gelegt werden.

§ 2 Begriffsbestimmungen

(1) Objekte sind Gebäude, Innenräume, Freianlagen, Ingenieurbauwerke, Verkehrsanlagen. Objekte sind auch Tragwerke und Anlagen der Technischen Ausrüstung.

(2) Neubauten und Neuanlagen sind Objekte, die neu errichtet oder neu hergestellt werden.

(3) Wiederaufbauten sind Objekte, bei denen die zerstörten Teile auf noch vorhandenen Bau- oder Anlagenteilen wiederhergestellt werden. Wiederaufbauten gelten als Neubauten, sofern eine neue Planung erforderlich ist.

(4) Erweiterungsbauten sind Ergänzungen eines vorhandenen Objekts.

(5) Umbauten sind Umgestaltungen eines vorhandenen Objekts mit wesentlichen Eingriffen in Konstruktion oder Bestand.

(6) Modernisierungen sind bauliche Maßnahmen zur nachhaltigen Erhöhung des Gebrauchswertes eines Objekts, soweit diese Maßnahmen nicht unter Absatz 4, 5 oder 8 fallen.

(7) Mitzuverarbeitende Bausubstanz ist der Teil des zu planenden Objekts, der bereits durch Bauleistungen hergestellt ist und durch Planungs- oder Überwachungsleistungen technisch oder gestalterisch mitverarbeitet wird.

(8) Instandsetzungen sind Maßnahmen zur Wiederherstellung des zum bestimmungsgemäßen Gebrauch geeigneten Zustandes (Soll-Zustandes) eines Objekts, soweit diese Maßnahmen nicht unter Absatz 3 fallen.

(9) Instandhaltungen sind Maßnahmen zur Erhaltung des Soll-Zustandes eines Objekts.

(10) Kostenschätzung ist die überschlägige Ermittlung der Kosten auf der Grundlage der Vorplanung. Die Kostenschätzung ist die vorläufige Grundlage für Finanzierungsüberlegungen. Der Kostenschätzung liegen zugrunde:
1. Vorplanungsergebnisse,
2. Mengenschätzungen,

3. erläuternde Angaben zu den planerischen Zusammenhängen, Vorgängen sowie Bedingungen und
4. Angaben zum Baugrundstück und zu dessen Erschließung.

Wird die Kostenschätzung nach § 4 Absatz 1 Satz 3 auf der Grundlage der DIN 276 in der Fassung vom Dezember 2008 (DIN 276-1:2008-12) erstellt, müssen die Gesamtkosten nach Kostengruppen mindestens bis zur ersten Ebene der Kostengliederung ermittelt werden.

(11) Kostenberechnung ist die Ermittlung der Kosten auf der Grundlage der Entwurfsplanung. Der Kostenberechnung liegen zugrunde:
1. durchgearbeitete Entwurfszeichnungen oder Detailzeichnungen wiederkehrender Raumgruppen,
2. Mengenberechnungen und
3. für die Berechnung und Beurteilung der Kosten relevante Erläuterungen.

Wird die Kostenberechnung nach § 4 Absatz 1 Satz 3 auf der Grundlage der DIN 276 erstellt, müssen die Gesamtkosten nach Kostengruppen mindestens bis zur zweiten Ebene der Kostengliederung ermittelt werden.

§ 2a Honorartafeln und Basishonorarsatz

(1) Die Honorartafeln dieser Verordnung weisen Orientierungswerte aus, die an der Art und dem Umfang der Aufgabe sowie an der Leistung ausgerichtet sind. Die Honorartafeln enthalten für jeden Leistungsbereich Honorarspannen vom Basishonorarsatz bis zum oberen Honorarsatz, gegliedert nach den einzelnen Honorarzonen und den zugrundeliegenden Ansätzen für Flächen, anrechenbare Kosten oder Verrechnungseinheiten.

(2) Basishonorarsatz ist der jeweils untere in den Honorartafeln dieser Verordnung enthaltene Honorarsatz.

§ 3 Leistungen und Leistungsbilder

(1) Grundleistungen sind Leistungen, die regelmäßig im Rahmen von Flächen-, Objekt- oder Fachplanungen auszuführen sind. Sie sind zur ordnungsgemäßen Erfüllung eines Auftrags im Allgemeinen erforderlich und in Leistungsbildern erfasst. Die Leistungsbilder gliedern sich in Leistungsphasen nach den Regelungen in den Teilen 2 bis 4 und der Anlage 1.

(2) Neben Grundleistungen können Besondere Leistungen vereinbart werden. Die Aufzählung der Besonderen Leistungen in dieser Verordnung und in den Leistungsbildern ihrer Anlagen ist nicht abschließend. Die Besonderen Leistungen können auch für Leistungsbilder und Leistungsphasen, denen sie nicht zugeordnet sind, vereinbart werden, soweit sie dort keine Grundleistungen darstellen.

(3) Die Wirtschaftlichkeit der Leistung ist stets zu beachten.

§ 4 Anrechenbare Kosten

(1) Anrechenbare Kosten sind Teil der Kosten für die Herstellung, den Umbau, die Modernisierung, Instandhaltung oder Instandsetzung von Objekten sowie für die damit zusammenhängenden Aufwendungen. Sie sind nach allgemein anerkannten Regeln der Technik oder nach Verwaltungsvorschriften (Kostenvorschriften) auf der Grundlage ortsüblicher Preise zu ermitteln. Wird in dieser Verordnung im Zusammenhang mit der Kostenermittlung die DIN 276 in Bezug genommen, so ist die Fassung vom Dezember 2008 (DIN 276-1:2008-12) bei der Ermittlung der anrechenbaren Kosten zugrunde zu legen. Umsatzsteuer, die auf die Kosten von Objekten entfällt, ist nicht Bestandteil der anrechenbaren Kosten.

(2) Die anrechenbaren Kosten richten sich nach den ortsüblichen Preisen, wenn der Auftraggeber
1. selbst Lieferungen oder Leistungen übernimmt,
2. von bauausführenden Unternehmen oder von Lieferanten sonst nicht übliche Vergünstigungen erhält,
3. Lieferungen oder Leistungen in Gegenrechnung ausführt oder
4. vorhandene oder vorbeschaffte Baustoffe oder Bauteile einbauen lässt.

(3) Der Umfang der mitzuverarbeitenden Bausubstanz im Sinne des § 2 Absatz 7 ist bei den anrechenbaren Kosten angemessen zu berücksichtigen. Umfang und Wert der mitzuverarbeitenden Bausubstanz sind zum Zeitpunkt der Kostenberechnung oder, sofern keine Kostenberechnung vorliegt, zum Zeitpunkt der Kostenschätzung objektbezogen zu ermitteln und in Textform zu vereinbaren.

§ 5 Honorarzonen

(1) Die Grundleistungen der Flächen-, Objekt- oder Fachplanungen werden zur Berechnung der Honorare nach den jeweiligen Planungsanforderungen Honorarzonen zugeordnet, die von der Honorarzone I aus ansteigend den Schwierigkeitsgrad der Planung einstufen.

(2) Die Honorarzonen sind anhand der Bewertungsmerkmale in den Honorarregelungen der jeweiligen Leistungsbilder der Teile 2 bis 4 und der Anlage 1 zu ermitteln. Die Zurechnung zu den einzelnen Honorarzonen ist nach Maßgabe der Bewertungsmerkmale und gegebenenfalls der Bewertungspunkte sowie unter Berücksichtigung der Regelbeispiele in den Objektlisten der Anlagen dieser Verordnung vorzunehmen.

§ 6 Grundlagen des Honorars

(1) Bei der Ermittlung des Honorars für Grundleistungen im Sinne des § 3 Absatz 1 sind zugrunde zu legen
1. das Leistungsbild,
2. die Honorarzone und
3. die dazugehörige Honorartafel zur Honorarorientierung.

Zusätzlich zu den Grundlagen nach Satz 1 ermittelt sich das Honorar
1. für die Leistungsbilder des Teils 2 und der Anlage 1 Nummer 1.1 nach der Größe der Fläche,
2. für die Leistungsbilder der Teile 3 und 4 und der Anlage 1 Nummer 1.2, 1.3 und 1.4.5 nach den anrechenbaren Kosten des Objekts auf der Grundlage der Kostenberechnung oder, sofern keine Kostenberechnung vorliegt, auf der Grundlage der Kostenschätzung,
3. für das Leistungsbild der Anlage 1 Nummer 1.4.2 nach Verrechnungseinheiten.

(2) Honorare für Grundleistungen bei Umbauten und Modernisierungen gemäß § 2 Absatz 5 und 6 sind zu ermitteln nach
1. den anrechenbaren Kosten,
2. der Honorarzone, welcher der Umbau oder die Modernisierung in sinngemäßer Anwendung der Bewertungsmerkmale zuzuordnen ist,
3. den Leistungsphasen,
4. der Honorartafel zur Honorarorientierung und
5. dem Umbau- oder Modernisierungszuschlag auf das Honorar.

Der Umbau- oder Modernisierungszuschlag ist unter Berücksichtigung des Schwierigkeitsgrads der Leistungen in Textform zu vereinbaren. Die Höhe des Zuschlags auf das Honorar ist in den jeweiligen Honorarregelungen der Leistungsbilder der Teile 3 und 4 und in Anlage 1 Nummer 1.2 geregelt. Sofern keine Vereinbarung in Textform getroffen wurde, gilt ein Zuschlag von 20 Prozent ab einem durchschnittlichen Schwierigkeitsgrad als vereinbart.

§ 7 Honorarvereinbarung

(1) Das Honorar richtet sich nach der Vereinbarung, die die Vertragsparteien in Textform treffen. Sofern keine Vereinbarung über die Höhe des Honorars in Textform getroffen wurde, gilt für Grundleistungen der jeweilige Basishonorarsatz als vereinbart, der sich bei der Anwendung der Honorargrundlagen des § 6 ergibt.

(2) Der Auftragnehmer hat den Auftraggeber, sofern dieser Verbraucher ist, vor Abgabe von dessen verbindlicher Vertragserklärung zur Honorarvereinbarung in Textform darauf hinzuweisen, dass ein höheres oder niedrigeres Honorar

als die in den Honorartafeln dieser Verordnung enthaltenen Werte vereinbart werden kann. Erfolgt der Hinweis nach Satz 1 nicht oder nicht rechtzeitig, gilt für die zwischen den Vertragsparteien vereinbarten Grundleistungen anstelle eines höheren Honorars ein Honorar in Höhe des jeweiligen Basishonorarsatzes als vereinbart.

§ 8 Berechnung des Honorars in besonderen Fällen

(1) Werden dem Auftragnehmer nicht alle Leistungsphasen eines Leistungsbildes übertragen, so dürfen nur die für die übertragenen Phasen vorgesehenen Prozentsätze berechnet und vereinbart werden. Die Vereinbarung hat in Textform zu erfolgen.

(2) Werden dem Auftragnehmer nicht alle Grundleistungen einer Leistungsphase übertragen, so darf für die übertragenen Grundleistungen nur ein Honorar berechnet und vereinbart werden, das dem Anteil der übertragenen Grundleistungen an der gesamten Leistungsphase entspricht. Die Vereinbarung hat in Textform zu erfolgen. Entsprechend ist zu verfahren, wenn dem Auftragnehmer wesentliche Teile von Grundleistungen nicht übertragen werden.

(3) Die gesonderte Vergütung eines zusätzlichen Koordinierungs- oder Einarbeitungsaufwands ist in Textform zu vereinbaren.

§ 9 Berechnung des Honorars bei Beauftragung von Einzelleistungen

(1) Wird die Vorplanung oder Entwurfsplanung bei Gebäuden und Innenräumen, Freianlagen, Ingenieurbauwerken, Verkehrsanlagen, der Tragwerksplanung und der Technischen Ausrüstung als Einzelleistung in Auftrag gegeben, können für die Leistungsbewertung der jeweiligen Leistungsphase

1. für die Vorplanung höchstens der Prozentsatz der Vorplanung und der Prozentsatz der Grundlagenermittlung und
2. für die Entwurfsplanung höchstens der Prozentsatz der Entwurfsplanung und der Prozentsatz der Vorplanung

zum Zweck der Honorarberechnung herangezogen werden. Die Vereinbarung hat in Textform zu erfolgen.

(2) Zur Bauleitplanung ist Absatz 1 Satz 1 Nummer 2 für den Entwurf der öffentlichen Auslegung entsprechend anzuwenden. Bei der Landschaftsplanung ist Absatz 1 Satz 1 Nummer 1 für die vorläufige Fassung sowie Absatz 1 Satz 1 Nummer 2 für die abgestimmte Fassung entsprechend anzuwenden. Die Vereinbarung hat in Textform zu erfolgen.

(3) Wird die Objektüberwachung bei der Technischen Ausrüstung oder bei Gebäuden als Einzelleistung in Auftrag gegeben, können für die Leistungsbe-

wertung der Objektüberwachung zum Zweck der Honorarberechnung höchstens der Prozentsatz der Objektüberwachung und die Prozentsätze der Grundlagenermittlung und Vorplanung herangezogen werden. Die Vereinbarung hat in Textform zu erfolgen.

§ 10 Berechnung des Honorars bei vertraglichen Änderungen des Leistungsumfangs

(1) Einigen sich Auftraggeber und Auftragnehmer während der Laufzeit des Vertrags darauf, dass der Umfang der beauftragten Leistung geändert wird, und ändern sich dadurch die anrechenbaren Kosten, Flächen oder Verrechnungseinheiten, so ist die Honorarberechnungsgrundlage für die Grundleistungen, die infolge des veränderten Leistungsumfangs zu erbringen sind, durch Vereinbarung in Textform anzupassen.

(2) Einigen sich Auftraggeber und Auftragnehmer über die Wiederholung von Grundleistungen, ohne dass sich dadurch die anrechenbaren Kosten, Flächen oder Verrechnungseinheiten ändern, ist das Honorar für diese Grundleistungen entsprechend ihrem Anteil an der jeweiligen Leistungsphase in Textform zu vereinbaren.

§ 11 Auftrag für mehrere Objekte

(1) Umfasst ein Auftrag mehrere Objekte, so sind die Honorare vorbehaltlich der folgenden Absätze für jedes Objekt getrennt zu berechnen.

(2) Umfasst ein Auftrag mehrere vergleichbare Gebäude, Ingenieurbauwerke, Verkehrsanlagen oder Tragwerke mit weitgehend gleichartigen Planungsbedingungen, die derselben Honorarzone zuzuordnen sind und die im zeitlichen und örtlichen Zusammenhang als Teil einer Gesamtmaßnahme geplant und errichtet werden sollen, ist das Honorar nach der Summe der anrechenbaren Kosten zu berechnen.

(3) Umfasst ein Auftrag mehrere im Wesentlichen gleiche Gebäude, Ingenieurbauwerke, Verkehrsanlagen oder Tragwerke, die im zeitlichen oder örtlichen Zusammenhang unter gleichen baulichen Verhältnissen geplant und errichtet werden sollen, oder mehrere Objekte nach Typenplanung oder Serienbauten, so sind die Prozentsätze der Leistungsphasen 1 bis 6 für die erste bis vierte Wiederholung um 50 Prozent, für die fünfte bis siebte Wiederholung um 60 Prozent und ab der achten Wiederholung um 90 Prozent zu mindern.

(4) Umfasst ein Auftrag Grundleistungen, die bereits Gegenstand eines anderen Auftrags über ein gleiches Gebäude, Ingenieurbauwerk oder Tragwerk zwischen den Vertragsparteien waren, so ist Absatz 3 für die Prozentsätze der beauftragten Leistungsphasen in Bezug auf den neuen Auftrag auch dann anzuwenden, wenn die Grundleistungen nicht im zeitlichen oder örtlichen Zusammenhang erbracht werden sollen.

§ 12 Instandsetzungen und Instandhaltungen

(1) Honorare für Grundleistungen bei Instandsetzungen und Instandhaltungen von Objekten sind nach den anrechenbaren Kosten, der Honorarzone, den Leistungsphasen und der Honorartafel zur Honorarorientierung, der die Instandhaltungs- oder Instandsetzungsmaßnahme zuzuordnen ist, zu ermitteln.

(2) Für Grundleistungen bei Instandsetzungen und Instandhaltungen von Objekten kann in Textform vereinbart werden, dass der Prozentsatz für die Objektüberwachung oder Bauoberleitung um bis zu 50 Prozent der Bewertung dieser Leistungsphase erhöht wird.

§ 13 Interpolation

Zwischenstufen der in den Honorartafeln angegebenen anrechenbaren Kosten und Flächen oder Verrechnungseinheiten sind durch lineare Interpolation zu ermitteln.

§ 14 Nebenkosten

(1) Der Auftragnehmer kann neben den Honoraren dieser Verordnung auch die für die Ausführung des Auftrags erforderlichen Nebenkosten in Rechnung stellen; ausgenommen sind die abziehbaren Vorsteuern gemäß § 15 Absatz 1 des Umsatzsteuergesetzes in der jeweils geltenden Fassung. Die Vertragsparteien können in Textform vereinbaren, dass abweichend von Satz 1 eine Erstattung ganz oder teilweise ausgeschlossen ist.

(2) Zu den Nebenkosten gehören insbesondere:
1. Versandkosten, Kosten für Datenübertragungen,
2. Kosten für Vervielfältigungen von Zeichnungen und schriftlichen Unterlagen sowie für die Anfertigung von Filmen und Fotos,
3. Kosten für ein Baustellenbüro einschließlich der Einrichtung, Beleuchtung und Beheizung,
4. Fahrtkosten für Reisen, die über einen Umkreis von 15 Kilometern um den Geschäftssitz des Auftragnehmers hinausgehen, in Höhe der steuerlich zulässigen Pauschalsätze, sofern nicht höhere Aufwendungen nachgewiesen werden,
5. Trennungsentschädigungen und Kosten für Familienheimfahrten in Höhe der steuerlich zulässigen Pauschalsätze, sofern nicht höhere Aufwendungen an Mitarbeiter oder Mitarbeiterinnen des Auftragnehmers auf Grund von tariflichen Vereinbarungen bezahlt werden,
6. Entschädigungen für den sonstigen Aufwand bei längeren Reisen nach Nummer 4, sofern die Entschädigungen vor der Geschäftsreise in Textform vereinbart worden sind,

7. Entgelte für nicht dem Auftragnehmer obliegende Leistungen, die von ihm im Einvernehmen mit dem Auftraggeber Dritten übertragen worden sind.

(3) Nebenkosten können pauschal oder nach Einzelnachweis abgerechnet werden. Sie sind nach Einzelnachweis abzurechnen, sofern keine pauschale Abrechnung in Textform vereinbart worden ist.

§ 15 Fälligkeit des Honorars, Abschlagszahlungen

Für die Fälligkeit der Honorare für die von dieser Verordnung erfassten Leistungen gilt § 650g Absatz 4 des Bürgerlichen Gesetzbuchs entsprechend. Für das Recht, Abschlagszahlungen zu verlangen, gilt § 632a des Bürgerlichen Gesetzbuchs entsprechend.

§ 16 Umsatzsteuer

(1) Der Auftragnehmer hat Anspruch auf Ersatz der gesetzlich geschuldeten Umsatzsteuer für nach dieser Verordnung abrechenbare Leistungen, sofern nicht die Kleinunternehmerregelung nach § 19 des Umsatzsteuergesetzes angewendet wird. Satz 1 ist auch hinsichtlich der um die nach § 15 des Umsatzsteuergesetzes abziehbaren Vorsteuer gekürzten Nebenkosten anzuwenden, die nach § 14 dieser Verordnung weiterberechenbar sind.

(2) Auslagen gehören nicht zum Entgelt für die Leistung des Auftragnehmers. Sie sind als durchlaufende Posten im umsatzsteuerrechtlichen Sinn einschließlich einer gegebenenfalls enthaltenen Umsatzsteuer weiter zu berechnen.

Teil 2 Flächenplanung

Abschnitt 1 Bauleitplanung

§ 17 Anwendungsbereich

(1) Leistungen der Bauleitplanung umfassen die Vorbereitung der Aufstellung von Flächennutzungs- und Bebauungsplänen im Sinne des § 1 Absatz 2 des Baugesetzbuches in der jeweils geltenden Fassung, die erforderlichen Ausarbeitungen und Planfassungen sowie die Mitwirkung beim Verfahren.

(2) Leistungen beim Städtebaulichen Entwurf sind Besondere Leistungen.

§ 18 Leistungsbild Flächennutzungsplan

(1) Die Grundleistungen bei Flächennutzungsplänen sind in drei Leistungsphasen unterteilt und werden wie folgt in Prozentsätzen der Honorare des § 20 bewertet:

1. für die Leistungsphase 1 (Vorentwurf für die frühzeitigen Beteiligungen) Vorentwurf für die frühzeitigen Beteiligungen nach den Bestimmungen des Baugesetzbuches mit 60 Prozent,
2. für die Leistungsphase 2 (Entwurf zur öffentlichen Auslegung) Entwurf für die öffentliche Auslegung nach den Bestimmungen des Baugesetzbuches mit 30 Prozent,
3. für die Leistungsphase 3 (Plan zur Beschlussfassung) Plan für den Beschluss durch die Gemeinde mit 10 Prozent.

Der Vorentwurf, Entwurf oder Plan ist jeweils in der vorgeschriebenen Fassung mit Begründung anzufertigen.

(2) Anlage 2 regelt, welche Grundleistungen jede Leistungsphase umfasst. Anlage 9 enthält Beispiele für Besondere Leistungen.

§ 19 Leistungsbild Bebauungsplan

(1) Die Grundleistungen bei Bebauungsplänen sind in drei Leistungsphasen unterteilt und werden wie folgt in Prozentsätzen der Honorare des § 21 bewertet:

1. für die Leistungsphase 1 (Vorentwurf für die frühzeitigen Beteiligungen) Vorentwurf für die frühzeitigen Beteiligungen nach den Bestimmungen des Baugesetzbuches mit 60 Prozent,
2. für die Leistungsphase 2 (Entwurf zur öffentlichen Auslegung) Entwurf für die öffentliche Auslegung nach den Bestimmungen des Baugesetzbuches mit 30 Prozent,

3. für die Leistungsphase 3 (Plan zur Beschlussfassung)
   Plan für den Beschluss durch die Gemeinde mit 10 Prozent.

Der Vorentwurf, Entwurf oder Plan ist jeweils in der vorgeschriebenen Fassung mit Begründung anzufertigen.

(2) Anlage 3 regelt, welche Grundleistungen jede Leistungsphase umfasst. Anlage 9 enthält Beispiele für Besondere Leistungen.

§ 20 Honorare für Grundleistungen bei Flächennutzungsplänen

(1) Für die in § 18 und Anlage 2 genannten Grundleistungen bei Flächennutzungsplänen sind die in der nachstehenden Honorartafel aufgeführten Honorarspannen Orientierungswerte:

Fläche in Hektar	Honorarzone I geringe Anforderungen		Honorarzone II durchschnittliche Anforderungen		Honorarzone III hohe Anforderungen	
	von	bis	von	bis	von	bis
	Euro		Euro		Euro	
1.000	70.439	85.269	85.269	100.098	100.098	114.927
1.250	78.957	95.579	95.579	112.202	112.202	128.824
1.500	86.492	104.700	104.700	122.909	122.909	141.118
1.750	93.260	112.894	112.894	132.527	132.527	152.161
2.000	99.407	120.334	120.334	141.262	141.262	162.190
2.500	111.311	134.745	134.745	158.178	158.178	181.612
3.000	121.868	147.525	147.525	173.181	173.181	198.838
3.500	131.387	159.047	159.047	186.707	186.707	214.367
4.000	140.069	169.557	169.557	199.045	199.045	228.533
5.000	155.461	188.190	188.190	220.918	220.918	253.647
6.000	168.813	204.352	204.352	239.892	239.892	275.431
7.000	180.589	218.607	218.607	256.626	256.626	294.645
8.000	191.097	231.328	231.328	271.559	271.559	311.790
9.000	200.556	242.779	242.779	285.001	285.001	327.224
10.000	209.126	253.153	253.153	297.179	297.179	341.206
11.000	216.893	262.555	262.555	308.217	308.217	353.878
12.000	223.912	271.052	271.052	318.191	318.191	365.331
13.000	230.331	278.822	278.822	327.313	327.313	375.804
14.000	236.214	285.944	285.944	335.673	335.673	385.402
15.000	241.614	292.480	292.480	343.346	343.346	394.213

(2) Das Honorar für die Aufstellung von Flächennutzungsplänen ist nach der Fläche des Plangebiets in Hektar und nach der Honorarzone zu berechnen.

(3) Welchen Honorarzonen die Grundleistungen zugeordnet werden, richtet sich nach folgenden Bewertungsmerkmalen:
1. zentralörtliche Bedeutung und Gemeindestruktur,
2. Nutzungsvielfalt und Nutzungsdichte,
3. Einwohnerstruktur, Einwohnerentwicklung und Gemeinbedarfsstandorte,
4. Verkehr und Infrastruktur,
5. Topografie, Geologie und Kulturlandschaft,
6. Klima-, Natur- und Umweltschutz.

(4) Sind auf einen Flächennutzungsplan Bewertungsmerkmale aus mehreren Honorarzonen anwendbar und bestehen deswegen Zweifel, welcher Honorarzone der Flächennutzungsplan zugeordnet werden kann, so ist zunächst die Anzahl der Bewertungspunkte zu ermitteln. Zur Ermittlung der Bewertungspunkte werden die Bewertungsmerkmale wie folgt gewichtet:
1. geringe Anforderungen: 1 Punkt,
2. durchschnittliche Anforderungen: 2 Punkte,
3. hohe Anforderungen: 3 Punkte.

(5) Der Flächennutzungsplan ist anhand der nach Absatz 4 ermittelten Bewertungspunkte einer der Honorarzonen zuzuordnen:
1. Honorarzone I: bis zu 9 Punkte,
2. Honorarzone II: 10 bis 14 Punkte,
3. Honorarzone III: 15 bis 18 Punkte.

(6) Werden Teilflächen bereits aufgestellter Flächennutzungspläne (Planausschnitte) geändert oder überarbeitet, kann das Honorar auch abweichend von den Grundsätzen des Absatzes 2 vereinbart werden.

§ 21 Honorare für Grundleistungen bei Bebauungsplänen

(1) Für die in § 19 und Anlage 3 genannten Grundleistungen bei Bebauungsplänen sind die in der nachstehenden Honorartafel aufgeführten Honorarspannen Orientierungswerte:

Fläche in Hektar	Honorarzone I geringe Anforderungen		Honorarzone II durchschnittliche Anforderungen		Honorarzone III hohe Anforderungen	
	von	bis	von	bis	von	bis
	Euro		Euro		Euro	
0,5	5.000	5.335	5.335	7.838	7.838	10.341
1	5.000	8.799	8.799	12.926	12.926	17.054
2	7.699	14.502	14.502	21.305	21.305	28.109
3	10.306	19.413	19.413	28.521	28.521	37.628
4	12.669	23.866	23.866	35.062	35.062	46.258

Fläche in Hektar	Honorarzone I geringe Anforderungen		Honorarzone II durchschnittliche Anforderungen		Honorarzone III hohe Anforderungen	
	von	bis	von	bis	von	bis
	Euro		Euro		Euro	
5	14.864	28.000	28.000	41.135	41.135	54.271
6	16.931	31.893	31.893	46.856	46.856	61.818
7	18.896	35.595	35.595	52.294	52.294	68.992
8	20.776	39.137	39.137	57.497	57.497	75.857
9	22.584	42.542	42.542	62.501	62.501	82.459
10	24.330	45.830	45.830	67.331	67.331	88.831
15	32.325	60.892	60.892	89.458	89.458	118.025
20	39.427	74.270	74.270	109.113	109.113	143.956
25	46.385	87.376	87.376	128.366	128.366	169.357
30	52.975	99.791	99.791	146.606	146.606	193.422
40	65.342	123.086	123.086	180.830	180.830	238.574
50	76.901	144.860	144.860	212.819	212.819	280.778
60	87.599	165.012	165.012	242.425	242.425	319.838
80	107.471	202.445	202.445	297.419	297.419	392.393
100	125.791	236.955	236.955	348.119	348.119	459.282

(2) Das Honorar für die Aufstellung von Bebauungsplänen ist nach der Fläche des Plangebiets in Hektar und nach der Honorarzone zu berechnen.

(3) Welchen Honorarzonen die Grundleistungen zugeordnet werden, richtet sich nach folgenden Bewertungsmerkmalen:
1. Nutzungsvielfalt und Nutzungsdichte,
2. Baustruktur und Baudichte,
3. Gestaltung und Denkmalschutz,
4. Verkehr und Infrastruktur,
5. Topografie und Landschaft,
6. Klima-, Natur- und Umweltschutz.

(4) Für die Ermittlung der Honorarzone bei Bebauungsplänen ist § 20 Absatz 4 und 5 entsprechend anzuwenden.

(5) Wird die Größe des Plangebiets im förmlichen Verfahren während der Leistungserbringung geändert, so ist das Honorar für die Leistungsphasen, die bis zur Änderung noch nicht erbracht sind, nach der geänderten Größe des Plangebiets zu berechnen.

Abschnitt 2 Landschaftsplanung

§ 22 Anwendungsbereich

(1) Landschaftsplanerische Leistungen umfassen das Vorbereiten und das Erstellen der für die Pläne nach Absatz 2 erforderlichen Ausarbeitungen.

(2) Die Bestimmungen dieses Abschnitts sind für folgende Pläne anzuwenden:
1. Landschaftspläne,
2. Grünordnungspläne und Landschaftsplanerische Fachbeiträge,
3. Landschaftsrahmenpläne,
4. Landschaftspflegerische Begleitpläne,
5. Pflege- und Entwicklungspläne.

§ 23 Leistungsbild Landschaftsplan

(1) Die Grundleistungen bei Landschaftsplänen sind in vier Leistungsphasen unterteilt und werden wie folgt in Prozentsätzen der Honorare des § 28 bewertet:
1. für die Leistungsphase 1 (Klären der Aufgabenstellung und Ermitteln des Leistungsumfangs) mit 3 Prozent,
2. für die Leistungsphase 2 (Ermitteln der Planungsgrundlagen) mit 37 Prozent,
3. für die Leistungsphase 3 (Vorläufige Fassung) mit 50 Prozent,
4. für die Leistungsphase 4 (Abgestimmte Fassung) mit 10 Prozent.

(2) Anlage 4 regelt die Grundleistungen jeder Leistungsphase. Anlage 9 enthält Beispiele für Besondere Leistungen.

§ 24 Leistungsbild Grünordnungsplan

(1) Die Grundleistungen bei Grünordnungsplänen und Landschaftsplanerischen Fachbeiträgen sind in vier Leistungsphasen zusammengefasst und werden wie folgt in Prozentsätzen der Honorare des § 29 bewertet:
1. für die Leistungsphase 1 (Klären der Aufgabenstellung und Ermitteln des Leistungsumfangs) mit 3 Prozent,
2. für die Leistungsphase 2 (Ermitteln der Planungsgrundlagen) mit 37 Prozent,
3. für die Leistungsphase 3 (Vorläufige Fassung) mit 50 Prozent,
4. für die Leistungsphase 4 (Abgestimmte Fassung) mit 10 Prozent.

(2) Anlage 5 regelt die Grundleistungen jeder Leistungsphase. Anlage 9 enthält Beispiele für Besondere Leistungen.

§ 25 Leistungsbild Landschaftsrahmenplan

(1) Die Grundleistungen bei Landschaftsrahmenplänen sind in vier Leistungsphasen unterteilt und werden wie folgt in Prozentsätzen der Honorare des § 30 bewertet:

1. für die Leistungsphase 1 (Klären der Aufgabenstellung und Ermitteln des Leistungsumfangs) mit 3 Prozent,
2. für die Leistungsphase 2 (Ermitteln der Planungsgrundlagen) mit 37 Prozent,
3. für die Leistungsphase 3 (Vorläufige Fassung) mit 50 Prozent,
4. für die Leistungsphase 4 (Abgestimmte Fassung) mit 10 Prozent.

(2) Anlage 6 regelt die Grundleistungen jeder Leistungsphase. Anlage 9 enthält Beispiele für Besondere Leistungen.

§ 26 Leistungsbild Landschaftspflegerischer Begleitplan

(1) Die Grundleistungen bei Landschaftspflegerischen Begleitplänen sind in vier Leistungsphasen unterteilt und werden wie folgt in Prozentsätzen der Honorare des § 31 bewertet:
1. für die Leistungsphase 1 (Klären der Aufgabenstellung und Ermitteln des Leistungsumfangs) mit 3 Prozent,
2. für die Leistungsphase 2 (Ermitteln und Bewerten der Planungsgrundlagen) mit 37 Prozent,
3. für die Leistungsphase 3 (Vorläufige Fassung) mit 50 Prozent,
4. für die Leistungsphase 4 (Abgestimmte Fassung) mit 10 Prozent.

(2) Anlage 7 regelt die Grundleistungen jeder Leistungsphase. Anlage 9 enthält Beispiele für Besondere Leistungen.

§ 27 Leistungsbild Pflege- und Entwicklungsplan

(1) Die Grundleistungen bei Pflege- und Entwicklungsplänen sind in vier Leistungsphasen zusammengefasst und werden wie folgt in Prozentsätzen der Honorare des § 32 bewertet:
1. für die Leistungsphase 1 (Zusammenstellen der Ausgangsbedingungen) mit 3 Prozent,
2. für die Leistungsphase 2 (Ermitteln der Planungsgrundlagen) mit 37 Prozent,
3. für die Leistungsphase 3 (Vorläufige Fassung) mit 50 Prozent und
4. für die Leistungsphase 4 (Abgestimmte Fassung) mit 10 Prozent.

(2) Anlage 8 regelt die Grundleistungen jeder Leistungsphase. Anlage 9 enthält Beispiele für Besondere Leistungen.

§ 28 Honorare für Grundleistungen bei Landschaftsplänen

(1) Für die in § 23 und Anlage 4 genannten Grundleistungen bei Landschaftsplänen sind die in der nachstehenden Honorartafel aufgeführten Honorarspannen Orientierungswerte:

Fläche in Hektar	Honorarzone I geringe Anforderungen		Honorarzone II durchschnittliche Anforderungen		Honorarzone III hohe Anforderungen	
	von	bis	von	bis	von	bis
	Euro		Euro		Euro	
1.000	23.403	27.963	27.963	32.826	32.826	37.385
1.250	26.560	31.735	31.735	37.254	37.254	42.428
1.500	29.445	35.182	35.182	41.300	41.300	47.036
1.750	32.119	38.375	38.375	45.049	45.049	51.306
2.000	34.620	41.364	41.364	48.558	48.558	55.302
2.500	39.212	46.851	46.851	54.999	54.999	62.638
3.000	43.374	51.824	51.824	60.837	60.837	69.286
3.500	47.199	56.393	56.393	66.201	66.201	75.396
4.000	50.747	60.633	60.633	71.178	71.178	81.064
5.000	57.180	68.319	68.319	80.200	80.200	91.339
6.000	63.562	75.944	75.944	89.151	89.151	101.533
7.000	69.505	83.045	83.045	97.487	97.487	111.027
8.000	75.095	89.724	89.724	105.329	105.329	119.958
9.000	80.394	96.055	96.055	112.761	112.761	128.422
10.000	85.445	102.090	102.090	119.845	119.845	136.490
11.000	89.986	107.516	107.516	126.214	126.214	143.744
12.000	94.309	112.681	112.681	132.278	132.278	150.650
13.000	98.438	117.615	117.615	138.069	138.069	157.246
14.000	102.392	122.339	122.339	143.615	143.615	163.562
15.000	106.187	126.873	126.873	148.938	148.938	169.623

(2) Das Honorar für die Aufstellung von Landschaftsplänen ist nach der Fläche des Planungsgebiets in Hektar und nach der Honorarzone zu berechnen.

(3) Welchen Honorarzonen die Grundleistungen zugeordnet werden, richtet sich nach folgenden Bewertungsmerkmalen:
1. topographische Verhältnisse,
2. Flächennutzung,
3. Landschaftsbild,
4. Anforderungen an Umweltsicherung und Umweltschutz,
5. ökologische Verhältnisse,
6. Bevölkerungsdichte.

(4) Sind auf einen Landschaftsplan Bewertungsmerkmale aus mehreren Honorarzonen anwendbar und bestehen deswegen Zweifel, welcher Honorarzone der Landschaftsplan zugeordnet werden kann, so ist zunächst die Anzahl der

Bewertungspunkte zu ermitteln. Zur Ermittlung der Bewertungspunkte werden die Bewertungsmerkmale wie folgt gewichtet:

1. die Bewertungsmerkmale gemäß Absatz 3 Nummer 1, 2, 3 und 6 mit je bis zu 6 Punkten und
2. die Bewertungsmerkmale gemäß Absatz 3 Nummer 4 und 5 und mit je bis zu 9 Punkten.

(5) Der Landschaftsplan ist anhand der nach Absatz 4 ermittelten Bewertungspunkte einer der Honorarzonen zuzuordnen:

1. Honorarzone I: bis zu 16 Punkte,
2. Honorarzone II: 17 bis 30 Punkte,
3. Honorarzone III: 31 bis 42 Punkte.

(6) Werden Teilflächen bereits aufgestellter Landschaftspläne (Planausschnitte) geändert oder überarbeitet, kann das Honorar abweichend von den Grundsätzen des Absatzes 2 vereinbart werden.

§ 29 Honorare für Grundleistungen bei Grünordnungsplänen

(1) Für die in § 24 und Anlage 5 genannten Grundleistungen bei Grünordnungsplänen und Landschaftsplanerischen Fachbeiträgen sind die in der nachstehenden Honorartafel aufgeführten Honorarspannen Orientierungswerte:

Fläche in Hektar	Honorarzone I geringe Anforderungen		Honorarzone II durchschnittliche Anforderungen		Honorarzone III hohe Anforderungen	
	von	bis	von	bis	von	bis
	Euro		Euro		Euro	
1,5	5.219	6.067	6.067	6.980	6.980	7.828
2	6.008	6.985	6.985	8.036	8.036	9.013
3	7.450	8.661	8.661	9.965	9.965	11.175
4	8.770	10.195	10.195	11.730	11.730	13.155
5	10.006	11.632	11.632	13.383	13.383	15.009
10	15.445	17.955	17.955	20.658	20.658	23.167
15	20.183	23.462	23.462	26.994	26.994	30.274
20	24.513	28.496	28.496	32.785	32.785	36.769
25	28.560	33.201	33.201	38.199	38.199	42.840
30	32.394	37.658	37.658	43.326	43.326	48.590
40	39.580	46.011	46.011	52.938	52.938	59.370
50	46.282	53.803	53.803	61.902	61.902	69.423
75	61.579	71.586	71.586	82.362	82.362	92.369
100	75.430	87.687	87.687	100.887	100.887	113.145
125	88.255	102.597	102.597	118.042	118.042	132.383

Fläche in Hektar	Honorarzone I geringe Anforderungen		Honorarzone II durchschnittliche Anforderungen		Honorarzone III hohe Anforderungen	
	von	bis	von	bis	von	bis
	Euro		Euro		Euro	
150	100.288	116.585	116.585	134.136	134.136	150.433
175	111.675	129.822	129.822	149.366	149.366	167.513
200	122.516	142.425	142.425	163.866	163.866	183.774
225	133.555	155.258	155.258	178.630	178.630	200.333
250	144.284	167.730	167.730	192.980	192.980	216.426

(2) Das Honorar für Grundleistungen bei Grünordnungsplänen ist nach der Fläche des Planungsgebiets in Hektar und nach der Honorarzone zu berechnen.

(3) Welchen Honorarzonen die Grundleistungen zugeordnet werden, richtet sich nach folgenden Bewertungsmerkmalen:
1. Topographie,
2. ökologische Verhältnisse,
3. Flächennutzungen und Schutzgebiete,
4. Umwelt-, Klima-, Denkmal- und Naturschutz,
5. Erholungsvorsorge,
6. Anforderung an die Freiraumgestaltung.

(4) Sind auf einen Grünordnungsplan Bewertungsmerkmale aus mehreren Honorarzonen anwendbar und bestehen deswegen Zweifel, welcher Honorarzone der Grünordnungsplan zugeordnet werden kann, so ist zunächst die Anzahl der Bewertungspunkte zu ermitteln. Zur Ermittlung der Bewertungspunkte werden die Bewertungsmerkmale wie folgt gewichtet:
1. die Bewertungsmerkmale gemäß Absatz 3 Nummer 1, 2, 3 und 5 mit je bis zu 6 Punkten und
2. die Bewertungsmerkmale gemäß Absatz 3 Nummer 4 und 6 mit je bis zu 9 Punkten.

(5) Der Grünordnungsplan ist anhand der nach Absatz 4 ermittelten Bewertungspunkte einer der Honorarzonen zuzuordnen:
1. Honorarzone I: bis zu 16 Punkte,
2. Honorarzone II: 17 bis 30 Punkte,
3. Honorarzone III: 31 bis 42 Punkte.

(6) Wird die Größe des Planungsgebiets während der Leistungserbringung geändert, so ist das Honorar für die Leistungsphasen, die bis zur Änderung noch nicht erbracht sind, nach der geänderten Größe des Planungsgebiets zu berechnen.

§ 30 Honorare für Grundleistungen bei Landschaftsrahmenplänen

(1) Für die in § 25 und Anlage 6 genannten Grundleistungen bei Landschaftsrahmenplänen sind die in der nachstehenden Honorartafel aufgeführten Honorarspannen Orientierungswerte:

Fläche in Hektar	Honorarzone I geringe Anforderungen		Honorarzone II durchschnittliche Anforderungen		Honorarzone III hohe Anforderungen	
	von	bis	von	bis	von	bis
	Euro		Euro		Euro	
5.000	61.880	71.935	71.935	82.764	82.764	92.820
6.000	67.933	78.973	78.973	90.861	90.861	101.900
7.000	73.473	85.413	85.413	98.270	98.270	110.210
8.000	78.600	91.373	91.373	105.128	105.128	117.901
9.000	83.385	96.936	96.936	111.528	111.528	125.078
10.000	87.880	102.161	102.161	117.540	117.540	131.820
12.000	96.149	111.773	111.773	128.599	128.599	144.223
14.000	103.631	120.471	120.471	138.607	138.607	155.447
16.000	110.477	128.430	128.430	147.763	147.763	165.716
18.000	116.791	135.769	135.769	156.208	156.208	175.186
20.000	122.649	142.580	142.580	164.043	164.043	183.974
25.000	138.047	160.480	160.480	184.638	184.638	207.070
30.000	152.052	176.761	176.761	203.370	203.370	228.078
40.000	177.097	205.875	205.875	236.867	236.867	265.645
50.000	199.330	231.721	231.721	266.604	266.604	298.995
60.000	219.553	255.230	255.230	293.652	293.652	329.329
70.000	238.243	276.958	276.958	318.650	318.650	357.365
80.000	253.946	295.212	295.212	339.652	339.652	380.918
90.000	268.420	312.038	312.038	359.011	359.011	402.630
100.000	281.843	327.643	327.643	376.965	376.965	422.765

(2) Das Honorar für Grundleistungen bei Landschaftsrahmenplänen ist nach der Fläche des Planungsgebiets in Hektar und nach der Honorarzone zu berechnen.

(3) Welchen Honorarzonen die Grundleistungen zugeordnet werden, richtet sich nach folgenden Bewertungsmerkmalen:

1. topographische Verhältnisse,
2. Raumnutzung und Bevölkerungsdichte,
3. Landschaftsbild,
4. Anforderungen an Umweltsicherung, Klima- und Naturschutz,

5. ökologische Verhältnisse,
6. Freiraumsicherung und Erholung.

(4) Sind für einen Landschaftsrahmenplan Bewertungsmerkmale aus mehreren Honorarzonen anwendbar und bestehen deswegen Zweifel, welcher Honorarzone der Landschaftsrahmenplan zugeordnet werden kann, so ist zunächst die Anzahl der Bewertungspunkte zu ermitteln. Zur Ermittlung der Bewertungspunkte werden die Bewertungsmerkmale wie folgt gewichtet:
1. die Bewertungsmerkmale gemäß Absatz 3 Nummer 1, 2, 3 und 6 mit je bis zu 6 Punkten und
2. die Bewertungsmerkmale gemäß Absatz 3 Nummer 4 und 5 mit je bis zu 9 Punkten.

(5) Der Landschaftsrahmenplan ist anhand der nach Absatz 4 ermittelten Bewertungspunkte einer der Honorarzonen zuzuordnen:
1. Honorarzone I: bis zu 16 Punkte,
2. Honorarzone II: 17 bis 30 Punkte,
3. Honorarzone III: 31 bis 42 Punkte.

(6) Wird die Größe des Planungsgebiets während der Leistungserbringung geändert, so ist das Honorar für die Leistungsphasen, die bis zur Änderung noch nicht erbracht sind, nach der geänderten Größe des Planungsgebiets zu berechnen.

§ 31 Honorare für Grundleistungen bei Landschaftspflegerischen Begleitplänen

(1) Für die in § 26 und Anlage 7 genannten Grundleistungen bei Landschaftspflegerischen Begleitplänen sind die in der nachstehenden Honorartafel aufgeführten Honorarspannen Orientierungswerte:

Fläche in Hektar	Honorarzone I geringe Anforderungen		Honorarzone II durchschnittliche Anforderungen		Honorarzone III hohe Anforderungen	
	von	bis	von	bis	von	bis
	Euro		Euro		Euro	
6	5.324	6.189	6.189	7.121	7.121	7.986
8	6.130	7.126	7.126	8.199	8.199	9.195
12	7.600	8.836	8.836	10.166	10.166	11.401
16	8.947	10.401	10.401	11.966	11.966	13.420
20	10.207	11.866	11.866	13.652	13.652	15.311
40	15.755	18.315	18.315	21.072	21.072	23.632
100	29.126	33.859	33.859	38.956	38.956	43.689

Fläche in Hektar	Honorarzone I geringe Anforderungen		Honorarzone II durchschnittliche Anforderungen		Honorarzone III hohe Anforderungen	
	von	bis	von	bis	von	bis
	Euro		Euro		Euro	
200	47.180	54.846	54.846	63.103	63.103	70.769
300	62.748	72.944	72.944	83.925	83.925	94.121
400	76.829	89.314	89.314	102.759	102.759	115.244
500	89.855	104.456	104.456	120.181	120.181	134.782
600	102.062	118.647	118.647	136.508	136.508	153.093
700	113.602	132.062	132.062	151.942	151.942	170.402
800	124.575	144.819	144.819	166.620	166.620	186.863
1.200	167.729	194.985	194.985	224.338	224.338	251.594
1.600	207.279	240.961	240.961	277.235	277.235	310.918
2.000	244.349	284.056	284.056	326.817	326.817	366.524
2.400	279.559	324.987	324.987	373.910	373.910	419.338
3.200	343.814	399.683	399.683	459.851	459.851	515.720
4.000	400.847	465.985	465.985	536.133	536.133	601.270

(2) Das Honorar für Grundleistungen bei Landschaftspflegerischen Begleitplänen ist nach der Fläche des Planungsgebiets in Hektar und nach der Honorarzone zu berechnen.

(3) Welchen Honorarzonen die Grundleistungen zugeordnet werden, richtet sich nach folgenden Bewertungsmerkmalen:
1. ökologisch bedeutsame Strukturen und Schutzgebiete,
2. Landschaftsbild und Erholungsnutzung,
3. Nutzungsansprüche,
4. Anforderungen an die Gestaltung von Landschaft und Freiraum,
5. Empfindlichkeit gegenüber Umweltbelastungen und Beeinträchtigungen von Natur und Landschaft,
6. potenzielle Beeinträchtigungsintensität der Maßnahme.

(4) Sind für einen Landschaftspflegerischen Begleitplan Bewertungsmerkmale aus mehreren Honorarzonen anwendbar und bestehen deswegen Zweifel, welcher Honorarzone der Landschaftspflegerische Begleitplan zugeordnet werden kann, so ist zunächst die Anzahl der Bewertungspunkte zu ermitteln. Zur Ermittlung der Bewertungspunkte werden die Bewertungsmerkmale wie folgt gewichtet:
1. die Bewertungsmerkmale gemäß Absatz 3 Nummer 1, 2, 3 und 4 mit je bis zu 6 Punkten und
2. die Bewertungsmerkmale gemäß Absatz 3 Nummer 5 und 6 mit je bis zu 9 Punkten.

(5) Der Landschaftspflegerische Begleitplan ist anhand der nach Absatz 4 ermittelten Bewertungspunkte einer der Honorarzonen zuzuordnen:

1. Honorarzone I: bis zu 16 Punkte,
2. Honorarzone II: 17 bis 30 Punkte,
3. Honorarzone III: 31 bis 42 Punkte.

(6) Wird die Größe des Planungsgebiets während der Leistungserbringung geändert, so ist das Honorar für die Leistungsphasen, die bis zur Änderung noch nicht erbracht sind, nach der geänderten Größe des Planungsgebiets zu berechnen.

§ 32 Honorare für Grundleistungen bei Pflege- und Entwicklungsplänen

(1) Für die in § 27 und Anlage 8 genannten Grundleistungen bei Pflege- und Entwicklungsplänen sind die in der nachstehenden Honorartafel aufgeführten Honorarspannen Orientierungswerte:

Fläche in Hektar	Honorarzone I geringe Anforderungen		Honorarzone II durchschnittliche Anforderungen		Honorarzone III hohe Anforderungen	
	von	bis	von	bis	von	bis
	Euro		Euro		Euro	
5	3.852	7.704	7.704	11.556	11.556	15.408
10	4.802	9.603	9.603	14.405	14.405	19.207
15	5.481	10.963	10.963	16.444	16.444	21.925
20	6.029	12.058	12.058	18.087	18.087	24.116
30	6.906	13.813	13.813	20.719	20.719	27.626
40	7.612	15.225	15.225	22.837	22.837	30.450
50	8.213	16.425	16.425	24.638	24.638	32.851
75	9.433	18.866	18.866	28.298	28.298	37.731
100	10.408	20.816	20.816	31.224	31.224	41.633
150	11.949	23.899	23.899	35.848	35.848	47.798
200	13.165	26.330	26.330	39.495	39.495	52.660
300	15.318	30.636	30.636	45.954	45.954	61.272
400	17.087	34.174	34.174	51.262	51.262	68.349
500	18.621	37.242	37.242	55.863	55.863	74.484
750	21.833	43.666	43.666	65.500	65.500	87.333
1.000	24.507	49.014	49.014	73.522	73.522	98.029
1.500	28.966	57.932	57.932	86.898	86.898	115.864
2.500	36.065	72.131	72.131	108.196	108.196	144.261
5.000	49.288	98.575	98.575	147.863	147.863	197.150
10.000	69.015	138.029	138.029	207.044	207.044	276.058

(2) Das Honorar für Grundleistungen bei Pflege- und Entwicklungsplänen ist nach der Fläche des Planungsgebiets in Hektar und nach der Honorarzone zu berechnen.

(3) Welchen Honorarzonen die Grundleistungen zugeordnet werden, richtet sich nach folgenden Bewertungsmerkmalen:
1. fachliche Vorgaben,
2. Differenziertheit des floristischen Inventars oder der Pflanzengesellschaften,
3. Differenziertheit des faunistischen Inventars,
4. Beeinträchtigungen oder Schädigungen von Naturhaushalt und Landschaftsbild,
5. Aufwand für die Festlegung von Zielaussagen sowie für Pflege- und Entwicklungsmaßnahmen.

(4) Sind für einen Pflege- und Entwicklungsplan Bewertungsmerkmale aus mehreren Honorarzonen anwendbar und bestehen deswegen Zweifel, welcher Honorarzone der Pflege- und Entwicklungsplan zugeordnet werden kann, so ist zunächst die Anzahl der Bewertungspunkte zu ermitteln. Zur Ermittlung der Bewertungspunkte werden die Bewertungsmerkmale wie folgt gewichtet:
1. das Bewertungsmerkmal gemäß Absatz 3 Nummer 1 mit bis zu 4 Punkten,
2. die Bewertungsmerkmale gemäß Absatz 3 Nummer 4 und 5 mit je bis zu 6 Punkten und
3. die Bewertungsmerkmale gemäß Absatz 3 Nummer 2 und 3 mit je bis zu 9 Punkten.

(5) Der Pflege- und Entwicklungsplan ist anhand der nach Absatz 4 ermittelten Bewertungspunkte einer der Honorarzonen zuzuordnen:

1. Honorarzone I:	bis zu 13 Punkte,
2. Honorarzone II:	14 bis 24 Punkte,
3. Honorarzone III:	25 bis 34 Punkte.

(6) Wird die Größe des Planungsgebiets während der Leistungserbringung geändert, so ist das Honorar für die Leistungsphasen, die bis zur Änderung noch nicht erbracht sind, nach der geänderten Größe des Planungsgebiets zu berechnen.

Teil 3 Objektplanung

Abschnitt 1 Gebäude und Innenräume

§ 33 Besondere Grundlagen des Honorars

(1) Für Grundleistungen bei Gebäuden und Innenräumen sind die Kosten der Baukonstruktion anrechenbar.

(2) Für Grundleistungen bei Gebäuden und Innenräumen sind auch die Kosten für Technische Anlagen, die der Auftragnehmer nicht fachlich plant oder deren Ausführung er nicht fachlich überwacht,

1. vollständig anrechenbar bis zu einem Betrag von 25 Prozent der sonstigen anrechenbaren Kosten und
2. zur Hälfte anrechenbar mit dem Betrag, der 25 Prozent der sonstigen anrechenbaren Kosten übersteigt.

(3) Nicht anrechenbar sind insbesondere die Kosten für das Herrichten, für die nichtöffentliche Erschließung sowie für Leistungen zur Ausstattung und zu Kunstwerken, soweit der Auftragnehmer die Leistungen weder plant noch bei der Beschaffung mitwirkt oder ihre Ausführung oder ihren Einbau fachlich überwacht.

§ 34 Leistungsbild Gebäude und Innenräume

(1) Das Leistungsbild Gebäude und Innenräume umfasst Leistungen für Neubauten, Neuanlagen, Wiederaufbauten, Erweiterungsbauten, Umbauten, Modernisierungen, Instandsetzungen und Instandhaltungen.

(2) Leistungen für Innenräume sind die Gestaltung oder Erstellung von Innenräumen ohne wesentliche Eingriffe in Bestand oder Konstruktion.

(3) Die Grundleistungen sind in neun Leistungsphasen unterteilt und werden wie folgt in Prozentsätzen der Honorare des § 35 bewertet:

1. für die Leistungsphase 1 (Grundlagenermittlung) mit je 2 Prozent für Gebäude und Innenräume,
2. für die Leistungsphase 2 (Vorplanung) mit je 7 Prozent für Gebäude und Innenräume,
3. für die Leistungsphase 3 (Entwurfsplanung) mit 15 Prozent für Gebäude und Innenräume,
4. für die Leistungsphase 4 (Genehmigungsplanung) mit 3 Prozent für Gebäude und 2 Prozent für Innenräume,
5. für die Leistungsphase 5 (Ausführungsplanung) mit 25 Prozent für Gebäude und 30 Prozent für Innenräume,

6. für die Leistungsphase 6 (Vorbereitung der Vergabe) mit 10 Prozent für Gebäude und 7 Prozent für Innenräume,
7. für die Leistungsphase 7 (Mitwirkung bei der Vergabe) mit 4 Prozent für Gebäude und 3 Prozent für Innenräume,
8. für die Leistungsphase 8 (Objektüberwachung – Bauüberwachung und Dokumentation) mit 32 Prozent für Gebäude und Innenräume,
9. für die Leistungsphase 9 (Objektbetreuung) mit je 2 Prozent für Gebäude und Innenräume.

(4) Anlage 10 Nummer 10.1 regelt die Grundleistungen jeder Leistungsphase und enthält Beispiele für Besondere Leistungen.

§ 35 Honorare für Grundleistungen bei Gebäuden und Innenräumen

(1) Für die in § 34 und der Anlage 10 Nummer 10.1 genannten Grundleistungen für Gebäude und Innenräume sind die in der nachstehenden Honorartafel aufgeführten Honorarspannen Orientierungswerte:

Anrechenbare Kosten in Euro	Honorarzone I sehr geringe Anforderungen		Honorarzone II geringe Anforderungen		Honorarzone III durchschnittliche Anforderungen		Honorarzone IV hohe Anforderungen		Honorarzone V sehr hohe Anforderungen	
	von	bis	von	bis	von	bis	von	bis	von	bis
	Euro		Euro		Euro		Euro		Euro	
25.000	3.120	3.657	3.657	4.339	4.339	5.412	5.412	6.094	6.094	6.631
35.000	4.217	4.942	4.942	5.865	5.865	7.315	7.315	8.237	8.237	8.962
50.000	5.804	6.801	6.801	8.071	8.071	10.066	10.066	11.336	11.336	12.333
75.000	8.342	9.776	9.776	11.601	11.601	14.469	14.469	16.293	16.293	17.727
100.000	10.790	12.644	12.644	15.005	15.005	18.713	18.713	21.074	21.074	22.928
150.000	15.500	18.164	18.164	21.555	21.555	26.883	26.883	30.274	30.274	32.938
200.000	20.037	23.480	23.480	27.863	27.863	34.751	34.751	39.134	39.134	42.578
300.000	28.750	33.692	33.692	39.981	39.981	49.864	49.864	56.153	56.153	61.095
500.000	45.232	53.006	53.006	62.900	62.900	78.449	78.449	88.343	88.343	96.118
750.000	64.666	75.781	75.781	89.927	89.927	112.156	112.156	126.301	126.301	137.416
1.000.000	83.182	97.479	97.479	115.675	115.675	144.268	144.268	162.464	162.464	176.761
1.500.000	119.307	139.813	139.813	165.911	165.911	206.923	206.923	233.022	233.022	253.527
2.000.000	153.965	180.428	180.428	214.108	214.108	267.034	267.034	300.714	300.714	327.177
3.000.000	220.161	258.002	258.002	306.162	306.162	381.843	381.843	430.003	430.003	467.843
5.000.000	343.879	402.984	402.984	478.207	478.207	596.416	596.416	671.640	671.640	730.744
7.500.000	493.923	578.816	578.816	686.862	686.862	856.648	856.648	964.694	964.694	1.049.587
10.000.000	638.277	747.981	747.981	887.604	887.604	1.107.012	1.107.012	1.246.635	1.246.635	1.356.339
15.000.000	915.129	1.072.416	1.072.416	1.272.601	1.272.601	1.587.176	1.587.176	1.787.360	1.787.360	1.944.648
20.000.000	1.180.414	1.383.298	1.383.298	1.641.513	1.641.513	2.047.281	2.047.281	2.305.496	2.305.496	2.508.380
25.000.000	1.436.874	1.683.837	1.683.837	1.998.153	1.998.153	2.492.079	2.492.079	2.806.395	2.806.395	3.053.358

(2) Welchen Honorarzonen die Grundleistungen für Gebäude zugeordnet werden, richtet sich nach folgenden Bewertungsmerkmalen:
1. Anforderungen an die Einbindung in die Umgebung,
2. Anzahl der Funktionsbereiche,
3. gestalterische Anforderungen,
4. konstruktive Anforderungen,
5. technische Ausrüstung,
6. Ausbau.

(3) Welchen Honorarzonen die Grundleistungen für Innenräume zugeordnet werden, richtet sich nach folgenden Bewertungsmerkmalen:
1. Anzahl der Funktionsbereiche,
2. Anforderungen an die Lichtgestaltung,
3. Anforderungen an die Raumzuordnung und Raumproportion,
4. technische Ausrüstung,
5. Farb- und Materialgestaltung,
6. konstruktive Detailgestaltung.

(4) Sind für ein Gebäude Bewertungsmerkmale aus mehreren Honorarzonen anwendbar und bestehen deswegen Zweifel, welcher Honorarzone das Gebäude oder der Innenraum zugeordnet werden kann, so ist zunächst die Anzahl der Bewertungspunkte zu ermitteln. Zur Ermittlung der Bewertungspunkte werden die Bewertungsmerkmale wie folgt gewichtet:
1. die Bewertungsmerkmale gemäß Absatz 2 Nummer 1, 4 bis 6 mit je bis zu 6 Punkten und
2. die Bewertungsmerkmale gemäß Absatz 2 Nummer 2 und 3 mit je bis zu 9 Punkten.

(5) Sind für Innenräume Bewertungsmerkmale aus mehreren Honorarzonen anwendbar und bestehen deswegen Zweifel, welcher Honorarzone das Gebäude oder der Innenraum zugeordnet werden kann, so ist zunächst die Anzahl der Bewertungspunkte zu ermitteln. Zur Ermittlung der Bewertungspunkte werden die Bewertungsmerkmale wie folgt gewichtet:
1. die Bewertungsmerkmale gemäß Absatz 3 Nummer 1 bis 4 mit je bis zu 6 Punkten und
2. die Bewertungsmerkmale gemäß Absatz 3 Nummer 5 und 6 mit je bis zu 9 Punkten.

(6) Das Gebäude oder der Innenraum ist anhand der nach Absatz 5 ermittelten Bewertungspunkte einer der Honorarzonen zuzuordnen:

1. Honorarzone I:	bis zu 10 Punkte,
2. Honorarzone II:	11 bis 18 Punkte,
3. Honorarzone III:	19 bis 26 Punkte,

4. Honorarzone IV: 27 bis 34 Punkte,
5. Honorarzone V: 35 bis 42 Punkte.

(7) Für die Zuordnung zu den Honorarzonen ist die Objektliste der Anlage 10 Nummer 10.2 und Nummer 10.3 zu berücksichtigen.

§ 36 Umbauten und Modernisierungen von Gebäuden und Innenräumen

(1) Für Umbauten und Modernisierungen von Gebäuden kann bei einem durchschnittlichen Schwierigkeitsgrad ein Zuschlag gemäß § 6 Absatz 2 Satz 3 bis 33 Prozent auf das ermittelte Honorar in Textform vereinbart werden.

(2) Für Umbauten und Modernisierungen von Innenräumen in Gebäuden kann bei einem durchschnittlichen Schwierigkeitsgrad ein Zuschlag gemäß § 6 Absatz 2 Satz 3 bis 50 Prozent auf das ermittelte Honorar in Textform vereinbart werden.

§ 37 Aufträge für Gebäude und Freianlagen oder für Gebäude und Innenräume

(1) § 11 Absatz 1 ist nicht anzuwenden, wenn die getrennte Berechnung der Honorare für Freianlagen weniger als 7.500 Euro anrechenbare Kosten ergeben würde.

(2) Werden Grundleistungen für Innenräume in Gebäuden, die neu gebaut, wiederaufgebaut, erweitert oder umgebaut werden, einem Auftragnehmer übertragen, dem auch Grundleistungen für dieses Gebäude nach § 34 übertragen werden, so sind die Grundleistungen für Innenräume bei der Vereinbarung des Honorars für die Grundleistungen am Gebäude zu berücksichtigen. Ein gesondertes Honorar nach § 11 Absatz 1 darf für die Grundleistungen für Innenräume nicht berechnet werden.

Abschnitt 2 Freianlagen

§ 38 Besondere Grundlagen des Honorars

(1) Für Grundleistungen bei Freianlagen sind die Kosten für Außenanlagen anrechenbar, insbesondere für folgende Bauwerke und Anlagen, soweit diese durch den Auftragnehmer geplant oder überwacht werden:
1. Einzelgewässer mit überwiegend ökologischen und landschaftsgestalterischen Elementen,
2. Teiche ohne Dämme,
3. flächenhafter Erdbau zur Geländegestaltung,
4. einfache Durchlässe und Uferbefestigungen als Mittel zur Geländegestaltung, soweit keine Grundleistungen nach Teil 4 Abschnitt 1 erforderlich sind,
5. Lärmschutzwälle als Mittel zur Geländegestaltung,

6. Stützbauwerke und Geländeabstützungen ohne Verkehrsbelastung als Mittel zur Geländegestaltung, soweit keine Tragwerke mit durchschnittlichem Schwierigkeitsgrad erforderlich sind,
7. Stege und Brücken, soweit keine Grundleistungen nach Teil 4 Abschnitt 1 erforderlich sind,
8. Wege ohne Eignung für den regelmäßigen Fahrverkehr mit einfachen Entwässerungsverhältnissen sowie andere Wege und befestigte Flächen, die als Gestaltungselement der Freianlagen geplant werden und für die keine Grundleistungen nach Teil 3 Abschnitt 3 und 4 erforderlich sind.

(2) Nicht anrechenbar sind für Grundleistungen bei Freianlagen die Kosten für
1. das Gebäude sowie die in § 33 Absatz 3 genannten Kosten und
2. den Unter- und Oberbau von Fußgängerbereichen ausgenommen die Kosten für die Oberflächenbefestigung.

§ 39 Leistungsbild Freianlagen

(1) Freianlagen sind planerisch gestaltete Freiflächen und Freiräume sowie entsprechend gestaltete Anlagen in Verbindung mit Bauwerken oder in Bauwerken und landschaftspflegerische Freianlagenplanungen in Verbindung mit Objekten.

(2) § 34 Absatz 1 gilt entsprechend.

(3) Die Grundleistungen bei Freianlagen sind in neun Leistungsphasen unterteilt und werden wie folgt in Prozentsätzen der Honorare des § 40 bewertet:
1. für die Leistungsphase 1 (Grundlagenermittlung) mit 3 Prozent,
2. für die Leistungsphase 2 (Vorplanung) mit 10 Prozent,
3. für die Leistungsphase 3 (Entwurfsplanung) mit 16 Prozent,
4. für die Leistungsphase 4 (Genehmigungsplanung) mit 4 Prozent,
5. für die Leistungsphase 5 (Ausführungsplanung) mit 25 Prozent,
6. für die Leistungsphase 6 (Vorbereitung der Vergabe) mit 7 Prozent,
7. für die Leistungsphase 7 (Mitwirkung bei der Vergabe) mit 3 Prozent,
8. für die Leistungsphase 8 (Objektüberwachung – Bauüberwachung und Dokumentation) mit 30 Prozent und
9. für die Leistungsphase 9 (Objektbetreuung) mit 2 Prozent.

(4) Anlage 11 Nummer 11.1 regelt die Grundleistungen jeder Leistungsphase und enthält Beispiele für Besondere Leistungen.

§ 40 Honorare für Grundleistungen bei Freianlagen

(1) Für die in § 39 und der Anlage 11 Nummer 11.1 genannten Grundleistungen für Freianlagen sind die in der nachstehenden Honorartafel aufgeführten Honorarspannen Orientierungswerte:

Anrechenbare Kosten in Euro	Honorarzone I sehr geringe Anforderungen		Honorarzone II geringe Anforderungen		Honorarzone III durchschnittliche Anforderungen		Honorarzone IV hohe Anforderungen		Honorarzone V sehr hohe Anforderungen	
	von	bis	von	bis	von	bis	von	bis	von	bis
	Euro		Euro		Euro		Euro		Euro	
20.000	3.643	4.348	4.348	5.229	5.229	6.521	6.521	7.403	7.403	8.108
25.000	4.406	5.259	5.259	6.325	6.325	7.888	7.888	8.954	8.954	9.807
30.000	5.147	6.143	6.143	7.388	7.388	9.215	9.215	10.460	10.460	11.456
35.000	5.870	7.006	7.006	8.426	8.426	10.508	10.508	11.928	11.928	13.064
40.000	6.577	7.850	7.850	9.441	9.441	11.774	11.774	13.365	13.365	14.638
50.000	7.953	9.492	9.492	11.416	11.416	14.238	14.238	16.162	16.162	17.701
60.000	9.287	11.085	11.085	13.332	13.332	16.627	16.627	18.874	18.874	20.672
75.000	11.227	13.400	13.400	16.116	16.116	20.100	20.100	22.816	22.816	24.989
100.000	14.332	17.106	17.106	20.574	20.574	25.659	25.659	29.127	29.127	31.901
125.000	17.315	20.666	20.666	24.855	24.855	30.999	30.999	35.188	35.188	38.539
150.000	20.201	24.111	24.111	28.998	28.998	36.166	36.166	41.053	41.053	44.963
200.000	25.746	30.729	30.729	36.958	36.958	46.094	46.094	52.323	52.323	57.306
250.000	31.053	37.063	37.063	44.576	44.576	55.594	55.594	63.107	63.107	69.117
350.000	41.147	49.111	49.111	59.066	59.066	73.667	73.667	83.622	83.622	91.586
500.000	55.300	66.004	66.004	79.383	79.383	99.006	99.006	112.385	112.385	123.088
650.000	69.114	82.491	82.491	99.212	99.212	123.736	123.736	140.457	140.457	153.834
800.000	82.430	98.384	98.384	118.326	118.326	147.576	147.576	167.518	167.518	183.472
1.000.000	99.578	118.851	118.851	142.942	142.942	178.276	178.276	202.368	202.368	221.641
1.250.000	120.238	143.510	143.510	172.600	172.600	215.265	215.265	244.355	244.355	267.627
1.500.000	140.204	167.340	167.340	201.261	201.261	251.011	251.011	284.931	284.931	312.067

(2) Welchen Honorarzonen die Grundleistungen zugeordnet werden, richtet sich nach folgenden Bewertungsmerkmalen:

1. Anforderungen an die Einbindung in die Umgebung,
2. Anforderungen an Schutz, Pflege und Entwicklung von Natur und Landschaft,
3. Anzahl der Funktionsbereiche,
4. gestalterische Anforderungen,
5. Ver- und Entsorgungseinrichtungen.

(3) Sind für eine Freianlage Bewertungsmerkmale aus mehreren Honorarzonen anwendbar und bestehen deswegen Zweifel, welcher Honorarzone die Freianlage zugeordnet werden kann, so ist zunächst die Anzahl der Bewertungspunkte zu ermitteln. Zur Ermittlung der Bewertungspunkte werden die Bewertungsmerkmale wie folgt gewichtet:

1. die Bewertungsmerkmale gemäß Absatz 2 Nummer 1, 2 und 4 mit je bis zu 8 Punkten,
2. die Bewertungsmerkmale gemäß Absatz 2 Nummer 3 und 5 mit je bis zu 6 Punkten.

(4) Die Freianlage ist anhand der nach Absatz 3 ermittelten Bewertungspunkte einer der Honorarzonen zuzuordnen:

1. Honorarzone I:	bis zu 8 Punkte,
2. Honorarzone II:	9 bis 15 Punkte,
3. Honorarzone III:	16 bis 22 Punkte,
4. Honorarzone IV:	23 bis 29 Punkte,
5. Honorarzone V:	30 bis 36 Punkte.

(5) Für die Zuordnung zu den Honorarzonen ist die Objektliste der Anlage 11 Nummer 11.2 zu berücksichtigen.

(6) § 36 Absatz 1 ist für Freianlagen entsprechend anzuwenden.

Abschnitt 3 Ingenieurbauwerke

§ 41 Anwendungsbereich

Ingenieurbauwerke umfassen:

1. Bauwerke und Anlagen der Wasserversorgung,
2. Bauwerke und Anlagen der Abwasserentsorgung,
3. Bauwerke und Anlagen des Wasserbaus ausgenommen Freianlagen nach § 39 Absatz 1,

4. Bauwerke und Anlagen für Ver- und Entsorgung mit Gasen, Feststoffen und wassergefährdenden Flüssigkeiten, ausgenommen Anlagen der Technischen Ausrüstung nach § 53 Absatz 2,
5. Bauwerke und Anlagen der Abfallentsorgung,
6. konstruktive Ingenieurbauwerke für Verkehrsanlagen,
7. sonstige Einzelbauwerke ausgenommen Gebäude und Freileitungsmaste.

§ 42 Besondere Grundlagen des Honorars

(1) Für Grundleistungen bei Ingenieurbauwerken sind die Kosten der Baukonstruktion anrechenbar. Die Kosten für die Anlagen der Maschinentechnik, die der Zweckbestimmung des Ingenieurbauwerks dienen, sind anrechenbar, soweit der Auftragnehmer diese plant oder deren Ausführung überwacht.

(2) Für Grundleistungen bei Ingenieurbauwerken sind auch die Kosten für Technische Anlagen, die der Auftragnehmer nicht fachlich plant oder deren Ausführung der Auftragnehmer nicht fachlich überwacht,
1. vollständig anrechenbar bis zum Betrag von 25 Prozent der sonstigen anrechenbaren Kosten und
2. zur Hälfte anrechenbar mit dem Betrag, der 25 Prozent der sonstigen anrechenbaren Kosten übersteigt.

(3) Nicht anrechenbar sind, soweit der Auftragnehmer die Anlagen weder plant noch ihre Ausführung überwacht, die Kosten für
1. das Herrichten des Grundstücks,
2. die öffentliche und die nichtöffentliche Erschließung, die Außenanlagen, das Umlegen und Verlegen von Leitungen,
3. verkehrsregelnde Maßnahmen während der Bauzeit,
4. die Ausstattung und Nebenanlagen von Ingenieurbauwerken.

§ 43 Leistungsbild Ingenieurbauwerke

(1) § 34 Absatz 1 gilt entsprechend. Die Grundleistungen für Ingenieurbauwerke sind in neun Leistungsphasen unterteilt und werden wie folgt in Prozentsätzen der Honorare des § 44 bewertet:
1. für die Leistungsphase 1 (Grundlagenermittlung) mit 2 Prozent,
2. für die Leistungsphase 2 (Vorplanung) mit 20 Prozent,
3. für die Leistungsphase 3 (Entwurfsplanung) mit 25 Prozent,
4. für die Leistungsphase 4 (Genehmigungsplanung) mit 5 Prozent,
5. für die Leistungsphase 5 (Ausführungsplanung) mit 15 Prozent,
6. für die Leistungsphase 6 (Vorbereitung der Vergabe) mit 13 Prozent,
7. für die Leistungsphase 7 (Mitwirkung bei der Vergabe) mit 4 Prozent,
8. für die Leistungsphase 8 (Bauoberleitung) mit 15 Prozent,
9. für die Leistungsphase 9 (Objektbetreuung) mit 1 Prozent.

(2) Abweichend von Absatz 1 Nummer 2 wird die Leistungsphase 2 bei Objekten nach § 41 Nummer 6 und 7, die eine Tragwerksplanung erfordern, mit 10 Prozent bewertet.

(3) Die Vertragsparteien können abweichend von Absatz 1 in Textform vereinbaren, dass
1. die Leistungsphase 4 mit 5 bis 8 Prozent bewertet wird, wenn dafür ein eigenständiges Planfeststellungsverfahren erforderlich ist,
2. die Leistungsphase 5 mit 15 bis 35 Prozent bewertet wird, wenn ein überdurchschnittlicher Aufwand an Ausführungszeichnungen erforderlich wird.

(4) Anlage 12 Nummer 12.1 regelt die Grundleistungen jeder Leistungsphase und enthält Beispiele für Besondere Leistungen.

§ 44 Honorare für Grundleistungen bei Ingenieurbauwerken

(1) Für die in § 43 und der Anlage 12 Nummer 12.1 genannten Grundleistungen bei Ingenieurbauwerken sind die in der nachstehenden Honorartafel aufgeführten Honorarspannen Orientierungswerte:

Anrechenbare Kosten in Euro	Honorarzone I sehr geringe Anforderungen von	bis	Honorarzone II geringe Anforderungen von	bis	Honorarzone III durchschnittliche Anforderungen von	bis	Honorarzone IV hohe Anforderungen von	bis	Honorarzone V sehr hohe Anforderungen von	bis
	Euro		Euro		Euro		Euro		Euro	
25.000	3.449	4.109	4.109	4.768	4.768	5.428	5.428	6.036	6.036	6.696
35.000	4.475	5.331	5.331	6.186	6.186	7.042	7.042	7.831	7.831	8.687
50.000	5.897	7.024	7.024	8.152	8.152	9.279	9.279	10.320	10.320	11.447
75.000	8.069	9.611	9.611	11.154	11.154	12.697	12.697	14.121	14.121	15.663
100.000	10.079	12.005	12.005	13.932	13.932	15.859	15.859	17.637	17.637	19.564
150.000	13.786	16.422	16.422	19.058	19.058	21.693	21.693	24.126	24.126	26.762
200.000	17.215	20.506	20.506	23.797	23.797	27.088	27.088	30.126	30.126	33.417
300.000	23.534	28.033	28.033	32.532	32.532	37.031	37.031	41.185	41.185	45.684
500.000	34.865	41.530	41.530	48.195	48.195	54.861	54.861	61.013	61.013	67.679
750.000	47.576	56.672	56.672	65.767	65.767	74.863	74.863	83.258	83.258	92.354
1.000.000	59.264	70.594	70.594	81.924	81.924	93.254	93.254	103.712	103.712	115.042
1.500.000	80.998	96.482	96.482	111.967	111.967	127.452	127.452	141.746	141.746	157.230
2.000.000	101.054	120.373	120.373	139.692	139.692	159.011	159.011	176.844	176.844	196.163
3.000.000	137.907	164.272	164.272	190.636	190.636	217.001	217.001	241.338	241.338	267.702
5.000.000	203.584	242.504	242.504	281.425	281.425	320.345	320.345	356.272	356.272	395.192
7.500.000	278.415	331.642	331.642	384.868	384.868	438.095	438.095	487.227	487.227	540.453
10.000.000	347.568	414.014	414.014	480.461	480.461	546.908	546.908	608.244	608.244	674.690
15.000.000	474.901	565.691	565.691	656.480	656.480	747.270	747.270	831.076	831.076	921.866
20.000.000	592.324	705.563	705.563	818.801	818.801	932.040	932.040	1.036.568	1.036.568	1.149.806
25.000.000	702.770	837.123	837.123	971.476	971.476	1.105.829	1.105.829	1.229.848	1.229.848	1.364.201

(2) Welchen Honorarzonen die Grundleistungen zugeordnet werden, richtet sich nach folgenden Bewertungsmerkmalen:
1. geologische und baugrundtechnische Gegebenheiten,
2. technische Ausrüstung und Ausstattung,
3. Einbindung in die Umgebung oder in das Objektumfeld,
4. Umfang der Funktionsbereiche oder der konstruktiven oder technischen Anforderungen,
5. fachspezifische Bedingungen.

(3) Sind für Ingenieurbauwerke Bewertungsmerkmale aus mehreren Honorarzonen anwendbar und bestehen deswegen Zweifel, welcher Honorarzone das Objekt zugeordnet werden kann, so ist zunächst die Anzahl der Bewertungspunkte zu ermitteln. Zur Ermittlung der Bewertungspunkte werden die Bewertungsmerkmale wie folgt gewichtet:
1. die Bewertungsmerkmale gemäß Absatz 2 Nummer 1, 2 und 3 mit bis zu 5 Punkten,
2. das Bewertungsmerkmal gemäß Absatz 2 Nummer 4 mit bis zu 10 Punkten,
3. das Bewertungsmerkmal gemäß Absatz 2 Nummer 5 mit bis zu 15 Punkten.

(4) Das Ingenieurbauwerk ist anhand der nach Absatz 3 ermittelten Bewertungspunkte einer der Honorarzonen zuzuordnen:

1. Honorarzone I:	bis zu 10 Punkte,
2. Honorarzone II:	11 bis 17 Punkte,
3. Honorarzone III:	18 bis 25 Punkte,
4. Honorarzone IV:	26 bis 33 Punkte,
5. Honorarzone V:	34 bis 40 Punkte.

(5) Für die Zuordnung zu den Honorarzonen ist die Objektliste der Anlage 12 Nummer 12.2 zu berücksichtigen.

(6) Für Umbauten und Modernisierungen von Ingenieurbauwerken kann bei einem durchschnittlichen Schwierigkeitsgrad ein Zuschlag gemäß § 6 Absatz 2 Satz 3 bis 33 Prozent in Textform vereinbart werden.

Abschnitt 4 Verkehrsanlagen

§ 45 Anwendungsbereich

Verkehrsanlagen sind
1. Anlagen des Straßenverkehrs ausgenommen selbstständige Rad-, Geh- und Wirtschaftswege und Freianlagen nach § 39 Absatz 1,
2. Anlagen des Schienenverkehrs,
3. Anlagen des Flugverkehrs.

§ 46 Besondere Grundlagen des Honorars

(1) Für Grundleistungen bei Verkehrsanlagen sind die Kosten der Baukonstruktion anrechenbar. Soweit der Auftragnehmer die Ausstattung von Anlagen des Straßen-, Schienen- und Flugverkehrs einschließlich der darin enthaltenen Entwässerungsanlagen, die der Zweckbestimmung der Verkehrsanlagen dienen, plant oder deren Ausführung überwacht, sind die dadurch entstehenden Kosten anrechenbar.

(2) Für Grundleistungen bei Verkehrsanlagen sind auch die Kosten für Technische Anlagen, die der Auftragnehmer nicht fachlich plant oder deren Ausführung der Auftragnehmer nicht fachlich überwacht,

1. vollständig anrechenbar bis zu einem Betrag von 25 Prozent der sonstigen anrechenbaren Kosten und
2. zur Hälfte anrechenbar mit dem Betrag, der 25 Prozent der sonstigen anrechenbaren Kosten übersteigt.

(3) Nicht anrechenbar sind, soweit der Auftragnehmer die Anlagen weder plant noch ihre Ausführung überwacht, die Kosten für

1. das Herrichten des Grundstücks,
2. die öffentliche und die nichtöffentliche Erschließung, die Außenanlagen, das Umlegen und Verlegen von Leitungen,
3. die Nebenanlagen von Anlagen des Straßen-, Schienen- und Flugverkehrs,
4. verkehrsregelnde Maßnahmen während der Bauzeit.

(4) Für Grundleistungen der Leistungsphasen 1 bis 7 und 9 bei Verkehrsanlagen sind

1. die Kosten für Erdarbeiten einschließlich Felsarbeiten anrechenbar bis zu einem Betrag von 40 Prozent der sonstigen anrechenbaren Kosten nach Absatz 1 und
2. 10 Prozent der Kosten für Ingenieurbauwerke anrechenbar, wenn dem Auftragnehmer für diese Ingenieurbauwerke nicht gleichzeitig Grundleistungen nach § 43 übertragen werden.

(5) Die nach den Absätzen 1 bis 4 ermittelten Kosten sind für Grundleistungen des § 47 Absatz 1 Satz 2 Nummer 1 bis 7 und 9

1. bei Straßen, die mehrere durchgehende Fahrspuren mit einer gemeinsamen Entwurfsachse und einer gemeinsamen Entwurfsgradiente haben, wie folgt anteilig anrechenbar:
   a) bei dreistreifigen Straßen zu 85 Prozent,
   b) bei vierstreifigen Straßen zu 70 Prozent und
   c) bei mehr als vierstreifigen Straßen zu 60 Prozent,
2. bei Gleis- und Bahnsteiganlagen, die zwei Gleise mit einem gemeinsamen Planum haben, zu 90 Prozent anrechenbar. Das Honorar für Gleis- und Bahn-

steiganlagen mit mehr als zwei Gleisen oder Bahnsteigen kann abweichend von den Grundsätzen des Satzes 1, der Absätze 1 bis 4 und der §§ 47 und 48 vereinbart werden.

§ 47 Leistungsbild Verkehrsanlagen

(1) § 34 Absatz 1 gilt entsprechend. Die Grundleistungen für Verkehrsanlagen sind in neun Leistungsphasen unterteilt und werden wie folgt in Prozentsätzen der Honorare des § 48 bewertet:
1. für die Leistungsphase 1 (Grundlagenermittlung) mit 2 Prozent,
2. für die Leistungsphase 2 (Vorplanung) mit 20 Prozent,
3. für die Leistungsphase 3 (Entwurfsplanung) mit 25 Prozent,
4. für die Leistungsphase 4 (Genehmigungsplanung) mit 8 Prozent,
5. für die Leistungsphase 5 (Ausführungsplanung) mit 15 Prozent,
6. für die Leistungsphase 6 (Vorbereitung der Vergabe) mit 10 Prozent,
7. für die Leistungsphase 7 (Mitwirkung bei der Vergabe) mit 4 Prozent,
8. für die Leistungsphase 8 (Bauoberleitung) mit 15 Prozent,
9. für die Leistungsphase 9 (Objektbetreuung) mit 1 Prozent.

(2) Anlage 13 Nummer 13.1 regelt die Grundleistungen jeder Leistungsphase und enthält Beispiele für Besondere Leistungen.

§ 48 Honorare für Grundleistungen bei Verkehrsanlagen

(1) Für die in § 47 und der Anlage 13 Nummer 13.1 genannten Grundleistungen bei Verkehrsanlagen sind die in der nachstehenden Honorartafel aufgeführten Honorarspannen Orientierungswerte:

Anrechenbare Kosten in Euro	Honorarzone I sehr geringe Anforderungen		Honorarzone II geringe Anforderungen		Honorarzone III durchschnittliche Anforderungen		Honorarzone IV hohe Anforderungen		Honorarzone V sehr hohe Anforderungen	
	von	bis	von	bis	von	bis	von	bis	von	bis
	Euro		Euro		Euro		Euro		Euro	
25.000	3.882	4.624	4.624	5.366	5.366	6.108	6.108	6.793	6.793	7.535
35.000	4.981	5.933	5.933	6.885	6.885	7.837	7.837	8.716	8.716	9.668
50.000	6.487	7.727	7.727	8.967	8.967	10.207	10.207	11.352	11.352	12.592
75.000	8.759	10.434	10.434	12.108	12.108	13.783	13.783	15.328	15.328	17.003
100.000	10.839	12.911	12.911	14.983	14.983	17.056	17.056	18.968	18.968	21.041
150.000	14.634	17.432	17.432	20.229	20.229	23.027	23.027	25.610	25.610	28.407
200.000	18.106	21.567	21.567	25.029	25.029	28.490	28.490	31.685	31.685	35.147
300.000	24.435	29.106	29.106	33.778	33.778	38.449	38.449	42.761	42.761	47.433
500.000	35.622	42.433	42.433	49.243	49.243	56.053	56.053	62.339	62.339	69.149
750.000	48.001	57.178	57.178	66.355	66.355	75.532	75.532	84.002	84.002	93.179
1.000.000	59.267	70.597	70.597	81.928	81.928	93.258	93.258	103.717	103.717	115.047
1.500.000	80.009	95.305	95.305	110.600	110.600	125.896	125.896	140.015	140.015	155.311
2.000.000	98.962	117.881	117.881	136.800	136.800	155.719	155.719	173.183	173.183	192.102
3.000.000	133.441	158.951	158.951	184.462	184.462	209.973	209.973	233.521	233.521	259.032
5.000.000	194.094	231.200	231.200	268.306	268.306	305.412	305.412	339.664	339.664	376.770
7.500.000	262.407	312.573	312.573	362.739	362.739	412.905	412.905	459.212	459.212	509.378
10.000.000	324.978	387.107	387.107	449.235	449.235	511.363	511.363	568.712	568.712	630.840
15.000.000	439.179	523.140	523.140	607.101	607.101	691.062	691.062	768.564	768.564	852.525
20.000.000	543.619	647.546	647.546	751.473	751.473	855.401	855.401	951.333	951.333	1.055.260
25.000.000	641.265	763.860	763.860	886.454	886.454	1.009.049	1.009.049	1.122.213	1.122.213	1.244.808

(2) Welchen Honorarzonen die Grundleistungen zugeordnet werden, richtet sich nach folgenden Bewertungsmerkmalen:
1. geologische und baugrundtechnische Gegebenheiten,
2. technische Ausrüstung und Ausstattung,
3. Einbindung in die Umgebung oder das Objektumfeld,
4. Umfang der Funktionsbereiche oder der konstruktiven oder technischen Anforderungen,
5. fachspezifische Bedingungen.

(3) Sind für Verkehrsanlagen Bewertungsmerkmale aus mehreren Honorarzonen anwendbar und bestehen deswegen Zweifel, welcher Honorarzone das Objekt zugeordnet werden kann, so ist zunächst die Anzahl der Bewertungspunkte zu ermitteln. Zur Ermittlung der Bewertungspunkte werden die Bewertungsmerkmale wie folgt gewichtet:
1. die Bewertungsmerkmale gemäß Absatz 2 Nummer 1, 2 mit bis zu 5 Punkten,
2. das Bewertungsmerkmal gemäß Absatz 2 Nummer 3 mit bis zu 15 Punkten,
3. das Bewertungsmerkmal gemäß Absatz 2 Nummer 4 mit bis zu 10 Punkten,
4. das Bewertungsmerkmal gemäß Absatz 2 Nummer 5 mit bis zu 5 Punkten,

(4) Die Verkehrsanlage ist anhand der nach Absatz 3 ermittelten Bewertungspunkte einer der Honorarzonen zuzuordnen:

1. Honorarzone I:	bis zu 10 Punkte,
2. Honorarzone II:	11 bis 17 Punkte,
3. Honorarzone III:	18 bis 25 Punkte,
4. Honorarzone IV:	26 bis 33 Punkte,
5. Honorarzone V:	34 bis 40 Punkte.

(5) Für die Zuordnung zu den Honorarzonen ist die Objektliste der Anlage 13 Nummer 13.2 zu berücksichtigen.

(6) Für Umbauten und Modernisierungen von Verkehrsanlagen kann bei einem durchschnittlichen Schwierigkeitsgrad ein Zuschlag gemäß § 6 Absatz 2 Satz 3 bis 33 Prozent in Textform vereinbart werden.

Teil 4 Fachplanung

Abschnitt 1 Tragwerksplanung

§ 49 Anwendungsbereich

(1) Leistungen der Tragwerksplanung sind die statische Fachplanung für die Objektplanung Gebäude und Ingenieurbauwerke.

(2) Das Tragwerk bezeichnet das statische Gesamtsystem der miteinander verbundenen, lastabtragenden Konstruktionen, die für die Standsicherheit von Gebäuden, Ingenieurbauwerken und Traggerüsten bei Ingenieurbauwerken maßgeblich sind.

§ 50 Besondere Grundlagen des Honorars

(1) Bei Gebäuden und zugehörigen baulichen Anlagen sind 55 Prozent der Baukonstruktionskosten und 10 Prozent der Kosten der Technischen Anlagen anrechenbar.

(2) Die Vertragsparteien können bei Gebäuden mit einem hohen Anteil an Kosten der Gründung und der Tragkonstruktionen in Textform vereinbaren, dass die anrechenbaren Kosten abweichend von Absatz 1 nach Absatz 3 ermittelt werden.

(3) Bei Ingenieurbauwerken sind 90 Prozent der Baukonstruktionskosten und 15 Prozent der Kosten der Technischen Anlagen anrechenbar.

(4) Für Traggerüste bei Ingenieurbauwerken sind die Herstellkosten einschließlich der zugehörigen Kosten für Baustelleneinrichtungen anrechenbar. Bei mehrfach verwendeten Bauteilen ist der Neuwert anrechenbar.

(5) Die Vertragsparteien können vereinbaren, dass Kosten von Arbeiten, die nicht in den Absätzen 1 bis 3 erfasst sind, ganz oder teilweise anrechenbar sind, wenn der Auftragnehmer wegen dieser Arbeiten Mehrleistungen für das Tragwerk nach § 51 erbringt.

§ 51 Leistungsbild Tragwerksplanung

(1) Die Grundleistungen der Tragwerksplanung sind für Gebäude und zugehörige bauliche Anlagen sowie für Ingenieurbauwerke nach § 41 Nummer 1 bis 5 in den Leistungsphasen 1 bis 6 sowie für Ingenieurbauwerke nach § 41 Nummer 6 und 7 in den Leistungsphasen 2 bis 6 zusammengefasst und werden wie folgt in Prozentsätzen der Honorare des § 52 bewertet:
1. für die Leistungsphase 1 (Grundlagenermittlung) mit 3 Prozent,

2. für die Leistungsphase 2 (Vorplanung) mit 10 Prozent,
3. für die Leistungsphase 3 (Entwurfsplanung) mit 15 Prozent,
4. für die Leistungsphase 4 (Genehmigungsplanung) mit 30 Prozent,
5. für die Leistungsphase 5 (Ausführungsplanung) mit 40 Prozent,
6. für die Leistungsphase 6 (Vorbereitung der Vergabe) mit 2 Prozent.

(2) Die Leistungsphase 5 ist abweichend von Absatz 1 mit 30 Prozent der Honorare des § 52 zu bewerten
1. im Stahlbetonbau, sofern keine Schalpläne in Auftrag gegeben werden,
2. im Holzbau mit unterdurchschnittlichem Schwierigkeitsgrad.

(3) Die Leistungsphase 5 ist abweichend von Absatz 1 mit 20 Prozent der Honorare des § 52 zu bewerten, sofern nur Schalpläne in Auftrag gegeben werden.

(4) Bei sehr enger Bewehrung kann die Bewertung der Leistungsphase 5 um bis zu 4 Prozent erhöht werden.

(5) Anlage 14 Nummer 14.1 regelt die Grundleistungen jeder Leistungsphase und enthält Beispiele für Besondere Leistungen. Für Ingenieurbauwerke nach § 41 Nummer 6 und 7 sind die Grundleistungen der Tragwerksplanung zur Leistungsphase 1 im Leistungsbild der Ingenieurbauwerke gemäß § 43 enthalten.

§ 52 Honorare für Grundleistungen bei Tragwerksplanungen

(1) Für die in § 51 und der Anlage 14 Nummer 14.1 genannten Grundleistungen der Tragwerksplanungen sind die in der nachstehenden Honorartafel aufgeführten Honorarspannen Orientierungswerte:

Anrechenbare Kosten in Euro	Honorarzone I sehr geringe Anforderungen		Honorarzone II geringe Anforderungen		Honorarzone III durchschnittliche Anforderungen		Honorarzone IV hohe Anforderungen		Honorarzone V sehr hohe Anforderungen	
	von	bis	von	bis	von	bis	von	bis	von	bis
	Euro		Euro		Euro		Euro		Euro	
10.000	1.461	1.624	1.624	2.064	2.064	2.575	2.575	3.015	3.015	3.178
15.000	2.011	2.234	2.234	2.841	2.841	3.543	3.543	4.149	4.149	4.373
25.000	3.006	3.340	3.340	4.247	4.247	5.296	5.296	6.203	6.203	6.537
50.000	5.187	5.763	5.763	7.327	7.327	9.139	9.139	10.703	10.703	11.279
75.000	7.135	7.928	7.928	10.080	10.080	12.572	12.572	14.724	14.724	15.517
100.000	8.946	9.940	9.940	12.639	12.639	15.763	15.763	18.461	18.461	19.455
150.000	12.303	13.670	13.670	17.380	17.380	21.677	21.677	25.387	25.387	26.754
250.000	18.370	20.411	20.411	25.951	25.951	32.365	32.365	37.906	37.906	39.947
350.000	23.909	26.565	26.565	33.776	33.776	42.125	42.125	49.335	49.335	51.992
500.000	31.594	35.105	35.105	44.633	44.633	55.666	55.666	65.194	65.194	68.705
750.000	43.463	48.293	48.293	61.401	61.401	76.578	76.578	89.686	89.686	94.515
1.000.000	54.495	60.550	60.550	76.984	76.984	96.014	96.014	112.449	112.449	118.504
1.250.000	64.940	72.155	72.155	91.740	91.740	114.418	114.418	134.003	134.003	141.218
1.500.000	74.938	83.265	83.265	105.865	105.865	132.034	132.034	154.635	154.635	162.961
2.000.000	93.923	104.358	104.358	132.684	132.684	165.483	165.483	193.808	193.808	204.244
3.000.000	129.059	143.398	143.398	182.321	182.321	227.389	227.389	266.311	266.311	280.651
5.000.000	192.384	213.760	213.760	271.781	271.781	338.962	338.962	396.983	396.983	418.359
7.500.000	264.487	293.874	293.874	373.640	373.640	466.001	466.001	545.767	545.767	575.154
10.000.000	331.398	368.220	368.220	468.166	468.166	583.892	583.892	683.838	683.838	720.660
15.000.000	455.117	505.686	505.686	642.943	642.943	801.873	801.873	939.131	939.131	989.699

(2) Die Honorarzone wird nach dem statisch-konstruktiven Schwierigkeitsgrad anhand der in Anlage 14 Nummer 14.2 dargestellten Bewertungsmerkmale ermittelt.

(3) Sind für ein Tragwerk Bewertungsmerkmale aus mehreren Honorarzonen anwendbar und bestehen deswegen Zweifel, welcher Honorarzone das Tragwerk zugeordnet werden kann, so ist für die Zuordnung die Mehrzahl der in den jeweiligen Honorarzonen nach Absatz 2 aufgeführten Bewertungsmerkmale und ihre Bedeutung im Einzelfall maßgebend.

(4) Für Umbauten und Modernisierungen kann bei einem durchschnittlichen Schwierigkeitsgrad ein Zuschlag gemäß § 6 Absatz 2 Satz 3 bis 50 Prozent in Textform vereinbart werden.

Abschnitt 2 Technische Ausrüstung

§ 53 Anwendungsbereich

(1) Die Leistungen der Technischen Ausrüstung umfassen die Fachplanungen für Objekte.

(2) Zur Technischen Ausrüstung gehören folgende Anlagengruppen:
1. Abwasser-, Wasser- und Gasanlagen,
2. Wärmeversorgungsanlagen,
3. Lufttechnische Anlagen,
4. Starkstromanlagen,
5. Fernmelde- und informationstechnische Anlagen,
6. Förderanlagen,
7. nutzungsspezifische Anlagen und verfahrenstechnische Anlagen,
8. Gebäudeautomation und Automation von Ingenieurbauwerken.

§ 54 Besondere Grundlagen des Honorars

(1) Das Honorar für Grundleistungen bei der Technischen Ausrüstung richtet sich für das jeweilige Objekt im Sinne des § 2 Absatz 1 Satz 1 nach der Summe der anrechenbaren Kosten der Anlagen jeder Anlagengruppe. Dies gilt für nutzungsspezifische Anlagen nur, wenn die Anlagen funktional gleichartig sind. Anrechenbar sind auch sonstige Maßnahmen für Technische Anlagen.

(2) Umfasst ein Auftrag für unterschiedliche Objekte im Sinne des § 2 Absatz 1 Satz 1 mehrere Anlagen, die unter funktionalen und technischen Kriterien eine Einheit bilden, werden die anrechenbaren Kosten der Anlagen jeder Anlagengruppe zusammengefasst. Dies gilt für nutzungsspezifische Anlagen nur, wenn diese Anlagen funktional gleichartig sind. § 11 Absatz 1 ist nicht anzuwenden.

(3) Umfasst ein Auftrag im Wesentlichen gleiche Anlagen, die unter weitgehend vergleichbaren Bedingungen für im Wesentlichen gleiche Objekte geplant werden, ist die Rechtsfolge des § 11 Absatz 3 anzuwenden. Umfasst ein Auftrag im Wesentlichen gleiche Anlagen, die bereits Gegenstand eines anderen Vertrags zwischen den Vertragsparteien waren, ist die Rechtsfolge des § 11 Absatz 4 anzuwenden.

(4) Nicht anrechenbar sind die Kosten für die nichtöffentliche Erschließung und die Technischen Anlagen in Außenanlagen, soweit der Auftragnehmer diese nicht plant oder ihre Ausführung nicht überwacht.

(5) Werden Teile der Technischen Ausrüstung in Baukonstruktionen ausgeführt, so können die Vertragsparteien in Textform vereinbaren, dass die Kosten hierfür ganz oder teilweise zu den anrechenbaren Kosten gehören. Satz 1 ist entsprechend für Bauteile der Kostengruppe Baukonstruktionen anzuwenden, deren Abmessung oder Konstruktion durch die Leistung der Technischen Ausrüstung wesentlich beeinflusst wird.

§ 55 Leistungsbild Technische Ausrüstung

(1) Das Leistungsbild Technische Ausrüstung umfasst Grundleistungen für Neuanlagen, Wiederaufbauten, Erweiterungsbauten, Umbauten, Modernisierungen, Instandhaltungen und Instandsetzungen. Die Grundleistungen bei der Technischen Ausrüstung sind in neun Leistungsphasen zusammengefasst und werden wie folgt in Prozentsätzen der Honorare des § 56 bewertet:
1. für die Leistungsphase 1 (Grundlagenermittlung) mit 2 Prozent,
2. für die Leistungsphase 2 (Vorplanung) mit 9 Prozent,
3. für die Leistungsphase 3 (Entwurfsplanung) mit 17 Prozent,
4. für die Leistungsphase 4 (Genehmigungsplanung) mit 2 Prozent,
5. für die Leistungsphase 5 (Ausführungsplanung) mit 22 Prozent,
6. für die Leistungsphase 6 (Vorbereitung der Vergabe) mit 7 Prozent,
7. für die Leistungsphase 7 (Mitwirkung bei der Vergabe) mit 5 Prozent,
8. für die Leistungsphase 8 (Objektüberwachung – Bauüberwachung) mit 35 Prozent,
9. für die Leistungsphase 9 (Objektbetreuung) mit 1 Prozent.

(2) Die Leistungsphase 5 ist abweichend von Absatz 1 Satz 2 mit einem Abschlag von jeweils 4 Prozent zu bewerten, sofern das Anfertigen von Schlitz- und Durchbruchsplänen oder das Prüfen der Montage- und Werkstattpläne der ausführenden Firmen nicht in Auftrag gegeben wird.

(3) Anlage 15 Nummer 15.1 regelt die Grundleistungen jeder Leistungsphase und enthält Beispiele für Besondere Leistungen.

§ 56 Honorare für Grundleistungen der Technischen Ausrüstung

(1) Für die in § 55 und der Anlage 15 Nummer 15.1 genannten Grundleistungen bei einzelnen Anlagen sind die in der nachstehenden Honorartafel aufgeführten Honorarspannen Orientierungswerte:

Anrechenbare Kosten in Euro	Honorarzone I geringe Anforderungen		Honorarzone II durchschnittliche Anforderungen		Honorarzone III hohe Anforderungen	
	von	bis	von	bis	von	bis
	Euro		Euro		Euro	
5.000	2.132	2.547	2.547	2.990	2.990	3.405
10.000	3.689	4.408	4.408	5.174	5.174	5.893
15.000	5.084	6.075	6.075	7.131	7.131	8.122
25.000	7.615	9.098	9.098	10.681	10.681	12.164
35.000	9.934	11.869	11.869	13.934	13.934	15.869
50.000	13.165	15.729	15.729	18.465	18.465	21.029
75.000	18.122	21.652	21.652	25.418	25.418	28.948
10.0000	22.723	27.150	27.150	31.872	31.872	36.299
15.0000	31.228	37.311	37.311	43.800	43.800	49.883
250.000	46.640	55.726	55.726	65.418	65.418	74.504
500.000	80.684	96.402	96.402	113.168	113.168	128.886
750.000	111.105	132.749	132.749	155.836	155.836	177.480
1.000.000	139.347	166.493	166.493	195.448	195.448	222.594
1.250.000	166.043	198.389	198.389	232.891	232.891	265.237
1.500.000	191.545	228.859	228.859	268.660	268.660	305.974
2.000.000	239.792	286.504	286.504	336.331	336.331	383.044
2.500.000	285.649	341.295	341.295	400.650	400.650	456.296
3.000.000	329.420	393.593	393.593	462.044	462.044	526.217
3.500.000	371.491	443.859	443.859	521.052	521.052	593.420
4.000.000	412.126	492.410	492.410	578.046	578.046	658.331

(2) Welchen Honorarzonen die Grundleistungen zugeordnet werden, richtet sich nach folgenden Bewertungsmerkmalen:
1. Anzahl der Funktionsbereiche,
2. Integrationsansprüche,
3. technische Ausgestaltung,
4. Anforderungen an die Technik,
5. konstruktive Anforderungen.

(3) Für die Zuordnung zu den Honorarzonen ist die Objektliste der Anlage 15 Nummer 15.2 zu berücksichtigen.

(4) Werden Anlagen einer Gruppe verschiedenen Honorarzonen zugeordnet, so ergibt sich das Honorar nach Absatz 1 aus der Summe der Einzelhonorare. Ein Einzelhonorar wird dabei für alle Anlagen ermittelt, die einer Honorarzone zugeordnet werden. Für die Ermittlung des Einzelhonorars ist zunächst das Honorar für die Anlagen jeder Honorarzone zu berechnen, das sich ergeben würde, wenn die gesamten anrechenbaren Kosten der Anlagengruppe nur der Honorarzone zugeordnet würden, für die das Einzelhonorar berechnet wird. Das Einzelhonorar ist dann nach dem Verhältnis der Summe der anrechenbaren Kosten der Anlagen einer Honorarzone zu den gesamten anrechenbaren Kosten der Anlagengruppe zu ermitteln.

(5) Für Umbauten und Modernisierungen kann bei einem durchschnittlichen Schwierigkeitsgrad ein Zuschlag gemäß § 6 Absatz 2 Satz 3 bis 50 Prozent in Textform vereinbart werden.

Teil 5 Übergangs- und Schlussvorschriften

§ 57 Übergangsvorschrift

(1) Diese Verordnung ist nicht auf Grundleistungen anzuwenden, die vor dem 17. Juli 2013 vertraglich vereinbart wurden; insoweit bleiben die bisherigen Vorschriften anwendbar.

(2) Die durch die Erste Verordnung zur Änderung der Honorarordnung für Architekten und Ingenieure vom 2. Dezember 2020 (BGBl. I S. 2636) geänderten Vorschriften sind erst auf diejenigen Vertragsverhältnisse anzuwenden, die nach Ablauf des 31. Dezember 2020 begründet worden sind.

§ 58 Inkrafttreten, Außerkrafttreten

Diese Verordnung tritt am Tag nach der Verkündung in Kraft. Gleichzeitig tritt die Honorarordnung für Architekten und Ingenieure vom 11. August 2009 (BGBl. I S. 2732) außer Kraft.

Anlage 1 Weitere Fachplanungs- und Beratungsleistungen (zu § 3 Absatz 1)

1.1 Umweltverträglichkeitsstudie

1.1.1 Leistungsbild Umweltverträglichkeitsstudie

(1) Die Grundleistungen bei Umweltverträglichkeitsstudien sind in vier Leistungsphasen unterteilt und werden wie folgt in Prozentsätzen der Honorare in Nummer 1.1.2 bewertet:
1. für die Leistungsphase 1 (Klären der Aufgabenstellung und Ermitteln des Leistungsumfangs) mit 3 Prozent,
2. für die Leistungsphase 2 (Grundlagenermittlung) mit 37 Prozent,
3. für die Leistungsphase 3 (Vorläufige Fassung) mit 50 Prozent,
4. für die Leistungsphase 4 (Abgestimmte Fassung) mit 10 Prozent.

(2) Das Leistungsbild setzt sich wie folgt zusammen:

Leistungsphase 1: Klären der Aufgabenstellung und Ermitteln des Leistungsumfangs
- Zusammenstellen und Prüfen der vom Auftraggeber zur Verfügung gestellten untersuchungsrelevanten Unterlagen,
- Ortsbesichtigungen,
- Abgrenzen der Untersuchungsräume,
- Ermitteln der Untersuchungsinhalte,
- Konkretisieren weiteren Bedarfs an Daten und Unterlagen,
- Beraten zum Leistungsumfang für ergänzende Untersuchungen und Fachleistungen,
- Aufstellen eines verbindlichen Arbeitsplans unter Berücksichtigung der sonstigen Fachbeiträge.

Leistungsphase 2: Grundlagenermittlung
- Ermitteln und Beschreiben der untersuchungsrelevanten Sachverhalte auf Grund vorhandener Unterlagen,
- Beschreiben der Umwelt einschließlich des rechtlichen Schutzstatus, der fachplanerischen Vorgaben und Ziele sowie der für die Bewertung relevanten Funktionselemente für jedes Schutzgut einschließlich der Wechselwirkungen,
- Beschreiben der vorhandenen Beeinträchtigungen der Umwelt,
- Bewerten der Funktionselemente und der Leistungsfähigkeit der einzelnen Schutzgüter hinsichtlich ihrer Bedeutung und Empfindlichkeit,
- Raumwiderstandsanalyse, soweit nach Art des Vorhabens erforderlich, einschließlich des Ermittelns konfliktarmer Bereiche,
- Darstellen von Entwicklungstendenzen des Untersuchungsraums für den Prognose-Null-Fall,

- Überprüfen der Abgrenzung des Untersuchungsraums und der Untersuchungsinhalte,
- Zusammenfassendes Darstellen der Erfassung und Bewertung als Grundlage für die Erörterung mit dem Auftraggeber.

Leistungsphase 3: Vorläufige Fassung
- Ermitteln und Beschreiben der Umweltauswirkungen und Erstellen der vorläufigen Fassung,
- Mitwirken bei der Entwicklung und der Auswahl vertieft zu untersuchender planerischer Lösungen,
- Mitwirken bei der Optimierung von bis zu drei planerischen Lösungen (Hauptvarianten) zur Vermeidung von Beeinträchtigungen,
- Ermitteln, Beschreiben und Bewerten der unmittelbaren und mittelbaren Auswirkungen von bis zu drei planerischen Lösungen (Hauptvarianten) auf die Schutzgüter im Sinne des Gesetzes über die Umweltverträglichkeitsprüfung vom 24. Februar 2010 (BGBl. I S. 94) einschließlich der Wechselwirkungen,
- Einarbeiten der Ergebnisse vorhandener Untersuchungen zum Gebiets- und Artenschutz sowie zum Boden- und Wasserschutz,
- Vergleichendes Darstellen und Bewerten der Auswirkungen von bis zu drei planerischen Lösungen,
- Zusammenfassendes vergleichendes Bewerten des Projekts mit dem Prognose-Null-Fall,
- Erstellen von Hinweisen auf Maßnahmen zur Vermeidung und Verminderung von Beeinträchtigungen sowie zur Ausgleichbarkeit der unvermeidbaren Beeinträchtigungen,
- Erstellen von Hinweisen auf Schwierigkeiten bei der Zusammenstellung der Angaben,
- Zusammenführen und Darstellen der Ergebnisse als vorläufige Fassung in Text und Karten einschließlich des Herausarbeitens der grundsätzlichen Lösung der wesentlichen Teile der Aufgabe,
- Abstimmen der Vorläufigen Fassung mit dem Auftraggeber.

Leistungsphase 4: Abgestimmte Fassung

Darstellen der mit dem Auftraggeber abgestimmten Fassung der Umweltverträglichkeitsstudie in Text und Karte einschließlich einer Zusammenfassung.

(3) Im Leistungsbild Umweltverträglichkeitsstudie können insbesondere die Besonderen Leistungen der Anlage 9 Anwendung finden.

1.1.2 Honorare für Grundleistungen bei Umweltverträglichkeitsstudien

(1) Für die in Nummer 1.1.1 genannten Grundleistungen bei Umweltverträglichkeitsstudien sind die in der nachstehenden Honorartafel aufgeführten Honorarspannen Orientierungswerte:

Fläche in Hektar	Honorarzone I geringe Anforderungen		Honorarzone II durchschnittliche Anforderungen		Honorarzone III hohe Anforderungen	
	von	bis	von	bis	von	bis
	Euro		Euro		Euro	
50	10.176	12.862	12.862	15.406	15.406	18.091
100	14.972	18.923	18.923	22.666	22.666	26.617
150	18.942	23.940	23.940	28.676	28.676	33.674
200	22.454	28.380	28.380	33.994	33.994	39.919
300	28.644	36.203	36.203	43.364	43.364	50.923
400	34.117	43.120	43.120	51.649	51.649	60.653
500	39.110	49.431	49.431	59.209	59.209	69.530
750	50.211	63.461	63.461	76.014	76.014	89.264
1.000	60.004	75.838	75.838	90.839	90.839	106.674
1.500	77.182	97.550	97.550	116.846	116.846	137.213
2.000	92.278	116.629	116.629	139.698	139.698	164.049
2.500	105.963	133.925	133.925	160.416	160.416	188.378
3.000	118.598	149.895	149.895	179.544	179.544	210.841
4.000	141.533	178.883	178.883	214.266	214.266	251.615
5.000	162.148	204.937	204.937	245.474	245.474	288.263
6.000	182.186	230.263	230.263	275.810	275.810	323.887
7.000	201.072	254.133	254.133	304.401	304.401	357.461
8.000	218.466	276.117	276.117	330.734	330.734	388.384
9.000	234.394	296.247	296.247	354.846	354.846	416.700
10.000	249.492	315.330	315.330	377.704	377.704	443.542

(2) Das Honorar für die Erstellung von Umweltverträglichkeitsstudien berechnet sich nach der Gesamtfläche des Untersuchungsraums in Hektar und nach der Honorarzone.

(3) Umweltverträglichkeitsstudien sind folgenden Honorarzonen zuzuordnen:
1. Honorarzone I (geringe Anforderungen),
2. Honorarzone II (durchschnittliche Anforderungen),
3. Honorarzone III (hohe Anforderungen).

(4) Die Zuordnung zu den Honorarzonen ist anhand folgender Bewertungsmerkmale für zu erwartende nachteilige Auswirkungen auf die Umwelt zu ermitteln:
1. Bedeutung des Untersuchungsraums für die Schutzgüter im Sinne des Gesetzes über die Umweltverträglichkeitsprüfung (UVPG),
2. Ausstattung des Untersuchungsraums mit Schutzgebieten,
3. Landschaftsbild und -struktur,
4. Nutzungsansprüche,
5. Empfindlichkeit des Untersuchungsraums gegenüber Umweltbelastungen und -beeinträchtigungen,
6. Intensität und Komplexität potenzieller nachteiliger Wirkfaktoren auf die Umwelt.

(5) Sind für eine Umweltverträglichkeitsstudie Bewertungsmerkmale aus mehreren Honorarzonen anwendbar und bestehen deswegen Zweifel, welcher Honorarzone die Umweltverträglichkeitsstudie zugeordnet werden kann, ist die Anzahl der Bewertungspunkte nach Absatz 4 zu ermitteln; die Umweltverträglichkeitsstudie ist nach der Summe der Bewertungspunkte folgenden Honorarzonen zuzuordnen:
1. Honorarzone I: Umweltverträglichkeitsstudien mit bis zu 16 Punkten,
2. Honorarzone II: Umweltverträglichkeitsstudien mit 17 bis 30 Punkten,
3. Honorarzone III: Umweltverträglichkeitsstudien mit 31 bis 42 Punkten.

(6) Bei der Zuordnung einer Umweltverträglichkeitsstudie zu den Honorarzonen werden nach dem Schwierigkeitsgrad der Anforderungen die Bewertungsmerkmale wie folgt gewichtet:
1. die Bewertungsmerkmale gemäß Absatz 4 Nummer 1 bis 4 mit je bis zu 6 Punkten und
2. die Bewertungsmerkmale gemäß Absatz 4 Nummer 5 und 6 mit je bis zu 9 Punkten.

(7) Wird die Größe des Untersuchungsraums während der Leistungserbringung geändert, so ist das Honorar für die Leistungsphasen, die bis zur Änderung noch nicht erbracht sind, nach der geänderten Größe des Untersuchungsraums zu berechnen.

1.2 Bauphysik

1.2.1 Anwendungsbereich

(1) Zu den Grundleistungen für Bauphysik gehören:
- Wärmeschutz und Energiebilanzierung,
- Bauakustik (Schallschutz),
- Raumakustik.

(2) Wärmeschutz und Energiebilanzierung umfassen den Wärmeschutz von Gebäuden und Ingenieurbauwerken und die fachübergreifende Energiebilanzierung.

(3) Die Bauakustik umfasst den Schallschutz von Objekten zur Erreichung eines regelgerechten Luft- und Trittschallschutzes und zur Begrenzung der von außen einwirkenden Geräusche sowie der Geräusche von Anlagen der Technischen Ausrüstung. Dazu gehört auch der Schutz der Umgebung vor schädlichen Umwelteinwirkungen durch Lärm (Schallimmissionsschutz).

(4) Die Raumakustik umfasst die Beratung zu Räumen mit besonderen raumakustischen Anforderungen.

(5) Die Besonderen Grundlagen der Honorare werden gesondert in den Teilgebieten Wärmeschutz und Energiebilanzierung, Bauakustik, Raumakustik aufgeführt.

1.2.2 Leistungsbild Bauphysik

(1) Die Grundleistungen für Bauphysik sind in sieben Leistungsphasen unterteilt und werden wie folgt in Prozentsätzen der Honorare in Nummer 1.2.3 bewertet:
1. für die Leistungsphase 1 (Grundlagenermittlung) mit 3 Prozent,
2. für die Leistungsphase 2 (Mitwirken bei der Vorplanung) mit 20 Prozent,
3. für die Leistungsphase 3 (Mitwirken bei der Entwurfsplanung) mit 40 Prozent,
4. für die Leistungsphase 4 (Mitwirken bei der Genehmigungsplanung) mit 6 Prozent,
5. für die Leistungsphase 5 (Mitwirken bei der Ausführungsplanung) mit 27 Prozent,
6. für die Leistungsphase 6 (Mitwirken bei der Vorbereitung der Vergabe) mit 2 Prozent,
7. für die Leistungsphase 7 (Mitwirken bei der Vergabe) mit 2 Prozent.

(2) Das Leistungsbild setzt sich wie folgt zusammen:

Grundleistungen	Besondere Leistungen
LPH 1 Grundlagenermittlung	
a) Klären der Aufgabenstellung b) Festlegen der Grundlagen, Vorgaben und Ziele	– Mitwirken bei der Ausarbeitung von Auslobungen und bei Vorprüfungen für Wettbewerbe – Bestandsaufnahme bestehender Gebäude, Ermitteln und Bewerten von Kennwerten – Schadensanalyse bestehender Gebäude – Mitwirken bei Vorgaben für Zertifizierungen
LPH 2 Mitwirkung bei der Vorplanung	
a) Analyse der Grundlagen b) Klären der wesentlichen Zusammenhänge von Gebäuden und technischen Anlagen einschließlich Betrachtung von Alternativen c) Vordimensionieren der relevanten Bauteile des Gebäudes d) Mitwirken beim Abstimmen der fachspezifischen Planungskonzepte der Objektplanung und der Fachplanungen e) Erstellen eines Gesamtkonzeptes in Abstimmung mit der Objektplanung und den Fachplanungen f) Erstellen von Rechenmodellen, Auflisten der wesentlichen Kennwerte als Arbeitsgrundlage für Objektplanung und Fachplanungen	– Mitwirken beim Klären von Vorgaben für Fördermaßnahmen und bei deren Umsetzung – Mitwirken an Projekt-, Käufer- oder Mieterbaubeschreibungen – Erstellen eines fachübergreifenden Bauteilkatalogs
LPH 3 Mitwirkung bei der Entwurfsplanung	
a) Fortschreiben der Rechenmodelle und der wesentlichen Kennwerte für das Gebäude b) Mitwirken beim Fortschreiben der Planungskonzepte der Objektplanung und Fachplanung bis zum vollständigen Entwurf c) Bemessen der Bauteile des Gebäudes d) Erarbeiten von Übersichtsplänen und des Erläuterungsberichtes mit Vorgaben, Grundlagen und Auslegungsdaten	– Simulationen zur Prognose des Verhaltens von Bauteilen, Räumen, Gebäuden und Freiräumen
LPH 4 Mitwirkung bei der Genehmigungsplanung	
a) Mitwirken beim Aufstellen der Genehmigungsplanung und bei Vorgesprächen mit Behörden b) Aufstellen der förmlichen Nachweise c) Vervollständigen und Anpassen der Unterlagen	– Mitwirken bei Vorkontrollen in Zertifizierungsprozessen – Mitwirken beim Einholen von Zustimmungen im Einzelfall

Grundleistungen	Besondere Leistungen
LPH 5 Mitwirkung bei der Ausführungsplanung	
a) Durcharbeiten der Ergebnisse der Leistungsphasen 3 und 4 unter Beachtung der durch die Objektplanung integrierten Fachplanungen b) Mitwirken bei der Ausführungsplanung durch ergänzende Angaben für die Objektplanung und Fachplanungen	– Mitwirken beim Prüfen und Anerkennen der Montage- und Werkstattplanung der ausführenden Unternehmen auf Übereinstimmung mit der Ausführungsplanung
LPH 6 Mitwirkung bei der Vorbereitung der Vergabe	
Beiträge zu Ausschreibungsunterlagen	
LPH 7 Mitwirkung bei der Vergabe	
Mitwirken beim Prüfen und Bewerten der Angebote auf Erfüllung der Anforderungen	– Prüfen von Nebenangeboten
LPH 8 Objektüberwachung und Dokumentation	
	– Mitwirken bei der Baustellenkontrolle – Messtechnisches Überprüfen der Qualität der Bauausführung und von Bauteil- oder Raumeigenschaften
LPH 9 Objektbetreuung	
	– Mitwirken bei Audits in Zertifizierungsprozessen

1.2.3 Honorare für Grundleistungen für Wärmeschutz und Energiebilanzierung

(1) Das Honorar für die Grundleistungen nach Nummer 1.2.2 Absatz 2 richtet sich nach den anrechenbaren Kosten des Gebäudes gemäß § 33 nach der Honorarzone nach § 35, der das Gebäude zuzuordnen ist, und nach der Honorartafel in Absatz 2.

(2) Für die in Nummer 1.2.2 Absatz 2 genannten Grundleistungen für Wärmeschutz und Energiebilanzierung sind die in der nachstehenden Honorartafel aufgeführten Honorarspannen Orientierungswerte:

Anrechenbare Kosten in Euro	Honorarzone I sehr geringe Anforderungen		Honorarzone II geringe Anforderungen		Honorarzone III durchschnittliche Anforderungen		Honorarzone IV hohe Anforderungen		Honorarzone V sehr hohe Anforderungen	
	von	bis	von	bis	von	bis	von	bis	von	bis
	Euro		Euro		Euro		Euro		Euro	
250.000	1.757	2.023	2.023	2.395	2.395	2.928	2.928	3.300	3.300	3.566
275.000	1.789	2.061	2.061	2.440	2.440	2.982	2.982	3.362	3.362	3.633
300.000	1.821	2.097	2.097	2.484	2.484	3.036	3.036	3.422	3.422	3.698
350.000	1.883	2.168	2.168	2.567	2.567	3.138	3.138	3.537	3.537	3.822
400.000	1.941	2.235	2.235	2.647	2.647	3.235	3.235	3.646	3.646	3.941
500.000	2.049	2.359	2.359	2.793	2.793	3.414	3.414	3.849	3.849	4.159
600.000	2.146	2.471	2.471	2.926	2.926	3.576	3.576	4.031	4.031	4.356
750.000	2.273	2.617	2.617	3.099	3.099	3.788	3.788	4.270	4.270	4.614
1.000.000	2.440	2.809	2.809	3.327	3.327	4.066	4.066	4.583	4.583	4.953
1.250.000	2.748	3.164	3.164	3.747	3.747	4.579	4.579	5.162	5.162	5.579
1.500.000	3.050	3.512	3.512	4.159	4.159	5.083	5.083	5.730	5.730	6.192
2.000.000	3.639	4.190	4.190	4.962	4.962	6.065	6.065	6.837	6.837	7.388
2.500.000	4.213	4.851	4.851	5.745	5.745	7.022	7.022	7.916	7.916	8.554
3.500.000	5.329	6.136	6.136	7.266	7.266	8.881	8.881	10.012	10.012	10.819
5.000.000	6.944	7.996	7.996	9.469	9.469	11.573	11.573	13.046	13.046	14.098
7.500.000	9.532	10.977	10.977	12.999	12.999	15.887	15.887	17.909	17.909	19.354
10.000.000	12.033	13.856	13.856	16.408	16.408	20.055	20.055	22.607	22.607	24.430
15.000.000	16.856	19.410	19.410	22.986	22.986	28.094	28.094	31.670	31.670	34.224
20.000.000	21.516	24.776	24.776	29.339	29.339	35.859	35.859	40.423	40.423	43.683
25.000.000	26.056	30.004	30.004	35.531	35.531	43.427	43.427	48.954	48.954	52.902

(3) Für Umbauten und Modernisierungen kann bei einem durchschnittlichen Schwierigkeitsgrad ein Zuschlag gemäß § 6 Absatz 2 Satz 3 bis 33 Prozent auf das Honorar in Textform vereinbart werden.

1.2.4 Honorare für Grundleistungen der Bauakustik

(1) Für Grundleistungen der Bauakustik sind die Kosten für Baukonstruktionen und Anlagen der Technischen Ausrüstung anrechenbar. Der Umfang der mitzuverarbeitenden Bausubstanz kann angemessen berücksichtigt werden.

(2) Die Vertragsparteien können vereinbaren, dass die Kosten für besondere Bauausführungen ganz oder teilweise zu den anrechenbaren Kosten gehören, wenn hierdurch dem Auftragnehmer ein erhöhter Arbeitsaufwand entsteht.

(3) Für die in Nummer 1.2.2 Absatz 2 genannten Grundleistungen der Bauakustik sind die in der nachstehenden Honorartafel aufgeführten Honorarspannen Orientierungswerte:

Anrechenbare Kosten in Euro	Honorarzone I geringe Anforderungen		Honorarzone II durchschnittliche Anforderungen		Honorarzone III hohe Anforderungen	
	von	bis	von	bis	von	bis
	Euro		Euro		Euro	
250.000	1.729	1.985	1.985	2.284	2.284	2.625
275.000	1.840	2.113	2.113	2.431	2.431	2.794
300.000	1.948	2.237	2.237	2.574	2.574	2.959
350.000	2.156	2.475	2.475	2.847	2.847	3.273
400.000	2.353	2.701	2.701	3.108	3.108	3.573
500.000	2.724	3.127	3.127	3.598	3.598	4.136
600.000	3.069	3.524	3.524	4.055	4.055	4.661
750.000	3.553	4.080	4.080	4.694	4.694	5.396
1.000.000	4.291	4.927	4.927	5.669	5.669	6.516
1.250.000	4.968	5.704	5.704	6.563	6.563	7.544
1.500.000	5.599	6.429	6.429	7.397	7.397	8.503
2.000.000	6.763	7.765	7.765	8.934	8.934	10.270
2.500.000	7.830	8.990	8.990	10.343	10.343	11.890
3.500.000	9.766	11.213	11.213	12.901	12.901	14.830
5.000.000	12.345	14.174	14.174	16.307	16.307	18.746
7.500.000	16.114	18.502	18.502	21.287	21.287	24.470
10.000.000	19.470	22.354	22.354	25.719	25.719	29.565
15.000.000	25.422	29.188	29.188	33.582	33.582	38.604
20.000.000	30.722	35.273	35.273	40.583	40.583	46.652
25.000.000	35.585	40.857	40.857	47.008	47.008	54.037

(4) Für Umbauten und Modernisierungen kann bei einem durchschnittlichen Schwierigkeitsgrad ein Zuschlag gemäß § 6 Absatz 2 Satz 3 bis 33 Prozent auf das Honorar in Textform vereinbart werden.

(5) Die Leistungen der Bauakustik werden den Honorarzonen anhand folgender Bewertungsmerkmale zugeordnet:
1. Art der Nutzung,
2. Anforderungen des Immissionsschutzes,
3. Anforderungen des Emissionsschutzes,
4. Art der Hüllkonstruktion, Anzahl der Konstruktionstypen,
5. Art und Intensität der Außenlärmbelastung,
6. Art und Umfang der Technischen Ausrüstung.

(6) § 52 Absatz 3 ist sinngemäß anzuwenden.

(7) Objektliste für die Bauakustik

Die nachstehend aufgeführten Innenräume werden in der Regel den Honorarzonen wie folgt zugeordnet:

	Honorarzone		
Objektliste – Bauakustik	I	II	III
Wohnhäuser, Heime, Schulen, Verwaltungsgebäude oder Banken mit jeweils durchschnittlicher Technischer Ausrüstung oder entsprechendem Ausbau	x		
Heime, Schulen, Verwaltungsgebäude mit jeweils überdurchschnittlicher Technischer Ausrüstung oder entsprechendem Ausbau		x	
Wohnhäuser mit versetzten Grundrissen		x	
Wohnhäuser mit Außenlärmbelastungen		x	
Hotels, soweit nicht in Honorarzone III erwähnt		x	
Universitäten oder Hochschulen		x	
Krankenhäuser, soweit nicht in Honorarzone III erwähnt		x	
Gebäude für Erholung, Kur oder Genesung		x	
Versammlungsstätten, soweit nicht in Honorarzone III erwähnt		x	
Werkstätten mit schutzbedürftigen Räumen		x	
Hotels mit umfangreichen gastronomischen Einrichtungen			x
Gebäude mit gewerblicher Nutzung oder Wohnnutzung			x
Krankenhäuser in bauakustisch besonders ungünstigen Lagen oder mit ungünstiger Anordnung der Versorgungseinrichtungen			x
Theater-, Konzert- oder Kongressgebäude			x
Tonstudios oder akustische Messräume			x

1.2.5 Honorare für Grundleistungen der Raumakustik

(1) Das Honorar für jeden Innenraum, für den Grundleistungen zur Raumakustik erbracht werden, richtet sich nach den anrechenbaren Kosten nach Absatz 2, nach der Honorarzone, der der Innenraum zuzuordnen ist, sowie nach der Honorartafel in Absatz 3.

(2) Für Grundleistungen der Raumakustik sind die Kosten für Baukonstruktionen und Technische Ausrüstung sowie die Kosten für die Ausstattung (DIN 276 – 1: 2008-12, Kostengruppe 610) des Innenraums anrechenbar. Die Kosten für die Baukonstruktionen und Technische Ausrüstung werden für die Anrechnung durch den Bruttorauminhalt des Gebäudes geteilt und mit dem Rauminhalt des Innenraums multipliziert. Der Umfang der mitzuverarbeitenden Bausubstanz kann angemessen berücksichtigt werden.

(3) Für die in Nummer 1.2.2 Absatz 2 genannten Grundleistungen der Raumakustik sind die in der nachstehenden Honorartafel aufgeführten Honorarspannen Orientierungswerte:

Anrechenbare Kosten in Euro	Honorarzone I sehr geringe Anforderungen		Honorarzone II geringe Anforderungen		Honorarzone III durchschnittliche Anforderungen		Honorarzone IV hohe Anforderungen		Honorarzone V sehr hohe Anforderungen	
	von	bis	von	bis	von	bis	von	bis	von	bis
	Euro		Euro		Euro		Euro		Euro	
50.000	1.714	2.226	2.226	2.737	2.737	3.279	3.279	3.790	3.790	4.301
75.000	1.805	2.343	2.343	2.882	2.882	3.452	3.452	3.990	3.990	4.528
100.000	1.892	2.457	2.457	3.021	3.021	3.619	3.619	4.183	4.183	4.748
150.000	2.061	2.676	2.676	3.291	3.291	3.942	3.942	4.557	4.557	5.171
200.000	2.225	2.888	2.888	3.551	3.551	4.254	4.254	4.917	4.917	5.581
250.000	2.384	3.095	3.095	3.806	3.806	4.558	4.558	5.269	5.269	5.980
300.000	2.540	3.297	3.297	4.055	4.055	4.857	4.857	5.614	5.614	6.371
400.000	2.844	3.693	3.693	4.541	4.541	5.439	5.439	6.287	6.287	7.136
500.000	3.141	4.078	4.078	5.015	5.015	6.007	6.007	6.944	6.944	7.881
750.000	3.860	5.011	5.011	6.163	6.163	7.382	7.382	8.533	8.533	9.684
1.000.000	4.555	5.913	5.913	7.272	7.272	8.710	8.710	10.069	10.069	11.427
1.500.000	5.896	7.655	7.655	9.413	9.413	11.275	11.275	13.034	13.034	14.792
2.000.000	7.193	9.338	9.338	11.483	11.483	13.755	13.755	15.900	15.900	18.045
2.500.000	8.457	10.979	10.979	13.501	13.501	16.172	16.172	18.694	18.694	21.217
3.000.000	9.696	12.588	12.588	15.479	15.479	18.541	18.541	21.433	21.433	24.325
4.000.000	12.115	15.729	15.729	19.342	19.342	23.168	23.168	26.781	26.781	30.395
5.000.000	14.474	18.791	18.791	23.108	23.108	27.679	27.679	31.996	31.996	36.313
6.000.000	16.786	21.793	21.793	26.799	26.799	32.100	32.100	37.107	37.107	42.113
7.000.000	19.060	24.744	24.744	30.429	30.429	36.448	36.448	42.133	42.133	47.817
7.500.000	20.184	26.204	26.204	32.224	32.224	38.598	38.598	44.618	44.618	50.638

(4) Für Umbauten und Modernisierungen kann bei einem durchschnittlichen Schwierigkeitsgrad ein Zuschlag gemäß § 6 Absatz 2 Satz 3 bis 33 Prozent auf das Honorar in Textform vereinbart werden.

(5) Innenräume werden nach den in Absatz 6 genannten Bewertungsmerkmalen folgenden Honorarzonen zugeordnet:
1. Honorarzone I: Innenräume mit sehr geringen Anforderungen,
2. Honorarzone II: Innenräume mit geringen Anforderungen,
3. Honorarzone III: Innenräume mit durchschnittlichen Anforderungen,
4. Honorarzone IV: Innenräume mit hohen Anforderungen,
5. Honorarzone V: Innenräume mit sehr hohen Anforderungen.

(6) Die Leistungen der Raumakustik werden den Honorarzonen anhand folgender Bewertungsmerkmale zugeordnet:
1. Anforderungen an die Einhaltung der Nachhallzeit,
2. Einhalten eines bestimmten Frequenzganges der Nachhallzeit,
3. Anforderungen an die räumliche und zeitliche Schallverteilung,
4. akustische Nutzungsart des Innenraums,
5. Veränderbarkeit der akustischen Eigenschaften des Innenraums.

(7) Objektliste für die Raumakustik

Die nachstehend aufgeführten Innenräume werden in der Regel den Honorarzonen wie folgt zugeordnet:

	Honorarzone				
Objektliste – Raumakustik	I	II	III	IV	V
Pausenhallen, Spielhallen, Liege- und Wandelhallen	x				
Großraumbüros		x			
Unterrichts-, Vortrags- und Sitzungsräume					
– bis 500 m³		x			
– 500 bis 1.500 m³			x		
– über 1.500 m³				x	
Filmtheater					
– bis 1.000 m³		x			
– 1.000 bis 3.000 m³			x		
– über 3.000 m³				x	
Kirchen					
– bis 1.000 m³		x			
– 1.000 bis 3.000 m³			x		
– über 3.000 m³				x	
Sporthallen, Turnhallen					

	Honorarzone				
Objektliste – Raumakustik	I	II	III	IV	V
– nicht teilbar, bis 1.000 m^3		x			
– teilbar, bis 3.000 m^3			x		
Mehrzweckhallen					
– bis 3.000 m^3				x	
– über 3.000 m^3					x
Konzertsäle, Theater, Opernhäuser					x
Tonaufnahmeräume, akustische Messräume					x
Innenräume mit veränderlichen akustischen Eigenschaften					x

(8) § 52 Absatz 3 kann sinngemäß angewendet werden.

1.3 Geotechnik

1.3.1 Anwendungsbereich

(1) Die Leistungen für Geotechnik umfassen die Beschreibung und Beurteilung der Baugrund- und Grundwasserverhältnisse für Gebäude und Ingenieurbauwerke im Hinblick auf das Objekt und die Erarbeitung einer Gründungsempfehlung. Dazu gehört auch die Beschreibung der Wechselwirkung zwischen Baugrund und Bauwerk sowie die Wechselwirkung mit der Umgebung.

(2) Die Leistungen umfassen insbesondere das Festlegen von Baugrundkennwerten und von Kennwerten für rechnerische Nachweise zur Standsicherheit und Gebrauchstauglichkeit des Objektes, die Abschätzung zum Schwankungsbereich des Grundwassers sowie die Einordnung des Baugrunds nach bautechnischen Klassifikationsmerkmalen.

1.3.2 Besondere Grundlagen des Honorars

Das Honorar der Grundleistungen richtet sich nach den anrechenbaren Kosten der Tragwerksplanung nach § 50 Absatz 1 bis 3 für das gesamte Objekt aus Bauwerk und Baugrube.

1.3.3 Leistungsbild Geotechnik

(1) Grundleistungen umfassen die Beschreibung und Beurteilung der Baugrund- und Grundwasserverhältnisse sowie die daraus abzuleitenden Empfehlungen für die Gründung einschließlich der Angabe der Bemessungsgrößen für eine Flächen- oder Pfahlgründung, Hinweise zur Herstellung und Trockenhaltung der Baugrube und des Bauwerks, Angaben zur Auswirkung des Bau-

werks auf die Umgebung und auf Nachbarbauwerke sowie Hinweise zur Bauausführung. Die Darstellung der Inhalte erfolgt im Geotechnischen Bericht.

(2) Die Grundleistungen werden in folgenden Teilleistungen zusammengefasst und wie folgt in Prozentsätzen der Honorare der Nummer 1.3.4 bewertet:
1. für die Teilleistung a (Grundlagenermittlung und Erkundungskonzept) mit 15 Prozent,
2. für die Teilleistung b (Beschreiben der Baugrund- und Grundwasserverhältnisse) mit 35 Prozent,
3. für die Teilleistung c (Beurteilung der Baugrund- und Grundwasserverhältnisse, Empfehlungen, Hinweise, Angaben zur Bemessung der Gründung) mit 50 Prozent.

(3) Das Leistungsbild setzt sich wie folgt zusammen:

Grundleistungen	Besondere Leistungen
Geotechnischer Bericht	
a) Grundlagenermittlung und Erkundungskonzept – Klären der Aufgabenstellung, Ermitteln der Baugrund- und Grundwasserverhältnisse auf Basis vorhandener Unterlagen – Festlegen und Darstellen der erforderlichen Baugrunderkundungen b) Beschreiben der Baugrund- und Grundwasserverhältnisse – Auswerten und Darstellen der Baugrunderkundungen sowie der Labor- und Felduntersuchungen – Abschätzen des Schwankungsbereichs von Wasserständen und/oder Druckhöhen im Boden – Klassifizieren des Baugrunds und Festlegen der Baugrundkennwerte c) Beurteilung der Baugrund- und Grundwasserverhältnisse, Empfehlungen, Hinweise, Angaben zur Bemessung der Gründung – Beurteilung des Baugrunds – Empfehlung für die Gründung mit Angabe der geotechnischen Bemessungsparameter (zum Beispiel Angaben zur Bemessung einer Flächen- oder Pfahlgründung)	– Beschaffen von Bestandsunterlagen – Vorbereiten und Mitwirken bei der Vergabe von Aufschlussarbeiten und deren Überwachung – Veranlassen von Labor- und Felduntersuchungen – Aufstellen von geotechnischen Berechnungen zur Standsicherheit oder Gebrauchstauglichkeit, wie zum Beispiel Setzungs-, Grundbruch- und Geländebruchberechnungen – Aufstellen von hydrogeologischen, geohydraulischen und besonderen numerischen Berechnungen – Beratung zu Dränanlagen, Anlagen zur Grundwasserabsenkung oder sonstigen ständigen oder bauzeitlichen Eingriffen in das Grundwasser – Beratung zu Probebelastungen sowie fachtechnisches Betreuen und Auswerten – geotechnische Beratung zu Gründungselementen, Baugruben- oder Hangsicherungen und Erdbauwerken, Mitwirkung bei der Beratung zur Sicherung von Nachbarbauwerken

Grundleistungen	Besondere Leistungen
– Angabe der zu erwartenden Setzungen für die vom Tragwerksplaner im Rahmen der Entwurfsplanung nach § 49 zu erbringenden Grundleistungen – Hinweise zur Herstellung und Trockenhaltung der Baugrube und des Bauwerks sowie Angaben zur Auswirkung der Baumaßnahme auf Nachbarbauwerke – Allgemeine Angaben zum Erdbau – Angaben zur geotechnischen Eignung von Aushubmaterial zur Wiederverwendung bei der betreffenden Baumaßnahme sowie Hinweise zur Bauausführung	– Untersuchungen zur Berücksichtigung dynamischer Beanspruchungen bei der Bemessung des Objekts oder seiner Gründung sowie Beratungsleistungen zur Vermeidung oder Beherrschung von dynamischen Einflüssen – Mitwirken bei der Bewertung von Nebenangeboten aus geotechnischer Sicht – Mitwirken während der Planung oder Ausführung des Objekts sowie Besprechungs- und Ortstermine – geotechnische Freigaben

1.3.4 Honorare Geotechnik

(1) Für die in Nummer 1.3.3 Absatz 3 genannten Grundleistungen sind die in der nachstehenden Honorartafel aufgeführten Honorarspannen Orientierungswerte:

Anlage 1 (zu § 3 Absatz 1)

Anrechenbare Kosten in Euro	Honorarzone I sehr geringe Anforderungen		Honorarzone II geringe Anforderungen		Honorarzone III durchschnittliche Anforderungen		Honorarzone IV hohe Anforderungen		Honorarzone V sehr hohe Anforderungen	
	von	bis	von	bis	von	bis	von	bis	von	bis
	Euro		Euro		Euro		Euro		Euro	
50.000	789	1.222	1.222	1.654	1.654	2.105	2.105	2.537	2.537	2.970
75.000	951	1.472	1.472	1.993	1.993	2.537	2.537	3.058	3.058	3.579
100.000	1.086	1.681	1.681	2.276	2.276	2.896	2.896	3.491	3.491	4.086
125.000	1.204	1.863	1.863	2.522	2.522	3.210	3.210	3.869	3.869	4.528
150.000	1.309	2.026	2.026	2.742	2.742	3.490	3.490	4.207	4.207	4.924
200.000	1.494	2.312	2.312	3.130	3.130	3.984	3.984	4.802	4.802	5.621
300.000	1.800	2.786	2.786	3.772	3.772	4.800	4.800	5.786	5.786	6.772
400.000	2.054	3.179	3.179	4.304	4.304	5.478	5.478	6.603	6.603	7.728
500.000	2.276	3.522	3.522	4.768	4.768	6.069	6.069	7.315	7.315	8.561
750.000	2.740	4.241	4.241	5.741	5.741	7.307	7.307	8.808	8.808	10.308
1.000.000	3.125	4.836	4.836	6.548	6.548	8.334	8.334	10.045	10.045	11.756
1.500.000	3.765	5.827	5.827	7.889	7.889	10.041	10.041	12.103	12.103	14.165
2.000.000	4.297	6.650	6.650	9.003	9.003	11.459	11.459	13.812	13.812	16.165
3.000.000	5.175	8.009	8.009	10.842	10.842	13.799	13.799	16.633	16.633	19.467
5.000.000	6.535	10.114	10.114	13.693	13.693	17.428	17.428	21.007	21.007	24.586
7.500.000	7.878	12.192	12.192	16.506	16.506	21.007	21.007	25.321	25.321	29.635
10.000.000	8.994	13.919	13.919	18.844	18.844	23.983	23.983	28.909	28.909	33.834
15.000.000	10.839	16.775	16.775	22.711	22.711	28.905	28.905	34.840	34.840	40.776
20.000.000	12.373	19.148	19.148	25.923	25.923	32.993	32.993	39.769	39.769	46.544
25.000.000	13.708	21.215	21.215	28.722	28.722	36.556	36.556	44.063	44.063	51.570

(2) Die Honorarzone wird bei den geotechnischen Grundleistungen auf Grund folgender Bewertungsmerkmale ermittelt:

1. Honorarzone I: Gründungen mit sehr geringem Schwierigkeitsgrad, insbesondere gering setzungsempfindliche Objekte mit einheitlicher Gründungsart bei annähernd regelmäßigem Schichtenaufbau des Untergrunds mit einheitlicher Tragfähigkeit und Setzungsfähigkeit innerhalb der Baufläche;
2. Honorarzone II: Gründungen mit geringem Schwierigkeitsgrad, insbesondere
   - setzungsempfindliche Objekte sowie gering setzungsempfindliche Objekte mit bereichsweise unterschiedlicher Gründungsart oder bereichsweise stark unterschiedlichen Lasten bei annähernd regelmäßigem Schichtenaufbau des Untergrunds mit einheitlicher Tragfähigkeit und Setzungsfähigkeit innerhalb der Baufläche,
   - gering setzungsempfindliche Objekte mit einheitlicher Gründungsart bei unregelmäßigem Schichtenaufbau des Untergrunds mit unterschiedlicher Tragfähigkeit und Setzungsfähigkeit innerhalb der Baufläche;
3. Honorarzone III: Gründungen mit durchschnittlichem Schwierigkeitsgrad, insbesondere
   - stark setzungsempfindliche Objekte bei annähernd regelmäßigem Schichtenaufbau des Untergrunds mit einheitlicher Tragfähigkeit und Setzungsfähigkeit innerhalb der Baufläche,
   - setzungsempfindliche Objekte sowie gering setzungsempfindliche Bauwerke mit bereichsweise unterschiedlicher Gründungsart oder bereichsweise stark unterschiedlichen Lasten bei unregelmäßigem Schichtenaufbau des Untergrunds mit unterschiedlicher Tragfähigkeit und Setzungsfähigkeit innerhalb der Baufläche,
   - gering setzungsempfindliche Objekte mit einheitlicher Gründungsart bei unregelmäßigem Schichtenaufbau des Untergrunds mit stark unterschiedlicher Tragfähigkeit und Setzungsfähigkeit innerhalb der Baufläche;
4. Honorarzone IV: Gründungen mit hohem Schwierigkeitsgrad, insbesondere
   - stark setzungsempfindliche Objekte bei unregelmäßigem Schichtenaufbau des Untergrunds mit unterschiedlicher Tragfähigkeit und Setzungsfähigkeit innerhalb der Baufläche,
   - setzungsempfindliche Objekte sowie gering setzungsempfindliche Objekte mit bereichsweise unterschiedlicher Gründungsart oder bereichsweise stark unterschiedlichen Lasten bei unregelmäßigem Schichtenaufbau des Untergrunds mit stark unterschiedlicher Tragfähigkeit und Setzungsfähigkeit innerhalb der Baufläche;

5. Honorarzone V: Gründungen mit sehr hohem Schwierigkeitsgrad, insbesondere
   - stark setzungsempfindliche Objekte bei unregelmäßigem Schichtenaufbau des Untergrunds mit stark unterschiedlicher Tragfähigkeit und Setzungsfähigkeit innerhalb der Baufläche.

(3) § 52 Absatz 3 ist sinngemäß anzuwenden.

(4) Die Aspekte des Grundwassereinflusses auf das Objekt und die Nachbarbebauung sind bei der Festlegung der Honorarzone zusätzlich zu berücksichtigen.

1.4 Ingenieurvermessung

1.4.1 Anwendungsbereich

(1) Leistungen der Ingenieurvermessung beziehen das Erfassen raumbezogener Daten über Bauwerke und Anlagen, Grundstücke und Topographie, das Erstellen von Plänen, das Übertragen von Planungen in die Örtlichkeit sowie das vermessungstechnische Überwachen der Bauausführung ein, soweit die Leistungen mit besonderen instrumentellen und vermessungstechnischen Verfahrensanforderungen erbracht werden müssen. Ausgenommen von Satz 1 sind Leistungen, die nach landesrechtlichen Vorschriften für Zwecke der Landesvermessung und des Liegenschaftskatasters durchgeführt werden.

(2) Zur Ingenieurvermessung gehören:
1. Planungsbegleitende Vermessungen für die Planung und den Entwurf von Gebäuden, Ingenieurbauwerken, Verkehrsanlagen sowie für Flächenplanungen,
2. Bauvermessung vor und während der Bauausführung und die abschließende Bestandsdokumentation von Gebäuden, Ingenieurbauwerken und Verkehrsanlagen,
3. sonstige vermessungstechnische Leistungen:
   - Vermessung an Objekten außerhalb der Planungs- und Bauphase,
   - Vermessung bei Wasserstraßen,
   - Fernerkundungen, die das Aufnehmen, Auswerten und Interpretieren von Luftbildern und anderer raumbezogener Daten umfassen, die durch Aufzeichnung über eine große Distanz erfasst sind, als Grundlage insbesondere für Zwecke der Raumordnung und des Umweltschutzes,
   - vermessungstechnische Leistungen zum Aufbau von geographisch-geometrischen Datenbasen für raumbezogene Informationssysteme sowie
   - vermessungstechnische Leistungen, soweit sie nicht in Absatz 1 und Absatz 2 erfasst sind.

1.4.2 Grundlagen des Honorars bei der Planungsbegleitenden Vermessung

(1) Das Honorar für Grundleistungen der Planungsbegleitenden Vermessung richtet sich nach der Summe der Verrechnungseinheiten, der Honorarzone in Nummer 1.4.3 und der Honorartafel in Nummer 1.4.8.

(2) Die Verrechnungseinheiten berechnen sich aus der Größe der aufzunehmenden Flächen und deren Punktdichte. Die Punktdichte beschreibt die durchschnittliche Anzahl der für die Erfassung der planungsrelevanten Daten je Hektar zu messenden Punkte.

(3) Abhängig von der Punktdichte werden die Flächen den nachstehenden Verrechnungseinheiten (VE) je Hektar (ha) zugeordnet werden:

Flächenklasse 1	(bis 50 Punkte / ha)	40 VE
Flächenklasse 2	(51–73 Punkte / ha)	50 VE
Flächenklasse 3	(74–100 Punkte / ha)	60 VE
Flächenklasse 4	(101–131 Punkte / ha)	70 VE
Flächenklasse 5	(132–166 Punkte / ha)	80 VE
Flächenklasse 6	(167–203 Punkte / ha)	90 VE
Flächenklasse 7	(204–244 Punkte / ha)	100 VE
Flächenklasse 8	(245–335 Punkte / ha)	120 VE
Flächenklasse 9	(336–494 Punkte / ha)	150 VE
Flächenklasse 10	(495–815 Punkte / ha)	200 VE
Flächenklasse 11	(816–1650 Punkte / ha)	300 VE
Flächenklasse 12	(1651–4000 Punkte / ha)	500 VE
Flächenklasse 13	(4001–9000 Punkte / ha)	800 VE.

(4) Umfasst ein Auftrag Vermessungen für mehrere Objekte, so werden die Honorare für die Vermessung jedes Objekts getrennt berechnet.

1.4.3 Honorarzonen für Grundleistungen bei der Planungsbegleitenden Vermessung

(1) Die Honorarzone wird bei der Planungsbegleitenden Vermessung auf Grund folgender Bewertungsmerkmale ermittelt:

Anlage 1 (zu § 3 Absatz 1)

a) Qualität der vorhandenen Daten und Kartenunterlagen

sehr hoch	1 Punkt
hoch	2 Punkte
befriedigend	3 Punkte
kaum ausreichend	4 Punkte
mangelhaft	5 Punkte

b) Qualität des vorhandenen geodätischen Raumbezugs

sehr hoch	1 Punkt
hoch	2 Punkte
befriedigend	3 Punkte
kaum ausreichend	4 Punkte
mangelhaft	5 Punkte

c) Anforderungen an die Genauigkeit

sehr gering	1 Punkt
gering	2 Punkte
durchschnittlich	3 Punkte
hoch	4 Punkte
sehr hoch	5 Punkte

d) Beeinträchtigungen durch die Geländebeschaffenheit und bei der Begehbarkeit

sehr gering	1 bis 2 Punkte
gering	3 bis 4 Punkte
durchschnittlich	5 bis 6 Punkte
hoch	7 bis 8 Punkte
sehr hoch	9 bis 10 Punkte

e) Behinderung durch Bebauung und Bewuchs

sehr gering	1 bis 3 Punkte
gering	4 bis 6 Punkte
durchschnittlich	7 bis 9 Punkte
hoch	10 bis 12 Punkte
sehr hoch	13 bis 15 Punkte

f) Behinderung durch Verkehr

sehr gering	1 bis 3 Punkte
gering	4 bis 6 Punkte
durchschnittlich	7 bis 9 Punkte
hoch	10 bis 12 Punkte
sehr hoch	13 bis 15 Punkte

(2) Die Honorarzone ergibt sich aus der Summe der Bewertungspunkte wie folgt:

Honorarzone I	bis 13 Punkte
Honorarzone II	14 bis 23 Punkte
Honorarzone III	24 bis 34 Punkte
Honorarzone IV	35 bis 44 Punkte
Honorarzone V	45 bis 55 Punkte.

1.4.4 Leistungsbild Planungsbegleitende Vermessung

(1) Das Leistungsbild Planungsbegleitende Vermessung umfasst die Aufnahme planungsrelevanter Daten und die Darstellung in analoger und digitaler Form für die Planung und den Entwurf von Gebäuden, Ingenieurbauwerken, Verkehrsanlagen sowie für Flächenplanungen.

(2) Die Grundleistungen sind in vier Leistungsphasen zusammengefasst und werden wie folgt in Prozentsätzen der Honorare der Nummer 1.4.8 Absatz 1 bewertet:

1. für die Leistungsphase 1 (Grundlagenermittlung) mit 5 Prozent,
2. für die Leistungsphase 2 (Geodätischer Raumbezug) mit 20 Prozent,
3. für die Leistungsphase 3 (Vermessungstechnische Grundlagen) mit 65 Prozent,
4. für die Leistungsphase 4 (Digitales Geländemodell) mit 10 Prozent.

(3) Das Leistungsbild setzt sich wie folgt zusammen:

Grundleistungen	Besondere Leistungen
1. Grundlagenermittlung	
a) Einholen von Informationen und Beschaffen von Unterlagen über die Örtlichkeit und das geplante Objekt b) Beschaffen vermessungstechnischer Unterlagen und Daten c) Ortsbesichtigung d) Ermitteln des Leistungsumfangs in Abhängigkeit von den Genauigkeitsanforderungen und dem Schwierigkeitsgrad	– Schriftliches Einholen von Genehmigungen zum Betreten von Grundstücken, von Bauwerken, zum Befahren von Gewässern und für anordnungsbedürftige Verkehrssicherungsmaßnahmen
2. Geodätischer Raumbezug	
a) Erkunden und Vermarken von Lage- und Höhenfestpunkten b) Fertigen von Punktbeschreibungen und Einmessungsskizzen	– Entwurf, Messung und Auswertung von Sondernetzen hoher Genauigkeit – Vermarken auf Grund besonderer Anforderungen – Aufstellung von Rahmenmessprogrammen

Grundleistungen	Besondere Leistungen
c) Messungen zum Bestimmen der Fest- und Passpunkte d) Auswerten der Messungen und Erstellen des Koordinaten- und Höhenverzeichnisses	
3. Vermessungstechnische Grundlagen	
a) Topographische/morphologische Geländeaufnahme einschließlich Erfassen von Zwangspunkten und planungsrelevanter Objekte b) Aufbereiten und Auswerten der erfassten Daten c) Erstellen eines digitalen Lagemodells mit ausgewählten planungsrelevanten Höhenpunkten d) Übernehmen von Kanälen, Leitungen, Kabeln und unterirdischen Bauwerken aus vorhandenen Unterlagen e) Übernehmen des Liegenschaftskatasters f) Übernehmen der bestehenden öffentlich-rechtlichen Festsetzungen g) Erstellen von Plänen mit Darstellen der Situation im Planungsbereich mit ausgewählten planungsrelevanten Höhenpunkten h) Liefern der Pläne und Daten in analoger und digitaler Form	– Maßnahmen für anordnungsbedürftige Verkehrssicherung – Orten und Aufmessen des unterirdischen Bestandes – Vermessungsarbeiten unter Tage, unter Wasser oder bei Nacht – Detailliertes Aufnehmen bestehender Objekte und Anlagen neben der normalen topographischen Aufnahme wie zum Beispiel Fassaden und Innenräume von Gebäuden – Ermitteln von Gebäudeschnitten – Aufnahmen über den festgelegten Planungsbereich hinaus – Erfassen zusätzlicher Merkmale wie zum Beispiel Baumkronen – Eintragen von Eigentümerangaben – Darstellen in verschiedenen Maßstäben – Ausarbeiten der Lagepläne entsprechend der rechtlichen Bedingungen für behördliche Genehmigungsverfahren – Übernahme der Objektplanung in ein digitales Lagemodell
4. Digitales Geländemodell	
a) Selektion der die Geländeoberfläche beschreibenden Höhenpunkte und Bruchkanten aus der Geländeaufnahme b) Berechnung eines digitalen Geländemodells c) Ableitung von Geländeschnitten d) Darstellen der Höhen in Punkt-, Raster- oder Schichtlinienform e) Liefern der Pläne und Daten in analoger und digitaler Form	

1.4.5 Grundlagen des Honorars bei der Bauvermessung

(1) Das Honorar für Grundleistungen bei der Bauvermessung richtet sich nach den anrechenbaren Kosten des Objekts, der Honorarzone in Nummer 1.4.6 und der Honorartafel in Nummer 1.4.8 Absatz 2.

(2) Anrechenbare Kosten sind die Herstellungskosten des Objekts. Diese werden entsprechend § 4 Absatz 1 und
1. bei Gebäuden entsprechend § 33,
2. bei Ingenieurbauwerken entsprechend § 42,
3. bei Verkehrsanlagen entsprechend § 46

ermittelt. Anrechenbar sind bei Ingenieurbauwerken 100 Prozent, bei Gebäuden und Verkehrsanlagen 80 Prozent der ermittelten Kosten.

(3) Die Absätze 1 und 2 sowie die Nummer 1.4.6 und Nummer 1.4.7 finden keine Anwendung für vermessungstechnische Grundleistungen bei ober- und unterirdischen Leitungen, Tunnel-, Stollen- und Kavernenbauwerken, innerörtlichen Verkehrsanlagen mit überwiegend innerörtlichem Verkehr, bei Geh- und Radwegen sowie Gleis- und Bahnsteiganlagen.

1.4.6 Honorarzonen für Grundleistungen bei der Bauvermessung

(1) Die Honorarzone wird bei der Bauvermessung auf Grund folgender Bewertungsmerkmale ermittelt:

a) Beeinträchtigungen durch die Geländebeschaffenheit und bei der Begehbarkeit

sehr gering	1 Punkt
gering	2 Punkte
durchschnittlich	3 Punkte
hoch	4 Punkte
sehr hoch	5 Punkte

b) Behinderungen durch Bebauung und Bewuchs

sehr gering	1 bis 2 Punkte
gering	3 bis 4 Punkte
durchschnittlich	5 bis 6 Punkte
hoch	7 bis 8 Punkte
sehr hoch	9 bis 10 Punkte

c) Behinderung durch den Verkehr

sehr gering	1 bis 2 Punkte
gering	3 bis 4 Punkte
durchschnittlich	5 bis 6 Punkte
hoch	7 bis 8 Punkte
sehr hoch	9 bis 10 Punkte

d) Anforderungen an die Genauigkeit

sehr gering	1 bis 2 Punkte
gering	3 bis 4 Punkte
durchschnittlich	5 bis 6 Punkte
hoch	7 bis 8 Punkte
sehr hoch	9 bis 10 Punkte

e) Anforderungen durch die Geometrie des Objekts

sehr gering	1 bis 2 Punkte
gering	3 bis 4 Punkte
durchschnittlich	5 bis 6 Punkte
hoch	7 bis 8 Punkte
sehr hoch	9 bis 10 Punkte

f) Behinderung durch den Baubetrieb

sehr gering	1 bis 3 Punkte
gering	4 bis 6 Punkte
durchschnittlich	7 bis 9 Punkte
hoch	10 bis 12 Punkte
sehr hoch	13 bis 15 Punkte.

(2) Die Honorarzone ergibt sich aus der Summe der Bewertungspunkte wie folgt:

Honorarzone I	bis 14 Punkte
Honorarzone II	15 bis 25 Punkte
Honorarzone III	26 bis 37 Punkte
Honorarzone IV	38 bis 48 Punkte
Honorarzone V	49 bis 60 Punkte.

1.4.7 Leistungsbild Bauvermessung

(1) Das Leistungsbild Bauvermessung umfasst die Vermessungsleistungen für den Bau und die abschließende Bestandsdokumentation von Gebäuden, Ingenieurbauwerken und Verkehrsanlagen.

(2) Die Grundleistungen werden in fünf Leistungsphasen zusammengefasst und wie folgt in Prozentsätzen der Honorare der Nummer 1.4.8 Absatz 2 bewertet:
1. für die Leistungsphase 1 (Baugeometrische Beratung) mit 2 Prozent,
2. für die Leistungsphase 2 (Absteckungsunterlagen) mit 5 Prozent,
3. für die Leistungsphase 3 (Bauvorbereitende Vermessung) mit 16 Prozent,
4. für die Leistungsphase 4 (Bauausführungsvermessung) mit 62 Prozent,
5. für die Leistungsphase 5 (Vermessungstechnische Überwachung der Bauausführung) mit 15 Prozent.

(3) Das Leistungsbild setzt sich wie folgt zusammen:

Grundleistungen	Besondere Leistungen
1. Baugeometrische Beratung	
a) Ermitteln des Leistungsumfanges in Abhängigkeit vom Projekt b) Beraten, insbesondere im Hinblick auf die erforderlichen Genauigkeiten und zur Konzeption eines Messprogramms c) Festlegen eines für alle Beteiligten verbindlichen Maß-, Bezugs- und Benennungssystems	– Erstellen von vermessungstechnischen Leistungsbeschreibungen – Erarbeiten von Organisationsvorschlägen über Zuständigkeiten, Verantwortlichkeit und Schnittstellen der Objektvermessung – Erstellen von Messprogrammen für Bewegungs- und Deformationsmessungen einschließlich Vorgaben für die Baustelleneinrichtung
2. Absteckungsunterlagen	
a) Berechnen der Detailgeometrie anhand der Ausführungsplanung, Erstellen eines Absteckungsplanes und Berechnen von Absteckungsdaten einschließlich Aufzeigen von Widersprüchen (Absteckungsunterlagen)	– Durchführen von zusätzlichen Aufnahmen und ergänzenden Berechnungen, falls keine qualifizierten Unterlagen aus der Leistungsphase vermessungstechnische Grundlagen vorliegen – Durchführen von Optimierungsberechnungen im Rahmen der Baugeometrie (zum Beispiel Flächennutzung, Abstandsflächen) – Erarbeitung von Vorschlägen zur Beseitigung von Widersprüchen bei der Verwendung von Zwangspunkten (zum Beispiel bauordnungsrechtliche Vorgaben)
3. Bauvorbereitende Vermessung	
a) Prüfen und Ergänzen des bestehenden Festpunktfelds b) Zusammenstellung und Aufbereitung der Absteckungsdaten c) Absteckung: Übertragen der Projektgeometrie (Hauptpunkte) und des Baufelds in die Örtlichkeit d) Übergabe der Lage- und Höhenfestpunkte, der Hauptpunkte und der Absteckungsunterlagen an das bauausführende Unternehmen	– Absteckung auf besondere Anforderungen (zum Beispiel Archäologie, Ausholzung, Grobabsteckung, Kampfmittelräumung)
4. Bauausführungsvermessung	
a) Messungen zur Verdichtung des Lage- und Höhenfestpunktfeldes b) Messungen zur Überprüfung und Sicherung von Fest- und Achspunkten c) Baubegleitende Absteckungen der geometriebestimmenden Bauwerkspunkte nach Lage und Höhe	– Erstellen und Konkretisieren des Messprogramms – Absteckungen unter Berücksichtigung von belastungs- und fertigungstechnischen Verformungen – Prüfen der Maßgenauigkeit von Fertigteilen

Grundleistungen	Besondere Leistungen
d) Messungen zur Erfassung von Bewegungen und Deformationen des zu erstellenden Objekts an konstruktiv bedeutsamen Punkten e) Baubegleitende Eigenüberwachungsmessungen und deren Dokumentation f) Fortlaufende Bestandserfassung während der Bauausführung als Grundlage für den Bestandplan	– Aufmaß von Bauleistungen, soweit besondere vermessungstechnische Leistungen gegeben sind – Ausgabe von Baustellenbestandsplänen während der Bauausführung – Fortführen der vermessungstechnischen Bestandspläne nach Abschluss der Grundleistungen – Herstellen von Bestandsplänen
5. Vermessungstechnische Überwachung der Bauausführung	
a) Kontrollieren der Bauausführung durch stichprobenartige Messungen an Schalungen und entstehenden Bauteilen (Kontrollmessungen) b) Fertigen von Messprotokollen c) Stichprobenartige Bewegungs- und Deformationsmessungen an konstruktiv bedeutsamen Punkten des zu erstellenden Objekts	– Prüfen der Mengenermittlungen – Beratung zu langfristigen vermessungstechnischen Objektüberwachungen im Rahmen der Ausführungskontrolle baulicher Maßnahmen und deren Durchführung – Vermessungen für die Abnahme von Bauleistungen, soweit besondere vermessungstechnische Anforderungen gegeben sind

(4) Die Leistungsphase 4 ist abweichend von Absatz 2 bei Gebäuden mit 45 bis 62 Prozent zu bewerten.

1.4.8 Honorare für Grundleistungen bei der Ingenieurvermessung

(1) Für die in Nummer 1.4.4 Absatz 3 genannten Grundleistungen der Planungsbegleitenden Vermessung sind die in der nachstehenden Honorartafel aufgeführten Honorarspannen Orientierungswerte:

Verrechnungseinheiten	Honorarzone I sehr geringe Anforderungen		Honorarzone II geringe Anforderungen		Honorarzone III durchschnittliche Anforderungen		Honorarzone IV hohe Anforderungen		Honorarzone V sehr hohe Anforderungen	
	von	bis	von	bis	von	bis	von	bis	von	bis
	Euro		Euro		Euro		Euro		Euro	
6	658	777	777	914	914	1.051	1.051	1.170	1.170	1.289
20	953	1.123	1.123	1.306	1.306	1.489	1.489	1.659	1.659	1.828
50	1.480	1.740	1.740	2.000	2.000	2.260	2.260	2.520	2.520	2.780
103	2.225	2.616	2.616	3.007	3.007	3.399	3.399	3.790	3.790	4.182
188	3.325	3.826	3.826	4.327	4.327	4.829	4.829	5.330	5.330	5.831
278	4.320	4.931	4.931	5.542	5.542	6.153	6.153	6.765	6.765	7.376
359	5.156	5.826	5.826	6.547	6.547	7.217	7.217	7.939	7.939	8.609
435	5.881	6.656	6.656	7.437	7.437	8.212	8.212	8.994	8.994	9.768
506	6.547	7.383	7.383	8.219	8.219	9.055	9.055	9.892	9.892	10.728
659	7.867	8.859	8.859	9.815	9.815	10.809	10.809	11.765	11.765	12.757
822	9.187	10.299	10.299	11.413	11.413	12.513	12.513	13.625	13.625	14.737
1.105	11.332	12.667	12.667	14.002	14.002	15.336	15.336	16.672	16.672	18.006
1.400	13.525	14.977	14.977	16.532	16.532	18.086	18.086	19.642	19.642	21.196
2.033	17.714	19.597	19.597	21.592	21.592	23.586	23.586	25.582	25.582	27.576
2.713	21.894	24.217	24.217	26.652	26.652	29.086	29.086	31.522	31.522	33.956
3.430	26.074	28.837	28.837	31.712	31.712	34.586	34.586	37.462	37.462	40.336
4.949	34.434	38.077	38.077	41.832	41.832	45.586	45.586	49.342	49.342	53.096
7.385	46.974	51.937	51.937	57.012	57.012	62.086	62.086	67.162	67.162	72.236
11.726	67.874	75.037	75.037	82.312	82.312	89.586	89.586	96.862	96.862	104.136

(2) Für die in Nummer 1.4.7 Absatz 3 genannten Grundleistungen der Bauvermessung sind die in der nachstehenden Honorartafel aufgeführten Honorarspannen Orientierungswerte:

Anrechenbare Kosten in Euro	Honorarzone I sehr geringe Anforderungen		Honorarzone II geringe Anforderungen		Honorarzone III durchschnittliche Anforderungen		Honorarzone IV hohe Anforderungen		Honorarzone V sehr hohe Anforderungen	
	von	bis	von	bis	von	bis	von	bis	von	bis
	Euro		Euro		Euro		Euro		Euro	
50.000	4.282	4.782	4.782	5.283	5.283	5.839	5.839	6.339	6.339	6.840
75.000	4.648	5.191	5.191	5.734	5.734	6.338	6.338	6.881	6.881	7.424
100.000	5.002	5.586	5.586	6.171	6.171	6.820	6.820	7.405	7.405	7.989
150.000	5.684	6.349	6.349	7.013	7.013	7.751	7.751	8.416	8.416	9.080
200.000	6.344	7.086	7.086	7.827	7.827	8.651	8.651	9.393	9.393	10.134
250.000	6.987	7.804	7.804	8.621	8.621	9.528	9.528	10.345	10.345	11.162
300.000	7.618	8.508	8.508	9.399	9.399	10.388	10.388	11.278	11.278	12.169
400.000	8.848	9.883	9.883	10.917	10.917	12.066	12.066	13.100	13.100	14.134
500.000	10.048	11.222	11.222	12.397	12.397	13.702	13.702	14.876	14.876	16.051
600.000	11.223	12.535	12.535	13.847	13.847	15.304	15.304	16.616	16.616	17.928
750.000	12.950	14.464	14.464	15.978	15.978	17.659	17.659	19.173	19.173	20.687
1.000.000	15.754	17.596	17.596	19.437	19.437	21.483	21.483	23.325	23.325	25.166
1.500.000	21.165	23.639	23.639	26.113	26.113	28.862	28.862	31.336	31.336	33.810
2.000.000	26.393	29.478	29.478	32.563	32.563	35.990	35.990	39.075	39.075	42.160
2.500.000	31.488	35.168	35.168	38.849	38.849	42.938	42.938	46.619	46.619	50.299
3.000.000	36.480	40.744	40.744	45.008	45.008	49.745	49.745	54.009	54.009	58.273
4.000.000	46.224	51.626	51.626	57.029	57.029	63.032	63.032	68.435	68.435	73.838
5.000.000	55.720	62.232	62.232	68.745	68.745	75.981	75.981	82.494	82.494	89.007
7.500.000	78.690	87.888	87.888	97.085	97.085	107.305	107.305	116.502	116.502	125.700
10.000.000	100.876	112.667	112.667	124.458	124.458	137.559	137.559	149.350	149.350	161.140

1.4.9 Sonstige vermessungstechnische Leistungen

Für sonstige vermessungstechnische Leistungen nach Nummer 1.4.1 kann ein Honorar abweichend von den Grundsätzen gemäß Nummer 1.4 vereinbart werden.

Anlage 2 Grundleistungen im Leistungsbild Flächennutzungsplan (zu § 18 Absatz 2)

Das Leistungsbild Flächennutzungsplan setzt sich aus folgenden Grundleistungen je Leistungsphase zusammen:

1. Leistungsphase 1: Vorentwurf für die frühzeitigen Beteiligungen
   a) Zusammenstellen und Werten des vorhandenen Grundlagenmaterials
   b) Erfassen der abwägungsrelevanten Sachverhalte
   c) Ortsbesichtigungen
   d) Festlegen ergänzender Fachleistungen und Formulieren von Entscheidungshilfen für die Auswahl anderer fachlich Beteiligter, soweit notwendig
   e) Analysieren und Darstellen des Zustandes des Plangebiets, soweit für die Planung von Bedeutung und abwägungsrelevant, unter Verwendung hierzu vorliegender Fachbeiträge
   f) Mitwirken beim Festlegen von Zielen und Zwecken der Planung
   g) Erarbeiten des Vorentwurfes in der vorgeschriebenen Fassung mit Begründung für die frühzeitigen Beteiligungen nach den Bestimmungen des Baugesetzbuchs
   h) Darlegen der wesentlichen Auswirkungen der Planung
   i) Berücksichtigen von Fachplanungen
   j) Mitwirken an der frühzeitigen Öffentlichkeitsbeteiligung einschließlich Erörterung der Planung
   k) Mitwirken an der frühzeitigen Beteiligung der Behörden und Stellen, die Träger öffentlicher Belange sind
   l) Mitwirken an der frühzeitigen Abstimmung mit den Nachbargemeinden
   m) Abstimmen des Vorentwurfes für die frühzeitigen Beteiligungen in der vorgeschriebenen Fassung mit der Gemeinde
2. Leistungsphase 2: Entwurf zur öffentlichen Auslegung
   a) Erarbeiten des Entwurfes in der vorgeschriebenen Fassung mit Begründung für die Öffentlichkeits- und Behördenbeteiligung nach den Bestimmungen des Baugesetzbuchs
   b) Mitwirken an der Öffentlichkeitsbeteiligung
   c) Mitwirken an der Beteiligung der Behörden und Stellen, die Träger öffentlicher Belange sind
   d) Mitwirken an der Abstimmung mit den Nachbargemeinden
   e) Mitwirken bei der Abwägung der Gemeinde zu Stellungnahmen aus frühzeitigen Beteiligungen
   f) Abstimmen des Entwurfs mit der Gemeinde

3. Leistungsphase 3: Plan zur Beschlussfassung
   a) Erarbeiten des Planes in der vorgeschriebenen Fassung mit Begründung für den Beschluss durch die Gemeinde
   b) Mitwirken bei der Abwägung der Gemeinde zu Stellungnahmen
   c) Erstellen des Planes in der durch Beschluss der Gemeinde aufgestellten Fassung.

Anlage 3 Grundleistungen im Leistungsbild Bebauungsplan (zu § 19 Absatz 2)

Das Leistungsbild Bebauungsplan setzt sich aus folgenden Grundleistungen je Leistungsphase zusammen:

1. Leistungsphase 1: Vorentwurf für die frühzeitigen Beteiligungen
   a) Zusammenstellen und Werten des vorhandenen Grundlagenmaterials
   b) Erfassen der abwägungsrelevanten Sachverhalte
   c) Ortsbesichtigungen
   d) Festlegen ergänzender Fachleistungen und Formulieren von Entscheidungshilfen für die Auswahl anderer fachlich Beteiligter, soweit notwendig
   e) Analysieren und Darstellen des Zustandes des Plangebiets, soweit für die Planung von Bedeutung und abwägungsrelevant, unter Verwendung hierzu vorliegender Fachbeiträge
   f) Mitwirken beim Festlegen von Zielen und Zwecken der Planung
   g) Erarbeiten des Vorentwurfes in der vorgeschriebenen Fassung mit Begründung für die frühzeitigen Beteiligungen nach den Bestimmungen des Baugesetzbuchs
   h) Darlegen der wesentlichen Auswirkungen der Planung
   i) Berücksichtigen von Fachplanungen
   j) Mitwirken an der frühzeitigen Öffentlichkeitsbeteiligung einschließlich Erörterung der Planung
   k) Mitwirken an der frühzeitigen Beteiligung der Behörden und Stellen, die Träger öffentlicher Belange sind
   l) Mitwirken an der frühzeitigen Abstimmung mit den Nachbargemeinden
   m) Abstimmen des Vorentwurfes für die frühzeitigen Beteiligungen in der vorgeschriebenen Fassung mit der Gemeinde
2. Leistungsphase 2: Entwurf zur öffentlichen Auslegung
   a) Erarbeiten des Entwurfes in der vorgeschriebenen Fassung mit Begründung für die Öffentlichkeits- und Behördenbeteiligung nach den Bestimmungen des Baugesetzbuchs
   b) Mitwirken an der Öffentlichkeitsbeteiligung
   c) Mitwirken an der Beteiligung der Behörden und Stellen, die Träger öffentlicher Belange sind
   d) Mitwirken an der Abstimmung mit den Nachbargemeinden
   e) Mitwirken bei der Abwägung der Gemeinde zu Stellungnahmen aus frühzeitigen Beteiligungen
   f) Abstimmen des Entwurfs mit der Gemeinde
3. Leistungsphase 3: Plan zur Beschlussfassung
   a) Erarbeiten des Planes in der vorgeschriebenen Fassung mit Begründung für den Beschluss durch die Gemeinde

b) Mitwirken bei der Abwägung der Gemeinde zu Stellungnahmen
c) Erstellen des Planes in der durch Beschluss der Gemeinde aufgestellten Fassung.

Anlage 4 Grundleistungen im Leistungsbild Landschaftsplan (zu § 23 Absatz 2)

Das Leistungsbild Landschaftsplan setzt sich aus folgenden Grundleistungen je Leistungsphase zusammen:

1. Leistungsphase 1: Klären der Aufgabenstellung und Ermitteln des Leistungsumfangs
   a) Zusammenstellen und Prüfen der vom Auftraggeber zur Verfügung gestellten planungsrelevanten Unterlagen
   b) Ortsbesichtigungen
   c) Abgrenzen des Planungsgebiets
   d) Konkretisieren weiteren Bedarfs an Daten und Unterlagen
   e) Beraten zum Leistungsumfang für ergänzende Untersuchungen und Fachleistungen
   f) Aufstellen eines verbindlichen Arbeitsplans unter Berücksichtigung der sonstigen Fachbeiträge
2. Leistungsphase 2: Ermitteln der Planungsgrundlagen
   a) Ermitteln und Beschreiben der planungsrelevanten Sachverhalte auf Grundlage vorhandener Unterlagen und Daten
   b) Landschaftsbewertung nach den Zielen und Grundsätzen des Naturschutzes und der Landschaftspflege
   c) Bewerten von Flächen und Funktionen des Naturhaushalts und des Landschaftsbildes hinsichtlich ihrer Eignung, Leistungsfähigkeit, Empfindlichkeit und Vorbelastung
   d) Bewerten geplanter Eingriffe in Natur und Landschaft
   e) Feststellen von Nutzungs- und Zielkonflikten
   f) Zusammenfassendes Darstellen der Erfassung und Bewertung
3. Leistungsphase 3: Vorläufige Fassung
   a) Formulieren von örtlichen Zielen und Grundsätzen zum Schutz, zur Pflege und Entwicklung von Natur und Landschaft einschließlich Erholungsvorsorge
   b) Darlegen der angestrebten Flächenfunktionen und Flächennutzungen sowie der örtlichen Erfordernisse und Maßnahmen zur Umsetzung der konkretisierten Ziele des Naturschutzes und der Landschaftspflege
   c) Erarbeiten von Vorschlägen zur Übernahme in andere Planungen, insbesondere in die Bauleitpläne
   d) Hinweise auf Folgeplanungen und -maßnahmen
   e) Mitwirken bei der Beteiligung der nach den Bestimmungen des Bundesnaturschutzgesetzes anerkannten Verbände

f) Mitwirken bei der Abstimmung der Vorläufigen Fassung mit der für Naturschutz und Landschaftspflege zuständigen Behörde
g) Abstimmen der Vorläufigen Fassung mit dem Auftraggeber

4. Leistungsphase 4: Abgestimmte Fassung
Darstellen des Landschaftsplans in der mit dem Auftraggeber abgestimmten Fassung in Text und Karte.

Anlage 5 Grundleistungen im Leistungsbild Grünordnungsplan (zu § 24 Absatz 2)

Das Leistungsbild Grünordnungsplan setzt sich aus folgenden Grundleistungen je Leistungsphase zusammen:

1. Leistungsphase 1: Klären der Aufgabenstellung und Ermitteln des Leistungsumfangs
   a) Zusammenstellen und Prüfen der vom Auftraggeber zur Verfügung gestellten planungsrelevanten Unterlagen
   b) Ortsbesichtigungen
   c) Abgrenzen des Planungsgebiets
   d) Konkretisieren weiteren Bedarfs an Daten und Unterlagen
   e) Beraten zum Leistungsumfang für ergänzende Untersuchungen und Fachleistungen
   f) Aufstellen eines verbindlichen Arbeitsplans unter Berücksichtigung der sonstigen Fachbeiträge
2. Leistungsphase 2: Ermitteln der Planungsgrundlagen
   a) Ermitteln und Beschreiben der planungsrelevanten Sachverhalte auf Grundlage vorhandener Unterlagen und Daten
   b) Bewerten der Landschaft nach den Zielen des Naturschutzes und der Landschaftspflege einschließlich der Erholungsvorsorge
   c) Zusammenfassendes Darstellen der Bestandsaufnahme und Bewertung in Text und Karte
3. Leistungsphase 3: Vorläufige Fassung
   a) Lösen der Planungsaufgabe und Erläutern der Ziele, Erfordernisse und Maßnahmen in Text und Karte
   b) Darlegen der angestrebten Flächenfunktionen und Flächennutzungen
   c) Darlegen von Gestaltungs-, Schutz-, Pflege- und Entwicklungsmaßnahmen
   d) Vorschläge zur Übernahme in andere Planungen, insbesondere in die Bauleitplanung
   e) Mitwirken bei der Abstimmung der vorläufigen Fassung mit der für den Naturschutz zuständigen Behörde
   f) Bearbeiten der naturschutzrechtlichen Eingriffsregelung
      aa) Ermitteln und Bewerten der durch die Planung zu erwartenden Beeinträchtigungen des Naturhaushalts und des Landschaftsbildes nach Art, Umfang, Ort und zeitlichem Ablauf
      bb) Erarbeiten von Lösungen zur Vermeidung oder Verminderung erheblicher Beeinträchtigungen des Naturhaushalts und des Landschaftsbildes in Abstimmung mit den an der Planung fachlich Beteiligten
      cc) Ermitteln der unvermeidbaren Beeinträchtigungen

dd) Vergleichendes Gegenüberstellen von unvermeidbaren Beeinträchtigungen und Ausgleich und Ersatz einschließlich Darstellen verbleibender, nicht ausgleichbarer oder ersetzbarer Beeinträchtigungen
ee) Darstellen und Begründen von Maßnahmen des Naturschutzes und der Landschaftspflege, insbesondere Ausgleichs-, Ersatz-, Gestaltungs- und Schutzmaßnahmen sowie Maßnahmen zur Unterhaltung und rechtlichen Sicherung von Ausgleichs- und Ersatzmaßnahmen
ff) Integrieren ergänzender, zulassungsrelevanter Regelungen und Maßnahmen auf Grund des Natura 2000-Gebietsschutzes und der Vorschriften zum besonderen Artenschutz auf Grundlage vorhandener Unterlagen

4. Leistungsphase 4: Abgestimmte Fassung
Darstellen des Grünordnungsplans oder Landschaftsplanerischen Fachbeitrags in der mit dem Auftraggeber abgestimmten Fassung in Text und Karte.

Anlage 6 Grundleistungen im Leistungsbild Landschaftsrahmenplan (zu § 25 Absatz 2)

Das Leistungsbild Landschaftsrahmenplan setzt sich aus folgenden Grundleistungen je Leistungsphase zusammen:

1. Leistungsphase 1: Klären der Aufgabenstellung und Ermitteln des Leistungsumfangs
   a) Zusammenstellen und Prüfen der vom Auftraggeber zur Verfügung gestellten planungsrelevanten Unterlagen
   b) Ortsbesichtigungen
   c) Abgrenzen des Planungsgebiets
   d) Konkretisieren weiteren Bedarfs an Daten und Unterlagen
   e) Beraten zum Leistungsumfang für ergänzende Untersuchungen und Fachleistungen
   f) Aufstellen eines verbindlichen Arbeitsplans unter Berücksichtigung der sonstigen Fachbeiträge
2. Leistungsphase 2: Ermitteln der Planungsgrundlagen
   a) Ermitteln und Beschreiben der planungsrelevanten Sachverhalte auf Grundlage vorhandener Unterlagen und Daten
   b) Landschaftsbewertung nach den Zielen und Grundsätzen des Naturschutzes und der Landschaftspflege
   c) Bewerten von Flächen und Funktionen des Naturhaushalts und des Landschaftsbildes hinsichtlich ihrer Eignung, Leistungsfähigkeit, Empfindlichkeit und Vorbelastung
   d) Bewerten geplanter Eingriffe in Natur und Landschaft
   e) Feststellen von Nutzungs- und Zielkonflikten
   f) Zusammenfassendes Darstellen der Erfassung und Bewertung
3. Leistungsphase 3: Vorläufige Fassung
   a) Lösen der Planungsaufgabe und
   b) Erläutern der Ziele, Erfordernisse und Maßnahmen in Text und Karte
      Zu Buchstabe a) und b) gehören:
      aa) Erstellen des Zielkonzepts
      bb) Umsetzen des Zielkonzepts durch Schutz, Pflege und Entwicklung bestimmter Teile von Natur und Landschaft und durch Artenhilfsmaßnahmen für ausgewählte Tier- und Pflanzenarten
      cc) Vorschläge zur Übernahme in andere Planungen, insbesondere in Regionalplanung, Raumordnung und Bauleitplanung
      dd) Mitwirken bei der Abstimmung der vorläufigen Fassung mit der für den Naturschutz zuständigen Behörde
      ee) Abstimmen der Vorläufigen Fassung mit dem Auftraggeber

4. Leistungsphase 4: Abgestimmte Fassung
   Darstellen des Landschaftsrahmenplans in der mit dem Auftraggeber abgestimmten Fassung in Text und Karte.

Anlage 7 Grundleistungen im Leistungsbild Landschaftspflegerischer Begleitplan (zu § 26 Absatz 2)

Das Leistungsbild Landschaftspflegerischer Begleitplan setzt sich aus folgenden Grundleistungen je Leistungsphase zusammen:

1. Leistungsphase 1: Klären der Aufgabenstellung und Ermitteln des Leistungsumfangs
   a) Zusammenstellen und Prüfen der vom Auftraggeber zur Verfügung gestellten planungsrelevanten Unterlagen
   b) Ortsbesichtigungen
   c) Abgrenzen des Planungsgebiets anhand der planungsrelevanten Funktionen
   d) Konkretisieren weiteren Bedarfs an Daten und Unterlagen
   e) Beraten zum Leistungsumfang für ergänzende Untersuchungen und Fachleistungen
   f) Aufstellen eines verbindlichen Arbeitsplans unter Berücksichtigung der sonstigen Fachbeiträge
2. Leistungsphase 2: Ermitteln und Bewerten der Planungsgrundlagen
   a) Bestandsaufnahme:
   Erfassen von Natur und Landschaft jeweils einschließlich des rechtlichen Schutzstatus und fachplanerischer Festsetzungen und Ziele für die Naturgüter auf Grundlage vorhandener Unterlagen und örtlicher Erhebungen
   b) Bestandsbewertung:
      aa) Bewerten der Leistungsfähigkeit und Empfindlichkeit des Naturhaushalts und des Landschaftsbildes nach den Zielen und Grundsätzen des Naturschutzes und der Landschaftspflege
      bb) Bewerten der vorhandenen Beeinträchtigungen von Natur und Landschaft (Vorbelastung)
      cc) Zusammenfassendes Darstellen der Ergebnisse als Grundlage für die Erörterung mit dem Auftraggeber
3. Leistungsphase 3: Vorläufige Fassung
   a) Konfliktanalyse
   b) Ermitteln und Bewerten der durch das Vorhaben zu erwartenden Beeinträchtigungen des Naturhaushalts und des Landschaftsbildes nach Art, Umfang, Ort und zeitlichem Ablauf
   c) Konfliktminderung
   d) Erarbeiten von Lösungen zur Vermeidung oder Verminderung erheblicher Beeinträchtigungen des Naturhaushalts und des Landschaftsbildes in Abstimmung mit den an der Planung fachlich Beteiligten
   e) Ermitteln der unvermeidbaren Beeinträchtigungen

f) Erarbeiten und Begründen von Maßnahmen des Naturschutzes und der Landschaftspflege, insbesondere Ausgleichs-, Ersatz- und Gestaltungsmaßnahmen sowie von Angaben zur Unterhaltung dem Grunde nach und Vorschläge zur rechtlichen Sicherung von Ausgleichs- und Ersatzmaßnahmen
g) Integrieren von Maßnahmen auf Grund des Natura 2000-Gebietsschutzes sowie auf Grund der Vorschriften zum besonderen Artenschutz und anderer Umweltfachgesetze auf Grundlage vorhandener Unterlagen und Erarbeiten eines Gesamtkonzepts
h) Vergleichendes Gegenüberstellen von unvermeidbaren Beeinträchtigungen und Ausgleich und Ersatz einschließlich Darstellen verbleibender, nicht ausgleichbarer oder ersetzbarer Beeinträchtigungen
i) Kostenermittlung nach Vorgaben des Auftraggebers
j) Zusammenfassendes Darstellen der Ergebnisse in Text und Karte
k) Mitwirken bei der Abstimmung mit der für Naturschutz und Landschaftspflege zuständigen Behörde
l) Abstimmen der Vorläufigen Fassung mit dem Auftraggeber

4. Leistungsphase 4: Abgestimmte Fassung
Darstellen des Landschaftspflegerischen Begleitplans in der mit dem Auftraggeber abgestimmten Fassung in Text und Karte.

Anlage 8 Grundleistungen im Leistungsbild Pflege- und Entwicklungsplan (zu § 27 Absatz 2)

Das Leistungsbild Pflege- und Entwicklungsplan setzt sich aus folgenden Grundleistungen je Leistungsphase zusammen:

1. Leistungsphase 1: Klären der Aufgabenstellung und Ermitteln des Leistungsumfangs
   a) Zusammenstellen und Prüfen der vom Auftraggeber zur Verfügung gestellten planungsrelevanten Unterlagen
   b) Ortsbesichtigungen
   c) Abgrenzen des Planungsgebiets anhand der planungsrelevanten Funktionen
   d) Konkretisieren weiteren Bedarfs an Daten und Unterlagen
   e) Beraten zum Leistungsumfang für ergänzende Untersuchungen und Fachleistungen
   f) Aufstellen eines verbindlichen Arbeitsplans unter Berücksichtigung der sonstigen Fachbeiträge
2. Leistungsphase 2: Ermitteln der Planungsgrundlagen
   a) Ermitteln und Beschreiben der planungsrelevanten Sachverhalte auf Grund vorhandener Unterlagen
   b) Auswerten und Einarbeiten von Fachbeiträgen
   c) Bewerten der Bestandsaufnahmen einschließlich vorhandener Beeinträchtigungen sowie der abiotischen Faktoren hinsichtlich ihrer Standort- und Lebensraumbedeutung nach den Zielen und Grundsätzen des Naturschutzes
   d) Beschreiben der Zielkonflikte mit bestehenden Nutzungen
   e) Beschreiben des zu erwartenden Zustands von Arten und ihren Lebensräumen (Zielkonflikte mit geplanten Nutzungen)
   f) Überprüfen der festgelegten Untersuchungsinhalte
   g) Zusammenfassendes Darstellen von Erfassung und Bewertung in Text und Karte
3. Leistungsphase 3: Vorläufige Fassung
   a) Lösen der Planungsaufgabe und Erläutern der Ziele, Erfordernisse und Maßnahmen in Text und Karte
   b) Formulieren von Zielen zum Schutz, zur Pflege, zur Erhaltung und Entwicklung von Arten, Biotoptypen und naturnahen Lebensräumen bzw. Standortbedingungen
   c) Erfassen und Darstellen von Flächen, auf denen eine Nutzung weiter betrieben werden soll und von Flächen, auf denen regelmäßig Pflegemaßnahmen durchzuführen sind sowie von Maßnahmen zur Verbesserung der ökologischen Standortverhältnisse und zur Änderung der Biotopstruktur

d) Erarbeiten von Vorschlägen für Maßnahmen zur Förderung bestimmter Tier- und Pflanzenarten, zur Lenkung des Besucherverkehrs, für die Durchführung der Pflege- und Entwicklungsmaßnahmen und für Änderungen von Schutzzweck und -zielen sowie Grenzen von Schutzgebieten
e) Erarbeiten von Hinweisen für weitere wissenschaftliche Untersuchungen (Monitoring), Folgeplanungen und Maßnahmen
f) Kostenermittlung
g) Abstimmen der Vorläufigen Fassung mit dem Auftraggeber

4. Leistungsphase 4: Abgestimmte Fassung
Darstellen des Pflege- und Entwicklungsplans in der mit dem Auftraggeber abgestimmten Fassung in Text und Karte.

Anlage 9 Besondere Leistungen zur Flächenplanung (zu § 18 Absatz 2, § 19 Absatz 2, § 23 Absatz 2, § 24 Absatz 2, § 25 Absatz 2, § 26 Absatz 2, § 27 Absatz 2)

Für die Leistungsbilder der Flächenplanung können insbesondere folgende Besondere Leistungen vereinbart werden:

1. Rahmensetzende Pläne und Konzepte:
   a) Leitbilder
   b) Entwicklungskonzepte
   c) Masterpläne
   d) Rahmenpläne
2. Städtebaulicher Entwurf:
   a) Grundlagenermittlung
   b) Vorentwurf
   c) Entwurf
   Der Städtebauliche Entwurf kann als Grundlage für Leistungen nach § 19 der HOAI dienen und Ergebnis eines städtebaulichen Wettbewerbes sein.
3. Leistungen zur Verfahrens- und Projektsteuerung sowie zur Qualitätssicherung:
   a) Durchführen von Planungsaudits
   b) Vorabstimmungen mit Planungsbeteiligten und Fachbehörden
   c) Aufstellen und Überwachen von integrierten Terminplänen
   d) Vor- und Nachbereiten von planungsbezogenen Sitzungen
   e) Koordinieren von Planungsbeteiligten
   f) Moderation von Planungsverfahren
   g) Ausarbeiten von Leistungskatalogen für Leistungen Dritter
   h) Mitwirken bei Vergabeverfahren für Leistungen Dritter (Einholung von Angeboten, Vergabevorschläge)
   i) Prüfen und Bewerten von Leistungen Dritter
   j) Mitwirken beim Ermitteln von Fördermöglichkeiten
   k) Stellungnahmen zu Einzelvorhaben während der Planaufstellung
4. Leistungen zur Vorbereitung und inhaltlichen Ergänzung:
   a) Erstellen digitaler Geländemodelle
   b) Digitalisieren von Unterlagen
   c) Anpassen von Datenformaten
   d) Erarbeiten einer einheitlichen Planungsgrundlage aus unterschiedlichen Unterlagen
   e) Strukturanalysen
   f) Stadtbildanalysen, Landschaftsbildanalysen

g) Statistische und örtliche Erhebungen sowie Bedarfsermittlungen, zum Beispiel zur Versorgung, zur Wirtschafts-, Sozial- und Baustruktur sowie zur soziokulturellen Struktur
h) Befragungen und Interviews
i) Differenziertes Erheben, Kartieren, Analysieren und Darstellen von spezifischen Merkmalen und Nutzungen
j) Erstellen von Beiplänen, zum Beispiel für Verkehr, Infrastruktureinrichtungen, Flurbereinigungen, Grundbesitzkarten und Gütekarten unter Berücksichtigung der Pläne anderer an der Planung fachlich Beteiligter
k) Modelle
l) Erstellen zusätzlicher Hilfsmittel der Darstellung zum Beispiel Fotomontagen, 3D-Darstellungen, Videopräsentationen

5. Verfahrensbegleitende Leistungen:
   a) Vorbereiten und Durchführen des Scopings
   b) Vorbereiten, Durchführen, Auswerten und Dokumentieren der formellen Beteiligungsverfahren
   c) Ermitteln der voraussichtlich erheblichen Umweltauswirkungen für die Umweltprüfung
   d) Erarbeiten des Umweltberichtes
   e) Berechnen und Darstellen der Umweltschutzmaßnahmen
   f) Bearbeiten der Anforderungen aus der naturschutzrechtlichen Eingriffsregelung in Bauleitplanungsverfahren
   g) Erstellen von Sitzungsvorlagen, Arbeitsheften und anderen Unterlagen
   h) Wesentliche Änderungen oder Neubearbeitung des Entwurfs nach Offenlage oder Beteiligungen, insbesondere nach Stellungnahmen
   i) Ausarbeiten der Beratungsunterlagen der Gemeinde zu Stellungnahmen im Rahmen der formellen Beteiligungsverfahren
   j) Leistungen für die Drucklegung, Erstellen von Mehrausfertigungen
   k) Überarbeiten von Planzeichnungen und von Begründungen nach der Beschlussfassung (zum Beispiel Satzungsbeschluss)
   l) Verfassen von Bekanntmachungstexten und Organisation der öffentlichen Bekanntmachungen
   m) Mitteilen des Ergebnisses der Prüfung der Stellungnahmen an die Beteiligten
   n) Benachrichtigen von Bürgern und Behörden, die Stellungnahmen abgegeben haben, über das Abwägungsergebnis
   o) Erstellen der Verfahrensdokumentation
   p) Erstellen und Fortschreiben eines digitalen Planungsordners
   q) Mitwirken an der Öffentlichkeitsarbeit des Auftraggebers einschließlich Mitwirken an Informationsschriften und öffentlichen Diskussionen sowie Erstellen der dazu notwendigen Planungsunterlagen und Schriftsätze

r) Teilnehmen an Sitzungen von politischen Gremien des Auftraggebers oder an Sitzungen im Rahmen der Öffentlichkeitsbeteiligung
s) Mitwirken an Anhörungs- oder Erörterungsterminen
t) Leiten bzw. Begleiten von Arbeitsgruppen
u) Erstellen der zusammenfassenden Erklärung nach dem Baugesetzbuch
v) Anwenden komplexer Bilanzierungsverfahren im Rahmen der naturschutzrechtlichen Eingriffsregelung
w) Erstellen von Bilanzen nach fachrechtlichen Vorgaben
x) Entwickeln von Monitoringkonzepten und -maßnahmen
y) Ermitteln von Eigentumsverhältnissen, insbesondere Klären der Verfügbarkeit von geeigneten Flächen für Maßnahmen

6. Weitere besondere Leistungen bei landschaftsplanerischen Leistungen:
a) Erarbeiten einer Planungsraumanalyse im Rahmen einer Umweltverträglichkeitsstudie
b) Mitwirken an der Prüfung der Verpflichtung, zu einem Vorhaben oder einer Planung eine Umweltverträglichkeitsprüfung durchzuführen (Screening)
c) Erstellen einer allgemein verständlichen nichttechnischen Zusammenfassung nach dem Gesetz über die Umweltverträglichkeitsprüfung
d) Daten aus vorhandenen Unterlagen im Einzelnen ermitteln und aufbereiten
e) Örtliche Erhebungen, die nicht überwiegend der Kontrolle der aus Unterlagen erhobenen Daten dienen
f) Erstellen eines eigenständigen allgemein verständlichen Erläuterungsberichtes für Genehmigungsverfahren oder qualifizierende Zuarbeiten hierzu
g) Erstellen von Unterlagen im Rahmen von artenschutzrechtlichen Prüfungen oder Prüfungen zur Vereinbarkeit mit der Fauna-Flora-Habitat-Richtlinie
h) Kartieren von Biotoptypen, floristischen oder faunistischen Arten oder Artengruppen
i) Vertiefendes Untersuchen des Naturhaushalts, wie z. B. der Geologie, Hydrogeologie, Gewässergüte und -morphologie, Bodenanalysen
j) Mitwirken an Beteiligungsverfahren in der Bauleitplanung
k) Mitwirken an Genehmigungsverfahren nach fachrechtlichen Vorschriften
l) Fortführen der mit dem Auftraggeber abgestimmten Fassung im Rahmen eines Genehmigungsverfahrens, Erstellen einer genehmigungsfähigen Fassung auf der Grundlage von Anregungen Dritter.

Anlage 10 Grundleistungen im Leistungsbild Gebäude und Innenräume, Besondere Leistungen, Objektlisten (zu § 34 Absatz 4, § 35 Absatz 7)

10.1 Leistungsbild Gebäude und Innenräume

Grundleistungen	Besondere Leistungen
LPH 1 Grundlagenermittlung	
a) Klären der Aufgabenstellung auf Grundlage der Vorgaben oder der Bedarfsplanung des Auftraggebers b) Ortsbesichtigung c) Beraten zum gesamten Leistungs- und Untersuchungsbedarf d) Formulieren der Entscheidungshilfen für die Auswahl anderer an der Planung fachlich Beteiligter e) Zusammenfassen, Erläutern und Dokumentieren der Ergebnisse	– Bedarfsplanung – Bedarfsermittlung – Aufstellen eines Funktionsprogramms – Aufstellen eines Raumprogramms – Standortanalyse – Mitwirken bei Grundstücks- und Objektauswahl, -beschaffung und -übertragung – Beschaffen von Unterlagen, die für das Vorhaben erheblich sind – Bestandsaufnahme – technische Substanzerkundung – Betriebsplanung – Prüfen der Umwelterheblichkeit – Prüfen der Umweltverträglichkeit – Machbarkeitsstudie – Wirtschaftlichkeitsuntersuchung – Projektstrukturplanung – Zusammenstellen der Anforderungen aus Zertifizierungssystemen – Verfahrensbetreuung, Mitwirken bei der Vergabe von Planungs- und Gutachterleistungen
LPH 2 Vorplanung (Projekt- und Planungsvorbereitung)	
a) Analysieren der Grundlagen, Abstimmen der Leistungen mit den fachlich an der Planung Beteiligten b) Abstimmen der Zielvorstellungen, Hinweisen auf Zielkonflikte c) Erarbeiten der Vorplanung, Untersuchen, Darstellen und Bewerten von Varianten nach gleichen Anforderungen, Zeichnungen im Maßstab nach Art und Größe des Objekts	– Aufstellen eines Katalogs für die Planung und Abwicklung der Programmziele – Untersuchen alternativer Lösungsansätze nach verschiedenen Anforderungen einschließlich Kostenbewertung – Beachten der Anforderungen des vereinbarten Zertifizierungssystems – Durchführen des Zertifizierungssystems – Ergänzen der Vorplanungsunterlagen auf Grund besonderer Anforderungen

Grundleistungen	Besondere Leistungen

d) Klären und Erläutern der wesentlichen Zusammenhänge, Vorgaben und Bedingungen (zum Beispiel städtebauliche, gestalterische, funktionale, technische, wirtschaftliche, ökologische, bauphysikalische, energiewirtschaftliche, soziale, öffentlich-rechtliche)
e) Bereitstellen der Arbeitsergebnisse als Grundlage für die anderen an der Planung fachlich Beteiligten sowie Koordination und Integration von deren Leistungen
f) Vorverhandlungen über die Genehmigungsfähigkeit
g) Kostenschätzung nach DIN 276, Vergleich mit den finanziellen Rahmenbedingungen
h) Erstellen eines Terminplans mit den wesentlichen Vorgängen des Planungs- und Bauablaufs
i) Zusammenfassen, Erläutern und Dokumentieren der Ergebnisse
	– Aufstellen eines Finanzierungsplanes
	– Mitwirken bei der Kredit- und Fördermittelbeschaffung
	– Durchführen von Wirtschaftlichkeitsuntersuchungen
	– Durchführen der Voranfrage (Bauanfrage)
	– Anfertigen von besonderen Präsentationshilfen, die für die Klärung im Vorentwurfsprozess nicht notwendig sind, zum Beispiel
	  – Präsentationsmodelle
	  – Perspektivische Darstellungen
	  – Bewegte Darstellung/Animation
	  – Farb- und Materialcollagen
	  – digitales Geländemodell
	– 3-D oder 4-D Gebäudemodellbearbeitung (Building Information Modelling BIM)
	– Aufstellen einer vertieften Kostenschätzung nach Positionen einzelner Gewerke
	– Fortschreiben des Projektstrukturplanes
	– Aufstellen von Raumbüchern
	– Erarbeiten und Erstellen von besonderen bauordnungsrechtlichen Nachweisen für den vorbeugenden und organisatorischen Brandschutz bei baulichen Anlagen besonderer Art und Nutzung, Bestandsbauten oder im Falle von Abweichungen von der Bauordnung

LPH 3 Entwurfsplanung (System- und Integrationsplanung)	
a) Erarbeiten der Entwurfsplanung, unter weiterer Berücksichtigung der wesentlichen Zusammenhänge, Vorgaben und Bedingungen (zum Beispiel städtebauliche, gestalterische, funktionale, technische, wirtschaftliche, ökologische, soziale, öffentlich-rechtliche) auf der Grundlage der Vorplanung und als Grundlage für die weiteren Leistungsphasen und die erforderlichen öffentlich-rechtlichen Genehmigungen unter Verwendung der Beiträge anderer an der Planung fachlich Beteiligter. Zeichnungen nach Art und	– Analyse der Alternativen/Varianten und deren Wertung mit Kostenuntersuchung (Optimierung) – Wirtschaftlichkeitsberechnung – Aufstellen und Fortschreiben einer vertieften Kostenberechnung – Fortschreiben von Raumbüchern

Anlage 10 (zu § 34 Absatz 4, § 35 Absatz 7)

Grundleistungen	Besondere Leistungen
Größe des Objekts im erforderlichen Umfang und Detaillierungsgrad unter Berücksichtigung aller fachspezifischen Anforderungen, zum Beispiel bei Gebäuden im Maßstab 1:100, zum Beispiel bei Innenräumen im Maßstab 1:50 bis 1:20 b) Bereitstellen der Arbeitsergebnisse als Grundlage für die anderen an der Planung fachlich Beteiligten sowie Koordination und Integration von deren Leistungen c) Objektbeschreibung d) Verhandlungen über die Genehmigungsfähigkeit e) Kostenberechnung nach DIN 276 und Vergleich mit der Kostenschätzung f) Fortschreiben des Terminplans g) Zusammenfassen, Erläutern und Dokumentieren der Ergebnisse	
LPH 4 Genehmigungsplanung	
a) Erarbeiten und Zusammenstellen der Vorlagen und Nachweise für öffentlich-rechtliche Genehmigungen oder Zustimmungen einschließlich der Anträge auf Ausnahmen und Befreiungen, sowie notwendiger Verhandlungen mit Behörden unter Verwendung der Beiträge anderer an der Planung fachlich Beteiligter b) Einreichen der Vorlagen c) Ergänzen und Anpassen der Planungsunterlagen, Beschreibungen und Berechnungen	– Mitwirken bei der Beschaffung der nachbarlichen Zustimmung – Nachweise, insbesondere technischer, konstruktiver und bauphysikalischer Art, für die Erlangung behördlicher Zustimmungen im Einzelfall – Fachliche und organisatorische Unterstützung des Bauherrn im Widerspruchsverfahren, Klageverfahren oder ähnlichen Verfahren
LPH 5 Ausführungsplanung	
a) Erarbeiten der Ausführungsplanung mit allen für die Ausführung notwendigen Einzelangaben (zeichnerisch und textlich) auf der Grundlage der Entwurfs- und Genehmigungsplanung bis zur ausführungsreifen Lösung, als Grundlage für die weiteren Leistungsphasen	– Aufstellen einer detaillierten Objektbeschreibung als Grundlage der Leistungsbeschreibung mit Leistungsprogramm[1]

1 Diese Besondere Leistung wird bei Leistungsbeschreibung mit Leistungsprogramm ganz oder teilweise Grundleistung. In diesem Fall entfallen die entsprechenden Grundleistungen dieser Leistungsphase.

Grundleistungen	Besondere Leistungen
b) Ausführungs-, Detail- und Konstruktionszeichnungen nach Art und Größe des Objekts im erforderlichen Umfang und Detaillierungsgrad unter Berücksichtigung aller fachspezifischen Anforderungen, zum Beispiel bei Gebäuden im Maßstab 1:50 bis 1:1, zum Beispiel bei Innenräumen im Maßstab 1:20 bis 1:1 c) Bereitstellen der Arbeitsergebnisse als Grundlage für die anderen an der Planung fachlich Beteiligten, sowie Koordination und Integration von deren Leistungen d) Fortschreiben des Terminplans e) Fortschreiben der Ausführungsplanung auf Grund der gewerkeorientierten Bearbeitung während der Objektausführung f) Überprüfen erforderlicher Montagepläne der vom Objektplaner geplanten Baukonstruktionen und baukonstruktiven Einbauten auf Übereinstimmung mit der Ausführungsplanung	– Prüfen der vom bauausführenden Unternehmen auf Grund der Leistungsbeschreibung mit Leistungsprogramm ausgearbeiteten Ausführungspläne auf Übereinstimmung mit der Entwurfsplanung[2] – Fortschreiben von Raumbüchern in detaillierter Form – Mitwirken beim Anlagenkennzeichnungssystem (AKS) – Prüfen und Anerkennen von Plänen Dritter, nicht an der Planung fachlich Beteiligter auf Übereinstimmung mit den Ausführungsplänen (zum Beispiel Werkstattzeichnungen von Unternehmen, Aufstellungs- und Fundamentpläne nutzungsspezifischer oder betriebstechnischer Anlagen), soweit die Leistungen Anlagen betreffen, die in den anrechenbaren Kosten nicht erfasst sind
LPH 6 Vorbereitung der Vergabe	
a) Aufstellen eines Vergabeterminplans b) Aufstellen von Leistungsbeschreibungen mit Leistungsverzeichnissen nach Leistungsbereichen, Ermitteln und Zusammenstellen von Mengen auf der Grundlage der Ausführungsplanung unter Verwendung der Beiträge anderer an der Planung fachlich Beteiligter c) Abstimmen und Koordinieren der Schnittstellen zu den Leistungsbeschreibungen der an der Planung fachlich Beteiligten	– Aufstellen der Leistungsbeschreibungen mit Leistungsprogramm auf der Grundlage der detaillierten Objektbeschreibung[3] – Aufstellen von alternativen Leistungsbeschreibungen für geschlossene Leistungsbereiche – Aufstellen von vergleichenden Kostenübersichten unter Auswertung der Beiträge anderer an der Planung fachlich Beteiligter

2 Diese Besondere Leistung wird bei Leistungsbeschreibung mit Leistungsprogramm ganz oder teilweise Grundleistung. In diesem Fall entfallen die entsprechenden Grundleistungen dieser Leistungsphase.

3 Diese Besondere Leistung wird bei einer Leistungsbeschreibung mit Leistungsprogramm ganz oder teilweise zur Grundleistung. In diesem Fall entfallen die entsprechenden Grundleistungen dieser Leistungsphase.

Grundleistungen	Besondere Leistungen
d) Ermitteln der Kosten auf der Grundlage vom Planer bepreister Leistungsverzeichnisse e) Kostenkontrolle durch Vergleich der vom Planer bepreisten Leistungsverzeichnisse mit der Kostenberechnung f) Zusammenstellen der Vergabeunterlagen für alle Leistungsbereiche	
LPH 7 Mitwirkung bei der Vergabe	
a) Koordinieren der Vergaben der Fachplaner b) Einholen von Angeboten c) Prüfen und Werten der Angebote einschließlich Aufstellen eines Preisspiegels nach Einzelpositionen oder Teilleistungen, Prüfen und Werten der Angebote zusätzlicher und geänderter Leistungen der ausführenden Unternehmen und der Angemessenheit der Preise d) Führen von Bietergesprächen e) Erstellen der Vergabevorschläge, Dokumentation des Vergabeverfahrens f) Zusammenstellen der Vertragsunterlagen für alle Leistungsbereiche g) Vergleichen der Ausschreibungsergebnisse mit den vom Planer bepreisten Leistungsverzeichnissen oder der Kostenberechnung h) Mitwirken bei der Auftragserteilung	– Prüfen und Werten von Nebenangeboten mit Auswirkungen auf die abgestimmte Planung – Mitwirken bei der Mittelabflussplanung – Fachliche Vorbereitung und Mitwirken bei Nachprüfungsverfahren – Mitwirken bei der Prüfung von bauwirtschaftlich begründeten Nachtragsangeboten – Prüfen und Werten der Angebote aus Leistungsbeschreibung mit Leistungsprogramm einschließlich Preisspiegel[4] – Aufstellen, Prüfen und Werten von Preisspiegeln nach besonderen Anforderungen
LPH 8 Objektüberwachung (Bauüberwachung) und Dokumentation	
a) Überwachen der Ausführung des Objektes auf Übereinstimmung mit der öffentlich-rechtlichen Genehmigung oder Zustimmung, den Verträgen mit ausführenden Unternehmen, den Ausführungsunterlagen, den einschlägigen Vorschriften sowie mit den allgemein anerkannten Regeln der Technik b) Überwachen der Ausführung von Tragwerken mit sehr geringen und geringen Planungsanforderungen auf Übereinstimmung mit dem Standsicherheitsnachweis	– Aufstellen, Überwachen und Fortschreiben eines Zahlungsplanes – Aufstellen, Überwachen und Fortschreiben von differenzierten Zeit-, Kosten- oder Kapazitätsplänen – Tätigkeit als verantwortlicher Bauleiter, soweit diese Tätigkeit nach jeweiligem Landesrecht über die Grundleistungen der LPH 8 hinausgeht

4 Diese Besondere Leistung wird bei Leistungsbeschreibung mit Leistungsprogramm ganz oder teilweise Grundleistung. In diesem Fall entfallen die entsprechenden Grundleistungen dieser Leistungsphase.

Grundleistungen	Besondere Leistungen
c) Koordinieren der an der Objektüberwachung fachlich Beteiligten d) Aufstellen, Fortschreiben und Überwachen eines Terminplans (Balkendiagramm) e) Dokumentation des Bauablaufs (zum Beispiel Bautagebuch) f) Gemeinsames Aufmaß mit den ausführenden Unternehmen g) Rechnungsprüfung einschließlich Prüfen der Aufmaße der bauausführenden Unternehmen h) Vergleich der Ergebnisse der Rechnungsprüfungen mit den Auftragssummen einschließlich Nachträgen i) Kostenkontrolle durch Überprüfen der Leistungsabrechnung der bauausführenden Unternehmen im Vergleich zu den Vertragspreisen j) Kostenfeststellung, zum Beispiel nach DIN 276 k) Organisation der Abnahme der Bauleistungen unter Mitwirkung anderer an der Planung und Objektüberwachung fachlich Beteiligter, Feststellung von Mängeln, Abnahmeempfehlung für den Auftraggeber l) Antrag auf öffentlich-rechtliche Abnahmen und Teilnahme daran m) Systematische Zusammenstellung der Dokumentation, zeichnerischen Darstellungen und rechnerischen Ergebnisse des Objekts n) Übergabe des Objekts o) Auflisten der Verjährungsfristen für Mängelansprüche p) Überwachen der Beseitigung der bei der Abnahme festgestellten Mängel	
LPH 9 Objektbetreuung	
a) Fachliche Bewertung der innerhalb der Verjährungsfristen für Gewährleistungsansprüche festgestellten Mängel, längstens jedoch bis zum Ablauf von fünf Jahren seit Abnahme der Leistung, einschließlich notwendiger Begehungen	– Überwachen der Mängelbeseitigung innerhalb der Verjährungsfrist – Erstellen einer Gebäudebestandsdokumentation, – Aufstellen von Ausrüstungs- und Inventarverzeichnissen

Grundleistungen	Besondere Leistungen
b) Objektbegehung zur Mängelfeststellung vor Ablauf der Verjährungsfristen für Mängelansprüche gegenüber den ausführenden Unternehmen c) Mitwirken bei der Freigabe von Sicherheitsleistungen	– Erstellen von Wartungs- und Pflegeanweisungen – Erstellen eines Instandhaltungskonzepts – Objektbeobachtung – Objektverwaltung – Baubegehungen nach Übergabe – Aufbereiten der Planungs- und Kostendaten für eine Objektdatei oder Kostenrichtwerte – Evaluieren von Wirtschaftlichkeitsberechnungen

10.2 Objektliste Gebäude

Nachstehende Gebäude werden in der Regel folgenden Honorarzonen zugerechnet.

	Honorarzone				
Objektliste Gebäude	I	II	III	IV	V
Wohnen					
– Einfache Behelfsbauten für vorübergehende Nutzung	x				
– Einfache Wohnbauten mit gemeinschaftlichen Sanitär- und Kücheneinrichtungen		x			
– Einfamilienhäuser, Wohnhäuser oder Hausgruppen in verdichteter Bauweise			x	x	
– Wohnheime, Gemeinschaftsunterkünfte, Jugendherbergen, -freizeitzentren, -stätten			x	x	
Ausbildung/Wissenschaft/Forschung					
– Offene Pausen-, Spielhallen	x				
– Studentenhäuser			x	x	
– Schulen mit durchschnittlichen Planungsanforderungen, zum Beispiel Grundschulen, weiterführende Schulen und Berufsschulen			x		
– Schulen mit hohen Planungsanforderungen, Bildungszentren, Hochschulen, Universitäten, Akademien				x	
– Hörsaal-, Kongresszentren				x	
– Labor- oder Institutsgebäude				x	x
Büro/Verwaltung/Staat/Kommune					
– Büro-, Verwaltungsgebäude			x	x	
– Wirtschaftsgebäude, Bauhöfe			x	x	
– Parlaments-, Gerichtsgebäude				x	
– Bauten für den Strafvollzug				x	x

	Honorarzone				
Objektliste Gebäude	I	II	III	IV	V
– Feuerwachen, Rettungsstationen			x	x	
– Sparkassen- oder Bankfilialen			x	x	
– Büchereien, Bibliotheken, Archive			x	x	
Gesundheit/Betreuung					
– Liege- oder Wandelhallen	x				
– Kindergärten, Kinderhorte			x		
– Jugendzentren, Jugendfreizeitstätten			x		
– Betreuungseinrichtungen, Altentagesstätten			x		
– Pflegeheime oder Bettenhäuser, ohne oder mit medizinisch-technischer Einrichtungen,			x	x	
– Unfall-, Sanitätswachen, Ambulatorien		x	x		
– Therapie- oder Rehabilitations-Einrichtungen, Gebäude für Erholung, Kur oder Genesung			x	x	
– Hilfskrankenhäuser			x		
– Krankenhäuser der Versorgungsstufe I oder II, Krankenhäuser besonderer Zweckbestimmung				x	
– Krankenhäuser der Versorgungsstufe III, Universitätskliniken					x
Handel und Verkauf/Gastgewerbe					
– Einfache Verkaufslager, Verkaufsstände, Kioske		x			
– Ladenbauten, Discounter, Einkaufszentren, Märkte, Messehallen			x	x	
– Gebäude für Gastronomie, Kantinen oder Mensen			x	x	
– Großküchen, mit oder ohne Speiseräume				x	
– Pensionen, Hotels			x	x	
Freizeit/Sport					
– Einfache Tribünenbauten		x			
– Bootshäuser		x			
– Turn- oder Sportgebäude			x	x	
– Mehrzweckhallen, Hallenschwimmbäder, Großsportstätten				x	x
Gewerbe/Industrie/Landwirtschaft					
– Einfache Landwirtschaftliche Gebäude, zum Beispiel Feldscheunen, Einstellhallen	x				
– Landwirtschaftliche Betriebsgebäude, Stallanlagen		x	x	x	
– Gewächshäuser für die Produktion		x			
– Einfache geschlossene, eingeschossige Hallen, Werkstätten		x			

	Honorarzone				
Objektliste Gebäude	I	II	III	IV	V
– Spezielle Lagergebäude, zum Beispiel Kühlhäuser			x		
– Werkstätten, Fertigungsgebäude des Handwerks oder der Industrie		x	x	x	
– Produktionsgebäude der Industrie			x	x	x
Infrastruktur					
– Offene Verbindungsgänge, Überdachungen, zum Beispiel Wetterschutzhäuser, Carports	x				
– Einfache Garagenbauten		x			
– Parkhäuser, -garagen, Tiefgaragen, jeweils mit integrierten weiteren Nutzungsarten		x	x		
– Bahnhöfe oder Stationen verschiedener öffentlicher Verkehrsmittel				x	
– Flughäfen				x	x
– Energieversorgungszentralen, Kraftwerksgebäude, Großkraftwerke				x	x
Kultur-/Sakralbauten					
– Pavillons für kulturelle Zwecke		x	x		
– Bürger-, Gemeindezentren, Kultur-/Sakralbauten, Kirchen				x	
– Mehrzweckhallen für religiöse oder kulturelle Zwecke				x	
– Ausstellungsgebäude, Lichtspielhäuser			x	x	
– Museen				x	x
– Theater-, Opern-, Konzertgebäude				x	x
– Studiogebäude für Rundfunk oder Fernsehen				x	x

10.3 Objektliste Innenräume

Nachstehende Innenräume werden in der Regel folgenden Honorarzonen zugerechnet:

	Honorarzone				
Objektliste Innenräume	I	II	III	IV	V
– Einfachste Innenräume für vorübergehende Nutzung ohne oder mit einfachsten seriellen Einrichtungsgegenständen	x				
– Innenräume mit geringer Planungsanforderung, unter Verwendung von serienmäßig hergestellten Möbeln und Ausstattungsgegenständen einfacher Qualität, ohne technische Ausstattung		x			

	Honorarzone				
Objektliste Innenräume	I	II	III	IV	V
– Innenräume mit durchschnittlicher Planungsanforderung, zum überwiegenden Teil unter Verwendung von serienmäßig hergestellten Möbeln und Ausstattungsgegenständen oder mit durchschnittlicher technischer Ausstattung			x		
– Innenräume mit hohen Planungsanforderungen, unter Mitverwendung von serienmäßig hergestellten Möbeln und Ausstattungsgegenständen gehobener Qualität oder gehobener technischer Ausstattung				x	
– Innenräume mit sehr hohen Planungsanforderungen, unter Verwendung von aufwendiger Einrichtung oder Ausstattung oder umfangreicher technischer Ausstattung					x
Wohnen					
– Einfachste Räume ohne Einrichtung oder für vorübergehende Nutzung	x				
– Einfache Wohnräume mit geringen Anforderungen an Gestaltung oder Ausstattung		x			
– Wohnräume mit durchschnittlichen Anforderungen, serielle Einbauküchen			x		
– Wohnräume in Gemeinschaftsunterkünften oder Heimen			x		
– Wohnräume gehobener Anforderungen, individuell geplante Küchen und Bäder				x	
– Dachgeschoßausbauten, Wintergärten				x	
– Individuelle Wohnräume in anspruchsvoller Gestaltung mit aufwendiger Einrichtung, Ausstattung und technischer Ausrüstung					x
Ausbildung/Wissenschaft/Forschung					
– Einfache offene Hallen	x				
– Lager- oder Nebenräume mit einfacher Einrichtung oder Ausstattung		x			
– Gruppenräume zum Beispiel in Kindergärten, Kinderhorten, Jugendzentren, Jugendherbergen, Jugendheimen			x	x	
– Klassenzimmer, Hörsäle, Seminarräume, Büchereien, Mensen			x	x	
– Aulen, Bildungszentren, Bibliotheken, Labore, Lehrküchen mit oder ohne Speise- oder Aufenthaltsräume, Fachunterrichtsräume mit technischer Ausstattung				x	

	Honorarzone				
Objektliste Innenräume	I	II	III	IV	V
– Kongress-, Konferenz-, Seminar-, Tagungsbereiche mit individuellem Ausbau und Einrichtung und umfangreicher technischer Ausstattung				x	
– Räume wissenschaftlicher Forschung mit hohen Ansprüchen und technischer Ausrüstung					x
Büro/Verwaltung/Staat/Kommune					
– Innere Verkehrsflächen	x				
– Post-, Kopier-, Putz- oder sonstige Nebenräume ohne baukonstruktive Einbauten		x			
– Büro-, Verwaltungs-, Aufenthaltsräume mit durchschnittlichen Anforderungen, Treppenhäuser, Wartehallen, Teeküchen			x		
– Räume für sanitäre Anlagen, Werkräume, Wirtschaftsräume, Technikräume			x		
– Eingangshallen, Sitzungs- oder Besprechungsräume, Kantinen, Sozialräume			x	x	
– Kundenzentren, -ausstellungen, -präsentationen			x	x	
– Versammlungs-, Konferenzbereiche, Gerichtssäle, Arbeitsbereiche von Führungskräften mit individueller Gestaltung oder Einrichtung oder gehobener technischer Ausstattung				x	
– Geschäfts-, Versammlungs- oder Konferenzräume mit anspruchsvollem Ausbau oder anspruchsvoller Einrichtung, aufwendiger Ausstattung oder sehr hohen technischen Anforderungen					x
Gesundheit/Betreuung					
– Offene Spiel- oder Wandelhallen	x				
– Einfache Ruhe- oder Nebenräume		x			
– Sprech-, Betreuungs-, Patienten-, Heimzimmer oder Sozialräume mit durchschnittlichen Anforderungen ohne medizintechnische Ausrüstung			x		
– Behandlungs- oder Betreuungsbereiche mit medizintechnischer Ausrüstung oder Einrichtung in Kranken-, Therapie-, Rehabilitations- oder Pflegeeinrichtungen, Arztpraxen				x	
– Operations-, Kreißsäle, Röntgenräume				x	x
Handel/Gastgewerbe					
– Verkaufsstände für vorübergehende Nutzung	x				
– Kioske, Verkaufslager, Nebenräume mit einfacher Einrichtung und Ausstattung		x			

	Honorarzone				
Objektliste Innenräume	I	II	III	IV	V
– Durchschnittliche Laden- oder Gasträume, Einkaufsbereiche, Schnellgaststätten			x		
– Fachgeschäfte, Boutiquen, Showrooms, Lichtspieltheater, Großküchen				x	
– Messestände, bei Verwendung von System- oder Modulbauteilen			x		
– Individuelle Messestände				x	
– Gasträume, Sanitärbereiche gehobener Gestaltung, zum Beispiel in Restaurants, Bars, Weinstuben, Cafés, Clubräumen				x	
– Gast- oder Sanitärbereiche zum Beispiel in Pensionen oder Hotels mit durchschnittlichen Anforderungen oder Einrichtungen oder Ausstattungen			x		
– Gast-, Informations- oder Unterhaltungsbereiche in Hotels mit individueller Gestaltung oder Möblierung oder gehobener Einrichtung oder technischer Ausstattung				x	
Freizeit/Sport					
– Neben- oder Wirtschafträume in Sportanlagen oder Schwimmbädern		x			
– Schwimmbäder, Fitness-, Wellness- oder Saunaanlagen, Großsportstätten			x	x	
– Sport-, Mehrzweck- oder Stadthallen, Gymnastikräume, Tanzschulen			x	x	
Gewerbe/Industrie/Landwirtschaft/Verkehr					
– Einfache Hallen oder Werkstätten ohne fachspezifische Einrichtung, Pavillons		x			
– Landwirtschaftliche Betriebsbereiche		x	x		
– Gewerbebereiche, Werkstätten mit technischer oder maschineller Einrichtung			x	x	
– Umfassende Fabrikations- oder Produktionsanlagen				x	
– Räume in Tiefgaragen, Unterführungen		x			
– Gast- oder Betriebsbereiche in Flughäfen, Bahnhöfen				x	x
Kultur-/Sakralbauten					
– Kultur- oder Sakralbereiche, Kirchenräume				x	x
– Individuell gestaltete Ausstellungs-, Museums- oder Theaterbereiche				x	x
– Konzert- oder Theatersäle, Studioräume für Rundfunk, Fernsehen oder Theater					x

Anlage 11 Grundleistungen im Leistungsbild Freianlagen, Besondere Leistungen, Objektliste (zu § 39 Absatz 4, § 40 Absatz 5)

11.1 Leistungsbild Freianlagen

Grundleistungen	Besondere Leistungen
LPH 1 Grundlagenermittlung	
a) Klären der Aufgabenstellung auf Grund der Vorgaben oder der Bedarfsplanung des Auftraggebers oder vorliegender Planungs- und Genehmigungsunterlagen b) Ortsbesichtigung c) Beraten zum gesamten Leistungs- und Untersuchungsbedarf d) Formulieren von Entscheidungshilfen für die Auswahl anderer an der Planung fachlich Beteiligter e) Zusammenfassen, Erläutern und Dokumentieren der Ergebnisse	– Mitwirken bei der öffentlichen Erschließung – Kartieren und Untersuchen des Bestandes, Floristische oder faunistische Kartierungen – Begutachtung des Standortes mit besonderen Methoden zum Beispiel Bodenanalysen – Beschaffen bzw. Aktualisieren bestehender Planunterlagen, Erstellen von Bestandskarten
LPH 2 Vorplanung (Projekt- und Planungsvorbereitung)	
a) Analysieren der Grundlagen, Abstimmen der Leistungen mit den fachlich an der Planung Beteiligten b) Abstimmen der Zielvorstellungen c) Erfassen, Bewerten und Erläutern der Wechselwirkungen im Ökosystem d) Erarbeiten eines Planungskonzepts einschließlich Untersuchen und Bewerten von Varianten nach gleichen Anforderungen unter Berücksichtigung zum Beispiel – der Topographie und der weiteren standörtlichen und ökologischen Rahmenbedingungen, – der Umweltbelange einschließlich der natur- und artenschutzrechtlichen Anforderungen und der vegetationstechnischen Bedingungen, – der gestalterischen und funktionalen Anforderungen, – Klären der wesentlichen Zusammenhänge, Vorgänge und Bedingungen,	– Umweltfolgenabschätzung – Bestandsaufnahme, Vermessung – Fotodokumentationen – Mitwirken bei der Beantragung von Fördermitteln und Beschäftigungsmaßnahmen – Erarbeiten von Unterlagen für besondere technische Prüfverfahren – Beurteilen und Bewerten der vorhandenen Bausubstanz, Bauteile, Materialien, Einbauten oder der zu schützenden oder zu erhaltenden Gehölze oder Vegetationsbestände

– Abstimmen oder Koordinieren unter Integration der Beiträge anderer an der Planung fachlich Beteiligter e) Darstellen des Vorentwurfs mit Erläuterungen und Angaben zum terminlichen Ablauf f) Kostenschätzung, zum Beispiel nach DIN 276, Vergleich mit den finanziellen Rahmenbedingungen g) Zusammenfassen, Erläutern und Dokumentieren der Vorplanungsergebnisse	
LPH 3 Entwurfsplanung (System- und Integrationsplanung)	
a) Erarbeiten der Entwurfsplanung auf Grundlage der Vorplanung unter Vertiefung zum Beispiel der gestalterischen, funktionalen, wirtschaftlichen, standörtlichen, ökologischen, natur- und artenschutzrechtlichen Anforderungen Abstimmen oder Koordinieren unter Integration der Beiträge anderer an der Planung fachlich Beteiligter b) Abstimmen der Planung mit zu beteiligenden Stellen und Behörden c) Darstellen des Entwurfs zum Beispiel im Maßstab 1:500 bis 1:100, mit erforderlichen Angaben insbesondere – zur Bepflanzung, – zu Materialien und Ausstattungen, – zu Maßnahmen auf Grund rechtlicher Vorgaben, – zum terminlichen Ablauf d) Objektbeschreibung mit Erläuterung von Ausgleichs- und Ersatzmaßnahmen nach Maßgabe der naturschutzrechtlichen Eingriffsregelung e) Kostenberechnung, zum Beispiel nach DIN 276 einschließlich zugehöriger Mengenermittlung f) Vergleich der Kostenberechnung mit der Kostenschätzung g) Zusammenfassen, Erläutern und Dokumentieren der Entwurfsplanungsergebnisse	– Mitwirken beim Beschaffen nachbarlicher Zustimmungen – Erarbeiten besonderer Darstellungen, zum Beispiel Modelle, Perspektiven, Animationen – Beteiligung von externen Initiativ- und Betroffenengruppen bei Planung und Ausführung – Mitwirken bei Beteiligungsverfahren oder Workshops – Mieter- oder Nutzerbefragungen – Erarbeiten von Ausarbeitungen nach den Anforderungen der naturschutzrechtlichen Eingriffsregelung sowie des besonderen Arten- und Biotopschutzrechtes, Eingriffsgutachten, Eingriffs- oder Ausgleichsbilanz nach landesrechtlichen Regelungen – Mitwirken beim Erstellen von Kostenaufstellungen und Planunterlagen für Vermarktung und Vertrieb – Erstellen und Zusammenstellen von Unterlagen für die Beauftragung von Dritten (Sachverständigenbeauftragung) – Mitwirken bei der Beantragung und Abrechnung von Fördermitteln und Beschäftigungsmaßnahmen – Abrufen von Fördermitteln nach Vergleich mit den Ist-Kosten (Baufinanzierungsleistung) – Mitwirken bei der Finanzierungsplanung – Erstellen einer Kosten-Nutzen-Analyse – Aufstellen und Berechnen von Lebenszykluskosten

LPH 4 Genehmigungsplanung	
a) Erarbeiten und Zusammenstellen der Vorlagen und Nachweise für öffentlich-rechtliche Genehmigungen oder Zustimmungen einschließlich der Anträge auf Ausnahmen und Befreiungen sowie notwendiger Verhandlungen mit Behörden unter Verwendung der Beiträge anderer an der Planung fachlich Beteiligter b) Einreichen der Vorlagen c) Ergänzen und Anpassen der Planungsunterlagen, Beschreibungen und Berechnungen	– Teilnahme an Sitzungen in politischen Gremien oder im Rahmen der Öffentlichkeitsbeteiligung – Erstellen von landschaftspflegerischen Fachbeiträgen oder natur- und artenschutzrechtlichen Beiträgen – Mitwirken beim Einholen von Genehmigungen und Erlaubnissen nach Naturschutz-, Fach- und Satzungsrecht – Erfassen, Bewerten und Darstellen des Bestandes gemäß Ortssatzung – Erstellen von Rodungs- und Baumfällanträgen – Erstellen von Genehmigungsunterlagen und Anträgen nach besonderen Anforderungen – Erstellen eines Überflutungsnachweises für Grundstücke – Prüfen von Unterlagen der Planfeststellung auf Übereinstimmung mit der Planung
LPH 5 Ausführungsplanung	
a) Erarbeiten der Ausführungsplanung auf Grundlage der Entwurfs- und Genehmigungsplanung bis zur ausführungsreifen Lösung als Grundlage für die weiteren Leistungsphasen b) Erstellen von Plänen oder Beschreibungen, je nach Art des Bauvorhabens zum Beispiel im Maßstab 1:200 bis 1:50 c) Abstimmen oder Koordinieren unter Integration der Beiträge anderer an der Planung fachlich Beteiligter d) Darstellen der Freianlagen mit den für die Ausführung notwendigen Angaben, Detail- oder Konstruktionszeichnungen, insbesondere – zu Oberflächenmaterial, -befestigungen und -relief, – zu ober- und unterirdischen Einbauten und Ausstattungen, – zur Vegetation mit Angaben zu Arten, Sorten und Qualitäten, – zu landschaftspflegerischen, naturschutzfachlichen oder artenschutzrechtlichen Maßnahmen	– Erarbeitung von Unterlagen für besondere technische Prüfverfahren (zum Beispiel Lastplattendruckversuche) – Auswahl von Pflanzen beim Lieferanten (Erzeuger)

e) Fortschreiben der Angaben zum terminlichen Ablauf f) Fortschreiben der Ausführungsplanung während der Objektausführung	
LPH 6 Vorbereitung der Vergabe	
a) Aufstellen von Leistungsbeschreibungen mit Leistungsverzeichnissen b) Ermitteln und Zusammenstellen von Mengen auf Grundlage der Ausführungsplanung c) Abstimmen oder Koordinieren der Leistungsbeschreibungen mit den an der Planung fachlich Beteiligten d) Aufstellen eines Terminplans unter Berücksichtigung jahreszeitlicher, bauablaufbedingter und witterungsbedingter Erfordernisse e) Ermitteln der Kosten auf Grundlage der vom Planer bepreisten Leistungsverzeichnisse f) Kostenkontrolle durch Vergleich der vom Planer bepreisten Leistungsverzeichnisse mit der Kostenberechnung g) Zusammenstellen der Vergabeunterlagen	– Alternative Leistungsbeschreibung für geschlossene Leistungsbereiche – Besondere Ausarbeitungen zum Beispiel für Selbsthilfearbeiten
LPH 7 Mitwirkung bei der Vergabe	
a) Einholen von Angeboten b) Prüfen und Werten der Angebote einschließlich Aufstellen eines Preisspiegels nach Einzelpositionen oder Teilleistungen, Prüfen und Werten der Angebote zusätzlicher und geänderter Leistungen der ausführenden Unternehmen und der Angemessenheit der Preise c) Führen von Bietergesprächen d) Erstellen der Vergabevorschläge, Dokumentation des Vergabeverfahrens e) Zusammenstellen der Vertragsunterlagen f) Kostenkontrolle durch Vergleichen der Ausschreibungsergebnisse mit den vom Planer bepreisten Leistungsverzeichnissen und der Kostenberechnung g) Mitwirken bei der Auftragserteilung	

LPH 8 Objektüberwachung (Bauüberwachung) und Dokumentation	
a) Überwachen der Ausführung des Objekts auf Übereinstimmung mit der Genehmigung oder Zustimmung, den Verträgen mit ausführenden Unternehmen, den Ausführungsunterlagen, den einschlägigen Vorschriften sowie mit den allgemein anerkannten Regeln der Technik b) Überprüfen von Pflanzen- und Materiallieferungen c) Abstimmen mit den oder Koordinieren der an der Objektüberwachung fachlich Beteiligten d) Fortschreiben und Überwachen des Terminplans unter Berücksichtigung jahreszeitlicher, bauablaufbedingter und witterungsbedingter Erfordernisse e) Dokumentation des Bauablaufes (zum Beispiel Bautagebuch), Feststellen des Anwuchsergebnisses f) Mitwirken beim Aufmaß mit den bauausführenden Unternehmen g) Rechnungsprüfung einschließlich Prüfen der Aufmaße der ausführenden Unternehmen h) Vergleich der Ergebnisse der Rechnungsprüfungen mit den Auftragssummen einschließlich Nachträgen i) Organisation der Abnahme der Bauleistungen unter Mitwirkung anderer an der Planung und Objektüberwachung fachlich Beteiligter, Feststellung von Mängeln, Abnahmeempfehlung für den Auftraggeber j) Antrag auf öffentlich-rechtliche Abnahmen und Teilnahme daran k) Übergabe des Objekts l) Überwachen der Beseitigung der bei der Abnahme festgestellten Mängel m) Auflisten der Verjährungsfristen für Mängelansprüche n) Überwachen der Fertigstellungspflege bei vegetationstechnischen Maßnahmen o) Kostenkontrolle durch Überprüfen der Leistungsabrechnung der bauausführenden Unternehmen im Vergleich zu den Vertragspreisen	– Dokumentation des Bauablaufs nach besonderen Anforderungen des Auftraggebers – fachliches Mitwirken bei Gerichtsverfahren – Bauoberleitung, künstlerische Oberleitung – Erstellen einer Freianlagenbestandsdokumentation

p) Kostenfeststellung, zum Beispiel nach DIN 276 q) Systematische Zusammenstellung der Dokumentation, zeichnerischen Darstellungen und rechnerischen Ergebnisse des Objekts	
LPH 9 Objektbetreuung	
a) Fachliche Bewertung der innerhalb der Verjährungsfristen für Gewährleistungsansprüche festgestellten Mängel, längstens jedoch bis zum Ablauf von 5 Jahren seit Abnahme der Leistung, einschließlich notwendiger Begehungen b) Objektbegehung zur Mängelfeststellung vor Ablauf der Verjährungsfristen für Mängelansprüche gegenüber den ausführenden Unternehmen c) Mitwirken bei der Freigabe von Sicherheitsleistungen	– Überwachung der Entwicklungs- und Unterhaltungspflege – Überwachen von Wartungsleistungen – Überwachen der Mängelbeseitigung innerhalb der Verjährungsfrist

11.2 Objektliste Freianlagen

Nachstehende Freianlagen werden in der Regel folgenden Honorarzonen zugeordnet:

	Honorarzone				
Objekte	I	II	III	IV	V
In der freien Landschaft					
– einfache Geländegestaltung	x				
– Einsaaten in der freien Landschaft	x				
– Pflanzungen in der freien Landschaft oder Windschutzpflanzungen, mit sehr geringen oder geringen Anforderungen	x	x			
– Pflanzungen in der freien Landschaft mit natur- und artenschutzrechtlichen Anforderungen (Kompensationserfordernissen)			x		
– Flächen für den Arten- und Biotopschutz mit differenzierten Gestaltungsansprüchen oder mit Biotopverbundfunktion				x	
– Naturnahe Gewässer- und Ufergestaltung			x		

	Honorarzone				
Objekte	I	II	III	IV	V
– Geländegestaltungen und Pflanzungen für Deponien, Halden und Entnahmestellen mit geringen oder durchschnittlichen Anforderungen		x	x		
– Freiflächen mit einfachem Ausbau bei kleineren Siedlungen, bei Einzelbauwerken und bei landwirtschaftlichen Aussiedlungen		x			
– Begleitgrün zu Objekten, Bauwerken und Anlagen mit geringen oder durchschnittlichen Anforderungen		x	x		
In Stadt- und Ortslagen					
– Grünverbindungen ohne besondere Ausstattung			x		
– innerörtliche Grünzüge, Grünverbindungen mit besonderer Ausstattung				x	
– Freizeitparks und Parkanlagen				x	
– Geländegestaltung ohne oder mit Abstützungen			x	x	
– Begleitgrün zu Objekten, Bauwerken und Anlagen sowie an Ortsrändern		x	x		
– Schulgärten und naturkundliche Lehrpfade und -gebiete				x	
– Hausgärten und Gartenhöfe mit Repräsentationsansprüchen				x	x
Gebäudebegrünung					
– Terrassen- und Dachgärten					x
– Bauwerksbegrünung vertikal und horizontal mit hohen oder sehr hohen Anforderungen				x	x
– Innenbegrünung mit hohen oder sehr hohen Anforderungen				x	x
– Innenhöfe mit hohen oder sehr hohen Anforderungen				x	x
Spiel- und Sportanlagen					
– Ski- und Rodelhänge ohne oder mit technischer Ausstattung	x	x			
– Spielwiesen		x			
– Ballspielplätze, Bolzplätze, mit geringen oder durchschnittlichen Anforderungen		x	x		
– Sportanlagen in der Landschaft, Parcours, Wettkampfstrecken			x		
– Kombinationsspielfelder, Sport-, Tennisplätze und Sportanlagen mit Tennenbelag oder Kunststoff- oder Kunstrasenbelag			x	x	
– Spielplätze				x	
– Sportanlagen Typ A bis C oder Sportstadien				x	x

	Honorarzone				
Objekte	I	II	III	IV	V
– Golfplätze mit besonderen natur- und artenschutzrechtlichen Anforderungen oder in stark reliefiertem Geländeumfeld				x	x
– Freibäder mit besonderen Anforderungen, Schwimmteiche				x	x
– Schul- und Pausenhöfe mit Spiel- und Bewegungsangebot				x	
Sonderanlagen					
– Freilichtbühnen				x	
– Zelt- oder Camping- oder Badeplätze, mit durchschnittlicher oder hoher Ausstattung oder Kleingartenanlagen			x	x	
Objekte					
– Friedhöfe, Ehrenmale, Gedenkstätten, mit hoher oder sehr hoher Ausstattung				x	x
– Zoologische und botanische Gärten					x
– Lärmschutzeinrichtungen				x	
– Garten- und Hallenschauen					x
– Freiflächen im Zusammenhang mit historischen Anlagen, historische Park- und Gartenanlagen, Gartendenkmale					x
Sonstige Freianlagen					
– Freiflächen mit Bauwerksbezug, mit durchschnittlichen topographischen Verhältnissen oder durchschnittlicher Ausstattung			x		
– Freiflächen mit Bauwerksbezug, mit schwierigen oder besonders schwierigen topographischen Verhältnissen oder hoher oder sehr hoher Ausstattung				x	x
– Fußgängerbereiche und Stadtplätze mit hoher oder sehr hoher Ausstattungsintensität				x	x

Anlage 12 Grundleistungen im Leistungsbild Ingenieurbauwerke, Besondere Leistungen, Objektliste (zu § 43 Absatz 4, § 48 Absatz 5)

12.1 Leistungsbild Ingenieurbauwerke

Grundleistungen	Besondere Leistungen
LPH 1 Grundlagenermittlung	
a) Klären der Aufgabenstellung auf Grund der Vorgaben oder der Bedarfsplanung des Auftraggebers b) Ermitteln der Planungsrandbedingungen sowie Beraten zum gesamten Leistungsbedarf c) Formulieren von Entscheidungshilfen für die Auswahl anderer an der Planung fachlich Beteiligter d) bei Objekten nach § 41 Nummer 6 und 7, die eine Tragwerksplanung erfordern: Klären der Aufgabenstellung auch auf dem Gebiet der Tragwerksplanung e) Ortsbesichtigung f) Zusammenfassen, Erläutern und Dokumentieren der Ergebnisse	– Auswahl und Besichtigung ähnlicher Objekte
LPH 2 Vorplanung	
a) Analysieren der Grundlagen b) Abstimmen der Zielvorstellungen auf die öffentlichrechtlichen Randbedingungen sowie Planungen Dritter c) Untersuchen von Lösungsmöglichkeiten mit ihren Einflüssen auf bauliche und konstruktive Gestaltung, Zweckmäßigkeit, Wirtschaftlichkeit unter Beachtung der Umweltverträglichkeit d) Beschaffen und Auswerten amtlicher Karten e) Erarbeiten eines Planungskonzepts einschließlich Untersuchung der alternativen Lösungsmöglichkeiten nach gleichen Anforderungen mit zeichnerischer Darstellung und Bewertung unter Einarbeitung der Beiträge anderer an der Planung fachlich Beteiligter	– Erstellen von Leitungsbestandsplänen – vertiefte Untersuchungen zum Nachweis von Nachhaltigkeitsaspekten – Anfertigen von Nutzen-Kosten-Untersuchungen – Wirtschaftlichkeitsprüfung – Beschaffen von Auszügen aus Grundbuch, Kataster und anderen amtlichen Unterlagen

Grundleistungen	Besondere Leistungen
f) Klären und Erläutern der wesentlichen fachspezifischen Zusammenhänge, Vorgänge und Bedingungen g) Vorabstimmen mit Behörden und anderen an der Planung fachlich Beteiligten über die Genehmigungsfähigkeit, gegebenenfalls Mitwirken bei Verhandlungen über die Bezuschussung und Kostenbeteiligung h) Mitwirken beim Erläutern des Planungskonzepts gegenüber Dritten an bis zu zwei Terminen i) Überarbeiten des Planungskonzepts nach Bedenken und Anregungen j) Kostenschätzung, Vergleich mit den finanziellen Rahmenbedingungen k) Zusammenfassen, Erläutern und Dokumentieren der Ergebnisse	
LPH 3 Entwurfsplanung	
a) Erarbeiten des Entwurfs auf Grundlage der Vorplanung durch zeichnerische Darstellung im erforderlichen Umfang und Detaillierungsgrad unter Berücksichtigung aller fachspezifischen Anforderungen, Bereitstellen der Arbeitsergebnisse als Grundlage für die anderen an der Planung fachlich Beteiligten sowie Integration und Koordination der Fachplanungen b) Erläuterungsbericht unter Verwendung der Beiträge anderer an der Planung fachlich Beteiligter c) fachspezifische Berechnungen ausgenommen Berechnungen aus anderen Leistungsbildern d) Ermitteln und Begründen der zuwendungsfähigen Kosten, Mitwirken beim Aufstellen des Finanzierungsplans sowie Vorbereiten der Anträge auf Finanzierung e) Mitwirken beim Erläutern des vorläufigen Entwurfs gegenüber Dritten an bis zu drei Terminen, Überarbeiten des vorläufigen Entwurfs auf Grund von Bedenken und Anregungen f) Vorabstimmen der Genehmigungsfähigkeit mit Behörden und anderen an der Planung fachlich Beteiligten	– Fortschreiben von Nutzen-Kosten-Untersuchungen – Mitwirken bei Verwaltungsvereinbarungen – Nachweis der zwingenden Gründe des überwiegenden öffentlichen Interesses der Notwendigkeit der Maßnahme (zum Beispiel Gebiets- und Artenschutz gemäß der Richtlinie 92/43/EWG des Rates vom 21. Mai 1992 zur Erhaltung der natürlichen Lebensräume sowie der wildlebenden Tiere und Pflanzen (ABl. L 206 vom 22.7.1992, S. 7) – Fiktivkostenberechnungen (Kostenteilung)

Grundleistungen	Besondere Leistungen
g) Kostenberechnung einschließlich zugehöriger Mengenermittlung, Vergleich der Kostenberechnung mit der Kostenschätzung h) Ermitteln der wesentlichen Bauphasen unter Berücksichtigung der Verkehrslenkung und der Aufrechterhaltung des Betriebes während der Bauzeit i) Bauzeiten- und Kostenplan j) Zusammenfassen, Erläutern und Dokumentieren der Ergebnisse	
LPH 4 Genehmigungsplanung	
a) Erarbeiten und Zusammenstellen der Unterlagen für die erforderlichen öffentlich-rechtlichen Verfahren oder Genehmigungsverfahren einschließlich der Anträge auf Ausnahmen und Befreiungen, Aufstellen des Bauwerksverzeichnisses unter Verwendung der Beiträge anderer an der Planung fachlich Beteiligter b) Erstellen des Grunderwerbsplanes und des Grunderwerbsverzeichnisses unter Verwendung der Beiträge anderer an der Planung fachlich Beteiligter c) Vervollständigen und Anpassen der Planungsunterlagen, Beschreibungen und Berechnungen unter Verwendung der Beiträge anderer an der Planung fachlich Beteiligter d) Abstimmen mit Behörden e) Mitwirken in Genehmigungsverfahren einschließlich der Teilnahme an bis zu vier Erläuterungs-, Erörterungsterminen f) Mitwirken beim Abfassen von Stellungnahmen zu Bedenken und Anregungen in bis zu zehn Kategorien	– Mitwirken bei der Beschaffung der Zustimmung von Betroffenen
LPH 5 Ausführungsplanung	
a) Erarbeiten der Ausführungsplanung auf Grundlage der Ergebnisse der Leistungsphasen 3 und 4 unter Berücksichtigung aller fachspezifischen Anforderungen und Verwendung der Beiträge anderer an der Planung fachlich Beteiligter bis zur ausführungsreifen Lösung	– Objektübergreifende, integrierte Bauablaufplanung – Koordination des Gesamtprojekts – Aufstellen von Ablauf- und Netzplänen

Grundleistungen	Besondere Leistungen
b) Zeichnerische Darstellung, Erläuterungen und zur Objektplanung gehörige Berechnungen mit allen für die Ausführung notwendigen Einzelangaben einschließlich Detailzeichnungen in den erforderlichen Maßstäben c) Bereitstellen der Arbeitsergebnisse als Grundlage für die anderen an der Planung fachlich Beteiligten und Integrieren ihrer Beiträge bis zur ausführungsreifen Lösung d) Vervollständigen der Ausführungsplanung während der Objektausführung	– Planen von Anlagen der Verfahrens- und Prozesstechnik für Ingenieurbauwerke gemäß § 41 Nummer 1 bis 3 und 5, die dem Auftragnehmer übertragen werden, der auch die Grundleistungen für die jeweiligen Ingenieurbauwerke erbringt
LPH 6 Vorbereiten der Vergabe	
a) Ermitteln von Mengen nach Einzelpositionen unter Verwendung der Beiträge anderer an der Planung fachlich Beteiligter b) Aufstellen der Vergabeunterlagen, insbesondere Anfertigen der Leistungsbeschreibungen mit Leistungsverzeichnissen sowie der Besonderen Vertragsbedingungen c) Abstimmen und Koordinieren der Schnittstellen zu den Leistungsbeschreibungen der anderen an der Planung fachlich Beteiligten d) Festlegen der wesentlichen Ausführungsphasen e) Ermitteln der Kosten auf Grundlage der vom Planer (Entwurfsverfasser) bepreisten Leistungsverzeichnisse f) Kostenkontrolle durch Vergleich der vom Planer (Entwurfsverfasser) bepreisten Leistungsverzeichnisse mit der Kostenberechnung g) Zusammenstellen der Vergabeunterlagen	– detaillierte Planung von Bauphasen bei besonderen Anforderungen
LPH 7 Mitwirken bei der Vergabe	
a) Einholen von Angeboten b) Prüfen und Werten der Angebote, Aufstellen des Preisspiegels c) Abstimmen und Zusammenstellen der Leistungen der fachlich Beteiligten, die an der Vergabe mitwirken d) Führen von Bietergesprächen e) Erstellen der Vergabevorschläge, Dokumentation des Vergabeverfahrens f) Zusammenstellen der Vertragsunterlagen	– Prüfen und Werten von Nebenangeboten

Grundleistungen	Besondere Leistungen
g) Vergleichen der Ausschreibungsergebnisse mit den vom Planer bepreisten Leistungsverzeichnissen und der Kostenberechnung h) Mitwirken bei der Auftragserteilung	
LPH 8 Bauoberleitung	

a) Aufsicht über die örtliche Bauüberwachung, Koordinierung der an der Objektüberwachung fachlich Beteiligten, einmaliges Prüfen von Plänen auf Übereinstimmung mit dem auszuführenden Objekt und Mitwirken bei deren Freigabe
b) Aufstellen, Fortschreiben und Überwachen eines Terminplans (Balkendiagramm)
c) Veranlassen und Mitwirken beim Inverzugsetzen der ausführenden Unternehmen
d) Kostenfeststellung, Vergleich der Kostenfeststellung mit der Auftragssumme
e) Abnahme von Bauleistungen, Leistungen und Lieferungen unter Mitwirkung der örtlichen Bauüberwachung und anderer an der Planung und Objektüberwachung fachlich Beteiligter, Feststellen von Mängeln, Fertigung einer Niederschrift über das Ergebnis der Abnahme
f) Überwachen der Prüfungen der Funktionsfähigkeit der Anlagenteile und der Gesamtanlage
g) Antrag auf behördliche Abnahmen und Teilnahme daran
h) Übergabe des Objekts
i) Auflisten der Verjährungsfristen der Mängelansprüche
j) Zusammenstellen und Übergeben der Dokumentation des Bauablaufs, der Bestandsunterlagen und der Wartungsvorschriften
	– Kostenkontrolle
	– Prüfen von Nachträgen
	– Erstellen eines Bauwerksbuchs
	– Erstellen von Bestandsplänen
	– Örtliche Bauüberwachung:
	  – Plausibilitätsprüfung der Absteckung
	  – Überwachen der Ausführung der Bauleistungen
	    – Mitwirken beim Einweisen des Auftragnehmers in die Baumaßnahme (Bauanlaufbesprechung)
	    – Überwachen der Ausführung des Objektes auf Übereinstimmung mit den zur Ausführung freigegebenen Unterlagen, dem Bauvertrag und den Vorgaben des Auftraggebers
	    – Prüfen und Bewerten der Berechtigung von Nachträgen
	    – Durchführen oder Veranlassen von Kontrollprüfungen
	    – Überwachen der Beseitigung der bei der Abnahme der Leistungen festgestellten Mängel
	    – Dokumentation des Bauablaufs
	  – Mitwirken beim Aufmaß mit den ausführenden Unternehmen und Prüfen der Aufmaße
	  – Mitwirken bei behördlichen Abnahmen
	  – Mitwirken bei der Abnahme von Leistungen und Lieferungen
	  – Rechnungsprüfung, Vergleich der Ergebnisse der Rechnungsprüfungen mit der Auftragssumme
	  – Mitwirken beim Überwachen der Prüfung der Funktionsfähigkeit der Anlagenteile und der Gesamtanlage
	  – Überwachen der Ausführung von Tragwerken nach Anlage 14.2 Honorarzone I und II mit sehr geringen und geringen Planungsanforderungen auf Übereinstimmung mit dem Standsicherheitsnachweis

Grundleistungen	Besondere Leistungen
LPH 9 Objektbetreuung	
a) Fachliche Bewertung der innerhalb der Verjährungsfristen für Gewährleistungsansprüche festgestellten Mängel, längstens jedoch bis zum Ablauf von fünf Jahren seit Abnahme der Leistung, einschließlich notwendiger Begehungen b) Objektbegehung zur Mängelfeststellung vor Ablauf der Verjährungsfristen für Mängelansprüche gegenüber den ausführenden Unternehmen c) Mitwirken bei der Freigabe von Sicherheitsleistungen	– Überwachen der Mängelbeseitigung innerhalb der Verjährungsfrist

12.2 Objektliste Ingenieurbauwerke

Nachstehende Objekte werden in der Regel folgenden Honorarzonen zugerechnet:

Gruppe 1 – Bauwerke und Anlagen der Wasserversorgung	Honorarzone				
	I	II	III	IV	V
– Zisternen	x				
– einfache Anlagen zur Gewinnung und Förderung von Wasser, zum Beispiel Quellfassungen, Schachtbrunnen		x			
– Tiefbrunnen			x		
– Brunnengalerien und Horizontalbrunnen				x	
– Leitungen für Wasser ohne Zwangspunkte	x				
– Leitungen für Wasser mit geringen Verknüpfungen und wenigen Zwangspunkten		x			
– Leitungen für Wasser mit zahlreichen Verknüpfungen und mehreren Zwangspunkten			x		
– Einfache Leitungsnetze für Wasser		x			
– Leitungsnetze mit mehreren Verknüpfungen und zahlreichen Zwangspunkten und mit einer Druckzone			x		
– Leitungsnetze für Wasser mit zahlreichen Verknüpfungen und zahlreichen Zwangspunkten				x	
– einfache Anlagen zur Speicherung von Wasser, zum Beispiel Behälter in Fertigbauweise, Feuerlöschbecken		x			
– Speicherbehälter			x		
– Speicherbehälter in Turmbaumweise				x	

Anlage 12 (zu § 43 Absatz 4, § 48 Absatz 5)

Gruppe 1 – Bauwerke und Anlagen der Wasserversorgung	Honorarzone				
	I	II	III	IV	V
– einfache Wasseraufbereitungsanlagen und Anlagen mit mechanischen Verfahren, Pumpwerke und Druckerhöhungsanlagen			x		
– Wasseraufbereitungsanlagen mit physikalischen und chemischen Verfahren, schwierige Pumpwerke und Druckerhöhungsanlagen				x	
– Bauwerke und Anlagen mehrstufiger oder kombinierter Verfahren der Wasseraufbereitung					x

Gruppe 2 – Bauwerke und Anlagen der Abwasserentsorgung mit Ausnahme Entwässerungsanlagen, die der Zweckbestimmung der Verkehrsanlagen dienen, und Regenwasserversickerung (Abgrenzung zu Freianlagen)	Honorarzone				
	I	II	III	IV	V
– Leitungen für Abwasser ohne Zwangspunkte	x				
– Leitungen für Abwasser mit geringen Verknüpfungen und wenigen Zwangspunkten		x			
– Leitungen für Abwasser mit zahlreichen Verknüpfungen und zahlreichen Zwangspunkten			x		
– einfache Leitungsnetze für Abwasser		x			
– Leitungsnetze für Abwasser mit mehreren Verknüpfungen und mehreren Zwangspunkten			x		
– Leitungsnetze für Abwasser mit zahlreichen Zwangspunkten				x	
– Erdbecken als Regenrückhaltebecken		x			
– Regenbecken und Kanalstauräume mit geringen Verknüpfungen und wenigen Zwangspunkten			x		
– Regenbecken und Kanalstauräume mit zahlreichen Verknüpfungen und zahlreichen Zwangspunkten, kombinierte Regenwasserbewirtschaftungsanlagen				x	
– Schlammabsetzanlagen, Schlammpolder		x			
– Schlammabsetzanlagen mit mechanischen Einrichtungen			x		
– Schlammbehandlungsanlagen				x	
– Bauwerke und Anlagen für mehrstufige oder kombinierte Verfahren der Schlammbehandlung					x
– Industriell systematisierte Abwasserbehandlungsanlagen, einfache Pumpwerke und Hebeanlagen		x			
– Abwasserbehandlungsanlagen mit gemeinsamer aerober Stabilisierung, Pumpwerke und Hebeanlagen			x		
– Abwasserbehandlungsanlagen, schwierige Pumpwerke und Hebeanlagen				x	

Gruppe 2 – Bauwerke und Anlagen der Abwasserentsorgung mit Ausnahme Entwässerungsanlagen, die der Zweckbestimmung der Verkehrsanlagen dienen, und Regenwasserversickerung (Abgrenzung zu Freianlagen)	Honorarzone				
	I	II	III	IV	V
– Schwierige Abwasserbehandlungsanlagen					x

Gruppe 3 – Bauwerke und Anlagen des Wasserbaus ausgenommen Freianlagen nach § 39 Absatz 1	Honorarzone				
	I	II	III	IV	V
– Berieselung und rohrlose Dränung, flächenhafter Erdbau mit unterschiedlichen Schütthöhen oder Materialien		x			
– Beregnung und Rohrdränung			x		
– Beregnung und Rohrdränung bei ungleichmäßigen Boden- und schwierigen Geländeverhältnissen				x	
– Einzelgewässer mit gleichförmigem ungegliedertem Querschnitt ohne Zwangspunkte, ausgenommen Einzelgewässer mit überwiegend ökologischen und landschaftsgestalterischen Elementen	x				
– Einzelgewässer mit gleichförmigem gegliedertem Querschnitt und einigen Zwangspunkten		x			
– Einzelgewässer mit ungleichförmigem ungegliedertem Querschnitt und einigen Zwangspunkten, Gewässersysteme mit einigen Zwangspunkten			x		
– Einzelgewässer mit ungleichförmigem gegliedertem Querschnitt und vielen Zwangspunkten, Gewässersysteme mit vielen Zwangspunkten, besonders schwieriger Gewässerausbau mit sehr hohen technischen Anforderungen und ökologischen Ausgleichsmaßnahmen				x	
– Teiche bis 3 m Dammhöhe über Sohle ohne Hochwasserentlastung ausgenommen Teiche ohne Dämme	x				
– Teiche mit mehr als 3 m Dammhöhe über Sohle ohne Hochwasserentlastung, Teiche bis 3 m Dammhöhe über Sohle mit Hochwasserentlastung		x			
– Hochwasserrückhaltebecken und Talsperren bis 5 m Dammhöhe über Sohle oder bis 100.000 m^3 Speicherraum			x		
– Hochwasserrückhaltebecken und Talsperren mit mehr als 100.000 m^3 und weniger als 5.000.000 m^3 Speicherraum				x	
– Hochwasserrückhaltebecken und Talsperren mit mehr als 5.000.000 m^3 Speicherraum					x
– Deich und Dammbauten		x			
– schwierige Deich- und Dammbauten			x		
– besonders schwierige Deich- und Dammbauten				x	

Gruppe 3 – Bauwerke und Anlagen des Wasserbaus	Honorarzone				
ausgenommen Freianlagen nach § 39 Absatz 1	I	II	III	IV	V
– einfache Pumpanlagen, Pumpwerke und Schöpfwerke		x			
– Pump- und Schöpfwerke, Siele			x		
– schwierige Pump- und Schöpfwerke				x	
– Einfache Durchlässe	x				
– Durchlässe und Düker		x			
– schwierige Durchlässe und Düker			x		
– Besonders schwierige Durchlässe und Düker				x	
– einfache feste Wehre		x			
– feste Wehre			x		
– einfache bewegliche Wehre			x		
– bewegliche Wehre				x	
– einfache Sperrwerke und Sperrtore			x		
– Sperrwerke				x	
– Kleinwasserkraftanlagen			x		
– Wasserkraftanlagen				x	
– Schwierige Wasserkraftanlagen, zum Beispiel Pumpspeicherwerke oder Kavernenkraftwerke					x
– Fangedämme, Hochwasserwände			x		
– Fangedämme, Hochwasserschutzwände in schwieriger Bauweise				x	
– eingeschwommene Senkkästen, schwierige Fangedämme, Wellenbrecher					x
– Bootsanlegestellen mit Dalben, Leitwänden, Festmacher- und Fenderanlagen an stehenden Gewässern	x				
– Bootsanlegestellen mit Dalben, Leitwänden, Festmacher- und Fenderanlagen an fließenden Gewässern, einfache Schiffslösch- und -ladestellen, einfache Kaimauern und Piers		x			
– Schiffslösch- und -ladestellen, Häfen, jeweils mit Dalben, Leitwänden, Festmacher- und Fenderanlagen mit hohen Belastungen, Kaimauern und Piers			x		
– Schiffsanlege-, -lösch- und -ladesteilen bei Tide oder Hochwasserbeeinflussung, Häfen bei Tide- und Hochwasserbeeinflussung, schwierige Kaimauern und Piers				x	
– Schwierige schwimmende Schiffsanleger, bewegliche Verladebrücken					x
– Einfache Uferbefestigungen	x				
– Uferwände und -mauern		x			
– Schwierige Uferwände und -mauern, Ufer- und Sohlensicherung an Wasserstraßen			x		

Gruppe 3 – Bauwerke und Anlagen des Wasserbaus ausgenommen Freianlagen nach § 39 Absatz 1	Honorarzone I	II	III	IV	V
– Schifffahrtskanäle mit Dalben, Leitwänden, bei einfachen Bedingungen			x		
– Schifffahrtskanäle mit Dalben, Leitwänden, bei schwierigen Bedingungen in Dammstrecken, mit Kreuzungsbauwerken				x	
– Kanalbrücken					x
– einfache Schiffsschleusen, Bootsschleusen		x			
– Schiffsschleusen bei geringen Hubhöhen			x		
– Schiffsschleusen bei großen Hubhöhen und Sparschleusen				x	
– Schiffshebewerke					x
– Werftanlagen, einfache Docks			x		
– schwierige Docks				x	
– Schwimmdocks					x

Gruppe 4 – Bauwerke und Anlagen für Ver- und Entsorgung mit Gasen, Energieträgern, Feststoffen einschließlich wassergefährdenden Flüssigkeiten, ausgenommen Anlagen nach § 53 Absatz 2	Honorarzone I	II	III	IV	V
– Transportleitungen für Fernwärme, wassergefährdende Flüssigkeiten und Gase ohne Zwangspunkte	x				
– Transportleitungen für Fernwärme, wassergefährdende Flüssigkeiten und Gase mit geringen Verknüpfungen und wenigen Zwangspunkten		x			
– Transportleitungen für Fernwärme, wassergefährdende Flüssigkeiten und Gase mit zahlreichen Verknüpfungen oder zahlreichen Zwangspunkten			x		
– Transportleitungen für Fernwärme, wassergefährdende Flüssigkeiten und Gase mit zahlreichen Verknüpfungen und zahlreichen Zwangspunkten				x	
– Industriell vorgefertigte einstufige Leichtflüssigkeitsabscheider		x			
– Einstufige Leichtflüssigkeitsabscheider			x		
– mehrstufige Leichtflüssigkeitsabscheider				x	
– Leerrohrnetze mit wenigen Verknüpfungen			x		
– Leerrohrnetze mit zahlreichen Verknüpfungen				x	
– Handelsübliche Fertigbehälter für Tankanlagen	x				
– Pumpzentralen für Tankanlagen in Ortbetonbauweise			x		

Gruppe 4 – Bauwerke und Anlagen für Ver- und Entsorgung mit Gasen, Energieträgern, Feststoffen einschließlich wassergefährdenden Flüssigkeiten, ausgenommen Anlagen nach § 53 Absatz 2	Honorarzone				
	I	II	III	IV	V
– Anlagen zur Lagerung wassergefährdender Flüssigkeiten in einfachen Fällen			x		

Gruppe 5 – Bauwerke und Anlagen der Abfallentsorgung	Honorarzone				
	I	II	III	IV	V
– Zwischenlager, Sammelstellen und Umladestationen offener Bauart für Abfälle oder Wertstoffe ohne Zusatzeinrichtungen	x				
– Zwischenlager, Sammelstellen und Umladestationen offener Bauart für Abfälle oder Wertstoffe mit einfachen Zusatzeinrichtungen		x			
– Zwischenlager, Sammelstellen und Umladestationen offener Bauart für Abfälle oder Wertstoffe, mit schwierigen Zusatzeinrichtungen			x		
– Einfache, einstufige Aufbereitungsanlagen für Wertstoffe		x			
– Aufbereitungsanlagen für Wertstoffe			x		
– Mehrstufige Aufbereitungsanlagen für Wertstoffe				x	
– Einfache Bauschuttaufbereitungsanlagen		x			
– Bauschuttaufbereitungsanlagen			x		
– Bauschuttdeponien ohne besondere Einrichtungen		x			
– Bauschuttdeponien			x		
– Pflanzenabfall-Kompostierungsanlagen ohne besondere Einrichtungen		x			
– Biomüll-Kompostierungsanlagen, Pflanzenabfall-Kompostierungsanlagen			x		
– Kompostwerke				x	
– Hausmüll- und Monodeponien			x		
– Hausmülldeponien und Monodeponien mit schwierigen technischen Anforderungen				x	
– Anlagen zur Konditionierung von Sonderabfällen				x	
– Verbrennungsanlagen, Pyrolyseanlagen					x
– Sonderabfalldeponien				x	
– Anlagen für Untertagedeponien				x	
– Behälterdeponien				x	
– Abdichtung von Altablagerungen und kontaminierten Standorten			x		

Gruppe 5 – Bauwerke und Anlagen der Abfallentsorgung	Honorarzone				
	I	II	III	IV	V
– Abdichtung von Altablagerungen und kontaminierten Standorten mit schwierigen technischen Anforderungen				x	
– Anlagen zur Behandlung kontaminierter Böden einschließlich Bodenluft				x	
– einfache Grundwasserdekontaminierungsanlagen				x	
– komplexe Grundwasserdekontaminierungsanlagen					x

Gruppe 6 – konstruktive Ingenieurbauwerke für Verkehrsanlagen	Honorarzone				
	I	II	III	IV	V
– Lärmschutzwälle ausgenommen Lärmschutzwälle als Mittel der Geländegestaltung	x				
– Einfache Lärmschutzanlagen		x			
– Lärmschutzanlagen			x		
– Lärmschutzanlagen in schwieriger städtebaulicher Situation				x	
– Gerade Einfeldbrücken einfacher Bauart		x			
– Einfeldbrücken			x		
– Einfache Mehrfeld- und Bogenbrücken			x		
– Schwierige Einfeld-, Mehrfeld- und Bogenbrücken				x	
– Schwierige, längs vorgespannte Stahlverbundkonstruktionen					x
– Besonders schwierige Brücken					x
– Tunnel- und Trogbauwerke			x		
– Schwierige Tunnel- und Trogbauwerke				x	
– Besonders schwierige Tunnel- und Trogbauwerke					x
– Untergrundbahnhöfe			x		
– schwierige Untergrundbahnhöfe				x	
– besonders schwierige Untergrundbahnhöfe und Kreuzungsbahnhöfe					x

Gruppe 7 – sonstige Einzelbauwerke	Honorarzone				
sonstige Einzelbauwerke ausgenommen Gebäude und Freileitungs- und Oberleitungsmaste	I	II	III	IV	V
– Einfache Schornsteine		x			
– Schornsteine			x		
– Schwierige Schornsteine				x	
– Besonders schwierige Schornsteine					x
– Einfache Masten und Türme ohne Aufbauten	x				
– Masten und Türme ohne Aufbauten		x			

Gruppe 7 – sonstige Einzelbauwerke	Honorarzone				
sonstige Einzelbauwerke ausgenommen Gebäude und Frei- leitungs- und Oberleitungsmaste	I	II	III	IV	V
– Masten und Türme mit Aufbauten			x		
– Masten und Türme mit Aufbauten und Betriebsgeschoss				x	
– Masten und Türme mit Aufbauten, Betriebsgeschoss und Publikumseinrichtungen					x
– Einfache Kühltürme			x		
– Kühltürme				x	
– Schwierige Kühltürme					x
– Versorgungsbauwerke und Schutzrohre in sehr einfachen Fällen ohne Zwangspunkte	x				
– Versorgungsbauwerke und Schutzrohre mit zugehörigen Schächten für Versorgungssysteme mit wenigen Zwangspunkten		x			
– Versorgungsbauwerke mit zugehörigen Schächten für Versorgungssysteme unter beengten Verhältnissen			x		
– Versorgungsbauwerke mit zugehörigen Schächten in schwierigen Fällen für mehrere Medien				x	
– Flach gegründete, einzeln stehende Silos ohne Anbauten		x			
– Einzeln stehende Silos mit einfachen Anbauten, auch in Gruppenbauweise			x		
– Silos mit zusammengefügten Zellenblöcken und Anbauten				x	
– Schwierige Windkraftanlagen				x	
– Unverankerte Stützbauwerke bei geringen Geländesprüngen ohne Verkehrsbelastung als Mittel zur Geländegestaltung und zur konstruktiven Böschungssicherung	x				
– Unverankerte Stützbauwerke bei hohen Geländesprüngen mit Verkehrsbelastungen mit einfachen Baugrund-, Belastungs- und Geländeverhältnissen		x			
– Stützbauwerke mit Verankerung oder unverankerte Stützbauwerke bei schwierigen Baugrund-, Belastungs- oder Geländeverhältnissen			x		
– Stützbauwerke mit Verankerung und schwierigen Baugrund-, Belastungs- oder Geländeverhältnissen				x	
– Stützbauwerke mit Verankerung und ungewöhnlich schwierigen Randbedingungen					x
– Schlitz- und Bohrpfahlwände, Trägerbohlwände			x		
– Einfache Traggerüste und andere einfache Gerüste			x		
– Traggerüste und andere Gerüste				x	
– Sehr schwierige Gerüste und sehr hohe oder weit gespannte Traggerüste, verschiebliche (Trag-)Gerüste					x

Gruppe 7 – sonstige Einzelbauwerke	Honorarzone				
sonstige Einzelbauwerke ausgenommen Gebäude und Freileitungs- und Oberleitungsmaste	I	II	III	IV	V
– eigenständige Tiefgaragen, einfache Schacht- und Kavernenbauwerke, einfache Stollenbauten			x		
– schwierige eigenständige Tiefgaragen, schwierige Schacht- und Kavernenbauwerke, schwierige Stollenbauwerke				x	
– Besonders schwierige Schacht- und Kavernenbauwerke					x

Anlage 13 Grundleistungen im Leistungsbild Verkehrsanlagen, Besondere Leistungen, Objektliste (zu § 47 Absatz 2, § 48 Absatz 5)

13.1 Leistungsbild Verkehrsanlagen

Grundleistungen	Besondere Leistungen
LPH 1 Grundlagenermittlung	
a) Klären der Aufgabenstellung auf Grund der Vorgaben oder der Bedarfsplanung des Auftraggebers b) Ermitteln der Planungsrandbedingungen sowie Beraten zum gesamten Leistungsbedarf c) Formulieren von Entscheidungshilfen für die Auswahl anderer an der Planung fachlich Beteiligter d) Ortsbesichtigung e) Zusammenfassen, Erläutern und Dokumentieren der Ergebnisse	– Ermitteln besonderer, in den Normen nicht festgelegter Einwirkungen – Auswahl und Besichtigen ähnlicher Objekte
LPH 2 Vorplanung	
a) Beschaffen und Auswerten amtlicher Karten b) Analysieren der Grundlagen c) Abstimmen der Zielvorstellungen auf die öffentlich-rechtlichen Randbedingungen sowie Planungen Dritter d) Untersuchen von Lösungsmöglichkeiten mit ihren Einflüssen auf bauliche und konstruktive Gestaltung, Zweckmäßigkeit, Wirtschaftlichkeit unter Beachtung der Umweltverträglichkeit e) Erarbeiten eines Planungskonzepts einschließlich Untersuchung von bis zu 3 Varianten nach gleichen Anforderungen mit zeichnerischer Darstellung und Bewertung unter Einarbeitung der Beiträge anderer an der Planung fachlich Beteiligter	– Erstellen von Leitungsbestandsplänen – Untersuchungen zur Nachhaltigkeit – Anfertigen von Nutzen-Kosten-Untersuchungen – Wirtschaftlichkeitsprüfung – Beschaffen von Auszügen aus Grundbuch, Kataster und anderen amtlichen Unterlagen

Grundleistungen	Besondere Leistungen
Überschlägige verkehrstechnische Bemessung der Verkehrsanlage, Ermitteln der Schallimmissionen von der Verkehrsanlage an kritischen Stellen nach Tabellenwerten Untersuchen der möglichen Schallschutzmaßnahmen, ausgenommen detaillierte schalltechnische Untersuchungen f) Klären und Erläutern der wesentlichen fachspezifischen Zusammenhänge, Vorgänge und Bedingungen g) Vorabstimmen mit Behörden und anderen an der Planung fachlich Beteiligten über die Genehmigungsfähigkeit, gegebenenfalls Mitwirken bei Verhandlungen über die Bezuschussung und Kostenbeteiligung h) Mitwirken bei Erläutern des Planungskonzepts gegenüber Dritten an bis zu 2 Terminen i) Überarbeiten des Planungskonzepts nach Bedenken und Anregungen j) Bereitstellen von Unterlagen als Auszüge aus der Voruntersuchung zur Verwendung für ein Raumordnungsverfahren k) Kostenschätzung, Vergleich mit den finanziellen Rahmenbedingungen l) Zusammenfassen, Erläutern und Dokumentieren	
LPH 3 Entwurfsplanung	
a) Erarbeiten des Entwurfs auf Grundlage der Vorplanung durch zeichnerische Darstellung im erforderlichen Umfang und Detaillierungsgrad unter Berücksichtigung aller fachspezifischen Anforderungen Bereitstellen der Arbeitsergebnisse als Grundlage für die anderen an der Planung fachlich Beteiligten, sowie Integration und Koordination der Fachplanungen b) Erläuterungsbericht unter Verwendung der Beiträge anderer an der Planung fachlich Beteiligter c) Fachspezifische Berechnungen ausgenommen Berechnungen aus anderen Leistungsbildern	– Fortschreiben von Nutzen-Kosten-Untersuchungen – Detaillierte signaltechnische Berechnung – Mitwirken bei Verwaltungsvereinbarungen – Nachweis der zwingenden Gründe des überwiegenden öffentlichen Interesses der Notwendigkeit der Maßnahme (zum Beispiel Gebiets- und Artenschutz gemäß der Richtlinie 92/43/EWG des Rates vom 21. Mai 1992 zur Erhaltung der natürlichen Lebensräume sowie der wildlebenden Tiere und Pflanzen (ABl. L 206 vom 22.7.1992, S. 7) – Fiktivkostenberechnungen (Kostenteilung)

Grundleistungen	Besondere Leistungen
d) Ermitteln der zuwendungsfähigen Kosten, Mitwirken beim Aufstellen des Finanzierungsplans sowie Vorbereiten der Anträge auf Finanzierung e) Mitwirken beim Erläutern des vorläufigen Entwurfs gegenüber Dritten an bis zu drei Terminen, Überarbeiten des vorläufigen Entwurfs auf Grund von Bedenken und Anregungen f) Vorabstimmen der Genehmigungsfähigkeit mit Behörden und anderen an der Planung fachlich Beteiligten g) Kostenberechnung einschließlich zugehöriger Mengenermittlung, Vergleich der Kostenberechnung mit der Kostenschätzung h) Überschlägige Festlegung der Abmessungen von Ingenieurbauwerken i) Ermitteln der Schallimmissionen von der Verkehrsanlage nach Tabellenwerten; Festlegen der erforderlichen Schallschutzmaßnahmen an der Verkehrsanlage, gegebenenfalls unter Einarbeitung der Ergebnisse detaillierter schalltechnischer Untersuchungen und Feststellen der Notwendigkeit von Schallschutzmaßnahmen an betroffenen Gebäuden j) Rechnerische Festlegung des Objekts k) Darlegen der Auswirkungen auf Zwangspunkte l) Nachweis der Lichtraumprofile m) Ermitteln der wesentlichen Bauphasen unter Berücksichtigung der Verkehrslenkung und der Aufrechterhaltung des Betriebs während der Bauzeit n) Bauzeiten- und Kostenplan o) Zusammenfassen, Erläutern und Dokumentieren der Ergebnisse	

Grundleistungen	Besondere Leistungen
LPH 4 Genehmigungsplanung	
a) Erarbeiten und Zusammenstellen der Unterlagen für die erforderlichen öffentlich-rechtlichen Verfahren oder Genehmigungsverfahren einschließlich der Anträge auf Ausnahmen und Befreiungen, Aufstellen des Bauwerksverzeichnisses unter Verwendung der Beiträge anderer an der Planung fachlich Beteiligter b) Erstellen des Grunderwerbsplans und des Grunderwerbsverzeichnisses unter Verwendung der Beiträge anderer an der Planung fachlich Beteiligter c) Vervollständigen und Anpassen der Planungsunterlagen, Beschreibungen und Berechnungen unter Verwendung der Beiträge anderer an der Planung fachlich Beteiligter d) Abstimmen mit Behörden e) Mitwirken in Genehmigungsverfahren einschließlich der Teilnahme an bis zu vier Erläuterungs-, Erörterungsterminen f) Mitwirken beim Abfassen von Stellungnahmen zu Bedenken und Anregungen in bis zu 10 Kategorien	– Mitwirken bei der Beschaffung der Zustimmung von Betroffenen
LPH 5 Ausführungsplanung	
a) Erarbeiten der Ausführungsplanung auf Grundlage der Ergebnisse der Leistungsphasen 3 und 4 unter Berücksichtigung aller fachspezifischen Anforderungen und Verwendung der Beiträge anderer an der Planung fachlich Beteiligter bis zur ausführungsreifen Lösung b) Zeichnerische Darstellung, Erläuterungen und zur Objektplanung gehörige Berechnungen mit allen für die Ausführung notwendigen Einzelangaben einschließlich Detailzeichnungen in den erforderlichen Maßstäben c) Bereitstellen der Arbeitsergebnisse als Grundlage für die anderen an der Planung fachlich Beteiligten und Integrieren ihrer Beiträge bis zur ausführungsreifen Lösung d) Vervollständigen der Ausführungsplanung während der Objektausführung	– Objektübergreifende, integrierte Bauablaufplanung – Koordination des Gesamtprojekts – Aufstellen von Ablauf- und Netzplänen

Grundleistungen	Besondere Leistungen
LPH 6 Vorbereiten der Vergabe	
a) Ermitteln von Mengen nach Einzelpositionen unter Verwendung der Beiträge anderer an der Planung fachlich Beteiligter b) Aufstellen der Vergabeunterlagen, insbesondere Anfertigen der Leistungsbeschreibungen mit Leistungsverzeichnissen sowie der Besonderen Vertragsbedingungen c) Abstimmen und Koordinieren der Schnittstellen zu den Leistungsbeschreibungen der anderen an der Planung fachlich Beteiligten d) Festlegen der wesentlichen Ausführungsphasen e) Ermitteln der Kosten auf Grundlage der vom Planer (Entwurfsverfasser) bepreisten Leistungsverzeichnisse f) Kostenkontrolle durch Vergleich der vom Planer (Entwurfsverfasser) bepreisten Leistungsverzeichnisse mit der Kostenberechnung g) Zusammenstellen der Vergabeunterlagen	– detaillierte Planung von Bauphasen bei besonderen Anforderungen
LPH 7 Mitwirken bei der Vergabe	
a) Einholen von Angeboten b) Prüfen und Werten der Angebote, Aufstellen der Preisspiegel c) Abstimmen und Zusammenstellen der Leistungen der fachlich Beteiligten, die an der Vergabe mitwirken d) Führen von Bietergesprächen e) Erstellen der Vergabevorschläge, Dokumentation des Vergabeverfahrens f) Zusammenstellen der Vertragsunterlagen g) Vergleichen der Ausschreibungsergebnisse mit den vom Planer bepreisten Leistungsverzeichnissen und der Kostenberechnung h) Mitwirken bei der Auftragserteilung	– Prüfen und Werten von Nebenangeboten

Grundleistungen	Besondere Leistungen
LPH 8 Bauoberleitung	

a) Aufsicht über die örtliche Bauüberwachung, Koordinierung der an der Objektüberwachung fachlich Beteiligten, einmaliges Prüfen von Plänen auf Übereinstimmung mit dem auszuführenden Objekt und Mitwirken bei deren Freigabe
b) Aufstellen, Fortschreiben und Überwachen eines Terminplans (Balkendiagramm)
c) Veranlassen und Mitwirken daran, die ausführenden Unternehmen in Verzug zu setzen
d) Kostenfeststellung, Vergleich der Kostenfeststellung mit der Auftragssumme
e) Abnahme von Bauleistungen, Leistungen und Lieferungen unter Mitwirkung der örtlichen Bauüberwachung und anderer an der Planung und Objektüberwachung fachlich Beteiligter, Feststellen von Mängeln, Fertigen einer Niederschrift über das Ergebnis der Abnahme
f) Überwachen der Prüfungen der Funktionsfähigkeit der Anlagenteile und der Gesamtanlage
g) Antrag auf behördliche Abnahmen und Teilnahme daran
h) Übergabe des Objekts
i) Auflisten der Verjährungsfristen der Mängelansprüche
j) Zusammenstellen und Übergeben der Dokumentation des Bauablaufs, der Bestandsunterlagen und der Wartungsvorschriften
	– Kostenkontrolle
	– Prüfen von Nachträgen
	– Erstellen eines Bauwerksbuchs
	– Erstellen von Bestandsplänen
	– Örtliche Bauüberwachung:
	  – Plausibilitätsprüfung der Absteckung
	  – Überwachen der Ausführung der Bauleistungen
	    – Mitwirken beim Einweisen des Auftragnehmers in die Baumaßnahme (Bauanlaufbesprechung)
	    – Überwachen der Ausführung des Objekts auf Übereinstimmung mit den zur Ausführung freigegebenen Unterlagen, dem Bauvertrag und den Vorgaben des Auftraggebers
	    – Prüfen und Bewerten der Berechtigung von Nachträgen
	    – Durchführen oder Veranlassen von Kontrollprüfungen
	    – Überwachen der Beseitigung der bei der Abnahme der Leistungen festgestellten Mängel
	    – Dokumentation des Bauablaufs
	  – Mitwirken beim Aufmaß mit den ausführenden Unternehmen und Prüfen der Aufmaße
	  – Mitwirken bei behördlichen Abnahmen
	  – Mitwirken bei der Abnahme von Leistungen und Lieferungen
	  – Rechnungsprüfung, Vergleich der Ergebnisse der Rechnungsprüfungen mit der Auftragssumme
	  – Mitwirken beim Überwachen der Prüfung der Funktionsfähigkeit der Anlagenteile und der Gesamtanlage
	– Überwachen der Ausführung von Tragwerken nach Anlage 14.2 Honorarzone I und II mit sehr geringen und geringen Planungsanforderungen auf Übereinstimmung mit dem Standsicherheitsnachweis

Grundleistungen	Besondere Leistungen
LPH 9 Objektbetreuung	
a) Fachliche Bewertung der innerhalb der Verjährungsfristen für Gewährleistungsansprüche festgestellten Mängel, längstens jedoch bis zum Ablauf von fünf Jahren seit Abnahme der Leistung, einschließlich notwendiger Begehungen b) Objektbegehung zur Mängelfeststellung vor Ablauf der Verjährungsfristen für Mängelansprüche gegenüber den ausführenden Unternehmen c) Mitwirken bei der Freigabe von Sicherheitsleistungen	– Überwachen der Mängelbeseitigung innerhalb der Verjährungsfrist

13.2 Objektliste Verkehrsanlagen

Nachstehende Verkehrsanlagen werden in der Regel folgenden Honorarzonen zugeordnet:

	Honorarzone				
Objekte	I	II	III	IV	V
a) Anlagen des Straßenverkehrs					
Außerörtliche Straßen					
– ohne besondere Zwangspunkte oder im wenig bewegten Gelände		x			
– mit besonderen Zwangspunkten oder in bewegtem Gelände			x		
– mit vielen besonderen Zwangspunkten oder in stark bewegtem Gelände				x	
– im Gebirge					x
Innerörtliche Straßen und Plätze					
– Anlieger- und Sammelstraßen		x			
– sonstige innerörtliche Straßen mit normalen verkehrstechnischen Anforderungen oder normaler städtebaulicher Situation (durchschnittliche Anzahl Verknüpfungen mit der Umgebung)			x		
– sonstige innerörtliche Straßen mit hohen verkehrstechnischen Anforderungen oder schwieriger städtebaulicher Situation (hohe Anzahl Verknüpfungen mit der Umgebung)				x	

	Honorarzone				
Objekte	I	II	III	IV	V
– sonstige innerörtliche Straßen mit sehr hohen verkehrstechnischen Anforderungen oder sehr schwieriger städtebaulicher Situation (sehr hohe Anzahl Verknüpfungen mit der Umgebung)					x
Wege					
– im ebenen Gelände mit einfachen Entwässerungsverhältnissen	x				
– im bewegten Gelände mit einfachen Baugrund- und Entwässerungsverhältnissen		x			
– im bewegten Gelände mit schwierigen Baugrund- und Entwässerungsverhältnissen			x		
Plätze, Verkehrsflächen					
– einfache Verkehrsflächen, Plätze außerorts	x				
– innerörtliche Parkplätze		x			
– verkehrsberuhigte Bereiche mit normalen städtebaulichen Anforderungen			x		
– verkehrsberuhigte Bereiche mit hohen städtebaulichen Anforderungen				x	
– Flächen für Güterumschlag Straße zu Straße			x		
– Flächen für Güterumschlag im kombinierten Ladeverkehr				x	
Tankstellen, Rastanlagen					
– mit normalen verkehrstechnischen Anforderungen	x				
– mit hohen verkehrstechnischen Anforderungen			x		
Knotenpunkte					
– einfach höhengleich		x			
– schwierig höhengleich			x		
– sehr schwierig höhengleich				x	
– einfach höhenungleich			x		
– schwierig höhenungleich				x	
– sehr schwierig höhenungleich					x
b) Anlagen des Schienenverkehrs					
Gleis und Bahnsteiganlagen der freien Strecke					
– ohne Weichen und Kreuzungen	x				
– ohne besondere Zwangspunkte oder in wenig bewegtem Gelände		x			
– mit besonderen Zwangspunkten oder in bewegtem Gelände			x		

	Honorarzone				
Objekte	I	II	III	IV	V
– mit vielen Zwangspunkten oder in stark bewegtem Gelände				x	
Gleis- und Bahnsteiganlagen der Bahnhöfe					
– mit einfachen Spurplänen		x			
– mit schwierigen Spurplänen			x		
– mit sehr schwierigen Spurplänen				x	
c) **Anlagen des Flugverkehrs**					
– einfache Verkehrsflächen für Landeplätze, Segelfluggelände		x			
– schwierige Verkehrsflächen für Landeplätze, einfache Verkehrsflächen für Flughäfen			x		
– schwierige Verkehrsflächen für Flughäfen				x	

Anlage 14 Grundleistungen im Leistungsbild Tragwerksplanung, Besondere Leistungen, Objektliste (zu § 51 Absatz 5, § 52 Absatz 2)

14.1 Leistungsbild Tragwerksplanung

Grundleistungen	Besondere Leistungen
LPH 1 Grundlagenermittlung	
a) Klären der Aufgabenstellung auf Grund der Vorgaben oder der Bedarfsplanung des Auftraggebers im Benehmen mit dem Objektplaner b) Zusammenstellen der die Aufgabe beeinflussenden Planungsabsichten c) Zusammenfassen, Erläutern und Dokumentieren der Ergebnisse	
LPH 2 Vorplanung (Projekt- u. Planungsvorbereitung)	
a) Analysieren der Grundlagen b) Beraten in statisch-konstruktiver Hinsicht unter Berücksichtigung der Belange der Standsicherheit, der Gebrauchsfähigkeit und der Wirtschaftlichkeit c) Mitwirken bei dem Erarbeiten eines Planungskonzepts einschließlich Untersuchung der Lösungsmöglichkeiten des Tragwerks unter gleichen Objektbedingungen mit skizzenhafter Darstellung, Klärung und Angabe der für das Tragwerk wesentlichen konstruktiven Festlegungen für zum Beispiel Baustoffe, Bauarten und Herstellungsverfahren, Konstruktionsraster und Gründungsart d) Mitwirken bei Vorverhandlungen mit Behörden und anderen an der Planung fachlich Beteiligten über die Genehmigungsfähigkeit e) Mitwirken bei der Kostenschätzung und bei der Terminplanung f) Zusammenfassen, Erläutern und Dokumentieren der Ergebnisse	– Aufstellen von Vergleichsberechnungen für mehrere Lösungsmöglichkeiten unter verschiedenen Objektbedingungen – Aufstellen eines Lastenplans, zum Beispiel als Grundlage für die Baugrundbeurteilung und Gründungsberatung – Vorläufige nachprüfbare Berechnung wesentlicher tragender Teile – Vorläufige nachprüfbare Berechnung der Gründung

LPH 3 Entwurfsplanung (System- u. Integrationsplanung)	
a) Erarbeiten der Tragwerkslösung, unter Beachtung der durch die Objektplanung integrierten Fachplanungen, bis zum konstruktiven Entwurf mit zeichnerischer Darstellung b) Überschlägige statische Berechnung und Bemessung c) Grundlegende Festlegungen der konstruktiven Details und Hauptabmessungen des Tragwerks für zum Beispiel Gestaltung der tragenden Querschnitte, Aussparungen und Fugen; Ausbildung der Auflager- und Knotenpunkte sowie der Verbindungsmittel d) Überschlägiges Ermitteln der Betonstahlmengen im Stahlbetonbau, der Stahlmengen im Stahlbau und der Holzmengen im Ingenieurholzbau e) Mitwirken bei der Objektbeschreibung bzw. beim Erläuterungsbericht f) Mitwirken bei Verhandlungen mit Behörden und anderen an der Planung fachlich Beteiligten über die Genehmigungsfähigkeit g) Mitwirken bei der Kostenberechnung und bei der Terminplanung h) Mitwirken beim Vergleich der Kostenberechnung mit der Kostenschätzung i) Zusammenfassen, Erläutern und Dokumentieren der Ergebnisse	– Vorgezogene, prüfbare und für die Ausführung geeignete Berechnung wesentlich tragender Teile – Vorgezogene, prüfbare und für die Ausführung geeignete Berechnung der Gründung – Mehraufwand bei Sonderbauweisen oder Sonderkonstruktionen, zum Beispiel Klären von Konstruktionsdetails – Vorgezogene Stahl- oder Holzmengenermittlung des Tragwerks und der kraftübertragenden Verbindungsteile für eine Ausschreibung, die ohne Vorliegen von Ausführungsunterlagen durchgeführt wird – Nachweise der Erdbebensicherung
LPH 4 Genehmigungsplanung	
a) Aufstellen der prüffähigen statischen Berechnungen für das Tragwerk unter Berücksichtigung der vorgegebenen bauphysikalischen Anforderungen b) Bei Ingenieurbauwerken: Erfassen von normalen Bauzuständen c) Anfertigen der Positionspläne für das Tragwerk oder Eintragen der statischen Positionen, der Tragwerksabmessungen, der Verkehrslasten, der Art und Güte der Baustoffe und der Besonderheiten der Konstruktionen in die Entwurfszeichnungen des Objektplaners	– Nachweise zum konstruktiven Brandschutz, soweit erforderlich unter Berücksichtigung der Temperatur (Heißbemessung) – Statische Berechnung und zeichnerische Darstellung für Bergschadenssicherungen und Bauzustände bei Ingenieurbauwerken, soweit diese Leistungen über das Erfassen von normalen Bauzuständen hinausgehen

d) Zusammenstellen der Unterlagen der Tragwerksplanung zur Genehmigung e) Abstimmen mit Prüfämtern und Prüfingenieuren oder Eigenkontrolle f) Vervollständigen und Berichtigen der Berechnungen und Pläne	– Zeichnungen mit statischen Positionen und den Tragwerksabmessungen, den Bewehrungsquerschnitten, den Verkehrslasten und der Art und Güte der Baustoffe sowie Besonderheiten der Konstruktionen zur Vorlage bei der bauaufsichtlichen Prüfung anstelle von Positionsplänen – Aufstellen der Berechnungen nach militärischen Lastenklassen (MLC) – Erfassen von Bauzuständen bei Ingenieurbauwerken, in denen das statische System von dem des Endzustands abweicht – Statische Nachweise an nicht zum Tragwerk gehörende Konstruktionen (zum Beispiel Fassaden)
LPH 5 Ausführungsplanung	
a) Durcharbeiten der Ergebnisse der Leistungsphasen 3 und 4 unter Beachtung der durch die Objektplanung integrierten Fachplanungen b) Anfertigen der Schalpläne in Ergänzung der fertig gestellten Ausführungspläne des Objektplaners c) Zeichnerische Darstellung der Konstruktionen mit Einbau- und Verlegeanweisungen, zum Beispiel Bewehrungspläne, Stahlbau- oder Holzkonstruktionspläne mit Leitdetails (keine Werkstattzeichnungen) d) Aufstellen von Stahl- oder Stücklisten als Ergänzung zur zeichnerischen Darstellung der Konstruktionen mit Stahlmengenermittlung e) Fortführen der Abstimmung mit Prüfämtern und Prüfingenieuren oder Eigenkontrolle	– Konstruktion und Nachweise der Anschlüsse im Stahl- und Holzbau – Werkstattzeichnungen im Stahl- und Holzbau einschließlich Stücklisten, Elementpläne für Stahlbetonfertigteile einschließlich Stahl- und Stücklisten – Berechnen der Dehnwege, Festlegen des Spannvorganges und Erstellen der Spannprotokolle im Spannbetonbau – Rohbauzeichnungen im Stahlbetonbau, die auf der Baustelle nicht der Ergänzung durch die Pläne des Objektplaners bedürfen

LPH 6 Vorbereitung der Vergabe	
a) Ermitteln der Betonstahlmengen im Stahlbetonbau, der Stahlmengen im Stahlbau und der Holzmengen im Ingenieurholzbau als Ergebnis der Ausführungsplanung und als Beitrag zur Mengenermittlung des Objektplaners b) Überschlägiges Ermitteln der Mengen der konstruktiven Stahlteile und statisch erforderlichen Verbindungs- und Befestigungsmittel im Ingenieurholzbau c) Mitwirken beim Erstellen der Leistungsbeschreibung als Ergänzung zu den Mengenermittlungen als Grundlage für das Leistungsverzeichnis des Tragwerks	– Beitrag zur Leistungsbeschreibung mit Leistungsprogramm des Objektplaners[5] – Beitrag zum Aufstellen von vergleichenden Kostenübersichten des Objektplaners – Beitrag zum Aufstellen des Leistungsverzeichnisses des Tragwerks
LPH 7 Mitwirkung bei der Vergabe	
	– Mitwirken bei der Prüfung und Wertung der Angebote Leistungsbeschreibung mit Leistungsprogramm des Objektplaners – Mitwirken bei der Prüfung und Wertung von Nebenangeboten – Mitwirken beim Kostenanschlag nach DIN 276 oder anderer Vorgaben des Auftraggebers aus Einheitspreisen oder Pauschalangeboten
LPH 8 Objektüberwachung	
	– Ingenieurtechnische Kontrolle der Ausführung des Tragwerks auf Übereinstimmung mit den geprüften statischen Unterlagen – Ingenieurtechnische Kontrolle der Baubehelfe, zum Beispiel Arbeits- und Lehrgerüste, Kranbahnen, Baugrubensicherungen – Kontrolle der Betonherstellung und -verarbeitung auf der Baustelle in besonderen Fällen sowie Auswertung der Güteprüfungen – Betontechnologische Beratung – Mitwirken bei der Überwachung der Ausführung der Tragwerkseingriffe bei Umbauten und Modernisierungen

5 Diese Besondere Leistung wird bei Leistungsbeschreibung mit Leistungsprogramm Grundleistung. In diesem Fall entfallen die Grundleistungen dieser Leistungsphase.

LPH 9 Dokumentation und Objektbetreuung	
	– Baubegehung zur Feststellung und Überwachung von die Standsicherheit betreffenden Einflüssen

14.2 Objektliste Tragwerksplanung

Nachstehende Tragwerke können in der Regel folgenden Honorarzonen zugeordnet werden:

	Honorarzone				
	I	II	III	IV	V
Bewertungsmerkmale zur Ermittlung der Honorarzone bei der Tragwerksplanung					
– Tragwerke mit sehr geringem Schwierigkeitsgrad, insbesondere einfache statisch bestimmte ebene Tragwerke aus Holz, Stahl, Stein oder unbewehrtem Beton mit ruhenden Lasten, ohne Nachweis horizontaler Aussteifung	x				
– Tragwerke mit geringem Schwierigkeitsgrad, insbesondere statisch bestimmte ebene Tragwerke in gebräuchlichen Bauarten ohne Vorspann- und Verbundkonstruktionen, mit vorwiegend ruhenden Lasten		x			
– Tragwerke mit durchschnittlichem Schwierigkeitsgrad, insbesondere schwierige statisch bestimmte und statisch unbestimmte ebene Tragwerke in gebräuchlichen Bauarten und ohne Gesamtstabilitätsuntersuchungen			x		
– Tragwerke mit hohem Schwierigkeitsgrad, insbesondere statisch und konstruktiv schwierige Tragwerke in gebräuchlichen Bauarten und Tragwerke, für deren Standsicherheit- und Festigkeitsnachweis schwierig zu ermittelnde Einflüsse zu berücksichtigen sind				x	
– Tragwerke mit sehr hohem Schwierigkeitsgrad, insbesondere statisch und konstruktiv ungewöhnlich schwierige Tragwerke					x
Stützwände, Verbau					
– unverankerte Stützwände zur Abfangung von Geländesprüngen bis 2 m Höhe und konstruktive Böschungssicherungen bei einfachen Baugrund-, Belastungs- und Geländeverhältnissen	x				
– Sicherung von Geländesprüngen bis 4 m Höhe ohne Rückverankerungen bei einfachen Baugrund-, Belastungs- und Geländeverhältnissen wie z. B. Stützwände, Uferwände, Baugrubenverbauten		x			
– Sicherung von Geländesprüngen ohne Rückverankerungen bei schwierigen Baugrund-, Belastungs- oder Geländeverhältnissen oder mit einfacher Rückverankerung bei einfachen Baugrund-, Belastungs- oder Geländeverhältnissen wie z. B. Stützwände, Uferwände, Baugrubenverbauten			x		

	Honorarzone				
	I	II	III	IV	V
– schwierige, verankerte Stützwände, Baugrubenverbauten oder Uferwände				x	
– Baugrubenverbauten mit ungewöhnlich schwierigen Randbedingungen					x
Gründung					
– Flachgründungen einfacher Art		x			
– Flachgründungen mit durchschnittlichem Schwierigkeitsgrad, ebene und räumliche Pfahlgründungen mit durchschnittlichem Schwierigkeitsgrad			x		
– schwierige Flachgründungen, schwierige ebene und räumliche Pfahlgründungen, besondere Gründungsverfahren, Unterfahrungen				x	
Mauerwerk					
– Mauerwerksbauten mit bis zur Gründung durchgehenden tragenden Wänden ohne Nachweis horizontaler Aussteifung		x			
– Tragwerke mit Abfangung der tragenden beziehungsweise aussteifenden Wände			x		
– Konstruktionen mit Mauerwerk nach Eignungsprüfung (Ingenieurmauerwerk)				x	
Gewölbe					
– einfache Gewölbe			x		
– schwierige Gewölbe und Gewölbereihen				x	
Deckenkonstruktionen, Flächentragwerke					
– Deckenkonstruktionen mit einfachem Schwierigkeitsgrad, bei vorwiegend ruhenden Flächenlasten		x			
– Deckenkonstruktionen mit durchschnittlichem Schwierigkeitsgrad			x		
– schiefwinklige Einfeldplatten				x	
– schiefwinklige Mehrfeldplatten					x
– schiefwinklig gelagerte oder gekrümmte Träger				x	
– schiefwinklig gelagerte, gekrümmte Träger					x
– Trägerroste und orthotrope Platten mit durchschnittlichem Schwierigkeitsgrad				x	
– schwierige Trägerroste und schwierige orthotrope Platten					x
– Flächentragwerke (Platten, Scheiben) mit durchschnittlichem Schwierigkeitsgrad				x	
– schwierige Flächentragwerke (Platten, Scheiben, Faltwerke, Schalen)					x

	Honorarzone				
	I	II	III	IV	V
– einfache Faltwerke ohne Vorspannung				x	
Verbund-Konstruktionen					
– einfache Verbundkonstruktionen ohne Berücksichtigung des Einflusses von Kriechen und Schwinden			x		
– Verbundkonstruktionen mittlerer Schwierigkeit				x	
– Verbundkonstruktionen mit Vorspannung durch Spannglieder oder andere Maßnahmen					x
Rahmen- und Skelettbauten					
– ausgesteifte Skelettbauten			x		
– Tragwerke für schwierige Rahmen- und Skelettbauten sowie turmartige Bauten, bei denen der Nachweis der Stabilität und Aussteifung die Anwendung besonderer Berechnungsverfahren erfordert				x	
– einfache Rahmentragwerke ohne Vorspannkonstruktionen und ohne Gesamtstabilitätsuntersuchungen			x		
– Rahmentragwerke mit durchschnittlichem Schwierigkeitsgrad				x	
– schwierige Rahmentragwerke mit Vorspannkonstruktionen und Stabilitätsuntersuchungen					x
Räumliche Stabwerke					
– räumliche Stabwerke mit durchschnittlichem Schwierigkeitsgrad				x	
– schwierige räumliche Stabwerke					x
Seilverspannte Konstruktionen					
– einfache seilverspannte Konstruktionen				x	
– seilverspannte Konstruktionen mit durchschnittlichem bis sehr hohem Schwierigkeitsgrad					x
Konstruktionen mit Schwingungsbeanspruchung					
– Tragwerke mit einfachen Schwingungsuntersuchungen				x	
– Tragwerke mit Schwingungsuntersuchungen mit durchschnittlichem bis sehr hohem Schwierigkeitsgrad					x
Besondere Berechnungsmethoden					
– schwierige Tragwerke, die Schnittgrößenbestimmungen nach der Theorie II. Ordnung erfordern				x	
– ungewöhnlich schwierige Tragwerke, die Schnittgrößenbestimmungen nach der Theorie II. Ordnung erfordern					x
– schwierige Tragwerke in neuen Bauarten					x

	Honorarzone				
	I	II	III	IV	V
– Tragwerke mit Standsicherheitsnachweisen, die nur unter Zuhilfenahme modellstatischer Untersuchungen oder durch Berechnungen mit finiten Elementen beurteilt werden können					x
– Tragwerke, bei denen die Nachgiebigkeit der Verbindungsmittel bei der Schnittkraftermittlung zu berücksichtigen ist					x
Spannbeton					
– einfache, äußerlich und innerlich statisch bestimmte und zwängungsfrei gelagerte vorgespannte Konstruktionen			x		
– vorgespannte Konstruktionen mit durchschnittlichem Schwierigkeitsgrad				x	
– vorgespannte Konstruktionen mit hohem bis sehr hohem Schwierigkeitsgrad					x
Trag-Gerüste					
– einfache Traggerüste und andere einfache Gerüste für Ingenieurbauwerke		x			
– schwierige Traggerüste und andere schwierige Gerüste für Ingenieurbauwerke				x	
– sehr schwierige Traggerüste und andere sehr schwierige Gerüste für Ingenieurbauwerke, zum Beispiel weit gespannte oder hohe Traggerüste					x

Anlage 15 Grundleistungen im Leistungsbild Technische Ausrüstung, Besondere Leistungen, Objektliste (zu § 55 Absatz 3, § 56 Absatz 3)

15.1 Grundleistungen und Besondere Leistungen im Leistungsbild Technische Ausrüstung

Grundleistungen	Besondere Leistungen
LPH 1 Grundlagenermittlung	
a) Klären der Aufgabenstellung auf Grund der Vorgaben oder der Bedarfsplanung des Auftraggebers im Benehmen mit dem Objektplaner b) Ermitteln der Planungsrandbedingungen und Beraten zum Leistungsbedarf und gegebenenfalls zur technischen Erschließung c) Zusammenfassen, Erläutern und Dokumentieren der Ergebnisse	– Mitwirken bei der Bedarfsplanung für komplexe Nutzungen zur Analyse der Bedürfnisse, Ziele und einschränkenden Gegebenheiten (Kosten-, Termine und andere Rahmenbedingungen) des Bauherrn und wichtiger Beteiligter – Bestandsaufnahme, zeichnerische Darstellung und Nachrechnen vorhandener Anlagen und Anlagenteile – Datenerfassung, Analysen und Optimierungsprozesse im Bestand – Durchführen von Verbrauchsmessungen – Endoskopische Untersuchungen – Mitwirken bei der Ausarbeitung von Auslobungen und bei Vorprüfungen für Planungswettbewerbe
LPH 2 Vorplanung (Projekt- und Planungsvorbereitung)	
a) Analysieren der Grundlagen Mitwirken beim Abstimmen der Leistungen mit den Planungsbeteiligten b) Erarbeiten eines Planungskonzepts, dazu gehören zum Beispiel: Vordimensionieren der Systeme und maßbestimmenden Anlagenteile, Untersuchen von alternativen Lösungsmöglichkeiten bei gleichen Nutzungsanforderungen einschließlich Wirtschaftlichkeitsvorbetrachtung, zeichnerische Darstellung zur Integration in die Objektplanung unter Berücksichtigung exemplarischer Details, Angaben zum Raumbedarf c) Aufstellen eines Funktionsschemas bzw. Prinzipschaltbildes für jede Anlage	– Erstellen des technischen Teils eines Raumbuches – Durchführen von Versuchen und Modellversuchen

Grundleistungen	Besondere Leistungen
d) Klären und Erläutern der wesentlichen fachübergreifenden Prozesse, Randbedingungen und Schnittstellen, Mitwirken bei der Integration der technischen Anlagen e) Vorverhandlungen mit Behörden über die Genehmigungsfähigkeit und mit den zu beteiligenden Stellen zur Infrastruktur f) Kostenschätzung nach DIN 276 (2. Ebene) und Terminplanung g) Zusammenfassen, Erläutern und Dokumentieren der Ergebnisse	
LPH 3 Entwurfsplanung (System- und Integrationsplanung)	
a) Durcharbeiten des Planungskonzepts (stufenweise Erarbeitung einer Lösung) unter Berücksichtigung aller fachspezifischen Anforderungen sowie unter Beachtung der durch die Objektplanung integrierten Fachplanungen, bis zum vollständigen Entwurf b) Festlegen aller Systeme und Anlagenteile c) Berechnen und Bemessen der technischen Anlagen und Anlagenteile, Abschätzen von jährlichen Bedarfswerten (z. B. Nutz-, End- und Primärenergiebedarf) und Betriebskosten; Abstimmen des Platzbedarfs für technische Anlagen und Anlagenteile; Zeichnerische Darstellung des Entwurfs in einem mit dem Objektplaner abgestimmten Ausgabemaßstab mit Angabe maßbestimmender Dimensionen Fortschreiben und Detaillieren der Funktions- und Strangschemata der Anlagen Auflisten aller Anlagen mit technischen Daten und Angaben zum Beispiel für Energiebilanzierungen Anlagenbeschreibungen mit Angabe der Nutzungsbedingungen d) Übergeben der Berechnungsergebnisse an andere Planungsbeteiligte zum Aufstellen vorgeschriebener Nachweise; Angabe und Abstimmung der für die Tragwerksplanung notwendigen Angaben über Durchführungen und Lastangaben (ohne Anfertigen von Schlitz- und Durchführungsplänen)	– Erarbeiten von besonderen Daten für die Planung Dritter, zum Beispiel für Stoffbilanzen, etc. – Detaillierte Betriebskostenberechnung für die ausgewählte Anlage – Detaillierter Wirtschaftlichkeitsnachweis – Berechnung von Lebenszykluskosten – Detaillierte Schadstoffemissionsberechnung für die ausgewählte Anlage – Detaillierter Nachweis von Schadstoffemissionen – Aufstellen einer gewerkeübergreifenden Brandschutzmatrix – Fortschreiben des technischen Teils des Raumbuches – Auslegung der technischen Systeme bei Ingenieurbauwerken nach Maschinenrichtlinie – Anfertigen von Ausschreibungszeichnungen bei Leistungsbeschreibung mit Leistungsprogramm – Mitwirken bei einer vertieften Kostenberechnung – Simulationen zur Prognose des Verhaltens von Gebäuden, Bauteilen, Räumen und Freiräumen

Grundleistungen	Besondere Leistungen
e) Verhandlungen mit Behörden und mit anderen zu beteiligenden Stellen über die Genehmigungsfähigkeit f) Kostenberechnung nach DIN 276 (3. Ebene) und Terminplanung g) Kostenkontrolle durch Vergleich der Kostenberechnung mit der Kostenschätzung h) Zusammenfassen, Erläutern und Dokumentieren der Ergebnisse	
LPH 4 Genehmigungsplanung	
a) Erarbeiten und Zusammenstellen der Vorlagen und Nachweise für öffentlich-rechtliche Genehmigungen oder Zustimmungen einschließlich der Anträge auf Ausnahmen oder Befreiungen sowie Mitwirken bei Verhandlungen mit Behörden b) Vervollständigen und Anpassen der Planungsunterlagen, Beschreibungen und Berechnungen	
LPH 5 Ausführungsplanung	
a) Erarbeiten der Ausführungsplanung auf Grundlage der Ergebnisse der Leistungsphasen 3 und 4 (stufenweise Erarbeitung und Darstellung der Lösung) unter Beachtung der durch die Objektplanung integrierten Fachplanungen bis zur ausführungsreifen Lösung b) Fortschreiben der Berechnungen und Bemessungen zur Auslegung der technischen Anlagen und Anlagenteile Zeichnerische Darstellung der Anlagen in einem mit dem Objektplaner abgestimmten Ausgabemaßstab und Detaillierungsgrad einschließlich Dimensionen (keine Montage- oder Werkstattpläne) Anpassen und Detaillieren der Funktions- und Strangschemata der Anlagen bzw. der GA-Funktionslisten Abstimmen der Ausführungszeichnungen mit dem Objektplaner und den übrigen Fachplanern c) Anfertigen von Schlitz- und Durchbruchsplänen d) Fortschreibung des Terminplans	– Prüfen und Anerkennen von Schalplänen des Tragwerksplaners auf Übereinstimmung mit der Schlitz- und Durchbruchsplanung – Anfertigen von Plänen für Anschlüsse von beigestellten Betriebsmitteln und Maschinen (Maschinenanschlussplanung) mit besonderem Aufwand (zum Beispiel bei Produktionseinrichtungen) – Leerrohrplanung mit besonderem Aufwand (zum Beispiel bei Sichtbeton oder Fertigteilen) – Mitwirkung bei Detailplanungen mit besonderem Aufwand, zum Beispiel Darstellung von Wandabwicklungen in hochinstallierten Bereichen – Anfertigen von allpoligen Stromlaufplänen

Grundleistungen	Besondere Leistungen
e) Fortschreiben der Ausführungsplanung auf den Stand der Ausschreibungsergebnisse und der dann vorliegenden Ausführungsplanung des Objektplaners, Übergeben der fortgeschriebenen Ausführungsplanung an die ausführenden Unternehmen f) Prüfen und Anerkennen der Montage- und Werkstattpläne der ausführenden Unternehmen auf Übereinstimmung mit der Ausführungsplanung	
LPH 6 Vorbereitung der Vergabe	
a) Ermitteln von Mengen als Grundlage für das Aufstellen von Leistungsverzeichnissen in Abstimmung mit Beiträgen anderer an der Planung fachlich Beteiligter b) Aufstellen der Vergabeunterlagen, insbesondere mit Leistungsverzeichnissen nach Leistungsbereichen, einschließlich der Wartungsleistungen auf Grundlage bestehender Regelwerke c) Mitwirken beim Abstimmen der Schnittstellen zu den Leistungsbeschreibungen der anderen an der Planung fachlich Beteiligten d) Ermitteln der Kosten auf Grundlage der vom Planer bepreisten Leistungsverzeichnisse e) Kostenkontrolle durch Vergleich der vom Planer bepreisten Leistungsverzeichnisse mit der Kostenberechnung f) Zusammenstellen der Vergabeunterlagen	– Erarbeiten der Wartungsplanung und -organisation – Ausschreibung von Wartungsleistungen, soweit von bestehenden Regelwerken abweichend
LPH 7 Mitwirkung bei der Vergabe	
a) Einholen von Angeboten b) Prüfen und Werten der Angebote, Aufstellen der Preisspiegel nach Einzelpositionen, Prüfen und Werten der Angebote für zusätzliche oder geänderte Leistungen der ausführenden Unternehmen und der Angemessenheit der Preise c) Führen von Bietergesprächen d) Vergleichen der Ausschreibungsergebnisse mit den vom Planer bepreisten Leistungsverzeichnissen und der Kostenberechnung	– Prüfen und Werten von Nebenangeboten – Mitwirken bei der Prüfung von bauwirtschaftlich begründeten Angeboten (Claimabwehr)

Grundleistungen	Besondere Leistungen
e) Erstellen der Vergabevorschläge, Mitwirken bei der Dokumentation der Vergabeverfahren f) Zusammenstellen der Vertragsunterlagen und bei der Auftragserteilung	
LPH 8 Objektüberwachung (Bauüberwachung) und Dokumentation	
a) Überwachen der Ausführung des Objekts auf Übereinstimmung mit der öffentlich-rechtlichen Genehmigung oder Zustimmung, den Verträgen mit den ausführenden Unternehmen, den Ausführungsunterlagen, den Montage- und Werkstattplänen, den einschlägigen Vorschriften und den allgemein anerkannten Regeln der Technik b) Mitwirken bei der Koordination der am Projekt Beteiligten c) Aufstellen, Fortschreiben und Überwachen des Terminplans (Balkendiagramm) d) Dokumentation des Bauablaufs (Bautagebuch) e) Prüfen und Bewerten der Notwendigkeit geänderter oder zusätzlicher Leistungen der Unternehmer und der Angemessenheit der Preise f) Gemeinsames Aufmaß mit den ausführenden Unternehmen g) Rechnungsprüfung in rechnerischer und fachlicher Hinsicht mit Prüfen und Bescheinigen des Leistungsstandes anhand nachvollziehbarer Leistungsnachweise h) Kostenkontrolle durch Überprüfen der Leistungsabrechnungen der ausführenden Unternehmen im Vergleich zu den Vertragspreisen und dem Kostenanschlag i) Kostenfeststellung j) Mitwirken bei Leistungs- u. Funktionsprüfungen k) fachtechnische Abnahme der Leistungen auf Grundlage der vorgelegten Dokumentation, Erstellung eines Abnahmeprotokolls, Feststellen von Mängeln und Erteilen einer Abnahmeempfehlung l) Antrag auf behördliche Abnahmen und Teilnahme daran	– Durchführen von Leistungsmessungen und Funktionsprüfungen – Werksabnahmen – Fortschreiben der Ausführungspläne (zum Beispiel Grundrisse, Schnitte, Ansichten) bis zum Bestand – Erstellen von Rechnungsbelegen anstelle der ausführenden Firmen, zum Beispiel Aufmaß – Schlussrechnung (Ersatzvornahme) – Erstellen fachübergreifender Betriebsanleitungen (zum Beispiel Betriebshandbuch, Reparaturhandbuch) oder computer-aided Facility Management-Konzepte – Planung der Hilfsmittel für Reparaturzwecke

Grundleistungen	Besondere Leistungen
m) Prüfung der übergebenen Revisionsunterlagen auf Vollzähligkeit, Vollständigkeit und stichprobenartige Prüfung auf Übereinstimmung mit dem Stand der Ausführung n) Auflisten der Verjährungsfristen der Ansprüche auf Mängelbeseitigung o) Überwachen der Beseitigung der bei der Abnahme festgestellten Mängel p) Systematische Zusammenstellung der Dokumentation, der zeichnerischen Darstellungen und rechnerischen Ergebnisse des Objekts	
LPH 9 Objektbetreuung	
a) Fachliche Bewertung der innerhalb der Verjährungsfristen für Gewährleistungsansprüche festgestellten Mängel, längstens jedoch bis zum Ablauf von fünf Jahren seit Abnahme der Leistung, einschließlich notwendiger Begehungen b) Objektbegehung zur Mängelfeststellung vor Ablauf der Verjährungsfristen für Mängelansprüche gegenüber den ausführenden Unternehmen c) Mitwirken bei der Freigabe von Sicherheitsleistungen	– Überwachen der Mängelbeseitigung innerhalb der Verjährungsfrist – Energiemonitoring innerhalb der Gewährleistungsphase, Mitwirkung bei den jährlichen Verbrauchsmessungen aller Medien – Vergleich mit den Bedarfswerten aus der Planung, Vorschläge für die Betriebsoptimierung und zur Senkung des Medien- und Energieverbrauches

15.2 Objektliste

	Honorarzone		
	I	II	III
Anlagengruppe 1 Abwasser-, Wasser- oder Gasanlagen			
– Anlagen mit kurzen einfachen Netzen	x		
– Abwasser-, Wasser-, Gas- oder sanitärtechnische Anlagen mit verzweigten Netzen, Trinkwasserzirkulationsanlagen, Hebeanlagen, Druckerhöhungsanlagen		x	
– Anlagen zur Reinigung, Entgiftung oder Neutralisation von Abwasser, Anlagen zur biologischen, chemischen oder physikalischen Behandlung von Wasser, Anlagen mit besonderen hygienischen Anforderungen oder neuen Techniken (zum Beispiel Kliniken, Alten- oder Pflegeeinrichtungen) – Gasdruckreglerstationen, mehrstufige Leichtflüssigkeitsabscheider			x

	Honorarzone		
	I	II	III
Anlagengruppe 2 Wärmeversorgungsanlagen			
– Einzelheizgeräte, Etagenheizung	x		
– Gebäudeheizungsanlagen, mono- oder bivalente Systeme (zum Beispiel Solaranlage zur Brauchwassererwärmung, Wärmepumpenanlagen) – Flächenheizungen – Hausstationen – verzweigte Netze		x	
– Multivalente Systeme – Systeme mit Kraft-Wärme-Kopplung, Dampfanlagen, Heißwasseranlagen, Deckenstrahlheizungen (zum Beispiel Sport- oder Industriehallen)			x
Anlagengruppe 3 Lufttechnische Anlagen			
– Einzelabluftanlagen	x		
– Lüftungsanlagen mit einer thermodynamischen Luftbehandlungsfunktion (zum Beispiel Heizen), Druckbelüftung		x	
– Lüftungsanlagen mit mindestens zwei thermodynamischen Luftbehandlungsfunktionen (zum Beispiel Heizen oder Kühlen), Teilklimaanlagen, Klimaanlagen – Anlagen mit besonderen Anforderungen an die Luftqualität (zum Beispiel Operationsräume) – Kühlanlagen, Kälteerzeugungsanlagen ohne Prozesskälteanlagen – Hausstationen für Fernkälte, Rückkühlanlagen			x
Anlagengruppe 4 Starkstromanlagen			
– Niederspannungsanlagen mit bis zu zwei Verteilungsebenen ab Übergabe EVU einschließlich Beleuchtung oder Sicherheitsbeleuchtung mit Einzelbatterien – Erdungsanlagen	x		
– Kompakt-Transformatorenstationen, Eigenstromerzeugungsanlagen (zum Beispiel zentrale Batterie- oder unterbrechungsfreie Stromversorgungsanlagen, Photovoltaik-Anlagen) – Niederspannungsanlagen mit bis zu drei Verteilebenen ab Übergabe EVU einschließlich Beleuchtungsanlagen – zentrale Sicherheitsbeleuchtungsanlagen – Niederspannungsinstallationen einschließlich Bussystemen – Blitzschutz- oder Erdungsanlagen, soweit nicht in HZ I oder HZ III erwähnt – Außenbeleuchtungsanlagen		x	

	Honorarzone		
	I	II	III
– Hoch- oder Mittelspannungsanlagen, Transformatorenstationen, Eigenstromversorgungsanlagen mit besonderen Anforderungen (zum Beispiel Notstromaggregate, Blockheizkraftwerke, dynamische unterbrechungsfreie Stromversorgung) – Niederspannungsanlagen mit mindestens vier Verteilebenen oder mehr als 1.000 A Nennstrom – Beleuchtungsanlagen mit besonderen Planungsanforderungen (zum Beispiel Lichtsimulationen in aufwendigen Verfahren für Museen oder Sonderräume)			x
– Blitzschutzanlagen mit besonderen Anforderungen (zum Beispiel für Kliniken, Hochhäuser, Rechenzentren)			x
Anlagengruppe 5 Fernmelde- oder informationstechnische Anlagen			
– Einfache Fernmeldeinstallationen mit einzelnen Endgeräten	x		
– Fernmelde- oder informationstechnische Anlagen, soweit nicht in HZ I oder HZ III erwähnt		x	
– Fernmelde- oder informationstechnische Anlagen mit besonderen Anforderungen (zum Beispiel Konferenz- oder Dolmetscheranlagen, Beschallungsanlagen von Sonderräumen, Objektüberwachungsanlagen, aktive Netzwerkkomponenten, Fernübertragungsnetze, Fernwirkanlagen, Parkleitsysteme)			x
Anlagengruppe 6 Förderanlagen			
– Einzelne Standardaufzüge, Kleingüteraufzüge, Hebebühnen	x		
– Aufzugsanlagen, soweit nicht in Honorarzone I oder III erwähnt, Fahrtreppen oder Fahrsteige, Krananlagen, Ladebrücken, Stetigförderanlagen		x	
– Aufzugsanlagen mit besonderen Anforderungen, Fassadenaufzüge, Transportanlagen mit mehr als zwei Sende- oder Empfangsstellen			x
Anlagengruppe 7 Nutzungsspezifische oder verfahrenstechnische Anlagen			
7.1. Nutzungsspezifische Anlagen			
– Küchentechnische Geräte, zum Beispiel für Teeküchen	x		
– Küchentechnische Anlagen, zum Beispiel Küchen mittlerer Größe, Aufwärmküchen, Einrichtungen zur Speise- oder Getränkeaufbereitung, -ausgabe oder -lagerung (keine Produktionsküche) einschließlich zugehöriger Kälteanlagen		x	
– Küchentechnische Anlagen, zum Beispiel Großküchen, Einrichtungen für Produktionsküchen einschließlich der Ausgabe oder Lagerung sowie der zugehörigen Kälteanlagen, Gewerbekälte für Großküchen, große Kühlräume oder Kühlzellen			x
– Wäscherei- oder Reinigungsgeräte, zum Beispiel für Gemeinschaftswaschküchen	x		

	Honorarzone		
	I	II	III
– Wäscherei- oder Reinigungsanlagen, zum Beispiel Wäschereieinrichtungen für Waschsalons		x	
– Wäscherei- oder Reinigungsanlagen, zum Beispiel chemische oder physikalische Einrichtungen für Großbetriebe			x
– Medizin- oder labortechnische Anlagen, zum Beispiel für Einzelpraxen der Allgemeinmedizin	x		
– Medizin- oder labortechnische Anlagen, zum Beispiel für Gruppenpraxen der Allgemeinmedizin oder Einzelpraxen der Fachmedizin, Sanatorien, Pflegeeinrichtungen, Krankenhausabteilungen, Laboreinrichtungen für Schulen		x	
– Medizin- oder labortechnische Anlagen, zum Beispiel für Kliniken, Institute mit Lehr- oder Forschungsaufgaben, Laboratorien, Fertigungsbetriebe			x
– Feuerlöschgeräte, zum Beispiel Handfeuerlöscher	x		
– Feuerlöschanlagen, zum Beispiel manuell betätigte Feuerlöschanlagen		x	
– Feuerlöschanlagen, zum Beispiel selbsttätig auslösende Anlagen			x
– Entsorgungsanlagen, zum Beispiel Abwurfanlagen für Abfall oder Wäsche,	x		
– Entsorgungsanlagen, zum Beispiel zentrale Entsorgungsanlagen für Wäsche oder Abfall, zentrale Staubsauganlagen			x
– Bühnentechnische Anlagen, zum Beispiel technische Anlagen für Klein- oder Mittelbühnen		x	
– Bühnentechnische Anlagen, zum Beispiel für Großbühnen			x
– Medienversorgungsanlagen, zum Beispiel zur Erzeugung, Lagerung, Aufbereitung oder Verteilung medizinischer oder technischer Gase, Flüssigkeiten oder Vakuum			x
– Badetechnische Anlagen, zum Beispiel Aufbereitungsanlagen, Wellenerzeugungsanlagen, höhenverstellbare Zwischenböden			x
– Prozesswärmeanlagen, Prozesskälteanlagen, Prozessluftanlagen, zum Beispiel Vakuumanlagen, Prüfstände, Windkanäle, industrielle Ansauganlagen			x
– Technische Anlagen für Tankstellen, Fahrzeugwaschanlagen			x
– Lagertechnische Anlagen, zum Beispiel Regalbediengeräte (mit zugehörigen Regalanlagen), automatische Warentransportanlagen			x
– Taumittelsprühanlagen oder Enteisungsanlagen		x	
– Stationäre Enteisungsanlagen für Großanlagen, zum Beispiel Flughäfen			x
7.2. Verfahrenstechnische Anlagen			
– Einfache Technische Anlagen der Wasseraufbereitung (zum Beispiel Belüftung, Enteisenung, Entmanganung, chemische Entsäuerung, physikalische Entsäuerung)		x	

	Honorarzone		
	I	II	III
– Technische Anlagen der Wasseraufbereitung (zum Beispiel Membranfiltration, Flockungsfiltration, Ozonierung, Entarsenierung, Entaluminierung, Denitrifikation)			x
– Einfache Technische Anlagen der Abwasserreinigung (zum Beispiel gemeinsame aerobe Stabilisierung)		x	
– Technische Anlagen der Abwasserreinigung (zum Beispiel für mehrstufige Abwasserbehandlungsanlagen)			x
– Einfache Schlammbehandlungsanlagen (zum Beispiel Schlammabsetzanlagen mit mechanischen Einrichtungen)		x	
– Anlagen für mehrstufige oder kombinierte Verfahren der Schlammbehandlung			x
– Einfache Technische Anlagen der Abwasserableitung		x	
– Technische Anlagen der Abwasserableitung			x
– Einfache Technische Anlagen der Wassergewinnung, -förderung, -speicherung		x	
– Technische Anlagen der Wassergewinnung, -förderung, -speicherung			x
– Einfache Regenwasserbehandlungsanlagen		x	
– Einfache Anlagen für Grundwasserdekontaminierungsanlagen		x	
– Komplexe Technische Anlagen für Grundwasserdekontaminierungsanlagen			x
– Einfache Technische Anlagen für die Ver- und Entsorgung mit Gasen (zum Beispiel Odorieranlage)		x	
– Einfache Technische Anlagen für die Ver- und Entsorgung mit Feststoffen		x	
– Technische Anlagen für die Ver- und Entsorgung mit Feststoffen			x
– Einfache Technische Anlagen der Abfallentsorgung (zum Beispiel für Kompostwerke, Anlagen zur Konditionierung von Sonderabfällen, Hausmülldeponien oder Monodeponien für Sonderabfälle, Anlagen für Untertagedeponien, Anlagen zur Behandlung kontaminierter Böden)		x	
– Technische Anlagen der Abfallentsorgung (zum Beispiel für Verbrennungsanlagen, Pyrolyseanlagen, mehrfunktionale Aufbereitungsanlagen für Wertstoffe)			x
Anlagengruppe 8 Gebäudeautomation			
– Herstellerneutrale Gebäudeautomationssysteme oder Automationssysteme mit anlagengruppenübergreifender Systemintegration			x

Erweiterte Honorartafeln zu §§ 20 Abs. 1, 21 Abs. 1, 28 Abs. 1, 29 Abs. 1, 30 Abs. 1, 31 Abs. 1, 35 Abs. 1, 40 Abs. 1, 44 Abs. 1, 48 Abs. 1, 52 Abs. 1 und 56 Abs. 1 sowie der Anlage 1 Nr. 1.1.2 Abs. 1, 1.2.3 Abs. 2, 1.2.4 Abs. 3, 1.2.5 Abs. 3, 1.3.4 Abs. 1, 1.4.8 Abs. 1 und Abs. 2 bearbeitet von Dipl.-Ing. (FH) Werner Seifert, Würzburg

Hinweis: Bei der Verwendung der Werte der erweiterten Honorartafeln zum Interpolieren können geringfügige Rundungsdifferenzen auftreten.

Inhaltsübersicht

Einführung in die erweiterten Honorartafeln

1 Nach fünf Änderungen zur Verordnung über die Honorare für Leistungen der Architekten und Ingenieure (HOAI) hat der Verordnungsgeber mit der sechsten Änderungsverordnung von 2009 strukturelle Veränderungen und mit der siebten Änderungsverordnung von 2013 insbesondere eine Modernisierung der Leistungsbilder vorgenommen. Aufgrund der Entscheidung des Europäischen Gerichtshofs vom 04.07.2019 (Rs. C-377/17) musste die HOAI an die Anforderungen der Europäischen Dienstleistungsrichtlinie angepasst werden.

2 Die Neufassung trat zum 1. Januar 2021 in Kraft. Anders als die früheren Fassungen, die verbindliches Preisrecht waren, dient die Neufassung zum Zwecke der Honorarberechnungen einer Honorarvereinbarung (§ 1 HOAI). Die Honorartafeln weisen nun Orientierungswerte aus (§ 2a Abs. 1 S. 1 HOAI). Deshalb wurden aus dem bisherigen »Mindestsatz« nun der »Basishonorarsatz« und aus dem bisherigen »Höchstsatz« nun der »obere Honorarsatz« (§ 2a Abs. 1 S. 2 HOAI). Die Leistungsbilder und Honorartafeln bleiben dabei aber unverändert. Die Honorartafeln für die Leistungsbilder sind den Paragrafen wie folgt zugeordnet:

Leistungsbilder:		Honorartafeln:	
Teil 2	**Flächenplanung:**		
Abschnitt 1	Bauleitplanung	Flächennutzungspläne	§ 20 Abs. 1
		Bebauungspläne	§ 21 Abs. 1
Abschnitt 2	Landschaftsplanung	Landschaftspläne	§ 28 Abs. 1
		Grünordnungspläne	§ 29 Abs. 1
		Landschaftsrahmenpläne	§ 30 Abs. 1
		Landschaftspflegerische Begleitpläne	§ 31 Abs. 1
		Pflege- und Entwicklungspläne	§ 32 Abs. 1
Teil 3	**Objektplanung:**		
Abschnitt 1	Gebäude und Innenräume		§ 35 Abs. 1
Abschnitt 2	Freianlagen		§ 40 Abs. 1
Abschnitt 3	Ingenieurbauwerke		§ 44 Abs. 1
Abschnitt 4	Verkehrsanlagen		§ 48 Abs. 1
Teil 4	**Fachplanung:**		
Abschnitt 1	Tragwerksplanung		§ 52 Abs. 1
Abschnitt 2	Technische Ausrüstung		§ 56 Abs. 1

Anlage 1	**Beratungsleistungen:**		
1.1	Umweltverträglichkeitsstudie		1.1.2 Abs. 1
1.2	Bauphysik	Wärmeschutz u. Energiebilanzierung	1.2.3 Abs. 2
		Bauakustik	1.2.4 Abs. 3
		Raumakustik	1.2.5 Abs. 3
1.3	Geotechnik		1.3.4 Abs. 1
1.4	Ingenieurvermessung	Planungsbegleitende Vermessung	1.4.8 Abs. 1
		Bauvermessung	1.4.8 Abs. 2

Die Honorartafeln enthalten Stufen, die verhältnismäßig grob unterteilt sind. Zwischenstufen der in den Honorartafeln angegebenen anrechenbaren Kosten, Flächen oder Verrechnungseinheiten sind durch lineare Interpolation zu ermitteln (§ 13 HOAI).

Um den Anwendern der HOAI eine zeitsparende Arbeitshilfe an die Hand 3
zu geben und einen schnellen Überblick über die maßgeblichen Honorare zu vermitteln, wurden mit den nachfolgenden erweiterten Honorartafeln bei den Honorartafeln der HOAI vertikale und horizontale Erweiterungen vorgenommen. So wurden zum einen zwischen »Basishonorarsatz« und »oberem Honorarsatz« die Zwischenwerte »Viertelsatz«, »Mittelsatz« und »Dreiviertelsatz« eingefügt (vgl. unten Rn. 8). Darüber hinaus wurden die in der HOAI enthaltenen Stufen durch praxisorientierte Zwischenwerte linear weiter unterteilt und so etwa um das Zehnfache verlängert. Der Grundsatz des § 13 HOAI, die Honorare für Zwischenstufen der in den Honorartafeln enthaltenen Werte durch lineare Interpolation zu ermitteln, wurde auch für die Erweiterungen angewendet.

Die Ermittlung jedes nicht aus den erweiterten Honorartafeln unmittelbar zu 4
entnehmenden Honorars kann allgemein anhand folgender Gleichung vorgenommen werden:

$$\text{Honorar} = b' + \frac{(a - b) \text{ x } (c' - b')}{(c - b)}$$

Diese Formel enthält folgende Werte:

a tatsächliche anrechenbare Kosten, Flächen oder Verrechnungseinheiten

b nächstniedrigere anrechenbare Kosten, Flächen oder Verrechnungseinheiten

b‘ nächstniedrigeres Honorar

c nächsthöhere anrechenbare Kosten, Flächen oder Verrechnungseinheiten

c‘ nächsthöheres Honorar

Diese Gleichung lässt sich auf alle Spalten der erweiterten Honorartafeln (also für Basishonorarsatz, Viertelsatz, Mittelsatz, Dreiviertelsatz, Oberer Honorarsatz) anwenden (vgl. unten Rdn. 8).

Beispiel:

Sind bei Leistungen bei Gebäuden (Teil 3 Abschnitt 1) anrechenbare Kosten in Höhe von 6.788.573,65 Euro und hierbei der Basishonorarsatz der Honorarzone III anzusetzen, ist das Honorar durch Einsetzen folgender Beträge zu errechnen (Honorartafel nach § 35 Abs. 1 HOAI):

a	tatsächliche anrechenbare Kosten:	6.788.573,65 €
b	nächstniedrigere anrechenbare Kosten:	5.000.000,00 €
b‘	nächstniedrigeres Honorar:	478.207,00 €
c	nächsthöhere anrechenbare Kosten:	7.500.000,00 €
c‘	nächsthöheres Honorar:	686.862,00 €

In die vorstehende Gleichung eingesetzt ergibt sich folgende Berechnung:

$$\text{Honorar} = 478.207\ € + \frac{(6.788.573,65\ € - 5.000.000\ €) \times (686.862\ € - 478.207\ €)}{(7.500.000\ € - 5.000.000\ €)}$$

$$\text{Honorar} = 478.207\ € + \frac{1.788.573,65\ € \times 208.655,00\ €}{2.500.000\ €}$$

$$\text{Honorar} = 478.207\ € + 149.277,93\ €$$

$$\text{Honorar} = 627.484,93\ €$$

5 Für die Vereinbarung des Honorarsatzes innerhalb jeweiligen Honorarzone enthält die HOAI keinerlei Vorschriften oder Hinweise. Ein Zusammenhang zwischen Honorarzone und Honorarsatz besteht nach der HOAI nicht. Deshalb entscheidet die Anzahl der Bewertungspunkte bei der Honorarzoneneinordnung nach der HOAI auch nicht über den Honorarsatz. Die Punktesumme kann aber ein Kriterium für die Vereinbarung des Honorarsatzes sein.

6 Da letztlich die Verhältnisse des Einzelfalls sowie das Verhandlungsgeschick und letztlich auch die Marktsituation über eine Einordnung des Honorarsatzes entscheiden, muss der Honorarsatz seit der HOAI 2021 in Textform vereinbart werden (§ 7 Abs. 1 S. 1 HOAI).

7 Der in den früheren Fassungen feste Preisrahmen mit festgesetzten Mindest- und Höchstsätzen, der nur schriftlich bei Auftragserteilung genutzt werden konnte, musste aufgrund der EuGH-Rechtsprechung vom 04.07.2019 (Rs. C-377/17) aufgegeben werden, so dass nun auch Honorarvereinbarungen unterhalb der Basishonorarsätze und oberhalb der oberen Honorarsätze zulässig sind. Voraussetzung dafür ist allerdings eine Vereinbarung in Textform (§ 7 Abs. 1 S. 1 HOAI). Im Gegensatz zur »Schriftform«, die bei einem

Vertrag »die Unterzeichnung der Parteien auf derselben Urkunde« verlangt (§ 126 Abs. 2 BGB), genügt es bei der »Textform«, insbesondere wenn es dem Empfänger ermöglicht ist, »eine auf dem Datenträger befindliche, an ihn persönlich gerichtete Erklärung so aufzubewahren oder zu speichern, dass sie ihm während eines für ihren Zweck angemessenen Zeitraums zugänglich ist« (§ 126b BGB).

Fehlt es an einer Vereinbarung über die Höhe des Honorars in Textform, gilt für Grundleistungen der jeweilige Basishonorarsatz als vereinbart, der sich bei der Anwendung der Honorargrundlagen des § 6 ergibt (§ 7 Abs. 1 S. 2 HOAI).

Besondere Anforderungen ergeben sich für den Auftragnehmer wenn der Auftraggeber Verbraucher i.S. von § 13 BGB ist. Dann hat der Auftragnehmer diesen »vor Abgabe von dessen verbindlicher Vertragserklärung zur Honorarvereinbarung in Textform darauf hinzuweisen, dass ein höheres oder niedrigeres Honorar als die in den Honorartafeln dieser Verordnung enthaltenen Werte vereinbart werden kann«. Ein entsprechendes Versäumnis wird dadurch sanktioniert, dass für die zwischen den Vertragsparteien vereinbarten Grundleistungen anstelle eines höheren Honorars ein Honorar in Höhe des jeweiligen Basishonorarsatzes als vereinbart gilt (§ 7 Abs. 2 HOAI).

Um eine Entscheidung über den Honorarsatz zu erleichtern und die finanziellen 8
Auswirkungen überschaubar zu machen, wurden die Honorartafeln (mit wenigen Ausnahmen) auch horizontal erweitert. Für jede der fünf beziehungsweise drei Honorarzonen wurde die Spanne zwischen »Basishonorarsatz« und »oberer Honorarsatz« in einen »Viertelsatz« (25 % der Differenz zwischen »Basishonorarsatz« und »oberer Honorarsatz«), einen »Mittelsatz« (50 % der Differenz zwischen »Basishonorarsatz« und »oberer Honorarsatz«) und einen »Dreiviertelsatz« (75 % der Differenz zwischen »Basishonorarsatz« und »oberer Honorarsatz«) gleichmäßig unterteilt.

Die oben bei Rdn. 4 dargestellte Formel zur Berechnung des Honorars für 9
Zwischenstufen ist auf jede Spalte der horizontal erweiterten Honorartafeln gleichermaßen anwendbar. Weicht jedoch der anzusetzende Prozentsatz, um den der jeweilige »Basishonorarsatz« überschritten werden soll, von den hier berechneten Sätzen ab (z.B. bei einem »Drittelsatz«), so empfiehlt es sich, wie folgt vorzugehen: anhand der Gleichung wird das tatsächliche Honorar bei den angegebenen Kosten, Flächen oder Verrechnungseinheiten sowohl für den »Basishonorarsatz« als auch für den »oberen Honorarsatz« berechnet. Von der Differenz zwischen beiden Beträgen wird der dem anzusetzenden Prozentsatz entsprechende Teil dem berechneten Honorar für den »Basishonorarsatz« zugeschlagen.

10 Für eine praktikable und schnelle Anwendung der erweiterten Honorartafeln wurden alle interpolierten Zwischenwerte auf volle Euro gerundet. Bei Anwendung der interpolierten Werte der nachfolgenden Tabellen kann es deshalb zu Rundungsfehlern kommen, die allerdings in vielen Fällen vernachlässigt werden können. Für preisrechtlich exakte, auf den Eurocent genaue Honorarberechnungen müssen deshalb bei einer Interpolation i.S. von § 13 HOAI die preisrechtlich festgesetzten Stufen der Originaltabellen (vgl. oben Rdn. 2) verwendet werden.

Honorartafel zu § 20 Abs. 1 – Flächennutzungspläne Honorarzone I

Fläche Hektar	Basishonorarsatz Euro	Viertelsatz Euro	Mittelsatz Euro	Dreiviertelsatz Euro	Oberer Honorarsatz Euro
1.000	**70.439**	74.147	77.854	81.562	**85.269**
1.025	71.291	75.043	78.795	82.548	86.300
1.050	72.143	75.940	79.737	83.534	87.331
1.075	72.994	76.836	80.678	84.520	88.362
1.100	73.846	77.733	81.620	85.506	89.393
1.125	74.698	78.630	82.561	86.493	90.424
1.150	75.550	79.526	83.502	87.479	91.455
1.175	76.402	80.423	84.444	88.465	92.486
1.200	77.253	81.319	85.385	89.451	93.517
1.225	78.105	82.216	86.327	90.437	94.548
1.250	**78.957**	83.113	87.268	91.424	**95.579**
1.275	79.711	83.906	88.101	92.296	96.491
1.300	80.464	84.699	88.934	93.168	97.403
1.325	81.218	85.492	89.766	94.041	98.315
1.350	81.971	86.285	90.599	94.913	99.227
1.375	82.725	87.078	91.432	95.786	100.140
1.400	83.478	87.871	92.265	96.658	101.052
1.425	84.232	88.665	93.098	97.531	101.964
1.450	84.985	89.458	93.930	98.403	102.876
1.475	85.739	90.251	94.763	99.276	103.788
1.500	**86.492**	91.044	95.596	100.148	**104.700**
1.525	87.169	91.756	96.344	100.932	105.519
1.550	87.846	92.469	97.092	101.716	106.339
1.575	88.522	93.181	97.840	102.499	107.158
1.600	89.199	93.894	98.588	103.283	107.978
1.625	89.876	94.606	99.337	104.067	108.797
1.650	90.553	95.319	100.085	104.851	109.616
1.675	91.230	96.031	100.833	105.634	110.436
1.700	91.906	96.744	101.581	106.418	111.255
1.725	92.583	97.456	102.329	107.202	112.075
1.750	**93.260**	98.169	103.077	107.986	**112.894**
1.775	93.875	98.816	103.756	108.697	113.638
1.800	94.489	99.463	104.436	109.409	114.382
1.825	95.104	100.110	105.115	110.121	115.126
1.850	95.719	100.757	105.794	110.832	115.870
1.875	96.334	101.404	106.474	111.544	116.614
1.900	96.948	102.051	107.153	112.256	117.358
1.925	97.563	102.698	107.832	112.967	118.102
1.950	98.178	103.345	108.512	113.679	118.846
1.975	98.792	103.992	109.191	114.391	119.590

Fläche Hektar	Basishonorarsatz Euro	Viertelsatz Euro	Mittelsatz Euro	Dreiviertelsatz Euro	Oberer Honorarsatz Euro
2.000	**99.407**	104.639	109.871	115.102	**120.334**
2.050	100.597	105.892	111.186	116.481	121.775
2.100	101.788	107.145	112.502	117.859	123.216
2.150	102.978	108.398	113.818	119.238	124.657
2.200	104.169	109.651	115.134	120.616	126.098
2.250	105.359	110.904	116.449	121.994	127.540
2.300	106.549	112.157	117.765	123.373	128.981
2.350	107.740	113.410	119.081	124.751	130.422
2.400	108.930	114.663	120.397	126.130	131.863
2.450	110.121	115.916	121.712	127.508	133.304
2.500	**111.311**	117.170	123.028	128.887	**134.745**
2.550	112.367	118.281	124.195	130.109	136.023
2.600	113.422	119.392	125.362	131.331	137.301
2.650	114.478	120.503	126.529	132.554	138.579
2.700	115.534	121.615	127.695	133.776	139.857
2.750	116.590	122.726	128.862	134.999	141.135
2.800	117.645	123.837	130.029	136.221	142.413
2.850	118.701	124.948	131.196	137.443	143.691
2.900	119.757	126.060	132.363	138.666	144.969
2.950	120.812	127.171	133.530	139.888	146.247
3.000	**121.868**	128.282	134.697	141.111	**147.525**
3.050	122.820	129.284	135.749	142.213	148.677
3.100	123.772	130.286	136.801	143.315	149.829
3.150	124.724	131.288	137.853	144.417	150.982
3.200	125.676	132.290	138.905	145.519	152.134
3.250	126.628	133.292	139.957	146.621	153.286
3.300	127.579	134.294	141.009	147.724	154.438
3.350	128.531	135.296	142.061	148.826	155.590
3.400	129.483	136.298	143.113	149.928	156.743
3.450	130.435	137.300	144.165	151.030	157.895
3.500	**131.387**	138.302	145.217	152.132	**159.047**
3.550	132.255	139.216	146.177	153.137	160.098
3.600	133.123	140.130	147.136	154.143	161.149
3.650	133.992	141.044	148.096	155.148	162.200
3.700	134.860	141.958	149.055	156.153	163.251
3.750	135.728	142.872	150.015	157.159	164.302
3.800	136.596	143.785	150.975	158.164	165.353
3.850	137.464	144.699	151.934	159.169	166.404
3.900	138.333	145.613	152.894	160.174	167.455
3.950	139.201	146.527	153.853	161.180	168.506

Honorartafel zu § 20 Abs. 1 – Flächennutzungspläne Honorarzone I

Fläche Hektar	Basishonorarsatz Euro	Viertelsatz Euro	Mittelsatz Euro	Dreiviertelsatz Euro	Oberer Honorarsatz Euro
4.000	**140.069**	147.441	154.813	162.185	**169.557**
4.100	141.608	149.061	156.514	163.967	171.420
4.200	143.147	150.681	158.216	165.750	173.284
4.300	144.687	152.302	159.917	167.532	175.147
4.400	146.226	153.922	161.618	169.314	177.010
4.500	147.765	155.542	163.319	171.096	178.874
4.600	149.304	157.162	165.021	172.879	180.737
4.700	150.843	158.783	166.722	174.661	182.600
4.800	152.383	160.403	168.423	176.443	184.463
4.900	153.922	162.023	170.124	178.225	186.327
5.000	**155.461**	163.643	171.826	180.008	**188.190**
5.100	156.796	165.049	173.301	181.554	189.806
5.200	158.131	166.454	174.777	183.100	191.422
5.300	159.467	167.860	176.253	184.646	193.039
5.400	160.802	169.265	177.728	186.192	194.655
5.500	162.137	170.671	179.204	187.738	196.271
5.600	163.472	172.076	180.680	189.283	197.887
5.700	164.807	173.481	182.155	190.829	199.503
5.800	166.143	174.887	183.631	192.375	201.120
5.900	167.478	176.292	185.107	193.921	202.736
6.000	**168.813**	177.698	186.583	195.467	**204.352**
6.100	169.991	178.937	187.884	196.831	205.778
6.200	171.168	180.177	189.186	198.194	207.203
6.300	172.346	181.416	190.487	199.558	208.629
6.400	173.523	182.656	191.789	200.921	210.054
6.500	174.701	183.896	193.090	202.285	211.480
6.600	175.879	185.135	194.392	203.648	212.905
6.700	177.056	186.375	195.693	205.012	214.331
6.800	178.234	187.614	196.995	206.375	215.756
6.900	179.411	188.854	198.296	207.739	217.182
7.000	**180.589**	190.094	199.598	209.103	**218.607**
7.100	181.640	191.200	200.759	210.319	219.879
7.200	182.691	192.306	201.921	211.536	221.151
7.300	183.741	193.412	203.082	212.753	222.423
7.400	184.792	194.518	204.244	213.970	223.695
7.500	185.843	195.624	205.405	215.186	224.968
7.600	186.894	196.730	206.567	216.403	226.240
7.700	187.945	197.836	207.728	217.620	227.512
7.800	188.995	198.943	208.890	218.837	228.784
7.900	190.046	200.049	210.051	220.053	230.056

Fläche Hektar	Basishonorarsatz Euro	Viertelsatz Euro	Mittelsatz Euro	Dreiviertelsatz Euro	Oberer Honorarsatz Euro
8.000	**191.097**	201.155	211.213	221.270	**231.328**
8.100	192.043	202.150	212.258	222.366	232.473
8.200	192.989	203.146	213.304	223.461	233.618
8.300	193.935	204.142	214.349	224.556	234.763
8.400	194.881	205.138	215.395	225.651	235.908
8.500	195.827	206.133	216.440	226.747	237.054
8.600	196.772	207.129	217.486	227.842	238.199
8.700	197.718	208.125	218.531	228.937	239.344
8.800	198.664	209.120	219.577	230.033	240.489
8.900	199.610	210.116	220.622	231.128	241.634
9.000	**200.556**	211.112	221.668	232.223	**242.779**
9.100	201.413	212.014	222.615	233.216	243.816
9.200	202.270	212.916	223.562	234.208	244.854
9.300	203.127	213.818	224.509	235.200	245.891
9.400	203.984	214.720	225.456	236.192	246.929
9.500	204.841	215.622	226.404	237.185	247.966
9.600	205.698	216.524	227.351	238.177	249.003
9.700	206.555	217.426	228.298	239.169	250.041
9.800	207.412	218.329	229.245	240.162	251.078
9.900	208.269	219.231	230.192	241.154	252.116
10.000	**209.126**	220.133	231.140	242.146	**253.153**
10.100	209.903	220.950	231.998	243.046	254.093
10.200	210.679	221.768	232.856	243.945	255.033
10.300	211.456	222.585	233.715	244.844	255.974
10.400	212.233	223.403	234.573	245.744	256.914
10.500	213.010	224.221	235.432	246.643	257.854
10.600	213.786	225.038	236.290	247.542	258.794
10.700	214.563	225.856	237.149	248.442	259.734
10.800	215.340	226.673	238.007	249.341	260.675
10.900	216.116	227.491	238.866	250.240	261.615
11.000	**216.893**	228.309	239.724	251.140	**262.555**
11.100	217.595	229.047	240.500	251.952	263.405
11.200	218.297	229.786	241.276	252.765	264.254
11.300	218.999	230.525	242.051	253.578	265.104
11.400	219.701	231.264	242.827	254.391	265.954
11.500	220.403	232.003	243.603	255.203	266.804
11.600	221.104	232.742	244.379	256.016	267.653
11.700	221.806	233.480	245.155	256.829	268.503
11.800	222.508	234.219	245.930	257.642	269.353
11.900	223.210	234.958	246.706	258.454	270.202

Honorartafel zu § 20 Abs. 1 – Flächennutzungspläne Honorarzone I

Fläche Hektar	Basishonorar-satz Euro	Viertelsatz Euro	Mittelsatz Euro	Dreiviertel-satz Euro	Oberer Honorarsatz Euro
12.000	**223.912**	235.697	247.482	259.267	**271.052**
12.100	224.554	236.373	248.191	260.010	271.829
12.200	225.196	237.048	248.901	260.753	272.606
12.300	225.838	237.724	249.610	261.497	273.383
12.400	226.480	238.400	250.320	262.240	274.160
12.500	227.122	239.075	251.029	262.983	274.937
12.600	227.763	239.751	251.739	263.726	275.714
12.700	228.405	240.427	252.448	264.470	276.491
12.800	229.047	241.102	253.158	265.213	277.268
12.900	229.689	241.778	253.867	265.956	278.045
13.000	**230.331**	242.454	254.577	266.699	**278.822**
13.100	230.919	243.073	255.227	267.380	279.534
13.200	231.508	243.692	255.877	268.062	280.246
13.300	232.096	244.312	256.527	268.743	280.959
13.400	232.684	244.931	257.178	269.424	281.671
13.500	233.273	245.550	257.828	270.105	282.383
13.600	233.861	246.169	258.478	270.787	283.095
13.700	234.449	246.789	259.128	271.468	283.807
13.800	235.037	247.408	259.779	272.149	284.520
13.900	235.626	248.027	260.429	272.830	285.232
14.000	**236.214**	248.647	261.079	273.512	**285.944**
14.100	236.754	249.215	261.676	274.137	286.598
14.200	237.294	249.783	262.273	274.762	287.251
14.300	237.834	250.352	262.869	275.387	287.905
14.400	238.374	250.920	263.466	276.012	288.558
14.500	238.914	251.489	264.063	276.638	289.212
14.600	239.454	252.057	264.660	277.263	289.866
14.700	239.994	252.625	265.257	277.888	290.519
14.800	240.534	253.194	265.853	278.513	291.173
14.900	241.074	253.762	266.450	279.138	291.826
15.000	**241.614**	254.331	267.047	279.764	**292.480**

Honorartafel zu § 20 Abs. 1 – Flächennutzungspläne Honorarzone II

Fläche Hektar	Basishonorar-satz Euro	Viertelsatz Euro	Mittelsatz Euro	Dreiviertel-satz Euro	Oberer Honorarsatz Euro
1.000	**85.269**	88.976	92.684	96.391	**100.098**
1.025	86.300	90.052	93.804	97.556	101.308
1.050	87.331	91.128	94.925	98.722	102.519
1.075	88.362	92.204	96.046	99.887	103.729
1.100	89.393	93.280	97.166	101.053	104.940
1.125	90.424	94.356	98.287	102.219	106.150
1.150	91.455	95.431	99.408	103.384	107.360
1.175	92.486	96.507	100.528	104.550	108.571
1.200	93.517	97.583	101.649	105.715	109.781
1.225	94.548	98.659	102.770	106.881	110.992
1.250	**95.579**	99.735	103.891	108.046	**112.202**
1.275	96.491	100.687	104.882	109.077	113.273
1.300	97.403	101.638	105.873	110.108	114.343
1.325	98.315	102.590	106.865	111.139	115.414
1.350	99.227	103.542	107.856	112.170	116.485
1.375	100.140	104.494	108.848	113.202	117.556
1.400	101.052	105.445	109.839	114.233	118.626
1.425	101.964	106.397	110.830	115.264	119.697
1.450	102.876	107.349	111.822	116.295	120.768
1.475	103.788	108.301	112.813	117.326	121.838
1.500	**104.700**	109.252	113.805	118.357	**122.909**
1.525	105.519	110.107	114.695	119.283	123.871
1.550	106.339	110.962	115.586	120.209	124.833
1.575	107.158	111.817	116.476	121.135	125.794
1.600	107.978	112.672	117.367	122.062	126.756
1.625	108.797	113.527	118.258	122.988	127.718
1.650	109.616	114.382	119.148	123.914	128.680
1.675	110.436	115.237	120.039	124.840	129.642
1.700	111.255	116.092	120.929	125.766	130.603
1.725	112.075	116.947	121.820	126.693	131.565
1.750	**112.894**	117.802	122.711	127.619	**132.527**
1.775	113.638	118.579	123.519	128.460	133.401
1.800	114.382	119.355	124.328	129.301	134.274
1.825	115.126	120.131	125.137	130.142	135.148
1.850	115.870	120.908	125.946	130.983	136.021
1.875	116.614	121.684	126.754	131.824	136.895
1.900	117.358	122.461	127.563	132.666	137.768
1.925	118.102	123.237	128.372	133.507	138.642
1.950	118.846	124.013	129.181	134.348	139.515
1.975	119.590	124.790	129.989	135.189	140.389

Fläche Hektar	Basishonorarsatz Euro	Viertelsatz Euro	Mittelsatz Euro	Dreiviertelsatz Euro	Oberer Honorarsatz Euro
2.000	**120.334**	125.566	130.798	136.030	**141.262**
2.050	121.775	127.070	132.364	137.659	142.954
2.100	123.216	128.573	133.931	139.288	144.645
2.150	124.657	130.077	135.497	140.917	146.337
2.200	126.098	131.581	137.063	142.546	148.028
2.250	127.540	133.085	138.630	144.175	149.720
2.300	128.981	134.588	140.196	145.804	151.412
2.350	130.422	136.092	141.762	147.433	153.103
2.400	131.863	137.596	143.329	149.062	154.795
2.450	133.304	139.100	144.895	150.691	156.486
2.500	**134.745**	140.603	146.462	152.320	**158.178**
2.550	136.023	141.937	147.851	153.764	159.678
2.600	137.301	143.270	149.240	155.209	161.179
2.650	138.579	144.604	150.629	156.654	162.679
2.700	139.857	145.938	152.018	158.099	164.179
2.750	141.135	147.271	153.407	159.543	165.680
2.800	142.413	148.605	154.796	160.988	167.180
2.850	143.691	149.938	156.186	162.433	168.680
2.900	144.969	151.272	157.575	163.878	170.180
2.950	146.247	152.605	158.964	165.322	171.681
3.000	**147.525**	153.939	160.353	166.767	**173.181**
3.050	148.677	155.141	161.605	168.070	174.534
3.100	149.829	156.344	162.858	169.372	175.886
3.150	150.982	157.546	164.110	170.675	177.239
3.200	152.134	158.748	165.363	171.977	178.591
3.250	153.286	159.951	166.615	173.280	179.944
3.300	154.438	161.153	167.867	174.582	181.297
3.350	155.590	162.355	169.120	175.885	182.649
3.400	156.743	163.557	170.372	177.187	184.002
3.450	157.895	164.760	171.625	178.490	185.354
3.500	**159.047**	165.962	172.877	179.792	**186.707**
3.550	160.098	167.059	174.019	180.980	187.941
3.600	161.149	168.155	175.162	182.168	189.175
3.650	162.200	169.252	176.304	183.356	190.408
3.700	163.251	170.349	177.447	184.544	191.642
3.750	164.302	171.446	178.589	185.733	192.876
3.800	165.353	172.542	179.731	186.921	194.110
3.850	166.404	173.639	180.874	188.109	195.344
3.900	167.455	174.736	182.016	189.297	196.577
3.950	168.506	175.832	183.159	190.485	197.811

Fläche Hektar	Basishonorarsatz Euro	Viertelsatz Euro	Mittelsatz Euro	Dreiviertelsatz Euro	Oberer Honorarsatz Euro
4.000	**169.557**	176.929	184.301	191.673	**199.045**
4.100	171.420	178.873	186.326	193.779	201.232
4.200	173.284	180.818	188.352	195.886	203.420
4.300	175.147	182.762	190.377	197.992	205.607
4.400	177.010	184.706	192.402	200.098	207.794
4.500	178.874	186.651	194.428	202.205	209.982
4.600	180.737	188.595	196.453	204.311	212.169
4.700	182.600	190.539	198.478	206.417	214.356
4.800	184.463	192.483	200.503	208.523	216.543
4.900	186.327	194.428	202.529	210.630	218.731
5.000	**188.190**	196.372	204.554	212.736	**220.918**
5.100	189.806	198.059	206.311	214.563	222.815
5.200	191.422	199.745	208.068	216.390	224.713
5.300	193.039	201.432	209.824	218.217	226.610
5.400	194.655	203.118	211.581	220.044	228.508
5.500	196.271	204.805	213.338	221.872	230.405
5.600	197.887	206.491	215.095	223.699	232.302
5.700	199.503	208.178	216.852	225.526	234.200
5.800	201.120	209.864	218.608	227.353	236.097
5.900	202.736	211.551	220.365	229.180	237.995
6.000	**204.352**	213.237	222.122	231.007	**239.892**
6.100	205.778	214.724	223.671	232.618	241.565
6.200	207.203	216.212	225.221	234.230	243.239
6.300	208.629	217.699	226.770	235.841	244.912
6.400	210.054	219.187	228.320	237.453	246.586
6.500	211.480	220.674	229.869	239.064	248.259
6.600	212.905	222.162	231.419	240.676	249.932
6.700	214.331	223.649	232.968	242.287	251.606
6.800	215.756	225.137	234.518	243.898	253.279
6.900	217.182	226.624	236.067	245.510	254.953
7.000	**218.607**	228.112	237.617	247.121	**256.626**
7.100	219.879	229.439	238.999	248.559	258.119
7.200	221.151	230.767	240.382	249.997	259.613
7.300	222.423	232.094	241.765	251.435	261.106
7.400	223.695	233.421	243.147	252.873	262.599
7.500	224.968	234.749	244.530	254.311	264.093
7.600	226.240	236.076	245.913	255.749	265.586
7.700	227.512	237.404	247.295	257.187	267.079
7.800	228.784	238.731	248.678	258.625	268.572
7.900	230.056	240.058	250.061	260.063	270.066

Fläche Hektar	Basishonorarsatz Euro	Viertelsatz Euro	Mittelsatz Euro	Dreiviertelsatz Euro	Oberer Honorarsatz Euro
8.000	**231.328**	241.386	251.444	261.501	**271.559**
8.100	232.473	242.581	252.688	262.796	272.903
8.200	233.618	243.776	253.933	264.090	274.247
8.300	234.763	244.970	255.177	265.385	275.592
8.400	235.908	246.165	256.422	266.679	276.936
8.500	237.054	247.360	257.667	267.973	278.280
8.600	238.199	248.555	258.911	269.268	279.624
8.700	239.344	249.750	260.156	270.562	280.968
8.800	240.489	250.945	261.401	271.857	282.313
8.900	241.634	252.140	262.645	273.151	283.657
9.000	**242.779**	253.335	263.890	274.446	**285.001**
9.100	243.816	254.417	265.018	275.618	286.219
9.200	244.854	255.500	266.145	276.791	287.437
9.300	245.891	256.582	267.273	277.964	288.654
9.400	246.929	257.665	268.400	279.136	289.872
9.500	247.966	258.747	269.528	280.309	291.090
9.600	249.003	259.830	270.656	281.482	292.308
9.700	250.041	260.912	271.783	282.654	293.526
9.800	251.078	261.995	272.911	283.827	294.743
9.900	252.116	263.077	274.038	285.000	295.961
10.000	**253.153**	264.160	275.166	286.173	**297.179**
10.100	254.093	265.141	276.188	287.235	298.283
10.200	255.033	266.122	277.210	288.298	299.387
10.300	255.974	267.103	278.232	289.361	300.490
10.400	256.914	268.084	279.254	290.424	301.594
10.500	257.854	269.065	280.276	291.487	302.698
10.600	258.794	270.046	281.298	292.550	303.802
10.700	259.734	271.027	282.320	293.613	304.906
10.800	260.675	272.008	283.342	294.676	306.009
10.900	261.615	272.989	284.364	295.739	307.113
11.000	**262.555**	273.971	285.386	296.802	**308.217**
11.100	263.405	274.857	286.310	297.762	309.214
11.200	264.254	275.744	287.233	298.722	310.212
11.300	265.104	276.630	288.157	299.683	311.209
11.400	265.954	277.517	289.080	300.643	312.207
11.500	266.804	278.404	290.004	301.604	313.204
11.600	267.653	279.290	290.927	302.564	314.201
11.700	268.503	280.177	291.851	303.525	315.199
11.800	269.353	281.064	292.774	304.485	316.196
11.900	270.202	281.950	293.698	305.446	317.194

Fläche Hektar	Basishonorarsatz Euro	Viertelsatz Euro	Mittelsatz Euro	Dreiviertelsatz Euro	Oberer Honorarsatz Euro
12.000	**271.052**	282.837	294.622	306.406	**318.191**
12.100	271.829	283.648	295.466	307.285	319.103
12.200	272.606	284.458	296.311	308.163	320.015
12.300	273.383	285.269	297.155	309.041	320.928
12.400	274.160	286.080	298.000	309.920	321.840
12.500	274.937	286.891	298.845	310.798	322.752
12.600	275.714	287.702	299.689	311.677	323.664
12.700	276.491	288.512	300.534	312.555	324.576
12.800	277.268	289.323	301.378	313.433	325.489
12.900	278.045	290.134	302.223	314.312	326.401
13.000	**278.822**	290.945	303.068	315.190	**327.313**
13.100	279.534	291.688	303.842	315.995	328.149
13.200	280.246	292.431	304.616	316.800	328.985
13.300	280.959	293.174	305.390	317.605	329.821
13.400	281.671	293.917	306.164	318.410	330.657
13.500	282.383	294.661	306.938	319.216	331.493
13.600	283.095	295.404	307.712	320.021	332.329
13.700	283.807	296.147	308.486	320.826	333.165
13.800	284.520	296.890	309.260	321.631	334.001
13.900	285.232	297.633	310.034	322.436	334.837
14.000	**285.944**	298.376	310.809	323.241	**335.673**
14.100	286.598	299.058	311.519	323.980	336.440
14.200	287.251	299.740	312.229	324.719	337.208
14.300	287.905	300.422	312.940	325.457	337.975
14.400	288.558	301.104	313.650	326.196	338.742
14.500	289.212	301.786	314.361	326.935	339.510
14.600	289.866	302.468	315.071	327.674	340.277
14.700	290.519	303.150	315.782	328.413	341.044
14.800	291.173	303.832	316.492	329.152	341.811
14.900	291.826	304.514	317.203	329.891	342.579
15.000	**292.480**	305.197	317.913	330.630	**343.346**

Honorartafel zu § 20 Abs. 1 – Flächennutzungspläne Honorarzone III

Fläche Hektar	Basishonorarsatz Euro	Viertelsatz Euro	Mittelsatz Euro	Dreiviertelsatz Euro	Oberer Honorarsatz Euro
1.000	**100.098**	103.805	107.513	111.220	**114.927**
1.025	101.308	105.060	108.813	112.565	116.317
1.050	102.519	106.316	110.113	113.910	117.706
1.075	103.729	107.571	111.413	115.254	119.096
1.100	104.940	108.826	112.713	116.599	120.486
1.125	106.150	110.081	114.013	117.944	121.876
1.150	107.360	111.337	115.313	119.289	123.265
1.175	108.571	112.592	116.613	120.634	124.655
1.200	109.781	113.847	117.913	121.979	126.045
1.225	110.992	115.102	119.213	123.324	127.434
1.250	**112.202**	116.358	120.513	124.669	**128.824**
1.275	113.273	117.468	121.663	125.858	130.053
1.300	114.343	118.578	122.813	127.048	131.283
1.325	115.414	119.689	123.963	128.238	132.512
1.350	116.485	120.799	125.113	129.427	133.742
1.375	117.556	121.909	126.263	130.617	134.971
1.400	118.626	123.020	127.413	131.807	136.200
1.425	119.697	124.130	128.563	132.997	137.430
1.450	120.768	125.241	129.713	134.186	138.659
1.475	121.838	126.351	130.863	135.376	139.889
1.500	**122.909**	127.461	132.014	136.566	**141.118**
1.525	123.871	128.459	133.047	137.634	142.222
1.550	124.833	129.456	134.080	138.703	143.327
1.575	125.794	130.454	135.113	139.772	144.431
1.600	126.756	131.451	136.146	140.840	145.535
1.625	127.718	132.448	137.179	141.909	146.640
1.650	128.680	133.446	138.212	142.978	147.744
1.675	129.642	134.443	139.245	144.046	148.848
1.700	130.603	135.441	140.278	145.115	149.952
1.725	131.565	136.438	141.311	146.184	151.057
1.750	**132.527**	137.436	142.344	147.253	**152.161**
1.775	133.401	138.341	143.282	148.223	153.164
1.800	134.274	139.247	144.220	149.194	154.167
1.825	135.148	140.153	145.159	150.164	155.170
1.850	136.021	141.059	146.097	151.135	156.173
1.875	136.895	141.965	147.035	152.105	157.176
1.900	137.768	142.871	147.973	153.076	158.178
1.925	138.642	143.776	148.911	154.046	159.181
1.950	139.515	144.682	149.850	155.017	160.184
1.975	140.389	145.588	150.788	155.987	161.187

Fläche Hektar	Basishonorarsatz Euro	Viertelsatz Euro	Mittelsatz Euro	Dreiviertelsatz Euro	Oberer Honorarsatz Euro
2.000	**141.262**	146.494	151.726	156.958	**162.190**
2.050	142.954	148.248	153.543	158.838	164.132
2.100	144.645	150.003	155.360	160.717	166.074
2.150	146.337	151.757	157.177	162.597	168.017
2.200	148.028	153.511	158.994	164.476	169.959
2.250	149.720	155.265	160.811	166.356	171.901
2.300	151.412	157.020	162.627	168.235	173.843
2.350	153.103	158.774	164.444	170.115	175.785
2.400	154.795	160.528	166.261	171.994	177.728
2.450	156.486	162.282	168.078	173.874	179.670
2.500	**158.178**	164.037	169.895	175.754	**181.612**
2.550	159.678	165.592	171.506	177.421	183.335
2.600	161.179	167.148	173.118	179.088	185.057
2.650	162.679	168.704	174.729	180.755	186.780
2.700	164.179	170.260	176.341	182.422	188.502
2.750	165.680	171.816	177.952	184.089	190.225
2.800	167.180	173.372	179.564	185.756	191.948
2.850	168.680	174.928	181.175	187.423	193.670
2.900	170.180	176.484	182.787	189.090	195.393
2.950	171.681	178.039	184.398	190.757	197.115
3.000	**173.181**	179.595	186.010	192.424	**198.838**
3.050	174.534	180.998	187.462	193.927	200.391
3.100	175.886	182.401	188.915	195.429	201.944
3.150	177.239	183.803	190.368	196.932	203.497
3.200	178.591	185.206	191.821	198.435	205.050
3.250	179.944	186.609	193.273	199.938	206.603
3.300	181.297	188.011	194.726	201.441	208.155
3.350	182.649	189.414	196.179	202.944	209.708
3.400	184.002	190.817	197.632	204.446	211.261
3.450	185.354	192.219	199.084	205.949	212.814
3.500	**186.707**	193.622	200.537	207.452	**214.367**
3.550	187.941	194.902	201.862	208.823	215.784
3.600	189.175	196.181	203.187	210.194	217.200
3.650	190.408	197.461	204.513	211.565	218.617
3.700	191.642	198.740	205.838	212.936	220.033
3.750	192.876	200.020	207.163	214.307	221.450
3.800	194.110	201.299	208.488	215.677	222.867
3.850	195.344	202.579	209.813	217.048	224.283
3.900	196.577	203.858	211.139	218.419	225.700
3.950	197.811	205.138	212.464	219.790	227.116

Honorartafel zu § 20 Abs. 1 – Flächennutzungspläne Honorarzone III

Fläche Hektar	Basishonorar-satz Euro	Viertelsatz Euro	Mittelsatz Euro	Dreiviertel-satz Euro	Oberer Honorarsatz Euro
4.000	**199.045**	206.417	213.789	221.161	**228.533**
4.100	201.232	208.685	216.138	223.591	231.044
4.200	203.420	210.954	218.488	226.022	233.556
4.300	205.607	213.222	220.837	228.452	236.067
4.400	207.794	215.490	223.186	230.883	238.579
4.500	209.982	217.759	225.536	233.313	241.090
4.600	212.169	220.027	227.885	235.743	243.601
4.700	214.356	222.295	230.234	238.174	246.113
4.800	216.543	224.564	232.584	240.604	248.624
4.900	218.731	226.832	234.933	243.034	251.136
5.000	**220.918**	229.100	237.283	245.465	**253.647**
5.100	222.815	231.068	239.320	247.573	255.825
5.200	224.713	233.036	241.358	249.681	258.004
5.300	226.610	235.003	243.396	251.789	260.182
5.400	228.508	236.971	245.434	253.897	262.361
5.500	230.405	238.939	247.472	256.006	264.539
5.600	232.302	240.906	249.510	258.114	266.717
5.700	234.200	242.874	251.548	260.222	268.896
5.800	236.097	244.841	253.586	262.330	271.074
5.900	237.995	246.809	255.624	264.438	273.253
6.000	**239.892**	248.777	257.662	266.546	**275.431**
6.100	241.565	250.512	259.459	268.406	277.352
6.200	243.239	252.248	261.256	270.265	279.274
6.300	244.912	253.983	263.054	272.124	281.195
6.400	246.586	255.718	264.851	273.984	283.117
6.500	248.259	257.454	266.649	275.843	285.038
6.600	249.932	259.189	268.446	277.703	286.959
6.700	251.606	260.925	270.243	279.562	288.881
6.800	253.279	262.660	272.041	281.421	290.802
6.900	254.953	264.395	273.838	283.281	292.724
7.000	**256.626**	266.131	275.636	285.140	**294.645**
7.100	258.119	267.679	277.239	286.799	296.360
7.200	259.613	269.228	278.843	288.459	298.074
7.300	261.106	270.777	280.447	290.118	299.789
7.400	262.599	272.325	282.051	291.777	301.503
7.500	264.093	273.874	283.655	293.436	303.218
7.600	265.586	275.422	285.259	295.095	304.932
7.700	267.079	276.971	286.863	296.755	306.647
7.800	268.572	278.520	288.467	298.414	308.361
7.900	270.066	280.068	290.071	300.073	310.076

Fläche Hektar	Basishonorarsatz Euro	Viertelsatz Euro	Mittelsatz Euro	Dreiviertelsatz Euro	Oberer Honorarsatz Euro
8.000	**271.559**	281.617	291.675	301.732	**311.790**
8.100	272.903	283.011	293.118	303.226	313.333
8.200	274.247	284.405	294.562	304.719	314.877
8.300	275.592	285.799	296.006	306.213	316.420
8.400	276.936	287.193	297.450	307.707	317.964
8.500	278.280	288.587	298.894	309.200	319.507
8.600	279.624	289.981	300.337	310.694	321.050
8.700	280.968	291.375	301.781	312.187	322.594
8.800	282.313	292.769	303.225	313.681	324.137
8.900	283.657	294.163	304.669	315.175	325.681
9.000	**285.001**	295.557	306.113	316.668	**327.224**
9.100	286.219	296.820	307.421	318.021	328.622
9.200	287.437	298.083	308.729	319.374	330.020
9.300	288.654	299.345	310.037	320.728	331.419
9.400	289.872	300.608	311.345	322.081	332.817
9.500	291.090	301.871	312.653	323.434	334.215
9.600	292.308	303.134	313.961	324.787	335.613
9.700	293.526	304.397	315.269	326.140	337.011
9.800	294.743	305.660	316.577	327.493	338.410
9.900	295.961	306.923	317.885	328.846	339.808
10.000	**297.179**	308.186	319.193	330.199	**341.206**
10.100	298.283	309.330	320.378	331.426	342.473
10.200	299.387	310.475	321.564	332.652	343.740
10.300	300.490	311.620	322.749	333.878	345.008
10.400	301.594	312.764	323.935	335.105	346.275
10.500	302.698	313.909	325.120	336.331	347.542
10.600	303.802	315.054	326.306	337.557	348.809
10.700	304.906	316.198	327.491	338.784	350.076
10.800	306.009	317.343	328.677	340.010	351.344
10.900	307.113	318.488	329.862	341.236	352.611
11.000	**308.217**	319.632	331.048	342.463	**353.878**
11.100	309.214	320.667	332.119	343.571	355.023
11.200	310.212	321.701	333.190	344.679	356.169
11.300	311.209	322.735	334.262	345.788	357.314
11.400	312.207	323.770	335.333	346.896	358.459
11.500	313.204	324.804	336.404	348.004	359.605
11.600	314.201	325.839	337.476	349.113	360.750
11.700	315.199	326.873	338.547	350.221	361.895
11.800	316.196	327.907	339.618	351.329	363.040
11.900	317.194	328.942	340.690	352.438	364.186

Fläche Hektar	Basishonorarsatz Euro	Viertelsatz Euro	Mittelsatz Euro	Dreiviertelsatz Euro	Oberer Honorarsatz Euro
12.000	**318.191**	329.976	341.761	353.546	**365.331**
12.100	319.103	330.922	342.741	354.560	366.378
12.200	320.015	331.868	343.721	355.573	367.426
12.300	320.928	332.814	344.700	356.587	368.473
12.400	321.840	333.760	345.680	357.600	369.520
12.500	322.752	334.706	346.660	358.614	370.568
12.600	323.664	335.652	347.640	359.627	371.615
12.700	324.576	336.598	348.619	360.641	372.662
12.800	325.489	337.544	349.599	361.654	373.709
12.900	326.401	338.490	350.579	362.668	374.757
13.000	**327.313**	339.436	351.559	363.681	**375.804**
13.100	328.149	340.303	352.456	364.610	376.764
13.200	328.985	341.170	353.354	365.539	377.724
13.300	329.821	342.037	354.252	366.468	378.683
13.400	330.657	342.904	355.150	367.397	379.643
13.500	331.493	343.771	356.048	368.326	380.603
13.600	332.329	344.637	356.946	369.254	381.563
13.700	333.165	345.504	357.844	370.183	382.523
13.800	334.001	346.371	358.742	371.112	383.482
13.900	334.837	347.238	359.640	372.041	384.442
14.000	**335.673**	348.105	360.538	372.970	**385.402**
14.100	336.440	348.901	361.362	373.822	386.283
14.200	337.208	349.697	362.186	374.675	387.164
14.300	337.975	350.493	363.010	375.528	388.045
14.400	338.742	351.288	363.834	376.380	388.926
14.500	339.510	352.084	364.659	377.233	389.808
14.600	340.277	352.880	365.483	378.086	390.689
14.700	341.044	353.676	366.307	378.938	391.570
14.800	341.811	354.471	367.131	379.791	392.451
14.900	342.579	355.267	367.955	380.644	393.332
15.000	**343.346**	356.063	368.780	381.496	**394.213**

Honorartafel zu § 21 Abs. 1 – Bebauungspläne Honorarzone I

Fläche ha	Basishonorarsatz Euro	Viertelsatz Euro	Mittelsatz Euro	Dreiviertelsatz Euro	Oberer Honorarsatz Euro
0,5	**5.000**	5.084	5.168	5.251	**5.335**
0,55	5.000	5.170	5.341	5.511	5.681
0,60	5.000	5.257	5.514	5.771	6.028
0,65	5.000	5.344	5.687	6.031	6.374
0,70	5.000	5.430	5.860	6.290	6.721
0,75	5.000	5.517	6.034	6.550	7.067
0,80	5.000	5.603	6.207	6.810	7.413
0,85	5.000	5.690	6.380	7.070	7.760
0,90	5.000	5.777	6.553	7.330	8.106
0,95	5.000	5.863	6.726	7.589	8.453
1	**5.000**	5.950	6.900	7.849	**8.799**
1,1	5.270	6.295	7.320	8.344	9.369
1,2	5.540	6.640	7.740	8.840	9.940
1,3	5.810	6.985	8.160	9.335	10.510
1,4	6.080	7.330	8.580	9.830	11.080
1,5	6.350	7.675	9.000	10.325	11.651
1,6	6.619	8.020	9.420	10.820	12.221
1,7	6.889	8.365	9.840	11.316	12.791
1,8	7.159	8.710	10.260	11.811	13.361
1,9	7.429	9.055	10.680	12.306	13.932
2	**7.699**	9.400	11.101	12.801	**14.502**
2,1	7.960	9.718	11.476	13.235	14.993
2,2	8.220	10.036	11.852	13.668	15.484
2,3	8.481	10.355	12.228	14.102	15.975
2,4	8.742	10.673	12.604	14.535	16.466
2,5	9.003	10.991	12.980	14.969	16.958
2,6	9.263	11.310	13.356	15.402	17.449
2,7	9.524	11.628	13.732	15.836	17.940
2,8	9.785	11.946	14.108	16.269	18.431
2,9	10.045	12.264	14.484	16.703	18.922
3	**10.306**	12.583	14.860	17.136	**19.413**
3,1	10.542	12.871	15.200	17.529	19.858
3,2	10.779	13.160	15.541	17.922	20.304
3,3	11.015	13.448	15.882	18.315	20.749
3,4	11.251	13.737	16.223	18.708	21.194
3,5	11.488	14.026	16.564	19.102	21.640
3,6	11.724	14.314	16.904	19.495	22.085
3,7	11.960	14.603	17.245	19.888	22.530
3,8	12.196	14.891	17.586	20.281	22.975
3,9	12.433	15.180	17.927	20.674	23.421

Fläche ha	Basishonorarsatz Euro	Viertelsatz Euro	Mittelsatz Euro	Dreiviertelsatz Euro	Oberer Honorarsatz Euro
4	**12.669**	15.468	18.268	21.067	**23.866**
4,1	12.889	15.736	18.584	21.432	24.279
4,2	13.108	16.004	18.900	21.797	24.693
4,3	13.328	16.272	19.217	22.162	25.106
4,4	13.547	16.540	19.533	22.526	25.520
4,5	13.767	16.808	19.850	22.891	25.933
4,6	13.986	17.076	20.166	23.256	26.346
4,7	14.206	17.344	20.483	23.621	26.760
4,8	14.425	17.612	20.799	23.986	27.173
4,9	14.645	17.880	21.116	24.351	27.587
5	**14.864**	18.148	21.432	24.716	**28.000**
5,1	15.071	18.400	21.730	25.060	28.389
5,2	15.277	18.653	22.028	25.403	28.779
5,3	15.484	18.905	22.326	25.747	29.168
5,4	15.691	19.157	22.624	26.091	29.557
5,5	15.898	19.410	22.922	26.434	29.947
5,6	16.104	19.662	23.220	26.778	30.336
5,7	16.311	19.914	23.518	27.122	30.725
5,8	16.518	20.167	23.816	27.465	31.114
5,9	16.724	20.419	24.114	27.809	31.504
6	**16.931**	20.672	24.412	28.153	**31.893**
6,1	17.128	20.911	24.695	28.479	32.263
6,2	17.324	21.151	24.979	28.806	32.633
6,3	17.521	21.391	25.262	29.133	33.004
6,4	17.717	21.631	25.545	29.460	33.374
6,5	17.914	21.871	25.829	29.786	33.744
6,6	18.110	22.111	26.112	30.113	34.114
6,7	18.307	22.351	26.395	30.440	34.484
6,8	18.503	22.591	26.679	30.767	34.855
6,9	18.700	22.831	26.962	31.093	35.225
7	**18.896**	23.071	27.246	31.420	**35.595**
7,1	19.084	23.300	27.517	31.733	35.949
7,2	19.272	23.530	27.788	32.046	36.303
7,3	19.460	23.759	28.059	32.358	36.658
7,4	19.648	23.989	28.330	32.671	37.012
7,5	19.836	24.219	28.601	32.984	37.366
7,6	20.024	24.448	28.872	33.296	37.720
7,7	20.212	24.678	29.143	33.609	38.074
7,8	20.400	24.907	29.414	33.921	38.429
7,9	20.588	25.137	29.685	34.234	38.783

Fläche ha	Basishonorarsatz Euro	Viertelsatz Euro	Mittelsatz Euro	Dreiviertelsatz Euro	Oberer Honorarsatz Euro
8	**20.776**	25.366	29.957	34.547	**39.137**
8,1	20.957	25.587	30.217	34.847	39.478
8,2	21.138	25.808	30.478	35.148	39.818
8,3	21.318	26.028	30.738	35.448	40.159
8,4	21.499	26.249	30.999	35.749	40.499
8,5	21.680	26.470	31.260	36.050	40.840
8,6	21.861	26.691	31.520	36.350	41.180
8,7	22.042	26.911	31.781	36.651	41.521
8,8	22.222	27.132	32.042	36.951	41.861
8,9	22.403	27.353	32.302	37.252	42.202
9	**22.584**	27.574	32.563	37.553	**42.542**
9,1	22.759	27.787	32.815	37.843	42.871
9,2	22.933	28.000	33.066	38.133	43.200
9,3	23.108	28.213	33.318	38.423	43.528
9,4	23.282	28.426	33.570	38.714	43.857
9,5	23.457	28.639	33.822	39.004	44.186
9,6	23.632	28.852	34.073	39.294	44.515
9,7	23.806	29.066	34.325	39.584	44.844
9,8	23.981	29.279	34.577	39.875	45.172
9,9	24.155	29.492	34.828	40.165	45.501
10	**24.330**	29.705	35.080	40.455	**45.830**
10,5	25.130	30.681	36.233	41.785	47.336
11,0	25.929	31.657	37.386	43.114	48.842
11,5	26.729	32.634	38.539	44.444	50.349
12,0	27.528	33.610	39.691	45.773	51.855
12,5	28.328	34.586	40.844	47.103	53.361
13,0	29.127	35.562	41.997	48.432	54.867
13,5	29.927	36.538	43.150	49.762	56.373
14,0	30.726	37.514	44.303	51.091	57.880
14,5	31.526	38.491	45.456	52.421	59.386
15	**32.325**	39.467	46.609	53.750	**60.892**
15,5	33.035	40.334	47.633	54.931	62.230
16,0	33.745	41.201	48.657	56.112	63.568
16,5	34.456	42.068	49.681	57.293	64.905
17,0	35.166	42.935	50.705	58.474	66.243
17,5	35.876	43.802	51.729	59.655	67.581
18,0	36.586	44.669	52.753	60.836	68.919
18,5	37.296	45.536	53.777	62.017	70.257
19,0	38.007	46.404	54.801	63.197	71.594
19,5	38.717	47.271	55.825	64.378	72.932

Fläche ha	Basishonorarsatz Euro	Viertelsatz Euro	Mittelsatz Euro	Dreiviertelsatz Euro	Oberer Honorarsatz Euro
20	**39.427**	48.138	56.849	65.559	**74.270**
20,5	40.123	48.987	57.852	66.716	75.581
21,0	40.819	49.837	58.855	67.873	76.891
21,5	41.514	50.686	59.858	69.030	78.202
22,0	42.210	51.536	60.861	70.187	79.512
22,5	42.906	52.385	61.865	71.344	80.823
23,0	43.602	53.235	62.868	72.501	82.134
23,5	44.298	54.084	63.871	73.658	83.444
24,0	44.993	54.934	64.874	74.814	84.755
24,5	45.689	55.783	65.877	75.971	86.065
25	**46.385**	56.633	66.881	77.128	**87.376**
25,5	47.044	57.437	67.831	78.224	88.618
26,0	47.703	58.242	68.781	79.320	89.859
26,5	48.362	59.047	69.731	80.416	91.101
27,0	49.021	59.851	70.682	81.512	92.342
27,5	49.680	60.656	71.632	82.608	93.584
28,0	50.339	61.461	72.582	83.704	94.825
28,5	50.998	62.265	73.532	84.799	96.067
29,0	51.657	63.070	74.483	85.895	97.308
29,5	52.316	63.874	75.433	86.991	98.550
30	**52.975**	64.679	76.383	88.087	**99.791**
31,0	54.212	66.189	78.166	90.143	102.121
32,0	55.448	67.699	79.949	92.200	104.450
33,0	56.685	69.209	81.732	94.256	106.780
34,0	57.922	70.719	83.515	96.312	109.109
35,0	59.159	72.229	85.299	98.369	111.439
36,0	60.395	73.738	87.082	100.425	113.768
37,0	61.632	75.248	88.865	102.481	116.098
38,0	62.869	76.758	90.648	104.537	118.427
39,0	64.105	78.268	92.431	106.594	120.757
40	**65.342**	79.778	94.214	108.650	**123.086**
41,0	66.498	81.189	95.881	110.572	125.263
42,0	67.654	82.601	97.547	112.494	127.441
43,0	68.810	84.012	99.214	114.416	129.618
44,0	69.966	85.423	100.881	116.338	131.796
45,0	71.122	86.834	102.547	118.260	133.973
46,0	72.277	88.246	104.214	120.182	136.150
47,0	73.433	89.657	105.881	122.104	138.328
48,0	74.589	91.068	107.547	124.026	140.505
49,0	75.745	92.479	109.214	125.948	142.683

Fläche ha	Basishonorarsatz Euro	Viertelsatz Euro	Mittelsatz Euro	Dreiviertelsatz Euro	Oberer Honorarsatz Euro
50	**76.901**	93.891	110.881	127.870	**144.860**
51,0	77.971	95.197	112.423	129.649	146.875
52,0	79.041	96.503	113.966	131.428	148.890
53,0	80.110	97.809	115.508	133.207	150.906
54,0	81.180	99.115	117.051	134.986	152.921
55,0	82.250	100.422	118.593	136.765	154.936
56,0	83.320	101.728	120.136	138.543	156.951
57,0	84.390	103.034	121.678	140.322	158.966
58,0	85.459	104.340	123.221	142.101	160.982
59,0	86.529	105.646	124.763	143.880	162.997
60	**87.599**	106.952	126.306	145.659	**165.012**
62,0	89.586	109.378	129.171	148.963	168.755
64,0	91.573	111.805	132.036	152.267	172.499
66,0	93.561	114.231	134.901	155.572	176.242
68,0	95.548	116.657	137.767	158.876	179.985
70,0	97.535	119.083	140.632	162.180	183.729
72,0	99.522	121.510	143.497	165.484	187.472
74,0	101.509	123.936	146.362	168.789	191.215
76,0	103.497	126.362	149.228	172.093	194.958
78,0	105.484	128.788	152.093	175.397	198.702
80	**107.471**	131.215	154.958	178.702	**202.445**
82,0	109.303	133.451	157.600	181.748	205.896
84,0	111.135	135.688	160.241	184.794	209.347
86,0	112.967	137.925	162.883	187.840	212.798
88,0	114.799	140.162	165.524	190.887	216.249
90,0	116.631	142.398	168.166	193.933	219.700
92,0	118.463	144.635	170.807	196.979	223.151
94,0	120.295	146.872	173.449	200.025	226.602
96,0	122.127	149.109	176.090	203.072	230.053
98,0	123.959	151.345	178.732	206.118	233.504
100,0	**125.791**	153.582	181.373	209.164	**236.955**

Honorartafel zu § 21 Abs. 1 – Bebauungspläne Honorarzone II

Fläche ha	Basishonorar-satz Euro	Viertelsatz Euro	Mittelsatz Euro	Dreiviertel-satz Euro	Oberer Honorarsatz Euro
0,5	**5.335**	5.961	6.587	7.212	**7.838**
0,55	5.681	6.348	7.014	7.680	8.347
0,60	6.028	6.735	7.442	8.149	8.856
0,65	6.374	7.122	7.869	8.617	9.364
0,70	6.721	7.509	8.297	9.085	9.873
0,75	7.067	7.896	8.725	9.553	10.382
0,80	7.413	8.283	9.152	10.021	10.891
0,85	7.760	8.670	9.580	10.490	11.400
0,90	8.106	9.057	10.007	10.958	11.908
0,95	8.453	9.444	10.435	11.426	12.417
1	**8.799**	9.831	10.863	11.894	**12.926**
1,1	9.369	10.468	11.567	12.665	13.764
1,2	9.940	11.105	12.271	13.436	14.602
1,3	10.510	11.742	12.975	14.207	15.440
1,4	11.080	12.380	13.679	14.978	16.278
1,5	11.651	13.017	14.383	15.749	17.116
1,6	12.221	13.654	15.087	16.520	17.953
1,7	12.791	14.291	15.791	17.291	18.791
1,8	13.361	14.928	16.495	18.062	19.629
1,9	13.932	15.566	17.199	18.833	20.467
2	**14.502**	16.203	17.904	19.604	**21.305**
2,1	14.993	16.751	18.510	20.268	22.027
2,2	15.484	17.300	19.116	20.932	22.748
2,3	15.975	17.849	19.723	21.596	23.470
2,4	16.466	18.398	20.329	22.260	24.191
2,5	16.958	18.946	20.935	22.924	24.913
2,6	17.449	19.495	21.542	23.588	25.635
2,7	17.940	20.044	22.148	24.252	26.356
2,8	18.431	20.593	22.754	24.916	27.078
2,9	18.922	21.141	23.361	25.580	27.799
3	**19.413**	21.690	23.967	26.244	**28.521**
3,1	19.858	22.188	24.517	26.846	29.175
3,2	20.304	22.685	25.066	27.448	29.829
3,3	20.749	23.183	25.616	28.050	30.483
3,4	21.194	23.680	26.166	28.652	31.137
3,5	21.640	24.178	26.716	29.254	31.792
3,6	22.085	24.675	27.265	29.855	32.446
3,7	22.530	25.173	27.815	30.457	33.100
3,8	22.975	25.670	28.365	31.059	33.754
3,9	23.421	26.168	28.914	31.661	34.408

Fläche ha	Basishonorarsatz Euro	Viertelsatz Euro	Mittelsatz Euro	Dreiviertelsatz Euro	Oberer Honorarsatz Euro
4	**23.866**	26.665	29.464	32.263	**35.062**
4,1	24.279	27.127	29.974	32.822	35.669
4,2	24.693	27.589	30.485	33.381	36.277
4,3	25.106	28.051	30.995	33.939	36.884
4,4	25.520	28.513	31.505	34.498	37.491
4,5	25.933	28.974	32.016	35.057	38.099
4,6	26.346	29.436	32.526	35.616	38.706
4,7	26.760	29.898	33.036	36.175	39.313
4,8	27.173	30.360	33.547	36.734	39.920
4,9	27.587	30.822	34.057	37.292	40.528
5	**28.000**	31.284	34.568	37.851	**41.135**
5,10	28.389	31.719	35.048	38.378	41.707
5,20	28.779	32.154	35.529	38.904	42.279
5,30	29.168	32.589	36.010	39.430	42.851
5,40	29.557	33.024	36.490	39.957	43.423
5,50	29.947	33.459	36.971	40.483	43.996
5,60	30.336	33.894	37.452	41.010	44.568
5,70	30.725	34.329	37.932	41.536	45.140
5,80	31.114	34.764	38.413	42.062	45.712
5,90	31.504	35.199	38.894	42.589	46.284
6	**31.893**	35.634	39.375	43.115	**46.856**
6,1	32.263	36.047	39.832	43.616	47.400
6,2	32.633	36.461	40.289	44.116	47.944
6,3	33.004	36.875	40.746	44.616	48.487
6,4	33.374	37.288	41.203	45.117	49.031
6,5	33.744	37.702	41.660	45.617	49.575
6,6	34.114	38.115	42.117	46.118	50.119
6,7	34.484	38.529	42.574	46.618	50.663
6,8	34.855	38.943	43.031	47.118	51.206
6,9	35.225	39.356	43.488	47.619	51.750
7	**35.595**	39.770	43.945	48.119	**52.294**
7,1	35.949	40.165	44.382	48.598	52.814
7,2	36.303	40.561	44.819	49.077	53.335
7,3	36.658	40.957	45.256	49.556	53.855
7,4	37.012	41.353	45.694	50.034	54.375
7,5	37.366	41.748	46.131	50.513	54.896
7,6	37.720	42.144	46.568	50.992	55.416
7,7	38.074	42.540	47.005	51.471	55.936
7,8	38.429	42.936	47.443	51.949	56.456
7,9	38.783	43.331	47.880	52.428	56.977

Fläche ha	Basishonorarsatz Euro	Viertelsatz Euro	Mittelsatz Euro	Dreiviertelsatz Euro	Oberer Honorarsatz Euro
8	**39.137**	43.727	48.317	52.907	**57.497**
8,1	39.478	44.107	48.737	53.367	57.997
8,2	39.818	44.488	49.158	53.828	58.498
8,3	40.159	44.868	49.578	54.288	58.998
8,4	40.499	45.249	49.999	54.749	59.499
8,5	40.840	45.629	50.419	55.209	59.999
8,6	41.180	46.010	50.840	55.670	60.499
8,7	41.521	46.390	51.260	56.130	61.000
8,8	41.861	46.771	51.681	56.590	61.500
8,9	42.202	47.151	52.101	57.051	62.001
9	**42.542**	47.532	52.522	57.511	**62.501**
9,1	42.871	47.899	52.927	57.956	62.984
9,2	43.200	48.266	53.333	58.400	63.467
9,3	43.528	48.634	53.739	58.845	63.950
9,4	43.857	49.001	54.145	59.289	64.433
9,5	44.186	49.369	54.551	59.734	64.916
9,6	44.515	49.736	54.957	60.178	65.399
9,7	44.844	50.103	55.363	60.622	65.882
9,8	45.172	50.471	55.769	61.067	66.365
9,9	45.501	50.838	56.175	61.511	66.848
10	**45.830**	51.205	56.581	61.956	**67.331**
10,50	47.336	52.888	58.440	63.992	69.544
11,00	48.842	54.571	60.299	66.028	71.756
11,50	50.349	56.254	62.159	68.064	73.969
12,00	51.855	57.937	64.018	70.100	76.182
12,50	53.361	59.619	65.878	72.136	78.395
13,00	54.867	61.302	67.737	74.172	80.607
13,50	56.373	62.985	69.597	76.208	82.820
14,00	57.880	64.668	71.456	78.244	85.033
14,50	59.386	66.351	73.316	80.280	87.245
15	**60.892**	68.034	75.175	82.317	**89.458**
15,5	62.230	69.528	76.827	84.125	91.424
16,0	63.568	71.023	78.478	85.934	93.389
16,5	64.905	72.518	80.130	87.742	95.355
17,0	66.243	74.012	81.782	89.551	97.320
17,5	67.581	75.507	83.433	91.359	99.286
18,0	68.919	77.002	85.085	93.168	101.251
18,5	70.257	78.497	86.737	94.977	103.217
19,0	71.594	79.991	88.388	96.785	105.182
19,5	72.932	81.486	90.040	98.594	107.148

Fläche ha	Basishonorarsatz Euro	Viertelsatz Euro	Mittelsatz Euro	Dreiviertelsatz Euro	Oberer Honorarsatz Euro
20	**74.270**	82.981	91.692	100.402	**109.113**
20,5	75.581	84.445	93.309	102.174	111.038
21,0	76.891	85.909	94.927	103.946	112.964
21,5	78.202	87.374	96.545	105.717	114.889
22,0	79.512	88.838	98.163	107.489	116.814
22,5	80.823	90.302	99.781	109.260	118.740
23,0	82.134	91.766	101.399	111.032	120.665
23,5	83.444	93.231	103.017	112.804	122.590
24,0	84.755	94.695	104.635	114.575	124.515
24,5	86.065	96.159	106.253	116.347	126.441
25	**87.376**	97.624	107.871	118.119	**128.366**
25,5	88.618	99.011	109.404	119.797	130.190
26,0	89.859	100.398	110.937	121.475	132.014
26,5	91.101	101.785	112.469	123.154	133.838
27,0	92.342	103.172	114.002	124.832	135.662
27,5	93.584	104.559	115.535	126.510	137.486
28,0	94.825	105.946	117.068	128.189	139.310
28,5	96.067	107.333	118.600	129.867	141.134
29,0	97.308	108.721	120.133	131.546	142.958
29,5	98.550	110.108	121.666	133.224	144.782
30	**99.791**	111.495	123.199	134.902	**146.606**
31,0	102.121	114.097	126.074	138.051	150.028
32,0	104.450	116.700	128.950	141.201	153.451
33,0	106.780	119.303	131.826	144.350	156.873
34,0	109.109	121.906	134.702	147.499	160.296
35,0	111.439	124.508	137.578	150.648	163.718
36,0	113.768	127.111	140.454	153.797	167.140
37,0	116.098	129.714	143.330	156.946	170.563
38,0	118.427	132.317	146.206	160.096	173.985
39,0	120.757	134.919	149.082	163.245	177.408
40	**123.086**	137.522	151.958	166.394	**180.830**
41,00	125.263	139.955	154.646	169.338	184.029
42,00	127.441	142.388	157.334	172.281	187.228
43,00	129.618	144.820	160.022	175.225	190.427
44,00	131.796	147.253	162.711	178.168	193.626
45,00	133.973	149.686	165.399	181.112	196.825
46,00	136.150	152.119	168.087	184.055	200.023
47,00	138.328	154.551	170.775	186.999	203.222
48,00	140.505	156.984	173.463	189.942	206.421
49,00	142.683	159.417	176.151	192.886	209.620

Fläche ha	Basishonorarsatz Euro	Viertelsatz Euro	Mittelsatz Euro	Dreiviertelsatz Euro	Oberer Honorarsatz Euro
50	**144.860**	161.850	178.840	195.829	**212.819**
51,0	146.875	164.101	181.327	198.554	215.780
52,0	148.890	166.353	183.815	201.278	218.740
53,0	150.906	168.604	186.303	204.002	221.701
54,0	152.921	170.856	188.791	206.726	224.661
55,0	154.936	173.108	191.279	209.451	227.622
56,0	156.951	175.359	193.767	212.175	230.583
57,0	158.966	177.611	196.255	214.899	233.543
58,0	160.982	179.862	198.743	217.623	236.504
59,0	162.997	182.114	201.231	220.348	239.464
60	**165.012**	184.365	203.719	223.072	**242.425**
62,0	168.755	188.548	208.340	228.132	247.924
64,0	172.499	192.730	212.961	233.193	253.424
66,0	176.242	196.912	217.583	238.253	258.923
68,0	179.985	201.095	222.204	243.313	264.423
70,0	183.729	205.277	226.825	248.374	269.922
72,0	187.472	209.459	231.447	253.434	275.421
74,0	191.215	213.642	236.068	258.494	280.921
76,0	194.958	217.824	240.689	263.555	286.420
78,0	198.702	222.006	245.311	268.615	291.920
80	**202.445**	226.189	249.932	273.676	**297.419**
82,0	205.896	230.044	254.193	278.341	302.489
84,0	209.347	233.900	258.453	283.006	307.559
86,0	212.798	237.756	262.714	287.671	312.629
88,0	216.249	241.612	266.974	292.337	317.699
90,0	219.700	245.467	271.235	297.002	322.769
92,0	223.151	249.323	275.495	301.667	327.839
94,0	226.602	253.179	279.756	306.332	332.909
96,0	230.053	257.035	284.016	310.998	337.979
98,0	233.504	260.890	288.277	315.663	343.049
100	**236.955**	264.746	292.537	320.328	**348.119**

Honorartafel zu § 21 Abs. 1 – Bebauungspläne Honorarzone III

Fläche ha	Basishonorarsatz Euro	Viertelsatz Euro	Mittelsatz Euro	Dreiviertelsatz Euro	Oberer Honorarsatz Euro
0,5	**7.838**	8.464	9.090	9.715	**10.341**
0,55	8.347	9.013	9.680	10.346	11.012
0,60	8.856	9.563	10.270	10.977	11.684
0,65	9.364	10.112	10.860	11.607	12.355
0,70	9.873	10.661	11.450	12.238	13.026
0,75	10.382	11.211	12.040	12.869	13.698
0,80	10.891	11.760	12.630	13.499	14.369
0,85	11.400	12.310	13.220	14.130	15.040
0,90	11.908	12.859	13.810	14.761	15.711
0,95	12.417	13.409	14.400	15.391	16.383
1	**12.926**	13.958	14.990	16.022	**17.054**
1,1	13.764	14.863	15.962	17.061	18.160
1,2	14.602	15.768	16.933	18.099	19.265
1,3	15.440	16.672	17.905	19.138	20.371
1,4	16.278	17.577	18.877	20.176	21.476
1,5	17.116	18.482	19.849	21.215	22.582
1,6	17.953	19.387	20.820	22.254	23.687
1,7	18.791	20.292	21.792	23.292	24.793
1,8	19.629	21.196	22.764	24.331	25.898
1,9	20.467	22.101	23.735	25.369	27.004
2	**21.305**	23.006	24.707	26.408	**28.109**
2,1	22.027	23.785	25.544	27.302	29.061
2,2	22.748	24.564	26.381	28.197	30.013
2,3	23.470	25.344	27.217	29.091	30.965
2,4	24.191	26.123	28.054	29.985	31.917
2,5	24.913	26.902	28.891	30.880	32.869
2,6	25.635	27.681	29.728	31.774	33.820
2,7	26.356	28.460	30.564	32.668	34.772
2,8	27.078	29.239	31.401	33.563	35.724
2,9	27.799	30.019	32.238	34.457	36.676
3	**28.521**	30.798	33.075	35.351	**37.628**
3,1	29.175	31.504	33.833	36.162	38.491
3,2	29.829	32.210	34.592	36.973	39.354
3,3	30.483	32.917	35.350	37.784	40.217
3,4	31.137	33.623	36.109	38.594	41.080
3,5	31.792	34.329	36.867	39.405	41.943
3,6	32.446	35.036	37.626	40.216	42.806
3,7	33.100	35.742	38.384	41.027	43.669
3,8	33.754	36.448	39.143	41.837	44.532
3,9	34.408	37.155	39.901	42.648	45.395

Honorartafel zu § 21 Abs. 1 – Bebauungspläne Honorarzone III

Fläche ha	Basishonorarsatz Euro	Viertelsatz Euro	Mittelsatz Euro	Dreiviertelsatz Euro	Oberer Honorarsatz Euro
4	**35.062**	37.861	40.660	43.459	**46.258**
4,1	35.669	38.517	41.364	44.212	47.059
4,2	36.277	39.173	42.069	44.965	47.861
4,3	36.884	39.828	42.773	45.717	48.662
4,4	37.491	40.484	43.477	46.470	49.463
4,5	38.099	41.140	44.182	47.223	50.265
4,6	38.706	41.796	44.886	47.976	51.066
4,7	39.313	42.452	45.590	48.729	51.867
4,8	39.920	43.107	46.294	49.481	52.668
4,9	40.528	43.763	46.999	50.234	53.470
5	**41.135**	44.419	47.703	50.987	**54.271**
5,10	41.707	45.037	48.366	51.696	55.026
5,20	42.279	45.655	49.030	52.405	55.780
5,30	42.851	46.272	49.693	53.114	56.535
5,40	43.423	46.890	50.357	53.823	57.290
5,50	43.996	47.508	51.020	54.532	58.045
5,60	44.568	48.126	51.683	55.241	58.799
5,70	45.140	48.743	52.347	55.950	59.554
5,80	45.712	49.361	53.010	56.659	60.309
5,90	46.284	49.979	53.674	57.368	61.063
6	**46.856**	50.597	54.337	58.078	**61.818**
6,1	47.400	51.184	54.968	58.752	62.535
6,2	47.944	51.771	55.598	59.426	63.253
6,3	48.487	52.358	56.229	60.100	63.970
6,4	49.031	52.945	56.859	60.774	64.688
6,5	49.575	53.533	57.490	61.448	65.405
6,6	50.119	54.120	58.121	62.122	66.122
6,7	50.663	54.707	58.751	62.796	66.840
6,8	51.206	55.294	59.382	63.470	67.557
6,9	51.750	55.881	60.012	64.144	68.275
7	**52.294**	56.469	60.643	64.818	**68.992**
7,1	52.814	57.030	61.246	65.462	69.679
7,2	53.335	57.592	61.850	66.107	70.365
7,3	53.855	58.154	62.453	66.752	71.052
7,4	54.375	58.716	63.057	67.397	71.738
7,5	54.896	59.278	63.660	68.042	72.425
7,6	55.416	59.840	64.263	68.687	73.111
7,7	55.936	60.401	64.867	69.332	73.798
7,8	56.456	60.963	65.470	69.977	74.484
7,9	56.977	61.525	66.074	70.622	75.171

Fläche ha	Basishonorarsatz Euro	Viertelsatz Euro	Mittelsatz Euro	Dreiviertelsatz Euro	Oberer Honorarsatz Euro
8	**57.497**	62.087	66.677	71.267	**75.857**
8,1	57.997	62.627	67.257	71.887	76.517
8,2	58.498	63.168	67.838	72.508	77.177
8,3	58.998	63.708	68.418	73.128	77.838
8,4	59.499	64.248	68.998	73.748	78.498
8,5	59.999	64.789	69.579	74.368	79.158
8,6	60.499	65.329	70.159	74.989	79.818
8,7	61.000	65.869	70.739	75.609	80.478
8,8	61.500	66.410	71.319	76.229	81.139
8,9	62.001	66.950	71.900	76.849	81.799
9	**62.501**	67.491	72.480	77.470	**82.459**
9,1	62.984	68.012	73.040	78.068	83.096
9,2	63.467	68.534	73.600	78.667	83.733
9,3	63.950	69.055	74.160	79.265	84.371
9,4	64.433	69.577	74.720	79.864	85.008
9,5	64.916	70.098	75.281	80.463	85.645
9,6	65.399	70.620	75.841	81.061	86.282
9,7	65.882	71.141	76.401	81.660	86.919
9,8	66.365	71.663	76.961	82.259	87.557
9,9	66.848	72.184	77.521	82.857	88.194
10	**67.331**	72.706	78.081	83.456	**88.831**
10,50	69.544	75.095	80.647	86.199	91.750
11,00	71.756	77.485	83.213	88.941	94.670
11,50	73.969	79.874	85.779	91.684	97.589
12,00	76.182	82.264	88.345	94.427	100.509
12,50	78.395	84.653	90.911	97.170	103.428
13,00	80.607	87.042	93.477	99.912	106.347
13,50	82.820	89.432	96.043	102.655	109.267
14,00	85.033	91.821	98.609	105.398	112.186
14,50	87.245	94.210	101.175	108.141	115.106
15	**89.458**	96.600	103.742	110.883	**118.025**
15,5	91.424	98.722	106.021	113.319	120.618
16,0	93.389	100.845	108.300	115.756	123.211
16,5	95.355	102.967	110.579	118.192	125.804
17,0	97.320	105.089	112.859	120.628	128.397
17,5	99.286	107.212	115.138	123.064	130.991
18,0	101.251	109.334	117.417	125.500	133.584
18,5	103.217	111.457	119.697	127.937	136.177
19,0	105.182	113.579	121.976	130.373	138.770
19,5	107.148	115.701	124.255	132.809	141.363

Honorartafel zu § 21 Abs. 1 – Bebauungspläne Honorarzone III

Fläche ha	Basishonorarsatz Euro	Viertelsatz Euro	Mittelsatz Euro	Dreiviertelsatz Euro	Oberer Honorarsatz Euro
20	**109.113**	117.824	126.535	135.245	**143.956**
20,5	111.038	119.903	128.767	137.632	146.496
21,0	112.964	121.982	131.000	140.018	149.036
21,5	114.889	124.061	133.233	142.404	151.576
22,0	116.814	126.140	135.465	144.791	154.116
22,5	118.740	128.219	137.698	147.177	156.657
23,0	120.665	130.298	139.931	149.564	159.197
23,5	122.590	132.377	142.163	151.950	161.737
24,0	124.515	134.456	144.396	154.336	164.277
24,5	126.441	136.535	146.629	156.723	166.817
25	**128.366**	138.614	148.862	159.109	**169.357**
25,5	130.190	140.583	150.977	161.370	171.764
26,0	132.014	142.553	153.092	163.631	174.170
26,5	133.838	144.523	155.207	165.892	176.577
27,0	135.662	146.492	157.323	168.153	178.983
27,5	137.486	148.462	159.438	170.414	181.390
28,0	139.310	150.432	161.553	172.675	183.796
28,5	141.134	152.401	163.668	174.935	186.203
29,0	142.958	154.371	165.784	177.196	188.609
29,5	144.782	156.340	167.899	179.457	191.016
30	**146.606**	158.310	170.014	181.718	**193.422**
31,0	150.028	162.006	173.983	185.960	197.937
32,0	153.451	165.701	177.952	190.202	202.452
33,0	156.873	169.397	181.920	194.444	206.968
34,0	160.296	173.092	185.889	198.686	211.483
35,0	163.718	176.788	189.858	202.928	215.998
36,0	167.140	180.484	193.827	207.170	220.513
37,0	170.563	184.179	197.796	211.412	225.028
38,0	173.985	187.875	201.764	215.654	229.544
39,0	177.408	191.570	205.733	219.896	234.059
40	**180.830**	195.266	209.702	224.138	**238.574**
41,0	184.029	198.720	213.412	228.103	242.794
42,0	187.228	202.175	217.121	232.068	247.015
43,0	190.427	205.629	220.831	236.033	251.235
44,0	193.626	209.083	224.541	239.998	255.456
45,0	196.825	212.537	228.250	243.963	259.676
46,0	200.023	215.992	231.960	247.928	263.896
47,0	203.222	219.446	235.670	251.893	268.117
48,0	206.421	222.900	239.379	255.858	272.337
49,0	209.620	226.354	243.089	259.823	276.558

Honorartafel zu § 21 Abs. 1 – Bebauungspläne Honorarzone III

Fläche ha	Basishonorarsatz Euro	Viertelsatz Euro	Mittelsatz Euro	Dreiviertelsatz Euro	Oberer Honorarsatz Euro
50	**212.819**	229.809	246.799	263.788	**280.778**
51,0	215.780	233.006	250.232	267.458	284.684
52,0	218.740	236.203	253.665	271.128	288.590
53,0	221.701	239.400	257.098	274.797	292.496
54,0	224.661	242.597	260.532	278.467	296.402
55,0	227.622	245.794	263.965	282.137	300.308
56,0	230.583	248.990	267.398	285.806	304.214
57,0	233.543	252.187	270.832	289.476	308.120
58,0	236.504	255.384	274.265	293.145	312.026
59,0	239.464	258.581	277.698	296.815	315.932
60	**242.425**	261.778	281.132	300.485	**319.838**
62,0	247.924	267.717	287.509	307.301	327.094
64,0	253.424	273.655	293.886	314.118	334.349
66,0	258.923	279.594	300.264	320.934	341.605
68,0	264.423	285.532	306.641	327.751	348.860
70,0	269.922	291.470	313.019	334.567	356.116
72,0	275.421	297.409	319.396	341.384	363.371
74,0	280.921	303.347	325.774	348.200	370.627
76,0	286.420	309.286	332.151	355.017	377.882
78,0	291.920	315.224	338.529	361.833	385.138
80	**297.419**	321.163	344.906	368.650	**392.393**
82,0	302.489	326.637	350.785	374.934	399.082
84,0	307.559	332.112	356.665	381.218	405.771
86,0	312.629	337.587	362.544	387.502	412.460
88,0	317.699	343.061	368.424	393.786	419.149
90,0	322.769	348.536	374.303	400.070	425.838
92,0	327.839	354.011	380.183	406.355	432.526
94,0	332.909	359.486	386.062	412.639	439.215
96,0	337.979	364.960	391.942	418.923	445.904
98,0	343.049	370.435	397.821	425.207	452.593
100	**348.119**	375.910	403.701	431.491	**459.282**

Honorartafel zu § 28 Abs. 1 – Landschaftspläne Honorarzone I

Fläche ha	Basishonorarsatz Euro	Viertelsatz Euro	Mittelsatz Euro	Dreiviertelsatz Euro	Oberer Honorarsatz Euro
1.000	**23.403**	24.543	25.683	26.823	**27.963**
1.025	23.719	24.874	26.029	27.185	28.340
1.050	24.034	25.205	26.376	27.547	28.717
1.075	24.350	25.536	26.722	27.908	29.095
1.100	24.666	25.867	27.069	28.270	29.472
1.125	24.982	26.198	27.415	28.632	29.849
1.150	25.297	26.529	27.762	28.994	30.226
1.175	25.613	26.861	28.108	29.356	30.603
1.200	25.929	27.192	28.455	29.718	30.981
1.225	26.244	27.523	28.801	30.079	31.358
1.250	**26.560**	27.854	29.148	30.441	**31.735**
1.275	26.849	28.156	29.464	30.772	32.080
1.300	27.137	28.459	29.781	31.103	32.424
1.325	27.426	28.761	30.097	31.433	32.769
1.350	27.714	29.064	30.414	31.764	33.114
1.375	28.003	29.367	30.731	32.095	33.459
1.400	28.291	29.669	31.047	32.425	33.803
1.425	28.580	29.972	31.364	32.756	34.148
1.450	28.868	30.274	31.680	33.086	34.493
1.475	29.157	30.577	31.997	33.417	34.837
1.500	**29.445**	30.879	32.314	33.748	**35.182**
1.525	29.712	31.160	32.607	34.054	35.501
1.550	29.980	31.440	32.900	34.360	35.821
1.575	30.247	31.720	33.194	34.667	36.140
1.600	30.515	32.001	33.487	34.973	36.459
1.625	30.782	32.281	33.780	35.279	36.779
1.650	31.049	32.562	34.074	35.586	37.098
1.675	31.317	32.842	34.367	35.892	37.417
1.700	31.584	33.122	34.660	36.198	37.736
1.725	31.852	33.403	34.954	36.505	38.056
1.750	**32.119**	33.683	35.247	36.811	**38.375**
1.775	32.369	33.945	35.522	37.098	38.674
1.800	32.619	34.208	35.796	37.384	38.973
1.825	32.869	34.470	36.071	37.671	39.272
1.850	33.119	34.732	36.345	37.958	39.571
1.875	33.370	34.995	36.620	38.245	39.870
1.900	33.620	35.257	36.894	38.531	40.168
1.925	33.870	35.519	37.169	38.818	40.467
1.950	34.120	35.781	37.443	39.105	40.766
1.975	34.370	36.044	37.718	39.391	41.065

Fläche ha	Basishonorarsatz Euro	Viertelsatz Euro	Mittelsatz Euro	Dreiviertelsatz Euro	Oberer Honorarsatz Euro
2.000	**34.620**	36.306	37.992	39.678	**41.364**
2.050	35.079	36.788	38.496	40.204	41.913
2.100	35.538	37.269	39.000	40.731	42.461
2.150	35.998	37.751	39.504	41.257	43.010
2.200	36.457	38.232	40.008	41.783	43.559
2.250	36.916	38.714	40.512	42.310	44.108
2.300	37.375	39.195	41.016	42.836	44.656
2.350	37.834	39.677	41.520	43.362	45.205
2.400	38.294	40.159	42.024	43.889	45.754
2.450	38.753	40.640	42.528	44.415	46.302
2.500	**39.212**	41.122	43.032	44.941	**46.851**
2.550	39.628	41.558	43.488	45.418	47.348
2.600	40.044	41.995	43.945	45.895	47.846
2.650	40.461	42.431	44.402	46.372	48.343
2.700	40.877	42.868	44.859	46.849	48.840
2.750	41.293	43.304	45.315	47.326	49.338
2.800	41.709	43.741	45.772	47.803	49.835
2.850	42.125	44.177	46.229	48.280	50.332
2.900	42.542	44.614	46.686	48.757	50.829
2.950	42.958	45.050	47.142	49.234	51.327
3.000	**43.374**	45.487	47.599	49.712	**51.824**
3.050	43.757	45.888	48.019	50.150	52.281
3.100	44.139	46.289	48.438	50.588	52.738
3.150	44.522	46.690	48.858	51.026	53.195
3.200	44.904	47.091	49.278	51.465	53.652
3.250	45.287	47.492	49.698	51.903	54.109
3.300	45.669	47.893	50.117	52.341	54.565
3.350	46.052	48.294	50.537	52.780	55.022
3.400	46.434	48.695	50.957	53.218	55.479
3.450	46.817	49.096	51.376	53.656	55.936
3.500	**47.199**	49.498	51.796	54.095	**56.393**
3.550	47.554	49.870	52.185	54.501	56.817
3.600	47.909	50.242	52.575	54.908	57.241
3.650	48.263	50.614	52.964	55.315	57.665
3.700	48.618	50.986	53.354	55.721	58.089
3.750	48.973	51.358	53.743	56.128	58.513
3.800	49.328	51.730	54.132	56.535	58.937
3.850	49.683	52.102	54.522	56.941	59.361
3.900	50.037	52.474	54.911	57.348	59.785
3.950	50.392	52.846	55.301	57.755	60.209

Fläche ha	Basishonorarsatz Euro	Viertelsatz Euro	Mittelsatz Euro	Dreiviertelsatz Euro	Oberer Honorarsatz Euro
4.000	**50.747**	53.219	55.690	58.162	**60.633**
4.100	51.390	53.893	56.396	58.899	61.402
4.200	52.034	54.568	57.102	59.636	62.170
4.300	52.677	55.242	57.808	60.373	62.939
4.400	53.320	55.917	58.514	61.111	63.707
4.500	53.964	56.592	59.220	61.848	64.476
4.600	54.607	57.266	59.926	62.585	65.245
4.700	55.250	57.941	60.632	63.322	66.013
4.800	55.893	58.616	61.338	64.060	66.782
4.900	56.537	59.290	62.044	64.797	67.550
5.000	**57.180**	59.965	62.750	65.534	**68.319**
5.100	57.818	60.634	63.450	66.266	69.082
5.200	58.456	61.303	64.150	66.997	69.844
5.300	59.095	61.973	64.851	67.729	70.607
5.400	59.733	62.642	65.551	68.460	71.369
5.500	60.371	63.311	66.251	69.191	72.132
5.600	61.009	63.980	66.952	69.923	72.894
5.700	61.647	64.650	67.652	70.654	73.657
5.800	62.286	65.319	68.352	71.386	74.419
5.900	62.924	65.988	69.053	72.117	75.182
6.000	**63.562**	66.658	69.753	72.849	**75.944**
6.100	64.156	67.281	70.405	73.530	76.654
6.200	64.751	67.904	71.057	74.211	77.364
6.300	65.345	68.527	71.710	74.892	78.074
6.400	65.939	69.151	72.362	75.573	78.784
6.500	66.534	69.774	73.014	76.254	79.495
6.600	67.128	70.397	73.666	76.935	80.205
6.700	67.722	71.020	74.318	77.617	80.915
6.800	68.316	71.644	74.971	78.298	81.625
6.900	68.911	72.267	75.623	78.979	82.335
7.000	**69.505**	72.890	76.275	79.660	**83.045**
7.100	70.064	73.476	76.888	80.301	83.713
7.200	70.623	74.062	77.502	80.941	84.381
7.300	71.182	74.649	78.115	81.582	85.049
7.400	71.741	75.235	78.729	82.223	85.717
7.500	72.300	75.821	79.342	82.863	86.385
7.600	72.859	76.407	79.956	83.504	87.052
7.700	73.418	76.994	80.569	84.145	87.720
7.800	73.977	77.580	81.183	84.785	88.388
7.900	74.536	78.166	81.796	85.426	89.056

Fläche ha	Basishonorarsatz Euro	Viertelsatz Euro	Mittelsatz Euro	Dreiviertelsatz Euro	Oberer Honorarsatz Euro
8.000	**75.095**	78.752	82.410	86.067	**89.724**
8.100	75.625	79.308	82.991	86.674	90.357
8.200	76.155	79.864	83.573	87.281	90.990
8.300	76.685	80.419	84.154	87.889	91.623
8.400	77.215	80.975	84.736	88.496	92.256
8.500	77.745	81.531	85.317	89.103	92.890
8.600	78.274	82.086	85.899	89.711	93.523
8.700	78.804	82.642	86.480	90.318	94.156
8.800	79.334	83.198	87.062	90.925	94.789
8.900	79.864	83.754	87.643	91.532	95.422
9.000	**80.394**	84.309	88.225	92.140	**96.055**
9.100	80.899	84.839	88.779	92.719	96.659
9.200	81.404	85.369	89.333	93.298	97.262
9.300	81.909	85.898	89.887	93.876	97.866
9.400	82.414	86.428	90.442	94.455	98.469
9.500	82.920	86.958	90.996	95.034	99.073
9.600	83.425	87.487	91.550	95.613	99.676
9.700	83.930	88.017	92.105	96.192	100.280
9.800	84.435	88.547	92.659	96.771	100.883
9.900	84.940	89.077	93.213	97.350	101.487
10.000	**85.445**	89.606	93.768	97.929	**102.090**
10.100	85.899	90.082	94.266	98.449	102.633
10.200	86.353	90.559	94.764	98.970	103.175
10.300	86.807	91.035	95.263	99.490	103.718
10.400	87.261	91.511	95.761	100.011	104.260
10.500	87.716	91.987	96.259	100.531	104.803
10.600	88.170	92.464	96.758	101.052	105.346
10.700	88.624	92.940	97.256	101.572	105.888
10.800	89.078	93.416	97.754	102.093	106.431
10.900	89.532	93.892	98.253	102.613	106.973
11.000	**89.986**	94.369	98.751	103.134	**107.516**
11.100	90.418	94.822	99.225	103.629	108.033
11.200	90.851	95.275	99.700	104.124	108.549
11.300	91.283	95.729	100.174	104.620	109.066
11.400	91.715	96.182	100.649	105.115	109.582
11.500	92.148	96.635	101.123	105.611	110.099
11.600	92.580	97.089	101.597	106.106	110.615
11.700	93.012	97.542	102.072	106.602	111.132
11.800	93.444	97.995	102.546	107.097	111.648
11.900	93.877	98.449	103.021	107.593	112.165

Fläche ha	Basishonorarsatz Euro	Viertelsatz Euro	Mittelsatz Euro	Dreiviertelsatz Euro	Oberer Honorarsatz Euro
12.000	**94.309**	98.902	103.495	108.088	**112.681**
12.100	94.722	99.335	103.948	108.561	113.174
12.200	95.135	99.768	104.401	109.035	113.668
12.300	95.548	100.201	104.854	109.508	114.161
12.400	95.961	100.634	105.308	109.981	114.655
12.500	96.374	101.067	105.761	110.454	115.148
12.600	96.786	101.500	106.214	110.928	115.641
12.700	97.199	101.933	106.667	111.401	116.135
12.800	97.612	102.366	107.120	111.874	116.628
12.900	98.025	102.799	107.573	112.347	117.122
13.000	**98.438**	103.232	108.027	112.821	**117.615**
13.100	98.833	103.647	108.460	113.274	118.087
13.200	99.229	104.062	108.894	113.727	118.560
13.300	99.624	104.476	109.328	114.180	119.032
13.400	100.020	104.891	109.762	114.633	119.505
13.500	100.415	105.306	110.196	115.087	119.977
13.600	100.810	105.720	110.630	115.540	120.449
13.700	101.206	106.135	111.064	115.993	120.922
13.800	101.601	106.549	111.498	116.446	121.394
13.900	101.997	106.964	111.932	116.899	121.867
14.000	**102.392**	107.379	112.366	117.352	**122.339**
14.100	102.772	107.777	112.782	117.787	122.792
14.200	103.151	108.175	113.198	118.222	123.246
14.300	103.531	108.573	113.615	118.657	123.699
14.400	103.910	108.971	114.031	119.092	124.153
14.500	104.290	109.369	114.448	119.527	124.606
14.600	104.669	109.767	114.864	119.962	125.059
14.700	105.049	110.165	115.281	120.397	125.513
14.800	105.428	110.563	115.697	120.832	125.966
14.900	105.808	110.961	116.114	121.267	126.420
15.000	**106.187**	111.359	116.530	121.702	**126.873**

Honorartafel zu § 28 Abs. 1 – Landschaftspläne Honorarzone II

Fläche ha	Basishonorarsatz Euro	Viertelsatz Euro	Mittelsatz Euro	Dreiviertelsatz Euro	Oberer Honorarsatz Euro
1.000	**27.963**	29.179	30.395	31.610	**32.826**
1.025	28.340	29.572	30.805	32.037	33.269
1.050	28.717	29.966	31.215	32.463	33.712
1.075	29.095	30.360	31.625	32.889	34.154
1.100	29.472	30.753	32.035	33.316	34.597
1.125	29.849	31.147	32.445	33.742	35.040
1.150	30.226	31.540	32.855	34.169	35.483
1.175	30.603	31.934	33.265	34.595	35.926
1.200	30.981	32.328	33.675	35.021	36.368
1.225	31.358	32.721	34.085	35.448	36.811
1.250	**31.735**	33.115	34.495	35.874	**37.254**
1.275	32.080	33.474	34.869	36.264	37.659
1.300	32.424	33.834	35.244	36.654	38.063
1.325	32.769	34.194	35.618	37.043	38.468
1.350	33.114	34.553	35.993	37.433	38.872
1.375	33.459	34.913	36.368	37.822	39.277
1.400	33.803	35.273	36.742	38.212	39.682
1.425	34.148	35.632	37.117	38.602	40.086
1.450	34.493	35.992	37.492	38.991	40.491
1.475	34.837	36.352	37.866	39.381	40.895
1.500	**35.182**	36.712	38.241	39.771	**41.300**
1.525	35.501	37.045	38.588	40.132	41.675
1.550	35.821	37.378	38.935	40.493	42.050
1.575	36.140	37.711	39.282	40.854	42.425
1.600	36.459	38.044	39.629	41.215	42.800
1.625	36.779	38.378	39.977	41.576	43.175
1.650	37.098	38.711	40.324	41.937	43.549
1.675	37.417	39.044	40.671	42.298	43.924
1.700	37.736	39.377	41.018	42.659	44.299
1.725	38.056	39.710	41.365	43.020	44.674
1.750	**38.375**	40.044	41.712	43.381	**45.049**
1.775	38.674	40.355	42.037	43.718	45.400
1.800	38.973	40.667	42.362	44.056	45.751
1.825	39.272	40.979	42.687	44.394	46.102
1.850	39.571	41.291	43.012	44.732	46.453
1.875	39.870	41.603	43.337	45.070	46.804
1.900	40.168	41.915	43.661	45.408	47.154
1.925	40.467	42.227	43.986	45.746	47.505
1.950	40.766	42.539	44.311	46.084	47.856
1.975	41.065	42.851	44.636	46.422	48.207

Fläche ha	Basishonorarsatz Euro	Viertelsatz Euro	Mittelsatz Euro	Dreiviertelsatz Euro	Oberer Honorarsatz Euro
2.000	**41.364**	43.163	44.961	46.760	**48.558**
2.050	41.913	43.735	45.557	47.380	49.202
2.100	42.461	44.308	46.154	48.000	49.846
2.150	43.010	44.880	46.750	48.620	50.490
2.200	43.559	45.453	47.347	49.241	51.134
2.250	44.108	46.025	47.943	49.861	51.779
2.300	44.656	46.598	48.539	50.481	52.423
2.350	45.205	47.170	49.136	51.101	53.067
2.400	45.754	47.743	49.732	51.722	53.711
2.450	46.302	48.315	50.329	52.342	54.355
2.500	**46.851**	48.888	50.925	52.962	**54.999**
2.550	47.348	49.407	51.466	53.524	55.583
2.600	47.846	49.926	52.006	54.086	56.167
2.650	48.343	50.445	52.547	54.649	56.750
2.700	48.840	50.964	53.087	55.211	57.334
2.750	49.338	51.483	53.628	55.773	57.918
2.800	49.835	52.002	54.168	56.335	58.502
2.850	50.332	52.520	54.709	56.897	59.086
2.900	50.829	53.039	55.249	57.459	59.669
2.950	51.327	53.558	55.790	58.022	60.253
3.000	**51.824**	54.077	56.331	58.584	**60.837**
3.050	52.281	54.554	56.827	59.100	61.373
3.100	52.738	55.031	57.324	59.617	61.910
3.150	53.195	55.508	57.820	60.133	62.446
3.200	53.652	55.984	58.317	60.650	62.983
3.250	54.109	56.461	58.814	61.166	63.519
3.300	54.565	56.938	59.310	61.683	64.055
3.350	55.022	57.415	59.807	62.199	64.592
3.400	55.479	57.891	60.304	62.716	65.128
3.450	55.936	58.368	60.800	63.232	65.665
3.500	**56.393**	58.845	61.297	63.749	**66.201**
3.550	56.817	59.287	61.758	64.228	66.699
3.600	57.241	59.730	62.219	64.708	67.196
3.650	57.665	60.172	62.680	65.187	67.694
3.700	58.089	60.615	63.140	65.666	68.192
3.750	58.513	61.057	63.601	66.145	68.690
3.800	58.937	61.500	64.062	66.625	69.187
3.850	59.361	61.942	64.523	67.104	69.685
3.900	59.785	62.384	64.984	67.583	70.183
3.950	60.209	62.827	65.445	68.062	70.680

Fläche ha	Basishonorarsatz Euro	Viertelsatz Euro	Mittelsatz Euro	Dreiviertelsatz Euro	Oberer Honorarsatz Euro
4.000	**60.633**	63.269	65.906	68.542	**71.178**
4.100	61.402	64.071	66.741	69.411	72.080
4.200	62.170	64.873	67.576	70.279	72.982
4.300	62.939	65.675	68.412	71.148	73.885
4.400	63.707	66.477	69.247	72.017	74.787
4.500	64.476	67.279	70.083	72.886	75.689
4.600	65.245	68.081	70.918	73.755	76.591
4.700	66.013	68.883	71.753	74.623	77.493
4.800	66.782	69.685	72.589	75.492	78.396
4.900	67.550	70.487	73.424	76.361	79.298
5.000	**68.319**	71.289	74.260	77.230	**80.200**
5.100	69.082	72.085	75.088	78.092	81.095
5.200	69.844	72.881	75.917	78.954	81.990
5.300	70.607	73.676	76.746	79.816	82.885
5.400	71.369	74.472	77.575	80.678	83.780
5.500	72.132	75.268	78.404	81.540	84.676
5.600	72.894	76.063	79.232	82.401	85.571
5.700	73.657	76.859	80.061	83.263	86.466
5.800	74.419	77.654	80.890	84.125	87.361
5.900	75.182	78.450	81.719	84.987	88.256
6.000	**75.944**	79.246	82.548	85.849	**89.151**
6.100	76.654	79.987	83.319	86.652	89.985
6.200	77.364	80.728	84.091	87.455	90.818
6.300	78.074	81.469	84.863	88.257	91.652
6.400	78.784	82.210	85.635	89.060	92.485
6.500	79.495	82.951	86.407	89.863	93.319
6.600	80.205	83.692	87.179	90.666	94.153
6.700	80.915	84.433	87.950	91.468	94.986
6.800	81.625	85.174	88.722	92.271	95.820
6.900	82.335	85.915	89.494	93.074	96.653
7.000	**83.045**	86.656	90.266	93.877	**97.487**
7.100	83.713	87.352	90.992	94.632	98.271
7.200	84.381	88.049	91.718	95.387	99.055
7.300	85.049	88.746	92.444	96.142	99.840
7.400	85.717	89.443	93.170	96.897	100.624
7.500	86.385	90.140	93.896	97.652	101.408
7.600	87.052	90.837	94.622	98.407	102.192
7.700	87.720	91.534	95.348	99.162	102.976
7.800	88.388	92.231	96.074	99.918	103.761
7.900	89.056	92.928	96.800	100.673	104.545

Fläche ha	Basishonorarsatz Euro	Viertelsatz Euro	Mittelsatz Euro	Dreiviertelsatz Euro	Oberer Honorarsatz Euro
8.000	**89.724**	93.625	97.527	101.428	**105.329**
8.100	90.357	94.286	98.215	102.143	106.072
8.200	90.990	94.947	98.903	102.859	106.815
8.300	91.623	95.607	99.591	103.575	107.559
8.400	92.256	96.268	100.279	104.290	108.302
8.500	92.890	96.928	100.967	105.006	109.045
8.600	93.523	97.589	101.655	105.722	109.788
8.700	94.156	98.250	102.344	106.437	110.531
8.800	94.789	98.910	103.032	107.153	111.275
8.900	95.422	99.571	103.720	107.869	112.018
9.000	**96.055**	100.232	104.408	108.585	**112.761**
9.100	96.659	100.861	105.064	109.267	113.469
9.200	97.262	101.491	105.720	109.949	114.178
9.300	97.866	102.121	106.376	110.631	114.886
9.400	98.469	102.750	107.032	111.313	115.595
9.500	99.073	103.380	107.688	111.995	116.303
9.600	99.676	104.010	108.344	112.678	117.011
9.700	100.280	104.640	109.000	113.360	117.720
9.800	100.883	105.269	109.656	114.042	118.428
9.900	101.487	105.899	110.312	114.724	119.137
10.000	**102.090**	106.529	110.968	115.406	**119.845**
10.100	102.633	107.095	111.557	116.020	120.482
10.200	103.175	107.661	112.147	116.633	121.119
10.300	103.718	108.227	112.737	117.246	121.756
10.400	104.260	108.793	113.327	117.860	122.393
10.500	104.803	109.360	113.916	118.473	123.030
10.600	105.346	109.926	114.506	119.086	123.666
10.700	105.888	110.492	115.096	119.700	124.303
10.800	106.431	111.058	115.686	120.313	124.940
10.900	106.973	111.624	116.275	120.926	125.577
11.000	**107.516**	112.191	116.865	121.540	**126.214**
11.100	108.033	112.729	117.426	122.123	126.820
11.200	108.549	113.268	117.988	122.707	127.427
11.300	109.066	113.807	118.549	123.291	128.033
11.400	109.582	114.346	119.111	123.875	128.640
11.500	110.099	114.885	119.672	124.459	129.246
11.600	110.615	115.424	120.234	125.043	129.852
11.700	111.132	115.963	120.795	125.627	130.459
11.800	111.648	116.502	121.357	126.211	131.065
11.900	112.165	117.041	121.918	126.795	131.672

Fläche ha	Basishonorarsatz Euro	Viertelsatz Euro	Mittelsatz Euro	Dreiviertelsatz Euro	Oberer Honorarsatz Euro
12.000	**112.681**	117.580	122.480	127.379	**132.278**
12.100	113.174	118.095	123.016	127.936	132.857
12.200	113.668	118.610	123.552	128.494	133.436
12.300	114.161	119.125	124.088	129.052	134.015
12.400	114.655	119.640	124.625	129.609	134.594
12.500	115.148	120.154	125.161	130.167	135.174
12.600	115.641	120.669	125.697	130.725	135.753
12.700	116.135	121.184	126.233	131.282	136.332
12.800	116.628	121.699	126.770	131.840	136.911
12.900	117.122	122.214	127.306	132.398	137.490
13.000	**117.615**	122.729	127.842	132.956	**138.069**
13.100	118.087	123.221	128.356	133.490	138.624
13.200	118.560	123.714	128.869	134.024	139.178
13.300	119.032	124.207	129.383	134.558	139.733
13.400	119.505	124.700	129.896	135.092	140.287
13.500	119.977	125.193	130.410	135.626	140.842
13.600	120.449	125.686	130.923	136.160	141.397
13.700	120.922	126.179	131.437	136.694	141.951
13.800	121.394	126.672	131.950	137.228	142.506
13.900	121.867	127.165	132.464	137.762	143.060
14.000	**122.339**	127.658	132.977	138.296	**143.615**
14.100	122.792	128.131	133.470	138.809	144.147
14.200	123.246	128.604	133.963	139.321	144.680
14.300	123.699	129.077	134.456	139.834	145.212
14.400	124.153	129.551	134.948	140.346	145.744
14.500	124.606	130.024	135.441	140.859	146.277
14.600	125.059	130.497	135.934	141.371	146.809
14.700	125.513	130.970	136.427	141.884	147.341
14.800	125.966	131.443	136.920	142.397	147.873
14.900	126.420	131.916	137.413	142.909	148.406
15.000	**126.873**	132.389	137.906	143.422	**148.938**

Honorartafel zu § 28 Abs. 1 – Landschaftspläne Honorarzone III

Fläche ha	Basishonorarsatz Euro	Viertelsatz Euro	Mittelsatz Euro	Dreiviertelsatz Euro	Oberer Honorarsatz Euro
1.000	**32.826**	33.966	35.106	36.245	**37.385**
1.025	33.269	34.424	35.579	36.734	37.889
1.050	33.712	34.882	36.053	37.223	38.394
1.075	34.154	35.340	36.526	37.712	38.898
1.100	34.597	35.798	37.000	38.201	39.402
1.125	35.040	36.257	37.473	38.690	39.907
1.150	35.483	36.715	37.947	39.179	40.411
1.175	35.926	37.173	38.420	39.668	40.915
1.200	36.368	37.631	38.894	40.157	41.419
1.225	36.811	38.089	39.367	40.646	41.924
1.250	**37.254**	38.548	39.841	41.135	**42.428**
1.275	37.659	38.966	40.274	41.581	42.889
1.300	38.063	39.385	40.706	42.028	43.350
1.325	38.468	39.803	41.139	42.475	43.810
1.350	38.872	40.222	41.572	42.922	44.271
1.375	39.277	40.641	42.005	43.368	44.732
1.400	39.682	41.059	42.437	43.815	45.193
1.425	40.086	41.478	42.870	44.262	45.654
1.450	40.491	41.897	43.303	44.709	46.114
1.475	40.895	42.315	43.735	45.155	46.575
1.500	**41.300**	42.734	44.168	45.602	**47.036**
1.525	41.675	43.122	44.569	46.016	47.463
1.550	42.050	43.510	44.970	46.430	47.890
1.575	42.425	43.898	45.371	46.844	48.317
1.600	42.800	44.286	45.772	47.258	48.744
1.625	43.175	44.674	46.173	47.672	49.171
1.650	43.549	45.062	46.574	48.086	49.598
1.675	43.924	45.449	46.975	48.500	50.025
1.700	44.299	45.837	47.376	48.914	50.452
1.725	44.674	46.225	47.777	49.328	50.879
1.750	**45.049**	46.613	48.178	49.742	**51.306**
1.775	45.400	46.976	48.553	50.129	51.706
1.800	45.751	47.339	48.928	50.517	52.105
1.825	46.102	47.702	49.303	50.904	52.505
1.850	46.453	48.066	49.679	51.291	52.904
1.875	46.804	48.429	50.054	51.679	53.304
1.900	47.154	48.792	50.429	52.066	53.704
1.925	47.505	49.155	50.804	52.454	54.103
1.950	47.856	49.518	51.180	52.841	54.503
1.975	48.207	49.881	51.555	53.229	54.902

Fläche ha	Basishonorar-satz Euro	Viertelsatz Euro	Mittelsatz Euro	Dreiviertel-satz Euro	Oberer Honorarsatz Euro
2.000	**48.558**	50.244	51.930	53.616	**55.302**
2.050	49.202	50.910	52.619	54.327	56.036
2.100	49.846	51.577	53.308	55.038	56.769
2.150	50.490	52.243	53.997	55.750	57.503
2.200	51.134	52.910	54.685	56.461	58.236
2.250	51.779	53.576	55.374	57.172	58.970
2.300	52.423	54.243	56.063	57.883	59.704
2.350	53.067	54.909	56.752	58.595	60.437
2.400	53.711	55.576	57.441	59.306	61.171
2.450	54.355	56.242	58.130	60.017	61.904
2.500	**54.999**	56.909	58.819	60.728	**62.638**
2.550	55.583	57.513	59.443	61.373	63.303
2.600	56.167	58.117	60.067	62.017	63.968
2.650	56.750	58.721	60.691	62.662	64.632
2.700	57.334	59.325	61.316	63.306	65.297
2.750	57.918	59.929	61.940	63.951	65.962
2.800	58.502	60.533	62.564	64.596	66.627
2.850	59.086	61.137	63.189	65.240	67.292
2.900	59.669	61.741	63.813	65.885	67.956
2.950	60.253	62.345	64.437	66.529	68.621
3.000	**60.837**	62.949	65.062	67.174	**69.286**
3.050	61.373	63.504	65.635	67.766	69.897
3.100	61.910	64.059	66.209	68.358	70.508
3.150	62.446	64.614	66.783	68.951	71.119
3.200	62.983	65.169	67.356	69.543	71.730
3.250	63.519	65.725	67.930	70.136	72.341
3.300	64.055	66.280	68.504	70.728	72.952
3.350	64.592	66.835	69.077	71.320	73.563
3.400	65.128	67.390	69.651	71.913	74.174
3.450	65.665	67.945	70.225	72.505	74.785
3.500	**66.201**	68.500	70.799	73.097	**75.396**
3.550	66.699	69.015	71.331	73.647	75.963
3.600	67.196	69.530	71.863	74.196	76.530
3.650	67.694	70.045	72.395	74.746	77.096
3.700	68.192	70.560	72.928	75.295	77.663
3.750	68.690	71.075	73.460	75.845	78.230
3.800	69.187	71.590	73.992	76.394	78.797
3.850	69.685	72.105	74.524	76.944	79.364
3.900	70.183	72.620	75.057	77.493	79.930
3.950	70.680	73.135	75.589	78.043	80.497

Fläche ha	Basishonorarsatz Euro	Viertelsatz Euro	Mittelsatz Euro	Dreiviertelsatz Euro	Oberer Honorarsatz Euro
4.000	**71.178**	73.650	76.121	78.593	**81.064**
4.100	72.080	74.583	77.086	79.589	82.092
4.200	72.982	75.517	78.051	80.585	83.119
4.300	73.885	76.450	79.016	81.581	84.147
4.400	74.787	77.384	79.980	82.577	85.174
4.500	75.689	78.317	80.945	83.573	86.202
4.600	76.591	79.251	81.910	84.570	87.229
4.700	77.493	80.184	82.875	85.566	88.257
4.800	78.396	81.118	83.840	86.562	89.284
4.900	79.298	82.051	84.805	87.558	90.312
5.000	**80.200**	82.985	85.770	88.554	**91.339**
5.100	81.095	83.911	86.727	89.543	92.358
5.200	81.990	84.837	87.684	90.531	93.378
5.300	82.885	85.763	88.641	91.519	94.397
5.400	83.780	86.689	89.599	92.508	95.417
5.500	84.676	87.616	90.556	93.496	96.436
5.600	85.571	88.542	91.513	94.484	97.455
5.700	86.466	89.468	92.470	95.473	98.475
5.800	87.361	90.394	93.428	96.461	99.494
5.900	88.256	91.320	94.385	97.449	100.514
6.000	**89.151**	92.247	95.342	98.438	**101.533**
6.100	89.985	93.109	96.234	99.358	102.482
6.200	90.818	93.972	97.125	100.278	103.432
6.300	91.652	94.834	98.017	101.199	104.381
6.400	92.485	95.697	98.908	102.119	105.331
6.500	93.319	96.559	99.800	103.040	106.280
6.600	94.153	97.422	100.691	103.960	107.229
6.700	94.986	98.284	101.583	104.881	108.179
6.800	95.820	99.147	102.474	105.801	109.128
6.900	96.653	100.009	103.366	106.722	110.078
7.000	**97.487**	100.872	104.257	107.642	**111.027**
7.100	98.271	101.683	105.096	108.508	111.920
7.200	99.055	102.495	105.934	109.374	112.813
7.300	99.840	103.306	106.773	110.240	113.706
7.400	100.624	104.118	107.612	111.106	114.599
7.500	101.408	104.929	108.450	111.971	115.493
7.600	102.192	105.741	109.289	112.837	116.386
7.700	102.976	106.552	110.128	113.703	117.279
7.800	103.761	107.363	110.966	114.569	118.172
7.900	104.545	108.175	111.805	115.435	119.065

Fläche ha	Basishonorarsatz Euro	Viertelsatz Euro	Mittelsatz Euro	Dreiviertelsatz Euro	Oberer Honorarsatz Euro
8.000	**105.329**	108.986	112.644	116.301	**119.958**
8.100	106.072	109.755	113.438	117.121	120.804
8.200	106.815	110.524	114.233	117.942	121.651
8.300	107.559	111.293	115.028	118.763	122.497
8.400	108.302	112.062	115.823	119.583	123.344
8.500	109.045	112.831	116.618	120.404	124.190
8.600	109.788	113.600	117.412	121.224	125.036
8.700	110.531	114.369	118.207	122.045	125.883
8.800	111.275	115.138	119.002	122.866	126.729
8.900	112.018	115.907	119.797	123.686	127.576
9.000	**112.761**	116.676	120.592	124.507	**128.422**
9.100	113.469	117.409	121.349	125.289	129.229
9.200	114.178	118.142	122.107	126.071	130.036
9.300	114.886	118.875	122.864	126.853	130.842
9.400	115.595	119.608	123.622	127.636	131.649
9.500	116.303	120.341	124.380	128.418	132.456
9.600	117.011	121.074	125.137	129.200	133.263
9.700	117.720	121.807	125.895	129.982	134.070
9.800	118.428	122.540	126.652	130.764	134.876
9.900	119.137	123.273	127.410	131.547	135.683
10.000	**119.845**	124.006	128.168	132.329	**136.490**
10.100	120.482	124.665	128.849	133.032	137.215
10.200	121.119	125.324	129.530	133.735	137.941
10.300	121.756	125.983	130.211	134.439	138.666
10.400	122.393	126.642	130.892	135.142	139.392
10.500	123.030	127.301	131.573	135.845	140.117
10.600	123.666	127.960	132.254	136.548	140.842
10.700	124.303	128.619	132.936	137.252	141.568
10.800	124.940	129.278	133.617	137.955	142.293
10.900	125.577	129.937	134.298	138.658	143.019
11.000	**126.214**	130.597	134.979	139.362	**143.744**
11.100	126.820	131.224	135.628	140.031	144.435
11.200	127.427	131.851	136.276	140.701	145.125
11.300	128.033	132.479	136.925	141.370	145.816
11.400	128.640	133.106	137.573	142.040	146.506
11.500	129.246	133.734	138.222	142.709	147.197
11.600	129.852	134.361	138.870	143.379	147.888
11.700	130.459	134.989	139.519	144.048	148.578
11.800	131.065	135.616	140.167	144.718	149.269
11.900	131.672	136.244	140.816	145.387	149.959

Fläche ha	Basishonorarsatz Euro	Viertelsatz Euro	Mittelsatz Euro	Dreiviertelsatz Euro	Oberer Honorarsatz Euro
12.000	**132.278**	136.871	141.464	146.057	**150.650**
12.100	132.857	137.470	142.083	146.696	151.310
12.200	133.436	138.069	142.703	147.336	151.969
12.300	134.015	138.669	143.322	147.975	152.629
12.400	134.594	139.268	143.941	148.615	153.288
12.500	135.174	139.867	144.561	149.254	153.948
12.600	135.753	140.466	145.180	149.894	154.608
12.700	136.332	141.066	145.799	150.533	155.267
12.800	136.911	141.665	146.419	151.173	155.927
12.900	137.490	142.264	147.038	151.812	156.586
13.000	**138.069**	142.863	147.658	152.452	**157.246**
13.100	138.624	143.437	148.251	153.064	157.878
13.200	139.178	144.011	148.844	153.676	158.509
13.300	139.733	144.585	149.437	154.289	159.141
13.400	140.287	145.159	150.030	154.901	159.772
13.500	140.842	145.733	150.623	155.514	160.404
13.600	141.397	146.306	151.216	156.126	161.036
13.700	141.951	146.880	151.809	156.738	161.667
13.800	142.506	147.454	152.402	157.351	162.299
13.900	143.060	148.028	152.995	157.963	162.930
14.000	**143.615**	148.602	153.589	158.575	**163.562**
14.100	144.147	149.153	154.158	159.163	164.168
14.200	144.680	149.703	154.727	159.751	164.774
14.300	145.212	150.254	155.296	160.338	165.380
14.400	145.744	150.805	155.865	160.926	165.986
14.500	146.277	151.356	156.435	161.514	166.593
14.600	146.809	151.906	157.004	162.101	167.199
14.700	147.341	152.457	157.573	162.689	167.805
14.800	147.873	153.008	158.142	163.276	168.411
14.900	148.406	153.559	158.711	163.864	169.017
15.000	**148.938**	154.109	159.281	164.452	**169.623**

Honorartafel zu § 29 Abs. 1 – Grünordnungspläne Honorarzone I

Fläche ha	Basishonorarsatz Euro	Viertelsatz Euro	Mittelsatz Euro	Dreiviertelsatz Euro	Oberer Honorarsatz Euro
1,5	**5.219**	5.431	5.643	5.855	**6.067**
1,55	5.298	5.513	5.728	5.944	6.159
1,60	5.377	5.595	5.814	6.032	6.251
1,65	5.456	5.677	5.899	6.121	6.342
1,70	5.535	5.760	5.984	6.209	6.434
1,75	5.614	5.842	6.070	6.298	6.526
1,80	5.692	5.924	6.155	6.386	6.618
1,85	5.771	6.006	6.240	6.475	6.710
1,90	5.850	6.088	6.326	6.564	6.801
1,95	5.929	6.170	6.411	6.652	6.893
2	**6.008**	6.252	6.497	6.741	**6.985**
2,1	6.152	6.402	6.652	6.903	7.153
2,2	6.296	6.552	6.808	7.064	7.320
2,3	6.441	6.702	6.964	7.226	7.488
2,4	6.585	6.852	7.120	7.388	7.655
2,5	6.729	7.003	7.276	7.550	7.823
2,6	6.873	7.153	7.432	7.711	7.991
2,7	7.017	7.303	7.588	7.873	8.158
2,8	7.162	7.453	7.744	8.035	8.326
2,9	7.306	7.603	7.900	8.197	8.493
3	**7.450**	7.753	8.056	8.358	**8.661**
3,1	7.582	7.890	8.198	8.506	8.814
3,2	7.714	8.027	8.341	8.654	8.968
3,3	7.846	8.165	8.484	8.802	9.121
3,4	7.978	8.302	8.626	8.950	9.275
3,5	8.110	8.440	8.769	9.099	9.428
3,6	8.242	8.577	8.912	9.247	9.581
3,7	8.374	8.714	9.054	9.395	9.735
3,8	8.506	8.852	9.197	9.543	9.888
3,9	8.638	8.989	9.340	9.691	10.042
4	**8.770**	9.126	9.483	9.839	**10.195**
4,1	8.894	9.255	9.616	9.977	10.339
4,2	9.017	9.384	9.750	10.116	10.482
4,3	9.141	9.512	9.883	10.255	10.626
4,4	9.264	9.641	10.017	10.393	10.770
4,5	9.388	9.769	10.151	10.532	10.914
4,6	9.512	9.898	10.284	10.671	11.057
4,7	9.635	10.027	10.418	10.809	11.201
4,8	9.759	10.155	10.552	10.948	11.345
4,9	9.882	10.284	10.685	11.087	11.488

Fläche ha	Basishonorarsatz Euro	Viertelsatz Euro	Mittelsatz Euro	Dreiviertelsatz Euro	Oberer Honorarsatz Euro
5	**10.006**	10.413	10.819	11.226	**11.632**
5,5	10.550	10.979	11.407	11.836	12.264
6,0	11.094	11.545	11.995	12.446	12.897
6,5	11.638	12.111	12.583	13.056	13.529
7,0	12.182	12.677	13.171	13.666	14.161
7,5	12.726	13.243	13.760	14.277	14.794
8,0	13.269	13.809	14.348	14.887	15.426
8,5	13.813	14.375	14.936	15.497	16.058
9,0	14.357	14.941	15.524	16.107	16.690
9,5	14.901	15.507	16.112	16.717	17.323
10	**15.445**	16.073	16.700	17.328	**17.955**
10,5	15.919	16.566	17.212	17.859	18.506
11,0	16.393	17.059	17.725	18.390	19.056
11,5	16.866	17.552	18.237	18.922	19.607
12,0	17.340	18.045	18.749	19.453	20.158
12,5	17.814	18.538	19.261	19.985	20.709
13,0	18.288	19.031	19.774	20.516	21.259
13,5	18.762	19.524	20.286	21.048	21.810
14,0	19.235	20.017	20.798	21.579	22.361
14,5	19.709	20.510	21.310	22.111	22.911
15	**20.183**	21.003	21.823	22.642	**23.462**
15,5	20.616	21.453	22.291	23.128	23.965
16,0	21.049	21.904	22.759	23.614	24.469
16,5	21.482	22.355	23.227	24.100	24.972
17,0	21.915	22.805	23.695	24.585	25.476
17,5	22.348	23.256	24.164	25.071	25.979
18,0	22.781	23.706	24.632	25.557	26.482
18,5	23.214	24.157	25.100	26.043	26.986
19,0	23.647	24.608	25.568	26.529	27.489
19,5	24.080	25.058	26.036	27.014	27.993
20	**24.513**	25.509	26.505	27.500	**28.496**
20,5	24.918	25.930	26.942	27.954	28.967
21,0	25.322	26.351	27.380	28.408	29.437
21,5	25.727	26.772	27.817	28.862	29.908
22,0	26.132	27.193	28.255	29.316	30.378
22,5	26.537	27.615	28.693	29.771	30.849
23,0	26.941	28.036	29.130	30.225	31.319
23,5	27.346	28.457	29.568	30.679	31.790
24,0	27.751	28.878	30.005	31.133	32.260
24,5	28.155	29.299	30.443	31.587	32.731

Fläche ha	Basishonorarsatz Euro	Viertelsatz Euro	Mittelsatz Euro	Dreiviertelsatz Euro	Oberer Honorarsatz Euro
25	**28.560**	29.720	30.881	32.041	**33.201**
25,5	28.943	30.119	31.295	32.471	33.647
26,0	29.327	30.518	31.710	32.901	34.092
26,5	29.710	30.917	32.124	33.331	34.538
27,0	30.094	31.316	32.539	33.761	34.984
27,5	30.477	31.715	32.953	34.191	35.430
28,0	30.860	32.114	33.368	34.622	35.875
28,5	31.244	32.513	33.782	35.052	36.321
29,0	31.627	32.912	34.197	35.482	36.767
29,5	32.011	33.311	34.611	35.912	37.212
30	**32.394**	33.710	35.026	36.342	**37.658**
31,0	33.113	34.458	35.803	37.148	38.493
32,0	33.831	35.206	36.580	37.954	39.329
33,0	34.550	35.953	37.357	38.760	40.164
34,0	35.268	36.701	38.134	39.567	40.999
35,0	35.987	37.449	38.911	40.373	41.835
36,0	36.706	38.197	39.688	41.179	42.670
37,0	37.424	38.944	40.465	41.985	43.505
38,0	38.143	39.692	41.242	42.791	44.340
39,0	38.861	40.440	42.019	43.597	45.176
40	**39.580**	41.188	42.796	44.403	**46.011**
41,0	40.250	41.885	43.520	45.155	46.790
42,0	40.920	42.583	44.245	45.907	47.569
43,0	41.591	43.280	44.970	46.659	48.349
44,0	42.261	43.978	45.694	47.411	49.128
45,0	42.931	44.675	46.419	48.163	49.907
46,0	43.601	45.372	47.144	48.915	50.686
47,0	44.271	46.070	47.868	49.667	51.465
48,0	44.942	46.767	48.593	50.419	52.245
49,0	45.612	47.465	49.318	51.171	53.024
50	**46.282**	48.162	50.043	51.923	**53.803**
52,5	47.812	49.754	51.697	53.639	55.581
55,0	49.341	51.346	53.351	55.355	57.360
57,5	50.871	52.938	55.005	57.071	59.138
60,0	52.401	54.530	56.659	58.787	60.916
62,5	53.931	56.122	58.313	60.504	62.695
65,0	55.460	57.713	59.967	62.220	64.473
67,5	56.990	59.305	61.621	63.936	66.251
70,0	58.520	60.897	63.275	65.652	68.029
72,5	60.049	62.489	64.929	67.368	69.808

Fläche ha	Basishonorarsatz Euro	Viertelsatz Euro	Mittelsatz Euro	Dreiviertelsatz Euro	Oberer Honorarsatz Euro
75	**61.579**	64.081	66.583	69.084	**71.586**
77,5	62.964	65.522	68.080	70.638	73.196
80,0	64.349	66.963	69.578	72.192	74.806
82,5	65.734	68.405	71.075	73.746	76.416
85,0	67.119	69.846	72.573	75.300	78.026
87,5	68.505	71.288	74.071	76.854	79.637
90,0	69.890	72.729	75.568	78.407	81.247
92,5	71.275	74.170	77.066	79.961	82.857
95,0	72.660	75.612	78.563	81.515	84.467
97,5	74.045	77.053	80.061	83.069	86.077
100	**75.430**	78.494	81.559	84.623	**87.687**
102,5	76.710	79.827	82.944	86.061	89.178
105,0	77.989	81.159	84.329	87.499	90.669
107,5	79.269	82.491	85.714	88.937	92.160
110,0	80.548	83.824	87.100	90.375	93.651
112,5	81.828	85.156	88.485	91.813	95.142
115,0	83.107	86.489	89.870	93.252	96.633
117,5	84.387	87.821	91.255	94.690	98.124
120,0	85.666	89.153	92.641	96.128	99.615
122,5	86.946	90.486	94.026	97.566	101.106
125	**88.225**	91.818	95.411	99.004	**102.597**
127,5	89.431	93.072	96.714	100.355	103.996
130,0	90.638	94.327	98.016	101.705	105.395
132,5	91.844	95.581	99.319	103.056	106.793
135,0	93.050	96.836	100.621	104.407	108.192
137,5	94.257	98.090	101.924	105.757	109.591
140,0	95.463	99.345	103.226	107.108	110.990
142,5	96.669	100.599	104.529	108.459	112.389
145,0	97.875	101.853	105.831	109.809	113.787
147,5	99.082	103.108	107.134	111.160	115.186
150	**100.288**	104.362	108.437	112.511	**116.585**
152,5	101.427	105.547	109.668	113.788	117.909
155,0	102.565	106.732	110.899	115.066	119.232
157,5	103.704	107.917	112.130	116.343	120.556
160,0	104.843	109.102	113.361	117.621	121.880
162,5	105.982	110.287	114.593	118.898	123.204
165,0	107.120	111.472	115.824	120.175	124.527
167,5	108.259	112.657	117.055	121.453	125.851
170,0	109.398	113.842	118.286	122.730	127.175
172,5	110.536	115.027	119.517	124.008	128.498

Fläche ha	Basishonorarsatz Euro	Viertelsatz Euro	Mittelsatz Euro	Dreiviertelsatz Euro	Oberer Honorarsatz Euro
175	**111.675**	116.212	120.749	125.285	**129.822**
177,5	112.759	117.340	121.921	126.502	131.082
180,0	113.843	118.468	123.093	127.718	132.343
182,5	114.927	119.596	124.265	128.934	133.603
185,0	116.011	120.724	125.437	130.150	134.863
187,5	117.096	121.853	126.610	131.367	136.124
190,0	118.180	122.981	127.782	132.583	137.384
192,5	119.264	124.109	128.954	133.799	138.644
195,0	120.348	125.237	130.126	135.015	139.904
197,5	121.432	126.365	131.298	136.232	141.165
200	**122.516**	127.493	132.471	137.448	**142.425**
202,5	123.620	128.642	133.664	138.686	143.708
205,0	124.724	129.791	134.858	139.925	144.992
207,5	125.828	130.940	136.051	141.163	146.275
210,0	126.932	132.088	137.245	142.402	147.558
212,5	128.036	133.237	138.439	143.640	148.842
215,0	129.139	134.386	139.632	144.878	150.125
217,5	130.243	135.535	140.826	146.117	151.408
220,0	131.347	136.683	142.019	147.355	152.691
222,5	132.451	137.832	143.213	148.594	153.975
225	**133.555**	138.981	144.407	149.832	**155.258**
227,5	134.628	140.097	145.567	151.036	156.505
230,0	135.701	141.214	146.727	152.240	157.752
232,5	136.774	142.330	147.887	153.443	159.000
235,0	137.847	143.447	149.047	154.647	160.247
237,5	138.920	144.563	150.207	155.850	161.494
240,0	139.992	145.680	151.367	157.054	162.741
242,5	141.065	146.796	152.527	158.258	163.988
245,0	142.138	147.913	153.687	159.461	165.236
247,5	143.211	149.029	154.847	160.665	166.483
250	**144.284**	150.146	156.007	161.869	**167.730**

Honorartafel zu § 29 Abs. 1 – Grünordnungspläne Honorarzone II

Fläche ha	Basishonorar-satz Euro	Viertelsatz Euro	Mittelsatz Euro	Dreiviertel-satz Euro	Oberer Honorarsatz Euro
1,5	**6.067**	6.295	6.524	6.752	**6.980**
1,55	6.159	6.391	6.622	6.854	7.086
1,60	6.251	6.486	6.721	6.956	7.191
1,65	6.342	6.581	6.820	7.058	7.297
1,70	6.434	6.676	6.918	7.160	7.402
1,75	6.526	6.772	7.017	7.263	7.508
1,80	6.618	6.867	7.116	7.365	7.614
1,85	6.710	6.962	7.214	7.467	7.719
1,90	6.801	7.057	7.313	7.569	7.825
1,95	6.893	7.153	7.412	7.671	7.930
2	**6.985**	7.248	7.511	7.773	**8.036**
2,1	7.153	7.422	7.691	7.960	8.229
2,2	7.320	7.596	7.871	8.146	8.422
2,3	7.488	7.770	8.051	8.333	8.615
2,4	7.655	7.943	8.232	8.520	8.808
2,5	7.823	8.117	8.412	8.706	9.001
2,6	7.991	8.291	8.592	8.893	9.193
2,7	8.158	8.465	8.772	9.079	9.386
2,8	8.326	8.639	8.953	9.266	9.579
2,9	8.493	8.813	9.133	9.452	9.772
3	**8.661**	8.987	9.313	9.639	**9.965**
3,1	8.814	9.146	9.478	9.810	10.142
3,2	8.968	9.305	9.643	9.980	10.318
3,3	9.121	9.465	9.808	10.151	10.495
3,4	9.275	9.624	9.973	10.322	10.671
3,5	9.428	9.783	10.138	10.493	10.848
3,6	9.581	9.942	10.303	10.663	11.024
3,7	9.735	10.101	10.468	10.834	11.201
3,8	9.888	10.260	10.633	11.005	11.377
3,9	10.042	10.420	10.798	11.176	11.554
4	**10.195**	10.579	10.963	11.346	**11.730**
4,1	10.339	10.728	11.117	11.506	11.895
4,2	10.482	10.877	11.272	11.666	12.061
4,3	10.626	11.026	11.426	11.826	12.226
4,4	10.770	11.175	11.581	11.986	12.391
4,5	10.914	11.324	11.735	12.146	12.557
4,6	11.057	11.473	11.890	12.306	12.722
4,7	11.201	11.622	12.044	12.466	12.887
4,8	11.345	11.772	12.199	12.625	13.052
4,9	11.488	11.921	12.353	12.785	13.218

Fläche ha	Basishonorarsatz Euro	Viertelsatz Euro	Mittelsatz Euro	Dreiviertelsatz Euro	Oberer Honorarsatz Euro
5	**11.632**	12.070	12.508	12.945	**13.383**
5,5	12.264	12.726	13.187	13.649	14.111
6,0	12.897	13.382	13.867	14.353	14.838
6,5	13.529	14.038	14.547	15.056	15.566
7,0	14.161	14.694	15.227	15.760	16.293
7,5	14.794	15.350	15.907	16.464	17.021
8,0	15.426	16.006	16.587	17.167	17.748
8,5	16.058	16.662	17.267	17.871	18.476
9,0	16.690	17.319	17.947	18.575	19.203
9,5	17.323	17.975	18.627	19.279	19.931
10	**17.955**	18.631	19.307	19.982	**20.658**
10,5	18.506	19.202	19.899	20.595	21.292
11,0	19.056	19.774	20.491	21.208	21.925
11,5	19.607	20.345	21.083	21.821	22.559
12,0	20.158	20.916	21.675	22.434	23.192
12,5	20.709	21.488	22.267	23.047	23.826
13,0	21.259	22.059	22.859	23.660	24.460
13,5	21.810	22.631	23.452	24.272	25.093
14,0	22.361	23.202	24.044	24.885	25.727
14,5	22.911	23.774	24.636	25.498	26.360
15	**23.462**	24.345	25.228	26.111	**26.994**
15,5	23.965	24.867	25.769	26.671	27.573
16,0	24.469	25.390	26.311	27.231	28.152
16,5	24.972	25.912	26.852	27.792	28.731
17,0	25.476	26.434	27.393	28.352	29.310
17,5	25.979	26.957	27.934	28.912	29.890
18,0	26.482	27.479	28.476	29.472	30.469
18,5	26.986	28.001	29.017	30.032	31.048
19,0	27.489	28.524	29.558	30.592	31.627
19,5	27.993	29.046	30.099	31.153	32.206
20	**28.496**	29.568	30.641	31.713	**32.785**
20,5	28.967	30.056	31.146	32.236	33.326
21,0	29.437	30.545	31.652	32.760	33.868
21,5	29.908	31.033	32.158	33.284	34.409
22,0	30.378	31.521	32.664	33.807	34.951
22,5	30.849	32.009	33.170	34.331	35.492
23,0	31.319	32.498	33.676	34.855	36.033
23,5	31.790	32.986	34.182	35.378	36.575
24,0	32.260	33.474	34.688	35.902	37.116
24,5	32.731	33.962	35.194	36.426	37.658

Fläche ha	Basishonorarsatz Euro	Viertelsatz Euro	Mittelsatz Euro	Dreiviertelsatz Euro	Oberer Honorarsatz Euro
25	**33.201**	34.451	35.700	36.950	**38.199**
25,5	33.647	34.913	36.179	37.445	38.712
26,0	34.092	35.375	36.658	37.941	39.224
26,5	34.538	35.838	37.138	38.437	39.737
27,0	34.984	36.300	37.617	38.933	40.250
27,5	35.430	36.763	38.096	39.429	40.763
28,0	35.875	37.225	38.575	39.925	41.275
28,5	36.321	37.688	39.054	40.421	41.788
29,0	36.767	38.150	39.534	40.917	42.301
29,5	37.212	38.613	40.013	41.413	42.813
30	**37.658**	39.075	40.492	41.909	**43.326**
31,0	38.493	39.942	41.390	42.839	44.287
32,0	39.329	40.809	42.289	43.768	45.248
33,0	40.164	41.675	43.187	44.698	46.210
34,0	40.999	42.542	44.085	45.628	47.171
35,0	41.835	43.409	44.983	46.558	48.132
36,0	42.670	44.276	45.882	47.487	49.093
37,0	43.505	45.142	46.780	48.417	50.054
38,0	44.340	46.009	47.678	49.347	51.016
39,0	45.176	46.876	48.576	50.277	51.977
40	**46.011**	47.743	49.475	51.206	**52.938**
41,0	46.790	48.551	50.312	52.073	53.834
42,0	47.569	49.360	51.150	52.940	54.731
43,0	48.349	50.168	51.988	53.808	55.627
44,0	49.128	50.977	52.826	54.675	56.524
45,0	49.907	51.785	53.664	55.542	57.420
46,0	50.686	52.594	54.501	56.409	58.316
47,0	51.465	53.402	55.339	57.276	59.213
48,0	52.245	54.211	56.177	58.143	60.109
49,0	53.024	55.019	57.015	59.010	61.006
50	**53.803**	55.828	57.853	59.877	**61.902**
52,5	55.581	57.673	59.765	61.856	63.948
55,0	57.360	59.518	61.677	63.835	65.994
57,5	59.138	61.363	63.589	65.814	68.040
60,0	60.916	63.209	65.501	67.794	70.086
62,5	62.695	65.054	67.413	69.773	72.132
65,0	64.473	66.899	69.325	71.752	74.178
67,5	66.251	68.744	71.238	73.731	76.224
70,0	68.029	70.590	73.150	75.710	78.270
72,5	69.808	72.435	75.062	77.689	80.316

Fläche ha	Basishonorarsatz Euro	Viertelsatz Euro	Mittelsatz Euro	Dreiviertelsatz Euro	Oberer Honorarsatz Euro
75	**71.586**	74.280	76.974	79.668	**82.362**
77,5	73.196	75.951	78.705	81.460	84.215
80,0	74.806	77.621	80.437	83.252	86.067
82,5	76.416	79.292	82.168	85.044	87.920
85,0	78.026	80.963	83.899	86.836	89.772
87,5	79.637	82.634	85.631	88.628	91.625
90,0	81.247	84.304	87.362	90.419	93.477
92,5	82.857	85.975	89.093	92.211	95.330
95,0	84.467	87.646	90.824	94.003	97.182
97,5	86.077	89.316	92.556	95.795	99.035
100	**87.687**	90.987	94.287	97.587	**100.887**
102,5	89.178	92.534	95.890	99.246	102.603
105,0	90.669	94.081	97.494	100.906	104.318
107,5	92.160	95.628	99.097	102.565	106.034
110,0	93.651	97.176	100.700	104.225	107.749
112,5	95.142	98.723	102.303	105.884	109.465
115,0	96.633	100.270	103.907	107.543	111.180
117,5	98.124	101.817	105.510	109.203	112.896
120,0	99.615	103.364	107.113	110.862	114.611
122,5	101.106	104.911	108.716	112.521	116.327
125	**102.597**	106.458	110.320	114.181	**118.042**
127,5	103.996	107.910	111.824	115.738	119.651
130,0	105.395	109.361	113.328	117.294	121.261
132,5	106.793	110.813	114.832	118.851	122.870
135,0	108.192	112.264	116.336	120.408	124.480
137,5	109.591	113.716	117.840	121.965	126.089
140,0	110.990	115.167	119.344	123.521	127.698
142,5	112.389	116.618	120.848	125.078	129.308
145,0	113.787	118.070	122.352	126.635	130.917
147,5	115.186	119.521	123.856	128.192	132.527
150	**116.585**	120.973	125.361	129.748	**134.136**
152,5	117.909	122.346	126.784	131.221	135.659
155,0	119.232	123.720	128.207	132.695	137.182
157,5	120.556	125.093	129.631	134.168	138.705
160,0	121.880	126.467	131.054	135.641	140.228
162,5	123.204	127.840	132.477	137.114	141.751
165,0	124.527	129.214	133.901	138.587	143.274
167,5	125.851	130.587	135.324	140.060	144.797
170,0	127.175	131.961	136.747	141.534	146.320
172,5	128.498	133.334	138.171	143.007	147.843

Honorartafel zu § 29 Abs. 1 – Grünordnungspläne Honorarzone II

Fläche ha	Basishonorarsatz Euro	Viertelsatz Euro	Mittelsatz Euro	Dreiviertelsatz Euro	Oberer Honorarsatz Euro
175	**129.822**	134.708	139.594	144.480	**149.366**
177,5	131.082	136.016	140.949	145.883	150.816
180,0	132.343	137.323	142.304	147.285	152.266
182,5	133.603	138.631	143.659	148.688	153.716
185,0	134.863	139.939	145.015	150.090	155.166
187,5	136.124	141.247	146.370	151.493	156.616
190,0	137.384	142.554	147.725	152.895	158.066
192,5	138.644	143.862	149.080	154.298	159.516
195,0	139.904	145.170	150.435	155.701	160.966
197,5	141.165	146.478	151.790	157.103	162.416
200	**142.425**	147.785	153.146	158.506	**163.866**
202,5	143.708	149.117	154.525	159.934	165.342
205,0	144.992	150.448	155.905	161.362	166.819
207,5	146.275	151.780	157.285	162.790	168.295
210,0	147.558	153.112	158.665	164.218	169.772
212,5	148.842	154.443	160.045	165.646	171.248
215,0	150.125	155.775	161.425	167.075	172.724
217,5	151.408	157.106	162.804	168.503	174.201
220,0	152.691	158.438	164.184	169.931	175.677
222,5	153.975	159.769	165.564	171.359	177.154
225	**155.258**	161.101	166.944	172.787	**178.630**
227,5	156.505	162.395	168.285	174.175	180.065
230,0	157.752	163.689	169.626	175.563	181.500
232,5	159.000	164.983	170.967	176.951	182.935
235,0	160.247	166.278	172.308	178.339	184.370
237,5	161.494	167.572	173.650	179.727	185.805
240,0	162.741	168.866	174.991	181.115	187.240
242,5	163.988	170.160	176.332	182.503	188.675
245,0	165.236	171.454	177.673	183.891	190.110
247,5	166.483	172.748	179.014	185.279	191.545
250	**167.730**	174.043	180.355	186.668	**192.980**

Honorartafel zu § 29 Abs. 1 – Grünordnungspläne Honorarzone III

Fläche ha	Basishonorarsatz Euro	Viertelsatz Euro	Mittelsatz Euro	Dreiviertelsatz Euro	Oberer Honorarsatz Euro
1,5	**6.980**	7.192	7.404	7.616	**7.828**
1,55	7.086	7.301	7.516	7.731	7.947
1,60	7.191	7.410	7.628	7.847	8.065
1,65	7.297	7.518	7.740	7.962	8.184
1,70	7.402	7.627	7.852	8.077	8.302
1,75	7.508	7.736	7.964	8.192	8.421
1,80	7.614	7.845	8.076	8.308	8.539
1,85	7.719	7.954	8.188	8.423	8.658
1,90	7.825	8.063	8.300	8.538	8.776
1,95	7.930	8.171	8.412	8.653	8.895
2	**8.036**	8.280	8.525	8.769	**9.013**
2,1	8.229	8.479	8.729	8.979	9.229
2,2	8.422	8.678	8.934	9.190	9.445
2,3	8.615	8.876	9.138	9.400	9.662
2,4	8.808	9.075	9.343	9.610	9.878
2,5	9.001	9.274	9.547	9.821	10.094
2,6	9.193	9.473	9.752	10.031	10.310
2,7	9.386	9.671	9.956	10.241	10.526
2,8	9.579	9.870	10.161	10.452	10.743
2,9	9.772	10.069	10.365	10.662	10.959
3	**9.965**	10.268	10.570	10.873	**11.175**
3,1	10.142	10.449	10.757	11.065	11.373
3,2	10.318	10.631	10.945	11.258	11.571
3,3	10.495	10.813	11.132	11.450	11.769
3,4	10.671	10.995	11.319	11.643	11.967
3,5	10.848	11.177	11.506	11.836	12.165
3,6	11.024	11.359	11.694	12.028	12.363
3,7	11.201	11.541	11.881	12.221	12.561
3,8	11.377	11.723	12.068	12.414	12.759
3,9	11.554	11.904	12.255	12.606	12.957
4	**11.730**	12.086	12.443	12.799	**13.155**
4,1	11.895	12.257	12.618	12.979	13.340
4,2	12.061	12.427	12.793	13.160	13.526
4,3	12.226	12.597	12.969	13.340	13.711
4,4	12.391	12.768	13.144	13.520	13.897
4,5	12.557	12.938	13.319	13.701	14.082
4,6	12.722	13.108	13.495	13.881	14.267
4,7	12.887	13.279	13.670	14.061	14.453
4,8	13.052	13.449	13.845	14.242	14.638
4,9	13.218	13.619	14.021	14.422	14.824

Fläche ha	Basishonorarsatz Euro	Viertelsatz Euro	Mittelsatz Euro	Dreiviertelsatz Euro	Oberer Honorarsatz Euro
5	**13.383**	13.790	14.196	14.603	**15.009**
5,5	14.111	14.539	14.968	15.396	15.825
6,0	14.838	15.289	15.739	16.190	16.641
6,5	15.566	16.038	16.511	16.984	17.456
7,0	16.293	16.788	17.283	17.777	18.272
7,5	17.021	17.537	18.054	18.571	19.088
8,0	17.748	18.287	18.826	19.365	19.904
8,5	18.476	19.037	19.598	20.159	20.720
9,0	19.203	19.786	20.369	20.952	21.535
9,5	19.931	20.536	21.141	21.746	22.351
10	**20.658**	21.285	21.913	22.540	**23.167**
10,5	21.292	21.938	22.585	23.231	23.878
11,0	21.925	22.591	23.257	23.923	24.588
11,5	22.559	23.244	23.929	24.614	25.299
12,0	23.192	23.897	24.601	25.305	26.010
12,5	23.826	24.550	25.273	25.997	26.721
13,0	24.460	25.203	25.945	26.688	27.431
13,5	25.093	25.855	26.618	27.380	28.142
14,0	25.727	26.508	27.290	28.071	28.853
14,5	26.360	27.161	27.962	28.763	29.563
15	**26.994**	27.814	28.634	29.454	**30.274**
15,5	27.573	28.410	29.248	30.085	30.923
16,0	28.152	29.007	29.862	30.716	31.571
16,5	28.731	29.603	30.475	31.347	32.220
17,0	29.310	30.200	31.089	31.979	32.868
17,5	29.890	30.796	31.703	32.610	33.517
18,0	30.469	31.393	32.317	33.241	34.165
18,5	31.048	31.989	32.931	33.872	34.814
19,0	31.627	32.586	33.544	34.503	35.462
19,5	32.206	33.182	34.158	35.134	36.111
20	**32.785**	33.779	34.772	35.766	**36.759**
20,5	33.326	34.337	35.347	36.357	37.367
21,0	33.868	34.895	35.922	36.948	37.975
21,5	34.409	35.453	36.496	37.540	38.583
22,0	34.951	36.011	37.071	38.131	39.191
22,5	35.492	36.569	37.646	38.723	39.800
23,0	36.033	37.127	38.221	39.314	40.408
23,5	36.575	37.685	38.795	39.905	41.016
24,0	37.116	38.243	39.370	40.497	41.624
24,5	37.658	38.801	39.945	41.088	42.232

Fläche ha	Basishonorarsatz Euro	Viertelsatz Euro	Mittelsatz Euro	Dreiviertelsatz Euro	Oberer Honorarsatz Euro
25	**38.199**	39.359	40.520	41.680	**42.840**
25,5	38.712	39.888	41.063	42.239	43.415
26,0	39.224	40.416	41.607	42.799	43.990
26,5	39.737	40.944	42.151	43.358	44.565
27,0	40.250	41.472	42.695	43.917	45.140
27,5	40.763	42.001	43.239	44.477	45.715
28,0	41.275	42.529	43.783	45.036	46.290
28,5	41.788	43.057	44.326	45.596	46.865
29,0	42.301	43.585	44.870	46.155	47.440
29,5	42.813	44.114	45.414	46.715	48.015
30	**43.326**	44.642	45.958	47.274	**48.590**
31,0	44.287	45.632	46.978	48.323	49.668
32,0	45.248	46.623	47.997	49.372	50.746
33,0	46.210	47.613	49.017	50.420	51.824
34,0	47.171	48.604	50.036	51.469	52.902
35,0	48.132	49.594	51.056	52.518	53.980
36,0	49.093	50.584	52.076	53.567	55.058
37,0	50.054	51.575	53.095	54.616	56.136
38,0	51.016	52.565	54.115	55.664	57.214
39,0	51.977	53.556	55.134	56.713	58.292
40	**52.938**	54.546	56.154	57.762	**59.370**
41,0	53.834	55.470	57.105	58.740	60.375
42,0	54.731	56.393	58.056	59.718	61.381
43,0	55.627	57.317	59.007	60.696	62.386
44,0	56.524	58.241	59.957	61.674	63.391
45,0	57.420	59.164	60.908	62.652	64.397
46,0	58.316	60.088	61.859	63.630	65.402
47,0	59.213	61.011	62.810	64.609	66.407
48,0	60.109	61.935	63.761	65.587	67.412
49,0	61.006	62.859	64.712	66.565	68.418
50	**61.902**	63.782	65.663	67.543	**69.423**
52,5	63.948	65.890	67.833	69.775	71.718
55,0	65.994	67.999	70.003	72.008	74.012
57,5	68.040	70.107	72.173	74.240	76.307
60,0	70.086	72.215	74.344	76.473	78.601
62,5	72.132	74.323	76.514	78.705	80.896
65,0	74.178	76.431	78.684	80.937	83.191
67,5	76.224	78.539	80.855	83.170	85.485
70,0	78.270	80.647	83.025	85.402	87.780
72,5	80.316	82.756	85.195	87.635	90.074

Fläche ha	Basishonorarsatz Euro	Viertelsatz Euro	Mittelsatz Euro	Dreiviertelsatz Euro	Oberer Honorarsatz Euro
75	**82.362**	84.864	87.366	89.867	**92.369**
77,5	84.215	86.773	89.331	91.889	94.447
80,0	86.067	88.681	91.296	93.910	96.524
82,5	87.920	90.590	93.261	95.931	98.602
85,0	89.772	92.499	95.226	97.953	100.679
87,5	91.625	94.408	97.191	99.974	102.757
90,0	93.477	96.316	99.156	101.995	104.835
92,5	95.330	98.225	101.121	104.017	106.912
95,0	97.182	100.134	103.086	106.038	108.990
97,5	99.035	102.043	105.051	108.059	111.067
100	**100.887**	103.952	107.016	110.081	**113.145**
102,5	102.603	105.719	108.836	111.952	115.069
105,0	104.318	107.487	110.655	113.824	116.993
107,5	106.034	109.254	112.475	115.696	118.916
110,0	107.749	111.022	114.295	117.567	120.840
112,5	109.465	112.789	116.114	119.439	122.764
115,0	111.180	114.557	117.934	121.311	124.688
117,5	112.896	116.325	119.754	123.183	126.612
120,0	114.611	118.092	121.573	125.054	128.535
122,5	116.327	119.860	123.393	126.926	130.459
125	**118.042**	121.627	125.213	128.798	**132.383**
127,5	119.651	123.286	126.920	130.554	134.188
130,0	121.261	124.944	128.627	132.310	135.993
132,5	122.870	126.602	130.334	134.066	137.798
135,0	124.480	128.260	132.041	135.822	139.603
137,5	126.089	129.919	133.749	137.578	141.408
140,0	127.698	131.577	135.456	139.334	143.213
142,5	129.308	133.235	137.163	141.090	145.018
145,0	130.917	134.894	138.870	142.847	146.823
147,5	132.527	136.552	140.577	144.603	148.628
150	**134.136**	138.210	142.285	146.359	**150.433**
152,5	135.659	139.780	143.900	148.021	152.141
155,0	137.182	141.349	145.516	149.682	153.849
157,5	138.705	142.918	147.131	151.344	155.557
160,0	140.228	144.487	148.747	153.006	157.265
162,5	141.751	146.057	150.362	154.668	158.973
165,0	143.274	147.626	151.978	156.329	160.681
167,5	144.797	149.195	153.593	157.991	162.389
170,0	146.320	150.764	155.209	159.653	164.097
172,5	147.843	152.334	156.824	161.315	165.805

Honorartafel zu § 29 Abs. 1 – Grünordnungspläne Honorarzone III

Fläche ha	Basishonorarsatz Euro	Viertelsatz Euro	Mittelsatz Euro	Dreiviertelsatz Euro	Oberer Honorarsatz Euro
175	**149.366**	153.903	158.440	162.976	**167.513**
177,5	150.816	155.397	159.978	164.558	169.139
180,0	152.266	156.891	161.516	166.140	170.765
182,5	153.716	158.385	163.054	167.722	172.391
185,0	155.166	159.879	164.592	169.305	174.017
187,5	156.616	161.373	166.130	170.887	175.644
190,0	158.066	162.867	167.668	172.469	177.270
192,5	159.516	164.361	169.206	174.051	178.896
195,0	160.966	165.855	170.744	175.633	180.522
197,5	162.416	167.349	172.282	177.215	182.148
200	**163.866**	168.843	173.820	178.797	**183.774**
202,5	165.342	170.364	175.386	180.408	185.430
205,0	166.819	171.886	176.952	182.019	187.086
207,5	168.295	173.407	178.518	183.630	188.742
210,0	169.772	174.928	180.085	185.241	190.398
212,5	171.248	176.449	181.651	186.852	192.054
215,0	172.724	177.971	183.217	188.463	193.709
217,5	174.201	179.492	184.783	190.074	195.365
220,0	175.677	181.013	186.349	191.685	197.021
222,5	177.154	182.534	187.915	193.296	198.677
225	**178.630**	184.056	189.482	194.907	**200.333**
227,5	180.065	185.534	191.004	196.473	201.942
230,0	181.500	187.013	192.526	198.039	203.552
232,5	182.935	188.491	194.048	199.604	205.161
235,0	184.370	189.970	195.570	201.170	206.770
237,5	185.805	191.449	197.092	202.736	208.380
240,0	187.240	192.927	198.614	204.302	209.989
242,5	188.675	194.406	200.137	205.867	211.598
245,0	190.110	195.884	201.659	207.433	213.207
247,5	191.545	197.363	203.181	208.999	214.817
250	**192.980**	198.842	204.703	210.565	**216.426**

Honorartafel zu § 30 Abs. 1 – Landschaftsrahmenpläne Honorarzone I

Fläche ha	Basishonorarsatz Euro	Viertelsatz Euro	Mittelsatz Euro	Dreiviertelsatz Euro	Oberer Honorarsatz Euro
5.000	**61.880**	64.394	66.908	69.421	**71.935**
5.100	62.485	65.024	67.562	70.100	72.639
5.200	63.091	65.654	68.217	70.780	73.343
5.300	63.696	66.284	68.871	71.459	74.046
5.400	64.301	66.913	69.526	72.138	74.750
5.500	64.907	67.543	70.180	72.817	75.454
5.600	65.512	68.173	70.835	73.496	76.158
5.700	66.117	68.803	71.489	74.175	76.862
5.800	66.722	69.433	72.144	74.855	77.565
5.900	67.328	70.063	72.798	75.534	78.269
6.000	**67.933**	70.693	73.453	76.213	**78.973**
6.100	68.487	71.270	74.052	76.835	79.617
6.200	69.041	71.846	74.651	77.456	80.261
6.300	69.595	72.423	75.250	78.078	80.905
6.400	70.149	72.999	75.849	78.699	81.549
6.500	70.703	73.576	76.448	79.321	82.193
6.600	71.257	74.152	77.047	79.942	82.837
6.700	71.811	74.729	77.646	80.564	83.481
6.800	72.365	75.305	78.245	81.185	84.125
6.900	72.919	75.882	78.844	81.807	84.769
7.000	**73.473**	76.458	79.443	82.428	**85.413**
7.100	73.986	76.992	79.997	83.003	86.009
7.200	74.498	77.525	80.552	83.578	86.605
7.300	75.011	78.059	81.106	84.154	87.201
7.400	75.524	78.592	81.660	84.729	87.797
7.500	76.037	79.126	82.215	85.304	88.393
7.600	76.549	79.659	82.769	85.879	88.989
7.700	77.062	80.193	83.323	86.454	89.585
7.800	77.575	80.726	83.878	87.029	90.181
7.900	78.087	81.260	84.432	87.605	90.777
8.000	**78.600**	81.793	84.987	88.180	**91.373**
8.100	79.079	82.291	85.504	88.717	91.929
8.200	79.557	82.789	86.021	89.253	92.486
8.300	80.036	83.287	86.539	89.790	93.042
8.400	80.514	83.785	87.056	90.327	93.598
8.500	80.993	84.283	87.574	90.864	94.155
8.600	81.471	84.781	88.091	91.401	94.711
8.700	81.950	85.279	88.608	91.938	95.267
8.800	82.428	85.777	89.126	92.475	95.823
8.900	82.907	86.275	89.643	93.011	96.380

Fläche ha	Basishonorarsatz Euro	Viertelsatz Euro	Mittelsatz Euro	Dreiviertelsatz Euro	Oberer Honorarsatz Euro
9.000	**83.385**	86.773	90.161	93.548	**96.936**
9.100	83.835	87.241	90.647	94.053	97.459
9.200	84.284	87.708	91.133	94.557	97.981
9.300	84.734	88.176	91.619	95.061	98.504
9.400	85.183	88.644	92.105	95.565	99.026
9.500	85.633	89.112	92.591	96.070	99.549
9.600	86.082	89.579	93.077	96.574	100.071
9.700	86.532	90.047	93.563	97.078	100.594
9.800	86.981	90.515	94.049	97.582	101.116
9.900	87.431	90.983	94.535	98.087	101.639
10.000	**87.880**	91.450	95.021	98.591	**102.161**
10.200	88.707	92.311	95.915	99.518	103.122
10.400	89.534	93.171	96.809	100.446	104.083
10.600	90.361	94.032	97.703	101.374	105.045
10.800	91.188	94.892	98.597	102.301	106.006
11.000	92.015	95.753	99.491	103.229	106.967
11.200	92.841	96.613	100.385	104.157	107.928
11.400	93.668	97.474	101.279	105.084	108.889
11.600	94.495	98.334	102.173	106.012	109.851
11.800	95.322	99.195	103.067	106.939	110.812
12.000	**96.149**	100.055	103.961	107.867	**111.773**
12.200	96.897	100.834	104.770	108.706	112.643
12.400	97.645	101.612	105.579	109.546	113.513
12.600	98.394	102.391	106.388	110.385	114.382
12.800	99.142	103.169	107.197	111.225	115.252
13.000	99.890	103.948	108.006	112.064	116.122
13.200	100.638	104.727	108.815	112.903	116.992
13.400	101.386	105.505	109.624	113.743	117.862
13.600	102.135	106.284	110.433	114.582	118.731
13.800	102.883	107.062	111.242	115.422	119.601
14.000	**103.631**	107.841	112.051	116.261	**120.471**
14.200	104.316	108.553	112.791	117.029	121.267
14.400	105.000	109.266	113.532	117.797	122.063
14.600	105.685	109.978	114.272	118.565	122.859
14.800	106.369	110.691	115.012	119.333	123.655
15.000	107.054	111.403	115.752	120.101	124.451
15.200	107.739	112.116	116.493	120.869	125.246
15.400	108.423	112.828	117.233	121.638	126.042
15.600	109.108	113.540	117.973	122.406	126.838
15.800	109.792	114.253	118.713	123.174	127.634

Honorartafel zu § 30 Abs. 1 – Landschaftsrahmenpläne Honorarzone I

Fläche ha	Basishonorarsatz Euro	Viertelsatz Euro	Mittelsatz Euro	Dreiviertelsatz Euro	Oberer Honorarsatz Euro
16.000	**110.477**	114.965	119.454	123.942	**128.430**
16.200	111.108	115.622	120.136	124.650	129.164
16.400	111.740	116.279	120.819	125.358	129.898
16.600	112.371	116.936	121.501	126.067	130.632
16.800	113.003	117.593	122.184	126.775	131.366
17.000	113.634	118.250	122.867	127.483	132.100
17.200	114.265	118.907	123.549	128.191	132.833
17.400	114.897	119.564	124.232	128.900	133.567
17.600	115.528	120.221	124.915	129.608	134.301
17.800	116.160	120.878	125.597	130.316	135.035
18.000	**116.791**	121.536	126.280	131.025	**135.769**
18.200	117.377	122.145	126.913	131.682	136.450
18.400	117.963	122.755	127.547	132.339	137.131
18.600	118.548	123.364	128.180	132.996	137.812
18.800	119.134	123.974	128.814	133.654	138.493
19.000	119.720	124.584	129.447	134.311	139.175
19.200	120.306	125.193	130.081	134.968	139.856
19.400	120.892	125.803	130.714	135.625	140.537
19.600	121.477	126.413	131.348	136.283	141.218
19.800	122.063	127.022	131.981	136.940	141.899
20.000	**122.649**	127.632	132.615	137.597	**142.580**
20.500	124.189	129.234	134.279	139.325	144.370
21.000	125.729	130.836	135.944	141.052	146.160
21.500	127.268	132.439	137.609	142.780	147.950
22.000	128.808	134.041	139.274	144.507	149.740
22.500	130.348	135.644	140.939	146.235	151.530
23.000	131.888	137.246	142.604	147.962	153.320
23.500	133.428	138.848	144.269	149.689	155.110
24.000	134.967	140.451	145.934	151.417	156.900
24.500	136.507	142.053	147.599	153.144	158.690
25.000	**138.047**	143.655	149.264	154.872	**160.480**
25.500	139.448	145.113	150.778	156.443	162.108
26.000	140.848	146.570	152.292	158.014	163.736
26.500	142.249	148.027	153.806	159.585	165.364
27.000	143.649	149.485	155.321	161.157	166.992
27.500	145.050	150.942	156.835	162.728	168.621
28.000	146.450	152.400	158.349	164.299	170.249
28.500	147.851	153.857	159.864	165.870	171.877
29.000	149.251	155.314	161.378	167.441	173.505
29.500	150.652	156.772	162.892	169.013	175.133

Fläche ha	Basishonorarsatz Euro	Viertelsatz Euro	Mittelsatz Euro	Dreiviertelsatz Euro	Oberer Honorarsatz Euro
30.000	**152.052**	158.229	164.407	170.584	**176.761**
31.000	154.557	160.835	167.114	173.393	179.672
32.000	157.061	163.442	169.822	176.203	182.584
33.000	159.566	166.048	172.530	179.013	185.495
34.000	162.070	168.654	175.238	181.822	188.407
35.000	164.575	171.260	177.946	184.632	191.318
36.000	167.079	173.867	180.654	187.442	194.229
37.000	169.584	176.473	183.362	190.251	197.141
38.000	172.088	179.079	186.070	193.061	200.052
39.000	174.593	181.685	188.778	195.871	202.964
40.000	**177.097**	184.292	191.486	198.681	**205.875**
41.000	179.320	186.605	193.890	201.175	208.460
42.000	181.544	188.919	196.294	203.669	211.044
43.000	183.767	191.232	198.698	206.163	213.629
44.000	185.990	193.546	201.102	208.658	216.213
45.000	188.214	195.860	203.506	211.152	218.798
46.000	190.437	198.173	205.910	213.646	221.383
47.000	192.660	200.487	208.314	216.140	223.967
48.000	194.883	202.801	210.718	218.635	226.552
49.000	197.107	205.114	213.122	221.129	229.136
50.000	**199.330**	207.428	215.526	223.623	**231.721**
51.000	201.352	209.532	217.712	225.892	234.072
52.000	203.375	211.637	219.899	228.161	236.423
53.000	205.397	213.741	222.085	230.430	238.774
54.000	207.419	215.846	224.272	232.698	241.125
55.000	209.442	217.950	226.459	234.967	243.476
56.000	211.464	220.054	228.645	237.236	245.826
57.000	213.486	222.159	230.832	239.505	248.177
58.000	215.508	224.263	233.018	241.773	250.528
59.000	217.531	226.368	235.205	244.042	252.879
60.000	**219.553**	228.472	237.392	246.311	**255.230**
61.000	221.422	230.417	239.412	248.408	257.403
62.000	223.291	232.362	241.433	250.504	259.576
63.000	225.160	234.307	243.454	252.601	261.748
64.000	227.029	236.252	245.475	254.698	263.921
65.000	228.898	238.197	247.496	256.795	266.094
66.000	230.767	240.142	249.517	258.892	268.267
67.000	232.636	242.087	251.538	260.989	270.440
68.000	234.505	244.032	253.559	263.086	272.612
69.000	236.374	245.977	255.580	265.182	274.785

Fläche ha	Basishonorarsatz Euro	Viertelsatz Euro	Mittelsatz Euro	Dreiviertelsatz Euro	Oberer Honorarsatz Euro
70.000	**238.243**	247.922	257.601	267.279	**276.958**
71.000	239.813	249.556	259.298	269.041	278.783
72.000	241.384	251.190	260.996	270.803	280.609
73.000	242.954	252.824	262.694	272.564	282.434
74.000	244.524	254.458	264.392	274.326	284.260
75.000	246.095	256.092	266.090	276.087	286.085
76.000	247.665	257.726	267.788	277.849	287.910
77.000	249.235	259.360	269.485	279.611	289.736
78.000	250.805	260.994	271.183	281.372	291.561
79.000	252.376	262.628	272.881	283.134	293.387
80.000	**253.946**	264.263	274.579	284.896	**295.212**
81.000	255.393	265.769	276.144	286.519	296.895
82.000	256.841	267.275	277.709	288.143	298.577
83.000	258.288	268.781	279.274	289.767	300.260
84.000	259.736	270.287	280.839	291.391	301.942
85.000	261.183	271.794	282.404	293.015	303.625
86.000	262.630	273.300	283.969	294.638	305.308
87.000	264.078	274.806	285.534	296.262	306.990
88.000	265.525	276.312	287.099	297.886	308.673
89.000	266.973	277.818	288.664	299.510	310.355
90.000	**268.420**	279.325	290.229	301.134	**312.038**
91.000	269.762	280.721	291.680	302.639	313.599
92.000	271.105	282.118	293.132	304.145	315.159
93.000	272.447	283.515	294.583	305.651	316.720
94.000	273.789	284.912	296.035	307.157	318.280
95.000	275.132	286.309	297.486	308.663	319.841
96.000	276.474	287.706	298.937	310.169	321.401
97.000	277.816	289.102	300.389	311.675	322.962
98.000	279.158	290.499	301.840	313.181	324.522
99.000	280.501	291.896	303.292	314.687	326.083
100.000	**281.843**	293.293	304.743	316.193	**327.643**

Honorartafel zu § 30 Abs. 1 – Landschaftsrahmenpläne Honorarzone II

Fläche ha	Basishonorarsatz Euro	Viertelsatz Euro	Mittelsatz Euro	Dreiviertelsatz Euro	Oberer Honorarsatz Euro
5.000	**71.935**	74.642	77.350	80.057	**82.764**
5.100	72.639	75.373	78.106	80.840	83.574
5.200	73.343	76.103	78.863	81.623	84.383
5.300	74.046	76.833	79.620	82.406	85.193
5.400	74.750	77.563	80.377	83.190	86.003
5.500	75.454	78.294	81.133	83.973	86.813
5.600	76.158	79.024	81.890	84.756	87.622
5.700	76.862	79.754	82.647	85.539	88.432
5.800	77.565	80.484	83.404	86.323	89.242
5.900	78.269	81.215	84.160	87.106	90.051
6.000	**78.973**	81.945	84.917	87.889	**90.861**
6.100	79.617	82.613	85.609	88.606	91.602
6.200	80.261	83.281	86.302	89.322	92.343
6.300	80.905	83.950	86.994	90.039	93.084
6.400	81.549	84.618	87.687	90.756	93.825
6.500	82.193	85.286	88.379	91.472	94.566
6.600	82.837	85.954	89.072	92.189	95.306
6.700	83.481	86.623	89.764	92.906	96.047
6.800	84.125	87.291	90.457	93.622	96.788
6.900	84.769	87.959	91.149	94.339	97.529
7.000	**85.413**	88.627	91.842	95.056	**98.270**
7.100	86.009	89.246	92.482	95.719	98.956
7.200	86.605	89.864	93.123	96.382	99.642
7.300	87.201	90.483	93.764	97.046	100.327
7.400	87.797	91.101	94.405	97.709	101.013
7.500	88.393	91.720	95.046	98.373	101.699
7.600	88.989	92.338	95.687	99.036	102.385
7.700	89.585	92.956	96.328	99.699	103.071
7.800	90.181	93.575	96.969	100.363	103.756
7.900	90.777	94.193	97.610	101.026	104.442
8.000	**91.373**	94.812	98.251	101.689	**105.128**
8.100	91.929	95.389	98.849	102.308	105.768
8.200	92.486	95.966	99.447	102.927	106.408
8.300	93.042	96.543	100.045	103.546	107.048
8.400	93.598	97.121	100.643	104.166	107.688
8.500	94.155	97.698	101.241	104.785	108.328
8.600	94.711	98.275	101.839	105.404	108.968
8.700	95.267	98.852	102.438	106.023	109.608
8.800	95.823	99.430	103.036	106.642	110.248
8.900	96.380	100.007	103.634	107.261	110.888

Fläche ha	Basishonorarsatz Euro	Viertelsatz Euro	Mittelsatz Euro	Dreiviertelsatz Euro	Oberer Honorarsatz Euro
9.000	**96.936**	100.584	104.232	107.880	**111.528**
9.100	97.459	101.126	104.794	108.462	112.129
9.200	97.981	101.668	105.356	109.043	112.730
9.300	98.504	102.211	105.918	109.625	113.332
9.400	99.026	102.753	106.479	110.206	113.933
9.500	99.549	103.295	107.041	110.788	114.534
9.600	100.071	103.837	107.603	111.369	115.135
9.700	100.594	104.379	108.165	111.951	115.736
9.800	101.116	104.921	108.727	112.532	116.338
9.900	101.639	105.464	109.289	113.114	116.939
10.000	**102.161**	106.006	109.851	113.695	**117.540**
10.200	103.122	107.003	110.884	114.765	118.646
10.400	104.083	108.001	111.918	115.835	119.752
10.600	105.045	108.998	112.951	116.904	120.858
10.800	106.006	109.995	113.985	117.974	121.964
11.000	106.967	110.993	115.018	119.044	123.070
11.200	107.928	111.990	116.052	120.114	124.175
11.400	108.889	112.987	117.085	121.183	125.281
11.600	109.851	113.985	118.119	122.253	126.387
11.800	110.812	114.982	119.152	123.323	127.493
12.000	**111.773**	115.980	120.186	124.393	**128.599**
12.200	112.643	116.882	121.121	125.361	129.600
12.400	113.513	117.785	122.057	126.329	130.601
12.600	114.382	118.687	122.992	127.297	131.601
12.800	115.252	119.590	123.927	128.265	132.602
13.000	116.122	120.492	124.863	129.233	133.603
13.200	116.992	121.395	125.798	130.201	134.604
13.400	117.862	122.297	126.733	131.169	135.605
13.600	118.731	123.200	127.668	132.137	136.605
13.800	119.601	124.102	128.604	133.105	137.606
14.000	**120.471**	125.005	129.539	134.073	**138.607**
14.200	121.267	125.831	130.395	134.959	139.523
14.400	122.063	126.657	131.251	135.844	140.438
14.600	122.859	127.482	132.106	136.730	141.354
14.800	123.655	128.308	132.962	137.616	142.269
15.000	124.451	129.134	133.818	138.501	143.185
15.200	125.246	129.960	134.674	139.387	144.101
15.400	126.042	130.786	135.529	140.273	145.016
15.600	126.838	131.612	136.385	141.158	145.932
15.800	127.634	132.437	137.241	142.044	146.847

Fläche ha	Basishonorarsatz Euro	Viertelsatz Euro	Mittelsatz Euro	Dreiviertelsatz Euro	Oberer Honorarsatz Euro
16.000	**128.430**	133.263	138.097	142.930	**147.763**
16.200	129.164	134.025	138.886	143.747	148.608
16.400	129.898	134.786	139.675	144.563	149.452
16.600	130.632	135.548	140.464	145.380	150.297
16.800	131.366	136.309	141.253	146.197	151.141
17.000	132.100	137.071	142.043	147.014	151.986
17.200	132.833	137.833	142.832	147.831	152.830
17.400	133.567	138.594	143.621	148.648	153.675
17.600	134.301	139.356	144.410	149.465	154.519
17.800	135.035	140.117	145.199	150.281	155.364
18.000	**135.769**	140.879	145.989	151.098	**156.208**
18.200	136.450	141.585	146.721	151.856	156.992
18.400	137.131	142.292	147.453	152.614	157.775
18.600	137.812	142.999	148.185	153.372	158.559
18.800	138.493	143.706	148.918	154.130	159.342
19.000	139.175	144.412	149.650	154.888	160.126
19.200	139.856	145.119	150.382	155.646	160.909
19.400	140.537	145.826	151.115	156.404	161.693
19.600	141.218	146.532	151.847	157.161	162.476
19.800	141.899	147.239	152.579	157.919	163.260
20.000	**142.580**	147.946	153.312	158.677	**164.043**
20.500	144.370	149.803	155.236	160.669	166.103
21.000	146.160	151.661	157.161	162.662	168.162
21.500	147.950	153.518	159.086	164.654	170.222
22.000	149.740	155.375	161.011	166.646	172.281
22.500	151.530	157.233	162.935	168.638	174.341
23.000	153.320	159.090	164.860	170.630	176.400
23.500	155.110	160.947	166.785	172.622	178.460
24.000	156.900	162.805	168.710	174.614	180.519
24.500	158.690	164.662	170.634	176.606	182.579
25.000	**160.480**	166.520	172.559	178.599	**184.638**
25.500	162.108	168.209	174.310	180.410	186.511
26.000	163.736	169.898	176.060	182.222	188.384
26.500	165.364	171.588	177.811	184.034	190.258
27.000	166.992	173.277	179.562	185.846	192.131
27.500	168.621	174.966	181.312	187.658	194.004
28.000	170.249	176.656	183.063	189.470	195.877
28.500	171.877	178.345	184.814	191.282	197.750
29.000	173.505	180.035	186.564	193.094	199.624
29.500	175.133	181.724	188.315	194.906	201.497

Fläche ha	Basishonorarsatz Euro	Viertelsatz Euro	Mittelsatz Euro	Dreiviertelsatz Euro	Oberer Honorarsatz Euro
30.000	**176.761**	183.413	190.066	196.718	**203.370**
31.000	179.672	186.434	193.196	199.958	206.720
32.000	182.584	189.455	196.327	203.198	210.069
33.000	185.495	192.476	199.457	206.438	213.419
34.000	188.407	195.497	202.588	209.678	216.769
35.000	191.318	198.518	205.718	212.918	220.119
36.000	194.229	201.539	208.849	216.159	223.468
37.000	197.141	204.560	211.979	219.399	226.818
38.000	200.052	207.581	215.110	222.639	230.168
39.000	202.964	210.602	218.240	225.879	233.517
40.000	**205.875**	213.623	221.371	229.119	**236.867**
41.000	208.460	216.305	224.150	231.995	239.841
42.000	211.044	218.987	226.929	234.872	242.814
43.000	213.629	221.669	229.708	237.748	245.788
44.000	216.213	224.351	232.488	240.625	248.762
45.000	218.798	227.032	235.267	243.501	251.736
46.000	221.383	229.714	238.046	246.378	254.709
47.000	223.967	232.396	240.825	249.254	257.683
48.000	226.552	235.078	243.604	252.130	260.657
49.000	229.136	237.760	246.383	255.007	263.630
50.000	**231.721**	240.442	249.163	257.883	**266.604**
51.000	234.072	242.881	251.690	260.500	269.309
52.000	236.423	245.321	254.218	263.116	272.014
53.000	238.774	247.760	256.746	265.732	274.718
54.000	241.125	250.199	259.274	268.349	277.423
55.000	243.476	252.639	261.802	270.965	280.128
56.000	245.826	255.078	264.330	273.581	282.833
57.000	248.177	257.517	266.857	276.198	285.538
58.000	250.528	259.957	269.385	278.814	288.242
59.000	252.879	262.396	271.913	281.430	290.947
60.000	**255.230**	264.836	274.441	284.047	**293.652**
61.000	257.403	267.090	276.777	286.465	296.152
62.000	259.576	269.345	279.114	288.883	298.652
63.000	261.748	271.599	281.450	291.301	301.151
64.000	263.921	273.854	283.786	293.719	303.651
65.000	266.094	276.108	286.123	296.137	306.151
66.000	268.267	278.363	288.459	298.555	308.651
67.000	270.440	280.617	290.795	300.973	311.151
68.000	272.612	282.872	293.131	303.391	313.650
69.000	274.785	285.126	295.468	305.809	316.150

Fläche ha	Basishonorarsatz Euro	Viertelsatz Euro	Mittelsatz Euro	Dreiviertelsatz Euro	Oberer Honorarsatz Euro
70.000	**276.958**	287.381	297.804	308.227	**318.650**
71.000	278.783	289.275	299.767	310.259	320.750
72.000	280.609	291.169	301.730	312.290	322.850
73.000	282.434	293.063	303.692	314.322	324.951
74.000	284.260	294.957	305.655	316.353	327.051
75.000	286.085	296.852	307.618	318.385	329.151
76.000	287.910	298.746	309.581	320.416	331.251
77.000	289.736	300.640	311.544	322.448	333.351
78.000	291.561	302.534	313.506	324.479	335.452
79.000	293.387	304.428	315.469	326.511	337.552
80.000	**295.212**	306.322	317.432	328.542	**339.652**
81.000	296.895	308.068	319.241	330.415	341.588
82.000	298.577	309.814	321.051	332.287	343.524
83.000	300.260	311.560	322.860	334.160	345.460
84.000	301.942	313.306	324.669	336.032	347.396
85.000	303.625	315.052	326.478	337.905	349.332
86.000	305.308	316.798	328.288	339.777	351.267
87.000	306.990	318.543	330.097	341.650	353.203
88.000	308.673	320.289	331.906	343.523	355.139
89.000	310.355	322.035	333.715	345.395	357.075
90.000	**312.038**	323.781	335.525	347.268	**359.011**
91.000	313.599	325.400	337.202	349.004	360.806
92.000	315.159	327.020	338.880	350.741	362.602
93.000	316.720	328.639	340.558	352.478	364.397
94.000	318.280	330.258	342.236	354.214	366.193
95.000	319.841	331.877	343.914	355.951	367.988
96.000	321.401	333.497	345.592	357.688	369.783
97.000	322.962	335.116	347.270	359.424	371.579
98.000	324.522	336.735	348.948	361.161	373.374
99.000	326.083	338.354	350.626	362.898	375.170
100.000	**327.643**	339.974	352.304	364.635	**376.965**

Honorartafel zu § 30 Abs. 1 – Landschaftsrahmenpläne Honorarzone III

Fläche ha	Basishonorarsatz Euro	Viertelsatz Euro	Mittelsatz Euro	Dreiviertelsatz Euro	Oberer Honorarsatz Euro
5.000	**82.764**	85.278	87.792	90.306	**92.820**
5.100	83.574	86.112	88.651	91.189	93.728
5.200	84.383	86.947	89.510	92.073	94.636
5.300	85.193	87.781	90.369	92.956	95.544
5.400	86.003	88.615	91.227	93.840	96.452
5.500	86.813	89.449	92.086	94.723	97.360
5.600	87.622	90.284	92.945	95.607	98.268
5.700	88.432	91.118	93.804	96.490	99.176
5.800	89.242	91.952	94.663	97.373	100.084
5.900	90.051	92.786	95.522	98.257	100.992
6.000	**90.861**	93.621	96.381	99.140	**101.900**
6.100	91.602	94.384	97.166	99.949	102.731
6.200	92.343	95.148	97.952	100.757	103.562
6.300	93.084	95.911	98.738	101.566	104.393
6.400	93.825	96.674	99.524	102.374	105.224
6.500	94.566	97.438	100.310	103.183	106.055
6.600	95.306	98.201	101.096	103.991	106.886
6.700	96.047	98.965	101.882	104.800	107.717
6.800	96.788	99.728	102.668	105.608	108.548
6.900	97.529	100.492	103.454	106.417	109.379
7.000	**98.270**	101.255	104.240	107.225	**110.210**
7.100	98.956	101.962	104.967	107.973	110.979
7.200	99.642	102.668	105.695	108.722	111.748
7.300	100.327	103.375	106.422	109.470	112.517
7.400	101.013	104.082	107.150	110.218	113.286
7.500	101.699	104.788	107.877	110.966	114.056
7.600	102.385	105.495	108.605	111.715	114.825
7.700	103.071	106.201	109.332	112.463	115.594
7.800	103.756	106.908	110.060	113.211	116.363
7.900	104.442	107.615	110.787	113.959	117.132
8.000	**105.128**	108.321	111.515	114.708	**117.901**
8.100	105.768	108.981	112.193	115.406	118.619
8.200	106.408	109.640	112.872	116.104	119.336
8.300	107.048	110.300	113.551	116.803	120.054
8.400	107.688	110.959	114.230	117.501	120.772
8.500	108.328	111.618	114.909	118.199	121.490
8.600	108.968	112.278	115.588	118.897	122.207
8.700	109.608	112.937	116.266	119.596	122.925
8.800	110.248	113.597	116.945	120.294	123.643
8.900	110.888	114.256	117.624	120.992	124.360

Fläche ha	Basishonorarsatz Euro	Viertelsatz Euro	Mittelsatz Euro	Dreiviertelsatz Euro	Oberer Honorarsatz Euro
9.000	**111.528**	114.916	118.303	121.691	**125.078**
9.100	112.129	115.535	118.941	122.346	125.752
9.200	112.730	116.154	119.578	123.002	126.426
9.300	113.332	116.774	120.216	123.658	127.101
9.400	113.933	117.393	120.854	124.314	127.775
9.500	114.534	118.013	121.492	124.970	128.449
9.600	115.135	118.632	122.129	125.626	129.123
9.700	115.736	119.252	122.767	126.282	129.797
9.800	116.338	119.871	123.405	126.938	130.472
9.900	116.939	120.491	124.042	127.594	131.146
10.000	**117.540**	121.110	124.680	128.250	**131.820**
10.200	118.646	122.250	125.853	129.457	133.060
10.400	119.752	123.389	127.026	130.663	134.301
10.600	120.858	124.529	128.199	131.870	135.541
10.800	121.964	125.668	129.372	133.077	136.781
11.000	123.070	126.808	130.546	134.284	138.022
11.200	124.175	127.947	131.719	135.490	139.262
11.400	125.281	129.087	132.892	136.697	140.502
11.600	126.387	130.226	134.065	137.904	141.742
11.800	127.493	131.366	135.238	139.110	142.983
12.000	**128.599**	132.505	136.411	140.317	**144.223**
12.200	129.600	133.536	137.473	141.409	145.345
12.400	130.601	134.567	138.534	142.501	146.468
12.600	131.601	135.599	139.596	143.593	147.590
12.800	132.602	136.630	140.657	144.685	148.713
13.000	133.603	137.661	141.719	145.777	149.835
13.200	134.604	138.692	142.781	146.869	150.957
13.400	135.605	139.723	143.842	147.961	152.080
13.600	136.605	140.755	144.904	149.053	153.202
13.800	137.606	141.786	145.965	150.145	154.325
14.000	**138.607**	142.817	147.027	151.237	**155.447**
14.200	139.523	143.760	147.998	152.236	156.474
14.400	140.438	144.704	148.970	153.235	157.501
14.600	141.354	145.647	149.941	154.234	158.528
14.800	142.269	146.591	150.912	155.233	159.555
15.000	143.185	147.534	151.883	156.232	160.582
15.200	144.101	148.478	152.855	157.231	161.608
15.400	145.016	149.421	153.826	158.231	162.635
15.600	145.932	150.364	154.797	159.230	163.662
15.800	146.847	151.308	155.768	160.229	164.689

Honorartafel zu § 30 Abs. 1 – Landschaftsrahmenpläne Honorarzone III

Fläche ha	Basishonorarsatz Euro	Viertelsatz Euro	Mittelsatz Euro	Dreiviertelsatz Euro	Oberer Honorarsatz Euro
16.000	**147.763**	152.251	156.740	161.228	**165.716**
16.200	148.608	153.121	157.635	162.149	166.663
16.400	149.452	153.992	158.531	163.071	167.610
16.600	150.297	154.862	159.427	163.992	168.557
16.800	151.141	155.732	160.323	164.913	169.504
17.000	151.986	156.602	161.218	165.835	170.451
17.200	152.830	157.472	162.114	166.756	171.398
17.400	153.675	158.342	163.010	167.677	172.345
17.600	154.519	159.212	163.906	168.599	173.292
17.800	155.364	160.082	164.801	169.520	174.239
18.000	**156.208**	160.953	165.697	170.442	**175.186**
18.200	156.992	161.760	166.528	171.296	176.065
18.400	157.775	162.567	167.359	172.151	176.944
18.600	158.559	163.374	168.190	173.006	177.822
18.800	159.342	164.182	169.022	173.861	178.701
19.000	160.126	164.989	169.853	174.716	179.580
19.200	160.909	165.796	170.684	175.571	180.459
19.400	161.693	166.604	171.515	176.426	181.338
19.600	162.476	167.411	172.346	177.281	182.216
19.800	163.260	168.218	173.177	178.136	183.095
20.000	**164.043**	169.026	174.009	178.991	**183.974**
20.500	166.103	171.148	176.193	181.238	186.284
21.000	168.162	173.270	178.378	183.485	188.593
21.500	170.222	175.392	180.562	185.732	190.903
22.000	172.281	177.514	182.747	187.980	193.212
22.500	174.341	179.636	184.931	190.227	195.522
23.000	176.400	181.758	187.116	192.474	197.832
23.500	178.460	183.880	189.300	194.721	200.141
24.000	180.519	186.002	191.485	196.968	202.451
24.500	182.579	188.124	193.669	199.215	204.760
25.000	**184.638**	190.246	195.854	201.462	**207.070**
25.500	186.511	192.176	197.841	203.506	209.171
26.000	188.384	194.106	199.828	205.550	211.272
26.500	190.258	196.036	201.815	207.594	213.372
27.000	192.131	197.966	203.802	209.638	215.473
27.500	194.004	199.897	205.789	211.682	217.574
28.000	195.877	201.827	207.776	213.725	219.675
28.500	197.750	203.757	209.763	215.769	221.776
29.000	199.624	205.687	211.750	217.813	223.876
29.500	201.497	207.617	213.737	219.857	225.977

Fläche ha	Basishonorarsatz Euro	Viertelsatz Euro	Mittelsatz Euro	Dreiviertelsatz Euro	Oberer Honorarsatz Euro
30.000	**203.370**	209.547	215.724	221.901	**228.078**
31.000	206.720	212.998	219.277	225.556	231.835
32.000	210.069	216.450	222.830	229.211	235.591
33.000	213.419	219.901	226.384	232.866	239.348
34.000	216.769	223.353	229.937	236.521	243.105
35.000	220.119	226.804	233.490	240.176	246.862
36.000	223.468	230.256	237.043	243.831	250.618
37.000	226.818	233.707	240.596	247.486	254.375
38.000	230.168	237.159	244.150	251.141	258.132
39.000	233.517	240.610	247.703	254.796	261.888
40.000	**236.867**	244.062	251.256	258.451	**265.645**
41.000	239.841	247.126	254.410	261.695	268.980
42.000	242.814	250.190	257.565	264.940	272.315
43.000	245.788	253.254	260.719	268.185	275.650
44.000	248.762	256.318	263.873	271.429	278.985
45.000	251.736	259.382	267.028	274.674	282.320
46.000	254.709	262.446	270.182	277.919	285.655
47.000	257.683	265.510	273.336	281.163	288.990
48.000	260.657	268.574	276.491	284.408	292.325
49.000	263.630	271.638	279.645	287.653	295.660
50.000	**266.604**	274.702	282.800	290.897	**298.995**
51.000	269.309	277.489	285.669	293.849	302.028
52.000	272.014	280.276	288.538	296.800	305.062
53.000	274.718	283.063	291.407	299.751	308.095
54.000	277.423	285.850	294.276	302.702	311.129
55.000	280.128	288.637	297.145	305.654	314.162
56.000	282.833	291.423	300.014	308.605	317.195
57.000	285.538	294.210	302.883	311.556	320.229
58.000	288.242	296.997	305.752	314.507	323.262
59.000	290.947	299.784	308.621	317.459	326.296
60.000	**293.652**	302.571	311.491	320.410	**329.329**
61.000	296.152	305.147	314.142	323.137	332.133
62.000	298.652	307.723	316.794	325.865	334.936
63.000	301.151	310.299	319.446	328.593	337.740
64.000	303.651	312.874	322.097	331.320	340.543
65.000	306.151	315.450	324.749	334.048	343.347
66.000	308.651	318.026	327.401	336.776	346.151
67.000	311.151	320.602	330.052	339.503	348.954
68.000	313.650	323.177	332.704	342.231	351.758
69.000	316.150	325.753	335.356	344.959	354.561

Fläche ha	Basishonorarsatz Euro	Viertelsatz Euro	Mittelsatz Euro	Dreiviertelsatz Euro	Oberer Honorarsatz Euro
70.000	**318.650**	328.329	338.008	347.686	**357.365**
71.000	320.750	330.493	340.235	349.978	359.720
72.000	322.850	332.657	342.463	352.269	362.076
73.000	324.951	334.821	344.691	354.561	364.431
74.000	327.051	336.985	346.919	356.852	366.786
75.000	329.151	339.149	349.146	359.144	369.142
76.000	331.251	341.313	351.374	361.435	371.497
77.000	333.351	343.477	353.602	363.727	373.852
78.000	335.452	345.641	355.830	366.018	376.207
79.000	337.552	347.805	358.057	368.310	378.563
80.000	**339.652**	349.969	360.285	370.602	**380.918**
81.000	341.588	351.963	362.339	372.714	383.089
82.000	343.524	353.958	364.392	374.826	385.260
83.000	345.460	355.953	366.446	376.939	387.432
84.000	347.396	357.947	368.499	379.051	389.603
85.000	349.332	359.942	370.553	381.163	391.774
86.000	351.267	361.937	372.606	383.276	393.945
87.000	353.203	363.932	374.660	385.388	396.116
88.000	355.139	365.926	376.713	387.501	398.288
89.000	357.075	367.921	378.767	389.613	400.459
90.000	**359.011**	369.916	380.821	391.725	**402.630**
91.000	360.806	371.766	382.725	393.684	404.644
92.000	362.602	373.616	384.629	395.643	406.657
93.000	364.397	375.466	386.534	397.602	408.671
94.000	366.193	377.315	388.438	399.561	410.684
95.000	367.988	379.165	390.343	401.520	412.698
96.000	369.783	381.015	392.247	403.479	414.711
97.000	371.579	382.865	394.152	405.438	416.725
98.000	373.374	384.715	396.056	407.397	418.738
99.000	375.170	386.565	397.961	409.356	420.752
100.000	**376.965**	388.415	399.865	411.315	**422.765**

Honorartafel zu § 31 Abs. 1 – Landschaftspflegerische Begleitpläne Honorarzone I

Fläche ha	Basishonorarsatz Euro	Viertelsatz Euro	Mittelsatz Euro	Dreiviertelsatz Euro	Oberer Honorarsatz Euro
6	**5.324**	5.540	5.757	5.973	**6.189**
6,2	5.405	5.624	5.844	6.063	6.283
6,4	5.485	5.708	5.931	6.154	6.376
6,6	5.566	5.792	6.018	6.244	6.470
6,8	5.646	5.876	6.105	6.334	6.564
7,0	5.727	5.960	6.192	6.425	6.658
7,2	5.808	6.044	6.279	6.515	6.751
7,4	5.888	6.127	6.367	6.606	6.845
7,6	5.969	6.211	6.454	6.696	6.939
7,8	6.049	6.295	6.541	6.787	7.032
8	**6.130**	6.379	6.628	6.877	**7.126**
8,4	6.277	6.532	6.787	7.042	7.297
8,8	6.424	6.685	6.946	7.207	7.468
9,2	6.571	6.838	7.105	7.372	7.639
9,6	6.718	6.991	7.264	7.537	7.810
10,0	6.865	7.144	7.423	7.702	7.981
10,4	7.012	7.297	7.582	7.867	8.152
10,8	7.159	7.450	7.741	8.032	8.323
11,2	7.306	7.603	7.900	8.197	8.494
11,6	7.453	7.756	8.059	8.362	8.665
12	**7.600**	7.909	8.218	8.527	**8.836**
12,4	7.735	8.049	8.364	8.678	8.993
12,8	7.869	8.189	8.509	8.829	9.149
13,2	8.004	8.329	8.655	8.980	9.306
13,6	8.139	8.470	8.800	9.131	9.462
14,0	8.274	8.610	8.946	9.282	9.619
14,4	8.408	8.750	9.092	9.433	9.775
14,8	8.543	8.890	9.237	9.584	9.932
15,2	8.678	9.030	9.383	9.735	10.088
15,6	8.812	9.170	9.528	9.886	10.245
16	**8.947**	9.311	9.674	10.038	**10.401**
16,4	9.073	9.442	9.810	10.179	10.548
16,8	9.199	9.573	9.947	10.320	10.694
17,2	9.325	9.704	10.083	10.462	10.841
17,6	9.451	9.835	10.219	10.603	10.987
18,0	9.577	9.966	10.355	10.744	11.134
18,4	9.703	10.097	10.492	10.886	11.280
18,8	9.829	10.228	10.628	11.027	11.427
19,2	9.955	10.360	10.764	11.169	11.573
19,6	10.081	10.491	10.900	11.310	11.720

Fläche ha	Basishonorarsatz Euro	Viertelsatz Euro	Mittelsatz Euro	Dreiviertelsatz Euro	Oberer Honorarsatz Euro
20	**10.207**	10.622	11.037	11.451	**11.866**
22	10.762	11.199	11.636	12.074	12.511
24	11.317	11.776	12.236	12.696	13.156
26	11.871	12.354	12.836	13.318	13.801
28	12.426	12.931	13.436	13.941	14.446
30	12.981	13.508	14.036	14.563	15.091
32	13.536	14.086	14.636	15.186	15.735
34	14.091	14.663	15.235	15.808	16.380
36	14.645	15.240	15.835	16.430	17.025
38	15.200	15.818	16.435	17.053	17.670
40	**15.755**	16.395	17.035	17.675	**18.315**
46	17.092	17.786	18.481	19.175	19.869
52	18.429	19.178	19.927	20.675	21.424
58	19.766	20.569	21.372	22.175	22.978
64	21.103	21.961	22.818	23.675	24.533
70	22.441	23.352	24.264	25.175	26.087
76	23.778	24.744	25.710	26.675	27.641
82	25.115	26.135	27.155	28.176	29.196
88	26.452	27.526	28.601	29.676	30.750
94	27.789	28.918	30.047	31.176	32.305
100	**29.126**	30.309	31.493	32.676	**33.859**
110	30.931	32.188	33.445	34.701	35.958
120	32.737	34.067	35.397	36.727	38.056
130	34.542	35.945	37.349	38.752	40.155
140	36.348	37.824	39.301	40.777	42.254
150	38.153	39.703	41.253	42.803	44.353
160	39.958	41.582	43.205	44.828	46.451
170	41.764	43.460	45.157	46.853	48.550
180	43.569	45.339	47.109	48.879	50.649
190	45.375	47.218	49.061	50.904	52.747
200	**47.180**	49.097	51.013	52.930	**54.846**
210	48.737	50.717	52.696	54.676	56.656
220	50.294	52.337	54.380	56.423	58.466
230	51.850	53.957	56.063	58.169	60.275
240	53.407	55.577	57.746	59.916	62.085
250	54.964	57.197	59.430	61.662	63.895
260	56.521	58.817	61.113	63.409	65.705
270	58.078	60.437	62.796	65.155	67.515
280	59.634	62.057	64.479	66.902	69.324
290	61.191	63.677	66.163	68.648	71.134

Fläche ha	Basishonorarsatz Euro	Viertelsatz Euro	Mittelsatz Euro	Dreiviertelsatz Euro	Oberer Honorarsatz Euro
300	**62.748**	65.297	67.846	70.395	**72.944**
310	64.156	66.762	69.369	71.975	74.581
320	65.564	68.228	70.891	73.555	76.218
330	66.972	69.693	72.414	75.134	77.855
340	68.380	71.158	73.936	76.714	79.492
350	69.789	72.624	75.459	78.294	81.129
360	71.197	74.089	76.981	79.874	82.766
370	72.605	75.554	78.504	81.453	84.403
380	74.013	77.020	80.026	83.033	86.040
390	75.421	78.485	81.549	84.613	87.677
400	**76.829**	79.950	83.072	86.193	**89.314**
410	78.132	81.306	84.480	87.654	90.828
420	79.434	82.661	85.888	89.115	92.342
430	80.737	84.017	87.297	90.577	93.857
440	82.039	85.372	88.705	92.038	95.371
450	83.342	86.728	90.114	93.499	96.885
460	84.645	88.083	91.522	94.961	98.399
470	85.947	89.439	92.930	96.422	99.913
480	87.250	90.794	94.339	97.883	101.428
490	88.552	92.150	95.747	99.344	102.942
500	**89.855**	93.505	97.156	100.806	**104.456**
510	91.076	94.776	98.475	102.175	105.875
520	92.296	96.046	99.795	103.545	107.294
530	93.517	97.316	101.115	104.914	108.713
540	94.738	98.586	102.435	106.284	110.132
550	95.959	99.857	103.755	107.653	111.552
560	97.179	101.127	105.075	109.023	112.971
570	98.400	102.397	106.395	110.392	114.390
580	99.621	103.668	107.715	111.762	115.809
590	100.841	104.938	109.035	113.131	117.228
600	**102.062**	106.208	110.355	114.501	**118.647**
610	103.216	107.409	111.602	115.795	119.989
620	104.370	108.610	112.850	117.090	121.330
630	105.524	109.811	114.098	118.385	122.672
640	106.678	111.012	115.346	119.679	124.013
650	107.832	112.213	116.593	120.974	125.355
660	108.986	113.414	117.841	122.269	126.696
670	110.140	114.614	119.089	123.563	128.038
680	111.294	115.815	120.337	124.858	129.379
690	112.448	117.016	121.584	126.152	130.721

Fläche ha	Basishonorarsatz Euro	Viertelsatz Euro	Mittelsatz Euro	Dreiviertelsatz Euro	Oberer Honorarsatz Euro
700	**113.602**	118.217	122.832	127.447	**132.062**
710	114.699	119.359	124.019	128.678	133.338
720	115.797	120.501	125.205	129.909	134.613
730	116.894	121.643	126.392	131.140	135.889
740	117.991	122.785	127.578	132.371	137.165
750	119.089	123.927	128.765	133.603	138.441
760	120.186	125.068	129.951	134.834	139.716
770	121.283	126.210	131.138	136.065	140.992
780	122.380	127.352	132.324	137.296	142.268
790	123.478	128.494	133.511	138.527	143.543
800	**124.575**	129.636	134.697	139.758	**144.819**
840	128.890	134.127	139.363	144.599	149.836
880	133.206	138.617	144.029	149.441	154.852
920	137.521	143.108	148.695	154.282	159.869
960	141.837	147.599	153.361	159.123	164.885
1.000	146.152	152.090	158.027	163.965	169.902
1.040	150.467	156.580	162.693	168.806	174.919
1.080	154.783	161.071	167.359	173.647	179.935
1.120	159.098	165.562	172.025	178.488	184.952
1.160	163.414	170.052	176.691	183.330	189.968
1.200	**167.729**	174.543	181.357	188.171	**194.985**
1.240	171.684	178.659	185.633	192.608	199.583
1.280	175.639	182.774	189.910	197.045	204.180
1.320	179.594	186.890	194.186	201.482	208.778
1.360	183.549	191.006	198.462	205.919	213.375
1.400	187.504	195.121	202.739	210.356	217.973
1.440	191.459	199.237	207.015	214.793	222.571
1.480	195.414	203.353	211.291	219.230	227.168
1.520	199.369	207.468	215.567	223.667	231.766
1.560	203.324	211.584	219.844	228.104	236.363
1.600	**207.279**	215.700	224.120	232.541	**240.961**
1.640	210.986	219.557	228.128	236.699	245.271
1.680	214.693	223.415	232.137	240.858	249.580
1.720	218.400	227.272	236.145	245.017	253.890
1.760	222.107	231.130	240.153	249.176	258.199
1.800	225.814	234.988	244.161	253.335	262.509
1.840	229.521	238.845	248.170	257.494	266.818
1.880	233.228	242.703	252.178	261.653	271.128
1.920	236.935	246.561	256.186	265.812	275.437
1.960	240.642	250.418	260.194	269.970	279.747

Fläche ha	Basishonorarsatz Euro	Viertelsatz Euro	Mittelsatz Euro	Dreiviertelsatz Euro	Oberer Honorarsatz Euro
2.000	**244.349**	254.276	264.203	274.129	**284.056**
2.040	247.870	257.940	268.010	278.079	288.149
2.080	251.391	261.604	271.817	282.029	292.242
2.120	254.912	265.268	275.624	285.979	296.335
2.160	258.433	268.932	279.431	289.930	300.428
2.200	261.954	272.596	283.238	293.880	304.522
2.240	265.475	276.260	287.045	297.830	308.615
2.280	268.996	279.924	290.852	301.780	312.708
2.320	272.517	283.588	294.659	305.730	316.801
2.360	276.038	287.252	298.466	309.680	320.894
2.400	**279.559**	290.916	302.273	313.630	**324.987**
2.480	285.985	297.603	309.221	320.839	332.457
2.560	292.410	304.289	316.168	328.047	339.926
2.640	298.836	310.976	323.116	335.256	347.396
2.720	305.261	317.662	330.063	342.464	354.865
2.800	311.687	324.349	337.011	349.673	362.335
2.880	318.112	331.035	343.958	356.881	369.805
2.960	324.538	337.722	350.906	364.090	377.274
3.040	330.963	344.408	357.853	371.299	384.744
3.120	337.389	351.095	364.801	378.507	392.213
3.200	**343.814**	357.781	371.749	385.716	**399.683**
3.280	349.517	363.716	377.915	392.114	406.313
3.360	355.221	369.651	384.082	398.513	412.943
3.440	360.924	375.586	390.249	404.911	419.574
3.520	366.627	381.521	396.416	411.310	426.204
3.600	372.331	387.456	402.582	417.708	432.834
3.680	378.034	393.391	408.749	424.107	439.464
3.760	383.737	399.326	414.916	430.505	446.094
3.840	389.440	405.261	421.083	436.904	452.725
3.920	395.144	411.196	427.249	443.302	459.355
4.000	**400.847**	417.132	433.416	449.701	**465.985**

Honorartafel zu § 31 Abs. 1 – Landschaftspflegerische Begleitpläne Honorarzone II

Fläche ha	Basishonorarsatz Euro	Viertelsatz Euro	Mittelsatz Euro	Dreiviertelsatz Euro	Oberer Honorarsatz Euro
6	**6.189**	6.422	6.655	6.888	**7.121**
6,2	6.283	6.519	6.756	6.992	7.229
6,4	6.376	6.616	6.857	7.097	7.337
6,6	6.470	6.714	6.957	7.201	7.444
6,8	6.564	6.811	7.058	7.305	7.552
7,0	6.658	6.908	7.159	7.409	7.660
7,2	6.751	7.005	7.260	7.514	7.768
7,4	6.845	7.103	7.360	7.618	7.876
7,6	6.939	7.200	7.461	7.722	7.983
7,8	7.032	7.297	7.562	7.826	8.091
8	**7.126**	7.394	7.663	7.931	**8.199**
8,4	7.297	7.572	7.846	8.121	8.396
8,8	7.468	7.749	8.030	8.311	8.592
9,2	7.639	7.927	8.214	8.502	8.789
9,6	7.810	8.104	8.398	8.692	8.986
10,0	7.981	8.281	8.582	8.882	9.183
10,4	8.152	8.459	8.766	9.072	9.379
10,8	8.323	8.636	8.949	9.263	9.576
11,2	8.494	8.814	9.133	9.453	9.773
11,6	8.665	8.991	9.317	9.643	9.969
12	**8.836**	9.169	9.501	9.834	**10.166**
12,4	8.993	9.331	9.669	10.008	10.346
12,8	9.149	9.493	9.838	10.182	10.526
13,2	9.306	9.656	10.006	10.356	10.706
13,6	9.462	9.818	10.174	10.530	10.886
14,0	9.619	9.980	10.342	10.704	11.066
14,4	9.775	10.143	10.511	10.878	11.246
14,8	9.932	10.305	10.679	11.052	11.426
15,2	10.088	10.468	10.847	11.227	11.606
15,6	10.245	10.630	11.015	11.401	11.786
16	**10.401**	10.792	11.184	11.575	**11.966**
16,4	10.548	10.944	11.341	11.738	12.135
16,8	10.694	11.096	11.499	11.901	12.303
17,2	10.841	11.248	11.656	12.064	12.472
17,6	10.987	11.400	11.814	12.227	12.640
18,0	11.134	11.552	11.971	12.390	12.809
18,4	11.280	11.704	12.129	12.553	12.978
18,8	11.427	11.856	12.286	12.716	13.146
19,2	11.573	12.008	12.444	12.879	13.315
19,6	11.720	12.160	12.601	13.042	13.483

Fläche ha	Basishonorarsatz Euro	Viertelsatz Euro	Mittelsatz Euro	Dreiviertelsatz Euro	Oberer Honorarsatz Euro
20	**11.866**	12.313	12.759	13.206	**13.652**
22	12.511	12.982	13.452	13.923	14.394
24	13.156	13.651	14.146	14.641	15.136
26	13.801	14.320	14.839	15.359	15.878
28	14.446	14.989	15.533	16.076	16.620
30	15.091	15.658	16.226	16.794	17.362
32	15.735	16.328	16.920	17.512	18.104
34	16.380	16.997	17.613	18.230	18.846
36	17.025	17.666	18.307	18.947	19.588
38	17.670	18.335	19.000	19.665	20.330
40	**18.315**	19.004	19.694	20.383	**21.072**
46	19.869	20.617	21.365	22.113	22.860
52	21.424	22.230	23.036	23.843	24.649
58	22.978	23.843	24.708	25.572	26.437
64	24.533	25.456	26.379	27.302	28.226
70	26.087	27.069	28.051	29.032	30.014
76	27.641	28.682	29.722	30.762	31.802
82	29.196	30.295	31.393	32.492	33.591
88	30.750	31.907	33.065	34.222	35.379
94	32.305	33.520	34.736	35.952	37.168
100	**33.859**	35.133	36.408	37.682	**38.956**
110	35.958	37.311	38.664	40.017	41.371
120	38.056	39.489	40.921	42.353	43.785
130	40.155	41.666	43.178	44.689	46.200
140	42.254	43.844	45.434	47.025	48.615
150	44.353	46.022	47.691	49.360	51.030
160	46.451	48.199	49.948	51.696	53.444
170	48.550	50.377	52.204	54.032	55.859
180	50.649	52.555	54.461	56.367	58.274
190	52.747	54.733	56.718	58.703	60.688
200	**54.846**	56.910	58.975	61.039	**63.103**
210	56.656	58.788	60.921	63.053	65.185
220	58.466	60.666	62.867	65.067	67.267
230	60.275	62.544	64.813	67.081	69.350
240	62.085	64.422	66.759	69.095	71.432
250	63.895	66.300	68.705	71.109	73.514
260	65.705	68.178	70.651	73.123	75.596
270	67.515	70.056	72.597	75.137	77.678
280	69.324	71.933	74.543	77.152	79.761
290	71.134	73.811	76.489	79.166	81.843

Fläche ha	Basishonorarsatz Euro	Viertelsatz Euro	Mittelsatz Euro	Dreiviertelsatz Euro	Oberer Honorarsatz Euro
300	**72.944**	75.689	78.435	81.180	**83.925**
310	74.581	77.388	80.195	83.002	85.808
320	76.218	79.086	81.955	84.823	87.692
330	77.855	80.785	83.715	86.645	89.575
340	79.492	82.484	85.475	88.467	91.459
350	81.129	84.182	87.236	90.289	93.342
360	82.766	85.881	88.996	92.111	95.225
370	84.403	87.579	90.756	93.932	97.109
380	86.040	89.278	92.516	95.754	98.992
390	87.677	90.977	94.276	97.576	100.876
400	**89.314**	92.675	96.037	99.398	**102.759**
410	90.828	94.246	97.665	101.083	104.501
420	92.342	95.818	99.293	102.768	106.243
430	93.857	97.389	100.921	104.453	107.986
440	95.371	98.960	102.549	106.139	109.728
450	96.885	100.531	104.178	107.824	111.470
460	98.399	102.102	105.806	109.509	113.212
470	99.913	103.674	107.434	111.194	114.954
480	101.428	105.245	109.062	112.879	116.697
490	102.942	106.816	110.690	114.565	118.439
500	**104.456**	108.387	112.319	116.250	**120.181**
510	105.875	109.860	113.844	117.829	121.814
520	107.294	111.332	115.370	119.408	123.446
530	108.713	112.805	116.896	120.988	125.079
540	110.132	114.277	118.422	122.567	126.712
550	111.552	115.750	119.948	124.146	128.345
560	112.971	117.222	121.474	125.726	129.977
570	114.390	118.695	123.000	127.305	131.610
580	115.809	120.167	124.526	128.884	133.243
590	117.228	121.640	126.052	130.463	134.875
600	**118.647**	123.112	127.578	132.043	**136.508**
610	119.989	124.504	129.020	133.536	138.051
620	121.330	125.896	130.462	135.029	139.595
630	122.672	127.288	131.905	136.522	141.138
640	124.013	128.680	133.347	138.014	142.682
650	125.355	130.072	134.790	139.507	144.225
660	126.696	131.464	136.232	141.000	145.768
670	128.038	132.856	137.675	142.493	147.312
680	129.379	134.248	139.117	143.986	148.855
690	130.721	135.640	140.560	145.479	150.399

Fläche ha	Basishonorarsatz Euro	Viertelsatz Euro	Mittelsatz Euro	Dreiviertelsatz Euro	Oberer Honorarsatz Euro
700	**132.062**	137.032	142.002	146.972	**151.942**
710	133.338	138.356	143.374	148.392	153.410
720	134.613	139.679	144.746	149.812	154.878
730	135.889	141.003	146.117	151.231	156.345
740	137.165	142.327	147.489	152.651	157.813
750	138.441	143.651	148.861	154.071	159.281
760	139.716	144.974	150.233	155.491	160.749
770	140.992	146.298	151.604	156.910	162.217
780	142.268	147.622	152.976	158.330	163.684
790	143.543	148.946	154.348	159.750	165.152
800	**144.819**	150.269	155.720	161.170	**166.620**
840	149.836	155.475	161.114	166.753	172.392
880	154.852	160.680	166.508	172.336	178.164
920	159.869	165.885	171.902	177.919	183.935
960	164.885	171.091	177.296	183.502	189.707
1.000	169.902	176.296	182.691	189.085	195.479
1.040	174.919	181.502	188.085	194.668	201.251
1.080	179.935	186.707	193.479	200.251	207.023
1.120	184.952	191.912	198.873	205.834	212.794
1.160	189.968	197.118	204.267	211.417	218.566
1.200	**194.985**	202.323	209.662	217.000	**224.338**
1.240	199.583	207.094	214.605	222.116	229.628
1.280	204.180	211.865	219.549	227.233	234.917
1.320	208.778	216.635	224.492	232.350	240.207
1.360	213.375	221.406	229.436	237.466	245.497
1.400	217.973	226.176	234.380	242.583	250.787
1.440	222.571	230.947	239.323	247.700	256.076
1.480	227.168	235.718	244.267	252.816	261.366
1.520	231.766	240.488	249.211	257.933	266.656
1.560	236.363	245.259	254.154	263.050	271.945
1.600	**240.961**	250.030	259.098	268.167	**277.235**
1.640	245.271	254.501	263.732	272.963	282.193
1.680	249.580	258.973	268.366	277.759	287.151
1.720	253.890	263.445	273.000	282.555	292.110
1.760	258.199	267.916	277.633	287.351	297.068
1.800	262.509	272.388	282.267	292.147	302.026
1.840	266.818	276.860	286.901	296.943	306.984
1.880	271.128	281.331	291.535	301.739	311.942
1.920	275.437	285.803	296.169	306.535	316.901
1.960	279.747	290.275	300.803	311.331	321.859

Fläche ha	Basishonorar-satz Euro	Viertelsatz Euro	Mittelsatz Euro	Dreiviertel-satz Euro	Oberer Honorarsatz Euro
2.000	**284.056**	294.746	305.437	316.127	**326.817**
2.040	288.149	298.993	309.838	320.682	331.526
2.080	292.242	303.241	314.239	325.237	336.236
2.120	296.335	307.488	318.640	329.793	340.945
2.160	300.428	311.735	323.041	334.348	345.654
2.200	304.522	315.982	327.443	338.903	350.364
2.240	308.615	320.229	331.844	343.458	355.073
2.280	312.708	324.476	336.245	348.014	359.782
2.320	316.801	328.723	340.646	352.569	364.491
2.360	320.894	332.971	345.047	357.124	369.201
2.400	**324.987**	337.218	349.449	361.679	**373.910**
2.480	332.457	344.968	357.480	369.992	382.504
2.560	339.926	352.719	365.512	378.305	391.098
2.640	347.396	360.470	373.544	386.618	399.692
2.720	354.865	368.221	381.576	394.931	408.286
2.800	362.335	375.971	389.608	403.244	416.881
2.880	369.805	383.722	397.640	411.557	425.475
2.960	377.274	391.473	405.671	419.870	434.069
3.040	384.744	399.224	413.703	428.183	442.663
3.120	392.213	406.974	421.735	436.496	451.257
3.200	**399.683**	414.725	429.767	444.809	**459.851**
3.280	406.313	421.605	436.896	452.188	467.479
3.360	412.943	428.484	444.025	459.566	475.107
3.440	419.574	435.364	451.155	466.945	482.736
3.520	426.204	442.244	458.284	474.324	490.364
3.600	432.834	449.124	465.413	481.703	497.992
3.680	439.464	456.003	472.542	489.081	505.620
3.760	446.094	462.883	479.671	496.460	513.248
3.840	452.725	469.763	486.801	503.839	520.877
3.920	459.355	476.642	493.930	511.217	528.505
4.000	**465.985**	483.522	501.059	518.596	**536.133**

Honorartafel zu § 31 Abs. 1 – Landschaftspflegerische Begleitpläne Honorarzone III

Fläche ha	Basishonorarsatz Euro	Viertelsatz Euro	Mittelsatz Euro	Dreiviertelsatz Euro	Oberer Honorarsatz Euro
6	**7.121**	7.337	7.554	7.770	**7.986**
6,2	7.229	7.448	7.668	7.887	8.107
6,4	7.337	7.559	7.782	8.005	8.228
6,6	7.444	7.670	7.897	8.123	8.349
6,8	7.552	7.782	8.011	8.240	8.470
7,0	7.660	7.893	8.125	8.358	8.591
7,2	7.768	8.004	8.240	8.476	8.711
7,4	7.876	8.115	8.354	8.593	8.832
7,6	7.983	8.226	8.468	8.711	8.953
7,8	8.091	8.337	8.583	8.828	9.074
8	**8.199**	8.448	8.697	8.946	**9.195**
8,4	8.396	8.651	8.906	9.161	9.416
8,8	8.592	8.853	9.114	9.375	9.636
9,2	8.789	9.056	9.323	9.590	9.857
9,6	8.986	9.259	9.532	9.805	10.077
10,0	9.183	9.461	9.740	10.019	10.298
10,4	9.379	9.664	9.949	10.234	10.519
10,8	9.576	9.867	10.158	10.448	10.739
11,2	9.773	10.069	10.366	10.663	10.960
11,6	9.969	10.272	10.575	10.878	11.180
12	**10.166**	10.475	10.784	11.092	**11.401**
12,4	10.346	10.660	10.974	11.289	11.603
12,8	10.526	10.846	11.165	11.485	11.805
13,2	10.706	11.031	11.356	11.682	12.007
13,6	10.886	11.217	11.547	11.878	12.209
14,0	11.066	11.402	11.738	12.074	12.411
14,4	11.246	11.588	11.929	12.271	12.612
14,8	11.426	11.773	12.120	12.467	12.814
15,2	11.606	11.959	12.311	12.664	13.016
15,6	11.786	12.144	12.502	12.860	13.218
16	**11.966**	12.330	12.693	13.057	**13.420**
16,4	12.135	12.503	12.872	13.240	13.609
16,8	12.303	12.677	13.051	13.424	13.798
17,2	12.472	12.851	13.230	13.608	13.987
17,6	12.640	13.024	13.408	13.792	14.176
18,0	12.809	13.198	13.587	13.976	14.366
18,4	12.978	13.372	13.766	14.160	14.555
18,8	13.146	13.546	13.945	14.344	14.744
19,2	13.315	13.719	14.124	14.528	14.933
19,6	13.483	13.893	14.303	14.712	15.122

Fläche ha	Basishonorarsatz Euro	Viertelsatz Euro	Mittelsatz Euro	Dreiviertelsatz Euro	Oberer Honorarsatz Euro
20	**13.652**	14.067	14.482	14.896	**15.311**
22	14.394	14.831	15.269	15.706	16.143
24	15.136	15.596	16.056	16.515	16.975
26	15.878	16.360	16.843	17.325	17.807
28	16.620	17.125	17.630	18.135	18.639
30	17.362	17.889	18.417	18.944	19.472
32	18.104	18.654	19.204	19.754	20.304
34	18.846	19.418	19.991	20.563	21.136
36	19.588	20.183	20.778	21.373	21.968
38	20.330	20.947	21.565	22.182	22.800
40	**21.072**	21.712	22.352	22.992	**23.632**
46	22.860	23.555	24.249	24.943	25.638
52	24.649	25.397	26.146	26.895	27.643
58	26.437	27.240	28.043	28.846	29.649
64	28.226	29.083	29.940	30.798	31.655
70	30.014	30.926	31.837	32.749	33.661
76	31.802	32.768	33.734	34.700	35.666
82	33.591	34.611	35.631	36.652	37.672
88	35.379	36.454	37.528	38.603	39.678
94	37.168	38.297	39.425	40.554	41.683
100	**38.956**	40.139	41.323	42.506	**43.689**
110	41.371	42.627	43.884	45.140	46.397
120	43.785	45.115	46.445	47.775	49.105
130	46.200	47.603	49.007	50.410	51.813
140	48.615	50.091	51.568	53.044	54.521
150	51.030	52.579	54.129	55.679	57.229
160	53.444	55.067	56.691	58.314	59.937
170	55.859	57.555	59.252	60.948	62.645
180	58.274	60.043	61.813	63.583	65.353
190	60.688	62.531	64.375	66.218	68.061
200	**63.103**	65.020	66.936	68.853	**70.769**
210	65.185	67.165	69.145	71.124	73.104
220	67.267	69.310	71.353	73.396	75.439
230	69.350	71.456	73.562	75.668	77.775
240	71.432	73.601	75.771	77.940	80.110
250	73.514	75.747	77.980	80.212	82.445
260	75.596	77.892	80.188	82.484	84.780
270	77.678	80.038	82.397	84.756	87.115
280	79.761	82.183	84.606	87.028	89.451
290	81.843	84.329	86.814	89.300	91.786

Fläche ha	Basishonorarsatz Euro	Viertelsatz Euro	Mittelsatz Euro	Dreiviertelsatz Euro	Oberer Honorarsatz Euro
300	**83.925**	86.474	89.023	91.572	**94.121**
310	85.808	88.415	91.021	93.627	96.233
320	87.692	90.355	93.019	95.682	98.346
330	89.575	92.296	95.017	97.737	100.458
340	91.459	94.237	97.014	99.792	102.570
350	93.342	96.177	99.012	101.847	104.683
360	95.225	98.118	101.010	103.902	106.795
370	97.109	100.058	103.008	105.958	108.907
380	98.992	101.999	105.006	108.013	111.019
390	100.876	103.940	107.004	110.068	113.132
400	**102.759**	105.880	109.002	112.123	**115.244**
410	104.501	107.675	110.850	114.024	117.198
420	106.243	109.470	112.698	115.925	119.152
430	107.986	111.266	114.546	117.825	121.105
440	109.728	113.061	116.394	119.726	123.059
450	111.470	114.856	118.242	121.627	125.013
460	113.212	116.651	120.090	123.528	126.967
470	114.954	118.446	121.938	125.429	128.921
480	116.697	120.241	123.786	127.330	130.874
490	118.439	122.036	125.634	129.231	132.828
500	**120.181**	123.831	127.482	131.132	**134.782**
510	121.814	125.514	129.213	132.913	136.613
520	123.446	127.196	130.945	134.695	138.444
530	125.079	128.878	132.677	136.476	140.275
540	126.712	130.560	134.409	138.258	142.106
550	128.345	132.243	136.141	140.039	143.938
560	129.977	133.925	137.873	141.821	145.769
570	131.610	135.607	139.605	143.602	147.600
580	133.243	137.290	141.337	145.384	149.431
590	134.875	138.972	143.069	147.165	151.262
600	**136.508**	140.654	144.801	148.947	**153.093**
610	138.051	142.245	146.438	150.631	154.824
620	139.595	143.835	148.075	152.315	156.555
630	141.138	145.425	149.712	153.999	158.286
640	142.682	147.015	151.349	155.683	160.017
650	144.225	148.606	152.986	157.367	161.748
660	145.768	150.196	154.623	159.051	163.478
670	147.312	151.786	156.261	160.735	165.209
680	148.855	153.376	157.898	162.419	166.940
690	150.399	154.967	159.535	164.103	168.671

Fläche ha	Basishonorarsatz Euro	Viertelsatz Euro	Mittelsatz Euro	Dreiviertelsatz Euro	Oberer Honorarsatz Euro
700	**151.942**	156.557	161.172	165.787	**170.402**
710	153.410	158.069	162.729	167.389	172.048
720	154.878	159.582	164.286	168.990	173.694
730	156.345	161.094	165.843	170.592	175.340
740	157.813	162.607	167.400	172.193	176.986
750	159.281	164.119	168.957	173.795	178.633
760	160.749	165.631	170.514	175.396	180.279
770	162.217	167.144	172.071	176.998	181.925
780	163.684	168.656	173.628	178.599	183.571
790	165.152	170.168	175.185	180.201	185.217
800	**166.620**	171.681	176.742	181.802	**186.863**
840	172.392	177.628	182.864	188.100	193.336
880	178.164	183.575	188.986	194.398	199.809
920	183.935	189.522	195.109	200.696	206.282
960	189.707	195.469	201.231	206.993	212.755
1.000	195.479	201.416	207.354	213.291	219.229
1.040	201.251	207.364	213.476	219.589	225.702
1.080	207.023	213.311	219.599	225.887	232.175
1.120	212.794	219.258	225.721	232.184	238.648
1.160	218.566	225.205	231.844	238.482	245.121
1.200	**224.338**	231.152	237.966	244.780	**251.594**
1.240	229.628	236.602	243.577	250.552	257.526
1.280	234.917	242.053	249.188	256.323	263.459
1.320	240.207	247.503	254.799	262.095	269.391
1.360	245.497	252.954	260.410	267.867	275.324
1.400	250.787	258.404	266.021	273.639	281.256
1.440	256.076	263.854	271.632	279.410	287.188
1.480	261.366	269.305	277.243	285.182	293.121
1.520	266.656	274.755	282.854	290.954	299.053
1.560	271.945	280.205	288.465	296.726	304.986
1.600	**277.235**	285.656	294.077	302.497	**310.918**
1.640	282.193	290.765	299.336	307.907	316.479
1.680	287.151	295.873	304.595	313.317	322.039
1.720	292.110	300.982	309.855	318.727	327.600
1.760	297.068	306.091	315.114	324.137	333.160
1.800	302.026	311.200	320.374	329.547	338.721
1.840	306.984	316.309	325.633	334.957	344.282
1.880	311.942	321.417	330.892	340.367	349.842
1.920	316.901	326.526	336.152	345.777	355.403
1.960	321.859	331.635	341.411	351.187	360.963

Fläche ha	Basishonorarsatz Euro	Viertelsatz Euro	Mittelsatz Euro	Dreiviertelsatz Euro	Oberer Honorarsatz Euro
2.000	**326.817**	336.744	346.671	356.597	**366.524**
2.040	331.526	341.596	351.666	361.736	371.805
2.080	336.236	346.448	356.661	366.874	377.087
2.120	340.945	351.301	361.657	372.012	382.368
2.160	345.654	356.153	366.652	377.151	387.650
2.200	350.364	361.005	371.647	382.289	392.931
2.240	355.073	365.858	376.643	387.428	398.212
2.280	359.782	370.710	381.638	392.566	403.494
2.320	364.491	375.562	386.633	397.704	408.775
2.360	369.201	380.415	391.629	402.843	414.057
2.400	**373.910**	385.267	396.624	407.981	**419.338**
2.480	382.504	394.122	405.740	417.358	428.976
2.560	391.098	402.977	414.856	426.735	438.614
2.640	399.692	411.832	423.972	436.113	448.253
2.720	408.286	420.688	433.089	445.490	457.891
2.800	416.881	429.543	442.205	454.867	467.529
2.880	425.475	438.398	451.321	464.244	477.167
2.960	434.069	447.253	460.437	473.621	486.805
3.040	442.663	456.108	469.553	482.998	496.444
3.120	451.257	464.963	478.669	492.376	506.082
3.200	**459.851**	473.818	487.786	501.753	**515.720**
3.280	467.479	481.678	495.877	510.076	524.275
3.360	475.107	489.538	503.969	518.399	532.830
3.440	482.736	497.398	512.060	526.723	541.385
3.520	490.364	505.258	520.152	535.046	549.940
3.600	497.992	513.118	528.244	543.369	558.495
3.680	505.620	520.978	536.335	551.693	567.050
3.760	513.248	528.838	544.427	560.016	575.605
3.840	520.877	536.697	552.518	568.339	584.160
3.920	528.505	544.557	560.610	576.662	592.715
4.000	**536.133**	552.417	568.702	584.986	**601.270**

Honorartafel zu § 32 Abs. 1 – Pflege- und Entwicklungspläne Honorarzone I

Fläche ha	Basishonorarsatz Euro	Viertelsatz Euro	Mittelsatz Euro	Dreiviertelsatz Euro	Oberer Honorarsatz Euro
5	**3.852**	4.815	5.778	6.741	**7.704**
5,5	3.947	4.934	5.920	6.907	7.894
6,0	4.042	5.052	6.063	7.073	8.084
6,5	4.137	5.171	6.205	7.240	8.274
7,0	4.232	5.290	6.348	7.406	8.464
7,5	4.327	5.409	6.490	7.572	8.654
8,0	4.422	5.527	6.633	7.738	8.843
8,5	4.517	5.646	6.775	7.904	9.033
9,0	4.612	5.765	6.918	8.070	9.223
9,5	4.707	5.884	7.060	8.237	9.413
10	**4.802**	6.002	7.203	8.403	**9.603**
10,5	4.870	6.087	7.304	8.522	9.739
11,0	4.938	6.172	7.406	8.641	9.875
11,5	5.006	6.257	7.508	8.760	10.011
12,0	5.074	6.342	7.610	8.879	10.147
12,5	5.142	6.427	7.712	8.998	10.283
13,0	5.209	6.512	7.814	9.117	10.419
13,5	5.277	6.597	7.916	9.236	10.555
14,0	5.345	6.682	8.018	9.355	10.691
14,5	5.413	6.767	8.120	9.474	10.827
15	**5.481**	6.852	8.222	9.593	**10.963**
15,5	5.536	6.920	8.304	9.688	11.073
16,0	5.591	6.988	8.386	9.784	11.182
16,5	5.645	7.057	8.468	9.880	11.292
17,0	5.700	7.125	8.551	9.976	11.401
17,5	5.755	7.194	8.633	10.072	11.511
18,0	5.810	7.262	8.715	10.167	11.620
18,5	5.865	7.331	8.797	10.263	11.730
19,0	5.919	7.399	8.879	10.359	11.839
19,5	5.974	7.468	8.961	10.455	11.949
20	**6.029**	7.536	9.044	10.551	**12.058**
21,0	6.117	7.646	9.175	10.704	12.234
22,0	6.204	7.756	9.307	10.858	12.409
23,0	6.292	7.865	9.438	11.011	12.585
24,0	6.380	7.975	9.570	11.165	12.760
25,0	6.468	8.085	9.702	11.319	12.936
26,0	6.555	8.194	9.833	11.472	13.111
27,0	6.643	8.304	9.965	11.626	13.287
28,0	6.731	8.413	10.096	11.779	13.462
29,0	6.818	8.523	10.228	11.933	13.638

Fläche ha	Basishonorarsatz Euro	Viertelsatz Euro	Mittelsatz Euro	Dreiviertelsatz Euro	Oberer Honorarsatz Euro
30	**6.906**	8.633	10.360	12.086	**13.813**
31,0	6.977	8.721	10.465	12.210	13.954
32,0	7.047	8.809	10.571	12.333	14.095
33,0	7.118	8.898	10.677	12.457	14.237
34,0	7.188	8.986	10.783	12.580	14.378
35,0	7.259	9.074	10.889	12.704	14.519
36,0	7.330	9.162	10.995	12.828	14.660
37,0	7.400	9.251	11.101	12.951	14.801
38,0	7.471	9.339	11.207	13.075	14.943
39,0	7.541	9.427	11.313	13.198	15.084
40	**7.612**	9.515	11.419	13.322	**15.225**
41,0	7.672	9.590	11.509	13.427	15.345
42,0	7.732	9.665	11.599	13.532	15.465
43,0	7.792	9.740	11.689	13.637	15.585
44,0	7.852	9.816	11.779	13.742	15.705
45,0	7.913	9.891	11.869	13.847	15.825
46,0	7.973	9.966	11.959	13.952	15.945
47,0	8.033	10.041	12.049	14.057	16.065
48,0	8.093	10.116	12.139	14.162	16.185
49,0	8.153	10.191	12.229	14.267	16.305
50	**8.213**	10.266	12.319	14.372	**16.425**
52,5	8.335	10.419	12.502	14.586	16.669
55,0	8.457	10.571	12.685	14.799	16.913
57,5	8.579	10.724	12.868	15.013	17.157
60,0	8.701	10.876	13.051	15.226	17.401
62,5	8.823	11.029	13.234	15.440	17.646
65,0	8.945	11.181	13.417	15.653	17.890
67,5	9.067	11.334	13.600	15.867	18.134
70,0	9.189	11.486	13.783	16.081	18.378
72,5	9.311	11.639	13.966	16.294	18.622
75	**9.433**	11.791	14.150	16.508	**18.866**
77,5	9.531	11.913	14.296	16.678	19.061
80,0	9.628	12.035	14.442	16.849	19.256
82,5	9.726	12.157	14.588	17.020	19.451
85,0	9.823	12.279	14.735	17.190	19.646
87,5	9.921	12.401	14.881	17.361	19.841
90,0	10.018	12.523	15.027	17.532	20.036
92,5	10.116	12.644	15.173	17.702	20.231
95,0	10.213	12.766	15.320	17.873	20.426
97,5	10.311	12.888	15.466	18.043	20.621

Fläche ha	Basishonorarsatz Euro	Viertelsatz Euro	Mittelsatz Euro	Dreiviertelsatz Euro	Oberer Honorarsatz Euro
100	**10.408**	13.010	15.612	18.214	**20.816**
105,0	10.562	13.203	15.843	18.484	21.124
110,0	10.716	13.395	16.074	18.754	21.433
115,0	10.870	13.588	16.306	19.023	21.741
120,0	11.024	13.781	16.537	19.293	22.049
125,0	11.179	13.973	16.768	19.563	22.358
130,0	11.333	14.166	16.999	19.833	22.666
135,0	11.487	14.359	17.230	20.102	22.974
140,0	11.641	14.551	17.462	20.372	23.282
145,0	11.795	14.744	17.693	20.642	23.591
150	**11.949**	14.937	17.924	20.912	**23.899**
155,0	12.071	15.088	18.106	21.124	24.142
160,0	12.192	15.240	18.289	21.337	24.385
165,0	12.314	15.392	18.471	21.550	24.628
170,0	12.435	15.544	18.653	21.762	24.871
175,0	12.557	15.696	18.836	21.975	25.115
180,0	12.679	15.848	19.018	22.188	25.358
185,0	12.800	16.000	19.200	22.401	25.601
190,0	12.922	16.152	19.383	22.613	25.844
195,0	13.043	16.304	19.565	22.826	26.087
200	**13.165**	16.456	19.748	23.039	**26.330**
210,0	13.380	16.725	20.070	23.416	26.761
220,0	13.596	16.995	20.393	23.792	27.191
230,0	13.811	17.264	20.716	24.169	27.622
240,0	14.026	17.533	21.039	24.546	28.052
250,0	14.242	17.802	21.362	24.923	28.483
260,0	14.457	18.071	21.685	25.299	28.914
270,0	14.672	18.340	22.008	25.676	29.344
280,0	14.887	18.609	22.331	26.053	29.775
290,0	15.103	18.878	22.654	26.430	30.205
300	**15.318**	19.148	22.977	26.807	**30.636**
310,0	15.495	19.369	23.242	27.116	30.990
320,0	15.672	19.590	23.508	27.426	31.344
330,0	15.849	19.811	23.773	27.735	31.697
340,0	16.026	20.032	24.038	28.045	32.051
350,0	16.203	20.253	24.304	28.354	32.405
360,0	16.379	20.474	24.569	28.664	32.759
370,0	16.556	20.695	24.834	28.974	33.113
380,0	16.733	20.917	25.100	29.283	33.466
390,0	16.910	21.138	25.365	29.593	33.820

Fläche ha	Basishonorarsatz Euro	Viertelsatz Euro	Mittelsatz Euro	Dreiviertelsatz Euro	Oberer Honorarsatz Euro
400	**17.087**	21.359	25.631	29.902	**34.174**
410,0	17.240	21.551	25.861	30.171	34.481
420,0	17.394	21.742	26.091	30.439	34.788
430,0	17.547	21.934	26.321	30.708	35.094
440,0	17.701	22.126	26.551	30.976	35.401
450,0	17.854	22.318	26.781	31.245	35.708
460,0	18.007	22.509	27.011	31.513	36.015
470,0	18.161	22.701	27.241	31.781	36.322
480,0	18.314	22.893	27.471	32.050	36.628
490,0	18.468	23.085	27.701	32.318	36.935
500	**18.621**	23.276	27.932	32.587	**37.242**
525,0	18.942	23.678	28.413	33.149	37.884
550,0	19.263	24.079	28.895	33.711	38.527
575,0	19.585	24.481	29.377	34.273	39.169
600,0	19.906	24.882	29.859	34.835	39.812
625,0	20.227	25.284	30.341	35.397	40.454
650,0	20.548	25.685	30.822	35.959	41.096
675,0	20.869	26.087	31.304	36.521	41.739
700,0	21.191	26.488	31.786	37.084	42.381
725,0	21.512	26.890	32.268	37.646	43.024
750	**21.833**	27.291	32.750	38.208	**43.666**
775,0	22.100	27.626	33.151	38.676	44.201
800,0	22.368	27.960	33.552	39.144	44.736
825,0	22.635	28.294	33.953	39.612	45.270
850,0	22.903	28.628	34.354	40.080	45.805
875,0	23.170	28.963	34.755	40.548	46.340
900,0	23.437	29.297	35.156	41.015	46.875
925,0	23.705	29.631	35.557	41.483	47.410
950,0	23.972	29.965	35.958	41.951	47.944
975,0	24.240	30.300	36.359	42.419	48.479
1000	**24.507**	30.634	36.761	42.887	**49.014**
1050,0	24.953	31.191	37.429	43.668	49.906
1100,0	25.399	31.749	38.098	44.448	50.798
1150,0	25.845	32.306	38.767	45.228	51.689
1200,0	26.291	32.863	39.436	46.009	52.581
1250,0	26.737	33.421	40.105	46.789	53.473
1300,0	27.182	33.978	40.774	47.569	54.365
1350,0	27.628	34.535	41.442	48.350	55.257
1400,0	28.074	35.093	42.111	49.130	56.148
1450,0	28.520	35.650	42.780	49.910	57.040

Fläche ha	Basishonorarsatz Euro	Viertelsatz Euro	Mittelsatz Euro	Dreiviertelsatz Euro	Oberer Honorarsatz Euro
1500	**28.966**	36.208	43.449	50.691	**57.932**
1600,0	29.676	37.095	44.514	51.933	59.352
1700,0	30.386	37.982	45.579	53.175	60.772
1800,0	31.096	38.870	46.644	54.418	62.192
1900,0	31.806	39.757	47.709	55.660	63.612
2000,0	32.516	40.645	48.774	56.903	65.032
2100,0	33.225	41.532	49.838	58.145	66.451
2200,0	33.935	42.419	50.903	59.387	67.871
2300,0	34.645	43.307	51.968	60.630	69.291
2400,0	35.355	44.194	53.033	61.872	70.711
2500	**36.065**	45.082	54.098	63.115	**72.131**
2750,0	37.387	46.734	56.081	65.428	74.775
3000,0	38.710	48.387	58.065	67.742	77.420
3250,0	40.032	50.040	60.048	70.056	80.064
3500,0	41.354	51.693	62.031	72.370	82.709
3750,0	42.677	53.346	64.015	74.684	85.353
4000,0	43.999	54.998	65.998	76.998	87.997
4250,0	45.321	56.651	67.981	79.312	90.642
4500,0	46.643	58.304	69.965	81.626	93.286
4750,0	47.966	59.957	71.948	83.939	95.931
5000	**49.288**	61.610	73.932	86.253	**98.575**
5500,0	51.261	64.076	76.891	89.705	102.520
6000,0	53.233	66.542	79.850	93.158	106.466
6500,0	55.206	69.007	82.809	96.610	110.411
7000,0	57.179	71.473	85.768	100.062	114.357
7500,0	59.152	73.939	88.727	103.514	118.302
8000,0	61.124	76.405	91.686	106.967	122.247
8500,0	63.097	78.871	94.645	110.419	126.193
9000,0	65.070	81.337	97.604	113.871	130.138
9500,0	67.042	83.803	100.563	117.323	134.084
10000	**69.015**	86.269	103.522	120.776	**138.029**

Honorartafel zu § 32 Abs. 1 – Pflege- und Entwicklungspläne Honorarzone II

Fläche ha	Basishonorarsatz Euro	Viertelsatz Euro	Mittelsatz Euro	Dreiviertelsatz Euro	Oberer Honorarsatz Euro
5	**7.704**	8.667	9.630	10.593	**11.556**
5,5	7.894	8.881	9.867	10.854	11.841
6,0	8.084	9.094	10.105	11.115	12.126
6,5	8.274	9.308	10.342	11.376	12.411
7,0	8.464	9.522	10.580	11.638	12.696
7,5	8.654	9.735	10.817	11.899	12.981
8,0	8.843	9.949	11.054	12.160	13.265
8,5	9.033	10.163	11.292	12.421	13.550
9,0	9.223	10.376	11.529	12.682	13.835
9,5	9.413	10.590	11.767	12.943	14.120
10	**9.603**	10.804	12.004	13.205	**14.405**
10,5	9.739	10.956	12.174	13.391	14.609
11,0	9.875	11.109	12.344	13.578	14.813
11,5	10.011	11.262	12.514	13.765	15.017
12,0	10.147	11.415	12.684	13.952	15.221
12,5	10.283	11.568	12.854	14.139	15.425
13,0	10.419	11.721	13.024	14.326	15.628
13,5	10.555	11.874	13.194	14.513	15.832
14,0	10.691	12.027	13.364	14.700	16.036
14,5	10.827	12.180	13.534	14.887	16.240
15	**10.963**	12.333	13.704	15.074	**16.444**
15,5	11.073	12.456	13.840	15.224	16.608
16,0	11.182	12.580	13.977	15.375	16.773
16,5	11.292	12.703	14.114	15.526	16.937
17,0	11.401	12.826	14.251	15.676	17.101
17,5	11.511	12.949	14.388	15.827	17.266
18,0	11.620	13.072	14.525	15.977	17.430
18,5	11.730	13.196	14.662	16.128	17.594
19,0	11.839	13.319	14.799	16.279	17.758
19,5	11.949	13.442	14.936	16.429	17.923
20	**12.058**	13.565	15.073	16.580	**18.087**
21,0	12.234	13.763	15.292	16.821	18.350
22,0	12.409	13.960	15.511	17.062	18.613
23,0	12.585	14.158	15.731	17.304	18.877
24,0	12.760	14.355	15.950	17.545	19.140
25,0	12.936	14.552	16.169	17.786	19.403
26,0	13.111	14.750	16.389	18.027	19.666
27,0	13.287	14.947	16.608	18.269	19.929
28,0	13.462	15.145	16.827	18.510	20.193
29,0	13.638	15.342	17.047	18.751	20.456

Fläche ha	Basishonorarsatz Euro	Viertelsatz Euro	Mittelsatz Euro	Dreiviertelsatz Euro	Oberer Honorarsatz Euro
30	**13.813**	15.540	17.266	18.993	**20.719**
31,0	13.954	15.698	17.443	19.187	20.931
32,0	14.095	15.857	17.619	19.381	21.143
33,0	14.237	16.016	17.796	19.575	21.354
34,0	14.378	16.175	17.972	19.769	21.566
35,0	14.519	16.334	18.149	19.963	21.778
36,0	14.660	16.493	18.325	20.157	21.990
37,0	14.801	16.651	18.502	20.352	22.202
38,0	14.943	16.810	18.678	20.546	22.413
39,0	15.084	16.969	18.855	20.740	22.625
40	**15.225**	17.128	19.031	20.934	**22.837**
41,0	15.345	17.263	19.181	21.099	23.017
42,0	15.465	17.398	19.331	21.264	23.197
43,0	15.585	17.533	19.481	21.429	23.377
44,0	15.705	17.668	19.631	21.594	23.557
45,0	15.825	17.803	19.781	21.759	23.738
46,0	15.945	17.938	19.931	21.924	23.918
47,0	16.065	18.073	20.081	22.090	24.098
48,0	16.185	18.208	20.231	22.255	24.278
49,0	16.305	18.343	20.381	22.420	24.458
50	**16.425**	18.478	20.532	22.585	**24.638**
52,5	16.669	18.753	20.837	22.920	25.004
55,0	16.913	19.027	21.142	23.256	25.370
57,5	17.157	19.302	21.447	23.591	25.736
60,0	17.401	19.577	21.752	23.927	26.102
62,5	17.646	19.851	22.057	24.262	26.468
65,0	17.890	20.126	22.362	24.598	26.834
67,5	18.134	20.400	22.667	24.933	27.200
70,0	18.378	20.675	22.972	25.269	27.566
72,5	18.622	20.949	23.277	25.604	27.932
75	**18.866**	21.224	23.582	25.940	**28.298**
77,5	19.061	21.443	23.826	26.208	28.591
80,0	19.256	21.663	24.070	26.476	28.883
82,5	19.451	21.882	24.313	26.745	29.176
85,0	19.646	22.102	24.557	27.013	29.468
87,5	19.841	22.321	24.801	27.281	29.761
90,0	20.036	22.540	25.045	27.549	30.054
92,5	20.231	22.760	25.289	27.817	30.346
95,0	20.426	22.979	25.532	28.086	30.639
97,5	20.621	23.199	25.776	28.354	30.931

Fläche ha	Basishonorarsatz Euro	Viertelsatz Euro	Mittelsatz Euro	Dreiviertelsatz Euro	Oberer Honorarsatz Euro
100	**20.816**	23.418	26.020	28.622	**31.224**
105,0	21.124	23.765	26.405	29.046	31.686
110,0	21.433	24.112	26.791	29.470	32.149
115,0	21.741	24.458	27.176	29.894	32.611
120,0	22.049	24.805	27.561	30.318	33.074
125,0	22.358	25.152	27.947	30.741	33.536
130,0	22.666	25.499	28.332	31.165	33.998
135,0	22.974	25.846	28.717	31.589	34.461
140,0	23.282	26.193	29.103	32.013	34.923
145,0	23.591	26.539	29.488	32.437	35.386
150	**23.899**	26.886	29.874	32.861	**35.848**
155,0	24.142	27.160	30.177	33.195	36.213
160,0	24.385	27.433	30.481	33.529	36.577
165,0	24.628	27.707	30.785	33.864	36.942
170,0	24.871	27.980	31.089	34.198	37.307
175,0	25.115	28.254	31.393	34.532	37.672
180,0	25.358	28.527	31.697	34.867	38.036
185,0	25.601	28.801	32.001	35.201	38.401
190,0	25.844	29.074	32.305	35.535	38.766
195,0	26.087	29.348	32.609	35.869	39.130
200	**26.330**	29.621	32.913	36.204	**39.495**
210,0	26.761	30.106	33.451	36.796	40.141
220,0	27.191	30.590	33.989	37.388	40.787
230,0	27.622	31.075	34.527	37.980	41.433
240,0	28.052	31.559	35.066	38.572	42.079
250,0	28.483	32.043	35.604	39.164	42.725
260,0	28.914	32.528	36.142	39.756	43.370
270,0	29.344	33.012	36.680	40.348	44.016
280,0	29.775	33.497	37.219	40.940	44.662
290,0	30.205	33.981	37.757	41.532	45.308
300	**30.636**	34.466	38.295	42.125	**45.954**
310,0	30.990	34.864	38.737	42.611	46.485
320,0	31.344	35.262	39.180	43.098	47.016
330,0	31.697	35.660	39.622	43.584	47.546
340,0	32.051	36.058	40.064	44.071	48.077
350,0	32.405	36.456	40.507	44.557	48.608
360,0	32.759	36.854	40.949	45.044	49.139
370,0	33.113	37.252	41.391	45.530	49.670
380,0	33.466	37.650	41.833	46.017	50.200
390,0	33.820	38.048	42.276	46.503	50.731

Fläche ha	Basishonorar- satz Euro	Viertelsatz Euro	Mittelsatz Euro	Dreiviertel- satz Euro	Oberer Honorarsatz Euro
400	**34.174**	38.446	42.718	46.990	**51.262**
410,0	34.481	38.791	43.101	47.412	51.722
420,0	34.788	39.136	43.485	47.834	52.182
430,0	35.094	39.481	43.868	48.255	52.642
440,0	35.401	39.827	44.252	48.677	53.102
450,0	35.708	40.172	44.635	49.099	53.563
460,0	36.015	40.517	45.019	49.521	54.023
470,0	36.322	40.862	45.402	49.942	54.483
480,0	36.628	41.207	45.786	50.364	54.943
490,0	36.935	41.552	46.169	50.786	55.403
500	**37.242**	41.897	46.553	51.208	**55.863**
525,0	37.884	42.620	47.356	52.091	56.827
550,0	38.527	43.343	48.159	52.975	57.790
575,0	39.169	44.065	48.962	53.858	58.754
600,0	39.812	44.788	49.765	54.741	59.718
625,0	40.454	45.511	50.568	55.625	60.682
650,0	41.096	46.234	51.371	56.508	61.645
675,0	41.739	46.956	52.174	57.391	62.609
700,0	42.381	47.679	52.977	58.275	63.573
725,0	43.024	48.402	53.780	59.158	64.536
750	**43.666**	49.125	54.583	60.042	**65.500**
775,0	44.201	49.726	55.252	60.777	66.302
800,0	44.736	50.328	55.920	61.512	67.104
825,0	45.270	50.929	56.589	62.248	67.907
850,0	45.805	51.531	57.257	62.983	68.709
875,0	46.340	52.133	57.926	63.718	69.511
900,0	46.875	52.734	58.594	64.454	70.313
925,0	47.410	53.336	59.263	65.189	71.115
950,0	47.944	53.938	59.931	65.924	71.918
975,0	48.479	54.539	60.600	66.660	72.720
1000	**49.014**	55.141	61.268	67.395	**73.522**
1050,0	49.906	56.144	62.383	68.621	74.860
1100,0	50.798	57.148	63.497	69.847	76.197
1150,0	51.689	58.151	64.612	71.073	77.535
1200,0	52.581	59.154	65.727	72.300	78.872
1250,0	53.473	60.157	66.842	73.526	80.210
1300,0	54.365	61.161	67.956	74.752	81.548
1350,0	55.257	62.164	69.071	75.978	82.885
1400,0	56.148	63.167	70.186	77.204	84.223
1450,0	57.040	64.170	71.300	78.430	85.560

Fläche ha	Basishonorarsatz Euro	Viertelsatz Euro	Mittelsatz Euro	Dreiviertelsatz Euro	Oberer Honorarsatz Euro
1500	**57.932**	65.174	72.415	79.657	**86.898**
1600,0	59.352	66.771	74.190	81.609	89.028
1700,0	60.772	68.368	75.965	83.561	91.158
1800,0	62.192	69.966	77.740	85.513	93.287
1900,0	63.612	71.563	79.514	87.466	95.417
2000,0	65.032	73.160	81.289	89.418	97.547
2100,0	66.451	74.758	83.064	91.370	99.677
2200,0	67.871	76.355	84.839	93.323	101.807
2300,0	69.291	77.953	86.614	95.275	103.936
2400,0	70.711	79.550	88.389	97.227	106.066
2500	**72.131**	81.147	90.164	99.180	**108.196**
2750,0	74.775	84.122	93.469	102.816	112.163
3000,0	77.420	87.097	96.775	106.452	116.129
3250,0	80.064	90.072	100.080	110.088	120.096
3500,0	82.709	93.047	103.386	113.724	124.063
3750,0	85.353	96.022	106.691	117.360	128.030
4000,0	87.997	98.997	109.997	120.997	131.996
4250,0	90.642	101.972	113.302	124.633	135.963
4500,0	93.286	104.947	116.608	128.269	139.930
4750,0	95.931	107.922	119.913	131.905	143.896
5000	**98.575**	110.897	123.219	135.541	**147.863**
5500,0	102.520	115.336	128.151	140.966	153.781
6000,0	106.466	119.774	133.083	146.391	159.699
6500,0	110.411	124.213	138.014	151.816	165.617
7000,0	114.357	128.651	142.946	157.241	171.535
7500,0	118.302	133.090	147.878	162.666	177.454
8000,0	122.247	137.528	152.810	168.091	183.372
8500,0	126.193	141.967	157.741	173.515	189.290
9000,0	130.138	146.406	162.673	178.940	195.208
9500,0	134.084	150.844	167.605	184.365	201.126
10000	**138.029**	155.283	172.537	189.790	**207.044**

Honorartafel zu § 32 Abs. 1 – Pflege- und Entwicklungspläne Honorarzone III

Fläche ha	Basishonorar-satz Euro	Viertelsatz Euro	Mittelsatz Euro	Dreiviertel-satz Euro	Oberer Honorarsatz Euro
5	**11.556**	12.519	13.482	14.445	**15.408**
5,5	11.841	12.828	13.814	14.801	15.788
6,0	12.126	13.136	14.147	15.157	16.168
6,5	12.411	13.445	14.479	15.513	16.548
7,0	12.696	13.754	14.812	15.870	16.928
7,5	12.981	14.062	15.144	16.226	17.308
8,0	13.265	14.371	15.476	16.582	17.687
8,5	13.550	14.680	15.809	16.938	18.067
9,0	13.835	14.988	16.141	17.294	18.447
9,5	14.120	15.297	16.474	17.650	18.827
10	**14.405**	15.606	16.806	18.007	**19.207**
10,5	14.609	15.826	17.044	18.261	19.479
11,0	14.813	16.047	17.282	18.516	19.751
11,5	15.017	16.268	17.520	18.771	20.022
12,0	15.221	16.489	17.757	19.026	20.294
12,5	15.425	16.710	17.995	19.281	20.566
13,0	15.628	16.931	18.233	19.535	20.838
13,5	15.832	17.152	18.471	19.790	21.110
14,0	16.036	17.373	18.709	20.045	21.381
14,5	16.240	17.593	18.947	20.300	21.653
15	**16.444**	17.814	19.185	20.555	**21.925**
15,5	16.608	17.992	19.376	20.760	22.144
16,0	16.773	18.170	19.568	20.966	22.363
16,5	16.937	18.348	19.760	21.171	22.582
17,0	17.101	18.526	19.951	21.376	22.801
17,5	17.266	18.704	20.143	21.582	23.021
18,0	17.430	18.882	20.335	21.787	23.240
18,5	17.594	19.060	20.526	21.993	23.459
19,0	17.758	19.238	20.718	22.198	23.678
19,5	17.923	19.416	20.910	22.403	23.897
20	**18.087**	19.594	21.102	22.609	**24.116**
21,0	18.350	19.879	21.409	22.938	24.467
22,0	18.613	20.165	21.716	23.267	24.818
23,0	18.877	20.450	22.023	23.596	25.169
24,0	19.140	20.735	22.330	23.925	25.520
25,0	19.403	21.020	22.637	24.254	25.871
26,0	19.666	21.305	22.944	24.583	26.222
27,0	19.929	21.590	23.251	24.912	26.573
28,0	20.193	21.875	23.558	25.241	26.924
29,0	20.456	22.161	23.865	25.570	27.275

Fläche ha	Basishonorarsatz Euro	Viertelsatz Euro	Mittelsatz Euro	Dreiviertelsatz Euro	Oberer Honorarsatz Euro
30	**20.719**	22.446	24.173	25.899	**27.626**
31,0	20.931	22.675	24.420	26.164	27.908
32,0	21.143	22.905	24.667	26.429	28.191
33,0	21.354	23.134	24.914	26.694	28.473
34,0	21.566	23.364	25.161	26.958	28.756
35,0	21.778	23.593	25.408	27.223	29.038
36,0	21.990	23.822	25.655	27.488	29.320
37,0	22.202	24.052	25.902	27.753	29.603
38,0	22.413	24.281	26.149	28.017	29.885
39,0	22.625	24.511	26.396	28.282	30.168
40	**22.837**	24.740	26.644	28.547	**30.450**
41,0	23.017	24.935	26.854	28.772	30.690
42,0	23.197	25.130	27.064	28.997	30.930
43,0	23.377	25.326	27.274	29.222	31.170
44,0	23.557	25.521	27.484	29.447	31.410
45,0	23.738	25.716	27.694	29.672	31.651
46,0	23.918	25.911	27.904	29.897	31.891
47,0	24.098	26.106	28.114	30.122	32.131
48,0	24.278	26.301	28.324	30.348	32.371
49,0	24.458	26.496	28.534	30.573	32.611
50	**24.638**	26.691	28.745	30.798	**32.851**
52,5	25.004	27.088	29.172	31.255	33.339
55,0	25.370	27.484	29.599	31.713	33.827
57,5	25.736	27.881	30.026	32.170	34.315
60,0	26.102	28.277	30.453	32.628	34.803
62,5	26.468	28.674	30.880	33.085	35.291
65,0	26.834	29.070	31.307	33.543	35.779
67,5	27.200	29.467	31.734	34.000	36.267
70,0	27.566	29.863	32.161	34.458	36.755
72,5	27.932	30.260	32.588	34.915	37.243
75	**28.298**	30.656	33.015	35.373	**37.731**
77,5	28.591	30.973	33.356	35.739	38.121
80,0	28.883	31.290	33.697	36.104	38.511
82,5	29.176	31.607	34.039	36.470	38.902
85,0	29.468	31.924	34.380	36.836	39.292
87,5	29.761	32.241	34.722	37.202	39.682
90,0	30.054	32.558	35.063	37.568	40.072
92,5	30.346	32.875	35.404	37.933	40.462
95,0	30.639	33.192	35.746	38.299	40.853
97,5	30.931	33.509	36.087	38.665	41.243

Fläche ha	Basishonorarsatz Euro	Viertelsatz Euro	Mittelsatz Euro	Dreiviertelsatz Euro	Oberer Honorarsatz Euro
100	**31.224**	33.826	36.429	39.031	**41.633**
105,0	31.686	34.327	36.968	39.609	42.250
110,0	32.149	34.828	37.507	40.187	42.866
115,0	32.611	35.329	38.047	40.765	43.483
120,0	33.074	35.830	38.586	41.343	44.099
125,0	33.536	36.331	39.126	41.921	44.716
130,0	33.998	36.832	39.665	42.499	45.332
135,0	34.461	37.333	40.205	43.077	45.949
140,0	34.923	37.834	40.744	43.655	46.565
145,0	35.386	38.335	41.284	44.233	47.182
150	**35.848**	38.836	41.823	44.811	**47.798**
155,0	36.213	39.231	42.248	45.266	48.284
160,0	36.577	39.626	42.674	45.722	48.770
165,0	36.942	40.021	43.099	46.178	49.257
170,0	37.307	40.416	43.525	46.634	49.743
175,0	37.672	40.811	43.950	47.090	50.229
180,0	38.036	41.206	44.376	47.545	50.715
185,0	38.401	41.601	44.801	48.001	51.201
190,0	38.766	41.996	45.227	48.457	51.688
195,0	39.130	42.391	45.652	48.913	52.174
200	**39.495**	42.786	46.078	49.369	**52.660**
210,0	40.141	43.486	46.831	50.176	53.521
220,0	40.787	44.186	47.585	50.984	54.382
230,0	41.433	44.885	48.338	51.791	55.244
240,0	42.079	45.585	49.092	52.598	56.105
250,0	42.725	46.285	49.845	53.406	56.966
260,0	43.370	46.985	50.599	54.213	57.827
270,0	44.016	47.684	51.352	55.020	58.688
280,0	44.662	48.384	52.106	55.828	59.550
290,0	45.308	49.084	52.859	56.635	60.411
300	**45.954**	49.784	53.613	57.443	**61.272**
310,0	46.485	50.359	54.232	58.106	61.980
320,0	47.016	50.934	54.852	58.769	62.687
330,0	47.546	51.509	55.471	59.433	63.395
340,0	48.077	52.084	56.090	60.096	64.103
350,0	48.608	52.659	56.709	60.760	64.811
360,0	49.139	53.234	57.329	61.423	65.518
370,0	49.670	53.809	57.948	62.087	66.226
380,0	50.200	54.384	58.567	62.750	66.934
390,0	50.731	54.959	59.186	63.414	67.641

Fläche ha	Basishonorar-satz Euro	Viertelsatz Euro	Mittelsatz Euro	Dreiviertel-satz Euro	Oberer Honorarsatz Euro
400	**51.262**	55.534	59.806	64.077	**68.349**
410,0	51.722	56.032	60.342	64.652	68.963
420,0	52.182	56.531	60.879	65.228	69.576
430,0	52.642	57.029	61.416	65.803	70.190
440,0	53.102	57.528	61.953	66.378	70.803
450,0	53.563	58.026	62.490	66.953	71.417
460,0	54.023	58.524	63.026	67.528	72.030
470,0	54.483	59.023	63.563	68.103	72.644
480,0	54.943	59.521	64.100	68.678	73.257
490,0	55.403	60.020	64.637	69.254	73.871
500	**55.863**	60.518	65.174	69.829	**74.484**
525,0	56.827	61.562	66.298	71.033	75.769
550,0	57.790	62.606	67.422	72.238	77.054
575,0	58.754	63.650	68.546	73.443	78.339
600,0	59.718	64.694	69.671	74.647	79.624
625,0	60.682	65.738	70.795	75.852	80.909
650,0	61.645	66.782	71.919	77.056	82.193
675,0	62.609	67.826	73.044	78.261	83.478
700,0	63.573	68.870	74.168	79.466	84.763
725,0	64.536	69.914	75.292	80.670	86.048
750	**65.500**	70.958	76.417	81.875	**87.333**
775,0	66.302	71.827	77.352	82.878	88.403
800,0	67.104	72.696	78.288	83.880	89.472
825,0	67.907	73.565	79.224	84.883	90.542
850,0	68.709	74.434	80.160	85.886	91.611
875,0	69.511	75.304	81.096	86.889	92.681
900,0	70.313	76.173	82.032	87.891	93.751
925,0	71.115	77.042	82.968	88.894	94.820
950,0	71.918	77.911	83.904	89.897	95.890
975,0	72.720	78.780	84.840	90.900	96.959
1000	**73.522**	79.649	85.776	91.902	**98.029**
1050,0	74.860	81.098	87.336	93.574	99.813
1100,0	76.197	82.547	88.897	95.246	101.596
1150,0	77.535	83.996	90.457	96.918	103.380
1200,0	78.872	85.445	92.018	98.590	105.163
1250,0	80.210	86.894	93.578	100.262	106.947
1300,0	81.548	88.343	95.139	101.934	108.730
1350,0	82.885	89.792	96.699	103.606	110.514
1400,0	84.223	91.241	98.260	105.278	112.297
1450,0	85.560	92.690	99.820	106.950	114.081

Fläche ha	Basishonorarsatz Euro	Viertelsatz Euro	Mittelsatz Euro	Dreiviertelsatz Euro	Oberer Honorarsatz Euro
1500	**86.898**	94.140	101.381	108.623	**115.864**
1600,0	89.028	96.447	103.866	111.285	118.704
1700,0	91.158	98.754	106.351	113.947	121.543
1800,0	93.287	101.061	108.835	116.609	124.383
1900,0	95.417	103.369	111.320	119.271	127.223
2000,0	97.547	105.676	113.805	121.934	130.063
2100,0	99.677	107.983	116.290	124.596	132.902
2200,0	101.807	110.290	118.774	127.258	135.742
2300,0	103.936	112.598	121.259	129.920	138.582
2400,0	106.066	114.905	123.744	132.583	141.421
2500	**108.196**	117.212	126.229	135.245	**144.261**
2750,0	112.163	121.510	130.856	140.203	149.550
3000,0	116.129	125.807	135.484	145.161	154.839
3250,0	120.096	130.104	140.112	150.120	160.128
3500,0	124.063	134.401	144.740	155.078	165.417
3750,0	128.030	138.699	149.368	160.037	170.706
4000,0	131.996	142.996	153.995	164.995	175.994
4250,0	135.963	147.293	158.623	169.953	181.283
4500,0	139.930	151.590	163.251	174.912	186.572
4750,0	143.896	155.888	167.879	179.870	191.861
5000	**147.863**	160.185	172.507	184.828	**197.150**
5500,0	153.781	166.596	179.411	192.226	205.041
6000,0	159.699	173.007	186.315	199.624	212.932
6500,0	165.617	179.419	193.220	207.021	220.822
7000,0	171.535	185.830	200.124	214.419	228.713
7500,0	177.454	192.241	207.029	221.816	236.604
8000,0	183.372	198.652	213.933	229.214	244.495
8500,0	189.290	205.064	220.838	236.612	252.386
9000,0	195.208	211.475	227.742	244.009	260.276
9500,0	201.126	217.886	234.647	251.407	268.167
10000	**207.044**	224.298	241.551	258.805	**276.058**

Honorartafel zu § 35 Abs. 1 – Gebäude und Innenräume Honorarzone I

Anrechenbare Kosten Euro	Basishonorarsatz Euro	Viertelsatz Euro	Mittelsatz Euro	Dreiviertelsatz Euro	Oberer Honorarsatz Euro
25.000	**3.120**	3.254	3.389	3.523	**3.657**
26.000	3.230	3.369	3.508	3.647	3.786
27.000	3.339	3.483	3.627	3.770	3.914
28.000	3.449	3.597	3.746	3.894	4.043
29.000	3.559	3.712	3.865	4.018	4.171
30.000	3.669	3.826	3.984	4.142	4.300
31.000	3.778	3.941	4.103	4.266	4.428
32.000	3.888	4.055	4.222	4.389	4.557
33.000	3.998	4.169	4.341	4.513	4.685
34.000	4.107	4.284	4.460	4.637	4.814
35.000	**4.217**	4.398	4.580	4.761	**4.942**
36.500	4.376	4.564	4.752	4.940	5.128
38.000	4.534	4.729	4.924	5.119	5.314
39.500	4.693	4.895	5.096	5.298	5.500
41.000	4.852	5.060	5.269	5.477	5.686
42.500	5.011	5.226	5.441	5.656	5.872
44.000	5.169	5.391	5.613	5.835	6.057
45.500	5.328	5.557	5.786	6.014	6.243
47.000	5.487	5.722	5.958	6.194	6.429
48.500	5.645	5.888	6.130	6.373	6.615
50.000	**5.804**	6.053	6.303	6.552	**6.801**
52.500	6.058	6.318	6.578	6.838	7.099
55.000	6.312	6.583	6.854	7.125	7.396
57.500	6.565	6.847	7.129	7.411	7.694
60.000	6.819	7.112	7.405	7.698	7.991
62.500	7.073	7.377	7.681	7.985	8.289
65.000	7.327	7.642	7.956	8.271	8.586
67.500	7.581	7.906	8.232	8.558	8.884
70.000	7.834	8.171	8.508	8.844	9.181
72.500	8.088	8.436	8.783	9.131	9.479
75.000	**8.342**	8.701	9.059	9.418	**9.776**
77.500	8.587	8.956	9.325	9.694	10.063
80.000	8.832	9.211	9.591	9.970	10.350
82.500	9.076	9.466	9.856	10.246	10.636
85.000	9.321	9.722	10.122	10.523	10.923
87.500	9.566	9.977	10.388	10.799	11.210
90.000	9.811	10.232	10.654	11.075	11.497
92.500	10.056	10.488	10.920	11.352	11.784
95.000	10.300	10.743	11.185	11.628	12.070
97.500	10.545	10.998	11.451	11.904	12.357

Anrechenbare Kosten Euro	Basishonorarsatz Euro	Viertelsatz Euro	Mittelsatz Euro	Dreiviertelsatz Euro	Oberer Honorarsatz Euro
100.000	**10.790**	11.254	11.717	12.181	**12.644**
105.000	11.261	11.745	12.229	12.712	13.196
110.000	11.732	12.236	12.740	13.244	13.748
115.000	12.203	12.727	13.252	13.776	14.300
120.000	12.674	13.219	13.763	14.308	14.852
125.000	13.145	13.710	14.275	14.839	15.404
130.000	13.616	14.201	14.786	15.371	15.956
135.000	14.087	14.692	15.298	15.903	16.508
140.000	14.558	15.184	15.809	16.435	17.060
145.000	15.029	15.675	16.321	16.966	17.612
150.000	**15.500**	16.166	16.832	17.498	**18.164**
155.000	15.954	16.639	17.325	18.010	18.696
160.000	16.407	17.112	17.817	18.522	19.227
165.000	16.861	17.586	18.310	19.034	19.759
170.000	17.315	18.059	18.803	19.547	20.290
175.000	17.769	18.532	19.295	20.059	20.822
180.000	18.222	19.005	19.788	20.571	21.354
185.000	18.676	19.478	20.281	21.083	21.885
190.000	19.130	19.951	20.773	21.595	22.417
195.000	19.583	20.425	21.266	22.107	22.948
200.000	**20.037**	20.898	21.759	22.619	**23.480**
210.000	20.908	21.807	22.705	23.603	24.501
220.000	21.780	22.715	23.651	24.587	25.522
230.000	22.651	23.624	24.597	25.570	26.544
240.000	23.522	24.533	25.544	26.554	27.565
250.000	24.394	25.442	26.490	27.538	28.586
260.000	25.265	26.350	27.436	28.522	29.607
270.000	26.136	27.259	28.382	29.505	30.628
280.000	27.007	28.168	29.329	30.489	31.650
290.000	27.879	29.077	30.275	31.473	32.671
300.000	**28.750**	29.986	31.221	32.457	**33.692**
320.000	30.398	31.705	33.011	34.317	35.623
340.000	32.046	33.424	34.801	36.178	37.555
360.000	33.695	35.143	36.590	38.038	39.486
380.000	35.343	36.862	38.380	39.899	41.418
400.000	36.991	38.581	40.170	41.760	43.349
420.000	38.639	40.300	41.960	43.620	45.280
440.000	40.287	42.019	43.750	45.481	47.212
460.000	41.936	43.738	45.539	47.341	49.143
480.000	43.584	45.457	47.329	49.202	51.075

Anrechenbare Kosten Euro	Basishonorarsatz Euro	Viertelsatz Euro	Mittelsatz Euro	Dreiviertelsatz Euro	Oberer Honorarsatz Euro
500.000	**45.232**	47.176	49.119	51.063	**53.006**
525.000	47.175	49.202	51.229	53.256	55.284
550.000	49.119	51.229	53.340	55.450	57.561
575.000	51.062	53.256	55.450	57.644	59.839
600.000	53.006	55.283	57.561	59.838	62.116
625.000	54.949	57.310	59.671	62.032	64.394
650.000	56.892	59.337	61.782	64.226	66.671
675.000	58.836	61.364	63.892	66.420	68.949
700.000	60.779	63.391	66.003	68.614	71.226
725.000	62.723	65.418	68.113	70.808	73.504
750.000	**64.666**	67.445	70.224	73.002	**75.781**
775.000	66.518	69.376	72.234	75.093	77.951
800.000	68.369	71.307	74.245	77.183	80.121
825.000	70.221	73.238	76.256	79.273	82.290
850.000	72.072	75.169	78.266	81.363	84.460
875.000	73.924	77.101	80.277	83.454	86.630
900.000	75.776	79.032	82.288	85.544	88.800
925.000	77.627	80.963	84.298	87.634	90.970
950.000	79.479	82.894	86.309	89.724	93.139
975.000	81.330	84.825	88.320	91.815	95.309
1.000.000	**83.182**	86.756	90.331	93.905	**97.479**
1.050.000	86.795	90.524	94.253	97.983	101.712
1.100.000	90.407	94.292	98.176	102.061	105.946
1.150.000	94.020	98.059	102.099	106.139	110.179
1.200.000	97.632	101.827	106.022	110.217	114.413
1.250.000	101.245	105.595	109.945	114.296	118.646
1.300.000	104.857	109.363	113.868	118.374	122.879
1.350.000	108.470	113.130	117.791	122.452	127.113
1.400.000	112.082	116.898	121.714	126.530	131.346
1.450.000	115.695	120.666	125.637	130.608	135.580
1.500.000	**119.307**	124.434	129.560	134.687	**139.813**
1.550.000	122.773	128.048	133.324	138.599	143.875
1.600.000	126.239	131.663	137.087	142.512	147.936
1.650.000	129.704	135.278	140.851	146.424	151.998
1.700.000	133.170	138.892	144.615	150.337	156.059
1.750.000	136.636	142.507	148.378	154.249	160.121
1.800.000	140.102	146.122	152.142	158.162	164.182
1.850.000	143.568	149.737	155.906	162.075	168.244
1.900.000	147.033	153.351	159.669	165.987	172.305
1.950.000	150.499	156.966	163.433	169.900	176.367

Honorartafel zu § 35 Abs. 1 – Gebäude und Innenräume Honorarzone I

Anrechenbare Kosten Euro	Basishonorarsatz Euro	Viertelsatz Euro	Mittelsatz Euro	Dreiviertelsatz Euro	Oberer Honorarsatz Euro
2.000.000	**153.965**	160.581	167.197	173.812	**180.428**
2.100.000	160.585	167.485	174.385	181.285	188.185
2.200.000	167.204	174.389	181.574	188.758	195.943
2.300.000	173.824	181.293	188.762	196.231	203.700
2.400.000	180.443	188.197	195.951	203.704	211.458
2.500.000	187.063	195.101	203.139	211.177	219.215
2.600.000	193.683	202.005	210.328	218.650	226.972
2.700.000	200.302	208.909	217.516	226.123	234.730
2.800.000	206.922	215.813	224.705	233.596	242.487
2.900.000	213.541	222.717	231.893	241.069	250.245
3.000.000	**220.161**	229.621	239.082	248.542	**258.002**
3.200.000	232.533	242.525	252.517	262.508	272.500
3.400.000	244.905	255.428	265.952	276.475	286.998
3.600.000	257.276	268.331	279.387	290.442	301.497
3.800.000	269.648	281.235	292.822	304.408	315.995
4.000.000	282.020	294.138	306.257	318.375	330.493
4.200.000	294.392	307.042	319.692	332.341	344.991
4.400.000	306.764	319.945	333.127	346.308	359.489
4.600.000	319.135	332.848	346.562	360.275	373.988
4.800.000	331.507	345.752	359.997	374.241	388.486
5.000.000	**343.879**	358.655	373.432	388.208	**402.984**
5.250.000	358.883	374.304	389.725	405.146	420.567
5.500.000	373.888	389.953	406.019	422.085	438.150
5.750.000	388.892	405.603	422.313	439.023	455.734
6.000.000	403.897	421.252	438.607	455.962	473.317
6.250.000	418.901	436.901	454.901	472.900	490.900
6.500.000	433.905	452.550	471.194	489.839	508.483
6.750.000	448.910	468.199	487.488	506.777	526.066
7.000.000	463.914	483.848	503.782	523.716	543.650
7.250.000	478.919	499.497	520.076	540.654	561.233
7.500.000	**493.923**	515.146	536.370	557.593	**578.816**
7.750.000	508.358	530.202	552.045	573.889	595.733
8.000.000	522.794	545.258	567.721	590.185	612.649
8.250.000	537.229	560.313	583.397	606.481	629.566
8.500.000	551.665	575.369	599.073	622.778	646.482
8.750.000	566.100	590.425	614.749	639.074	663.399
9.000.000	580.535	605.480	630.425	655.370	680.315
9.250.000	594.971	620.536	646.101	671.666	697.232
9.500.000	609.406	635.592	661.777	687.963	714.148
9.750.000	623.842	650.647	677.453	704.259	731.065

Anrechenbare Kosten Euro	Basishonorar-satz Euro	Viertelsatz Euro	Mittelsatz Euro	Dreiviertel-satz Euro	Oberer Honorarsatz Euro
10.000.000	**638.277**	665.703	693.129	720.555	**747.981**
10.500.000	665.962	694.578	723.193	751.809	780.425
11.000.000	693.647	723.453	753.258	783.063	812.868
11.500.000	721.333	752.327	783.322	814.317	845.312
12.000.000	749.018	781.202	813.386	845.571	877.755
12.500.000	776.703	810.077	843.451	876.825	910.199
13.000.000	804.388	838.952	873.515	908.079	942.642
13.500.000	832.073	867.826	903.579	939.332	975.086
14.000.000	859.759	896.701	933.644	970.586	1.007.529
14.500.000	887.444	925.576	963.708	1.001.840	1.039.973
15.000.000	**915.129**	954.451	993.773	1.033.094	**1.072.416**
15.500.000	941.658	982.119	1.022.581	1.063.043	1.103.504
16.000.000	968.186	1.009.788	1.051.389	1.092.991	1.134.592
16.500.000	994.715	1.037.456	1.080.198	1.122.939	1.165.681
17.000.000	1.021.243	1.065.124	1.109.006	1.152.887	1.196.769
17.500.000	1.047.772	1.092.793	1.137.814	1.182.836	1.227.857
18.000.000	1.074.300	1.120.461	1.166.623	1.212.784	1.258.945
18.500.000	1.100.829	1.148.130	1.195.431	1.242.732	1.290.033
19.000.000	1.127.357	1.175.798	1.224.239	1.272.680	1.321.122
19.500.000	1.153.886	1.203.467	1.253.048	1.302.629	1.352.210
20.000.000	**1.180.414**	1.231.135	1.281.856	1.332.577	**1.383.298**
20.500.000	1.206.060	1.257.883	1.309.706	1.361.529	1.413.352
21.000.000	1.231.706	1.284.631	1.337.556	1.390.481	1.443.406
21.500.000	1.257.352	1.311.379	1.365.406	1.419.433	1.473.460
22.000.000	1.282.998	1.338.127	1.393.256	1.448.385	1.503.514
22.500.000	1.308.644	1.364.875	1.421.106	1.477.337	1.533.568
23.000.000	1.334.290	1.391.623	1.448.956	1.506.289	1.563.621
23.500.000	1.359.936	1.418.371	1.476.806	1.535.240	1.593.675
24.000.000	1.385.582	1.445.119	1.504.656	1.564.192	1.623.729
24.500.000	1.411.228	1.471.867	1.532.506	1.593.144	1.653.783
25.000.000	**1.436.874**	1.498.615	1.560.356	1.622.096	**1.683.837**

Honorartafel zu § 35 Abs. 1 – Gebäude und Innenräume Honorarzone II

Anrechenbare Kosten Euro	Basishonorarsatz Euro	Viertelsatz Euro	Mittelsatz Euro	Dreiviertelsatz Euro	Oberer Honorarsatz Euro
25.000	**3.657**	3.828	3.998	4.169	**4.339**
26.000	3.786	3.962	4.139	4.315	4.492
27.000	3.914	4.097	4.279	4.462	4.644
28.000	4.043	4.231	4.420	4.608	4.797
29.000	4.171	4.366	4.560	4.755	4.949
30.000	4.300	4.500	4.701	4.901	5.102
31.000	4.428	4.635	4.841	5.048	5.255
32.000	4.557	4.769	4.982	5.195	5.407
33.000	4.685	4.904	5.122	5.341	5.560
34.000	4.814	5.038	5.263	5.488	5.712
35.000	**4.942**	5.173	5.404	5.634	**5.865**
36.500	5.128	5.367	5.607	5.846	6.086
38.000	5.314	5.562	5.810	6.058	6.306
39.500	5.500	5.756	6.013	6.270	6.527
41.000	5.686	5.951	6.217	6.482	6.747
42.500	5.872	6.146	6.420	6.694	6.968
44.000	6.057	6.340	6.623	6.906	7.189
45.500	6.243	6.535	6.826	7.118	7.409
47.000	6.429	6.729	7.030	7.330	7.630
48.500	6.615	6.924	7.233	7.542	7.850
50.000	**6.801**	7.119	7.436	7.754	**8.071**
52.500	7.099	7.430	7.761	8.093	8.424
55.000	7.396	7.741	8.087	8.432	8.777
57.500	7.694	8.053	8.412	8.771	9.130
60.000	7.991	8.364	8.737	9.110	9.483
62.500	8.289	8.675	9.062	9.449	9.836
65.000	8.586	8.987	9.388	9.788	10.189
67.500	8.884	9.298	9.713	10.127	10.542
70.000	9.181	9.610	10.038	10.467	10.895
72.500	9.479	9.921	10.363	10.806	11.248
75.000	**9.776**	10.232	10.689	11.145	**11.601**
77.500	10.063	10.532	11.002	11.472	11.941
80.000	10.350	10.833	11.316	11.799	12.282
82.500	10.636	11.133	11.629	12.126	12.622
85.000	10.923	11.433	11.943	12.453	12.963
87.500	11.210	11.733	12.257	12.780	13.303
90.000	11.497	12.033	12.570	13.107	13.643
92.500	11.784	12.334	12.884	13.434	13.984
95.000	12.070	12.634	13.197	13.761	14.324
97.500	12.357	12.934	13.511	14.088	14.665

Anrechenbare Kosten Euro	Basishonorarsatz Euro	Viertelsatz Euro	Mittelsatz Euro	Dreiviertelsatz Euro	Oberer Honorarsatz Euro
100.000	**12.644**	13.234	13.825	14.415	**15.005**
105.000	13.196	13.812	14.428	15.044	15.660
110.000	13.748	14.390	15.032	15.673	16.315
115.000	14.300	14.968	15.635	16.303	16.970
120.000	14.852	15.545	16.239	16.932	17.625
125.000	15.404	16.123	16.842	17.561	18.280
130.000	15.956	16.701	17.446	18.190	18.935
135.000	16.508	17.279	18.049	18.820	19.590
140.000	17.060	17.856	18.653	19.449	20.245
145.000	17.612	18.434	19.256	20.078	20.900
150.000	**18.164**	19.012	19.860	20.707	**21.555**
155.000	18.696	19.568	20.441	21.313	22.186
160.000	19.227	20.125	21.022	21.919	22.817
165.000	19.759	20.681	21.603	22.525	23.447
170.000	20.290	21.237	22.184	23.131	24.078
175.000	20.822	21.794	22.766	23.737	24.709
180.000	21.354	22.350	23.347	24.343	25.340
185.000	21.885	22.907	23.928	24.949	25.971
190.000	22.417	23.463	24.509	25.555	26.601
195.000	22.948	24.019	25.090	26.161	27.232
200.000	**23.480**	24.576	25.672	26.767	**27.863**
210.000	24.501	25.645	26.788	27.931	29.075
220.000	25.522	26.713	27.905	29.096	30.287
230.000	26.544	27.782	29.021	30.260	31.498
240.000	27.565	28.851	30.138	31.424	32.710
250.000	28.586	29.920	31.254	32.588	33.922
260.000	29.607	30.989	32.371	33.752	35.134
270.000	30.628	32.058	33.487	34.916	36.346
280.000	31.650	33.127	34.604	36.080	37.557
290.000	32.671	34.195	35.720	37.245	38.769
300.000	**33.692**	35.264	36.837	38.409	**39.981**
320.000	35.623	37.286	38.948	40.611	42.273
340.000	37.555	39.307	41.060	42.812	44.565
360.000	39.486	41.329	43.171	45.014	46.857
380.000	41.418	43.350	45.283	47.216	49.149
400.000	43.349	45.372	47.395	49.418	51.441
420.000	45.280	47.393	49.506	51.619	53.732
440.000	47.212	49.415	51.618	53.821	56.024
460.000	49.143	51.436	53.730	56.023	58.316
480.000	51.075	53.458	55.841	58.225	60.608

Honorartafel zu § 35 Abs. 1 – Gebäude und Innenräume Honorarzone II

Anrechenbare Kosten Euro	Basishonorarsatz Euro	Viertelsatz Euro	Mittelsatz Euro	Dreiviertelsatz Euro	Oberer Honorarsatz Euro
500.000	**53.006**	55.480	57.953	60.427	**62.900**
525.000	55.284	57.863	60.443	63.023	65.603
550.000	57.561	60.247	62.933	65.619	68.305
575.000	59.839	62.631	65.423	68.216	71.008
600.000	62.116	65.015	67.913	70.812	73.711
625.000	64.394	67.399	70.404	73.409	76.414
650.000	66.671	69.782	72.894	76.005	79.116
675.000	68.949	72.166	75.384	78.601	81.819
700.000	71.226	74.550	77.874	81.198	84.522
725.000	73.504	76.934	80.364	83.794	87.224
750.000	**75.781**	79.318	82.854	86.391	**89.927**
775.000	77.951	81.589	85.226	88.864	92.502
800.000	80.121	83.860	87.599	91.338	95.077
825.000	82.290	86.131	89.971	93.811	97.651
850.000	84.460	88.402	92.343	96.285	100.226
875.000	86.630	90.673	94.716	98.758	102.801
900.000	88.800	92.944	97.088	101.232	105.376
925.000	90.970	95.215	99.460	103.705	107.951
950.000	93.139	97.486	101.832	106.179	110.525
975.000	95.309	99.757	104.205	108.652	113.100
1.000.000	**97.479**	102.028	106.577	111.126	**115.675**
1.050.000	101.712	106.459	111.206	115.952	120.699
1.100.000	105.946	110.890	115.834	120.778	125.722
1.150.000	110.179	115.321	120.463	125.604	130.746
1.200.000	114.413	119.752	125.091	130.430	135.769
1.250.000	118.646	124.183	129.720	135.256	140.793
1.300.000	122.879	128.614	134.348	140.082	145.817
1.350.000	127.113	133.045	138.977	144.908	150.840
1.400.000	131.346	137.476	143.605	149.734	155.864
1.450.000	135.580	141.907	148.234	154.560	160.887
1.500.000	**139.813**	146.338	152.862	159.387	**165.911**
1.550.000	143.875	150.589	157.303	164.017	170.731
1.600.000	147.936	154.840	161.743	168.647	175.550
1.650.000	151.998	159.091	166.184	173.277	180.370
1.700.000	156.059	163.342	170.624	177.907	185.190
1.750.000	160.121	167.593	175.065	182.537	190.010
1.800.000	164.182	171.844	179.506	187.167	194.829
1.850.000	168.244	176.095	183.946	191.798	199.649
1.900.000	172.305	180.346	188.387	196.428	204.469
1.950.000	176.367	184.597	192.827	201.058	209.288

Anrechenbare Kosten Euro	Basishonorarsatz Euro	Viertelsatz Euro	Mittelsatz Euro	Dreiviertelsatz Euro	Oberer Honorarsatz Euro
2.000.000	**180.428**	188.848	197.268	205.688	**214.108**
2.100.000	188.185	196.967	205.749	214.531	223.313
2.200.000	195.943	205.087	214.231	223.375	232.519
2.300.000	203.700	213.206	222.712	232.218	241.724
2.400.000	211.458	221.326	231.194	241.062	250.930
2.500.000	219.215	229.445	239.675	249.905	260.135
2.600.000	226.972	237.564	248.156	258.748	269.340
2.700.000	234.730	245.684	256.638	267.592	278.546
2.800.000	242.487	253.803	265.119	276.435	287.751
2.900.000	250.245	261.923	273.601	285.279	296.957
3.000.000	**258.002**	270.042	282.082	294.122	**306.162**
3.200.000	272.500	285.217	297.933	310.650	323.367
3.400.000	286.998	300.392	313.785	327.178	340.571
3.600.000	301.497	315.566	329.636	343.706	357.776
3.800.000	315.995	330.741	345.487	360.234	374.980
4.000.000	330.493	345.916	361.339	376.762	392.185
4.200.000	344.991	361.091	377.190	393.290	409.389
4.400.000	359.489	376.265	393.041	409.817	426.594
4.600.000	373.988	391.440	408.893	426.345	443.798
4.800.000	388.486	406.615	424.744	442.873	461.003
5.000.000	**402.984**	421.790	440.596	459.401	**478.207**
5.250.000	420.567	440.194	459.820	479.446	499.073
5.500.000	438.150	458.597	479.044	499.491	519.938
5.750.000	455.734	477.001	498.269	519.536	540.804
6.000.000	473.317	495.405	517.493	539.581	561.669
6.250.000	490.900	513.809	536.717	559.626	582.535
6.500.000	508.483	532.212	555.942	579.671	603.400
6.750.000	526.066	550.616	575.166	599.716	624.266
7.000.000	543.650	569.020	594.390	619.761	645.131
7.250.000	561.233	587.424	613.615	639.806	665.997
7.500.000	**578.816**	605.828	632.839	659.851	**686.862**
7.750.000	595.733	623.533	651.334	679.135	706.936
8.000.000	612.649	641.239	669.830	698.420	727.010
8.250.000	629.566	658.945	688.325	717.705	747.085
8.500.000	646.482	676.651	706.820	736.990	767.159
8.750.000	663.399	694.357	725.316	756.274	787.233
9.000.000	680.315	712.063	743.811	775.559	807.307
9.250.000	697.232	729.769	762.306	794.844	827.381
9.500.000	714.148	747.475	780.802	814.129	847.456
9.750.000	731.065	765.181	799.297	833.413	867.530

Anrechenbare Kosten Euro	Basishonorarsatz Euro	Viertelsatz Euro	Mittelsatz Euro	Dreiviertelsatz Euro	Oberer Honorarsatz Euro
10.000.000	**747.981**	782.887	817.793	852.698	**887.604**
10.500.000	780.425	816.844	853.264	889.684	926.104
11.000.000	812.868	850.802	888.736	926.670	964.603
11.500.000	845.312	884.759	924.207	963.655	1.003.103
12.000.000	877.755	918.717	959.679	1.000.641	1.041.603
12.500.000	910.199	952.675	995.151	1.037.627	1.080.103
13.000.000	942.642	986.632	1.030.622	1.074.612	1.118.602
13.500.000	975.086	1.020.590	1.066.094	1.111.598	1.157.102
14.000.000	1.007.529	1.054.547	1.101.565	1.148.583	1.195.602
14.500.000	1.039.973	1.088.505	1.137.037	1.185.569	1.234.101
15.000.000	**1.072.416**	1.122.462	1.172.509	1.222.555	**1.272.601**
15.500.000	1.103.504	1.155.001	1.206.498	1.257.995	1.309.492
16.000.000	1.134.592	1.187.540	1.240.488	1.293.436	1.346.383
16.500.000	1.165.681	1.220.079	1.274.478	1.328.876	1.383.275
17.000.000	1.196.769	1.252.618	1.308.467	1.364.317	1.420.166
17.500.000	1.227.857	1.285.157	1.342.457	1.399.757	1.457.057
18.000.000	1.258.945	1.317.696	1.376.447	1.435.197	1.493.948
18.500.000	1.290.033	1.350.235	1.410.436	1.470.638	1.530.839
19.000.000	1.321.122	1.382.774	1.444.426	1.506.078	1.567.731
19.500.000	1.352.210	1.415.313	1.478.416	1.541.519	1.604.622
20.000.000	**1.383.298**	1.447.852	1.512.406	1.576.959	**1.641.513**
20.500.000	1.413.352	1.479.308	1.545.264	1.611.221	1.677.177
21.000.000	1.443.406	1.510.765	1.578.123	1.645.482	1.712.841
21.500.000	1.473.460	1.542.221	1.610.982	1.679.744	1.748.505
22.000.000	1.503.514	1.573.677	1.643.841	1.714.005	1.784.169
22.500.000	1.533.568	1.605.134	1.676.700	1.748.267	1.819.833
23.000.000	1.563.621	1.636.590	1.709.559	1.782.528	1.855.497
23.500.000	1.593.675	1.668.047	1.742.418	1.816.790	1.891.161
24.000.000	1.623.729	1.699.503	1.775.277	1.851.051	1.926.825
24.500.000	1.653.783	1.730.960	1.808.136	1.885.313	1.962.489
25.000.000	**1.683.837**	1.762.416	1.840.995	1.919.574	**1.998.153**

Honorartafel zu § 35 Abs. 1 – Gebäude und Innenräume Honorarzone III

Anrechenbare Kosten Euro	Basishonorarsatz Euro	Viertelsatz Euro	Mittelsatz Euro	Dreiviertelsatz Euro	Oberer Honorarsatz Euro
25.000	**4.339**	4.607	4.876	5.144	**5.412**
26.000	4.492	4.769	5.047	5.325	5.602
27.000	4.644	4.931	5.218	5.506	5.793
28.000	4.797	5.093	5.390	5.686	5.983
29.000	4.949	5.255	5.561	5.867	6.173
30.000	5.102	5.417	5.733	6.048	6.364
31.000	5.255	5.579	5.904	6.229	6.554
32.000	5.407	5.741	6.076	6.410	6.744
33.000	5.560	5.903	6.247	6.591	6.934
34.000	5.712	6.065	6.419	6.772	7.125
35.000	**5.865**	6.228	6.590	6.953	**7.315**
36.500	6.086	6.462	6.838	7.214	7.590
38.000	6.306	6.696	7.086	7.475	7.865
39.500	6.527	6.930	7.334	7.737	8.140
41.000	6.747	7.164	7.581	7.998	8.415
42.500	6.968	7.399	7.829	8.260	8.691
44.000	7.189	7.633	8.077	8.521	8.966
45.500	7.409	7.867	8.325	8.783	9.241
47.000	7.630	8.101	8.573	9.044	9.516
48.500	7.850	8.336	8.821	9.306	9.791
50.000	**8.071**	8.570	9.069	9.567	**10.066**
52.500	8.424	8.945	9.465	9.986	10.506
55.000	8.777	9.319	9.862	10.404	10.947
57.500	9.130	9.694	10.258	10.823	11.387
60.000	9.483	10.069	10.655	11.241	11.827
62.500	9.836	10.444	11.052	11.660	12.268
65.000	10.189	10.819	11.448	12.078	12.708
67.500	10.542	11.194	11.845	12.497	13.148
70.000	10.895	11.568	12.242	12.915	13.588
72.500	11.248	11.943	12.638	13.334	14.029
75.000	**11.601**	12.318	13.035	13.752	**14.469**
77.500	11.941	12.679	13.417	14.155	14.893
80.000	12.282	13.041	13.800	14.559	15.318
82.500	12.622	13.402	14.182	14.962	15.742
85.000	12.963	13.764	14.565	15.366	16.167
87.500	13.303	14.125	14.947	15.769	16.591
90.000	13.643	14.486	15.329	16.172	17.015
92.500	13.984	14.848	15.712	16.576	17.440
95.000	14.324	15.209	16.094	16.979	17.864
97.500	14.665	15.571	16.477	17.383	18.289

Anrechenbare Kosten Euro	Basishonorarsatz Euro	Viertelsatz Euro	Mittelsatz Euro	Dreiviertelsatz Euro	Oberer Honorarsatz Euro
100.000	**15.005**	15.932	16.859	17.786	**18.713**
105.000	15.660	16.628	17.595	18.563	19.530
110.000	16.315	17.323	18.331	19.339	20.347
115.000	16.970	18.019	19.067	20.116	21.164
120.000	17.625	18.714	19.803	20.892	21.981
125.000	18.280	19.410	20.539	21.669	22.798
130.000	18.935	20.105	21.275	22.445	23.615
135.000	19.590	20.801	22.011	23.222	24.432
140.000	20.245	21.496	22.747	23.998	25.249
145.000	20.900	22.192	23.483	24.775	26.066
150.000	**21.555**	22.887	24.219	25.551	**26.883**
155.000	22.186	23.557	24.928	26.299	27.670
160.000	22.817	24.227	25.637	27.047	28.457
165.000	23.447	24.896	26.345	27.794	29.243
170.000	24.078	25.566	27.054	28.542	30.030
175.000	24.709	26.236	27.763	29.290	30.817
180.000	25.340	26.906	28.472	30.038	31.604
185.000	25.971	27.576	29.181	30.786	32.391
190.000	26.601	28.245	29.889	31.533	33.177
195.000	27.232	28.915	30.598	32.281	33.964
200.000	**27.863**	29.585	31.307	33.029	**34.751**
210.000	29.075	30.872	32.669	34.465	36.262
220.000	30.287	32.158	34.030	35.902	37.774
230.000	31.498	33.445	35.392	37.338	39.285
240.000	32.710	34.732	36.753	38.775	40.796
250.000	33.922	36.018	38.115	40.211	42.308
260.000	35.134	37.305	39.476	41.648	43.819
270.000	36.346	38.592	40.838	43.084	45.330
280.000	37.557	39.878	42.199	44.520	46.841
290.000	38.769	41.165	43.561	45.957	48.353
300.000	**39.981**	42.452	44.923	47.393	**49.864**
320.000	42.273	44.885	47.498	50.110	52.723
340.000	44.565	47.319	50.073	52.827	55.581
360.000	46.857	49.752	52.648	55.544	58.440
380.000	49.149	52.186	55.223	58.261	61.298
400.000	51.441	54.620	57.799	60.978	64.157
420.000	53.732	57.053	60.374	63.694	67.015
440.000	56.024	59.487	62.949	66.411	69.874
460.000	58.316	61.920	65.524	69.128	72.732
480.000	60.608	64.354	68.099	71.845	75.591

Anrechenbare Kosten Euro	Basishonorarsatz Euro	Viertelsatz Euro	Mittelsatz Euro	Dreiviertelsatz Euro	Oberer Honorarsatz Euro
500.000	**62.900**	66.787	70.675	74.562	**78.449**
525.000	65.603	69.657	73.711	77.765	81.820
550.000	68.305	72.527	76.748	80.969	85.190
575.000	71.008	75.396	79.785	84.173	88.561
600.000	73.711	78.266	82.821	87.377	91.932
625.000	76.414	81.136	85.858	90.580	95.303
650.000	79.116	84.005	88.895	93.784	98.673
675.000	81.819	86.875	91.931	96.988	102.044
700.000	84.522	89.745	94.968	100.191	105.415
725.000	87.224	92.615	98.005	103.395	108.785
750.000	**89.927**	95.484	101.042	106.599	**112.156**
775.000	92.502	98.218	103.935	109.651	115.367
800.000	95.077	100.952	106.828	112.703	118.578
825.000	97.651	103.686	109.721	115.755	121.790
850.000	100.226	106.420	112.614	118.807	125.001
875.000	102.801	109.154	115.507	121.859	128.212
900.000	105.376	111.888	118.400	124.911	131.423
925.000	107.951	114.622	121.293	127.963	134.634
950.000	110.525	117.355	124.186	131.016	137.846
975.000	113.100	120.089	127.079	134.068	141.057
1.000.000	**115.675**	122.823	129.972	137.120	**144.268**
1.050.000	120.699	128.157	135.616	143.075	150.534
1.100.000	125.722	133.491	141.261	149.030	156.799
1.150.000	130.746	138.825	146.905	154.985	163.065
1.200.000	135.769	144.160	152.550	160.940	169.330
1.250.000	140.793	149.494	158.194	166.895	175.596
1.300.000	145.817	154.828	163.839	172.850	181.861
1.350.000	150.840	160.162	169.483	178.805	188.127
1.400.000	155.864	165.496	175.128	184.760	194.392
1.450.000	160.887	170.830	180.772	190.715	200.658
1.500.000	**165.911**	176.164	186.417	196.670	**206.923**
1.550.000	170.731	181.282	191.832	202.383	212.934
1.600.000	175.550	186.399	197.248	208.097	218.945
1.650.000	180.370	191.517	202.663	213.810	224.956
1.700.000	185.190	196.634	208.079	219.523	230.967
1.750.000	190.010	201.752	213.494	225.236	236.979
1.800.000	194.829	206.869	218.909	230.950	242.990
1.850.000	199.649	211.987	224.325	236.663	249.001
1.900.000	204.469	217.104	229.740	242.376	255.012
1.950.000	209.288	222.222	235.156	248.089	261.023

Anrechenbare Kosten Euro	Basishonorarsatz Euro	Viertelsatz Euro	Mittelsatz Euro	Dreiviertelsatz Euro	Oberer Honorarsatz Euro
2.000.000	**214.108**	227.340	240.571	253.803	**267.034**
2.100.000	223.313	237.114	250.914	264.715	278.515
2.200.000	232.519	246.888	261.257	275.627	289.996
2.300.000	241.724	256.662	271.600	286.539	301.477
2.400.000	250.930	266.437	281.944	297.451	312.958
2.500.000	260.135	276.211	292.287	308.363	324.439
2.600.000	269.340	285.985	302.630	319.275	335.919
2.700.000	278.546	295.759	312.973	330.187	347.400
2.800.000	287.751	305.534	323.316	341.099	358.881
2.900.000	296.957	315.308	333.659	352.011	370.362
3.000.000	**306.162**	325.082	344.003	362.923	**381.843**
3.200.000	323.367	343.350	363.333	383.317	403.300
3.400.000	340.571	361.618	382.664	403.711	424.758
3.600.000	357.776	379.885	401.995	424.105	446.215
3.800.000	374.980	398.153	421.326	444.499	467.672
4.000.000	392.185	416.421	440.657	464.893	489.130
4.200.000	409.389	434.688	459.988	485.287	510.587
4.400.000	426.594	452.956	479.319	505.681	532.044
4.600.000	443.798	471.224	498.650	526.076	553.501
4.800.000	461.003	489.492	517.981	546.470	574.959
5.000.000	**478.207**	507.759	537.312	566.864	**596.416**
5.250.000	499.073	529.914	560.756	591.598	622.439
5.500.000	519.938	552.069	584.200	616.331	648.462
5.750.000	540.804	574.224	607.645	641.065	674.486
6.000.000	561.669	596.379	631.089	665.799	700.509
6.250.000	582.535	618.534	654.533	690.533	726.532
6.500.000	603.400	640.689	677.978	715.266	752.555
6.750.000	624.266	662.844	701.422	740.000	778.578
7.000.000	645.131	684.999	724.866	764.734	804.602
7.250.000	665.997	707.154	748.311	789.468	830.625
7.500.000	**686.862**	729.309	771.755	814.202	**856.648**
7.750.000	706.936	750.623	794.310	837.997	881.684
8.000.000	727.010	771.938	816.866	861.793	906.721
8.250.000	747.085	793.253	839.421	885.589	931.757
8.500.000	767.159	814.568	861.976	909.385	956.794
8.750.000	787.233	835.882	884.532	933.181	981.830
9.000.000	807.307	857.197	907.087	956.977	1.006.866
9.250.000	827.381	878.512	929.642	980.772	1.031.903
9.500.000	847.456	899.827	952.197	1.004.568	1.056.939
9.750.000	867.530	921.141	974.753	1.028.364	1.081.976

Anrechenbare Kosten Euro	Basishonorarsatz Euro	Viertelsatz Euro	Mittelsatz Euro	Dreiviertelsatz Euro	Oberer Honorarsatz Euro
10.000.000	**887.604**	942.456	997.308	1.052.160	**1.107.012**
10.500.000	926.104	983.335	1.040.566	1.097.797	1.155.028
11.000.000	964.603	1.024.214	1.083.824	1.143.434	1.203.045
11.500.000	1.003.103	1.065.093	1.127.082	1.189.072	1.251.061
12.000.000	1.041.603	1.105.972	1.170.340	1.234.709	1.299.078
12.500.000	1.080.103	1.146.850	1.213.598	1.280.346	1.347.094
13.000.000	1.118.602	1.187.729	1.256.856	1.325.983	1.395.110
13.500.000	1.157.102	1.228.608	1.300.114	1.371.621	1.443.127
14.000.000	1.195.602	1.269.487	1.343.372	1.417.258	1.491.143
14.500.000	1.234.101	1.310.366	1.386.630	1.462.895	1.539.160
15.000.000	**1.272.601**	1.351.245	1.429.889	1.508.532	**1.587.176**
15.500.000	1.309.492	1.390.416	1.471.339	1.552.263	1.633.187
16.000.000	1.346.383	1.429.587	1.512.790	1.595.994	1.679.197
16.500.000	1.383.275	1.468.758	1.554.241	1.639.724	1.725.208
17.000.000	1.420.166	1.507.929	1.595.692	1.683.455	1.771.218
17.500.000	1.457.057	1.547.100	1.637.143	1.727.186	1.817.229
18.000.000	1.493.948	1.586.271	1.678.594	1.770.916	1.863.239
18.500.000	1.530.839	1.625.442	1.720.044	1.814.647	1.909.250
19.000.000	1.567.731	1.664.613	1.761.495	1.858.378	1.955.260
19.500.000	1.604.622	1.703.784	1.802.946	1.902.108	2.001.271
20.000.000	**1.641.513**	1.742.955	1.844.397	1.945.839	**2.047.281**
20.500.000	1.677.177	1.780.823	1.884.469	1.988.115	2.091.761
21.000.000	1.712.841	1.818.691	1.924.541	2.030.391	2.136.241
21.500.000	1.748.505	1.856.559	1.964.613	2.072.667	2.180.720
22.000.000	1.784.169	1.894.427	2.004.685	2.114.942	2.225.200
22.500.000	1.819.833	1.932.295	2.044.757	2.157.218	2.269.680
23.000.000	1.855.497	1.970.163	2.084.828	2.199.494	2.314.160
23.500.000	1.891.161	2.008.031	2.124.900	2.241.770	2.358.640
24.000.000	1.926.825	2.045.899	2.164.972	2.284.046	2.403.119
24.500.000	1.962.489	2.083.767	2.205.044	2.326.322	2.447.599
25.000.000	**1.998.153**	2.121.635	2.245.116	2.368.598	**2.492.079**

Honorartafel zu § 35 Abs. 1 – Gebäude und Innenräume Honorarzone IV

Anrechenbare Kosten Euro	Basishonorarsatz Euro	Viertelsatz Euro	Mittelsatz Euro	Dreiviertelsatz Euro	Oberer Honorarsatz Euro
25.000	**5.412**	5.583	5.753	5.924	**6.094**
26.000	5.602	5.779	5.955	6.132	6.308
27.000	5.793	5.975	6.158	6.340	6.523
28.000	5.983	6.171	6.360	6.548	6.737
29.000	6.173	6.368	6.562	6.757	6.951
30.000	6.364	6.564	6.765	6.965	7.166
31.000	6.554	6.760	6.967	7.173	7.380
32.000	6.744	6.957	7.169	7.382	7.594
33.000	6.934	7.153	7.371	7.590	7.808
34.000	7.125	7.349	7.574	7.798	8.023
35.000	**7.315**	7.546	7.776	8.007	**8.237**
36.500	7.590	7.829	8.069	8.308	8.547
38.000	7.865	8.113	8.361	8.609	8.857
39.500	8.140	8.397	8.654	8.910	9.167
41.000	8.415	8.681	8.946	9.211	9.477
42.500	8.691	8.965	9.239	9.513	9.787
44.000	8.966	9.248	9.531	9.814	10.096
45.500	9.241	9.532	9.824	10.115	10.406
47.000	9.516	9.816	10.116	10.416	10.716
48.500	9.791	10.100	10.409	10.717	11.026
50.000	**10.066**	10.384	10.701	11.019	**11.336**
52.500	10.506	10.838	11.169	11.500	11.832
55.000	10.947	11.292	11.637	11.982	12.327
57.500	11.387	11.746	12.105	12.464	12.823
60.000	11.827	12.200	12.573	12.946	13.319
62.500	12.268	12.654	13.041	13.428	13.815
65.000	12.708	13.108	13.509	13.910	14.310
67.500	13.148	13.563	13.977	14.391	14.806
70.000	13.588	14.017	14.445	14.873	15.302
72.500	14.029	14.471	14.913	15.355	15.797
75.000	**14.469**	14.925	15.381	15.837	**16.293**
77.500	14.893	15.363	15.832	16.302	16.771
80.000	15.318	15.801	16.284	16.766	17.249
82.500	15.742	16.238	16.735	17.231	17.727
85.000	16.167	16.676	17.186	17.696	18.205
87.500	16.591	17.114	17.637	18.160	18.684
90.000	17.015	17.552	18.089	18.625	19.162
92.500	17.440	17.990	18.540	19.090	19.640
95.000	17.864	18.428	18.991	19.554	20.118
97.500	18.289	18.865	19.442	20.019	20.596

Anrechenbare Kosten Euro	Basishonorarsatz Euro	Viertelsatz Euro	Mittelsatz Euro	Dreiviertelsatz Euro	Oberer Honorarsatz Euro
100.000	**18.713**	19.303	19.894	20.484	**21.074**
105.000	19.530	20.146	20.762	21.378	21.994
110.000	20.347	20.989	21.631	22.272	22.914
115.000	21.164	21.832	22.499	23.167	23.834
120.000	21.981	22.674	23.368	24.061	24.754
125.000	22.798	23.517	24.236	24.955	25.674
130.000	23.615	24.360	25.105	25.849	26.594
135.000	24.432	25.203	25.973	26.744	27.514
140.000	25.249	26.045	26.842	27.638	28.434
145.000	26.066	26.888	27.710	28.532	29.354
150.000	**26.883**	27.731	28.579	29.426	**30.274**
155.000	27.670	28.542	29.415	30.287	31.160
160.000	28.457	29.354	30.251	31.149	32.046
165.000	29.243	30.166	31.088	32.010	32.932
170.000	30.030	30.977	31.924	32.871	33.818
175.000	30.817	31.789	32.761	33.732	34.704
180.000	31.604	32.600	33.597	34.593	35.590
185.000	32.391	33.412	34.433	35.455	36.476
190.000	33.177	34.224	35.270	36.316	37.362
195.000	33.964	35.035	36.106	37.177	38.248
200.000	**34.751**	35.847	36.943	38.038	**39.134**
210.000	36.262	37.406	38.549	39.693	40.836
220.000	37.774	38.965	40.156	41.347	42.538
230.000	39.285	40.524	41.762	43.001	44.240
240.000	40.796	42.083	43.369	44.655	45.942
250.000	42.308	43.642	44.976	46.310	47.644
260.000	43.819	45.200	46.582	47.964	49.345
270.000	45.330	46.759	48.189	49.618	51.047
280.000	46.841	48.318	49.795	51.272	52.749
290.000	48.353	49.877	51.402	52.927	54.451
300.000	**49.864**	51.436	53.009	54.581	**56.153**
320.000	52.723	54.385	56.047	57.710	59.372
340.000	55.581	57.334	59.086	60.839	62.591
360.000	58.440	60.282	62.125	63.967	65.810
380.000	61.298	63.231	65.164	67.096	69.029
400.000	64.157	66.179	68.202	70.225	72.248
420.000	67.015	69.128	71.241	73.354	75.467
440.000	69.874	72.077	74.280	76.483	78.686
460.000	72.732	75.025	77.319	79.612	81.905
480.000	75.591	77.974	80.357	82.741	85.124

Anrechenbare Kosten Euro	Basishonorarsatz Euro	Viertelsatz Euro	Mittelsatz Euro	Dreiviertelsatz Euro	Oberer Honorarsatz Euro
500.000	**78.449**	80.923	83.396	85.870	**88.343**
525.000	81.820	84.399	86.979	89.559	92.139
550.000	85.190	87.876	90.563	93.249	95.935
575.000	88.561	91.353	94.146	96.938	99.730
600.000	91.932	94.830	97.729	100.628	103.526
625.000	95.303	98.307	101.312	104.317	107.322
650.000	98.673	101.784	104.896	108.007	111.118
675.000	102.044	105.261	108.479	111.696	114.914
700.000	105.415	108.738	112.062	115.386	118.709
725.000	108.785	112.215	115.645	119.075	122.505
750.000	**112.156**	115.692	119.229	122.765	**126.301**
775.000	115.367	119.005	122.642	126.280	129.917
800.000	118.578	122.317	126.056	129.795	133.534
825.000	121.790	125.630	129.470	133.310	137.150
850.000	125.001	128.942	132.884	136.825	140.766
875.000	128.212	132.255	136.297	140.340	144.383
900.000	131.423	135.567	139.711	143.855	147.999
925.000	134.634	138.880	143.125	147.370	151.615
950.000	137.846	142.192	146.539	150.885	155.231
975.000	141.057	145.505	149.952	154.400	158.848
1.000.000	**144.268**	148.817	153.366	157.915	**162.464**
1.050.000	150.534	155.280	160.027	164.773	169.520
1.100.000	156.799	161.743	166.687	171.631	176.576
1.150.000	163.065	168.206	173.348	178.490	183.631
1.200.000	169.330	174.669	180.009	185.348	190.687
1.250.000	175.596	181.132	186.669	192.206	197.743
1.300.000	181.861	187.595	193.330	199.064	204.799
1.350.000	188.127	194.059	199.991	205.923	211.855
1.400.000	194.392	200.522	206.651	212.781	218.910
1.450.000	200.658	206.985	213.312	219.639	225.966
1.500.000	**206.923**	213.448	219.973	226.497	**233.022**
1.550.000	212.934	219.648	226.363	233.077	239.791
1.600.000	218.945	225.849	232.753	239.657	246.560
1.650.000	224.956	232.050	239.143	246.236	253.330
1.700.000	230.967	238.250	245.533	252.816	260.099
1.750.000	236.979	244.451	251.923	259.396	266.868
1.800.000	242.990	250.652	258.313	265.975	273.637
1.850.000	249.001	256.852	264.704	272.555	280.406
1.900.000	255.012	263.053	271.094	279.135	287.176
1.950.000	261.023	269.253	277.484	285.714	293.945

Anrechenbare Kosten Euro	Basishonorarsatz Euro	Viertelsatz Euro	Mittelsatz Euro	Dreiviertelsatz Euro	Oberer Honorarsatz Euro
2.000.000	**267.034**	275.454	283.874	292.294	**300.714**
2.100.000	278.515	287.297	296.079	304.861	313.643
2.200.000	289.996	299.140	308.284	317.428	326.572
2.300.000	301.477	310.983	320.489	329.995	339.501
2.400.000	312.958	322.826	332.694	342.562	352.430
2.500.000	324.439	334.669	344.899	355.129	365.359
2.600.000	335.919	346.511	357.103	367.695	378.287
2.700.000	347.400	358.354	369.308	380.262	391.216
2.800.000	358.881	370.197	381.513	392.829	404.145
2.900.000	370.362	382.040	393.718	405.396	417.074
3.000.000	**381.843**	393.883	405.923	417.963	**430.003**
3.200.000	403.300	416.017	428.734	441.450	454.167
3.400.000	424.758	438.151	451.544	464.937	478.330
3.600.000	446.215	460.285	474.355	488.424	502.494
3.800.000	467.672	482.419	497.165	511.911	526.658
4.000.000	489.130	504.553	519.976	535.399	550.822
4.200.000	510.587	526.686	542.786	558.886	574.985
4.400.000	532.044	548.820	565.597	582.373	599.149
4.600.000	553.501	570.954	588.407	605.860	623.313
4.800.000	574.959	593.088	611.218	629.347	647.476
5.000.000	**596.416**	615.222	634.028	652.834	**671.640**
5.250.000	622.439	642.066	661.692	681.319	700.945
5.500.000	648.462	668.910	689.357	709.804	730.251
5.750.000	674.486	695.753	717.021	738.289	759.556
6.000.000	700.509	722.597	744.685	766.773	788.862
6.250.000	726.532	749.441	772.350	795.258	818.167
6.500.000	752.555	776.285	800.014	823.743	847.472
6.750.000	778.578	803.128	827.678	852.228	876.778
7.000.000	804.602	829.972	855.342	880.713	906.083
7.250.000	830.625	856.816	883.007	909.198	935.389
7.500.000	**856.648**	883.660	910.671	937.683	**964.694**
7.750.000	881.684	909.485	937.286	965.087	992.888
8.000.000	906.721	935.311	963.902	992.492	1.021.082
8.250.000	931.757	961.137	990.517	1.019.897	1.049.276
8.500.000	956.794	986.963	1.017.132	1.047.301	1.077.470
8.750.000	981.830	1.012.789	1.043.747	1.074.706	1.105.665
9.000.000	1.006.866	1.038.614	1.070.363	1.102.111	1.133.859
9.250.000	1.031.903	1.064.440	1.096.978	1.129.515	1.162.053
9.500.000	1.056.939	1.090.266	1.123.593	1.156.920	1.190.247
9.750.000	1.081.976	1.116.092	1.150.208	1.184.325	1.218.441

Anrechenbare Kosten Euro	Basishonorarsatz Euro	Viertelsatz Euro	Mittelsatz Euro	Dreiviertelsatz Euro	Oberer Honorarsatz Euro
10.000.000	**1.107.012**	1.141.918	1.176.824	1.211.729	**1.246.635**
10.500.000	1.155.028	1.191.448	1.227.868	1.264.288	1.300.708
11.000.000	1.203.045	1.240.979	1.278.912	1.316.846	1.354.780
11.500.000	1.251.061	1.290.509	1.329.957	1.369.405	1.408.853
12.000.000	1.299.078	1.340.039	1.381.001	1.421.963	1.462.925
12.500.000	1.347.094	1.389.570	1.432.046	1.474.522	1.516.998
13.000.000	1.395.110	1.439.100	1.483.090	1.527.080	1.571.070
13.500.000	1.443.127	1.488.631	1.534.135	1.579.639	1.625.143
14.000.000	1.491.143	1.538.161	1.585.179	1.632.197	1.679.215
14.500.000	1.539.160	1.587.692	1.636.224	1.684.756	1.733.288
15.000.000	**1.587.176**	1.637.222	1.687.268	1.737.314	**1.787.360**
15.500.000	1.633.187	1.684.683	1.736.180	1.787.677	1.839.174
16.000.000	1.679.197	1.732.145	1.785.092	1.838.040	1.890.987
16.500.000	1.725.208	1.779.606	1.834.004	1.888.402	1.942.801
17.000.000	1.771.218	1.827.067	1.882.916	1.938.765	1.994.614
17.500.000	1.817.229	1.874.528	1.931.828	1.989.128	2.046.428
18.000.000	1.863.239	1.921.990	1.980.740	2.039.491	2.098.242
18.500.000	1.909.250	1.969.451	2.029.652	2.089.854	2.150.055
19.000.000	1.955.260	2.016.912	2.078.564	2.140.217	2.201.869
19.500.000	2.001.271	2.064.373	2.127.476	2.190.579	2.253.682
20.000.000	**2.047.281**	2.111.835	2.176.389	2.240.942	**2.305.496**
20.500.000	2.091.761	2.157.717	2.223.673	2.289.630	2.355.586
21.000.000	2.136.241	2.203.599	2.270.958	2.338.317	2.405.676
21.500.000	2.180.720	2.249.482	2.318.243	2.387.004	2.455.766
22.000.000	2.225.200	2.295.364	2.365.528	2.435.692	2.505.856
22.500.000	2.269.680	2.341.246	2.412.813	2.484.379	2.555.946
23.000.000	2.314.160	2.387.129	2.460.098	2.533.067	2.606.035
23.500.000	2.358.640	2.433.011	2.507.382	2.581.754	2.656.125
24.000.000	2.403.119	2.478.893	2.554.667	2.630.441	2.706.215
24.500.000	2.447.599	2.524.776	2.601.952	2.679.129	2.756.305
25.000.000	**2.492.079**	2.570.658	2.649.237	2.727.816	**2.806.395**

Honorartafel zu § 35 Abs. 1 – Gebäude und Innenräume Honorarzone V

Anrechenbare Kosten Euro	Basishonorarsatz Euro	Viertelsatz Euro	Mittelsatz Euro	Dreiviertelsatz Euro	Oberer Honorarsatz Euro
25.000	**6.094**	6.228	6.363	6.497	**6.631**
26.000	6.308	6.447	6.586	6.725	6.864
27.000	6.523	6.666	6.810	6.954	7.097
28.000	6.737	6.885	7.034	7.182	7.330
29.000	6.951	7.104	7.257	7.410	7.563
30.000	7.166	7.323	7.481	7.639	7.797
31.000	7.380	7.542	7.705	7.867	8.030
32.000	7.594	7.761	7.928	8.096	8.263
33.000	7.808	7.980	8.152	8.324	8.496
34.000	8.023	8.199	8.376	8.552	8.729
35.000	**8.237**	8.418	8.600	8.781	**8.962**
36.500	8.547	8.735	8.923	9.111	9.299
38.000	8.857	9.052	9.247	9.441	9.636
39.500	9.167	9.368	9.570	9.772	9.973
41.000	9.477	9.685	9.894	10.102	10.310
42.500	9.787	10.002	10.217	10.432	10.648
44.000	10.096	10.318	10.541	10.763	10.985
45.500	10.406	10.635	10.864	11.093	11.322
47.000	10.716	10.952	11.188	11.423	11.659
48.500	11.026	11.269	11.511	11.753	11.996
50.000	**11.336**	11.585	11.835	12.084	**12.333**
52.500	11.832	12.092	12.352	12.612	12.872
55.000	12.327	12.599	12.870	13.141	13.412
57.500	12.823	13.105	13.387	13.669	13.951
60.000	13.319	13.612	13.905	14.198	14.491
62.500	13.815	14.118	14.422	14.726	15.030
65.000	14.310	14.625	14.940	15.255	15.569
67.500	14.806	15.132	15.457	15.783	16.109
70.000	15.302	15.638	15.975	16.312	16.648
72.500	15.797	16.145	16.492	16.840	17.188
75.000	**16.293**	16.652	17.010	17.369	**17.727**
77.500	16.771	17.140	17.509	17.878	18.247
80.000	17.249	17.629	18.008	18.388	18.767
82.500	17.727	18.117	18.507	18.897	19.287
85.000	18.205	18.606	19.006	19.407	19.807
87.500	18.684	19.095	19.506	19.917	20.328
90.000	19.162	19.583	20.005	20.426	20.848
92.500	19.640	20.072	20.504	20.936	21.368
95.000	20.118	20.560	21.003	21.445	21.888
97.500	20.596	21.049	21.502	21.955	22.408

Anrechenbare Kosten Euro	Basishonorarsatz Euro	Viertelsatz Euro	Mittelsatz Euro	Dreiviertelsatz Euro	Oberer Honorarsatz Euro
100.000	**21.074**	21.538	22.001	22.465	**22.928**
105.000	21.994	22.478	22.962	23.445	23.929
110.000	22.914	23.418	23.922	24.426	24.930
115.000	23.834	24.358	24.883	25.407	25.931
120.000	24.754	25.299	25.843	26.388	26.932
125.000	25.674	26.239	26.804	27.368	27.933
130.000	26.594	27.179	27.764	28.349	28.934
135.000	27.514	28.119	28.725	29.330	29.935
140.000	28.434	29.060	29.685	30.311	30.936
145.000	29.354	30.000	30.646	31.291	31.937
150.000	**30.274**	30.940	31.606	32.272	**32.938**
155.000	31.160	31.846	32.531	33.217	33.902
160.000	32.046	32.751	33.456	34.161	34.866
165.000	32.932	33.657	34.381	35.106	35.830
170.000	33.818	34.562	35.306	36.050	36.794
175.000	34.704	35.468	36.231	36.995	37.758
180.000	35.590	36.373	37.156	37.939	38.722
185.000	36.476	37.279	38.081	38.884	39.686
190.000	37.362	38.184	39.006	39.828	40.650
195.000	38.248	39.090	39.931	40.773	41.614
200.000	**39.134**	39.995	40.856	41.717	**42.578**
210.000	40.836	41.734	42.633	43.531	44.430
220.000	42.538	43.474	44.410	45.346	46.281
230.000	44.240	45.213	46.186	47.160	48.133
240.000	45.942	46.952	47.963	48.974	49.985
250.000	47.644	48.692	49.740	50.788	51.837
260.000	49.345	50.431	51.517	52.603	53.688
270.000	51.047	52.170	53.294	54.417	55.540
280.000	52.749	53.910	55.070	56.231	57.392
290.000	54.451	55.649	56.847	58.045	59.243
300.000	**56.153**	57.389	58.624	59.860	**61.095**
320.000	59.372	60.678	61.985	63.291	64.597
340.000	62.591	63.968	65.345	66.722	68.100
360.000	65.810	67.258	68.706	70.154	71.602
380.000	69.029	70.548	72.067	73.585	75.104
400.000	72.248	73.838	75.427	77.017	78.607
420.000	75.467	77.127	78.788	80.448	82.109
440.000	78.686	80.417	82.149	83.880	85.611
460.000	81.905	83.707	85.509	87.311	89.113
480.000	85.124	86.997	88.870	90.743	92.616

Anrechenbare Kosten Euro	Basishonorarsatz Euro	Viertelsatz Euro	Mittelsatz Euro	Dreiviertelsatz Euro	Oberer Honorarsatz Euro
500.000	**88.343**	90.287	92.231	94.174	**96.118**
525.000	92.139	94.166	96.193	98.221	100.248
550.000	95.935	98.045	100.156	102.267	104.378
575.000	99.730	101.925	104.119	106.313	108.507
600.000	103.526	105.804	108.082	110.359	112.637
625.000	107.322	109.683	112.045	114.406	116.767
650.000	111.118	113.563	116.007	118.452	120.897
675.000	114.914	117.442	119.970	122.498	125.027
700.000	118.709	121.321	123.933	126.545	129.156
725.000	122.505	125.200	127.896	130.591	133.286
750.000	**126.301**	129.080	131.859	134.637	**137.416**
775.000	129.917	132.776	135.634	138.492	141.351
800.000	133.534	136.471	139.409	142.347	145.285
825.000	137.150	140.167	143.185	146.202	149.220
850.000	140.766	143.863	146.960	150.057	153.154
875.000	144.383	147.559	150.736	153.912	157.089
900.000	147.999	151.255	154.511	157.767	161.023
925.000	151.615	154.951	158.286	161.622	164.958
950.000	155.231	158.647	162.062	165.477	168.892
975.000	158.848	162.342	165.837	169.332	172.827
1.000.000	**162.464**	166.038	169.613	173.187	**176.761**
1.050.000	169.520	173.249	176.979	180.708	184.438
1.100.000	176.576	180.460	184.345	188.230	192.114
1.150.000	183.631	187.671	191.711	195.751	199.791
1.200.000	190.687	194.882	199.077	203.272	207.467
1.250.000	197.743	202.093	206.444	210.794	215.144
1.300.000	204.799	209.304	213.810	218.315	222.821
1.350.000	211.855	216.515	221.176	225.837	230.497
1.400.000	218.910	223.726	228.542	233.358	238.174
1.450.000	225.966	230.937	235.908	240.879	245.850
1.500.000	**233.022**	238.148	243.275	248.401	**253.527**
1.550.000	239.791	245.066	250.342	255.617	260.892
1.600.000	246.560	251.985	257.409	262.833	268.257
1.650.000	253.330	258.903	264.476	270.049	275.622
1.700.000	260.099	265.821	271.543	277.265	282.987
1.750.000	266.868	272.739	278.610	284.481	290.352
1.800.000	273.637	279.657	285.677	291.697	297.717
1.850.000	280.406	286.575	292.744	298.913	305.082
1.900.000	287.176	293.493	299.811	306.129	312.447
1.950.000	293.945	300.412	306.878	313.345	319.812

Anrechenbare Kosten Euro	Basishonorarsatz Euro	Viertelsatz Euro	Mittelsatz Euro	Dreiviertelsatz Euro	Oberer Honorarsatz Euro
2.000.000	**300.714**	307.330	313.946	320.561	**327.177**
2.100.000	313.643	320.543	327.443	334.343	341.244
2.200.000	326.572	333.756	340.941	348.126	355.310
2.300.000	339.501	346.970	354.439	361.908	369.377
2.400.000	352.430	360.183	367.937	375.690	383.443
2.500.000	365.359	373.396	381.434	389.472	397.510
2.600.000	378.287	386.610	394.932	403.254	411.577
2.700.000	391.216	399.823	408.430	417.036	425.643
2.800.000	404.145	413.036	421.928	430.819	439.710
2.900.000	417.074	426.250	435.425	444.601	453.776
3.000.000	**430.003**	439.463	448.923	458.383	**467.843**
3.200.000	454.167	464.158	474.150	484.142	494.133
3.400.000	478.330	488.854	499.377	509.900	520.423
3.600.000	502.494	513.549	524.604	535.659	546.713
3.800.000	526.658	538.244	549.831	561.417	573.003
4.000.000	550.822	562.940	575.058	587.176	599.294
4.200.000	574.985	587.635	600.284	612.934	625.584
4.400.000	599.149	612.330	625.511	638.693	651.874
4.600.000	623.313	637.025	650.738	664.451	678.164
4.800.000	647.476	661.721	675.965	690.210	704.454
5.000.000	**671.640**	686.416	701.192	715.968	**730.744**
5.250.000	700.945	716.366	731.787	747.208	762.628
5.500.000	730.251	746.316	762.382	778.447	794.513
5.750.000	759.556	776.266	792.977	809.687	826.397
6.000.000	788.862	806.217	823.571	840.926	858.281
6.250.000	818.167	836.167	854.166	872.166	890.166
6.500.000	847.472	866.117	884.761	903.405	922.050
6.750.000	876.778	896.067	915.356	934.645	953.934
7.000.000	906.083	926.017	945.951	965.885	985.818
7.250.000	935.389	955.967	976.546	997.124	1.017.703
7.500.000	**964.694**	985.917	1.007.141	1.028.364	**1.049.587**
7.750.000	992.888	1.014.732	1.036.575	1.058.419	1.080.262
8.000.000	1.021.082	1.043.546	1.066.010	1.088.474	1.110.937
8.250.000	1.049.276	1.072.360	1.095.444	1.118.529	1.141.613
8.500.000	1.077.470	1.101.175	1.124.879	1.148.583	1.172.288
8.750.000	1.105.665	1.129.989	1.154.314	1.178.638	1.202.963
9.000.000	1.133.859	1.158.804	1.183.748	1.208.693	1.233.638
9.250.000	1.162.053	1.187.618	1.213.183	1.238.748	1.264.313
9.500.000	1.190.247	1.216.432	1.242.618	1.268.803	1.294.989
9.750.000	1.218.441	1.245.247	1.272.052	1.298.858	1.325.664

Anrechenbare Kosten Euro	Basishonorarsatz Euro	Viertelsatz Euro	Mittelsatz Euro	Dreiviertelsatz Euro	Oberer Honorarsatz Euro
10.000.000	**1.246.635**	1.274.061	1.301.487	1.328.913	**1.356.339**
10.500.000	1.300.708	1.329.323	1.357.939	1.386.554	1.415.170
11.000.000	1.354.780	1.384.585	1.414.390	1.444.196	1.474.001
11.500.000	1.408.853	1.439.847	1.470.842	1.501.837	1.532.832
12.000.000	1.462.925	1.495.109	1.527.294	1.559.478	1.591.663
12.500.000	1.516.998	1.550.372	1.583.746	1.617.120	1.650.494
13.000.000	1.571.070	1.605.634	1.640.197	1.674.761	1.709.324
13.500.000	1.625.143	1.660.896	1.696.649	1.732.402	1.768.155
14.000.000	1.679.215	1.716.158	1.753.101	1.790.043	1.826.986
14.500.000	1.733.288	1.771.420	1.809.552	1.847.685	1.885.817
15.000.000	**1.787.360**	1.826.682	1.866.004	1.905.326	**1.944.648**
15.500.000	1.839.174	1.879.636	1.920.097	1.960.559	2.001.021
16.000.000	1.890.987	1.932.589	1.974.191	2.015.793	2.057.394
16.500.000	1.942.801	1.985.543	2.028.284	2.071.026	2.113.768
17.000.000	1.994.614	2.038.496	2.082.378	2.126.259	2.170.141
17.500.000	2.046.428	2.091.450	2.136.471	2.181.493	2.226.514
18.000.000	2.098.242	2.144.403	2.190.564	2.236.726	2.282.887
18.500.000	2.150.055	2.197.357	2.244.658	2.291.959	2.339.260
19.000.000	2.201.869	2.250.310	2.298.751	2.347.192	2.395.634
19.500.000	2.253.682	2.303.264	2.352.845	2.402.426	2.452.007
20.000.000	**2.305.496**	2.356.217	2.406.938	2.457.659	**2.508.380**
20.500.000	2.355.586	2.407.409	2.459.232	2.511.055	2.562.878
21.000.000	2.405.676	2.458.601	2.511.526	2.564.451	2.617.376
21.500.000	2.455.766	2.509.793	2.563.820	2.617.846	2.671.873
22.000.000	2.505.856	2.560.985	2.616.113	2.671.242	2.726.371
22.500.000	2.555.946	2.612.176	2.668.407	2.724.638	2.780.869
23.000.000	2.606.035	2.663.368	2.720.701	2.778.034	2.835.367
23.500.000	2.656.125	2.714.560	2.772.995	2.831.430	2.889.865
24.000.000	2.706.215	2.765.752	2.825.289	2.884.826	2.944.362
24.500.000	2.756.305	2.816.944	2.877.583	2.938.221	2.998.860
25.000.000	**2.806.395**	2.868.136	2.929.877	2.991.617	**3.053.358**

Honorartafel zu § 40 Abs. 1 – Freianlagen Honorarzone I

Anrechenbare Kosten Euro	Basishonorarsatz Euro	Viertelsatz Euro	Mittelsatz Euro	Dreiviertelsatz Euro	Oberer Honorarsatz Euro
20.000	**3.643**	3.819	3.996	4.172	**4.348**
20.500	3.719	3.899	4.079	4.259	4.439
21.000	3.796	3.979	4.163	4.347	4.530
21.500	3.872	4.059	4.247	4.434	4.621
22.000	3.948	4.139	4.330	4.521	4.712
22.500	4.025	4.219	4.414	4.609	4.804
23.000	4.101	4.299	4.498	4.696	4.895
23.500	4.177	4.379	4.581	4.784	4.986
24.000	4.253	4.459	4.665	4.871	5.077
24.500	4.330	4.539	4.749	4.958	5.168
25.000	**4.406**	4.619	4.833	5.046	**5.259**
25.500	4.480	4.697	4.914	5.131	5.347
26.000	4.554	4.775	4.995	5.215	5.436
26.500	4.628	4.852	5.076	5.300	5.524
27.000	4.702	4.930	5.158	5.385	5.613
27.500	4.777	5.008	5.239	5.470	5.701
28.000	4.851	5.085	5.320	5.555	5.789
28.500	4.925	5.163	5.401	5.640	5.878
29.000	4.999	5.241	5.483	5.724	5.966
29.500	5.073	5.318	5.564	5.809	6.055
30.000	**5.147**	5.396	5.645	5.894	**6.143**
30.500	5.219	5.472	5.724	5.977	6.229
31.000	5.292	5.548	5.804	6.060	6.316
31.500	5.364	5.623	5.883	6.142	6.402
32.000	5.436	5.699	5.962	6.225	6.488
32.500	5.509	5.775	6.042	6.308	6.575
33.000	5.581	5.851	6.121	6.391	6.661
33.500	5.653	5.927	6.200	6.474	6.747
34.000	5.725	6.002	6.279	6.556	6.833
34.500	5.798	6.078	6.359	6.639	6.920
35.000	**5.870**	6.154	6.438	6.722	**7.006**
35.500	5.941	6.228	6.516	6.803	7.090
36.000	6.011	6.302	6.593	6.884	7.175
36.500	6.082	6.376	6.671	6.965	7.259
37.000	6.153	6.451	6.748	7.046	7.344
37.500	6.224	6.525	6.826	7.127	7.428
38.000	6.294	6.599	6.903	7.208	7.512
38.500	6.365	6.673	6.981	7.289	7.597
39.000	6.436	6.747	7.058	7.370	7.681
39.500	6.506	6.821	7.136	7.451	7.766

Honorartafel zu § 40 Abs. 1 – Freianlagen Honorarzone I

Anrechenbare Kosten Euro	Basishonorarsatz Euro	Viertelsatz Euro	Mittelsatz Euro	Dreiviertelsatz Euro	Oberer Honorarsatz Euro
40.000	**6.577**	6.895	7.214	7.532	**7.850**
41.000	6.715	7.040	7.364	7.689	8.014
42.000	6.852	7.184	7.515	7.847	8.178
43.000	6.990	7.328	7.666	8.004	8.343
44.000	7.127	7.472	7.817	8.162	8.507
45.000	7.265	7.617	7.968	8.320	8.671
46.000	7.403	7.761	8.119	8.477	8.835
47.000	7.540	7.905	8.270	8.635	8.999
48.000	7.678	8.049	8.421	8.792	9.164
49.000	7.815	8.194	8.572	8.950	9.328
50.000	**7.953**	8.338	8.723	9.107	**9.492**
51.000	8.086	8.478	8.869	9.260	9.651
52.000	8.220	8.618	9.015	9.413	9.811
53.000	8.353	8.757	9.162	9.566	9.970
54.000	8.487	8.897	9.308	9.719	10.129
55.000	8.620	9.037	9.454	9.871	10.289
56.000	8.753	9.177	9.601	10.024	10.448
57.000	8.887	9.317	9.747	10.177	10.607
58.000	9.020	9.457	9.893	10.330	10.766
59.000	9.154	9.597	10.040	10.483	10.926
60.000	**9.287**	9.737	10.186	10.636	**11.085**
61.500	9.481	9.940	10.399	10.858	11.317
63.000	9.675	10.143	10.612	11.080	11.548
64.500	9.869	10.347	10.824	11.302	11.780
66.000	10.063	10.550	11.037	11.524	12.011
67.500	10.257	10.753	11.250	11.746	12.243
69.000	10.451	10.957	11.463	11.968	12.474
70.500	10.645	11.160	11.675	12.190	12.706
72.000	10.839	11.364	11.888	12.413	12.937
73.500	11.033	11.567	12.101	12.635	13.169
75.000	**11.227**	11.770	12.314	12.857	**13.400**
77.500	11.538	12.096	12.654	13.212	13.771
80.000	11.848	12.421	12.995	13.568	14.141
82.500	12.159	12.747	13.335	13.923	14.512
85.000	12.469	13.072	13.676	14.279	14.882
87.500	12.780	13.398	14.016	14.635	15.253
90.000	13.090	13.723	14.357	14.990	15.624
92.500	13.401	14.049	14.697	15.346	15.994
95.000	13.711	14.374	15.038	15.701	16.365
97.500	14.022	14.700	15.378	16.057	16.735

Anrechenbare Kosten Euro	Basishonorarsatz Euro	Viertelsatz Euro	Mittelsatz Euro	Dreiviertelsatz Euro	Oberer Honorarsatz Euro
100.000	**14.332**	15.026	15.719	16.413	**17.106**
102.500	14.630	15.338	16.046	16.754	17.462
105.000	14.929	15.651	16.373	17.096	17.818
107.500	15.227	15.964	16.700	17.437	18.174
110.000	15.525	16.276	17.028	17.779	18.530
112.500	15.824	16.589	17.355	18.120	18.886
115.000	16.122	16.902	17.682	18.462	19.242
117.500	16.420	17.215	18.009	18.804	19.598
120.000	16.718	17.527	18.336	19.145	19.954
122.500	17.017	17.840	18.663	19.487	20.310
125.000	**17.315**	18.153	18.991	19.828	**20.666**
127.500	17.604	18.455	19.307	20.159	21.011
130.000	17.892	18.758	19.624	20.489	21.355
132.500	18.181	19.060	19.940	20.820	21.700
135.000	18.469	19.363	20.257	21.150	22.044
137.500	18.758	19.666	20.573	21.481	22.389
140.000	19.047	19.968	20.890	21.811	22.733
142.500	19.335	20.271	21.206	22.142	23.078
145.000	19.624	20.573	21.523	22.472	23.422
147.500	19.912	20.876	21.839	22.803	23.767
150.000	**20.201**	21.179	22.156	23.134	**24.111**
155.000	20.756	21.760	22.764	23.768	24.773
160.000	21.310	22.341	23.372	24.403	25.435
165.000	21.865	22.922	23.980	25.038	26.096
170.000	22.419	23.504	24.589	25.673	26.758
175.000	22.974	24.085	25.197	26.308	27.420
180.000	23.528	24.666	25.805	26.943	28.082
185.000	24.083	25.248	26.413	27.578	28.744
190.000	24.637	25.829	27.021	28.213	29.405
195.000	25.192	26.410	27.629	28.848	30.067
200.000	**25.746**	26.992	28.238	29.483	**30.729**
205.000	26.277	27.548	28.820	30.091	31.362
210.000	26.807	28.105	29.402	30.699	31.996
215.000	27.338	28.661	29.984	31.306	32.629
220.000	27.869	29.217	30.566	31.914	33.263
225.000	28.400	29.774	31.148	32.522	33.896
230.000	28.930	30.330	31.730	33.130	34.529
235.000	29.461	30.886	32.312	33.737	35.163
240.000	29.992	31.443	32.894	34.345	35.796
245.000	30.522	31.999	33.476	34.953	36.430

Anrechenbare Kosten Euro	Basishonorarsatz Euro	Viertelsatz Euro	Mittelsatz Euro	Dreiviertelsatz Euro	Oberer Honorarsatz Euro
250.000	**31.053**	32.556	34.058	35.561	**37.063**
260.000	32.062	33.614	35.165	36.716	38.268
270.000	33.072	34.672	36.272	37.872	39.473
280.000	34.081	35.730	37.379	39.028	40.677
290.000	35.091	36.789	38.486	40.184	41.882
300.000	36.100	37.847	39.594	41.340	43.087
310.000	37.109	38.905	40.701	42.496	44.292
320.000	38.119	39.963	41.808	43.652	45.497
330.000	39.128	41.022	42.915	44.808	46.701
340.000	40.138	42.080	44.022	45.964	47.906
350.000	**41.147**	43.138	45.129	47.120	**49.111**
365.000	42.562	44.622	46.681	48.741	50.800
380.000	43.978	46.106	48.234	50.362	52.490
395.000	45.393	47.589	49.786	51.982	54.179
410.000	46.808	49.073	51.338	53.603	55.868
425.000	48.224	50.557	52.891	55.224	57.558
440.000	49.639	52.041	54.443	56.845	59.247
455.000	51.054	53.525	55.995	58.466	60.936
470.000	52.469	55.008	57.547	60.086	62.625
485.000	53.885	56.492	59.100	61.707	64.315
500.000	**55.300**	57.976	60.652	63.328	**66.004**
515.000	56.681	59.424	62.167	64.910	67.653
530.000	58.063	60.872	63.682	66.492	69.301
545.000	59.444	62.321	65.197	68.074	70.950
560.000	60.826	63.769	66.712	69.656	72.599
575.000	62.207	65.217	68.227	71.237	74.248
590.000	63.588	66.665	69.742	72.819	75.896
605.000	64.970	68.114	71.257	74.401	77.545
620.000	66.351	69.562	72.772	75.983	79.194
635.000	67.733	71.010	74.287	77.565	80.842
650.000	**69.114**	72.458	75.803	79.147	**82.491**
665.000	70.446	73.854	77.263	80.672	84.080
680.000	71.777	75.250	78.723	82.197	85.670
695.000	73.109	76.646	80.184	83.721	87.259
710.000	74.440	78.042	81.644	85.246	88.848
725.000	75.772	79.438	83.105	86.771	90.438
740.000	77.104	80.834	84.565	88.296	92.027
755.000	78.435	82.230	86.026	89.821	93.616
770.000	79.767	83.626	87.486	91.346	95.205
785.000	81.098	85.022	88.947	92.871	96.795

Anrechenbare Kosten Euro	Basishonorarsatz Euro	Viertelsatz Euro	Mittelsatz Euro	Dreiviertelsatz Euro	Oberer Honorarsatz Euro
800.000	**82.430**	86.419	90.407	94.396	**98.384**
820.000	84.145	88.216	92.288	96.359	100.431
840.000	85.860	90.014	94.169	98.323	102.477
860.000	87.574	91.812	96.049	100.287	104.524
880.000	89.289	93.610	97.930	102.250	106.571
900.000	91.004	95.407	99.811	104.214	108.618
920.000	92.719	97.205	101.692	106.178	110.664
940.000	94.434	99.003	103.572	108.142	112.711
960.000	96.148	100.801	105.453	110.105	114.758
980.000	97.863	102.598	107.334	112.069	116.804
1.000.000	**99.578**	104.396	109.215	114.033	**118.851**
1.025.000	101.644	106.562	111.480	116.399	121.317
1.050.000	103.710	108.728	113.746	118.765	123.783
1.075.000	105.776	110.894	116.012	121.131	126.249
1.100.000	107.842	113.060	118.278	123.496	128.715
1.125.000	109.908	115.226	120.544	125.862	131.181
1.150.000	111.974	117.392	122.810	128.228	133.646
1.175.000	114.040	119.558	125.076	130.594	136.112
1.200.000	116.106	121.724	127.342	132.960	138.578
1.225.000	118.172	123.890	129.608	135.326	141.044
1.250.000	**120.238**	126.056	131.874	137.692	**143.510**
1.275.000	122.235	128.149	134.064	139.978	145.893
1.300.000	124.231	130.242	136.254	142.265	148.276
1.325.000	126.228	132.336	138.443	144.551	150.659
1.350.000	128.224	134.429	140.633	146.838	153.042
1.375.000	130.221	136.522	142.823	149.124	155.425
1.400.000	132.218	138.615	145.013	151.410	157.808
1.425.000	134.214	140.708	147.203	153.697	160.191
1.450.000	136.211	142.802	149.392	155.983	162.574
1.475.000	138.207	144.895	151.582	158.270	164.957
1.500.000	**140.204**	146.988	153.772	160.556	**167.340**

Honorartafel zu § 40 Abs. 1 – Freianlagen Honorarzone II

Anrechenbare Kosten Euro	Basishonorarsatz Euro	Viertelsatz Euro	Mittelsatz Euro	Dreiviertelsatz Euro	Oberer Honorarsatz Euro
20.000	**4.348**	4.568	4.789	5.009	**5.229**
20.500	4.439	4.664	4.889	5.114	5.339
21.000	4.530	4.760	4.989	5.219	5.448
21.500	4.621	4.855	5.090	5.324	5.558
22.000	4.712	4.951	5.190	5.429	5.667
22.500	4.804	5.047	5.290	5.534	5.777
23.000	4.895	5.143	5.391	5.639	5.887
23.500	4.986	5.238	5.491	5.744	5.996
24.000	5.077	5.334	5.591	5.849	6.106
24.500	5.168	5.430	5.692	5.954	6.215
25.000	**5.259**	5.526	5.792	6.059	**6.325**
25.500	5.347	5.618	5.889	6.160	6.431
26.000	5.436	5.711	5.987	6.262	6.538
26.500	5.524	5.804	6.084	6.364	6.644
27.000	5.613	5.897	6.181	6.466	6.750
27.500	5.701	5.990	6.279	6.568	6.857
28.000	5.789	6.083	6.376	6.669	6.963
28.500	5.878	6.176	6.473	6.771	7.069
29.000	5.966	6.269	6.571	6.873	7.175
29.500	6.055	6.361	6.668	6.975	7.282
30.000	**6.143**	6.454	6.766	7.077	**7.388**
30.500	6.229	6.545	6.861	7.176	7.492
31.000	6.316	6.636	6.956	7.276	7.596
31.500	6.402	6.726	7.051	7.375	7.699
32.000	6.488	6.817	7.146	7.474	7.803
32.500	6.575	6.908	7.241	7.574	7.907
33.000	6.661	6.998	7.336	7.673	8.011
33.500	6.747	7.089	7.431	7.773	8.115
34.000	6.833	7.180	7.526	7.872	8.218
34.500	6.920	7.270	7.621	7.972	8.322
35.000	**7.006**	7.361	7.716	8.071	**8.426**
35.500	7.090	7.450	7.809	8.168	8.528
36.000	7.175	7.538	7.902	8.265	8.629
36.500	7.259	7.627	7.995	8.363	8.731
37.000	7.344	7.716	8.088	8.460	8.832
37.500	7.428	7.804	8.181	8.557	8.934
38.000	7.512	7.893	8.274	8.654	9.035
38.500	7.597	7.982	8.367	8.752	9.137
39.000	7.681	8.070	8.460	8.849	9.238
39.500	7.766	8.159	8.553	8.946	9.340

Anrechenbare Kosten Euro	Basishonorarsatz Euro	Viertelsatz Euro	Mittelsatz Euro	Dreiviertelsatz Euro	Oberer Honorarsatz Euro
40.000	**7.850**	8.248	8.646	9.043	**9.441**
41.000	8.014	8.420	8.826	9.232	9.639
42.000	8.178	8.593	9.007	9.422	9.836
43.000	8.343	8.765	9.188	9.611	10.034
44.000	8.507	8.938	9.369	9.800	10.231
45.000	8.671	9.110	9.550	9.989	10.429
46.000	8.835	9.283	9.731	10.178	10.626
47.000	8.999	9.455	9.911	10.367	10.824
48.000	9.164	9.628	10.092	10.557	11.021
49.000	9.328	9.800	10.273	10.746	11.219
50.000	**9.492**	9.973	10.454	10.935	**11.416**
51.000	9.651	10.140	10.629	11.119	11.608
52.000	9.811	10.308	10.805	11.302	11.799
53.000	9.970	10.475	10.980	11.486	11.991
54.000	10.129	10.643	11.156	11.669	12.182
55.000	10.289	10.810	11.331	11.853	12.374
56.000	10.448	10.977	11.507	12.036	12.566
57.000	10.607	11.145	11.682	12.220	12.757
58.000	10.766	11.312	11.858	12.403	12.949
59.000	10.926	11.479	12.033	12.587	13.140
60.000	**11.085**	11.647	12.209	12.770	**13.332**
61.500	11.317	11.890	12.463	13.037	13.610
63.000	11.548	12.133	12.718	13.304	13.889
64.500	11.780	12.376	12.973	13.570	14.167
66.000	12.011	12.620	13.228	13.837	14.446
67.500	12.243	12.863	13.483	14.104	14.724
69.000	12.474	13.106	13.738	14.370	15.002
70.500	12.706	13.349	13.993	14.637	15.281
72.000	12.937	13.593	14.248	14.904	15.559
73.500	13.169	13.836	14.503	15.170	15.838
75.000	**13.400**	14.079	14.758	15.437	**16.116**
77.500	13.771	14.468	15.166	15.864	16.562
80.000	14.141	14.858	15.574	16.291	17.008
82.500	14.512	15.247	15.983	16.718	17.453
85.000	14.882	15.637	16.391	17.145	17.899
87.500	15.253	16.026	16.799	17.572	18.345
90.000	15.624	16.415	17.207	17.999	18.791
92.500	15.994	16.805	17.615	18.426	19.237
95.000	16.365	17.194	18.024	18.853	19.682
97.500	16.735	17.584	18.432	19.280	20.128

Anrechenbare Kosten Euro	Basishonorarsatz Euro	Viertelsatz Euro	Mittelsatz Euro	Dreiviertelsatz Euro	Oberer Honorarsatz Euro
100.000	**17.106**	17.973	18.840	19.707	**20.574**
102.500	17.462	18.347	19.232	20.117	21.002
105.000	17.818	18.721	19.624	20.527	21.430
107.500	18.174	19.095	20.016	20.937	21.858
110.000	18.530	19.469	20.408	21.347	22.286
112.500	18.886	19.843	20.800	21.757	22.715
115.000	19.242	20.217	21.192	22.167	23.143
117.500	19.598	20.591	21.584	22.578	23.571
120.000	19.954	20.965	21.976	22.988	23.999
122.500	20.310	21.339	22.368	23.398	24.427
125.000	**20.666**	21.713	22.761	23.808	**24.855**
127.500	21.011	22.075	23.140	24.205	25.269
130.000	21.355	22.437	23.519	24.601	25.684
132.500	21.700	22.799	23.899	24.998	26.098
135.000	22.044	23.161	24.278	25.395	26.512
137.500	22.389	23.523	24.658	25.792	26.927
140.000	22.733	23.885	25.037	26.189	27.341
142.500	23.078	24.247	25.416	26.586	27.755
145.000	23.422	24.609	25.796	26.983	28.169
147.500	23.767	24.971	26.175	27.379	28.584
150.000	**24.111**	25.333	26.555	27.776	**28.998**
155.000	24.773	26.028	27.283	28.539	29.794
160.000	25.435	26.723	28.012	29.301	30.590
165.000	26.096	27.419	28.741	30.064	31.386
170.000	26.758	28.114	29.470	30.826	32.182
175.000	27.420	28.810	30.199	31.589	32.978
180.000	28.082	29.505	30.928	32.351	33.774
185.000	28.744	30.200	31.657	33.113	34.570
190.000	29.405	30.896	32.386	33.876	35.366
195.000	30.067	31.591	33.115	34.638	36.162
200.000	**30.729**	32.286	33.844	35.401	**36.958**
205.000	31.362	32.952	34.541	36.130	37.720
210.000	31.996	33.617	35.239	36.860	38.482
215.000	32.629	34.283	35.936	37.590	39.243
220.000	33.263	34.948	36.634	38.320	40.005
225.000	33.896	35.614	37.332	39.049	40.767
230.000	34.529	36.279	38.029	39.779	41.529
235.000	35.163	36.945	38.727	40.509	42.291
240.000	35.796	37.610	39.424	41.238	43.052
245.000	36.430	38.276	40.122	41.968	43.814

Anrechenbare Kosten Euro	Basishonorarsatz Euro	Viertelsatz Euro	Mittelsatz Euro	Dreiviertelsatz Euro	Oberer Honorarsatz Euro
250.000	**37.063**	38.941	40.820	42.698	**44.576**
260.000	38.268	40.207	42.146	44.086	46.025
270.000	39.473	41.473	43.473	45.474	47.474
280.000	40.677	42.739	44.800	46.862	48.923
290.000	41.882	44.005	46.127	48.250	50.372
300.000	43.087	45.271	47.454	49.638	51.821
310.000	44.292	46.536	48.781	51.025	53.270
320.000	45.497	47.802	50.108	52.413	54.719
330.000	46.701	49.068	51.435	53.801	56.168
340.000	47.906	50.334	52.762	55.189	57.617
350.000	**49.111**	51.600	54.089	56.577	**59.066**
365.000	50.800	53.375	55.949	58.523	61.098
380.000	52.490	55.150	57.810	60.469	63.129
395.000	54.179	56.924	59.670	62.416	65.161
410.000	55.868	58.699	61.531	64.362	67.193
425.000	57.558	60.474	63.391	66.308	69.225
440.000	59.247	62.249	65.252	68.254	71.256
455.000	60.936	64.024	67.112	70.200	73.288
470.000	62.625	65.799	68.973	72.146	75.320
485.000	64.315	67.574	70.833	74.092	77.351
500.000	**66.004**	69.349	72.694	76.038	**79.383**
515.000	67.653	71.081	74.509	77.938	81.366
530.000	69.301	72.813	76.325	79.837	83.349
545.000	70.950	74.546	78.141	81.736	85.332
560.000	72.599	76.278	79.957	83.636	87.315
575.000	74.248	78.010	81.773	85.535	89.298
590.000	75.896	79.742	83.588	87.434	91.280
605.000	77.545	81.475	85.404	89.334	93.263
620.000	79.194	83.207	87.220	91.233	95.246
635.000	80.842	84.939	89.036	93.132	97.229
650.000	**82.491**	86.671	90.852	95.032	**99.212**
665.000	84.080	88.341	92.602	96.863	101.123
680.000	85.670	90.011	94.352	98.694	103.035
695.000	87.259	91.681	96.103	100.524	104.946
710.000	88.848	93.351	97.853	102.355	106.858
725.000	90.438	95.020	99.603	104.186	108.769
740.000	92.027	96.690	101.354	106.017	110.680
755.000	93.616	98.360	103.104	107.848	112.592
770.000	95.205	100.030	104.854	109.679	114.503
785.000	96.795	101.700	106.605	111.510	116.415

Honorartafel zu § 40 Abs. 1 – Freianlagen Honorarzone II

Anrechenbare Kosten Euro	Basishonorarsatz Euro	Viertelsatz Euro	Mittelsatz Euro	Dreiviertelsatz Euro	Oberer Honorarsatz Euro
800.000	**98.384**	103.370	108.355	113.341	**118.326**
820.000	100.431	105.520	110.609	115.698	120.788
840.000	102.477	107.670	112.863	118.056	123.249
860.000	104.524	109.821	115.117	120.414	125.711
880.000	106.571	111.971	117.372	122.772	128.172
900.000	108.618	114.122	119.626	125.130	130.634
920.000	110.664	116.272	121.880	127.488	133.096
940.000	112.711	118.422	124.134	129.846	135.557
960.000	114.758	120.573	126.388	132.204	138.019
980.000	116.804	122.723	128.642	134.561	140.480
1.000.000	**118.851**	124.874	130.897	136.919	**142.942**
1.025.000	121.317	127.465	133.612	139.760	145.908
1.050.000	123.783	130.056	136.328	142.601	148.874
1.075.000	126.249	132.646	139.044	145.442	151.839
1.100.000	128.715	135.237	141.760	148.283	154.805
1.125.000	131.181	137.828	144.476	151.123	157.771
1.150.000	133.646	140.419	147.192	153.964	160.737
1.175.000	136.112	143.010	149.907	156.805	163.703
1.200.000	138.578	145.601	152.623	159.646	166.668
1.225.000	141.044	148.192	155.339	162.487	169.634
1.250.000	**143.510**	150.783	158.055	165.328	**172.600**
1.275.000	145.893	153.286	160.680	168.073	175.466
1.300.000	148.276	155.790	163.304	170.818	178.332
1.325.000	150.659	158.294	165.929	173.563	181.198
1.350.000	153.042	160.798	168.553	176.309	184.064
1.375.000	155.425	163.301	171.178	179.054	186.931
1.400.000	157.808	165.805	173.802	181.799	189.797
1.425.000	160.191	168.309	176.427	184.545	192.663
1.450.000	162.574	170.813	179.051	187.290	195.529
1.475.000	164.957	173.316	181.676	190.035	198.395
1.500.000	**167.340**	175.820	184.301	192.781	**201.261**

Honorartafel zu § 40 Abs. 1 – Freianlagen Honorarzone III

Anrechenbare Kosten Euro	Basishonorarsatz Euro	Viertelsatz Euro	Mittelsatz Euro	Dreiviertelsatz Euro	Oberer Honorarsatz Euro
20.000	**5.229**	5.552	5.875	6.198	**6.521**
20.500	5.339	5.668	5.998	6.328	6.658
21.000	5.448	5.785	6.121	6.458	6.794
21.500	5.558	5.901	6.244	6.588	6.931
22.000	5.667	6.018	6.368	6.718	7.068
22.500	5.777	6.134	6.491	6.848	7.205
23.000	5.887	6.250	6.614	6.978	7.341
23.500	5.996	6.367	6.737	7.107	7.478
24.000	6.106	6.483	6.860	7.237	7.615
24.500	6.215	6.599	6.983	7.367	7.751
25.000	**6.325**	6.716	7.107	7.497	**7.888**
25.500	6.431	6.829	7.226	7.623	8.021
26.000	6.538	6.942	7.346	7.749	8.153
26.500	6.644	7.054	7.465	7.876	8.286
27.000	6.750	7.167	7.585	8.002	8.419
27.500	6.857	7.280	7.704	8.128	8.552
28.000	6.963	7.393	7.824	8.254	8.684
28.500	7.069	7.506	7.943	8.380	8.817
29.000	7.175	7.619	8.063	8.506	8.950
29.500	7.282	7.732	8.182	8.632	9.082
30.000	**7.388**	7.845	8.302	8.758	**9.215**
30.500	7.492	7.955	8.418	8.881	9.344
31.000	7.596	8.065	8.535	9.004	9.474
31.500	7.699	8.175	8.651	9.127	9.603
32.000	7.803	8.285	8.768	9.250	9.732
32.500	7.907	8.396	8.884	9.373	9.862
33.000	8.011	8.506	9.001	9.496	9.991
33.500	8.115	8.616	9.117	9.619	10.120
34.000	8.218	8.726	9.234	9.742	10.249
34.500	8.322	8.836	9.350	9.865	10.379
35.000	**8.426**	8.947	9.467	9.988	**10.508**
35.500	8.528	9.054	9.581	10.108	10.635
36.000	8.629	9.162	9.695	10.228	10.761
36.500	8.731	9.270	9.809	10.348	10.888
37.000	8.832	9.378	9.923	10.469	11.014
37.500	8.934	9.485	10.037	10.589	11.141
38.000	9.035	9.593	10.151	10.709	11.268
38.500	9.137	9.701	10.265	10.830	11.394
39.000	9.238	9.809	10.379	10.950	11.521
39.500	9.340	9.916	10.493	11.070	11.647

Anrechenbare Kosten Euro	Basishonorarsatz Euro	Viertelsatz Euro	Mittelsatz Euro	Dreiviertelsatz Euro	Oberer Honorarsatz Euro
40.000	**9.441**	10.024	10.608	11.191	**11.774**
41.000	9.639	10.234	10.829	11.425	12.020
42.000	9.836	10.444	11.051	11.659	12.267
43.000	10.034	10.653	11.273	11.893	12.513
44.000	10.231	10.863	11.495	12.127	12.760
45.000	10.429	11.073	11.717	12.362	13.006
46.000	10.626	11.283	11.939	12.596	13.252
47.000	10.824	11.492	12.161	12.830	13.499
48.000	11.021	11.702	12.383	13.064	13.745
49.000	11.219	11.912	12.605	13.298	13.992
50.000	**11.416**	12.122	12.827	13.533	**14.238**
51.000	11.608	12.325	13.042	13.760	14.477
52.000	11.799	12.528	13.258	13.987	14.716
53.000	11.991	12.732	13.473	14.214	14.955
54.000	12.182	12.935	13.688	14.441	15.194
55.000	12.374	13.139	13.903	14.668	15.433
56.000	12.566	13.342	14.119	14.895	15.671
57.000	12.757	13.545	14.334	15.122	15.910
58.000	12.949	13.749	14.549	15.349	16.149
59.000	13.140	13.952	14.764	15.576	16.388
60.000	**13.332**	14.156	14.980	15.803	**16.627**
61.500	13.610	14.451	15.292	16.133	16.974
63.000	13.889	14.747	15.605	16.463	17.322
64.500	14.167	15.043	15.918	16.793	17.669
66.000	14.446	15.338	16.231	17.124	18.016
67.500	14.724	15.634	16.544	17.454	18.364
69.000	15.002	15.930	16.857	17.784	18.711
70.500	15.281	16.225	17.169	18.114	19.058
72.000	15.559	16.521	17.482	18.444	19.405
73.500	15.838	16.816	17.795	18.774	19.753
75.000	**16.116**	17.112	18.108	19.104	**20.100**
77.500	16.562	17.585	18.609	19.632	20.656
80.000	17.008	18.059	19.110	20.161	21.212
82.500	17.453	18.532	19.611	20.689	21.768
85.000	17.899	19.005	20.111	21.218	22.324
87.500	18.345	19.479	20.612	21.746	22.880
90.000	18.791	19.952	21.113	22.274	23.435
92.500	19.237	20.425	21.614	22.803	23.991
95.000	19.682	20.899	22.115	23.331	24.547
97.500	20.128	21.372	22.616	23.859	25.103

Anrechenbare Kosten Euro	Basishonorarsatz Euro	Viertelsatz Euro	Mittelsatz Euro	Dreiviertelsatz Euro	Oberer Honorarsatz Euro
100.000	**20.574**	21.845	23.117	24.388	**25.659**
102.500	21.002	22.300	23.598	24.895	26.193
105.000	21.430	22.754	24.079	25.403	26.727
107.500	21.858	23.209	24.560	25.910	27.261
110.000	22.286	23.664	25.041	26.418	27.795
112.500	22.715	24.118	25.522	26.925	28.329
115.000	23.143	24.573	26.003	27.433	28.863
117.500	23.571	25.027	26.484	27.940	29.397
120.000	23.999	25.482	26.965	28.448	29.931
122.500	24.427	25.936	27.446	28.955	30.465
125.000	**24.855**	26.391	27.927	29.463	**30.999**
127.500	25.269	26.831	28.393	29.954	31.516
130.000	25.684	27.271	28.858	30.445	32.032
132.500	26.098	27.711	29.324	30.936	32.549
135.000	26.512	28.151	29.789	31.427	33.066
137.500	26.927	28.591	30.255	31.919	33.583
140.000	27.341	29.030	30.720	32.410	34.099
142.500	27.755	29.470	31.186	32.901	34.616
145.000	28.169	29.910	31.651	33.392	35.133
147.500	28.584	30.350	32.117	33.883	35.649
150.000	**28.998**	30.790	32.582	34.374	**36.166**
155.000	29.794	31.635	33.476	35.318	37.159
160.000	30.590	32.480	34.371	36.261	38.152
165.000	31.386	33.326	35.265	37.205	39.144
170.000	32.182	34.171	36.160	38.148	40.137
175.000	32.978	35.016	37.054	39.092	41.130
180.000	33.774	35.861	37.948	40.036	42.123
185.000	34.570	36.706	38.843	40.979	43.116
190.000	35.366	37.552	39.737	41.923	44.108
195.000	36.162	38.397	40.632	42.866	45.101
200.000	**36.958**	39.242	41.526	43.810	**46.094**
205.000	37.720	40.051	42.382	44.713	47.044
210.000	38.482	40.860	43.238	45.616	47.994
215.000	39.243	41.669	44.094	46.519	48.944
220.000	40.005	42.477	44.950	47.422	49.894
225.000	40.767	43.286	45.806	48.325	50.844
230.000	41.529	44.095	46.661	49.228	51.794
235.000	42.291	44.904	47.517	50.131	52.744
240.000	43.052	45.713	48.373	51.034	53.694
245.000	43.814	46.522	49.229	51.937	54.644

Honorartafel zu § 40 Abs. 1 – Freianlagen Honorarzone III

Anrechenbare Kosten Euro	Basishonorarsatz Euro	Viertelsatz Euro	Mittelsatz Euro	Dreiviertelsatz Euro	Oberer Honorarsatz Euro
250.000	**44.576**	47.331	50.085	52.840	**55.594**
260.000	46.025	48.869	51.713	54.557	57.401
270.000	47.474	50.408	53.341	56.275	59.209
280.000	48.923	51.946	54.969	57.993	61.016
290.000	50.372	53.485	56.598	59.710	62.823
300.000	51.821	55.023	58.226	61.428	64.631
310.000	53.270	56.562	59.854	63.146	66.438
320.000	54.719	58.101	61.482	64.864	68.245
330.000	56.168	59.639	63.110	66.581	70.052
340.000	57.617	61.178	64.738	68.299	71.860
350.000	**59.066**	62.716	66.367	70.017	**73.667**
365.000	61.098	64.874	68.649	72.425	76.201
380.000	63.129	67.031	70.932	74.833	78.735
395.000	65.161	69.188	73.215	77.242	81.269
410.000	67.193	71.345	75.498	79.650	83.803
425.000	69.225	73.503	77.781	82.059	86.337
440.000	71.256	75.660	80.063	84.467	88.870
455.000	73.288	77.817	82.346	86.875	91.404
470.000	75.320	79.974	84.629	89.284	93.938
485.000	77.351	82.132	86.912	91.692	96.472
500.000	**79.383**	84.289	89.195	94.100	**99.006**
515.000	81.366	86.394	91.422	96.451	101.479
530.000	83.349	88.500	93.650	98.801	103.952
545.000	85.332	90.605	95.878	101.152	106.425
560.000	87.315	92.710	98.106	103.502	108.898
575.000	89.298	94.816	100.334	105.853	111.371
590.000	91.280	96.921	102.562	108.203	113.844
605.000	93.263	99.027	104.790	110.554	116.317
620.000	95.246	101.132	107.018	112.904	118.790
635.000	97.229	103.238	109.246	115.255	121.263
650.000	**99.212**	105.343	111.474	117.605	**123.736**
665.000	101.123	107.373	113.622	119.871	126.120
680.000	103.035	109.402	115.769	122.137	128.504
695.000	104.946	111.432	117.917	124.403	130.888
710.000	106.858	113.461	120.065	126.668	133.272
725.000	108.769	115.491	122.213	128.934	135.656
740.000	110.680	117.520	124.360	131.200	138.040
755.000	112.592	119.550	126.508	133.466	140.424
770.000	114.503	121.579	128.656	135.732	142.808
785.000	116.415	123.609	130.803	137.998	145.192

Anrechenbare Kosten Euro	Basishonorarsatz Euro	Viertelsatz Euro	Mittelsatz Euro	Dreiviertelsatz Euro	Oberer Honorarsatz Euro
800.000	**118.326**	125.639	132.951	140.264	**147.576**
820.000	120.788	128.252	135.717	143.181	150.646
840.000	123.249	130.866	138.483	146.099	153.716
860.000	125.711	133.480	141.248	149.017	156.786
880.000	128.172	136.093	144.014	151.935	159.856
900.000	130.634	138.707	146.780	154.853	162.926
920.000	133.096	141.321	149.546	157.771	165.996
940.000	135.557	143.934	152.312	160.689	169.066
960.000	138.019	146.548	155.077	163.607	172.136
980.000	140.480	149.162	157.843	166.525	175.206
1.000.000	**142.942**	151.776	160.609	169.443	**178.276**
1.025.000	145.908	154.925	163.941	172.958	181.975
1.050.000	148.874	158.074	167.274	176.474	185.674
1.075.000	151.839	161.223	170.606	179.989	189.373
1.100.000	154.805	164.372	173.938	183.505	193.072
1.125.000	157.771	167.521	177.271	187.021	196.771
1.150.000	160.737	170.670	180.603	190.536	200.469
1.175.000	163.703	173.819	183.935	194.052	204.168
1.200.000	166.668	176.968	187.268	197.568	207.867
1.225.000	169.634	180.117	190.600	201.083	211.566
1.250.000	**172.600**	183.266	193.933	204.599	**215.265**
1.275.000	175.466	186.309	197.153	207.996	218.840
1.300.000	178.332	189.353	200.373	211.394	222.414
1.325.000	181.198	192.396	203.594	214.791	225.989
1.350.000	184.064	195.439	206.814	218.189	229.563
1.375.000	186.931	198.482	210.034	221.586	233.138
1.400.000	189.797	201.526	213.255	224.984	236.713
1.425.000	192.663	204.569	216.475	228.381	240.287
1.450.000	195.529	207.612	219.695	231.779	243.862
1.475.000	198.395	210.655	222.916	235.176	247.436
1.500.000	**201.261**	213.699	226.136	238.574	**251.011**

Honorartafel zu § 40 Abs. 1 – Freianlagen Honorarzone IV

Anrechenbare Kosten Euro	Basishonorarsatz Euro	Viertelsatz Euro	Mittelsatz Euro	Dreiviertelsatz Euro	Oberer Honorarsatz Euro
20.000	**6.521**	6.742	6.962	7.183	**7.403**
20.500	6.658	6.883	7.108	7.333	7.558
21.000	6.794	7.024	7.254	7.484	7.713
21.500	6.931	7.165	7.400	7.634	7.868
22.000	7.068	7.307	7.546	7.785	8.023
22.500	7.205	7.448	7.692	7.935	8.179
23.000	7.341	7.589	7.837	8.086	8.334
23.500	7.478	7.731	7.983	8.236	8.489
24.000	7.615	7.872	8.129	8.387	8.644
24.500	7.751	8.013	8.275	8.537	8.799
25.000	**7.888**	8.155	8.421	8.688	**8.954**
25.500	8.021	8.292	8.563	8.834	9.105
26.000	8.153	8.429	8.704	8.980	9.255
26.500	8.286	8.566	8.846	9.126	9.406
27.000	8.419	8.703	8.988	9.272	9.556
27.500	8.552	8.840	9.129	9.418	9.707
28.000	8.684	8.978	9.271	9.564	9.858
28.500	8.817	9.115	9.413	9.710	10.008
29.000	8.950	9.252	9.554	9.857	10.159
29.500	9.082	9.389	9.696	10.003	10.309
30.000	**9.215**	9.526	9.838	10.149	**10.460**
30.500	9.344	9.660	9.976	10.291	10.607
31.000	9.474	9.794	10.114	10.434	10.754
31.500	9.603	9.927	10.252	10.576	10.900
32.000	9.732	10.061	10.390	10.718	11.047
32.500	9.862	10.195	10.528	10.861	11.194
33.000	9.991	10.328	10.666	11.003	11.341
33.500	10.120	10.462	10.804	11.146	11.488
34.000	10.249	10.596	10.942	11.288	11.634
34.500	10.379	10.729	11.080	11.431	11.781
35.000	**10.508**	10.863	11.218	11.573	**11.928**
35.500	10.635	10.994	11.353	11.712	12.072
36.000	10.761	11.125	11.488	11.852	12.215
36.500	10.888	11.256	11.623	11.991	12.359
37.000	11.014	11.387	11.759	12.131	12.503
37.500	11.141	11.517	11.894	12.270	12.647
38.000	11.268	11.648	12.029	12.410	12.790
38.500	11.394	11.779	12.164	12.549	12.934
39.000	11.521	11.910	12.299	12.688	13.078
39.500	11.647	12.041	12.434	12.828	13.221

Anrechenbare Kosten Euro	Basishonorarsatz Euro	Viertelsatz Euro	Mittelsatz Euro	Dreiviertelsatz Euro	Oberer Honorarsatz Euro
40.000	**11.774**	12.172	12.570	12.967	**13.365**
41.000	12.020	12.426	12.833	13.239	13.645
42.000	12.267	12.681	13.096	13.510	13.924
43.000	12.513	12.936	13.359	13.781	14.204
44.000	12.760	13.191	13.622	14.053	14.484
45.000	13.006	13.445	13.885	14.324	14.764
46.000	13.252	13.700	14.148	14.596	15.043
47.000	13.499	13.955	14.411	14.867	15.323
48.000	13.745	14.210	14.674	15.138	15.603
49.000	13.992	14.464	14.937	15.410	15.882
50.000	**14.238**	14.719	15.200	15.681	**16.162**
51.000	14.477	14.966	15.455	15.944	16.433
52.000	14.716	15.213	15.710	16.207	16.704
53.000	14.955	15.460	15.965	16.470	16.976
54.000	15.194	15.707	16.220	16.734	17.247
55.000	15.433	15.954	16.475	16.997	17.518
56.000	15.671	16.201	16.730	17.260	17.789
57.000	15.910	16.448	16.985	17.523	18.060
58.000	16.149	16.695	17.240	17.786	18.332
59.000	16.388	16.942	17.495	18.049	18.603
60.000	**16.627**	17.189	17.751	18.312	**18.874**
61.500	16.974	17.548	18.121	18.695	19.268
63.000	17.322	17.907	18.492	19.077	19.662
64.500	17.669	18.266	18.863	19.460	20.057
66.000	18.016	18.625	19.234	19.842	20.451
67.500	18.364	18.984	19.604	20.225	20.845
69.000	18.711	19.343	19.975	20.607	21.239
70.500	19.058	19.702	20.346	20.990	21.633
72.000	19.405	20.061	20.717	21.372	22.028
73.500	19.753	20.420	21.087	21.755	22.422
75.000	**20.100**	20.779	21.458	22.137	**22.816**
77.500	20.656	21.354	22.052	22.749	23.447
80.000	21.212	21.928	22.645	23.362	24.078
82.500	21.768	22.503	23.239	23.974	24.709
85.000	22.324	23.078	23.832	24.586	25.340
87.500	22.880	23.653	24.426	25.199	25.972
90.000	23.435	24.227	25.019	25.811	26.603
92.500	23.991	24.802	25.613	26.423	27.234
95.000	24.547	25.377	26.206	27.035	27.865
97.500	25.103	25.951	26.800	27.648	28.496

Anrechenbare Kosten Euro	Basishonorarsatz Euro	Viertelsatz Euro	Mittelsatz Euro	Dreiviertelsatz Euro	Oberer Honorarsatz Euro
100.000	**25.659**	26.526	27.393	28.260	**29.127**
102.500	26.193	27.078	27.963	28.848	29.733
105.000	26.727	27.630	28.533	29.436	30.339
107.500	27.261	28.182	29.103	30.024	30.945
110.000	27.795	28.734	29.673	30.612	31.551
112.500	28.329	29.286	30.243	31.200	32.158
115.000	28.863	29.838	30.813	31.788	32.764
117.500	29.397	30.390	31.383	32.377	33.370
120.000	29.931	30.942	31.953	32.965	33.976
122.500	30.465	31.494	32.523	33.553	34.582
125.000	**30.999**	32.046	33.094	34.141	**35.188**
127.500	31.516	32.580	33.645	34.710	35.775
130.000	32.032	33.115	34.197	35.279	36.361
132.500	32.549	33.649	34.748	35.848	36.948
135.000	33.066	34.183	35.300	36.417	37.534
137.500	33.583	34.717	35.852	36.986	38.121
140.000	34.099	35.251	36.403	37.555	38.707
142.500	34.616	35.785	36.955	38.124	39.294
145.000	35.133	36.319	37.506	38.693	39.880
147.500	35.649	36.854	38.058	39.262	40.467
150.000	**36.166**	37.388	38.610	39.831	**41.053**
155.000	37.159	38.414	39.669	40.925	42.180
160.000	38.152	39.440	40.729	42.018	43.307
165.000	39.144	40.467	41.789	43.112	44.434
170.000	40.137	41.493	42.849	44.205	45.561
175.000	41.130	42.520	43.909	45.299	46.688
180.000	42.123	43.546	44.969	46.392	47.815
185.000	43.116	44.572	46.029	47.485	48.942
190.000	44.108	45.599	47.089	48.579	50.069
195.000	45.101	46.625	48.149	49.672	51.196
200.000	**46.094**	47.651	49.209	50.766	**52.323**
205.000	47.044	48.633	50.223	51.812	53.401
210.000	47.994	49.615	51.237	52.858	54.480
215.000	48.944	50.598	52.251	53.905	55.558
220.000	49.894	51.580	53.265	54.951	56.637
225.000	50.844	52.562	54.280	55.997	57.715
230.000	51.794	53.544	55.294	57.044	58.793
235.000	52.744	54.526	56.308	58.090	59.872
240.000	53.694	55.508	57.322	59.136	60.950
245.000	54.644	56.490	58.336	60.182	62.029

Anrechenbare Kosten Euro	Basishonorarsatz Euro	Viertelsatz Euro	Mittelsatz Euro	Dreiviertelsatz Euro	Oberer Honorarsatz Euro
250.000	**55.594**	57.472	59.351	61.229	**63.107**
260.000	57.401	59.341	61.280	63.219	65.159
270.000	59.209	61.209	63.209	65.210	67.210
280.000	61.016	63.077	65.139	67.200	69.262
290.000	62.823	64.946	67.068	69.191	71.313
300.000	64.631	66.814	68.998	71.181	73.365
310.000	66.438	68.682	70.927	73.171	75.416
320.000	68.245	70.551	72.856	75.162	77.468
330.000	70.052	72.419	74.786	77.152	79.519
340.000	71.860	74.287	76.715	79.143	81.571
350.000	**73.667**	76.156	78.645	81.133	**83.622**
365.000	76.201	78.775	81.350	83.924	86.498
380.000	78.735	81.395	84.055	86.715	89.375
395.000	81.269	84.014	86.760	89.505	92.251
410.000	83.803	86.634	89.465	92.296	95.127
425.000	86.337	89.253	92.170	95.087	98.004
440.000	88.870	91.873	94.875	97.877	100.880
455.000	91.404	94.492	97.580	100.668	103.756
470.000	93.938	97.112	100.285	103.459	106.632
485.000	96.472	99.731	102.990	106.250	109.509
500.000	**99.006**	102.351	105.696	109.040	**112.385**
515.000	101.479	104.907	108.336	111.764	115.192
530.000	103.952	107.464	110.976	114.488	117.999
545.000	106.425	110.020	113.616	117.211	120.807
560.000	108.898	112.577	116.256	119.935	123.614
575.000	111.371	115.134	118.896	122.659	126.421
590.000	113.844	117.690	121.536	125.382	129.228
605.000	116.317	120.247	124.176	128.106	132.035
620.000	118.790	122.803	126.816	130.829	134.843
635.000	121.263	125.360	129.456	133.553	137.650
650.000	**123.736**	127.916	132.097	136.277	**140.457**
665.000	126.120	130.381	134.642	138.902	143.163
680.000	128.504	132.845	137.187	141.528	145.869
695.000	130.888	135.310	139.732	144.153	148.575
710.000	133.272	137.774	142.277	146.779	151.281
725.000	135.656	140.239	144.822	149.405	153.988
740.000	138.040	142.703	147.367	152.030	156.694
755.000	140.424	145.168	149.912	154.656	159.400
770.000	142.808	147.632	152.457	157.281	162.106
785.000	145.192	150.097	155.002	159.907	164.812

Anrechenbare Kosten Euro	Basishonorarsatz Euro	Viertelsatz Euro	Mittelsatz Euro	Dreiviertelsatz Euro	Oberer Honorarsatz Euro
800.000	**147.576**	152.562	157.547	162.533	**167.518**
820.000	150.646	155.735	160.825	165.914	171.003
840.000	153.716	158.909	164.102	169.295	174.488
860.000	156.786	162.083	167.380	172.676	177.973
880.000	159.856	165.257	170.657	176.058	181.458
900.000	162.926	168.430	173.935	179.439	184.943
920.000	165.996	171.604	177.212	182.820	188.428
940.000	169.066	174.778	180.490	186.201	191.913
960.000	172.136	177.952	183.767	189.583	195.398
980.000	175.206	181.125	187.045	192.964	198.883
1.000.000	**178.276**	184.299	190.322	196.345	**202.368**
1.025.000	181.975	188.123	194.271	200.419	206.567
1.050.000	185.674	191.947	198.220	204.493	210.765
1.075.000	189.373	195.771	202.168	208.566	214.964
1.100.000	193.072	199.594	206.117	212.640	219.163
1.125.000	196.771	203.418	210.066	216.714	223.362
1.150.000	200.469	207.242	214.015	220.788	227.560
1.175.000	204.168	211.066	217.964	224.861	231.759
1.200.000	207.867	214.890	221.912	228.935	235.958
1.225.000	211.566	218.714	225.861	233.009	240.156
1.250.000	**215.265**	222.538	229.810	237.083	**244.355**
1.275.000	218.840	226.233	233.626	241.019	248.413
1.300.000	222.414	229.928	237.442	244.956	252.470
1.325.000	225.989	233.624	241.258	248.893	256.528
1.350.000	229.563	237.319	245.074	252.830	260.585
1.375.000	233.138	241.014	248.891	256.767	264.643
1.400.000	236.713	244.710	252.707	260.704	268.701
1.425.000	240.287	248.405	256.523	264.640	272.758
1.450.000	243.862	252.100	260.339	268.577	276.816
1.475.000	247.436	255.796	264.155	272.514	280.873
1.500.000	**251.011**	259.491	267.971	276.451	**284.931**

Honorartafel zu § 40 Abs. 1 – Freianlagen Honorarzone V

Anrechenbare Kosten Euro	Basishonorarsatz Euro	Viertelsatz Euro	Mittelsatz Euro	Dreiviertelsatz Euro	Oberer Honorarsatz Euro
20.000	**7.403**	7.579	7.756	7.932	**8.108**
20.500	7.558	7.738	7.918	8.098	8.278
21.000	7.713	7.897	8.081	8.264	8.448
21.500	7.868	8.056	8.243	8.430	8.618
22.000	8.023	8.214	8.406	8.597	8.788
22.500	8.179	8.373	8.568	8.763	8.958
23.000	8.334	8.532	8.731	8.929	9.127
23.500	8.489	8.691	8.893	9.095	9.297
24.000	8.644	8.850	9.056	9.261	9.467
24.500	8.799	9.008	9.218	9.428	9.637
25.000	**8.954**	9.167	9.381	9.594	**9.807**
25.500	9.105	9.321	9.538	9.755	9.972
26.000	9.255	9.476	9.696	9.916	10.137
26.500	9.406	9.630	9.854	10.078	10.302
27.000	9.556	9.784	10.012	10.239	10.467
27.500	9.707	9.938	10.169	10.400	10.632
28.000	9.858	10.092	10.327	10.562	10.796
28.500	10.008	10.246	10.485	10.723	10.961
29.000	10.159	10.401	10.643	10.884	11.126
29.500	10.309	10.555	10.800	11.046	11.291
30.000	**10.460**	10.709	10.958	11.207	**11.456**
30.500	10.607	10.859	11.112	11.364	11.617
31.000	10.754	11.010	11.266	11.522	11.778
31.500	10.900	11.160	11.419	11.679	11.938
32.000	11.047	11.310	11.573	11.836	12.099
32.500	11.194	11.461	11.727	11.994	12.260
33.000	11.341	11.611	11.881	12.151	12.421
33.500	11.488	11.761	12.035	12.308	12.582
34.000	11.634	11.911	12.188	12.465	12.742
34.500	11.781	12.062	12.342	12.623	12.903
35.000	**11.928**	12.212	12.496	12.780	**13.064**
35.500	12.072	12.359	12.647	12.934	13.221
36.000	12.215	12.506	12.797	13.088	13.379
36.500	12.359	12.653	12.948	13.242	13.536
37.000	12.503	12.801	13.098	13.396	13.694
37.500	12.647	12.948	13.249	13.550	13.851
38.000	12.790	13.095	13.399	13.704	14.008
38.500	12.934	13.242	13.550	13.858	14.166
39.000	13.078	13.389	13.700	14.012	14.323
39.500	13.221	13.536	13.851	14.166	14.481

Anrechenbare Kosten Euro	Basishonorarsatz Euro	Viertelsatz Euro	Mittelsatz Euro	Dreiviertelsatz Euro	Oberer Honorarsatz Euro
40.000	**13.365**	13.683	14.002	14.320	**14.638**
41.000	13.645	13.970	14.295	14.619	14.944
42.000	13.924	14.256	14.588	14.919	15.251
43.000	14.204	14.542	14.881	15.219	15.557
44.000	14.484	14.829	15.174	15.518	15.863
45.000	14.764	15.115	15.467	15.818	16.170
46.000	15.043	15.401	15.760	16.118	16.476
47.000	15.323	15.688	16.053	16.417	16.782
48.000	15.603	15.974	16.346	16.717	17.088
49.000	15.882	16.260	16.639	17.017	17.395
50.000	**16.162**	16.547	16.932	17.316	**17.701**
51.000	16.433	16.824	17.216	17.607	17.998
52.000	16.704	17.102	17.500	17.898	18.295
53.000	16.976	17.380	17.784	18.188	18.592
54.000	17.247	17.657	18.068	18.479	18.889
55.000	17.518	17.935	18.352	18.769	19.187
56.000	17.789	18.213	18.636	19.060	19.484
57.000	18.060	18.490	18.921	19.351	19.781
58.000	18.332	18.768	19.205	19.641	20.078
59.000	18.603	19.046	19.489	19.932	20.375
60.000	**18.874**	19.324	19.773	20.223	**20.672**
61.500	19.268	19.727	20.186	20.645	21.104
63.000	19.662	20.131	20.599	21.067	21.535
64.500	20.057	20.534	21.012	21.489	21.967
66.000	20.451	20.938	21.425	21.912	22.399
67.500	20.845	21.341	21.838	22.334	22.831
69.000	21.239	21.745	22.251	22.756	23.262
70.500	21.633	22.149	22.664	23.179	23.694
72.000	22.028	22.552	23.077	23.601	24.126
73.500	22.422	22.956	23.490	24.023	24.557
75.000	**22.816**	23.359	23.903	24.446	**24.989**
77.500	23.447	24.005	24.564	25.122	25.680
80.000	24.078	24.652	25.225	25.798	26.371
82.500	24.709	25.298	25.886	26.474	27.063
85.000	25.340	25.944	26.547	27.150	27.754
87.500	25.972	26.590	27.208	27.827	28.445
90.000	26.603	27.236	27.869	28.503	29.136
92.500	27.234	27.882	28.531	29.179	29.827
95.000	27.865	28.528	29.192	29.855	30.519
97.500	28.496	29.174	29.853	30.531	31.210

Anrechenbare Kosten Euro	Basishonorarsatz Euro	Viertelsatz Euro	Mittelsatz Euro	Dreiviertelsatz Euro	Oberer Honorarsatz Euro
100.000	**29.127**	29.821	30.514	31.208	**31.901**
102.500	29.733	30.441	31.149	31.857	32.565
105.000	30.339	31.062	31.784	32.506	33.229
107.500	30.945	31.682	32.419	33.156	33.892
110.000	31.551	32.303	33.054	33.805	34.556
112.500	32.158	32.923	33.689	34.454	35.220
115.000	32.764	33.544	34.324	35.104	35.884
117.500	33.370	34.164	34.959	35.753	36.548
120.000	33.976	34.785	35.594	36.403	37.211
122.500	34.582	35.405	36.229	37.052	37.875
125.000	**35.188**	36.026	36.864	37.701	**38.539**
127.500	35.775	36.626	37.478	38.330	39.181
130.000	36.361	37.227	38.092	38.958	39.824
132.500	36.948	37.827	38.707	39.587	40.466
135.000	37.534	38.428	39.321	40.215	41.109
137.500	38.121	39.028	39.936	40.843	41.751
140.000	38.707	39.629	40.550	41.472	42.393
142.500	39.294	40.229	41.165	42.100	43.036
145.000	39.880	40.830	41.779	42.729	43.678
147.500	40.467	41.430	42.394	43.357	44.321
150.000	**41.053**	42.031	43.008	43.986	**44.963**
155.000	42.180	43.184	44.189	45.193	46.197
160.000	43.307	44.338	45.369	46.400	47.432
165.000	44.434	45.492	46.550	47.608	48.666
170.000	45.561	46.646	47.731	48.815	49.900
175.000	46.688	47.800	48.911	50.023	51.135
180.000	47.815	48.953	50.092	51.230	52.369
185.000	48.942	50.107	51.273	52.438	53.603
190.000	50.069	51.261	52.453	53.645	54.837
195.000	51.196	52.415	53.634	54.853	56.072
200.000	**52.323**	53.569	54.815	56.060	**57.306**
205.000	53.401	54.673	55.944	57.216	58.487
210.000	54.480	55.777	57.074	58.371	59.668
215.000	55.558	56.881	58.204	59.527	60.849
220.000	56.637	57.985	59.334	60.682	62.030
225.000	57.715	59.089	60.463	61.837	63.212
230.000	58.793	60.193	61.593	62.993	64.393
235.000	59.872	61.297	62.723	64.148	65.574
240.000	60.950	62.401	63.853	65.304	66.755
245.000	62.029	63.505	64.982	66.459	67.936

Anrechenbare Kosten Euro	Basishonorar-satz Euro	Viertelsatz Euro	Mittelsatz Euro	Dreiviertel-satz Euro	Oberer Honorarsatz Euro
250.000	**63.107**	64.610	66.112	67.615	**69.117**
260.000	65.159	66.710	68.261	69.813	71.364
270.000	67.210	68.810	70.410	72.011	73.611
280.000	69.262	70.911	72.560	74.209	75.858
290.000	71.313	73.011	74.709	76.407	78.105
300.000	73.365	75.111	76.858	78.605	80.352
310.000	75.416	77.212	79.007	80.803	82.598
320.000	77.468	79.312	81.156	83.001	84.845
330.000	79.519	81.412	83.306	85.199	87.092
340.000	81.571	83.513	85.455	87.397	89.339
350.000	**83.622**	85.613	87.604	89.595	**91.586**
365.000	86.498	88.558	90.617	92.677	94.736
380.000	89.375	91.503	93.631	95.758	97.886
395.000	92.251	94.447	96.644	98.840	101.037
410.000	95.127	97.392	99.657	101.922	104.187
425.000	98.004	100.337	102.670	105.004	107.337
440.000	100.880	103.282	105.684	108.085	110.487
455.000	103.756	106.226	108.697	111.167	113.637
470.000	106.632	109.171	111.710	114.249	116.788
485.000	109.509	112.116	114.723	117.331	119.938
500.000	**112.385**	115.061	117.737	120.412	**123.088**
515.000	115.192	117.935	120.677	123.420	126.163
530.000	117.999	120.809	123.618	126.428	129.237
545.000	120.807	123.683	126.559	129.436	132.312
560.000	123.614	126.557	129.500	132.443	135.386
575.000	126.421	129.431	132.441	135.451	138.461
590.000	129.228	132.305	135.382	138.459	141.536
605.000	132.035	135.179	138.323	141.467	144.610
620.000	134.843	138.053	141.264	144.474	147.685
635.000	137.650	140.927	144.205	147.482	150.759
650.000	**140.457**	143.801	147.146	150.490	**153.834**
665.000	143.163	146.572	149.980	153.389	156.798
680.000	145.869	149.342	152.815	156.289	159.762
695.000	148.575	152.113	155.650	159.188	162.725
710.000	151.281	154.883	158.485	162.087	165.689
725.000	153.988	157.654	161.320	164.987	168.653
740.000	156.694	160.424	164.155	167.886	171.617
755.000	159.400	163.195	166.990	170.785	174.581
770.000	162.106	165.965	169.825	173.685	177.544
785.000	164.812	168.736	172.660	176.584	180.508

Anrechenbare Kosten Euro	Basishonorarsatz Euro	Viertelsatz Euro	Mittelsatz Euro	Dreiviertelsatz Euro	Oberer Honorarsatz Euro
800.000	**167.518**	171.507	175.495	179.484	**183.472**
820.000	171.003	175.074	179.146	183.217	187.289
840.000	174.488	178.642	182.797	186.951	191.106
860.000	177.973	182.210	186.448	190.685	194.923
880.000	181.458	185.778	190.099	194.419	198.740
900.000	184.943	189.346	193.750	198.153	202.557
920.000	188.428	192.914	197.401	201.887	206.373
940.000	191.913	196.482	201.052	205.621	210.190
960.000	195.398	200.050	204.703	209.355	214.007
980.000	198.883	203.618	208.354	213.089	217.824
1.000.000	**202.368**	207.186	212.005	216.823	**221.641**
1.025.000	206.567	211.485	216.403	221.321	226.240
1.050.000	210.765	215.784	220.802	225.820	230.838
1.075.000	214.964	220.082	225.200	230.319	235.437
1.100.000	219.163	224.381	229.599	234.817	240.035
1.125.000	223.362	228.680	233.998	239.316	244.634
1.150.000	227.560	232.978	238.396	243.815	249.233
1.175.000	231.759	237.277	242.795	248.313	253.831
1.200.000	235.958	241.576	247.194	252.812	258.430
1.225.000	240.156	245.874	251.592	257.310	263.028
1.250.000	**244.355**	250.173	255.991	261.809	**267.627**
1.275.000	248.413	254.327	260.242	266.156	272.071
1.300.000	252.470	258.481	264.493	270.504	276.515
1.325.000	256.528	262.636	268.743	274.851	280.959
1.350.000	260.585	266.790	272.994	279.199	285.403
1.375.000	264.643	270.944	277.245	283.546	289.847
1.400.000	268.701	275.098	281.496	287.893	294.291
1.425.000	272.758	279.252	285.747	292.241	298.735
1.450.000	276.816	283.407	289.997	296.588	303.179
1.475.000	280.873	287.561	294.248	300.936	307.623
1.500.000	**284.931**	291.715	298.499	305.283	**312.067**

Honorartafel zu § 44 Abs. 1 – Ingenieurbauwerke Honorarzone I

Anrechenbare Kosten Euro	Basishonorarsatz Euro	Viertelsatz Euro	Mittelsatz Euro	Dreiviertelsatz Euro	Oberer Honorarsatz Euro
25.000	**3.449**	3.614	3.779	3.944	**4.109**
26.000	3.552	3.722	3.891	4.061	4.231
27.000	3.654	3.829	4.004	4.179	4.353
28.000	3.757	3.937	4.116	4.296	4.476
29.000	3.859	4.044	4.229	4.413	4.598
30.000	3.962	4.152	4.341	4.531	4.720
31.000	4.065	4.259	4.453	4.648	4.842
32.000	4.167	4.367	4.566	4.765	4.964
33.000	4.270	4.474	4.678	4.882	5.087
34.000	4.372	4.582	4.791	5.000	5.209
35.000	**4.475**	4.689	4.903	5.117	**5.331**
36.500	4.617	4.838	5.059	5.280	5.500
38.000	4.759	4.987	5.215	5.442	5.670
39.500	4.902	5.136	5.370	5.605	5.839
41.000	5.044	5.285	5.526	5.767	6.008
42.500	5.186	5.434	5.682	5.930	6.178
44.000	5.328	5.583	5.838	6.092	6.347
45.500	5.470	5.732	5.993	6.255	6.516
47.000	5.613	5.881	6.149	6.417	6.685
48.500	5.755	6.030	6.305	6.580	6.855
50.000	**5.897**	6.179	6.461	6.742	**7.024**
52.500	6.114	6.406	6.698	6.991	7.283
55.000	6.331	6.634	6.936	7.239	7.541
57.500	6.549	6.861	7.174	7.487	7.800
60.000	6.766	7.089	7.412	7.736	8.059
62.500	6.983	7.317	7.650	7.984	8.318
65.000	7.200	7.544	7.888	8.232	8.576
67.500	7.417	7.772	8.126	8.481	8.835
70.000	7.635	7.999	8.364	8.729	9.094
72.500	7.852	8.227	8.602	8.977	9.352
75.000	**8.069**	8.455	8.840	9.226	**9.611**
77.500	8.270	8.665	9.060	9.455	9.850
80.000	8.471	8.876	9.280	9.685	10.090
82.500	8.672	9.086	9.501	9.915	10.329
85.000	8.873	9.297	9.721	10.145	10.569
87.500	9.074	9.508	9.941	10.375	10.808
90.000	9.275	9.718	10.161	10.604	11.047
92.500	9.476	9.929	10.381	10.834	11.287
95.000	9.677	10.139	10.602	11.064	11.526
97.500	9.878	10.350	10.822	11.294	11.766

Anrechenbare Kosten Euro	Basishonorarsatz Euro	Viertelsatz Euro	Mittelsatz Euro	Dreiviertelsatz Euro	Oberer Honorarsatz Euro
100.000	**10.079**	10.561	11.042	11.524	**12.005**
105.000	10.450	10.949	11.448	11.947	12.447
110.000	10.820	11.337	11.854	12.371	12.888
115.000	11.191	11.726	12.261	12.795	13.330
120.000	11.562	12.114	12.667	13.219	13.772
125.000	11.933	12.503	13.073	13.643	14.214
130.000	12.303	12.891	13.479	14.067	14.655
135.000	12.674	13.280	13.885	14.491	15.097
140.000	13.045	13.668	14.292	14.915	15.539
145.000	13.415	14.057	14.698	15.339	15.980
150.000	**13.786**	14.445	15.104	15.763	**16.422**
155.000	14.129	14.804	15.480	16.155	16.830
160.000	14.472	15.164	15.855	16.547	17.239
165.000	14.815	15.523	16.231	16.939	17.647
170.000	15.158	15.882	16.607	17.331	18.056
175.000	15.501	16.241	16.982	17.723	18.464
180.000	15.843	16.601	17.358	18.115	18.872
185.000	16.186	16.960	17.734	18.507	19.281
190.000	16.529	17.319	18.109	18.899	19.689
195.000	16.872	17.678	18.485	19.291	20.098
200.000	**17.215**	18.038	18.861	19.683	**20.506**
210.000	17.847	18.700	19.553	20.406	21.259
220.000	18.479	19.362	20.245	21.128	22.011
230.000	19.111	20.024	20.937	21.851	22.764
240.000	19.743	20.686	21.630	22.573	23.517
250.000	20.375	21.348	22.322	23.296	24.270
260.000	21.006	22.010	23.014	24.018	25.022
270.000	21.638	22.672	23.707	24.741	25.775
280.000	22.270	23.335	24.399	25.463	26.528
290.000	22.902	23.997	25.091	26.186	27.280
300.000	**23.534**	24.659	25.784	26.908	**28.033**
320.000	24.667	25.846	27.025	28.204	29.383
340.000	25.800	27.033	28.266	29.499	30.732
360.000	26.933	28.221	29.508	30.795	32.082
380.000	28.066	29.408	30.749	32.090	33.432
400.000	29.200	30.595	31.991	33.386	34.782
420.000	30.333	31.782	33.232	34.682	36.131
440.000	31.466	32.970	34.473	35.977	37.481
460.000	32.599	34.157	35.715	37.273	38.831
480.000	33.732	35.344	36.956	38.568	40.180

Anrechenbare Kosten Euro	Basishonorarsatz Euro	Viertelsatz Euro	Mittelsatz Euro	Dreiviertelsatz Euro	Oberer Honorarsatz Euro
500.000	**34.865**	36.531	38.198	39.864	**41.530**
525.000	36.136	37.863	39.590	41.317	43.044
550.000	37.407	39.195	40.983	42.771	44.558
575.000	38.678	40.527	42.375	44.224	46.073
600.000	39.949	41.859	43.768	45.677	47.587
625.000	41.221	43.191	45.161	47.131	49.101
650.000	42.492	44.523	46.553	48.584	50.615
675.000	43.763	45.854	47.946	50.038	52.129
700.000	45.034	47.186	49.339	51.491	53.644
725.000	46.305	48.518	50.731	52.945	55.158
750.000	**47.576**	49.850	52.124	54.398	**56.672**
775.000	48.745	51.075	53.405	55.734	58.064
800.000	49.914	52.299	54.685	57.071	59.456
825.000	51.082	53.524	55.966	58.407	60.849
850.000	52.251	54.749	57.246	59.743	62.241
875.000	53.420	55.973	58.527	61.080	63.633
900.000	54.589	57.198	59.807	62.416	65.025
925.000	55.758	58.423	61.088	63.752	66.417
950.000	56.926	59.647	62.368	65.089	67.810
975.000	58.095	60.872	63.649	66.425	69.202
1.000.000	**59.264**	62.097	64.929	67.762	**70.594**
1.050.000	61.437	64.374	67.310	70.246	73.183
1.100.000	63.611	66.651	69.691	72.731	75.772
1.150.000	65.784	68.928	72.072	75.216	78.360
1.200.000	67.958	71.206	74.453	77.701	80.949
1.250.000	70.131	73.483	76.835	80.186	83.538
1.300.000	72.304	75.760	79.216	82.671	86.127
1.350.000	74.478	78.037	81.597	85.156	88.716
1.400.000	76.651	80.315	83.978	87.641	91.304
1.450.000	78.825	82.592	86.359	90.126	93.893
1.500.000	**80.998**	84.869	88.740	92.611	**96.482**
1.550.000	83.004	86.970	90.937	94.904	98.871
1.600.000	85.009	89.072	93.135	97.197	101.260
1.650.000	87.015	91.173	95.332	99.491	103.649
1.700.000	89.020	93.275	97.529	101.784	106.038
1.750.000	91.026	95.376	99.727	104.077	108.428
1.800.000	93.032	97.478	101.924	106.370	110.817
1.850.000	95.037	99.579	104.121	108.664	113.206
1.900.000	97.043	101.681	106.319	110.957	115.595
1.950.000	99.048	103.782	108.516	113.250	117.984

Anrechenbare Kosten Euro	Basishonorarsatz Euro	Viertelsatz Euro	Mittelsatz Euro	Dreiviertelsatz Euro	Oberer Honorarsatz Euro
2.000.000	**101.054**	105.884	110.714	115.543	**120.373**
2.100.000	104.739	109.745	114.751	119.757	124.763
2.200.000	108.425	113.607	118.789	123.971	129.153
2.300.000	112.110	117.468	122.826	128.185	133.543
2.400.000	115.795	121.330	126.864	132.398	137.933
2.500.000	119.481	125.191	130.902	136.612	142.323
2.600.000	123.166	129.052	134.939	140.826	146.712
2.700.000	126.851	132.914	138.977	145.040	151.102
2.800.000	130.536	136.775	143.014	149.253	155.492
2.900.000	134.222	140.637	147.052	153.467	159.882
3.000.000	**137.907**	144.498	151.090	157.681	**164.272**
3.200.000	144.475	151.380	158.285	165.190	172.095
3.400.000	151.042	158.261	165.480	172.699	179.918
3.600.000	157.610	165.143	172.676	180.209	187.742
3.800.000	164.178	172.025	179.871	187.718	195.565
4.000.000	170.746	178.906	187.067	195.227	203.388
4.200.000	177.313	185.788	194.262	202.737	211.211
4.400.000	183.881	192.669	201.458	210.246	219.034
4.600.000	190.449	199.551	208.653	217.755	226.858
4.800.000	197.016	206.432	215.849	225.265	234.681
5.000.000	**203.584**	213.314	223.044	232.774	**242.504**
5.250.000	211.067	221.155	231.242	241.330	251.418
5.500.000	218.550	228.996	239.441	249.886	260.332
5.750.000	226.033	236.836	247.639	258.442	269.245
6.000.000	233.516	244.677	255.838	266.999	278.159
6.250.000	241.000	252.518	264.036	275.555	287.073
6.500.000	248.483	260.359	272.235	284.111	295.987
6.750.000	255.966	268.199	280.433	292.667	304.901
7.000.000	263.449	276.040	288.632	301.223	313.814
7.250.000	270.932	283.881	296.830	309.779	322.728
7.500.000	**278.415**	291.722	305.029	318.335	**331.642**
7.750.000	285.330	298.968	312.605	326.242	339.879
8.000.000	292.246	306.213	320.181	334.149	348.116
8.250.000	299.161	313.459	327.757	342.055	356.354
8.500.000	306.076	320.705	335.334	349.962	364.591
8.750.000	312.992	327.951	342.910	357.869	372.828
9.000.000	319.907	335.196	350.486	365.776	381.065
9.250.000	326.822	342.442	358.062	373.682	389.302
9.500.000	333.737	349.688	365.639	381.589	397.540
9.750.000	340.653	356.934	373.215	389.496	405.777

Anrechenbare Kosten Euro	Basishonorarsatz Euro	Viertelsatz Euro	Mittelsatz Euro	Dreiviertelsatz Euro	Oberer Honorarsatz Euro
10.000.000	**347.568**	364.180	380.791	397.403	**414.014**
10.500.000	360.301	377.521	394.742	411.962	429.182
11.000.000	373.035	390.863	408.692	426.521	444.349
11.500.000	385.768	404.205	422.643	441.080	459.517
12.000.000	398.501	417.547	436.593	455.639	474.685
12.500.000	411.235	430.889	450.544	470.198	489.853
13.000.000	423.968	444.231	464.494	484.757	505.020
13.500.000	436.701	457.573	478.445	499.316	520.188
14.000.000	449.434	470.915	492.395	513.875	535.356
14.500.000	462.168	484.257	506.346	528.434	550.523
15.000.000	**474.901**	497.599	520.296	542.994	**565.691**
15.500.000	486.643	509.902	533.161	556.419	579.678
16.000.000	498.386	522.206	546.026	569.845	593.665
16.500.000	510.128	534.509	558.890	583.271	607.653
17.000.000	521.870	546.813	571.755	596.697	621.640
17.500.000	533.613	559.116	584.620	610.123	635.627
18.000.000	545.355	571.420	597.485	623.549	649.614
18.500.000	557.097	583.723	610.349	636.975	663.601
19.000.000	568.839	596.027	623.214	650.401	677.589
19.500.000	580.582	608.330	636.079	663.827	691.576
20.000.000	**592.324**	620.634	648.944	677.253	**705.563**
20.500.000	603.369	632.206	661.044	689.881	718.719
21.000.000	614.413	643.779	673.144	702.510	731.875
21.500.000	625.458	655.351	685.244	715.138	745.031
22.000.000	636.502	666.924	697.345	727.766	758.187
22.500.000	647.547	678.496	709.445	740.394	771.343
23.000.000	658.592	690.068	721.545	753.022	784.499
23.500.000	669.636	701.641	733.646	765.650	797.655
24.000.000	680.681	713.213	745.746	778.278	810.811
24.500.000	691.725	724.786	757.846	790.907	823.967
25.000.000	**702.770**	736.358	769.947	803.535	**837.123**

Honorartafel zu § 44 Abs. 1 – Ingenieurbauwerke Honorarzone II

Anrechenbare Kosten Euro	Basishonorarsatz Euro	Viertelsatz Euro	Mittelsatz Euro	Dreiviertelsatz Euro	Oberer Honorarsatz Euro
25.000	**4.109**	4.274	4.439	4.603	**4.768**
26.000	4.231	4.401	4.571	4.740	4.910
27.000	4.353	4.528	4.703	4.877	5.052
28.000	4.476	4.655	4.835	5.014	5.193
29.000	4.598	4.782	4.967	5.151	5.335
30.000	4.720	4.909	5.099	5.288	5.477
31.000	4.842	5.036	5.231	5.425	5.619
32.000	4.964	5.163	5.363	5.562	5.761
33.000	5.087	5.291	5.495	5.698	5.902
34.000	5.209	5.418	5.627	5.835	6.044
35.000	**5.331**	5.545	5.759	5.972	**6.186**
36.500	5.500	5.721	5.941	6.162	6.383
38.000	5.670	5.897	6.124	6.352	6.579
39.500	5.839	6.073	6.307	6.542	6.776
41.000	6.008	6.249	6.490	6.731	6.972
42.500	6.178	6.425	6.673	6.921	7.169
44.000	6.347	6.602	6.856	7.111	7.366
45.500	6.516	6.778	7.039	7.301	7.562
47.000	6.685	6.954	7.222	7.490	7.759
48.500	6.855	7.130	7.405	7.680	7.955
50.000	**7.024**	7.306	7.588	7.870	**8.152**
52.500	7.283	7.575	7.867	8.160	8.452
55.000	7.541	7.844	8.147	8.450	8.752
57.500	7.800	8.113	8.426	8.739	9.053
60.000	8.059	8.382	8.706	9.029	9.353
62.500	8.318	8.651	8.985	9.319	9.653
65.000	8.576	8.920	9.265	9.609	9.953
67.500	8.835	9.190	9.544	9.899	10.253
70.000	9.094	9.459	9.824	10.189	10.554
72.500	9.352	9.728	10.103	10.478	10.854
75.000	**9.611**	9.997	10.383	10.768	**11.154**
77.500	9.850	10.246	10.641	11.036	11.432
80.000	10.090	10.495	10.900	11.305	11.710
82.500	10.329	10.744	11.158	11.573	11.987
85.000	10.569	10.993	11.417	11.841	12.265
87.500	10.808	11.242	11.676	12.109	12.543
90.000	11.047	11.491	11.934	12.377	12.821
92.500	11.287	11.740	12.193	12.646	13.099
95.000	11.526	11.989	12.451	12.914	13.376
97.500	11.766	12.238	12.710	13.182	13.654

Anrechenbare Kosten Euro	Basishonorarsatz Euro	Viertelsatz Euro	Mittelsatz Euro	Dreiviertelsatz Euro	Oberer Honorarsatz Euro
100.000	**12.005**	12.487	12.969	13.450	**13.932**
105.000	12.447	12.946	13.446	13.945	14.445
110.000	12.888	13.406	13.923	14.440	14.957
115.000	13.330	13.865	14.400	14.935	15.470
120.000	13.772	14.324	14.877	15.430	15.982
125.000	14.214	14.784	15.354	15.925	16.495
130.000	14.655	15.243	15.831	16.420	17.008
135.000	15.097	15.703	16.309	16.914	17.520
140.000	15.539	16.162	16.786	17.409	18.033
145.000	15.980	16.622	17.263	17.904	18.545
150.000	**16.422**	17.081	17.740	18.399	**19.058**
155.000	16.830	17.506	18.181	18.857	19.532
160.000	17.239	17.931	18.622	19.314	20.006
165.000	17.647	18.355	19.063	19.772	20.480
170.000	18.056	18.780	19.505	20.229	20.954
175.000	18.464	19.205	19.946	20.687	21.428
180.000	18.872	19.630	20.387	21.144	21.901
185.000	19.281	20.054	20.828	21.602	22.375
190.000	19.689	20.479	21.269	22.059	22.849
195.000	20.098	20.904	21.710	22.517	23.323
200.000	**20.506**	21.329	22.152	22.974	**23.797**
210.000	21.259	22.112	22.965	23.818	24.671
220.000	22.011	22.895	23.778	24.661	25.544
230.000	22.764	23.677	24.591	25.504	26.418
240.000	23.517	24.460	25.404	26.347	27.291
250.000	24.270	25.243	26.217	27.191	28.165
260.000	25.022	26.026	27.030	28.034	29.038
270.000	25.775	26.809	27.843	28.877	29.912
280.000	26.528	27.592	28.656	29.721	30.785
290.000	27.280	28.375	29.469	30.564	31.659
300.000	**28.033**	29.158	30.283	31.407	**32.532**
320.000	29.383	30.562	31.741	32.919	34.098
340.000	30.732	31.965	33.199	34.432	35.665
360.000	32.082	33.369	34.657	35.944	37.231
380.000	33.432	34.773	36.115	37.456	38.797
400.000	34.782	36.177	37.573	38.968	40.364
420.000	36.131	37.581	39.031	40.480	41.930
440.000	37.481	38.985	40.489	41.992	43.496
460.000	38.831	40.389	41.947	43.504	45.062
480.000	40.180	41.792	43.405	45.017	46.629

Anrechenbare Kosten Euro	Basishonorarsatz Euro	Viertelsatz Euro	Mittelsatz Euro	Dreiviertelsatz Euro	Oberer Honorarsatz Euro
500.000	**41.530**	43.196	44.863	46.529	**48.195**
525.000	43.044	44.771	46.498	48.225	49.952
550.000	44.558	46.346	48.134	49.922	51.709
575.000	46.073	47.921	49.770	51.618	53.467
600.000	47.587	49.496	51.405	53.315	55.224
625.000	49.101	51.071	53.041	55.011	56.981
650.000	50.615	52.646	54.677	56.707	58.738
675.000	52.129	54.221	56.312	58.404	60.495
700.000	53.644	55.796	57.948	60.100	62.253
725.000	55.158	57.371	59.584	61.797	64.010
750.000	**56.672**	58.946	61.220	63.493	**65.767**
775.000	58.064	60.394	62.723	65.053	67.383
800.000	59.456	61.842	64.227	66.613	68.998
825.000	60.849	63.290	65.731	68.173	70.614
850.000	62.241	64.738	67.235	69.733	72.230
875.000	63.633	66.186	68.739	71.292	73.846
900.000	65.025	67.634	70.243	72.852	75.461
925.000	66.417	69.082	71.747	74.412	77.077
950.000	67.810	70.530	73.251	75.972	78.693
975.000	69.202	71.978	74.755	77.532	80.308
1.000.000	**70.594**	73.427	76.259	79.092	**81.924**
1.050.000	73.183	76.119	79.056	81.992	84.928
1.100.000	75.772	78.812	81.852	84.892	87.933
1.150.000	78.360	81.505	84.649	87.793	90.937
1.200.000	80.949	84.197	87.445	90.693	93.941
1.250.000	83.538	86.890	90.242	93.594	96.946
1.300.000	86.127	89.583	93.038	96.494	99.950
1.350.000	88.716	92.275	95.835	99.394	102.954
1.400.000	91.304	94.968	98.631	102.295	105.958
1.450.000	93.893	97.661	101.428	105.195	108.963
1.500.000	**96.482**	100.353	104.225	108.096	**111.967**
1.550.000	98.871	102.838	106.805	110.772	114.740
1.600.000	101.260	105.323	109.386	113.449	117.512
1.650.000	103.649	107.808	111.967	116.126	120.285
1.700.000	106.038	110.293	114.548	118.802	123.057
1.750.000	108.428	112.778	117.129	121.479	125.830
1.800.000	110.817	115.263	119.709	124.156	128.602
1.850.000	113.206	117.748	122.290	126.832	131.375
1.900.000	115.595	120.233	124.871	129.509	134.147
1.950.000	117.984	122.718	127.452	132.186	136.920

Anrechenbare Kosten Euro	Basishonorarsatz Euro	Viertelsatz Euro	Mittelsatz Euro	Dreiviertelsatz Euro	Oberer Honorarsatz Euro
2.000.000	**120.373**	125.203	130.033	134.862	**139.692**
2.100.000	124.763	129.769	134.775	139.781	144.786
2.200.000	129.153	134.335	139.517	144.699	149.881
2.300.000	133.543	138.901	144.259	149.617	154.975
2.400.000	137.933	143.467	149.001	154.535	160.070
2.500.000	142.323	148.033	153.743	159.454	165.164
2.600.000	146.712	152.599	158.485	164.372	170.258
2.700.000	151.102	157.165	163.228	169.290	175.353
2.800.000	155.492	161.731	167.970	174.208	180.447
2.900.000	159.882	166.297	172.712	179.127	185.542
3.000.000	**164.272**	170.863	177.454	184.045	**190.636**
3.200.000	172.095	179.000	185.905	192.810	199.715
3.400.000	179.918	187.137	194.356	201.575	208.794
3.600.000	187.742	195.274	202.807	210.340	217.873
3.800.000	195.565	203.412	211.258	219.105	226.952
4.000.000	203.388	211.549	219.709	227.870	236.031
4.200.000	211.211	219.686	228.160	236.635	245.109
4.400.000	219.034	227.823	236.611	245.400	254.188
4.600.000	226.858	235.960	245.062	254.165	263.267
4.800.000	234.681	244.097	253.513	262.930	272.346
5.000.000	**242.504**	252.234	261.965	271.695	**281.425**
5.250.000	251.418	261.506	271.594	281.681	291.769
5.500.000	260.332	270.777	281.223	291.668	302.114
5.750.000	269.245	280.049	290.852	301.655	312.458
6.000.000	278.159	289.320	300.481	311.641	322.802
6.250.000	287.073	298.591	310.110	321.628	333.147
6.500.000	295.987	307.863	319.739	331.615	343.491
6.750.000	304.901	317.134	329.368	341.601	353.835
7.000.000	313.814	326.406	338.997	351.588	364.179
7.250.000	322.728	335.677	348.626	361.575	374.524
7.500.000	**331.642**	344.949	358.255	371.562	**384.868**
7.750.000	339.879	353.516	367.153	380.790	394.427
8.000.000	348.116	362.084	376.052	390.019	403.987
8.250.000	356.354	370.652	384.950	399.248	413.546
8.500.000	364.591	379.219	393.848	408.477	423.105
8.750.000	372.828	387.787	402.746	417.705	432.665
9.000.000	381.065	396.355	411.645	426.934	442.224
9.250.000	389.302	404.923	420.543	436.163	451.783
9.500.000	397.540	413.490	429.441	445.392	461.342
9.750.000	405.777	422.058	438.339	454.620	470.902

Anrechenbare Kosten Euro	Basishonorarsatz Euro	Viertelsatz Euro	Mittelsatz Euro	Dreiviertelsatz Euro	Oberer Honorarsatz Euro
10.000.000	**414.014**	430.626	447.238	463.849	**480.461**
10.500.000	429.182	446.402	463.622	480.843	498.063
11.000.000	444.349	462.178	480.007	497.836	515.665
11.500.000	459.517	477.955	496.392	514.829	533.267
12.000.000	474.685	493.731	512.777	531.823	550.869
12.500.000	489.853	509.507	529.162	548.816	568.471
13.000.000	505.020	525.283	545.546	565.809	586.072
13.500.000	520.188	541.060	561.931	582.803	603.674
14.000.000	535.356	556.836	578.316	599.796	621.276
14.500.000	550.523	572.612	594.701	616.789	638.878
15.000.000	**565.691**	588.388	611.086	633.783	**656.480**
15.500.000	579.678	602.937	626.195	649.454	672.712
16.000.000	593.665	617.485	641.305	665.125	688.944
16.500.000	607.653	632.034	656.414	680.795	705.176
17.000.000	621.640	646.582	671.524	696.466	721.408
17.500.000	635.627	661.130	686.634	712.137	737.641
18.000.000	649.614	675.679	701.743	727.808	753.873
18.500.000	663.601	690.227	716.853	743.479	770.105
19.000.000	677.589	704.776	731.963	759.150	786.337
19.500.000	691.576	719.324	747.072	774.821	802.569
20.000.000	**705.563**	733.873	762.182	790.492	**818.801**
20.500.000	718.719	747.556	776.394	805.231	834.069
21.000.000	731.875	761.240	790.606	819.971	849.336
21.500.000	745.031	774.924	804.817	834.710	864.604
22.000.000	758.187	788.608	819.029	849.450	879.871
22.500.000	771.343	802.292	833.241	864.190	895.139
23.000.000	784.499	815.976	847.453	878.929	910.406
23.500.000	797.655	829.660	861.664	893.669	925.674
24.000.000	810.811	843.344	875.876	908.409	940.941
24.500.000	823.967	857.027	890.088	923.148	956.209
25.000.000	**837.123**	870.711	904.300	937.888	**971.476**

Honorartafel zu § 44 Abs. 1 – Ingenieurbauwerke Honorarzone III

Anrechenbare Kosten Euro	Basishonorarsatz Euro	Viertelsatz Euro	Mittelsatz Euro	Dreiviertelsatz Euro	Oberer Honorarsatz Euro
25.000	**4.768**	4.933	5.098	5.263	**5.428**
26.000	4.910	5.080	5.250	5.420	5.589
27.000	5.052	5.226	5.401	5.576	5.751
28.000	5.193	5.373	5.553	5.733	5.912
29.000	5.335	5.520	5.704	5.889	6.074
30.000	5.477	5.667	5.856	6.046	6.235
31.000	5.619	5.813	6.008	6.202	6.396
32.000	5.761	5.960	6.159	6.359	6.558
33.000	5.902	6.107	6.311	6.515	6.719
34.000	6.044	6.253	6.462	6.672	6.881
35.000	**6.186**	6.400	6.614	6.828	**7.042**
36.500	6.383	6.603	6.824	7.045	7.266
38.000	6.579	6.807	7.034	7.262	7.489
39.500	6.776	7.010	7.244	7.479	7.713
41.000	6.972	7.214	7.455	7.696	7.937
42.500	7.169	7.417	7.665	7.913	8.161
44.000	7.366	7.620	7.875	8.130	8.384
45.500	7.562	7.824	8.085	8.346	8.608
47.000	7.759	8.027	8.295	8.563	8.832
48.500	7.955	8.230	8.505	8.780	9.055
50.000	**8.152**	8.434	8.716	8.997	**9.279**
52.500	8.452	8.744	9.037	9.329	9.621
55.000	8.752	9.055	9.358	9.660	9.963
57.500	9.053	9.366	9.679	9.991	10.304
60.000	9.353	9.676	10.000	10.323	10.646
62.500	9.653	9.987	10.321	10.654	10.988
65.000	9.953	10.297	10.642	10.986	11.330
67.500	10.253	10.608	10.963	11.317	11.672
70.000	10.554	10.919	11.284	11.648	12.013
72.500	10.854	11.229	11.605	11.980	12.355
75.000	**11.154**	11.540	11.926	12.311	**12.697**
77.500	11.432	11.827	12.223	12.618	13.013
80.000	11.710	12.115	12.520	12.924	13.329
82.500	11.987	12.402	12.817	13.231	13.646
85.000	12.265	12.689	13.114	13.538	13.962
87.500	12.543	12.977	13.411	13.844	14.278
90.000	12.821	13.264	13.708	14.151	14.594
92.500	13.099	13.552	14.005	14.457	14.910
95.000	13.376	13.839	14.302	14.764	15.227
97.500	13.654	14.126	14.599	15.071	15.543

Anrechenbare Kosten Euro	Basishonorarsatz Euro	Viertelsatz Euro	Mittelsatz Euro	Dreiviertelsatz Euro	Oberer Honorarsatz Euro
100.000	**13.932**	14.414	14.896	15.377	**15.859**
105.000	14.445	14.944	15.444	15.943	16.442
110.000	14.957	15.474	15.992	16.509	17.026
115.000	15.470	16.005	16.540	17.074	17.609
120.000	15.982	16.535	17.088	17.640	18.193
125.000	16.495	17.065	17.636	18.206	18.776
130.000	17.008	17.596	18.184	18.771	19.359
135.000	17.520	18.126	18.732	19.337	19.943
140.000	18.033	18.656	19.280	19.903	20.526
145.000	18.545	19.186	19.828	20.469	21.110
150.000	**19.058**	19.717	20.376	21.034	**21.693**
155.000	19.532	20.207	20.882	21.557	22.233
160.000	20.006	20.697	21.389	22.080	22.772
165.000	20.480	21.188	21.896	22.604	23.312
170.000	20.954	21.678	22.402	23.127	23.851
175.000	21.428	22.168	22.909	23.650	24.391
180.000	21.901	22.659	23.416	24.173	24.930
185.000	22.375	23.149	23.922	24.696	25.470
190.000	22.849	23.639	24.429	25.219	26.009
195.000	23.323	24.129	24.936	25.742	26.549
200.000	**23.797**	24.620	25.443	26.265	**27.088**
210.000	24.671	25.523	26.376	27.229	28.082
220.000	25.544	26.427	27.310	28.193	29.077
230.000	26.418	27.331	28.244	29.158	30.071
240.000	27.291	28.235	29.178	30.122	31.065
250.000	28.165	29.138	30.112	31.086	32.060
260.000	29.038	30.042	31.046	32.050	33.054
270.000	29.912	30.946	31.980	33.014	34.048
280.000	30.785	31.849	32.914	33.978	35.042
290.000	31.659	32.753	33.848	34.942	36.037
300.000	**32.532**	33.657	34.782	35.906	**37.031**
320.000	34.098	35.277	36.456	37.635	38.814
340.000	35.665	36.898	38.131	39.364	40.597
360.000	37.231	38.518	39.805	41.093	42.380
380.000	38.797	40.139	41.480	42.822	44.163
400.000	40.364	41.759	43.155	44.550	45.946
420.000	41.930	43.380	44.829	46.279	47.729
440.000	43.496	45.000	46.504	48.008	49.512
460.000	45.062	46.621	48.179	49.737	51.295
480.000	46.629	48.241	49.853	51.466	53.078

Anrechenbare Kosten Euro	Basishonorarsatz Euro	Viertelsatz Euro	Mittelsatz Euro	Dreiviertelsatz Euro	Oberer Honorarsatz Euro
500.000	**48.195**	49.862	51.528	53.195	**54.861**
525.000	49.952	51.679	53.407	55.134	56.861
550.000	51.709	53.497	55.285	57.073	58.861
575.000	53.467	55.315	57.164	59.013	60.862
600.000	55.224	57.133	59.043	60.952	62.862
625.000	56.981	58.951	60.922	62.892	64.862
650.000	58.738	60.769	62.800	64.831	66.862
675.000	60.495	62.587	64.679	66.771	68.862
700.000	62.253	64.405	66.558	68.710	70.863
725.000	64.010	66.223	68.436	70.650	72.863
750.000	**65.767**	68.041	70.315	72.589	**74.863**
775.000	67.383	69.713	72.042	74.372	76.702
800.000	68.998	71.384	73.770	76.156	78.541
825.000	70.614	73.056	75.497	77.939	80.380
850.000	72.230	74.727	77.225	79.722	82.219
875.000	73.846	76.399	78.952	81.505	84.059
900.000	75.461	78.070	80.679	83.289	85.898
925.000	77.077	79.742	82.407	85.072	87.737
950.000	78.693	81.413	84.134	86.855	89.576
975.000	80.308	83.085	85.862	88.638	91.415
1.000.000	**81.924**	84.757	87.589	90.422	**93.254**
1.050.000	84.928	87.865	90.801	93.737	96.674
1.100.000	87.933	90.973	94.013	97.053	100.094
1.150.000	90.937	94.081	97.225	100.369	103.513
1.200.000	93.941	97.189	100.437	103.685	106.933
1.250.000	96.946	100.297	103.649	107.001	110.353
1.300.000	99.950	103.406	106.861	110.317	113.773
1.350.000	102.954	106.514	110.073	113.633	117.193
1.400.000	105.958	109.622	113.285	116.949	120.612
1.450.000	108.963	112.730	116.497	120.265	124.032
1.500.000	**111.967**	115.838	119.710	123.581	**127.452**
1.550.000	114.740	118.707	122.674	126.641	130.608
1.600.000	117.512	121.575	125.638	129.701	133.764
1.650.000	120.285	124.443	128.602	132.761	136.920
1.700.000	123.057	127.312	131.566	135.821	140.076
1.750.000	125.830	130.180	134.531	138.881	143.232
1.800.000	128.602	133.048	137.495	141.941	146.387
1.850.000	131.375	135.917	140.459	145.001	149.543
1.900.000	134.147	138.785	143.423	148.061	152.699
1.950.000	136.920	141.653	146.387	151.121	155.855

Anrechenbare Kosten Euro	Basishonorarsatz Euro	Viertelsatz Euro	Mittelsatz Euro	Dreiviertelsatz Euro	Oberer Honorarsatz Euro
2.000.000	**139.692**	144.522	149.352	154.181	**159.011**
2.100.000	144.786	149.792	154.798	159.804	164.810
2.200.000	149.881	155.063	160.245	165.427	170.609
2.300.000	154.975	160.333	165.692	171.050	176.408
2.400.000	160.070	165.604	171.138	176.673	182.207
2.500.000	165.164	170.875	176.585	182.296	188.006
2.600.000	170.258	176.145	182.032	187.918	193.805
2.700.000	175.353	181.416	187.478	193.541	199.604
2.800.000	180.447	186.686	192.925	199.164	205.403
2.900.000	185.542	191.957	198.372	204.787	211.202
3.000.000	**190.636**	197.227	203.819	210.410	**217.001**
3.200.000	199.715	206.620	213.525	220.430	227.335
3.400.000	208.794	216.013	223.232	230.451	237.670
3.600.000	217.873	225.406	232.938	240.471	248.004
3.800.000	226.952	234.798	242.645	250.492	258.339
4.000.000	236.031	244.191	252.352	260.512	268.673
4.200.000	245.109	253.584	262.058	270.533	279.007
4.400.000	254.188	262.977	271.765	280.553	289.342
4.600.000	263.267	272.369	281.472	290.574	299.676
4.800.000	272.346	281.762	291.178	300.594	310.011
5.000.000	**281.425**	291.155	300.885	310.615	**320.345**
5.250.000	291.769	301.857	311.945	322.032	332.120
5.500.000	302.114	312.559	323.004	333.450	343.895
5.750.000	312.458	323.261	334.064	344.867	355.670
6.000.000	322.802	333.963	345.124	356.284	367.445
6.250.000	333.147	344.665	356.183	367.702	379.220
6.500.000	343.491	355.367	367.243	379.119	390.995
6.750.000	353.835	366.069	378.303	390.536	402.770
7.000.000	364.179	376.771	389.362	401.954	414.545
7.250.000	374.524	387.473	400.422	413.371	426.320
7.500.000	**384.868**	398.175	411.482	424.788	**438.095**
7.750.000	394.427	408.065	421.702	435.339	448.976
8.000.000	403.987	417.954	431.922	445.890	459.858
8.250.000	413.546	427.844	442.142	456.441	470.739
8.500.000	423.105	437.734	452.363	466.991	481.620
8.750.000	432.665	447.624	462.583	477.542	492.502
9.000.000	442.224	457.514	472.803	488.093	503.383
9.250.000	451.783	467.403	483.024	498.644	514.264
9.500.000	461.342	477.293	493.244	509.195	525.145
9.750.000	470.902	487.183	503.464	519.745	536.027

Anrechenbare Kosten Euro	Basishonorarsatz Euro	Viertelsatz Euro	Mittelsatz Euro	Dreiviertelsatz Euro	Oberer Honorarsatz Euro
10.000.000	**480.461**	497.073	513.685	530.296	**546.908**
10.500.000	498.063	515.283	532.504	549.724	566.944
11.000.000	515.665	533.494	551.323	569.152	586.980
11.500.000	533.267	551.704	570.142	588.579	607.017
12.000.000	550.869	569.915	588.961	608.007	627.053
12.500.000	568.471	588.125	607.780	627.434	647.089
13.000.000	586.072	606.336	626.599	646.862	667.125
13.500.000	603.674	624.546	645.418	666.290	687.161
14.000.000	621.276	642.757	664.237	685.717	707.198
14.500.000	638.878	660.967	683.056	705.145	727.234
15.000.000	**656.480**	679.178	701.875	724.573	**747.270**
15.500.000	672.712	695.971	719.230	742.488	765.747
16.000.000	688.944	712.764	736.584	760.404	784.224
16.500.000	705.176	729.557	753.939	778.320	802.701
17.000.000	721.408	746.351	771.293	796.236	821.178
17.500.000	737.641	763.144	788.648	814.151	839.655
18.000.000	753.873	779.937	806.002	832.067	858.132
18.500.000	770.105	796.731	823.357	849.983	876.609
19.000.000	786.337	813.524	840.711	867.899	895.086
19.500.000	802.569	830.317	858.066	885.814	913.563
20.000.000	**818.801**	847.111	875.421	903.730	**932.040**
20.500.000	834.069	862.906	891.744	920.581	949.419
21.000.000	849.336	878.701	908.067	937.432	966.798
21.500.000	864.604	894.497	924.390	954.283	984.177
22.000.000	879.871	910.292	940.713	971.134	1.001.556
22.500.000	895.139	926.088	957.037	987.986	1.018.935
23.000.000	910.406	941.883	973.360	1.004.837	1.036.313
23.500.000	925.674	957.678	989.683	1.021.688	1.053.692
24.000.000	940.941	973.474	1.006.006	1.038.539	1.071.071
24.500.000	956.209	989.269	1.022.329	1.055.390	1.088.450
25.000.000	**971.476**	1.005.064	1.038.653	1.072.241	**1.105.829**

Honorartafel zu § 44 Abs. 1 – Ingenieurbauwerke Honorarzone IV

Anrechenbare Kosten Euro	Basishonorarsatz Euro	Viertelsatz Euro	Mittelsatz Euro	Dreiviertelsatz Euro	Oberer Honorarsatz Euro
25.000	**5.428**	5.580	5.732	5.884	**6.036**
26.000	5.589	5.746	5.902	6.059	6.216
27.000	5.751	5.912	6.073	6.234	6.395
28.000	5.912	6.078	6.243	6.409	6.575
29.000	6.074	6.244	6.414	6.584	6.754
30.000	6.235	6.410	6.584	6.759	6.934
31.000	6.396	6.576	6.755	6.934	7.113
32.000	6.558	6.741	6.925	7.109	7.293
33.000	6.719	6.907	7.096	7.284	7.472
34.000	6.881	7.073	7.266	7.459	7.652
35.000	**7.042**	7.239	7.437	7.634	**7.831**
36.500	7.266	7.469	7.673	7.876	8.080
38.000	7.489	7.699	7.909	8.119	8.329
39.500	7.713	7.929	8.145	8.362	8.578
41.000	7.937	8.159	8.382	8.604	8.827
42.500	8.161	8.389	8.618	8.847	9.076
44.000	8.384	8.619	8.854	9.089	9.324
45.500	8.608	8.849	9.091	9.332	9.573
47.000	8.832	9.079	9.327	9.575	9.822
48.500	9.055	9.309	9.563	9.817	10.071
50.000	**9.279**	9.539	9.800	10.060	**10.320**
52.500	9.621	9.891	10.160	10.430	10.700
55.000	9.963	10.242	10.521	10.801	11.080
57.500	10.304	10.593	10.882	11.171	11.460
60.000	10.646	10.945	11.243	11.542	11.840
62.500	10.988	11.296	11.604	11.912	12.221
65.000	11.330	11.648	11.965	12.283	12.601
67.500	11.672	11.999	12.326	12.653	12.981
70.000	12.013	12.350	12.687	13.024	13.361
72.500	12.355	12.702	13.048	13.394	13.741
75.000	**12.697**	13.053	13.409	13.765	**14.121**
77.500	13.013	13.378	13.743	14.108	14.473
80.000	13.329	13.703	14.077	14.451	14.824
82.500	13.646	14.028	14.411	14.793	15.176
85.000	13.962	14.353	14.745	15.136	15.527
87.500	14.278	14.678	15.079	15.479	15.879
90.000	14.594	15.003	15.412	15.822	16.231
92.500	14.910	15.328	15.746	16.164	16.582
95.000	15.227	15.653	16.080	16.507	16.934
97.500	15.543	15.978	16.414	16.850	17.285

Anrechenbare Kosten Euro	Basishonorarsatz Euro	Viertelsatz Euro	Mittelsatz Euro	Dreiviertelsatz Euro	Oberer Honorarsatz Euro
100.000	**15.859**	16.304	16.748	17.193	**17.637**
105.000	16.442	16.903	17.364	17.825	18.286
110.000	17.026	17.503	17.980	18.458	18.935
115.000	17.609	18.103	18.596	19.090	19.584
120.000	18.193	18.703	19.213	19.723	20.233
125.000	18.776	19.302	19.829	20.355	20.882
130.000	19.359	19.902	20.445	20.988	21.530
135.000	19.943	20.502	21.061	21.620	22.179
140.000	20.526	21.102	21.677	22.253	22.828
145.000	21.110	21.701	22.293	22.885	23.477
150.000	**21.693**	22.301	22.910	23.518	**24.126**
155.000	22.233	22.856	23.479	24.103	24.726
160.000	22.772	23.411	24.049	24.688	25.326
165.000	23.312	23.965	24.619	25.272	25.926
170.000	23.851	24.520	25.189	25.857	26.526
175.000	24.391	25.074	25.758	26.442	27.126
180.000	24.930	25.629	26.328	27.027	27.726
185.000	25.470	26.184	26.898	27.612	28.326
190.000	26.009	26.738	27.468	28.197	28.926
195.000	26.549	27.293	28.037	28.782	29.526
200.000	**27.088**	27.848	28.607	29.367	**30.126**
210.000	28.082	28.870	29.657	30.445	31.232
220.000	29.077	29.892	30.707	31.523	32.338
230.000	30.071	30.914	31.757	32.601	33.444
240.000	31.065	31.936	32.807	33.679	34.550
250.000	32.060	32.959	33.858	34.757	35.656
260.000	33.054	33.981	34.908	35.835	36.761
270.000	34.048	35.003	35.958	36.913	37.867
280.000	35.042	36.025	37.008	37.991	38.973
290.000	36.037	37.047	38.058	39.069	40.079
300.000	**37.031**	38.070	39.108	40.147	**41.185**
320.000	38.814	39.902	40.991	42.079	43.168
340.000	40.597	41.735	42.874	44.012	45.151
360.000	42.380	43.568	44.757	45.945	47.133
380.000	44.163	45.401	46.640	47.878	49.116
400.000	45.946	47.234	48.523	49.811	51.099
420.000	47.729	49.067	50.405	51.744	53.082
440.000	49.512	50.900	52.288	53.676	55.065
460.000	51.295	52.733	54.171	55.609	57.047
480.000	53.078	54.566	56.054	57.542	59.030

Anrechenbare Kosten Euro	Basishonorarsatz Euro	Viertelsatz Euro	Mittelsatz Euro	Dreiviertelsatz Euro	Oberer Honorarsatz Euro
500.000	**54.861**	56.399	57.937	59.475	**61.013**
525.000	56.861	58.455	60.049	61.643	63.238
550.000	58.861	60.512	62.162	63.812	65.462
575.000	60.862	62.568	64.274	65.980	67.687
600.000	62.862	64.624	66.386	68.149	69.911
625.000	64.862	66.680	68.499	70.317	72.136
650.000	66.862	68.737	70.611	72.486	74.360
675.000	68.862	70.793	72.723	74.654	76.585
700.000	70.863	72.849	74.836	76.822	78.809
725.000	72.863	74.905	76.948	78.991	81.034
750.000	**74.863**	76.962	79.061	81.159	**83.258**
775.000	76.702	78.852	81.003	83.153	85.303
800.000	78.541	80.743	82.945	85.147	87.349
825.000	80.380	82.634	84.887	87.141	89.394
850.000	82.219	84.524	86.830	89.135	91.440
875.000	84.059	86.415	88.772	91.128	93.485
900.000	85.898	88.306	90.714	93.122	95.530
925.000	87.737	90.196	92.656	95.116	97.576
950.000	89.576	92.087	94.599	97.110	99.621
975.000	91.415	93.978	96.541	99.104	101.667
1.000.000	**93.254**	95.869	98.483	101.098	**103.712**
1.050.000	96.674	99.384	102.095	104.805	107.515
1.100.000	100.094	102.900	105.706	108.513	111.319
1.150.000	103.513	106.416	109.318	112.220	115.122
1.200.000	106.933	109.931	112.929	115.928	118.926
1.250.000	110.353	113.447	116.541	119.635	122.729
1.300.000	113.773	116.963	120.153	123.343	126.532
1.350.000	117.193	120.478	123.764	127.050	130.336
1.400.000	120.612	123.994	127.376	130.758	134.139
1.450.000	124.032	127.510	130.987	134.465	137.943
1.500.000	**127.452**	131.026	134.599	138.173	**141.746**
1.550.000	130.608	134.270	137.932	141.594	145.256
1.600.000	133.764	137.514	141.265	145.015	148.766
1.650.000	136.920	140.759	144.598	148.436	152.275
1.700.000	140.076	144.003	147.930	151.858	155.785
1.750.000	143.232	147.247	151.263	155.279	159.295
1.800.000	146.387	150.492	154.596	158.700	162.805
1.850.000	149.543	153.736	157.929	162.122	166.315
1.900.000	152.699	156.981	161.262	165.543	169.824
1.950.000	155.855	160.225	164.595	168.964	173.334

Anrechenbare Kosten Euro	Basishonorarsatz Euro	Viertelsatz Euro	Mittelsatz Euro	Dreiviertelsatz Euro	Oberer Honorarsatz Euro
2.000.000	**159.011**	163.469	167.928	172.386	**176.844**
2.100.000	164.810	169.431	174.052	178.673	183.293
2.200.000	170.609	175.392	180.176	184.959	189.743
2.300.000	176.408	181.354	186.300	191.246	196.192
2.400.000	182.207	187.316	192.424	197.533	202.642
2.500.000	188.006	193.277	198.549	203.820	209.091
2.600.000	193.805	199.239	204.673	210.107	215.540
2.700.000	199.604	205.200	210.797	216.393	221.990
2.800.000	205.403	211.162	216.921	222.680	228.439
2.900.000	211.202	217.124	223.045	228.967	234.889
3.000.000	**217.001**	223.085	229.170	235.254	**241.338**
3.200.000	227.335	233.709	240.083	246.457	252.831
3.400.000	237.670	244.334	250.997	257.661	264.325
3.600.000	248.004	254.958	261.911	268.865	275.818
3.800.000	258.339	265.582	272.825	280.068	287.312
4.000.000	268.673	276.206	283.739	291.272	298.805
4.200.000	279.007	286.830	294.653	302.476	310.298
4.400.000	289.342	297.454	305.567	313.679	321.792
4.600.000	299.676	308.078	316.481	324.883	333.285
4.800.000	310.011	318.703	327.395	336.087	344.779
5.000.000	**320.345**	329.327	338.309	347.290	**356.272**
5.250.000	332.120	341.432	350.744	360.056	369.368
5.500.000	343.895	353.537	363.179	372.821	382.463
5.750.000	355.670	365.642	375.614	385.586	395.559
6.000.000	367.445	377.747	388.050	398.352	408.654
6.250.000	379.220	389.852	400.485	411.117	421.750
6.500.000	390.995	401.958	412.920	423.883	434.845
6.750.000	402.770	414.063	425.355	436.648	447.941
7.000.000	414.545	426.168	437.791	449.413	461.036
7.250.000	426.320	438.273	450.226	462.179	474.132
7.500.000	**438.095**	450.378	462.661	474.944	**487.227**
7.750.000	448.976	461.564	474.153	486.741	499.329
8.000.000	459.858	472.751	485.644	498.537	511.430
8.250.000	470.739	483.937	497.136	510.334	523.532
8.500.000	481.620	495.124	508.627	522.130	535.634
8.750.000	492.502	506.310	520.119	533.927	547.736
9.000.000	503.383	517.496	531.610	545.724	559.837
9.250.000	514.264	528.683	543.102	557.520	571.939
9.500.000	525.145	539.869	554.593	569.317	584.041
9.750.000	536.027	551.056	566.085	581.113	596.142

Honorartafel zu § 44 Abs. 1 – Ingenieurbauwerke Honorarzone IV

Anrechenbare Kosten Euro	Basishonorarsatz Euro	Viertelsatz Euro	Mittelsatz Euro	Dreiviertelsatz Euro	Oberer Honorarsatz Euro
10.000.000	**546.908**	562.242	577.576	592.910	**608.244**
10.500.000	566.944	582.840	598.736	614.631	630.527
11.000.000	586.980	603.438	619.895	636.353	652.810
11.500.000	607.017	624.036	641.055	658.074	675.094
12.000.000	627.053	644.634	662.215	679.796	697.377
12.500.000	647.089	665.232	683.375	701.517	719.660
13.000.000	667.125	685.830	704.534	723.239	741.943
13.500.000	687.161	706.428	725.694	744.960	764.226
14.000.000	707.198	727.026	746.854	766.682	786.510
14.500.000	727.234	747.624	768.013	788.403	808.793
15.000.000	**747.270**	768.222	789.173	810.125	**831.076**
15.500.000	765.747	787.217	808.686	830.156	851.625
16.000.000	784.224	806.212	828.199	850.187	872.174
16.500.000	802.701	825.207	847.712	870.218	892.724
17.000.000	821.178	844.202	867.225	890.249	913.273
17.500.000	839.655	863.197	886.739	910.280	933.822
18.000.000	858.132	882.192	906.252	930.311	954.371
18.500.000	876.609	901.187	925.765	950.343	974.920
19.000.000	895.086	920.182	945.278	970.374	995.470
19.500.000	913.563	939.177	964.791	990.405	1.016.019
20.000.000	**932.040**	958.172	984.304	1.010.436	**1.036.568**
20.500.000	949.419	976.038	1.002.657	1.029.277	1.055.896
21.000.000	966.798	993.904	1.021.011	1.048.117	1.075.224
21.500.000	984.177	1.011.771	1.039.364	1.066.958	1.094.552
22.000.000	1.001.556	1.029.637	1.057.718	1.085.799	1.113.880
22.500.000	1.018.935	1.047.503	1.076.071	1.104.640	1.133.208
23.000.000	1.036.313	1.065.369	1.094.425	1.123.480	1.152.536
23.500.000	1.053.692	1.083.235	1.112.778	1.142.321	1.171.864
24.000.000	1.071.071	1.101.101	1.131.132	1.161.162	1.191.192
24.500.000	1.088.450	1.118.968	1.149.485	1.180.003	1.210.520
25.000.000	**1.105.829**	1.136.834	1.167.839	1.198.843	**1.229.848**

Honorartafel zu § 44 Abs. 1 – Ingenieurbauwerke Honorarzone V

Anrechenbare Kosten Euro	Basishonorarsatz Euro	Viertelsatz Euro	Mittelsatz Euro	Dreiviertelsatz Euro	Oberer Honorarsatz Euro
25.000	**6.036**	6.201	6.366	6.531	**6.696**
26.000	6.216	6.385	6.555	6.725	6.895
27.000	6.395	6.570	6.745	6.919	7.094
28.000	6.575	6.754	6.934	7.114	7.293
29.000	6.754	6.939	7.123	7.308	7.492
30.000	6.934	7.123	7.313	7.502	7.692
31.000	7.113	7.307	7.502	7.696	7.891
32.000	7.293	7.492	7.691	7.890	8.090
33.000	7.472	7.676	7.880	8.085	8.289
34.000	7.652	7.861	8.070	8.279	8.488
35.000	**7.831**	8.045	8.259	8.473	**8.687**
36.500	8.080	8.301	8.521	8.742	8.963
38.000	8.329	8.556	8.784	9.011	9.239
39.500	8.578	8.812	9.046	9.281	9.515
41.000	8.827	9.068	9.309	9.550	9.791
42.500	9.076	9.323	9.571	9.819	10.067
44.000	9.324	9.579	9.834	10.088	10.343
45.500	9.573	9.835	10.096	10.358	10.619
47.000	9.822	10.090	10.359	10.627	10.895
48.500	10.071	10.346	10.621	10.896	11.171
50.000	**10.320**	10.602	10.884	11.165	**11.447**
52.500	10.700	10.992	11.284	11.576	11.869
55.000	11.080	11.383	11.685	11.988	12.290
57.500	11.460	11.773	12.086	12.399	12.712
60.000	11.840	12.164	12.487	12.810	13.133
62.500	12.221	12.554	12.888	13.221	13.555
65.000	12.601	12.945	13.289	13.633	13.977
67.500	12.981	13.335	13.689	14.044	14.398
70.000	13.361	13.726	14.090	14.455	14.820
72.500	13.741	14.116	14.491	14.866	15.241
75.000	**14.121**	14.507	14.892	15.278	**15.663**
77.500	14.473	14.868	15.263	15.658	16.053
80.000	14.824	15.229	15.634	16.038	16.443
82.500	15.176	15.590	16.005	16.419	16.833
85.000	15.527	15.951	16.375	16.799	17.223
87.500	15.879	16.313	16.746	17.180	17.614
90.000	16.231	16.674	17.117	17.560	18.004
92.500	16.582	17.035	17.488	17.941	18.394
95.000	16.934	17.396	17.859	18.321	18.784
97.500	17.285	17.758	18.230	18.702	19.174

Anrechenbare Kosten Euro	Basishonorarsatz Euro	Viertelsatz Euro	Mittelsatz Euro	Dreiviertelsatz Euro	Oberer Honorarsatz Euro
100.000	**17.637**	18.119	18.601	19.082	**19.564**
105.000	18.286	18.785	19.285	19.784	20.284
110.000	18.935	19.452	19.969	20.486	21.004
115.000	19.584	20.119	20.654	21.188	21.723
120.000	20.233	20.785	21.338	21.891	22.443
125.000	20.882	21.452	22.022	22.593	23.163
130.000	21.530	22.119	22.707	23.295	23.883
135.000	22.179	22.785	23.391	23.997	24.603
140.000	22.828	23.452	24.075	24.699	25.322
145.000	23.477	24.118	24.760	25.401	26.042
150.000	**24.126**	24.785	25.444	26.103	**26.762**
155.000	24.726	25.401	26.077	26.752	27.428
160.000	25.326	26.018	26.710	27.401	28.093
165.000	25.926	26.634	27.342	28.050	28.759
170.000	26.526	27.251	27.975	28.700	29.424
175.000	27.126	27.867	28.608	29.349	30.090
180.000	27.726	28.483	29.241	29.998	30.755
185.000	28.326	29.100	29.873	30.647	31.421
190.000	28.926	29.716	30.506	31.296	32.086
195.000	29.526	30.332	31.139	31.945	32.752
200.000	**30.126**	30.949	31.772	32.594	**33.417**
210.000	31.232	32.085	32.938	33.791	34.644
220.000	32.338	33.221	34.104	34.987	35.870
230.000	33.444	34.357	35.270	36.184	37.097
240.000	34.550	35.493	36.437	37.380	38.324
250.000	35.656	36.629	37.603	38.577	39.551
260.000	36.761	37.765	38.769	39.773	40.777
270.000	37.867	38.901	39.936	40.970	42.004
280.000	38.973	40.038	41.102	42.166	43.231
290.000	40.079	41.174	42.268	43.363	44.457
300.000	**41.185**	42.310	43.435	44.559	**45.684**
320.000	43.168	44.347	45.526	46.705	47.884
340.000	45.151	46.384	47.617	48.850	50.083
360.000	47.133	48.421	49.708	50.995	52.283
380.000	49.116	50.458	51.799	53.141	54.482
400.000	51.099	52.495	53.890	55.286	56.682
420.000	53.082	54.532	55.981	57.431	58.881
440.000	55.065	56.569	58.073	59.577	61.081
460.000	57.047	58.606	60.164	61.722	63.280
480.000	59.030	60.643	62.255	63.867	65.480

Anrechenbare Kosten Euro	Basishonorarsatz Euro	Viertelsatz Euro	Mittelsatz Euro	Dreiviertelsatz Euro	Oberer Honorarsatz Euro
500.000	**61.013**	62.680	64.346	66.013	**67.679**
525.000	63.238	64.965	66.692	68.419	70.147
550.000	65.462	67.250	69.038	70.826	72.614
575.000	67.687	69.535	71.384	73.233	75.082
600.000	69.911	71.821	73.730	75.640	77.549
625.000	72.136	74.106	76.076	78.046	80.017
650.000	74.360	76.391	78.422	80.453	82.484
675.000	76.585	78.676	80.768	82.860	84.952
700.000	78.809	80.962	83.114	85.267	87.419
725.000	81.034	83.247	85.460	87.673	89.887
750.000	**83.258**	85.532	87.806	90.080	**92.354**
775.000	85.303	87.633	89.963	92.293	94.623
800.000	87.349	89.735	92.120	94.506	96.892
825.000	89.394	91.836	94.277	96.719	99.160
850.000	91.440	93.937	96.434	98.932	101.429
875.000	93.485	96.038	98.592	101.145	103.698
900.000	95.530	98.140	100.749	103.358	105.967
925.000	97.576	100.241	102.906	105.571	108.236
950.000	99.621	102.342	105.063	107.784	110.504
975.000	101.667	104.443	107.220	109.997	112.773
1.000.000	**103.712**	106.545	109.377	112.210	**115.042**
1.050.000	107.515	110.452	113.388	116.324	119.261
1.100.000	111.319	114.359	117.399	120.439	123.480
1.150.000	115.122	118.266	121.410	124.554	127.698
1.200.000	118.926	122.174	125.421	128.669	131.917
1.250.000	122.729	126.081	129.433	132.784	136.136
1.300.000	126.532	129.988	133.444	136.899	140.355
1.350.000	130.336	133.895	137.455	141.014	144.574
1.400.000	134.139	137.803	141.466	145.129	148.792
1.450.000	137.943	141.710	145.477	149.244	153.011
1.500.000	**141.746**	145.617	149.488	153.359	**157.230**
1.550.000	145.256	149.223	153.190	157.156	161.123
1.600.000	148.766	152.828	156.891	160.954	165.017
1.650.000	152.275	156.434	160.593	164.751	168.910
1.700.000	155.785	160.040	164.294	168.549	172.803
1.750.000	159.295	163.645	167.996	172.346	176.697
1.800.000	162.805	167.251	171.697	176.144	180.590
1.850.000	166.315	170.857	175.399	179.941	184.483
1.900.000	169.824	174.462	179.100	183.738	188.376
1.950.000	173.334	178.068	182.802	187.536	192.270

Honorartafel zu § 44 Abs. 1 – Ingenieurbauwerke Honorarzone V

Anrechenbare Kosten Euro	Basishonorarsatz Euro	Viertelsatz Euro	Mittelsatz Euro	Dreiviertelsatz Euro	Oberer Honorarsatz Euro
2.000.000	**176.844**	181.674	186.504	191.333	**196.163**
2.100.000	183.293	188.299	193.305	198.311	203.317
2.200.000	189.743	194.925	200.107	205.289	210.471
2.300.000	196.192	201.550	206.908	212.267	217.625
2.400.000	202.642	208.176	213.710	219.244	224.779
2.500.000	209.091	214.801	220.512	226.222	231.933
2.600.000	215.540	221.427	227.313	233.200	239.086
2.700.000	221.990	228.052	234.115	240.178	246.240
2.800.000	228.439	234.678	240.917	247.155	253.394
2.900.000	234.889	241.303	247.718	254.133	260.548
3.000.000	**241.338**	247.929	254.520	261.111	**267.702**
3.200.000	252.831	259.736	266.641	273.546	280.451
3.400.000	264.325	271.544	278.762	285.981	293.200
3.600.000	275.818	283.351	290.884	298.416	305.949
3.800.000	287.312	295.158	303.005	310.851	318.698
4.000.000	298.805	306.966	315.126	323.287	331.447
4.200.000	310.298	318.773	327.247	335.722	344.196
4.400.000	321.792	330.580	339.368	348.157	356.945
4.600.000	333.285	342.387	351.490	360.592	369.694
4.800.000	344.779	354.195	363.611	373.027	382.443
5.000.000	**356.272**	366.002	375.732	385.462	**395.192**
5.250.000	369.368	379.455	389.543	399.630	409.718
5.500.000	382.463	392.908	403.354	413.799	424.244
5.750.000	395.559	406.361	417.164	427.967	438.770
6.000.000	408.654	419.815	430.975	442.136	453.296
6.250.000	421.750	433.268	444.786	456.304	467.823
6.500.000	434.845	446.721	458.597	470.473	482.349
6.750.000	447.941	460.174	472.408	484.641	496.875
7.000.000	461.036	473.627	486.218	498.810	511.401
7.250.000	474.132	487.080	500.029	512.978	525.927
7.500.000	**487.227**	500.534	513.840	527.147	**540.453**
7.750.000	499.329	512.966	526.603	540.240	553.877
8.000.000	511.430	525.398	539.365	553.333	567.300
8.250.000	523.532	537.830	552.128	566.426	580.724
8.500.000	535.634	550.262	564.891	579.519	594.148
8.750.000	547.736	562.695	577.654	592.613	607.572
9.000.000	559.837	575.127	590.416	605.706	620.995
9.250.000	571.939	587.559	603.179	618.799	634.419
9.500.000	584.041	599.991	615.942	631.892	647.843
9.750.000	596.142	612.423	628.704	644.985	661.266

Anrechenbare Kosten Euro	Basishonorarsatz Euro	Viertelsatz Euro	Mittelsatz Euro	Dreiviertelsatz Euro	Oberer Honorarsatz Euro
10.000.000	**608.244**	624.856	641.467	658.079	**674.690**
10.500.000	630.527	647.747	664.967	682.188	699.408
11.000.000	652.810	670.639	688.468	706.297	724.125
11.500.000	675.094	693.531	711.968	730.406	748.843
12.000.000	697.377	716.423	735.469	754.515	773.560
12.500.000	719.660	739.315	758.969	778.624	798.278
13.000.000	741.943	762.206	782.469	802.733	822.996
13.500.000	764.226	785.098	805.970	826.842	847.713
14.000.000	786.510	807.990	829.470	850.951	872.431
14.500.000	808.793	830.882	852.971	875.060	897.148
15.000.000	**831.076**	853.774	876.471	899.169	**921.866**
15.500.000	851.625	874.884	898.143	921.401	944.660
16.000.000	872.174	895.994	919.814	943.634	967.454
16.500.000	892.724	917.105	941.486	965.867	990.248
17.000.000	913.273	938.215	963.157	988.100	1.013.042
17.500.000	933.822	959.326	984.829	1.010.333	1.035.836
18.000.000	954.371	980.436	1.006.501	1.032.565	1.058.630
18.500.000	974.920	1.001.546	1.028.172	1.054.798	1.081.424
19.000.000	995.470	1.022.657	1.049.844	1.077.031	1.104.218
19.500.000	1.016.019	1.043.767	1.071.515	1.099.264	1.127.012
20.000.000	**1.036.568**	1.064.878	1.093.187	1.121.497	**1.149.806**
20.500.000	1.055.896	1.084.733	1.113.571	1.142.408	1.171.246
21.000.000	1.075.224	1.104.589	1.133.955	1.163.320	1.192.685
21.500.000	1.094.552	1.124.445	1.154.338	1.184.231	1.214.125
22.000.000	1.113.880	1.144.301	1.174.722	1.205.143	1.235.564
22.500.000	1.133.208	1.164.157	1.195.106	1.226.055	1.257.004
23.000.000	1.152.536	1.184.013	1.215.490	1.246.966	1.278.443
23.500.000	1.171.864	1.203.869	1.235.873	1.267.878	1.299.883
24.000.000	1.191.192	1.223.725	1.256.257	1.288.790	1.321.322
24.500.000	1.210.520	1.243.580	1.276.641	1.309.701	1.342.762
25.000.000	**1.229.848**	1.263.436	1.297.025	1.330.613	**1.364.201**

Honorartafel zu § 48 Abs. 1 – Verkehrsanlagen Honorarzone I

Anrechenbare Kosten Euro	Basishonorarsatz Euro	Viertelsatz Euro	Mittelsatz Euro	Dreiviertelsatz Euro	Oberer Honorarsatz Euro
25.000	**3.882**	4.068	4.253	4.439	**4.624**
26.000	3.992	4.183	4.373	4.564	4.755
27.000	4.102	4.298	4.494	4.690	4.886
28.000	4.212	4.413	4.614	4.815	5.017
29.000	4.322	4.528	4.735	4.941	5.148
30.000	4.432	4.643	4.855	5.067	5.279
31.000	4.541	4.758	4.975	5.192	5.409
32.000	4.651	4.874	5.096	5.318	5.540
33.000	4.761	4.989	5.216	5.444	5.671
34.000	4.871	5.104	5.337	5.569	5.802
35.000	**4.981**	5.219	5.457	5.695	**5.933**
36.500	5.132	5.377	5.622	5.867	6.112
38.000	5.282	5.535	5.787	6.039	6.292
39.500	5.433	5.692	5.952	6.212	6.471
41.000	5.583	5.850	6.117	6.384	6.651
42.500	5.734	6.008	6.282	6.556	6.830
44.000	5.885	6.166	6.447	6.728	7.009
45.500	6.035	6.324	6.612	6.900	7.189
47.000	6.186	6.481	6.777	7.073	7.368
48.500	6.336	6.639	6.942	7.245	7.548
50.000	**6.487**	6.797	7.107	7.417	**7.727**
52.500	6.714	7.035	7.356	7.677	7.998
55.000	6.941	7.273	7.605	7.937	8.268
57.500	7.169	7.511	7.854	8.196	8.539
60.000	7.396	7.749	8.103	8.456	8.810
62.500	7.623	7.987	8.352	8.716	9.081
65.000	7.850	8.225	8.601	8.976	9.351
67.500	8.077	8.464	8.850	9.236	9.622
70.000	8.305	8.702	9.099	9.496	9.893
72.500	8.532	8.940	9.348	9.755	10.163
75.000	**8.759**	9.178	9.597	10.015	**10.434**
77.500	8.967	9.396	9.824	10.253	10.682
80.000	9.175	9.614	10.052	10.491	10.929
82.500	9.383	9.832	10.280	10.729	11.177
85.000	9.591	10.049	10.508	10.966	11.425
87.500	9.799	10.267	10.736	11.204	11.673
90.000	10.007	10.485	10.964	11.442	11.920
92.500	10.215	10.703	11.191	11.680	12.168
95.000	10.423	10.921	11.419	11.917	12.416
97.500	10.631	11.139	11.647	12.155	12.663

Anrechenbare Kosten Euro	Basishonorarsatz Euro	Viertelsatz Euro	Mittelsatz Euro	Dreiviertelsatz Euro	Oberer Honorarsatz Euro
100.000	**10.839**	11.357	11.875	12.393	**12.911**
105.000	11.219	11.755	12.291	12.827	13.363
110.000	11.598	12.152	12.707	13.261	13.815
115.000	11.978	12.550	13.122	13.695	14.267
120.000	12.357	12.948	13.538	14.129	14.719
125.000	12.737	13.345	13.954	14.563	15.172
130.000	13.116	13.743	14.370	14.997	15.624
135.000	13.496	14.141	14.786	15.431	16.076
140.000	13.875	14.538	15.201	15.865	16.528
145.000	14.255	14.936	15.617	16.299	16.980
150.000	**14.634**	15.334	16.033	16.733	**17.432**
155.000	14.981	15.697	16.413	17.129	17.846
160.000	15.328	16.061	16.794	17.526	18.259
165.000	15.676	16.425	17.174	17.923	18.673
170.000	16.023	16.789	17.554	18.320	19.086
175.000	16.370	17.152	17.935	18.717	19.500
180.000	16.717	17.516	18.315	19.114	19.913
185.000	17.064	17.880	18.695	19.511	20.327
190.000	17.412	18.244	19.076	19.908	20.740
195.000	17.759	18.607	19.456	20.305	21.154
200.000	**18.106**	18.971	19.837	20.702	**21.567**
210.000	18.739	19.634	20.530	21.425	22.321
220.000	19.372	20.298	21.223	22.149	23.075
230.000	20.005	20.961	21.917	22.873	23.829
240.000	20.638	21.624	22.610	23.596	24.583
250.000	21.271	22.287	23.304	24.320	25.337
260.000	21.903	22.950	23.997	25.044	26.090
270.000	22.536	23.613	24.690	25.767	26.844
280.000	23.169	24.276	25.384	26.491	27.598
290.000	23.802	24.940	26.077	27.215	28.352
300.000	**24.435**	25.603	26.771	27.938	**29.106**
320.000	25.554	26.775	27.996	29.217	30.439
340.000	26.672	27.947	29.222	30.497	31.771
360.000	27.791	29.119	30.448	31.776	33.104
380.000	28.910	30.292	31.673	33.055	34.437
400.000	30.029	31.464	32.899	34.334	35.770
420.000	31.147	32.636	34.125	35.613	37.102
440.000	32.266	33.808	35.350	36.893	38.435
460.000	33.385	34.980	36.576	38.172	39.768
480.000	34.503	36.153	37.802	39.451	41.100

Anrechenbare Kosten Euro	Basishonorarsatz Euro	Viertelsatz Euro	Mittelsatz Euro	Dreiviertelsatz Euro	Oberer Honorarsatz Euro
500.000	**35.622**	37.325	39.028	40.730	**42.433**
525.000	36.860	38.622	40.384	42.146	43.908
550.000	38.098	39.919	41.740	43.561	45.382
575.000	39.336	41.216	43.096	44.976	46.857
600.000	40.574	42.513	44.452	46.392	48.331
625.000	41.812	43.810	45.809	47.807	49.806
650.000	43.049	45.107	47.165	49.222	51.280
675.000	44.287	46.404	48.521	50.638	52.755
700.000	45.525	47.701	49.877	52.053	54.229
725.000	46.763	48.998	51.233	53.468	55.704
750.000	**48.001**	50.295	52.590	54.884	**57.178**
775.000	49.128	51.476	53.824	56.172	58.520
800.000	50.254	52.656	55.058	57.460	59.862
825.000	51.381	53.837	56.292	58.748	61.204
850.000	52.507	55.017	57.527	60.036	62.546
875.000	53.634	56.197	58.761	61.324	63.888
900.000	54.761	57.378	59.995	62.612	65.229
925.000	55.887	58.558	61.229	63.900	66.571
950.000	57.014	59.739	62.464	65.188	67.913
975.000	58.140	60.919	63.698	66.476	69.255
1.000.000	**59.267**	62.100	64.932	67.765	**70.597**
1.050.000	61.341	64.273	67.205	70.136	73.068
1.100.000	63.415	66.446	69.477	72.508	75.539
1.150.000	65.490	68.620	71.750	74.879	78.009
1.200.000	67.564	70.793	74.022	77.251	80.480
1.250.000	69.638	72.966	76.295	79.623	82.951
1.300.000	71.712	75.140	78.567	81.994	85.422
1.350.000	73.786	77.313	80.840	84.366	87.893
1.400.000	75.861	79.486	83.112	86.738	90.363
1.450.000	77.935	81.660	85.385	89.109	92.834
1.500.000	**80.009**	83.833	87.657	91.481	**95.305**
1.550.000	81.904	85.819	89.733	93.648	97.563
1.600.000	83.800	87.805	91.810	95.815	99.820
1.650.000	85.695	89.791	93.886	97.982	102.078
1.700.000	87.590	91.777	95.963	100.149	104.335
1.750.000	89.486	93.762	98.039	102.316	106.593
1.800.000	91.381	95.748	100.116	104.483	108.851
1.850.000	93.276	97.734	102.192	106.650	111.108
1.900.000	95.171	99.720	104.269	108.817	113.366
1.950.000	97.067	101.706	106.345	110.984	115.623

Anrechenbare Kosten Euro	Basishonorarsatz Euro	Viertelsatz Euro	Mittelsatz Euro	Dreiviertelsatz Euro	Oberer Honorarsatz Euro
2.000.000	**98.962**	103.692	108.422	113.151	**117.881**
2.100.000	102.410	107.304	112.199	117.093	121.988
2.200.000	105.858	110.917	115.976	121.036	126.095
2.300.000	109.306	114.530	119.754	124.978	130.202
2.400.000	112.754	118.142	123.531	128.920	134.309
2.500.000	116.202	121.755	127.309	132.862	138.416
2.600.000	119.649	125.368	131.086	136.805	142.523
2.700.000	123.097	128.980	134.864	140.747	146.630
2.800.000	126.545	132.593	138.641	144.689	150.737
2.900.000	129.993	136.206	142.419	148.631	154.844
3.000.000	**133.441**	139.819	146.196	152.574	**158.951**
3.200.000	139.506	146.174	152.841	159.509	166.176
3.400.000	145.572	152.529	159.486	166.444	173.401
3.600.000	151.637	158.884	166.131	173.379	180.626
3.800.000	157.702	165.239	172.776	180.314	187.851
4.000.000	163.768	171.595	179.422	187.249	195.076
4.200.000	169.833	177.950	186.067	194.184	202.300
4.400.000	175.898	184.305	192.712	201.119	209.525
4.600.000	181.963	190.660	199.357	208.054	216.750
4.800.000	188.029	197.015	206.002	214.989	223.975
5.000.000	**194.094**	203.371	212.647	221.924	**231.200**
5.250.000	200.925	210.528	220.131	229.734	239.337
5.500.000	207.757	217.686	227.616	237.545	247.475
5.750.000	214.588	224.844	235.100	245.356	255.612
6.000.000	221.419	232.002	242.584	253.167	263.749
6.250.000	228.251	239.160	250.069	260.978	271.887
6.500.000	235.082	246.317	257.553	268.788	280.024
6.750.000	241.913	253.475	265.037	276.599	288.161
7.000.000	248.744	260.633	272.521	284.410	296.298
7.250.000	255.576	267.791	280.006	292.221	304.436
7.500.000	**262.407**	274.949	287.490	300.032	**312.573**
7.750.000	268.664	281.505	294.345	307.186	320.026
8.000.000	274.921	288.061	301.201	314.340	327.480
8.250.000	281.178	294.617	308.056	321.494	334.933
8.500.000	287.435	301.173	314.911	328.649	342.387
8.750.000	293.693	307.729	321.766	335.803	349.840
9.000.000	299.950	314.286	328.622	342.957	357.293
9.250.000	306.207	320.842	335.477	350.112	364.747
9.500.000	312.464	327.398	342.332	357.266	372.200
9.750.000	318.721	333.954	349.187	364.420	379.654

Anrechenbare Kosten Euro	Basishonorarsatz Euro	Viertelsatz Euro	Mittelsatz Euro	Dreiviertelsatz Euro	Oberer Honorarsatz Euro
10.000.000	**324.978**	340.510	356.043	371.575	**387.107**
10.500.000	336.398	352.476	368.554	384.632	400.710
11.000.000	347.818	364.442	381.066	397.690	414.314
11.500.000	359.238	376.408	393.578	410.747	427.917
12.000.000	370.658	388.374	406.089	423.805	441.520
12.500.000	382.079	400.340	418.601	436.862	455.124
13.000.000	393.499	412.306	431.113	449.920	468.727
13.500.000	404.919	424.272	443.624	462.977	482.330
14.000.000	416.339	436.237	456.136	476.035	495.933
14.500.000	427.759	448.203	468.648	489.092	509.537
15.000.000	**439.179**	460.169	481.160	502.150	**523.140**
15.500.000	449.623	471.112	492.602	514.091	535.581
16.000.000	460.067	482.056	504.044	526.033	548.021
16.500.000	470.511	492.999	515.486	537.974	560.462
17.000.000	480.955	503.942	526.929	549.916	572.902
17.500.000	491.399	514.885	538.371	561.857	585.343
18.000.000	501.843	525.828	549.813	573.798	597.784
18.500.000	512.287	536.771	561.256	585.740	610.224
19.000.000	522.731	547.714	572.698	597.681	622.665
19.500.000	533.175	558.658	584.140	609.623	635.105
20.000.000	**543.619**	569.601	595.583	621.564	**647.546**
20.500.000	553.384	579.832	606.281	632.729	659.177
21.000.000	563.148	590.063	616.979	643.894	670.809
21.500.000	572.913	600.295	627.677	655.058	682.440
22.000.000	582.677	610.526	638.375	666.223	694.072
22.500.000	592.442	620.757	649.073	677.388	705.703
23.000.000	602.207	630.989	659.771	688.552	717.334
23.500.000	611.971	641.220	670.469	699.717	728.966
24.000.000	621.736	651.451	681.167	710.882	740.597
24.500.000	631.500	661.682	691.865	722.047	752.229
25.000.000	**641.265**	671.914	702.563	733.211	**763.860**

Honorartafel zu § 48 Abs. 1 – Verkehrsanlagen Honorarzone II

Anrechenbare Kosten Euro	Basishonorarsatz Euro	Viertelsatz Euro	Mittelsatz Euro	Dreiviertelsatz Euro	Oberer Honorarsatz Euro
25.000	**4.624**	4.810	4.995	5.181	**5.366**
26.000	4.755	4.946	5.136	5.327	5.518
27.000	4.886	5.082	5.278	5.474	5.670
28.000	5.017	5.218	5.419	5.620	5.822
29.000	5.148	5.354	5.561	5.767	5.974
30.000	5.279	5.490	5.702	5.914	6.126
31.000	5.409	5.626	5.843	6.060	6.277
32.000	5.540	5.763	5.985	6.207	6.429
33.000	5.671	5.899	6.126	6.354	6.581
34.000	5.802	6.035	6.268	6.500	6.733
35.000	**5.933**	6.171	6.409	6.647	**6.885**
36.500	6.112	6.358	6.603	6.848	7.093
38.000	6.292	6.544	6.797	7.049	7.301
39.500	6.471	6.731	6.990	7.250	7.510
41.000	6.651	6.917	7.184	7.451	7.718
42.500	6.830	7.104	7.378	7.652	7.926
44.000	7.009	7.291	7.572	7.853	8.134
45.500	7.189	7.477	7.766	8.054	8.342
47.000	7.368	7.664	7.959	8.255	8.551
48.500	7.548	7.850	8.153	8.456	8.759
50.000	**7.727**	8.037	8.347	8.657	**8.967**
52.500	7.998	8.319	8.639	8.960	9.281
55.000	8.268	8.600	8.932	9.264	9.595
57.500	8.539	8.882	9.224	9.567	9.909
60.000	8.810	9.163	9.517	9.870	10.223
62.500	9.081	9.445	9.809	10.173	10.538
65.000	9.351	9.726	10.101	10.477	10.852
67.500	9.622	10.008	10.394	10.780	11.166
70.000	9.893	10.289	10.686	11.083	11.480
72.500	10.163	10.571	10.979	11.386	11.794
75.000	**10.434**	10.853	11.271	11.690	**12.108**
77.500	10.682	11.110	11.539	11.967	12.396
80.000	10.929	11.368	11.806	12.245	12.683
82.500	11.177	11.625	12.074	12.522	12.971
85.000	11.425	11.883	12.341	12.800	13.258
87.500	11.673	12.141	12.609	13.077	13.546
90.000	11.920	12.398	12.877	13.355	13.833
92.500	12.168	12.656	13.144	13.632	14.121
95.000	12.416	12.914	13.412	13.910	14.408
97.500	12.663	13.171	13.679	14.187	14.696

Anrechenbare Kosten Euro	Basishonorarsatz Euro	Viertelsatz Euro	Mittelsatz Euro	Dreiviertelsatz Euro	Oberer Honorarsatz Euro
100.000	**12.911**	13.429	13.947	14.465	**14.983**
105.000	13.363	13.899	14.435	14.971	15.508
110.000	13.815	14.369	14.924	15.478	16.032
115.000	14.267	14.840	15.412	15.984	16.557
120.000	14.719	15.310	15.900	16.491	17.081
125.000	15.172	15.780	16.389	16.997	17.606
130.000	15.624	16.250	16.877	17.504	18.131
135.000	16.076	16.721	17.365	18.010	18.655
140.000	16.528	17.191	17.854	18.517	19.180
145.000	16.980	17.661	18.342	19.023	19.704
150.000	**17.432**	18.131	18.831	19.530	**20.229**
155.000	17.846	18.561	19.277	19.993	20.709
160.000	18.259	18.992	19.724	20.457	21.189
165.000	18.673	19.422	20.171	20.920	21.669
170.000	19.086	19.852	20.618	21.383	22.149
175.000	19.500	20.282	21.064	21.847	22.629
180.000	19.913	20.712	21.511	22.310	23.109
185.000	20.327	21.142	21.958	22.773	23.589
190.000	20.740	21.572	22.405	23.237	24.069
195.000	21.154	22.002	22.851	23.700	24.549
200.000	**21.567**	22.433	23.298	24.164	**25.029**
210.000	22.321	23.217	24.112	25.008	25.904
220.000	23.075	24.001	24.927	25.853	26.778
230.000	23.829	24.785	25.741	26.697	27.653
240.000	24.583	25.569	26.555	27.542	28.528
250.000	25.337	26.353	27.370	28.386	29.403
260.000	26.090	27.137	28.184	29.231	30.277
270.000	26.844	27.921	28.998	30.075	31.152
280.000	27.598	28.705	29.812	30.920	32.027
290.000	28.352	29.489	30.627	31.764	32.901
300.000	**29.106**	30.274	31.441	32.609	**33.776**
320.000	30.439	31.660	32.881	34.102	35.323
340.000	31.771	33.046	34.320	35.595	36.869
360.000	33.104	34.432	35.760	37.088	38.416
380.000	34.437	35.818	37.200	38.581	39.963
400.000	35.770	37.205	38.640	40.075	41.510
420.000	37.102	38.591	40.079	41.568	43.056
440.000	38.435	39.977	41.519	43.061	44.603
460.000	39.768	41.363	42.959	44.554	46.150
480.000	41.100	42.749	44.398	46.047	47.696

Anrechenbare Kosten Euro	Basishonorarsatz Euro	Viertelsatz Euro	Mittelsatz Euro	Dreiviertelsatz Euro	Oberer Honorarsatz Euro
500.000	**42.433**	44.136	45.838	47.541	**49.243**
525.000	43.908	45.669	47.431	49.193	50.954
550.000	45.382	47.203	49.024	50.845	52.665
575.000	46.857	48.737	50.617	52.497	54.377
600.000	48.331	50.270	52.209	54.149	56.088
625.000	49.806	51.804	53.802	55.801	57.799
650.000	51.280	53.338	55.395	57.453	59.510
675.000	52.755	54.871	56.988	59.105	61.221
700.000	54.229	56.405	58.581	60.757	62.933
725.000	55.704	57.939	60.174	62.409	64.644
750.000	**57.178**	59.472	61.767	64.061	**66.355**
775.000	58.520	60.868	63.216	65.564	67.912
800.000	59.862	62.264	64.666	67.068	69.470
825.000	61.204	63.660	66.115	68.571	71.027
850.000	62.546	65.055	67.565	70.075	72.584
875.000	63.888	66.451	69.015	71.578	74.142
900.000	65.229	67.847	70.464	73.081	75.699
925.000	66.571	69.243	71.914	74.585	77.256
950.000	67.913	70.638	73.363	76.088	78.813
975.000	69.255	72.034	74.813	77.592	80.371
1.000.000	**70.597**	73.430	76.263	79.095	**81.928**
1.050.000	73.068	76.000	78.932	81.863	84.795
1.100.000	75.539	78.570	81.601	84.631	87.662
1.150.000	78.009	81.139	84.270	87.400	90.530
1.200.000	80.480	83.709	86.939	90.168	93.397
1.250.000	82.951	86.279	89.608	92.936	96.264
1.300.000	85.422	88.849	92.277	95.704	99.131
1.350.000	87.893	91.419	94.946	98.472	101.998
1.400.000	90.363	93.989	97.615	101.240	104.866
1.450.000	92.834	96.559	100.284	104.008	107.733
1.500.000	**95.305**	99.129	102.953	106.776	**110.600**
1.550.000	97.563	101.477	105.391	109.306	113.220
1.600.000	99.820	103.825	107.830	111.835	115.840
1.650.000	102.078	106.173	110.269	114.364	118.460
1.700.000	104.335	108.522	112.708	116.894	121.080
1.750.000	106.593	110.870	115.147	119.423	123.700
1.800.000	108.851	113.218	117.585	121.953	126.320
1.850.000	111.108	115.566	120.024	124.482	128.940
1.900.000	113.366	117.914	122.463	127.011	131.560
1.950.000	115.623	120.263	124.902	129.541	134.180

Anrechenbare Kosten Euro	Basishonorarsatz Euro	Viertelsatz Euro	Mittelsatz Euro	Dreiviertelsatz Euro	Oberer Honorarsatz Euro
2.000.000	**117.881**	122.611	127.341	132.070	**136.800**
2.100.000	121.988	126.883	131.777	136.672	141.566
2.200.000	126.095	131.154	136.214	141.273	146.332
2.300.000	130.202	135.426	140.650	145.874	151.099
2.400.000	134.309	139.698	145.087	150.476	155.865
2.500.000	138.416	143.970	149.524	155.077	160.631
2.600.000	142.523	148.242	153.960	159.679	165.397
2.700.000	146.630	152.513	158.397	164.280	170.163
2.800.000	150.737	156.785	162.833	168.881	174.930
2.900.000	154.844	161.057	167.270	173.483	179.696
3.000.000	**158.951**	165.329	171.707	178.084	**184.462**
3.200.000	166.176	172.844	179.511	186.179	192.846
3.400.000	173.401	180.358	187.316	194.273	201.231
3.600.000	180.626	187.873	195.120	202.368	209.615
3.800.000	187.851	195.388	202.925	210.462	218.000
4.000.000	195.076	202.903	210.730	218.557	226.384
4.200.000	202.300	210.417	218.534	226.651	234.768
4.400.000	209.525	217.932	226.339	234.746	243.153
4.600.000	216.750	225.447	234.144	242.840	251.537
4.800.000	223.975	232.962	241.948	250.935	259.922
5.000.000	**231.200**	240.477	249.753	259.030	**268.306**
5.250.000	239.337	248.940	258.543	268.146	277.749
5.500.000	247.475	257.404	267.334	277.263	287.193
5.750.000	255.612	265.868	276.124	286.380	296.636
6.000.000	263.749	274.332	284.914	295.497	306.079
6.250.000	271.887	282.796	293.705	304.614	315.523
6.500.000	280.024	291.259	302.495	313.730	324.966
6.750.000	288.161	299.723	311.285	322.847	334.409
7.000.000	296.298	308.187	320.075	331.964	343.852
7.250.000	304.436	316.651	328.866	341.081	353.296
7.500.000	**312.573**	325.115	337.656	350.198	**362.739**
7.750.000	320.026	332.867	345.708	358.548	371.389
8.000.000	327.480	340.619	353.759	366.899	380.038
8.250.000	334.933	348.372	361.811	375.249	388.688
8.500.000	342.387	356.124	369.862	383.600	397.337
8.750.000	349.840	363.877	377.914	391.950	405.987
9.000.000	357.293	371.629	385.965	400.301	414.637
9.250.000	364.747	379.382	394.017	408.651	423.286
9.500.000	372.200	387.134	402.068	417.002	431.936
9.750.000	379.654	394.887	410.120	425.352	440.585

Anrechenbare Kosten Euro	Basishonorarsatz Euro	Viertelsatz Euro	Mittelsatz Euro	Dreiviertelsatz Euro	Oberer Honorarsatz Euro
10.000.000	**387.107**	402.639	418.171	433.703	**449.235**
10.500.000	400.710	416.788	432.866	448.944	465.022
11.000.000	414.314	430.937	447.561	464.185	480.808
11.500.000	427.917	445.086	462.256	479.425	496.595
12.000.000	441.520	459.236	476.951	494.666	512.381
12.500.000	455.124	473.385	491.646	509.907	528.168
13.000.000	468.727	487.534	506.341	525.148	543.955
13.500.000	482.330	501.683	521.036	540.388	559.741
14.000.000	495.933	515.832	535.731	555.629	575.528
14.500.000	509.537	529.981	550.426	570.870	591.314
15.000.000	**523.140**	544.130	565.121	586.111	**607.101**
15.500.000	535.581	557.070	578.559	600.049	621.538
16.000.000	548.021	570.010	591.998	613.987	635.975
16.500.000	560.462	582.950	605.437	627.925	650.413
17.000.000	572.902	595.889	618.876	641.863	664.850
17.500.000	585.343	608.829	632.315	655.801	679.287
18.000.000	597.784	621.769	645.754	669.739	693.724
18.500.000	610.224	634.709	659.193	683.677	708.161
19.000.000	622.665	647.648	672.632	697.615	722.599
19.500.000	635.105	660.588	686.071	711.553	737.036
20.000.000	**647.546**	673.528	699.510	725.491	**751.473**
20.500.000	659.177	685.626	712.074	738.523	764.971
21.000.000	670.809	697.724	724.639	751.554	778.469
21.500.000	682.440	709.822	737.204	764.586	791.967
22.000.000	694.072	721.920	749.769	777.617	805.465
22.500.000	705.703	734.018	762.333	790.648	818.964
23.000.000	717.334	746.116	774.898	803.680	832.462
23.500.000	728.966	758.214	787.463	816.711	845.960
24.000.000	740.597	770.312	800.028	829.743	859.458
24.500.000	752.229	782.410	812.592	842.774	872.956
25.000.000	**763.860**	794.509	825.157	855.806	**886.454**

Honorartafel zu § 48 Abs. 1 – Verkehrsanlagen Honorarzone III

Anrechenbare Kosten Euro	Basishonorarsatz Euro	Viertelsatz Euro	Mittelsatz Euro	Dreiviertelsatz Euro	Oberer Honorarsatz Euro
25.000	**5.366**	5.552	5.737	5.923	**6.108**
26.000	5.518	5.709	5.899	6.090	6.281
27.000	5.670	5.866	6.062	6.258	6.454
28.000	5.822	6.023	6.224	6.425	6.627
29.000	5.974	6.180	6.387	6.593	6.800
30.000	6.126	6.337	6.549	6.761	6.973
31.000	6.277	6.494	6.711	6.928	7.145
32.000	6.429	6.652	6.874	7.096	7.318
33.000	6.581	6.809	7.036	7.264	7.491
34.000	6.733	6.966	7.199	7.431	7.664
35.000	**6.885**	7.123	7.361	7.599	**7.837**
36.500	7.093	7.338	7.584	7.829	8.074
38.000	7.301	7.554	7.806	8.059	8.311
39.500	7.510	7.769	8.029	8.288	8.548
41.000	7.718	7.985	8.251	8.518	8.785
42.500	7.926	8.200	8.474	8.748	9.022
44.000	8.134	8.415	8.697	8.978	9.259
45.500	8.342	8.631	8.919	9.208	9.496
47.000	8.551	8.846	9.142	9.437	9.733
48.500	8.759	9.062	9.364	9.667	9.970
50.000	**8.967**	9.277	9.587	9.897	**10.207**
52.500	9.281	9.602	9.923	10.244	10.565
55.000	9.595	9.927	10.259	10.590	10.922
57.500	9.909	10.252	10.595	10.937	11.280
60.000	10.223	10.577	10.930	11.284	11.637
62.500	10.538	10.902	11.266	11.631	11.995
65.000	10.852	11.227	11.602	11.977	12.353
67.500	11.166	11.552	11.938	12.324	12.710
70.000	11.480	11.877	12.274	12.671	13.068
72.500	11.794	12.202	12.610	13.018	13.425
75.000	**12.108**	12.527	12.946	13.364	**13.783**
77.500	12.396	12.824	13.253	13.682	14.110
80.000	12.683	13.122	13.560	13.999	14.438
82.500	12.971	13.419	13.868	14.316	14.765
85.000	13.258	13.717	14.175	14.634	15.092
87.500	13.546	14.014	14.483	14.951	15.420
90.000	13.833	14.311	14.790	15.268	15.747
92.500	14.121	14.609	15.097	15.586	16.074
95.000	14.408	14.906	15.405	15.903	16.401
97.500	14.696	15.204	15.712	16.220	16.729

Anrechenbare Kosten Euro	Basishonorarsatz Euro	Viertelsatz Euro	Mittelsatz Euro	Dreiviertelsatz Euro	Oberer Honorarsatz Euro
100.000	**14.983**	15.501	16.020	16.538	**17.056**
105.000	15.508	16.044	16.580	17.117	17.653
110.000	16.032	16.587	17.141	17.696	18.250
115.000	16.557	17.129	17.702	18.275	18.847
120.000	17.081	17.672	18.263	18.854	19.444
125.000	17.606	18.215	18.824	19.433	20.042
130.000	18.131	18.758	19.385	20.012	20.639
135.000	18.655	19.300	19.945	20.591	21.236
140.000	19.180	19.843	20.506	21.170	21.833
145.000	19.704	20.386	21.067	21.749	22.430
150.000	**20.229**	20.929	21.628	22.328	**23.027**
155.000	20.709	21.425	22.141	22.857	23.573
160.000	21.189	21.922	22.654	23.387	24.120
165.000	21.669	22.418	23.167	23.917	24.666
170.000	22.149	22.915	23.681	24.446	25.212
175.000	22.629	23.411	24.194	24.976	25.759
180.000	23.109	23.908	24.707	25.506	26.305
185.000	23.589	24.405	25.220	26.036	26.851
190.000	24.069	24.901	25.733	26.565	27.397
195.000	24.549	25.398	26.246	27.095	27.944
200.000	**25.029**	25.894	26.760	27.625	**28.490**
210.000	25.904	26.799	27.695	28.590	29.486
220.000	26.779	27.705	28.630	29.556	30.482
230.000	27.654	28.610	29.566	30.522	31.478
240.000	28.529	29.515	30.501	31.487	32.474
250.000	29.404	30.420	31.437	32.453	33.470
260.000	30.278	31.325	32.372	33.419	34.465
270.000	31.153	32.230	33.307	34.384	35.461
280.000	32.028	33.135	34.243	35.350	36.457
290.000	32.903	34.041	35.178	36.316	37.453
300.000	**33.778**	34.946	36.114	37.281	**38.449**
320.000	35.325	36.546	37.767	38.988	40.209
340.000	36.871	38.146	39.420	40.695	41.970
360.000	38.418	39.746	41.074	42.402	43.730
380.000	39.964	41.346	42.727	44.109	45.491
400.000	41.511	42.946	44.381	45.816	47.251
420.000	43.057	44.546	46.034	47.523	49.011
440.000	44.604	46.146	47.688	49.230	50.772
460.000	46.150	47.746	49.341	50.937	52.532
480.000	47.697	49.346	50.995	52.644	54.293

Anrechenbare Kosten Euro	Basishonorarsatz Euro	Viertelsatz Euro	Mittelsatz Euro	Dreiviertelsatz Euro	Oberer Honorarsatz Euro
500.000	**49.243**	50.946	52.648	54.351	**56.053**
525.000	50.954	52.716	54.478	56.239	58.001
550.000	52.665	54.486	56.307	58.128	59.949
575.000	54.377	56.257	58.137	60.017	61.897
600.000	56.088	58.027	59.966	61.905	63.845
625.000	57.799	59.797	61.796	63.794	65.793
650.000	59.510	61.568	63.625	65.683	67.740
675.000	61.221	63.338	65.455	67.572	69.688
700.000	62.933	65.109	67.284	69.460	71.636
725.000	64.644	66.879	69.114	71.349	73.584
750.000	**66.355**	68.649	70.944	73.238	**75.532**
775.000	67.912	70.260	72.608	74.957	77.305
800.000	69.470	71.872	74.273	76.675	79.077
825.000	71.027	73.483	75.938	78.394	80.850
850.000	72.584	75.094	77.603	80.113	82.622
875.000	74.142	76.705	79.268	81.832	84.395
900.000	75.699	78.316	80.933	83.550	86.168
925.000	77.256	79.927	82.598	85.269	87.940
950.000	78.813	81.538	84.263	86.988	89.713
975.000	80.371	83.149	85.928	88.707	91.485
1.000.000	**81.928**	84.761	87.593	90.426	**93.258**
1.050.000	84.795	87.727	90.659	93.590	96.522
1.100.000	87.662	90.693	93.724	96.755	99.786
1.150.000	90.530	93.660	96.790	99.919	103.049
1.200.000	93.397	96.626	99.855	103.084	106.313
1.250.000	96.264	99.592	102.921	106.249	109.577
1.300.000	99.131	102.559	105.986	109.413	112.841
1.350.000	101.998	105.525	109.052	112.578	116.105
1.400.000	104.866	108.491	112.117	115.743	119.368
1.450.000	107.733	111.458	115.183	118.907	122.632
1.500.000	**110.600**	114.424	118.248	122.072	**125.896**
1.550.000	113.220	117.135	121.049	124.964	128.878
1.600.000	115.840	119.845	123.850	127.855	131.861
1.650.000	118.460	122.556	126.651	130.747	134.843
1.700.000	121.080	125.266	129.453	133.639	137.825
1.750.000	123.700	127.977	132.254	136.531	140.808
1.800.000	126.320	130.687	135.055	139.422	143.790
1.850.000	128.940	133.398	137.856	142.314	146.772
1.900.000	131.560	136.109	140.657	145.206	149.754
1.950.000	134.180	138.819	143.458	148.098	152.737

Anrechenbare Kosten Euro	Basishonorarsatz Euro	Viertelsatz Euro	Mittelsatz Euro	Dreiviertelsatz Euro	Oberer Honorarsatz Euro
2.000.000	**136.800**	141.530	146.260	150.989	**155.719**
2.100.000	141.566	146.461	151.355	156.250	161.144
2.200.000	146.332	151.392	156.451	161.510	166.570
2.300.000	151.099	156.323	161.547	166.771	171.995
2.400.000	155.865	161.254	166.643	172.032	177.421
2.500.000	160.631	166.185	171.739	177.292	182.846
2.600.000	165.397	171.116	176.834	182.553	188.271
2.700.000	170.163	176.047	181.930	187.813	193.697
2.800.000	174.930	180.978	187.026	193.074	199.122
2.900.000	179.696	185.909	192.122	198.335	204.548
3.000.000	**184.462**	190.840	197.218	203.595	**209.973**
3.200.000	192.846	199.514	206.182	212.849	219.517
3.400.000	201.231	208.188	215.146	222.103	229.061
3.600.000	209.615	216.863	224.110	231.357	238.605
3.800.000	218.000	225.537	233.074	240.611	248.149
4.000.000	226.384	234.211	242.038	249.865	257.693
4.200.000	234.768	242.885	251.002	259.119	267.236
4.400.000	243.153	251.560	259.967	268.373	276.780
4.600.000	251.537	260.234	268.931	277.627	286.324
4.800.000	259.922	268.908	277.895	286.881	295.868
5.000.000	**268.306**	277.583	286.859	296.136	**305.412**
5.250.000	277.749	287.352	296.955	306.558	316.161
5.500.000	287.193	297.122	307.052	316.981	326.911
5.750.000	296.636	306.892	317.148	327.404	337.660
6.000.000	306.079	316.662	327.244	337.827	348.409
6.250.000	315.523	326.432	337.341	348.250	359.159
6.500.000	324.966	336.201	347.437	358.672	369.908
6.750.000	334.409	345.971	357.533	369.095	380.657
7.000.000	343.852	355.741	367.629	379.518	391.406
7.250.000	353.296	365.511	377.726	389.941	402.156
7.500.000	**362.739**	375.281	387.822	400.364	**412.905**
7.750.000	371.389	384.229	397.070	409.910	422.751
8.000.000	380.038	393.178	406.317	419.457	432.597
8.250.000	388.688	402.126	415.565	429.004	442.442
8.500.000	397.337	411.075	424.813	438.551	452.288
8.750.000	405.987	420.024	434.061	448.097	462.134
9.000.000	414.637	428.972	443.308	457.644	471.980
9.250.000	423.286	437.921	452.556	467.191	481.826
9.500.000	431.936	446.870	461.804	476.738	491.671
9.750.000	440.585	455.818	471.051	486.284	501.517

Honorartafel zu § 48 Abs. 1 – Verkehrsanlagen Honorarzone III

Anrechenbare Kosten Euro	Basishonorarsatz Euro	Viertelsatz Euro	Mittelsatz Euro	Dreiviertelsatz Euro	Oberer Honorarsatz Euro
10.000.000	**449.235**	464.767	480.299	495.831	**511.363**
10.500.000	465.022	481.099	497.177	513.255	529.333
11.000.000	480.808	497.432	514.056	530.679	547.303
11.500.000	496.595	513.764	530.934	548.103	565.273
12.000.000	512.381	530.097	547.812	565.527	583.243
12.500.000	528.168	546.429	564.690	582.951	601.213
13.000.000	543.955	562.762	581.569	600.375	619.182
13.500.000	559.741	579.094	598.447	617.800	637.152
14.000.000	575.528	595.426	615.325	635.224	655.122
14.500.000	591.314	611.759	632.203	652.648	673.092
15.000.000	**607.101**	628.091	649.082	670.072	**691.062**
15.500.000	621.538	643.028	664.517	686.006	707.496
16.000.000	635.975	657.964	679.953	701.941	723.930
16.500.000	650.413	672.900	695.388	717.876	740.364
17.000.000	664.850	687.837	710.824	733.811	756.798
17.500.000	679.287	702.773	726.259	749.745	773.232
18.000.000	693.724	717.710	741.695	765.680	789.665
18.500.000	708.161	732.646	757.130	781.615	806.099
19.000.000	722.599	747.582	772.566	797.550	822.533
19.500.000	737.036	762.519	788.001	813.484	838.967
20.000.000	**751.473**	777.455	803.437	829.419	**855.401**
20.500.000	764.971	791.420	817.868	844.317	870.766
21.000.000	778.469	805.385	832.300	859.215	886.131
21.500.000	791.967	819.349	846.731	874.113	901.495
22.000.000	805.465	833.314	861.163	889.012	916.860
22.500.000	818.964	847.279	875.594	903.910	932.225
23.000.000	832.462	861.244	890.026	918.808	947.590
23.500.000	845.960	875.208	904.457	933.706	962.955
24.000.000	859.458	889.173	918.889	948.604	978.319
24.500.000	872.956	903.138	933.320	963.502	993.684
25.000.000	**886.454**	917.103	947.752	978.400	**1.009.049**

Honorartafel zu § 48 Abs. 1 – Verkehrsanlagen Honorarzone IV

Anrechenbare Kosten Euro	Basishonorarsatz Euro	Viertelsatz Euro	Mittelsatz Euro	Dreiviertelsatz Euro	Oberer Honorarsatz Euro
25.000	**6.108**	6.279	6.451	6.622	**6.793**
26.000	6.281	6.457	6.633	6.809	6.985
27.000	6.454	6.635	6.816	6.997	7.178
28.000	6.627	6.813	6.998	7.184	7.370
29.000	6.800	6.990	7.181	7.372	7.562
30.000	6.973	7.168	7.364	7.559	7.755
31.000	7.145	7.346	7.546	7.746	7.947
32.000	7.318	7.524	7.729	7.934	8.139
33.000	7.491	7.701	7.911	8.121	8.331
34.000	7.664	7.879	8.094	8.309	8.524
35.000	**7.837**	8.057	8.277	8.496	**8.716**
36.500	8.074	8.300	8.527	8.753	8.980
38.000	8.311	8.544	8.777	9.010	9.243
39.500	8.548	8.788	9.027	9.267	9.507
41.000	8.785	9.031	9.278	9.524	9.770
42.500	9.022	9.275	9.528	9.781	10.034
44.000	9.259	9.519	9.778	10.038	10.298
45.500	9.496	9.762	10.029	10.295	10.561
47.000	9.733	10.006	10.279	10.552	10.825
48.500	9.970	10.250	10.529	10.809	11.088
50.000	**10.207**	10.493	10.780	11.066	**11.352**
52.500	10.565	10.861	11.157	11.453	11.750
55.000	10.922	11.228	11.535	11.841	12.147
57.500	11.280	11.596	11.912	12.229	12.545
60.000	11.637	11.964	12.290	12.616	12.942
62.500	11.995	12.331	12.668	13.004	13.340
65.000	12.353	12.699	13.045	13.391	13.738
67.500	12.710	13.066	13.423	13.779	14.135
70.000	13.068	13.434	13.800	14.167	14.533
72.500	13.425	13.802	14.178	14.554	14.930
75.000	**13.783**	14.169	14.556	14.942	**15.328**
77.500	14.110	14.506	14.901	15.297	15.692
80.000	14.438	14.842	15.247	15.651	16.056
82.500	14.765	15.179	15.592	16.006	16.420
85.000	15.092	15.515	15.938	16.361	16.784
87.500	15.420	15.852	16.284	16.716	17.148
90.000	15.747	16.188	16.629	17.071	17.512
92.500	16.074	16.525	16.975	17.426	17.876
95.000	16.401	16.861	17.321	17.780	18.240
97.500	16.729	17.198	17.666	18.135	18.604

Anrechenbare Kosten Euro	Basishonorarsatz Euro	Viertelsatz Euro	Mittelsatz Euro	Dreiviertelsatz Euro	Oberer Honorarsatz Euro
100.000	**17.056**	17.534	18.012	18.490	**18.968**
105.000	17.653	18.148	18.643	19.137	19.632
110.000	18.250	18.762	19.273	19.785	20.296
115.000	18.847	19.376	19.904	20.432	20.961
120.000	19.444	19.990	20.535	21.080	21.625
125.000	20.042	20.603	21.165	21.727	22.289
130.000	20.639	21.217	21.796	22.375	22.953
135.000	21.236	21.831	22.427	23.022	23.617
140.000	21.833	22.445	23.057	23.669	24.282
145.000	22.430	23.059	23.688	24.317	24.946
150.000	**23.027**	23.673	24.319	24.964	**25.610**
155.000	23.573	24.234	24.895	25.556	26.218
160.000	24.120	24.796	25.472	26.149	26.825
165.000	24.666	25.358	26.049	26.741	27.433
170.000	25.212	25.919	26.626	27.333	28.040
175.000	25.759	26.481	27.203	27.925	28.648
180.000	26.305	27.042	27.780	28.517	29.255
185.000	26.851	27.604	28.357	29.110	29.863
190.000	27.397	28.166	28.934	29.702	30.470
195.000	27.944	28.727	29.511	30.294	31.078
200.000	**28.490**	29.289	30.088	30.886	**31.685**
210.000	29.486	30.313	31.139	31.966	32.793
220.000	30.482	31.336	32.191	33.046	33.900
230.000	31.478	32.360	33.243	34.125	35.008
240.000	32.474	33.384	34.295	35.205	36.115
250.000	33.470	34.408	35.346	36.285	37.223
260.000	34.465	35.432	36.398	37.364	38.331
270.000	35.461	36.456	37.450	38.444	39.438
280.000	36.457	37.479	38.502	39.524	40.546
290.000	37.453	38.503	39.553	40.603	41.653
300.000	**38.449**	39.527	40.605	41.683	**42.761**
320.000	40.209	41.337	42.464	43.591	44.719
340.000	41.970	43.147	44.323	45.500	46.677
360.000	43.730	44.956	46.182	47.408	48.634
380.000	45.491	46.766	48.041	49.317	50.592
400.000	47.251	48.576	49.901	51.225	52.550
420.000	49.011	50.386	51.760	53.134	54.508
440.000	50.772	52.195	53.619	55.042	56.466
460.000	52.532	54.005	55.478	56.951	58.423
480.000	54.293	55.815	57.337	58.859	60.381

Anrechenbare Kosten Euro	Basishonorarsatz Euro	Viertelsatz Euro	Mittelsatz Euro	Dreiviertelsatz Euro	Oberer Honorarsatz Euro
500.000	**56.053**	57.625	59.196	60.768	**62.339**
525.000	58.001	59.627	61.253	62.879	64.505
550.000	59.949	61.630	63.310	64.991	66.672
575.000	61.897	63.632	65.367	67.103	68.838
600.000	63.845	65.635	67.424	69.214	71.004
625.000	65.793	67.637	69.482	71.326	73.171
650.000	67.740	69.640	71.539	73.438	75.337
675.000	69.688	71.642	73.596	75.549	77.503
700.000	71.636	73.645	75.653	77.661	79.669
725.000	73.584	75.647	77.710	79.773	81.836
750.000	**75.532**	77.650	79.767	81.885	**84.002**
775.000	77.305	79.472	81.639	83.806	85.974
800.000	79.077	81.294	83.511	85.728	87.945
825.000	80.850	83.116	85.383	87.650	89.917
850.000	82.622	84.939	87.255	89.572	91.888
875.000	84.395	86.761	89.127	91.493	93.860
900.000	86.168	88.583	90.999	93.415	95.831
925.000	87.940	90.406	92.871	95.337	97.803
950.000	89.713	92.228	94.743	97.259	99.774
975.000	91.485	94.050	96.615	99.180	101.746
1.000.000	**93.258**	95.873	98.488	101.102	**103.717**
1.050.000	96.522	99.228	101.934	104.641	107.347
1.100.000	99.786	102.583	105.381	108.179	110.977
1.150.000	103.049	105.939	108.828	111.717	114.606
1.200.000	106.313	109.294	112.275	115.255	118.236
1.250.000	109.577	112.649	115.722	118.794	121.866
1.300.000	112.841	116.005	119.168	122.332	125.496
1.350.000	116.105	119.360	122.615	125.870	129.126
1.400.000	119.368	122.715	126.062	129.409	132.755
1.450.000	122.632	126.070	129.509	132.947	136.385
1.500.000	**125.896**	129.426	132.956	136.485	**140.015**
1.550.000	128.878	132.492	136.105	139.718	143.332
1.600.000	131.861	135.558	139.255	142.952	146.649
1.650.000	134.843	138.624	142.404	146.185	149.965
1.700.000	137.825	141.689	145.554	149.418	153.282
1.750.000	140.808	144.755	148.703	152.651	156.599
1.800.000	143.790	147.821	151.853	155.884	159.916
1.850.000	146.772	150.887	155.002	159.117	163.233
1.900.000	149.754	153.953	158.152	162.351	166.549
1.950.000	152.737	157.019	161.301	165.584	169.866

Anrechenbare Kosten Euro	Basishonorarsatz Euro	Viertelsatz Euro	Mittelsatz Euro	Dreiviertelsatz Euro	Oberer Honorarsatz Euro
2.000.000	**155.719**	160.085	164.451	168.817	**173.183**
2.100.000	161.144	165.663	170.181	174.699	179.217
2.200.000	166.570	171.240	175.910	180.580	185.251
2.300.000	171.995	176.818	181.640	186.462	191.284
2.400.000	177.421	182.395	187.369	192.344	197.318
2.500.000	182.846	187.973	193.099	198.226	203.352
2.600.000	188.271	193.550	198.829	204.107	209.386
2.700.000	193.697	199.128	204.558	209.989	215.420
2.800.000	199.122	204.705	210.288	215.871	221.453
2.900.000	204.548	210.283	216.017	221.752	227.487
3.000.000	**209.973**	215.860	221.747	227.634	**233.521**
3.200.000	219.517	225.672	231.826	237.981	244.135
3.400.000	229.061	235.483	241.905	248.327	254.750
3.600.000	238.605	245.295	251.984	258.674	265.364
3.800.000	248.149	255.106	262.063	269.021	275.978
4.000.000	257.693	264.918	272.143	279.368	286.593
4.200.000	267.236	274.729	282.222	289.714	297.207
4.400.000	276.780	284.541	292.301	300.061	307.821
4.600.000	286.324	294.352	302.380	310.408	318.435
4.800.000	295.868	304.164	312.459	320.754	329.050
5.000.000	**305.412**	313.975	322.538	331.101	**339.664**
5.250.000	316.161	325.026	333.890	342.754	351.619
5.500.000	326.911	336.076	345.242	354.408	363.574
5.750.000	337.660	347.127	356.594	366.061	375.528
6.000.000	348.409	358.178	367.946	377.715	387.483
6.250.000	359.159	369.228	379.298	389.368	399.438
6.500.000	369.908	380.279	390.650	401.022	411.393
6.750.000	380.657	391.330	402.002	412.675	423.348
7.000.000	391.406	402.380	413.354	424.328	435.302
7.250.000	402.156	413.431	424.706	435.982	447.257
7.500.000	**412.905**	424.482	436.059	447.635	**459.212**
7.750.000	422.751	434.604	446.456	458.309	470.162
8.000.000	432.597	444.725	456.854	468.983	481.112
8.250.000	442.442	454.847	467.252	479.657	492.062
8.500.000	452.288	464.969	477.650	490.331	503.012
8.750.000	462.134	475.091	488.048	501.005	513.962
9.000.000	471.980	485.213	498.446	511.679	524.912
9.250.000	481.826	495.335	508.844	522.353	535.862
9.500.000	491.671	505.457	519.242	533.027	546.812
9.750.000	501.517	515.578	529.640	543.701	557.762

Anrechenbare Kosten Euro	Basishonorarsatz Euro	Viertelsatz Euro	Mittelsatz Euro	Dreiviertelsatz Euro	Oberer Honorarsatz Euro
10.000.000	**511.363**	525.700	540.038	554.375	**568.712**
10.500.000	529.333	544.174	559.015	573.856	588.697
11.000.000	547.303	562.648	577.993	593.338	608.682
11.500.000	565.273	581.121	596.970	612.819	628.668
12.000.000	583.243	599.595	615.948	632.300	648.653
12.500.000	601.213	618.069	634.925	651.782	668.638
13.000.000	619.182	636.543	653.903	671.263	688.623
13.500.000	637.152	655.016	672.880	690.744	708.608
14.000.000	655.122	673.490	691.858	710.226	728.594
14.500.000	673.092	691.964	710.835	729.707	748.579
15.000.000	**691.062**	710.438	729.813	749.189	**768.564**
15.500.000	707.496	727.332	747.168	767.005	786.841
16.000.000	723.930	744.227	764.524	784.821	805.118
16.500.000	740.364	761.121	781.879	802.637	823.395
17.000.000	756.798	778.016	799.235	820.453	841.672
17.500.000	773.232	794.911	816.590	838.269	859.949
18.000.000	789.665	811.805	833.945	856.085	878.225
18.500.000	806.099	828.700	851.301	873.902	896.502
19.000.000	822.533	845.595	868.656	891.718	914.779
19.500.000	838.967	862.489	886.012	909.534	933.056
20.000.000	**855.401**	879.384	903.367	927.350	**951.333**
20.500.000	870.766	895.180	919.593	944.007	968.421
21.000.000	886.131	910.975	935.820	960.664	985.509
21.500.000	901.495	926.771	952.046	977.322	1.002.597
22.000.000	916.860	942.566	968.273	993.979	1.019.685
22.500.000	932.225	958.362	984.499	1.010.636	1.036.773
23.000.000	947.590	974.158	1.000.725	1.027.293	1.053.861
23.500.000	962.955	989.953	1.016.952	1.043.950	1.070.949
24.000.000	978.319	1.005.749	1.033.178	1.060.608	1.088.037
24.500.000	993.684	1.021.544	1.049.405	1.077.265	1.105.125
25.000.000	**1.009.049**	1.037.340	1.065.631	1.093.922	**1.122.213**

Honorartafel zu § 48 Abs. 1 – Verkehrsanlagen Honorarzone V

Anrechenbare Kosten Euro	Basishonorarsatz Euro	Viertelsatz Euro	Mittelsatz Euro	Dreiviertelsatz Euro	Oberer Honorarsatz Euro
25.000	**6.793**	6.979	7.164	7.350	**7.535**
26.000	6.985	7.176	7.367	7.558	7.748
27.000	7.178	7.374	7.570	7.766	7.962
28.000	7.370	7.571	7.772	7.974	8.175
29.000	7.562	7.769	7.975	8.182	8.388
30.000	7.755	7.966	8.178	8.390	8.602
31.000	7.947	8.164	8.381	8.598	8.815
32.000	8.139	8.361	8.584	8.806	9.028
33.000	8.331	8.559	8.786	9.014	9.241
34.000	8.524	8.756	8.989	9.222	9.455
35.000	**8.716**	8.954	9.192	9.430	**9.668**
36.500	8.980	9.225	9.470	9.715	9.960
38.000	9.243	9.496	9.748	10.000	10.253
39.500	9.507	9.766	10.026	10.286	10.545
41.000	9.770	10.037	10.304	10.571	10.838
42.500	10.034	10.308	10.582	10.856	11.130
44.000	10.298	10.579	10.860	11.141	11.422
45.500	10.561	10.850	11.138	11.426	11.715
47.000	10.825	11.120	11.416	11.712	12.007
48.500	11.088	11.391	11.694	11.997	12.300
50.000	**11.352**	11.662	11.972	12.282	**12.592**
52.500	11.750	12.070	12.391	12.712	13.033
55.000	12.147	12.479	12.811	13.142	13.474
57.500	12.545	12.887	13.230	13.573	13.915
60.000	12.942	13.296	13.649	14.003	14.356
62.500	13.340	13.704	14.069	14.433	14.798
65.000	13.738	14.113	14.488	14.863	15.239
67.500	14.135	14.521	14.907	15.294	15.680
70.000	14.533	14.930	15.327	15.724	16.121
72.500	14.930	15.338	15.746	16.154	16.562
75.000	**15.328**	15.747	16.166	16.584	**17.003**
77.500	15.692	16.121	16.549	16.978	17.407
80.000	16.056	16.495	16.933	17.372	17.811
82.500	16.420	16.869	17.317	17.766	18.214
85.000	16.784	17.243	17.701	18.160	18.618
87.500	17.148	17.617	18.085	18.554	19.022
90.000	17.512	17.990	18.469	18.947	19.426
92.500	17.876	18.364	18.853	19.341	19.830
95.000	18.240	18.738	19.237	19.735	20.233
97.500	18.604	19.112	19.621	20.129	20.637

Anrechenbare Kosten Euro	Basishonorarsatz Euro	Viertelsatz Euro	Mittelsatz Euro	Dreiviertelsatz Euro	Oberer Honorarsatz Euro
100.000	**18.968**	19.486	20.005	20.523	**21.041**
105.000	19.632	20.169	20.705	21.241	21.778
110.000	20.296	20.851	21.405	21.960	22.514
115.000	20.961	21.533	22.106	22.678	23.251
120.000	21.625	22.215	22.806	23.397	23.987
125.000	22.289	22.898	23.507	24.115	24.724
130.000	22.953	23.580	24.207	24.834	25.461
135.000	23.617	24.262	24.907	25.552	26.197
140.000	24.282	24.945	25.608	26.271	26.934
145.000	24.946	25.627	26.308	26.989	27.670
150.000	**25.610**	26.309	27.009	27.708	**28.407**
155.000	26.218	26.933	27.649	28.365	29.081
160.000	26.825	27.558	28.290	29.023	29.755
165.000	27.433	28.182	28.931	29.680	30.429
170.000	28.040	28.806	29.572	30.337	31.103
175.000	28.648	29.430	30.212	30.995	31.777
180.000	29.255	30.054	30.853	31.652	32.451
185.000	29.863	30.678	31.494	32.309	33.125
190.000	30.470	31.302	32.135	32.967	33.799
195.000	31.078	31.926	32.775	33.624	34.473
200.000	**31.685**	32.551	33.416	34.282	**35.147**
210.000	32.793	33.688	34.584	35.480	36.376
220.000	33.900	34.826	35.752	36.678	37.604
230.000	35.008	35.964	36.920	37.877	38.833
240.000	36.115	37.102	38.088	39.075	40.061
250.000	37.223	38.240	39.257	40.273	41.290
260.000	38.331	39.378	40.425	41.472	42.519
270.000	39.438	40.515	41.593	42.670	43.747
280.000	40.546	41.653	42.761	43.868	44.976
290.000	41.653	42.791	43.929	45.067	46.204
300.000	**42.761**	43.929	45.097	46.265	**47.433**
320.000	44.719	45.940	47.162	48.383	49.605
340.000	46.677	47.952	49.226	50.501	51.776
360.000	48.634	49.963	51.291	52.619	53.948
380.000	50.592	51.974	53.356	54.738	56.119
400.000	52.550	53.985	55.421	56.856	58.291
420.000	54.508	55.997	57.485	58.974	60.463
440.000	56.466	58.008	59.550	61.092	62.634
460.000	58.423	60.019	61.615	63.210	64.806
480.000	60.381	62.030	63.679	65.328	66.977

Anrechenbare Kosten Euro	Basishonorarsatz Euro	Viertelsatz Euro	Mittelsatz Euro	Dreiviertelsatz Euro	Oberer Honorarsatz Euro
500.000	**62.339**	64.042	65.744	67.447	**69.149**
525.000	64.505	66.267	68.029	69.790	71.552
550.000	66.672	68.492	70.313	72.134	73.955
575.000	68.838	70.718	72.598	74.478	76.358
600.000	71.004	72.943	74.883	76.822	78.761
625.000	73.171	75.169	77.167	79.166	81.164
650.000	75.337	77.394	79.452	81.509	83.567
675.000	77.503	79.620	81.737	83.853	85.970
700.000	79.669	81.845	84.021	86.197	88.373
725.000	81.836	84.071	86.306	88.541	90.776
750.000	**84.002**	86.296	88.591	90.885	**93.179**
775.000	85.974	88.322	90.670	93.018	95.366
800.000	87.945	90.347	92.749	95.151	97.553
825.000	89.917	92.372	94.828	97.284	99.739
850.000	91.888	94.398	96.907	99.417	101.926
875.000	93.860	96.423	98.986	101.550	104.113
900.000	95.831	98.448	101.065	103.683	106.300
925.000	97.803	100.474	103.145	105.816	108.487
950.000	99.774	102.499	105.224	107.949	110.673
975.000	101.746	104.524	107.303	110.082	112.860
1.000.000	**103.717**	106.550	109.382	112.215	**115.047**
1.050.000	107.347	110.278	113.210	116.142	119.073
1.100.000	110.977	114.007	117.038	120.069	123.100
1.150.000	114.606	117.736	120.866	123.996	127.126
1.200.000	118.236	121.465	124.694	127.924	131.153
1.250.000	121.866	125.194	128.523	131.851	135.179
1.300.000	125.496	128.923	132.351	135.778	139.205
1.350.000	129.126	132.652	136.179	139.705	143.232
1.400.000	132.755	136.381	140.007	143.633	147.258
1.450.000	136.385	140.110	143.835	147.560	151.285
1.500.000	**140.015**	143.839	147.663	151.487	**155.311**
1.550.000	143.332	147.246	151.161	155.076	158.990
1.600.000	146.649	150.654	154.659	158.664	162.669
1.650.000	149.965	154.061	158.157	162.253	166.348
1.700.000	153.282	157.469	161.655	165.841	170.027
1.750.000	156.599	160.876	165.153	169.430	173.707
1.800.000	159.916	164.283	168.651	173.018	177.386
1.850.000	163.233	167.691	172.149	176.607	181.065
1.900.000	166.549	171.098	175.647	180.195	184.744
1.950.000	169.866	174.505	179.145	183.784	188.423

Anrechenbare Kosten Euro	Basishonorarsatz Euro	Viertelsatz Euro	Mittelsatz Euro	Dreiviertelsatz Euro	Oberer Honorarsatz Euro
2.000.000	**173.183**	177.913	182.643	187.372	**192.102**
2.100.000	179.217	184.111	189.006	193.900	198.795
2.200.000	185.251	190.310	195.369	200.429	205.488
2.300.000	191.284	196.509	201.733	206.957	212.181
2.400.000	197.318	202.707	208.096	213.485	218.874
2.500.000	203.352	208.906	214.460	220.013	225.567
2.600.000	209.386	215.104	220.823	226.541	232.260
2.700.000	215.420	221.303	227.186	233.070	238.953
2.800.000	221.453	227.502	233.550	239.598	245.646
2.900.000	227.487	233.700	239.913	246.126	252.339
3.000.000	**233.521**	239.899	246.277	252.654	**259.032**
3.200.000	244.135	250.803	257.471	264.138	270.806
3.400.000	254.750	261.707	268.665	275.622	282.580
3.600.000	265.364	272.611	279.859	287.106	294.353
3.800.000	275.978	283.515	291.053	298.590	306.127
4.000.000	286.593	294.420	302.247	310.074	317.901
4.200.000	297.207	305.324	313.441	321.558	329.675
4.400.000	307.821	316.228	324.635	333.042	341.449
4.600.000	318.435	327.132	335.829	344.526	353.222
4.800.000	329.050	338.036	347.023	356.010	364.996
5.000.000	**339.664**	348.941	358.217	367.494	**376.770**
5.250.000	351.619	361.222	370.825	380.428	390.031
5.500.000	363.574	373.503	383.433	393.362	403.292
5.750.000	375.528	385.784	396.040	406.296	416.552
6.000.000	387.483	398.066	408.648	419.231	429.813
6.250.000	399.438	410.347	421.256	432.165	443.074
6.500.000	411.393	422.628	433.864	445.099	456.335
6.750.000	423.348	434.910	446.472	458.034	469.596
7.000.000	435.302	447.191	459.079	470.968	482.856
7.250.000	447.257	459.472	471.687	483.902	496.117
7.500.000	**459.212**	471.754	484.295	496.837	**509.378**
7.750.000	470.162	483.003	495.843	508.684	521.524
8.000.000	481.112	494.252	507.391	520.531	533.670
8.250.000	492.062	505.501	518.939	532.378	545.817
8.500.000	503.012	516.750	530.487	544.225	557.963
8.750.000	513.962	527.999	542.036	556.072	570.109
9.000.000	524.912	539.248	553.584	567.919	582.255
9.250.000	535.862	550.497	565.132	579.767	594.401
9.500.000	546.812	561.746	576.680	591.614	606.548
9.750.000	557.762	572.995	588.228	603.461	618.694

Anrechenbare Kosten Euro	Basishonorarsatz Euro	Viertelsatz Euro	Mittelsatz Euro	Dreiviertelsatz Euro	Oberer Honorarsatz Euro
10.000.000	**568.712**	584.244	599.776	615.308	**630.840**
10.500.000	588.697	604.775	620.853	636.931	653.009
11.000.000	608.682	625.306	641.930	658.553	675.177
11.500.000	628.668	645.837	663.007	680.176	697.346
12.000.000	648.653	666.368	684.083	701.799	719.514
12.500.000	668.638	686.899	705.160	723.421	741.683
13.000.000	688.623	707.430	726.237	745.044	763.851
13.500.000	708.608	727.961	747.314	766.667	786.020
14.000.000	728.594	748.492	768.391	788.289	808.188
14.500.000	748.579	769.023	789.468	809.912	830.357
15.000.000	**768.564**	789.554	810.545	831.535	**852.525**
15.500.000	786.841	808.330	829.820	851.309	872.799
16.000.000	805.118	827.106	849.095	871.083	893.072
16.500.000	823.395	845.882	868.370	890.858	913.346
17.000.000	841.672	864.658	887.645	910.632	933.619
17.500.000	859.949	883.435	906.921	930.407	953.893
18.000.000	878.225	902.211	926.196	950.181	974.166
18.500.000	896.502	920.987	945.471	969.955	994.440
19.000.000	914.779	939.763	964.746	989.730	1.014.713
19.500.000	933.056	958.539	984.021	1.009.504	1.034.987
20.000.000	**951.333**	977.315	1.003.297	1.029.278	**1.055.260**
20.500.000	968.421	994.869	1.021.318	1.047.766	1.074.215
21.000.000	985.509	1.012.424	1.039.339	1.066.254	1.093.170
21.500.000	1.002.597	1.029.979	1.057.361	1.084.743	1.112.124
22.000.000	1.019.685	1.047.534	1.075.382	1.103.231	1.131.079
22.500.000	1.036.773	1.065.088	1.093.404	1.121.719	1.150.034
23.000.000	1.053.861	1.082.643	1.111.425	1.140.207	1.168.989
23.500.000	1.070.949	1.100.198	1.129.446	1.158.695	1.187.944
24.000.000	1.088.037	1.117.752	1.147.468	1.177.183	1.206.898
24.500.000	1.105.125	1.135.307	1.165.489	1.195.671	1.225.853
25.000.000	**1.122.213**	1.152.862	1.183.511	1.214.159	**1.244.808**

Honorartafel zu § 52 Abs. 1 – Tragwerksplanungen Honorarzone I

Anrechenbare Kosten Euro	Basishonorarsatz Euro	Viertelsatz Euro	Mittelsatz Euro	Dreiviertelsatz Euro	Oberer Honorarsatz Euro
10.000	**1.461**	1.502	1.543	1.583	**1.624**
10.500	1.516	1.558	1.601	1.643	1.685
11.000	1.571	1.615	1.659	1.702	1.746
11.500	1.626	1.671	1.717	1.762	1.807
12.000	1.681	1.728	1.775	1.821	1.868
12.500	1.736	1.784	1.833	1.881	1.929
13.000	1.791	1.841	1.891	1.940	1.990
13.500	1.846	1.897	1.949	2.000	2.051
14.000	1.901	1.954	2.007	2.059	2.112
14.500	1.956	2.010	2.065	2.119	2.173
15.000	**2.011**	2.067	2.123	2.178	**2.234**
16.000	2.111	2.169	2.228	2.286	2.345
17.000	2.210	2.271	2.333	2.394	2.455
18.000	2.310	2.374	2.438	2.502	2.566
19.000	2.409	2.476	2.543	2.610	2.676
20.000	2.509	2.578	2.648	2.717	2.787
21.000	2.608	2.680	2.753	2.825	2.898
22.000	2.708	2.783	2.858	2.933	3.008
23.000	2.807	2.885	2.963	3.041	3.119
24.000	2.907	2.987	3.068	3.149	3.229
25.000	**3.006**	3.090	3.173	3.257	**3.340**
27.500	3.224	3.314	3.403	3.493	3.582
30.000	3.442	3.538	3.633	3.729	3.825
32.500	3.660	3.762	3.864	3.965	4.067
35.000	3.878	3.986	4.094	4.202	4.309
37.500	4.097	4.210	4.324	4.438	4.552
40.000	4.315	4.434	4.554	4.674	4.794
42.500	4.533	4.659	4.784	4.910	5.036
45.000	4.751	4.883	5.015	5.147	5.278
47.500	4.969	5.107	5.245	5.383	5.521
50.000	**5.187**	5.331	5.475	5.619	**5.763**
52.500	5.382	5.531	5.681	5.830	5.980
55.000	5.577	5.731	5.886	6.041	6.196
57.500	5.771	5.932	6.092	6.252	6.413
60.000	5.966	6.132	6.298	6.463	6.629
62.500	6.161	6.332	6.503	6.674	6.846
65.000	6.356	6.532	6.709	6.885	7.062
67.500	6.551	6.733	6.915	7.097	7.279
70.000	6.745	6.933	7.120	7.308	7.495
72.500	6.940	7.133	7.326	7.519	7.712

Anrechenbare Kosten Euro	Basishonorarsatz Euro	Viertelsatz Euro	Mittelsatz Euro	Dreiviertelsatz Euro	Oberer Honorarsatz Euro
75.000	**7.135**	7.333	7.532	7.730	**7.928**
77.500	7.316	7.519	7.723	7.926	8.129
80.000	7.497	7.706	7.914	8.122	8.330
82.500	7.678	7.892	8.105	8.318	8.532
85.000	7.859	8.078	8.296	8.514	8.733
87.500	8.041	8.264	8.487	8.711	8.934
90.000	8.222	8.450	8.678	8.907	9.135
92.500	8.403	8.636	8.870	9.103	9.336
95.000	8.584	8.822	9.061	9.299	9.538
97.500	8.765	9.008	9.252	9.495	9.739
100.000	**8.946**	9.195	9.443	9.692	**9.940**
105.000	9.282	9.540	9.797	10.055	10.313
110.000	9.617	9.885	10.152	10.419	10.686
115.000	9.953	10.230	10.506	10.783	11.059
120.000	10.289	10.575	10.860	11.146	11.432
125.000	10.625	10.920	11.215	11.510	11.805
130.000	10.960	11.265	11.569	11.874	12.178
135.000	11.296	11.610	11.923	12.237	12.551
140.000	11.632	11.955	12.278	12.601	12.924
145.000	11.967	12.300	12.632	12.965	13.297
150.000	**12.303**	12.645	12.987	13.328	**13.670**
160.000	12.910	13.268	13.627	13.986	14.344
170.000	13.516	13.892	14.267	14.643	15.018
180.000	14.123	14.515	14.908	15.300	15.692
190.000	14.730	15.139	15.548	15.957	16.366
200.000	15.337	15.763	16.189	16.615	17.041
210.000	15.943	16.386	16.829	17.272	17.715
220.000	16.550	17.010	17.469	17.929	18.389
230.000	17.157	17.633	18.110	18.586	19.063
240.000	17.763	18.257	18.750	19.244	19.737
250.000	**18.370**	18.880	19.391	19.901	**20.411**
260.000	18.924	19.450	19.975	20.501	21.026
270.000	19.478	20.019	20.560	21.101	21.642
280.000	20.032	20.588	21.144	21.701	22.257
290.000	20.586	21.157	21.729	22.301	22.873
300.000	21.140	21.727	22.314	22.901	23.488
310.000	21.693	22.296	22.898	23.501	24.103
320.000	22.247	22.865	23.483	24.101	24.719
330.000	22.801	23.434	24.068	24.701	25.334
340.000	23.355	24.004	24.652	25.301	25.950

Anrechenbare Kosten Euro	Basishonorarsatz Euro	Viertelsatz Euro	Mittelsatz Euro	Dreiviertelsatz Euro	Oberer Honorarsatz Euro
350.000	**23.909**	24.573	25.237	25.901	**26.565**
365.000	24.678	25.363	26.048	26.734	27.419
380.000	25.446	26.153	26.860	27.566	28.273
395.000	26.215	26.943	27.671	28.399	29.127
410.000	26.983	27.733	28.482	29.232	29.981
425.000	27.752	28.522	29.293	30.064	30.835
440.000	28.520	29.312	30.105	30.897	31.689
455.000	29.289	30.102	30.916	31.729	32.543
470.000	30.057	30.892	31.727	32.562	33.397
485.000	30.826	31.682	32.538	33.395	34.251
500.000	**31.594**	32.472	33.350	34.227	**35.105**
525.000	32.781	33.692	34.602	35.513	36.424
550.000	33.968	34.912	35.855	36.799	37.743
575.000	35.155	36.131	37.108	38.085	39.061
600.000	36.342	37.351	38.361	39.371	40.380
625.000	37.529	38.571	39.614	40.656	41.699
650.000	38.715	39.791	40.867	41.942	43.018
675.000	39.902	41.011	42.119	43.228	44.337
700.000	41.089	42.231	43.372	44.514	45.655
725.000	42.276	43.451	44.625	45.800	46.974
750.000	**43.463**	44.671	45.878	47.086	**48.293**
775.000	44.566	45.804	47.042	48.281	49.519
800.000	45.669	46.938	48.207	49.476	50.744
825.000	46.773	48.072	49.371	50.671	51.970
850.000	47.876	49.206	50.536	51.866	53.196
875.000	48.979	50.340	51.700	53.061	54.422
900.000	50.082	51.473	52.865	54.256	55.647
925.000	51.185	52.607	54.029	55.451	56.873
950.000	52.289	53.741	55.194	56.646	58.099
975.000	53.392	54.875	56.358	57.841	59.324
1.000.000	**54.495**	56.009	57.523	59.036	**60.550**
1.025.000	55.540	57.082	58.625	60.168	61.711
1.050.000	56.584	58.156	59.728	61.299	62.871
1.075.000	57.629	59.229	60.830	62.431	64.032
1.100.000	58.673	60.303	61.933	63.562	65.192
1.125.000	59.718	61.376	63.035	64.694	66.353
1.150.000	60.762	62.450	64.138	65.825	67.513
1.175.000	61.807	63.523	65.240	66.957	68.674
1.200.000	62.851	64.597	66.343	68.088	69.834
1.225.000	63.896	65.670	67.445	69.220	70.995

Anrechenbare Kosten Euro	Basishonorarsatz Euro	Viertelsatz Euro	Mittelsatz Euro	Dreiviertelsatz Euro	Oberer Honorarsatz Euro
1.250.000	**64.940**	66.744	68.548	70.351	**72.155**
1.275.000	65.940	67.771	69.603	71.434	73.266
1.300.000	66.940	68.799	70.658	72.518	74.377
1.325.000	67.939	69.827	71.714	73.601	75.488
1.350.000	68.939	70.854	72.769	74.684	76.599
1.375.000	69.939	71.882	73.825	75.767	77.710
1.400.000	70.939	72.909	74.880	76.850	78.821
1.425.000	71.939	73.937	75.935	77.934	79.932
1.450.000	72.938	74.965	76.991	79.017	81.043
1.475.000	73.938	75.992	78.046	80.100	82.154
1.500.000	**74.938**	77.020	79.102	81.183	**83.265**
1.550.000	76.837	78.971	81.105	83.240	85.374
1.600.000	78.735	80.922	83.109	85.296	87.484
1.650.000	80.634	82.873	85.113	87.353	89.593
1.700.000	82.532	84.825	87.117	89.410	91.702
1.750.000	84.431	86.776	89.121	91.466	93.812
1.800.000	86.329	88.727	91.125	93.523	95.921
1.850.000	88.228	90.678	93.129	95.579	98.030
1.900.000	90.126	92.629	95.133	97.636	100.139
1.950.000	92.025	94.581	97.137	99.693	102.249
2.000.000	**93.923**	96.532	99.141	101.749	**104.358**
2.100.000	97.437	100.143	102.849	105.556	108.262
2.200.000	100.950	103.754	106.558	109.362	112.166
2.300.000	104.464	107.365	110.267	113.168	116.070
2.400.000	107.977	110.977	113.976	116.975	119.974
2.500.000	111.491	114.588	117.685	120.781	123.878
2.600.000	115.005	118.199	121.393	124.588	127.782
2.700.000	118.518	121.810	125.102	128.394	131.686
2.800.000	122.032	125.421	128.811	132.200	135.590
2.900.000	125.545	129.033	132.520	136.007	139.494
3.000.000	**129.059**	132.644	136.229	139.813	**143.398**
3.200.000	135.392	139.152	142.913	146.674	150.434
3.400.000	141.724	145.661	149.597	153.534	157.470
3.600.000	148.057	152.169	156.282	160.394	164.507
3.800.000	154.389	158.677	162.966	167.254	171.543
4.000.000	160.722	165.186	169.650	174.115	178.579
4.200.000	167.054	171.694	176.335	180.975	185.615
4.400.000	173.387	178.203	183.019	187.835	192.651
4.600.000	179.719	184.711	189.703	194.695	199.688
4.800.000	186.052	191.220	196.388	201.556	206.724

Anrechenbare Kosten Euro	Basishonorarsatz Euro	Viertelsatz Euro	Mittelsatz Euro	Dreiviertelsatz Euro	Oberer Honorarsatz Euro
5.000.000	**192.384**	197.728	203.072	208.416	**213.760**
5.250.000	199.594	205.139	210.683	216.227	221.771
5.500.000	206.805	212.549	218.294	224.038	229.783
5.750.000	214.015	219.960	225.905	231.849	237.794
6.000.000	221.225	227.370	233.515	239.661	245.806
6.250.000	228.436	234.781	241.126	247.472	253.817
6.500.000	235.646	242.191	248.737	255.283	261.828
6.750.000	242.856	249.602	256.348	263.094	269.840
7.000.000	250.066	257.013	263.959	270.905	277.851
7.250.000	257.277	264.423	271.570	278.716	285.863
7.500.000	**264.487**	271.834	279.181	286.527	**293.874**
7.750.000	271.178	278.711	286.243	293.776	301.309
8.000.000	277.869	285.588	293.306	301.025	308.743
8.250.000	284.560	292.465	300.369	308.273	316.178
8.500.000	291.251	299.342	307.432	315.522	323.612
8.750.000	297.943	306.219	314.495	322.771	331.047
9.000.000	304.634	313.096	321.558	330.020	338.482
9.250.000	311.325	319.973	328.620	337.268	345.916
9.500.000	318.016	326.850	335.683	344.517	353.351
9.750.000	324.707	333.727	342.746	351.766	360.785
10.000.000	**331.398**	340.604	349.809	359.015	**368.220**
10.500.000	343.770	353.319	362.868	372.417	381.967
11.000.000	356.142	366.035	375.928	385.820	395.713
11.500.000	368.514	378.750	388.987	399.223	409.460
12.000.000	380.886	391.466	402.046	412.626	423.206
12.500.000	393.258	404.181	415.105	426.029	436.953
13.000.000	405.629	416.897	428.165	439.432	450.700
13.500.000	418.001	429.613	441.224	452.835	464.446
14.000.000	430.373	442.328	454.283	466.238	478.193
14.500.000	442.745	455.044	467.342	479.641	491.939
15.000.000	**455.117**	467.759	480.402	493.044	**505.686**

Honorartafel zu § 52 Abs. 1 – Tragwerksplanungen Honorarzone II

Anrechenbare Kosten Euro	Basishonorarsatz Euro	Viertelsatz Euro	Mittelsatz Euro	Dreiviertelsatz Euro	Oberer Honorarsatz Euro
10.000	**1.624**	1.734	1.844	1.954	**2.064**
10.500	1.685	1.799	1.913	2.028	2.142
11.000	1.746	1.864	1.983	2.101	2.219
11.500	1.807	1.930	2.052	2.175	2.297
12.000	1.868	1.995	2.121	2.248	2.375
12.500	1.929	2.060	2.191	2.322	2.453
13.000	1.990	2.125	2.260	2.395	2.530
13.500	2.051	2.190	2.329	2.469	2.608
14.000	2.112	2.255	2.399	2.542	2.686
14.500	2.173	2.321	2.468	2.616	2.763
15.000	**2.234**	2.386	2.538	2.689	**2.841**
16.000	2.345	2.504	2.663	2.822	2.982
17.000	2.455	2.622	2.789	2.955	3.122
18.000	2.566	2.740	2.914	3.089	3.263
19.000	2.676	2.858	3.040	3.222	3.403
20.000	2.787	2.976	3.166	3.355	3.544
21.000	2.898	3.094	3.291	3.488	3.685
22.000	3.008	3.212	3.417	3.621	3.825
23.000	3.119	3.331	3.542	3.754	3.966
24.000	3.229	3.449	3.668	3.887	4.106
25.000	**3.340**	3.567	3.794	4.020	**4.247**
27.500	3.582	3.825	4.069	4.312	4.555
30.000	3.825	4.084	4.344	4.603	4.863
32.500	4.067	4.343	4.619	4.895	5.171
35.000	4.309	4.602	4.894	5.187	5.479
37.500	4.552	4.860	5.169	5.478	5.787
40.000	4.794	5.119	5.444	5.770	6.095
42.500	5.036	5.378	5.720	6.061	6.403
45.000	5.278	5.637	5.995	6.353	6.711
47.500	5.521	5.895	6.270	6.644	7.019
50.000	**5.763**	6.154	6.545	6.936	**7.327**
52.500	5.980	6.385	6.791	7.197	7.602
55.000	6.196	6.616	7.037	7.457	7.878
57.500	6.413	6.848	7.283	7.718	8.153
60.000	6.629	7.079	7.529	7.978	8.428
62.500	6.846	7.310	7.775	8.239	8.704
65.000	7.062	7.541	8.020	8.500	8.979
67.500	7.279	7.772	8.266	8.760	9.254
70.000	7.495	8.004	8.512	9.021	9.529
72.500	7.712	8.235	8.758	9.281	9.805

Anrechenbare Kosten Euro	Basishonorarsatz Euro	Viertelsatz Euro	Mittelsatz Euro	Dreiviertelsatz Euro	Oberer Honorarsatz Euro
75.000	**7.928**	8.466	9.004	9.542	**10.080**
77.500	8.129	8.681	9.233	9.784	10.336
80.000	8.330	8.896	9.461	10.026	10.592
82.500	8.532	9.111	9.690	10.269	10.848
85.000	8.733	9.326	9.918	10.511	11.104
87.500	8.934	9.540	10.147	10.753	11.360
90.000	9.135	9.755	10.375	10.995	11.615
92.500	9.336	9.970	10.604	11.238	11.871
95.000	9.538	10.185	10.832	11.480	12.127
97.500	9.739	10.400	11.061	11.722	12.383
100.000	**9.940**	10.615	11.290	11.964	**12.639**
105.000	10.313	11.013	11.713	12.413	13.113
110.000	10.686	11.411	12.137	12.862	13.587
115.000	11.059	11.810	12.560	13.311	14.061
120.000	11.432	12.208	12.984	13.760	14.535
125.000	11.805	12.606	13.407	14.208	15.010
130.000	12.178	13.004	13.831	14.657	15.484
135.000	12.551	13.403	14.254	15.106	15.958
140.000	12.924	13.801	14.678	15.555	16.432
145.000	13.297	14.199	15.101	16.004	16.906
150.000	**13.670**	14.598	15.525	16.453	**17.380**
160.000	14.344	15.317	16.291	17.264	18.237
170.000	15.018	16.037	17.056	18.075	19.094
180.000	15.692	16.757	17.822	18.887	19.951
190.000	16.366	17.477	18.587	19.698	20.808
200.000	17.041	18.197	19.353	20.509	21.666
210.000	17.715	18.917	20.119	21.321	22.523
220.000	18.389	19.636	20.884	22.132	23.380
230.000	19.063	20.356	21.650	22.943	24.237
240.000	19.737	21.076	22.415	23.755	25.094
250.000	**20.411**	21.796	23.181	24.566	**25.951**
260.000	21.026	22.453	23.880	25.307	26.734
270.000	21.642	23.110	24.579	26.047	27.516
280.000	22.257	23.768	25.278	26.788	28.299
290.000	22.873	24.425	25.977	27.529	29.081
300.000	23.488	25.082	26.676	28.270	29.864
310.000	24.103	25.739	27.375	29.010	30.646
320.000	24.719	26.396	28.074	29.751	31.429
330.000	25.334	27.053	28.773	30.492	32.211
340.000	25.950	27.711	29.472	31.233	32.994

Anrechenbare Kosten Euro	Basishonorarsatz Euro	Viertelsatz Euro	Mittelsatz Euro	Dreiviertelsatz Euro	Oberer Honorarsatz Euro
350.000	**26.565**	28.368	30.171	31.973	**33.776**
365.000	27.419	29.280	31.140	33.001	34.862
380.000	28.273	30.192	32.110	34.029	35.947
395.000	29.127	31.104	33.080	35.057	37.033
410.000	29.981	32.015	34.050	36.084	38.119
425.000	30.835	32.927	35.020	37.112	39.205
440.000	31.689	33.839	35.990	38.140	40.290
455.000	32.543	34.751	36.959	39.168	41.376
470.000	33.397	35.663	37.929	40.195	42.462
485.000	34.251	36.575	38.899	41.223	43.547
500.000	**35.105**	37.487	39.869	42.251	**44.633**
525.000	36.424	38.895	41.367	43.838	46.310
550.000	37.743	40.304	42.865	45.426	47.987
575.000	39.061	41.712	44.362	47.013	49.663
600.000	40.380	43.120	45.860	48.600	51.340
625.000	41.699	44.529	47.358	50.188	53.017
650.000	43.018	45.937	48.856	51.775	54.694
675.000	44.337	47.345	50.354	53.362	56.371
700.000	45.655	48.753	51.851	54.949	58.047
725.000	46.974	50.162	53.349	56.537	59.724
750.000	**48.293**	51.570	54.847	58.124	**61.401**
775.000	49.519	52.879	56.239	59.599	62.959
800.000	50.744	54.188	57.631	61.074	64.518
825.000	51.970	55.497	59.023	62.549	66.076
850.000	53.196	56.805	60.415	64.025	67.634
875.000	54.422	58.114	61.807	65.500	69.193
900.000	55.647	59.423	63.199	66.975	70.751
925.000	56.873	60.732	64.591	68.450	72.309
950.000	58.099	62.041	65.983	69.925	73.867
975.000	59.324	63.350	67.375	71.400	75.426
1.000.000	**60.550**	64.659	68.767	72.876	**76.984**
1.025.000	61.711	65.898	70.085	74.272	78.460
1.050.000	62.871	67.137	71.403	75.669	79.935
1.075.000	64.032	68.376	72.721	77.066	81.411
1.100.000	65.192	69.616	74.039	78.463	82.886
1.125.000	66.353	70.855	75.357	79.860	84.362
1.150.000	67.513	72.094	76.675	81.256	85.838
1.175.000	68.674	73.333	77.993	82.653	87.313
1.200.000	69.834	74.573	79.311	84.050	88.789
1.225.000	70.995	75.812	80.629	85.447	90.264

Anrechenbare Kosten Euro	Basishonorarsatz Euro	Viertelsatz Euro	Mittelsatz Euro	Dreiviertelsatz Euro	Oberer Honorarsatz Euro
1.250.000	**72.155**	77.051	81.948	86.844	**91.740**
1.275.000	73.266	78.238	83.209	88.181	93.153
1.300.000	74.377	79.424	84.471	89.518	94.565
1.325.000	75.488	80.610	85.733	90.855	95.978
1.350.000	76.599	81.797	86.995	92.192	97.390
1.375.000	77.710	82.983	88.256	93.529	98.803
1.400.000	78.821	84.170	89.518	94.867	100.215
1.425.000	79.932	85.356	90.780	96.204	101.628
1.450.000	81.043	86.542	92.042	97.541	103.040
1.475.000	82.154	87.729	93.303	98.878	104.453
1.500.000	**83.265**	88.915	94.565	100.215	**105.865**
1.550.000	85.374	91.167	96.961	102.754	108.547
1.600.000	87.484	93.420	99.356	105.293	111.229
1.650.000	89.593	95.672	101.752	107.831	113.911
1.700.000	91.702	97.925	104.147	110.370	116.593
1.750.000	93.812	100.177	106.543	112.909	119.275
1.800.000	95.921	102.430	108.939	115.448	121.956
1.850.000	98.030	104.682	111.334	117.986	124.638
1.900.000	100.139	106.935	113.730	120.525	127.320
1.950.000	102.249	109.187	116.125	123.064	130.002
2.000.000	**104.358**	111.440	118.521	125.603	**132.684**
2.100.000	108.262	115.608	122.955	130.301	137.648
2.200.000	112.166	119.777	127.389	135.000	142.611
2.300.000	116.070	123.946	131.823	139.699	147.575
2.400.000	119.974	128.115	136.256	144.398	152.539
2.500.000	123.878	132.284	140.690	149.096	157.503
2.600.000	127.782	136.453	145.124	153.795	162.466
2.700.000	131.686	140.622	149.558	158.494	167.430
2.800.000	135.590	144.791	153.992	163.193	172.394
2.900.000	139.494	148.960	158.426	167.891	177.357
3.000.000	**143.398**	153.129	162.860	172.590	**182.321**
3.200.000	150.434	160.642	170.851	181.059	191.267
3.400.000	157.470	168.156	178.842	189.527	200.213
3.600.000	164.507	175.670	186.833	197.996	209.159
3.800.000	171.543	183.183	194.824	206.464	218.105
4.000.000	178.579	190.697	202.815	214.933	227.051
4.200.000	185.615	198.211	210.806	223.402	235.997
4.400.000	192.651	205.724	218.797	231.870	244.943
4.600.000	199.688	213.238	226.788	240.339	253.889
4.800.000	206.724	220.752	234.779	248.807	262.835

Anrechenbare Kosten Euro	Basishonorarsatz Euro	Viertelsatz Euro	Mittelsatz Euro	Dreiviertelsatz Euro	Oberer Honorarsatz Euro
5.000.000	**213.760**	228.265	242.771	257.276	**271.781**
5.250.000	221.771	236.820	251.869	266.918	281.967
5.500.000	229.783	245.375	260.968	276.560	292.153
5.750.000	237.794	253.930	270.066	286.203	302.339
6.000.000	245.806	262.485	279.165	295.845	312.525
6.250.000	253.817	271.040	288.264	305.487	322.711
6.500.000	261.828	279.595	297.362	315.129	332.896
6.750.000	269.840	288.150	306.461	324.772	343.082
7.000.000	277.851	296.705	315.560	334.414	353.268
7.250.000	285.863	305.260	324.658	344.056	363.454
7.500.000	**293.874**	313.816	333.757	353.699	**373.640**
7.750.000	301.309	321.755	342.201	362.647	383.093
8.000.000	308.743	329.694	350.644	371.595	392.545
8.250.000	316.178	337.633	359.088	380.543	401.998
8.500.000	323.612	345.572	367.531	389.491	411.450
8.750.000	331.047	353.511	375.975	398.439	420.903
9.000.000	338.482	361.450	384.419	407.387	430.356
9.250.000	345.916	369.389	392.862	416.335	439.808
9.500.000	353.351	377.328	401.306	425.283	449.261
9.750.000	360.785	385.267	409.749	434.231	458.713
10.000.000	**368.220**	393.207	418.193	443.180	**468.166**
10.500.000	381.967	407.886	433.805	459.724	485.644
11.000.000	395.713	422.565	449.417	476.269	503.121
11.500.000	409.460	437.245	465.029	492.814	520.599
12.000.000	423.206	451.924	480.642	509.359	538.077
12.500.000	436.953	466.603	496.254	525.904	555.555
13.000.000	450.700	481.283	511.866	542.449	573.032
13.500.000	464.446	495.962	527.478	558.994	590.510
14.000.000	478.193	510.642	543.090	575.539	607.988
14.500.000	491.939	525.321	558.702	592.084	625.465
15.000.000	**505.686**	540.000	574.315	608.629	**642.943**

Honorartafel zu § 52 Abs. 1 – Tragwerksplanungen Honorarzone III

Anrechenbare Kosten Euro	Basishonorarsatz Euro	Viertelsatz Euro	Mittelsatz Euro	Dreiviertelsatz Euro	Oberer Honorarsatz Euro
10.000	**2.064**	2.192	2.320	2.447	**2.575**
10.500	2.142	2.274	2.407	2.539	2.672
11.000	2.219	2.357	2.494	2.631	2.769
11.500	2.297	2.439	2.581	2.723	2.865
12.000	2.375	2.522	2.669	2.815	2.962
12.500	2.453	2.604	2.756	2.907	3.059
13.000	2.530	2.687	2.843	2.999	3.156
13.500	2.608	2.769	2.930	3.091	3.253
14.000	2.686	2.852	3.018	3.183	3.349
14.500	2.763	2.934	3.105	3.275	3.446
15.000	**2.841**	3.017	3.192	3.368	**3.543**
16.000	2.982	3.166	3.350	3.534	3.718
17.000	3.122	3.315	3.508	3.701	3.894
18.000	3.263	3.464	3.666	3.867	4.069
19.000	3.403	3.614	3.824	4.034	4.244
20.000	3.544	3.763	3.982	4.201	4.420
21.000	3.685	3.912	4.140	4.367	4.595
22.000	3.825	4.061	4.298	4.534	4.770
23.000	3.966	4.211	4.456	4.701	4.945
24.000	4.106	4.360	4.614	4.867	5.121
25.000	**4.247**	4.509	4.772	5.034	**5.296**
27.500	4.555	4.836	5.118	5.399	5.680
30.000	4.863	5.163	5.464	5.764	6.065
32.500	5.171	5.490	5.810	6.129	6.449
35.000	5.479	5.818	6.156	6.495	6.833
37.500	5.787	6.145	6.502	6.860	7.218
40.000	6.095	6.472	6.848	7.225	7.602
42.500	6.403	6.799	7.195	7.590	7.986
45.000	6.711	7.126	7.541	7.956	8.370
47.500	7.019	7.453	7.887	8.321	8.755
50.000	**7.327**	7.780	8.233	8.686	**9.139**
52.500	7.602	8.072	8.542	9.012	9.482
55.000	7.878	8.365	8.852	9.339	9.826
57.500	8.153	8.657	9.161	9.665	10.169
60.000	8.428	8.949	9.470	9.991	10.512
62.500	8.704	9.242	9.780	10.318	10.856
65.000	8.979	9.534	10.089	10.644	11.199
67.500	9.254	9.826	10.398	10.970	11.542
70.000	9.529	10.118	10.707	11.296	11.885
72.500	9.805	10.411	11.017	11.623	12.229

Anrechenbare Kosten Euro	Basishonorarsatz Euro	Viertelsatz Euro	Mittelsatz Euro	Dreiviertelsatz Euro	Oberer Honorarsatz Euro
75.000	**10.080**	10.703	11.326	11.949	**12.572**
77.500	10.336	10.975	11.614	12.252	12.891
80.000	10.592	11.246	11.901	12.556	13.210
82.500	10.848	11.518	12.189	12.859	13.529
85.000	11.104	11.790	12.476	13.162	13.848
87.500	11.360	12.062	12.764	13.466	14.168
90.000	11.615	12.333	13.051	13.769	14.487
92.500	11.871	12.605	13.339	14.072	14.806
95.000	12.127	12.877	13.626	14.375	15.125
97.500	12.383	13.148	13.914	14.679	15.444
100.000	**12.639**	13.420	14.201	14.982	**15.763**
105.000	13.113	13.923	14.734	15.544	16.354
110.000	13.587	14.427	15.267	16.106	16.946
115.000	14.061	14.930	15.799	16.668	17.537
120.000	14.535	15.434	16.332	17.230	18.129
125.000	15.010	15.937	16.865	17.792	18.720
130.000	15.484	16.441	17.398	18.354	19.311
135.000	15.958	16.944	17.930	18.917	19.903
140.000	16.432	17.447	18.463	19.479	20.494
145.000	16.906	17.951	18.996	20.041	21.086
150.000	**17.380**	18.454	19.529	20.603	**21.677**
160.000	18.237	19.364	20.491	21.619	22.746
170.000	19.094	20.274	21.454	22.635	23.815
180.000	19.951	21.184	22.417	23.650	24.883
190.000	20.808	22.094	23.380	24.666	25.952
200.000	21.666	23.004	24.343	25.682	27.021
210.000	22.523	23.914	25.306	26.698	28.090
220.000	23.380	24.824	26.269	27.714	29.159
230.000	24.237	25.734	27.232	28.730	30.227
240.000	25.094	26.644	28.195	29.746	31.296
250.000	**25.951**	27.555	29.158	30.762	**32.365**
260.000	26.734	28.385	30.037	31.689	33.341
270.000	27.516	29.216	30.917	32.617	34.317
280.000	28.299	30.047	31.796	33.544	35.293
290.000	29.081	30.878	32.675	34.472	36.269
300.000	29.864	31.709	33.554	35.400	37.245
310.000	30.646	32.540	34.434	36.327	38.221
320.000	31.429	33.371	35.313	37.255	39.197
330.000	32.211	34.202	36.192	38.183	40.173
340.000	32.994	35.032	37.071	39.110	41.149

Anrechenbare Kosten Euro	Basishonorarsatz Euro	Viertelsatz Euro	Mittelsatz Euro	Dreiviertelsatz Euro	Oberer Honorarsatz Euro
350.000	**33.776**	35.863	37.951	40.038	**42.125**
365.000	34.862	37.016	39.170	41.325	43.479
380.000	35.947	38.169	40.390	42.612	44.833
395.000	37.033	39.322	41.610	43.899	46.187
410.000	38.119	40.474	42.830	45.186	47.541
425.000	39.205	41.627	44.050	46.473	48.896
440.000	40.290	42.780	45.270	47.760	50.250
455.000	41.376	43.933	46.490	49.047	51.604
470.000	42.462	45.086	47.710	50.334	52.958
485.000	43.547	46.238	48.930	51.621	54.312
500.000	**44.633**	47.391	50.150	52.908	**55.666**
525.000	46.310	49.172	52.034	54.895	57.757
550.000	47.987	50.952	53.918	56.883	59.848
575.000	49.663	52.732	55.802	58.871	61.940
600.000	51.340	54.513	57.686	60.858	64.031
625.000	53.017	56.293	59.570	62.846	66.122
650.000	54.694	58.074	61.454	64.833	68.213
675.000	56.371	59.854	63.338	66.821	70.304
700.000	58.047	61.634	65.222	68.809	72.396
725.000	59.724	63.415	67.106	70.796	74.487
750.000	**61.401**	65.195	68.990	72.784	**76.578**
775.000	62.959	66.850	70.740	74.631	78.522
800.000	64.518	68.505	72.491	76.478	80.465
825.000	66.076	70.159	74.242	78.326	82.409
850.000	67.634	71.814	75.993	80.173	84.352
875.000	69.193	73.468	77.744	82.020	86.296
900.000	70.751	75.123	79.495	83.867	88.240
925.000	72.309	76.778	81.246	85.715	90.183
950.000	73.867	78.432	82.997	87.562	92.127
975.000	75.426	80.087	84.748	89.409	94.070
1.000.000	**76.984**	81.742	86.499	91.257	**96.014**
1.025.000	78.460	83.308	88.157	93.006	97.854
1.050.000	79.935	84.875	89.815	94.755	99.695
1.075.000	81.411	86.442	91.473	96.504	101.535
1.100.000	82.886	88.009	93.131	98.253	103.376
1.125.000	84.362	89.576	94.789	100.003	105.216
1.150.000	85.838	91.142	96.447	101.752	107.056
1.175.000	87.313	92.709	98.105	103.501	108.897
1.200.000	88.789	94.276	99.763	105.250	110.737
1.225.000	90.264	95.843	101.421	106.999	112.578

Anrechenbare Kosten Euro	Basishonorarsatz Euro	Viertelsatz Euro	Mittelsatz Euro	Dreiviertelsatz Euro	Oberer Honorarsatz Euro
1.250.000	**91.740**	97.410	103.079	108.749	**114.418**
1.275.000	93.153	98.909	104.666	110.423	116.180
1.300.000	94.565	100.409	106.253	112.097	117.941
1.325.000	95.978	101.909	107.840	113.771	119.703
1.350.000	97.390	103.409	109.427	115.446	121.464
1.375.000	98.803	104.908	111.014	117.120	123.226
1.400.000	100.215	106.408	112.601	118.794	124.988
1.425.000	101.628	107.908	114.188	120.469	126.749
1.450.000	103.040	109.408	115.775	122.143	128.511
1.475.000	104.453	110.907	117.362	123.817	130.272
1.500.000	**105.865**	112.407	118.950	125.492	**132.034**
1.550.000	108.547	115.255	121.963	128.671	135.379
1.600.000	111.229	118.103	124.976	131.850	138.724
1.650.000	113.911	120.950	127.990	135.029	142.069
1.700.000	116.593	123.798	131.003	138.208	145.414
1.750.000	119.275	126.646	134.017	141.388	148.759
1.800.000	121.956	129.493	137.030	144.567	152.103
1.850.000	124.638	132.341	140.043	147.746	155.448
1.900.000	127.320	135.188	143.057	150.925	158.793
1.950.000	130.002	138.036	146.070	154.104	162.138
2.000.000	**132.684**	140.884	149.084	157.283	**165.483**
2.100.000	137.648	146.154	154.661	163.167	171.674
2.200.000	142.611	151.425	160.238	169.051	177.864
2.300.000	147.575	156.695	165.815	174.935	184.055
2.400.000	152.539	161.965	171.392	180.819	190.245
2.500.000	157.503	167.236	176.969	186.703	196.436
2.600.000	162.466	172.506	182.546	192.587	202.627
2.700.000	167.430	177.777	188.124	198.470	208.817
2.800.000	172.394	183.047	193.701	204.354	215.008
2.900.000	177.357	188.318	199.278	210.238	221.198
3.000.000	**182.321**	193.588	204.855	216.122	**227.389**
3.200.000	191.267	203.087	214.907	226.726	238.546
3.400.000	200.213	212.586	224.958	237.331	249.704
3.600.000	209.159	222.084	235.010	247.935	260.861
3.800.000	218.105	231.583	245.062	258.540	272.018
4.000.000	227.051	241.082	255.113	269.144	283.176
4.200.000	235.997	250.581	265.165	279.749	294.333
4.400.000	244.943	260.080	275.217	290.353	305.490
4.600.000	253.889	269.579	285.268	300.958	316.647
4.800.000	262.835	279.077	295.320	311.562	327.805

Anrechenbare Kosten Euro	Basishonorarsatz Euro	Viertelsatz Euro	Mittelsatz Euro	Dreiviertelsatz Euro	Oberer Honorarsatz Euro
5.000.000	**271.781**	288.576	305.372	322.167	**338.962**
5.250.000	281.967	299.392	316.816	334.241	351.666
5.500.000	292.153	310.207	328.261	346.316	364.370
5.750.000	302.339	321.022	339.706	358.390	377.074
6.000.000	312.525	331.838	351.151	370.464	389.778
6.250.000	322.711	342.653	362.596	382.539	402.482
6.500.000	332.896	353.469	374.041	394.613	415.185
6.750.000	343.082	364.284	385.486	406.688	427.889
7.000.000	353.268	375.099	396.931	418.762	440.593
7.250.000	363.454	385.915	408.376	430.836	453.297
7.500.000	**373.640**	396.730	419.821	442.911	**466.001**
7.750.000	383.093	406.767	430.441	454.116	477.790
8.000.000	392.545	416.804	441.062	465.321	489.579
8.250.000	401.998	426.840	451.683	476.526	501.368
8.500.000	411.450	436.877	462.304	487.731	513.157
8.750.000	420.903	446.914	472.925	498.936	524.947
9.000.000	430.356	456.951	483.546	510.141	536.736
9.250.000	439.808	466.987	494.166	521.346	548.525
9.500.000	449.261	477.024	504.787	532.551	560.314
9.750.000	458.713	487.061	515.408	543.756	572.103
10.000.000	**468.166**	497.098	526.029	554.961	**583.892**
10.500.000	485.644	515.655	545.667	575.679	605.690
11.000.000	503.121	534.213	565.305	596.397	627.488
11.500.000	520.599	552.771	584.943	617.115	649.286
12.000.000	538.077	571.329	604.581	637.833	671.084
12.500.000	555.555	589.887	624.219	658.551	692.883
13.000.000	573.032	608.444	643.856	679.269	714.681
13.500.000	590.510	627.002	663.494	699.987	736.479
14.000.000	607.988	645.560	683.132	720.705	758.277
14.500.000	625.465	664.118	702.770	741.423	780.075
15.000.000	**642.943**	682.676	722.408	762.141	**801.873**

Honorartafel zu § 52 Abs. 1 – Tragwerksplanungen Honorarzone IV

Anrechenbare Kosten Euro	Basishonorarsatz Euro	Viertelsatz Euro	Mittelsatz Euro	Dreiviertelsatz Euro	Oberer Honorarsatz Euro
10.000	**2.575**	2.685	2.795	2.905	**3.015**
10.500	2.672	2.786	2.900	3.014	3.128
11.000	2.769	2.887	3.005	3.124	3.242
11.500	2.865	2.988	3.110	3.233	3.355
12.000	2.962	3.089	3.215	3.342	3.469
12.500	3.059	3.190	3.321	3.451	3.582
13.000	3.156	3.291	3.426	3.561	3.695
13.500	3.253	3.392	3.531	3.670	3.809
14.000	3.349	3.493	3.636	3.779	3.922
14.500	3.446	3.594	3.741	3.888	4.036
15.000	**3.543**	3.695	3.846	3.998	**4.149**
16.000	3.718	3.877	4.036	4.195	4.354
17.000	3.894	4.060	4.227	4.393	4.560
18.000	4.069	4.243	4.417	4.591	4.765
19.000	4.244	4.426	4.607	4.789	4.971
20.000	4.420	4.609	4.798	4.987	5.176
21.000	4.595	4.791	4.988	5.185	5.381
22.000	4.770	4.974	5.178	5.383	5.587
23.000	4.945	5.157	5.369	5.581	5.792
24.000	5.121	5.340	5.559	5.778	5.998
25.000	**5.296**	5.523	5.750	5.976	**6.203**
27.500	5.680	5.923	6.167	6.410	6.653
30.000	6.065	6.324	6.584	6.843	7.103
32.500	6.449	6.725	7.001	7.277	7.553
35.000	6.833	7.126	7.418	7.711	8.003
37.500	7.218	7.526	7.835	8.144	8.453
40.000	7.602	7.927	8.252	8.578	8.903
42.500	7.986	8.328	8.670	9.011	9.353
45.000	8.370	8.729	9.087	9.445	9.803
47.500	8.755	9.129	9.504	9.878	10.253
50.000	**9.139**	9.530	9.921	10.312	**10.703**
52.500	9.482	9.888	10.294	10.699	11.105
55.000	9.826	10.246	10.666	11.087	11.507
57.500	10.169	10.604	11.039	11.474	11.909
60.000	10.512	10.962	11.412	11.862	12.311
62.500	10.856	11.320	11.785	12.249	12.714
65.000	11.199	11.678	12.157	12.636	13.116
67.500	11.542	12.036	12.530	13.024	13.518
70.000	11.885	12.394	12.903	13.411	13.920
72.500	12.229	12.752	13.275	13.799	14.322

Anrechenbare Kosten Euro	Basishonorarsatz Euro	Viertelsatz Euro	Mittelsatz Euro	Dreiviertelsatz Euro	Oberer Honorarsatz Euro
75.000	**12.572**	13.110	13.648	14.186	**14.724**
77.500	12.891	13.443	13.994	14.546	15.098
80.000	13.210	13.776	14.341	14.906	15.471
82.500	13.529	14.108	14.687	15.266	15.845
85.000	13.848	14.441	15.034	15.626	16.219
87.500	14.168	14.774	15.380	15.986	16.593
90.000	14.487	15.107	15.726	16.346	16.966
92.500	14.806	15.439	16.073	16.706	17.340
95.000	15.125	15.772	16.419	17.066	17.714
97.500	15.444	16.105	16.766	17.426	18.087
100.000	**15.763**	16.438	17.112	17.787	**18.461**
105.000	16.354	17.054	17.754	18.454	19.154
110.000	16.946	17.671	18.396	19.121	19.846
115.000	17.537	18.288	19.038	19.788	20.539
120.000	18.129	18.904	19.680	20.456	21.231
125.000	18.720	19.521	20.322	21.123	21.924
130.000	19.311	20.138	20.964	21.790	22.617
135.000	19.903	20.754	21.606	22.458	23.309
140.000	20.494	21.371	22.248	23.125	24.002
145.000	21.086	21.988	22.890	23.792	24.694
150.000	**21.677**	22.605	23.532	24.460	**25.387**
160.000	22.746	23.719	24.692	25.666	26.639
170.000	23.815	24.834	25.853	26.872	27.891
180.000	24.883	25.948	27.013	28.078	29.143
190.000	25.952	27.063	28.173	29.284	30.395
200.000	27.021	28.177	29.334	30.490	31.647
210.000	28.090	29.292	30.494	31.696	32.898
220.000	29.159	30.407	31.654	32.902	34.150
230.000	30.227	31.521	32.815	34.109	35.402
240.000	31.296	32.636	33.975	35.315	36.654
250.000	**32.365**	33.750	35.136	36.521	**37.906**
260.000	33.341	34.768	36.195	37.622	39.049
270.000	34.317	35.786	37.254	38.723	40.192
280.000	35.293	36.803	38.314	39.824	41.335
290.000	36.269	37.821	39.373	40.925	42.478
300.000	37.245	38.839	40.433	42.027	43.621
310.000	38.221	39.857	41.492	43.128	44.763
320.000	39.197	40.874	42.552	44.229	45.906
330.000	40.173	41.892	43.611	45.330	47.049
340.000	41.149	42.910	44.671	46.431	48.192

Anrechenbare Kosten Euro	Basishonorarsatz Euro	Viertelsatz Euro	Mittelsatz Euro	Dreiviertelsatz Euro	Oberer Honorarsatz Euro
350.000	**42.125**	43.928	45.730	47.533	**49.335**
365.000	43.479	45.340	47.200	49.060	50.921
380.000	44.833	46.752	48.670	50.588	52.507
395.000	46.187	48.164	50.140	52.116	54.093
410.000	47.541	49.576	51.610	53.644	55.679
425.000	48.896	50.988	53.080	55.172	57.265
440.000	50.250	52.400	54.550	56.700	58.850
455.000	51.604	53.812	56.020	58.228	60.436
470.000	52.958	55.224	57.490	59.756	62.022
485.000	54.312	56.636	58.960	61.284	63.608
500.000	**55.666**	58.048	60.430	62.812	**65.194**
525.000	57.757	60.229	62.700	65.172	67.643
550.000	59.848	62.409	64.970	67.531	70.092
575.000	61.940	64.590	67.241	69.891	72.542
600.000	64.031	66.771	69.511	72.251	74.991
625.000	66.122	68.952	71.781	74.611	77.440
650.000	68.213	71.132	74.051	76.970	79.889
675.000	70.304	73.313	76.321	79.330	82.338
700.000	72.396	75.494	78.592	81.690	84.788
725.000	74.487	77.674	80.862	84.049	87.237
750.000	**76.578**	79.855	83.132	86.409	**89.686**
775.000	78.522	81.882	85.242	88.602	91.962
800.000	80.465	83.909	87.352	90.795	94.239
825.000	82.409	85.935	89.462	92.988	96.515
850.000	84.352	87.962	91.572	95.182	98.791
875.000	86.296	89.989	93.682	97.375	101.068
900.000	88.240	92.016	95.792	99.568	103.344
925.000	90.183	94.042	97.902	101.761	105.620
950.000	92.127	96.069	100.012	103.954	107.896
975.000	94.070	98.096	102.122	106.147	110.173
1.000.000	**96.014**	100.123	104.232	108.340	**112.449**
1.025.000	97.854	102.042	106.229	110.417	114.604
1.050.000	99.695	103.961	108.227	112.494	116.760
1.075.000	101.535	105.880	110.225	114.570	118.915
1.100.000	103.376	107.799	112.223	116.647	121.071
1.125.000	105.216	109.719	114.221	118.724	123.226
1.150.000	107.056	111.638	116.219	120.800	125.381
1.175.000	108.897	113.557	118.217	122.877	127.537
1.200.000	110.737	115.476	120.215	124.953	129.692
1.225.000	112.578	117.395	122.213	127.030	131.848

Anrechenbare Kosten Euro	Basishonorarsatz Euro	Viertelsatz Euro	Mittelsatz Euro	Dreiviertelsatz Euro	Oberer Honorarsatz Euro
1.250.000	**114.418**	119.314	124.211	129.107	**134.003**
1.275.000	116.180	121.151	126.123	131.095	136.066
1.300.000	117.941	122.988	128.035	133.082	138.129
1.325.000	119.703	124.825	129.948	135.070	140.193
1.350.000	121.464	126.662	131.860	137.058	142.256
1.375.000	123.226	128.499	133.773	139.046	144.319
1.400.000	124.988	130.336	135.685	141.034	146.382
1.425.000	126.749	132.173	137.597	143.021	148.445
1.450.000	128.511	134.010	139.510	145.009	150.509
1.475.000	130.272	135.847	141.422	146.997	152.572
1.500.000	**132.034**	137.684	143.335	148.985	**154.635**
1.550.000	135.379	141.172	146.966	152.759	158.552
1.600.000	138.724	144.660	150.597	156.533	162.470
1.650.000	142.069	148.148	154.228	160.307	166.387
1.700.000	145.414	151.636	157.859	164.082	170.304
1.750.000	148.759	155.124	161.490	167.856	174.222
1.800.000	152.103	158.612	165.121	171.630	178.139
1.850.000	155.448	162.100	168.752	175.404	182.056
1.900.000	158.793	165.588	172.383	179.178	185.973
1.950.000	162.138	169.076	176.014	182.953	189.891
2.000.000	**165.483**	172.564	179.646	186.727	**193.808**
2.100.000	171.674	179.020	186.366	193.712	201.058
2.200.000	177.864	185.475	193.086	200.698	208.309
2.300.000	184.055	191.931	199.807	207.683	215.559
2.400.000	190.245	198.386	206.527	214.668	222.809
2.500.000	196.436	204.842	213.248	221.654	230.060
2.600.000	202.627	211.297	219.968	228.639	237.310
2.700.000	208.817	217.753	226.689	235.624	244.560
2.800.000	215.008	224.208	233.409	242.610	251.810
2.900.000	221.198	230.664	240.130	249.595	259.061
3.000.000	**227.389**	237.120	246.850	256.581	**266.311**
3.200.000	238.546	248.754	258.962	269.170	279.378
3.400.000	249.704	260.389	271.075	281.760	292.445
3.600.000	260.861	272.024	283.187	294.350	305.513
3.800.000	272.018	283.659	295.299	306.939	318.580
4.000.000	283.176	295.293	307.411	319.529	331.647
4.200.000	294.333	306.928	319.524	332.119	344.714
4.400.000	305.490	318.563	331.636	344.709	357.781
4.600.000	316.647	330.198	343.748	357.298	370.849
4.800.000	327.805	341.832	355.860	369.888	383.916

Anrechenbare Kosten Euro	Basishonorarsatz Euro	Viertelsatz Euro	Mittelsatz Euro	Dreiviertelsatz Euro	Oberer Honorarsatz Euro
5.000.000	**338.962**	353.467	367.973	382.478	**396.983**
5.250.000	351.666	366.715	381.764	396.813	411.861
5.500.000	364.370	379.962	395.555	411.147	426.740
5.750.000	377.074	393.210	409.346	425.482	441.618
6.000.000	389.778	406.457	423.137	439.817	456.497
6.250.000	402.482	419.705	436.928	454.152	471.375
6.500.000	415.185	432.952	450.719	468.486	486.253
6.750.000	427.889	446.200	464.511	482.821	501.132
7.000.000	440.593	459.447	478.302	497.156	516.010
7.250.000	453.297	472.695	492.093	511.491	530.889
7.500.000	**466.001**	485.943	505.884	525.826	**545.767**
7.750.000	477.790	498.236	518.682	539.128	559.574
8.000.000	489.579	510.530	531.480	552.431	573.381
8.250.000	501.368	522.823	544.278	565.733	587.188
8.500.000	513.157	535.117	557.076	579.036	600.995
8.750.000	524.947	547.411	569.875	592.339	614.803
9.000.000	536.736	559.704	582.673	605.641	628.610
9.250.000	548.525	571.998	595.471	618.944	642.417
9.500.000	560.314	584.291	608.269	632.246	656.224
9.750.000	572.103	596.585	621.067	645.549	670.031
10.000.000	**583.892**	608.879	633.865	658.852	**683.838**
10.500.000	605.690	631.609	657.529	683.448	709.367
11.000.000	627.488	654.340	681.192	708.045	734.897
11.500.000	649.286	677.071	704.856	732.641	760.426
12.000.000	671.084	699.802	728.520	757.238	785.955
12.500.000	692.883	722.533	752.184	781.834	811.485
13.000.000	714.681	745.264	775.847	806.431	837.014
13.500.000	736.479	767.995	799.511	831.027	862.543
14.000.000	758.277	790.726	823.175	855.624	888.072
14.500.000	780.075	813.457	846.838	880.220	913.602
15.000.000	**801.873**	836.188	870.502	904.817	**939.131**

Honorartafel zu § 52 Abs. 1 – Tragwerksplanungen Honorarzone V

Anrechenbare Kosten Euro	Basishonorarsatz Euro	Viertelsatz Euro	Mittelsatz Euro	Dreiviertelsatz Euro	Oberer Honorarsatz Euro
10.000	**3.015**	3.056	3.097	3.137	**3.178**
10.500	3.128	3.171	3.213	3.255	3.298
11.000	3.242	3.286	3.329	3.373	3.417
11.500	3.355	3.401	3.446	3.491	3.537
12.000	3.469	3.515	3.562	3.609	3.656
12.500	3.582	3.630	3.679	3.727	3.776
13.000	3.695	3.745	3.795	3.845	3.895
13.500	3.809	3.860	3.912	3.963	4.015
14.000	3.922	3.975	4.028	4.081	4.134
14.500	4.036	4.090	4.145	4.199	4.254
15.000	**4.149**	4.205	4.261	4.317	**4.373**
16.000	4.354	4.413	4.472	4.531	4.589
17.000	4.560	4.621	4.683	4.744	4.806
18.000	4.765	4.829	4.894	4.958	5.022
19.000	4.971	5.038	5.105	5.172	5.239
20.000	5.176	5.246	5.316	5.385	5.455
21.000	5.381	5.454	5.526	5.599	5.671
22.000	5.587	5.662	5.737	5.813	5.888
23.000	5.792	5.870	5.948	6.026	6.104
24.000	5.998	6.078	6.159	6.240	6.321
25.000	**6.203**	6.287	6.370	6.454	**6.537**
27.500	6.653	6.743	6.832	6.922	7.011
30.000	7.103	7.199	7.294	7.390	7.485
32.500	7.553	7.655	7.756	7.858	7.960
35.000	8.003	8.111	8.218	8.326	8.434
37.500	8.453	8.567	8.681	8.794	8.908
40.000	8.903	9.023	9.143	9.262	9.382
42.500	9.353	9.479	9.605	9.731	9.856
45.000	9.803	9.935	10.067	10.199	10.331
47.500	10.253	10.391	10.529	10.667	10.805
50.000	**10.703**	10.847	10.991	11.135	**11.279**
52.500	11.105	11.255	11.404	11.553	11.703
55.000	11.507	11.662	11.817	11.972	12.127
57.500	11.909	12.070	12.230	12.390	12.550
60.000	12.311	12.477	12.643	12.809	12.974
62.500	12.714	12.885	13.056	13.227	13.398
65.000	13.116	13.292	13.469	13.645	13.822
67.500	13.518	13.700	13.882	14.064	14.246
70.000	13.920	14.107	14.295	14.482	14.669
72.500	14.322	14.515	14.708	14.900	15.093

Anrechenbare Kosten Euro	Basishonorarsatz Euro	Viertelsatz Euro	Mittelsatz Euro	Dreiviertelsatz Euro	Oberer Honorarsatz Euro
75.000	**14.724**	14.922	15.121	15.319	**15.517**
77.500	15.098	15.301	15.504	15.708	15.911
80.000	15.471	15.680	15.888	16.096	16.305
82.500	15.845	16.058	16.272	16.485	16.698
85.000	16.219	16.437	16.656	16.874	17.092
87.500	16.593	16.816	17.039	17.263	17.486
90.000	16.966	17.195	17.423	17.651	17.880
92.500	17.340	17.573	17.807	18.040	18.274
95.000	17.714	17.952	18.191	18.429	18.667
97.500	18.087	18.331	18.574	18.818	19.061
100.000	**18.461**	18.710	18.958	19.207	**19.455**
105.000	19.154	19.411	19.669	19.927	20.185
110.000	19.846	20.113	20.381	20.648	20.915
115.000	20.539	20.815	21.092	21.368	21.645
120.000	21.231	21.517	21.803	22.089	22.375
125.000	21.924	22.219	22.514	22.809	23.105
130.000	22.617	22.921	23.226	23.530	23.834
135.000	23.309	23.623	23.937	24.251	24.564
140.000	24.002	24.325	24.648	24.971	25.294
145.000	24.694	25.027	25.359	25.692	26.024
150.000	**25.387**	25.729	26.071	26.412	**26.754**
160.000	26.639	26.998	27.356	27.715	28.073
170.000	27.891	28.266	28.642	29.017	29.393
180.000	29.143	29.535	29.927	30.320	30.712
190.000	30.395	30.804	31.213	31.622	32.031
200.000	31.647	32.073	32.499	32.925	33.351
210.000	32.898	33.341	33.784	34.227	34.670
220.000	34.150	34.610	35.070	35.529	35.989
230.000	35.402	35.879	36.355	36.832	37.308
240.000	36.654	37.148	37.641	38.134	38.628
250.000	**37.906**	38.416	38.927	39.437	**39.947**
260.000	39.049	39.575	40.100	40.626	41.152
270.000	40.192	40.733	41.274	41.815	42.356
280.000	41.335	41.891	42.448	43.004	43.561
290.000	42.478	43.049	43.621	44.193	44.765
300.000	43.621	44.208	44.795	45.382	45.970
310.000	44.763	45.366	45.969	46.571	47.174
320.000	45.906	46.524	47.142	47.760	48.379
330.000	47.049	47.683	48.316	48.950	49.583
340.000	48.192	48.841	49.490	50.139	50.788

Anrechenbare Kosten Euro	Basishonorarsatz Euro	Viertelsatz Euro	Mittelsatz Euro	Dreiviertelsatz Euro	Oberer Honorarsatz Euro
350.000	**49.335**	49.999	50.664	51.328	**51.992**
365.000	50.921	51.607	52.292	52.978	53.663
380.000	52.507	53.214	53.921	54.628	55.335
395.000	54.093	54.821	55.549	56.278	57.006
410.000	55.679	56.428	57.178	57.928	58.677
425.000	57.265	58.036	58.807	59.578	60.349
440.000	58.850	59.643	60.435	61.227	62.020
455.000	60.436	61.250	62.064	62.877	63.691
470.000	62.022	62.857	63.692	64.527	65.362
485.000	63.608	64.465	65.321	66.177	67.034
500.000	**65.194**	66.072	66.950	67.827	**68.705**
525.000	67.643	68.554	69.465	70.375	71.286
550.000	70.092	71.036	71.980	72.923	73.867
575.000	72.542	73.518	74.495	75.471	76.448
600.000	74.991	76.000	77.010	78.019	79.029
625.000	77.440	78.483	79.525	80.568	81.610
650.000	79.889	80.965	82.040	83.116	84.191
675.000	82.338	83.447	84.555	85.664	86.772
700.000	84.788	85.929	87.070	88.212	89.353
725.000	87.237	88.411	89.585	90.760	91.934
750.000	**89.686**	90.893	92.101	93.308	**94.515**
775.000	91.962	93.200	94.438	95.676	96.914
800.000	94.239	95.507	96.776	98.044	99.313
825.000	96.515	97.814	99.113	100.413	101.712
850.000	98.791	100.121	101.451	102.781	104.111
875.000	101.068	102.428	103.789	105.149	106.510
900.000	103.344	104.735	106.126	107.517	108.908
925.000	105.620	107.042	108.464	109.886	111.307
950.000	107.896	109.349	110.801	112.254	113.706
975.000	110.173	111.656	113.139	114.622	116.105
1.000.000	**112.449**	113.963	115.477	116.990	**118.504**
1.025.000	114.604	116.147	117.690	119.233	120.775
1.050.000	116.760	118.332	119.903	121.475	123.047
1.075.000	118.915	120.516	122.117	123.717	125.318
1.100.000	121.071	122.700	124.330	125.960	127.590
1.125.000	123.226	124.885	126.544	128.202	129.861
1.150.000	125.381	127.069	128.757	130.445	132.132
1.175.000	127.537	129.254	130.970	132.687	134.404
1.200.000	129.692	131.438	133.184	134.929	136.675
1.225.000	131.848	133.622	135.397	137.172	138.947

Anrechenbare Kosten Euro	Basishonorarsatz Euro	Viertelsatz Euro	Mittelsatz Euro	Dreiviertelsatz Euro	Oberer Honorarsatz Euro
1.250.000	**134.003**	135.807	137.611	139.414	**141.218**
1.275.000	136.066	137.898	139.729	141.561	143.392
1.300.000	138.129	139.989	141.848	143.707	145.567
1.325.000	140.193	142.080	143.967	145.854	147.741
1.350.000	142.256	144.171	146.086	148.000	149.915
1.375.000	144.319	146.262	148.204	150.147	152.090
1.400.000	146.382	148.353	150.323	152.293	154.264
1.425.000	148.445	150.444	152.442	154.440	156.438
1.450.000	150.509	152.535	154.561	156.586	158.612
1.475.000	152.572	154.626	156.679	158.733	160.787
1.500.000	**154.635**	156.717	158.798	160.880	**162.961**
1.550.000	158.552	160.687	162.821	164.955	167.089
1.600.000	162.470	164.657	166.844	169.031	171.218
1.650.000	166.387	168.627	170.866	173.106	175.346
1.700.000	170.304	172.597	174.889	177.182	179.474
1.750.000	174.222	176.567	178.912	181.257	183.603
1.800.000	178.139	180.537	182.935	185.333	187.731
1.850.000	182.056	184.507	186.958	189.408	191.859
1.900.000	185.973	188.477	190.980	193.484	195.987
1.950.000	189.891	192.447	195.003	197.559	200.116
2.000.000	**193.808**	196.417	199.026	201.635	**204.244**
2.100.000	201.058	203.765	206.472	209.178	211.885
2.200.000	208.309	211.113	213.917	216.721	219.525
2.300.000	215.559	218.461	221.363	224.264	227.166
2.400.000	222.809	225.809	228.808	231.807	234.807
2.500.000	230.060	233.157	236.254	239.351	242.448
2.600.000	237.310	240.504	243.699	246.894	250.088
2.700.000	244.560	247.852	251.145	254.437	257.729
2.800.000	251.810	255.200	258.590	261.980	265.370
2.900.000	259.061	262.548	266.036	269.523	273.010
3.000.000	**266.311**	269.896	273.481	277.066	**280.651**
3.200.000	279.378	283.139	286.900	290.661	294.422
3.400.000	292.445	296.382	300.319	304.256	308.193
3.600.000	305.513	309.625	313.738	317.851	321.963
3.800.000	318.580	322.868	327.157	331.446	335.734
4.000.000	331.647	336.112	340.576	345.041	349.505
4.200.000	344.714	349.355	353.995	358.635	363.276
4.400.000	357.781	362.598	367.414	372.230	377.047
4.600.000	370.849	375.841	380.833	385.825	390.817
4.800.000	383.916	389.084	394.252	399.420	404.588

Anrechenbare Kosten Euro	Basishonorarsatz Euro	Viertelsatz Euro	Mittelsatz Euro	Dreiviertelsatz Euro	Oberer Honorarsatz Euro
5.000.000	**396.983**	402.327	407.671	413.015	**418.359**
5.250.000	411.861	417.406	422.950	428.494	434.039
5.500.000	426.740	432.484	438.229	443.973	449.718
5.750.000	441.618	447.563	453.508	459.453	465.398
6.000.000	456.497	462.642	468.787	474.932	481.077
6.250.000	471.375	477.720	484.066	490.411	496.757
6.500.000	486.253	492.799	499.345	505.890	512.436
6.750.000	501.132	507.878	514.624	521.370	528.116
7.000.000	516.010	522.956	529.903	536.849	543.795
7.250.000	530.889	538.035	545.182	552.328	559.475
7.500.000	**545.767**	553.114	560.461	567.807	**575.154**
7.750.000	559.574	567.107	574.639	582.172	589.705
8.000.000	573.381	581.100	588.818	596.537	604.255
8.250.000	587.188	595.093	602.997	610.901	618.806
8.500.000	600.995	609.086	617.176	625.266	633.356
8.750.000	614.803	623.079	631.355	639.631	647.907
9.000.000	628.610	637.072	645.534	653.996	662.458
9.250.000	642.417	651.065	659.712	668.360	677.008
9.500.000	656.224	665.058	673.891	682.725	691.559
9.750.000	670.031	679.051	688.070	697.090	706.109
10.000.000	**683.838**	693.044	702.249	711.455	**720.660**
10.500.000	709.367	718.916	728.466	738.015	747.564
11.000.000	734.897	744.789	754.682	764.575	774.468
11.500.000	760.426	770.662	780.899	791.135	801.372
12.000.000	785.955	796.535	807.115	817.696	828.276
12.500.000	811.485	822.408	833.332	844.256	855.180
13.000.000	837.014	848.281	859.549	870.816	882.083
13.500.000	862.543	874.154	885.765	897.376	908.987
14.000.000	888.072	900.027	911.982	923.937	935.891
14.500.000	913.602	925.900	938.198	950.497	962.795
15.000.000	**939.131**	951.773	964.415	977.057	**989.699**

Honorartafel zu § 56 Abs. 1 – Technische Ausrüstung Honorarzone I

Anrechenbare Kosten Euro	Basishonorarsatz Euro	Viertelsatz Euro	Mittelsatz Euro	Dreiviertelsatz Euro	Oberer Honorarsatz Euro
5.000	**2.132**	2.236	2.340	2.443	**2.547**
5.500	2.288	2.399	2.510	2.622	2.733
6.000	2.443	2.562	2.681	2.800	2.919
6.500	2.599	2.726	2.852	2.979	3.105
7.000	2.755	2.889	3.023	3.157	3.291
7.500	2.911	3.052	3.194	3.336	3.478
8.000	3.066	3.216	3.365	3.514	3.664
8.500	3.222	3.379	3.536	3.693	3.850
9.000	3.378	3.542	3.707	3.871	4.036
9.500	3.533	3.705	3.878	4.050	4.222
10.000	**3.689**	3.869	4.049	4.228	**4.408**
10.500	3.829	4.015	4.202	4.388	4.575
11.000	3.968	4.161	4.355	4.548	4.741
11.500	4.108	4.308	4.508	4.708	4.908
12.000	4.247	4.454	4.661	4.868	5.075
12.500	4.387	4.600	4.814	5.028	5.242
13.000	4.526	4.747	4.967	5.188	5.408
13.500	4.666	4.893	5.120	5.348	5.575
14.000	4.805	5.039	5.273	5.507	5.742
14.500	4.945	5.185	5.426	5.667	5.908
15.000	**5.084**	5.332	5.580	5.827	**6.075**
16.000	5.337	5.597	5.857	6.117	6.377
17.000	5.590	5.863	6.135	6.407	6.680
18.000	5.843	6.128	6.413	6.697	6.982
19.000	6.096	6.393	6.690	6.987	7.284
20.000	6.350	6.659	6.968	7.277	7.587
21.000	6.603	6.924	7.246	7.567	7.889
22.000	6.856	7.190	7.523	7.857	8.191
23.000	7.109	7.455	7.801	8.147	8.493
24.000	7.362	7.720	8.079	8.437	8.796
25.000	**7.615**	7.986	8.357	8.727	**9.098**
26.000	7.847	8.229	8.611	8.993	9.375
27.000	8.079	8.472	8.866	9.259	9.652
28.000	8.311	8.715	9.120	9.525	9.929
29.000	8.543	8.959	9.375	9.790	10.206
30.000	8.775	9.202	9.629	10.056	10.484
31.000	9.006	9.445	9.884	10.322	10.761
32.000	9.238	9.688	10.138	10.588	11.038
33.000	9.470	9.931	10.393	10.854	11.315
34.000	9.702	10.175	10.647	11.119	11.592

Anrechenbare Kosten Euro	Basishonorarsatz Euro	Viertelsatz Euro	Mittelsatz Euro	Dreiviertelsatz Euro	Oberer Honorarsatz Euro
35.000	**9.934**	10.418	10.902	11.385	**11.869**
36.500	10.257	10.757	11.256	11.756	12.255
38.000	10.580	11.095	11.611	12.126	12.641
39.500	10.903	11.434	11.965	12.496	13.027
41.000	11.226	11.773	12.320	12.866	13.413
42.500	11.550	12.112	12.674	13.237	13.799
44.000	11.873	12.451	13.029	13.607	14.185
45.500	12.196	12.790	13.383	13.977	14.571
47.000	12.519	13.128	13.738	14.347	14.957
48.500	12.842	13.467	14.092	14.718	15.343
50.000	**13.165**	13.806	14.447	15.088	**15.729**
52.500	13.661	14.326	14.991	15.656	16.321
55.000	14.156	14.846	15.535	16.224	16.914
57.500	14.652	15.366	16.079	16.792	17.506
60.000	15.148	15.885	16.623	17.361	18.098
62.500	15.644	16.405	17.167	17.929	18.691
65.000	16.139	16.925	17.711	18.497	19.283
67.500	16.635	17.445	18.255	19.065	19.875
70.000	17.131	17.965	18.799	19.633	20.467
72.500	17.626	18.485	19.343	20.201	21.060
75.000	**18.122**	19.005	19.887	20.770	**21.652**
77.500	18.582	19.487	20.392	21.297	22.202
80.000	19.042	19.970	20.897	21.824	22.752
82.500	19.502	20.452	21.402	22.352	23.301
85.000	19.962	20.935	21.907	22.879	23.851
87.500	20.423	21.417	22.412	23.406	24.401
90.000	20.883	21.900	22.917	23.934	24.951
92.500	21.343	22.382	23.422	24.461	25.501
95.000	21.803	22.865	23.927	24.989	26.050
97.500	22.263	23.347	24.432	25.516	26.600
100.000	**22.723**	23.830	24.937	26.043	**27.150**
105.000	23.574	24.722	25.870	27.018	28.166
110.000	24.424	25.614	26.803	27.993	29.182
115.000	25.275	26.505	27.736	28.967	30.198
120.000	26.125	27.397	28.670	29.942	31.214
125.000	26.976	28.289	29.603	30.917	32.231
130.000	27.826	29.181	30.536	31.891	33.247
135.000	28.677	30.073	31.470	32.866	34.263
140.000	29.527	30.965	32.403	33.841	35.279
145.000	30.378	31.857	33.336	34.816	36.295

Honorartafel zu § 56 Abs. 1 – Technische Ausrüstung Honorarzone I

Anrechenbare Kosten Euro	Basishonorarsatz Euro	Viertelsatz Euro	Mittelsatz Euro	Dreiviertelsatz Euro	Oberer Honorarsatz Euro
150.000	**31.228**	32.749	34.270	35.790	**37.311**
160.000	32.769	34.365	35.961	37.557	39.153
170.000	34.310	35.981	37.652	39.323	40.994
180.000	35.852	37.598	39.344	41.090	42.836
190.000	37.393	39.214	41.035	42.856	44.677
200.000	38.934	40.830	42.726	44.622	46.519
210.000	40.475	42.446	44.418	46.389	48.360
220.000	42.016	44.063	46.109	48.155	50.202
230.000	43.558	45.679	47.800	49.922	52.043
240.000	45.099	47.295	49.492	51.688	53.885
250.000	**46.640**	48.912	51.183	53.455	**55.726**
275.000	50.044	52.482	54.919	57.356	59.794
300.000	53.449	56.052	58.655	61.258	63.861
325.000	56.853	59.622	62.391	65.160	67.929
350.000	60.258	63.192	66.127	69.062	71.996
375.000	63.662	66.763	69.863	72.964	76.064
400.000	67.066	70.333	73.599	76.865	80.132
425.000	70.471	73.903	77.335	80.767	84.199
450.000	73.875	77.473	81.071	84.669	88.267
475.000	77.280	81.043	84.807	88.571	92.334
500.000	**80.684**	84.614	88.543	92.473	**96.402**
525.000	83.726	87.804	91.881	95.959	100.037
550.000	86.768	90.994	95.220	99.446	103.671
575.000	89.810	94.184	98.558	102.932	107.306
600.000	92.852	97.375	101.897	106.419	110.941
625.000	95.895	100.565	105.235	109.905	114.576
650.000	98.937	103.755	108.573	113.392	118.210
675.000	101.979	106.945	111.912	116.878	121.845
700.000	105.021	110.136	115.250	120.365	125.480
725.000	108.063	113.326	118.589	123.851	129.114
750.000	**111.105**	116.516	121.927	127.338	**132.749**
775.000	113.929	119.478	125.026	130.575	136.123
800.000	116.753	122.440	128.126	133.812	139.498
825.000	119.578	125.401	131.225	137.049	142.872
850.000	122.402	128.363	134.324	140.285	146.247
875.000	125.226	131.325	137.424	143.522	149.621
900.000	128.050	134.287	140.523	146.759	152.995
925.000	130.874	137.248	143.622	149.996	156.370
950.000	133.699	140.210	146.721	153.233	159.744
975.000	136.523	143.172	149.821	156.470	163.119

Anrechenbare Kosten Euro	Basishonorarsatz Euro	Viertelsatz Euro	Mittelsatz Euro	Dreiviertelsatz Euro	Oberer Honorarsatz Euro
1.000.000	**139.347**	146.134	152.920	159.707	**166.493**
1.025.000	142.017	148.933	155.850	162.766	169.683
1.050.000	144.686	151.733	158.779	165.826	172.872
1.075.000	147.356	154.532	161.709	168.885	176.062
1.100.000	150.025	157.332	164.638	171.945	179.251
1.125.000	152.695	160.132	167.568	175.005	182.441
1.150.000	155.365	162.931	170.498	178.064	185.631
1.175.000	158.034	165.731	173.427	181.124	188.820
1.200.000	160.704	168.530	176.357	184.183	192.010
1.225.000	163.373	171.330	179.286	187.243	195.199
1.250.000	**166.043**	174.130	182.216	190.303	**198.389**
1.275.000	168.593	176.804	185.015	193.225	201.436
1.300.000	171.143	179.478	187.813	196.148	204.483
1.325.000	173.694	182.153	190.612	199.071	207.530
1.350.000	176.244	184.827	193.410	201.994	210.577
1.375.000	178.794	187.502	196.209	204.917	213.624
1.400.000	181.344	190.176	199.008	207.839	216.671
1.425.000	183.894	192.850	201.806	210.762	219.718
1.450.000	186.445	195.525	204.605	213.685	222.765
1.475.000	188.995	198.199	207.403	216.608	225.812
1.500.000	**191.545**	200.874	210.202	219.531	**228.859**
1.550.000	196.370	205.933	215.497	225.060	234.624
1.600.000	201.194	210.993	220.791	230.590	240.388
1.650.000	206.019	216.052	226.086	236.119	246.153
1.700.000	210.844	221.112	231.380	241.649	251.917
1.750.000	215.669	226.172	236.675	247.178	257.682
1.800.000	220.493	231.231	241.970	252.708	263.446
1.850.000	225.318	236.291	247.264	258.237	269.211
1.900.000	230.143	241.351	252.559	263.767	274.975
1.950.000	234.967	246.410	257.853	269.296	280.740
2.000.000	**239.792**	251.470	263.148	274.826	**286.504**
2.050.000	244.378	256.279	268.180	280.082	291.983
2.100.000	248.963	261.088	273.213	285.338	297.462
2.150.000	253.549	265.897	278.245	290.593	302.941
2.200.000	258.135	270.706	283.278	295.849	308.420
2.250.000	262.721	275.515	288.310	301.105	313.900
2.300.000	267.306	280.324	293.342	306.361	319.379
2.350.000	271.892	285.133	298.375	311.616	324.858
2.400.000	276.478	289.942	303.407	316.872	330.337
2.450.000	281.063	294.751	308.440	322.128	335.816

Honorartafel zu § 56 Abs. 1 – Technische Ausrüstung Honorarzone I

Anrechenbare Kosten Euro	Basishonorarsatz Euro	Viertelsatz Euro	Mittelsatz Euro	Dreiviertelsatz Euro	Oberer Honorarsatz Euro
2.500.000	**285.649**	299.561	313.472	327.384	**341.295**
2.550.000	290.026	304.151	318.275	332.400	346.525
2.600.000	294.403	308.741	323.079	337.417	351.755
2.650.000	298.780	313.331	327.882	342.433	356.984
2.700.000	303.157	317.922	332.686	347.450	362.214
2.750.000	307.535	322.512	337.489	352.467	367.444
2.800.000	311.912	327.102	342.293	357.483	372.674
2.850.000	316.289	331.692	347.096	362.500	377.904
2.900.000	320.666	336.283	351.900	367.517	383.133
2.950.000	325.043	340.873	356.703	372.533	388.363
3.000.000	**329.420**	345.463	361.507	377.550	**393.593**
3.050.000	333.627	349.875	366.123	382.371	398.620
3.100.000	337.834	354.287	370.740	387.193	403.646
3.150.000	342.041	358.699	375.357	392.015	408.673
3.200.000	346.248	363.111	379.974	396.837	413.699
3.250.000	350.456	367.523	384.591	401.658	418.726
3.300.000	354.663	371.935	389.208	406.480	423.753
3.350.000	358.870	376.347	393.824	411.302	428.779
3.400.000	363.077	380.759	398.441	416.124	433.806
3.450.000	367.284	385.171	403.058	420.945	438.832
3.500.000	**371.491**	389.583	407.675	425.767	**443.859**
3.550.000	375.555	393.844	412.134	430.424	448.714
3.600.000	379.618	398.106	416.594	435.081	453.569
3.650.000	383.682	402.367	421.053	439.739	458.424
3.700.000	387.745	406.629	425.512	444.396	463.279
3.750.000	391.809	410.890	429.972	449.053	468.135
3.800.000	395.872	415.151	434.431	453.710	472.990
3.850.000	399.936	419.413	438.890	458.367	477.845
3.900.000	403.999	423.674	443.349	463.025	482.700
3.950.000	408.063	427.936	447.809	467.682	487.555
4.000.000	**412.126**	432.197	452.268	472.339	**492.410**

Honorartafel zu § 56 Abs. 1 – Technische Ausrüstung Honorarzone II

Anrechenbare Kosten Euro	Basishonorarsatz Euro	Viertelsatz Euro	Mittelsatz Euro	Dreiviertelsatz Euro	Oberer Honorarsatz Euro
5.000	**2.547**	2.658	2.769	2.879	**2.990**
5.500	2.733	2.852	2.971	3.090	3.208
6.000	2.919	3.046	3.173	3.300	3.427
6.500	3.105	3.240	3.375	3.510	3.645
7.000	3.291	3.434	3.578	3.721	3.864
7.500	3.478	3.629	3.780	3.931	4.082
8.000	3.664	3.823	3.982	4.141	4.300
8.500	3.850	4.017	4.184	4.352	4.519
9.000	4.036	4.211	4.387	4.562	4.737
9.500	4.222	4.405	4.589	4.772	4.956
10.000	**4.408**	4.600	4.791	4.983	**5.174**
10.500	4.575	4.773	4.972	5.171	5.370
11.000	4.741	4.947	5.153	5.359	5.565
11.500	4.908	5.121	5.335	5.548	5.761
12.000	5.075	5.295	5.516	5.736	5.957
12.500	5.242	5.469	5.697	5.925	6.153
13.000	5.408	5.643	5.878	6.113	6.348
13.500	5.575	5.817	6.059	6.302	6.544
14.000	5.742	5.991	6.241	6.490	6.740
14.500	5.908	6.165	6.422	6.679	6.935
15.000	**6.075**	6.339	6.603	6.867	**7.131**
16.000	6.377	6.654	6.932	7.209	7.486
17.000	6.680	6.970	7.260	7.551	7.841
18.000	6.982	7.285	7.589	7.892	8.196
19.000	7.284	7.601	7.918	8.234	8.551
20.000	7.587	7.916	8.246	8.576	8.906
21.000	7.889	8.232	8.575	8.918	9.261
22.000	8.191	8.547	8.904	9.260	9.616
23.000	8.493	8.863	9.232	9.602	9.971
24.000	8.796	9.178	9.561	9.943	10.326
25.000	**9.098**	9.494	9.890	10.285	**10.681**
26.000	9.375	9.783	10.191	10.599	11.006
27.000	9.652	10.072	10.492	10.912	11.332
28.000	9.929	10.361	10.793	11.225	11.657
29.000	10.206	10.650	11.094	11.538	11.982
30.000	10.484	10.940	11.396	11.852	12.308
31.000	10.761	11.229	11.697	12.165	12.633
32.000	11.038	11.518	11.998	12.478	12.958
33.000	11.315	11.807	12.299	12.791	13.283
34.000	11.592	12.096	12.600	13.105	13.609

Honorartafel zu § 56 Abs. 1 – Technische Ausrüstung Honorarzone II

Anrechenbare Kosten Euro	Basishonorarsatz Euro	Viertelsatz Euro	Mittelsatz Euro	Dreiviertelsatz Euro	Oberer Honorarsatz Euro
35.000	**11.869**	12.385	12.902	13.418	**13.934**
36.500	12.255	12.788	13.321	13.854	14.387
38.000	12.641	13.191	13.741	14.290	14.840
39.500	13.027	13.594	14.160	14.727	15.293
41.000	13.413	13.996	14.580	15.163	15.746
42.500	13.799	14.399	14.999	15.599	16.200
44.000	14.185	14.802	15.419	16.036	16.653
45.500	14.571	15.205	15.838	16.472	17.106
47.000	14.957	15.607	16.258	16.908	17.559
48.500	15.343	16.010	16.677	17.345	18.012
50.000	**15.729**	16.413	17.097	17.781	**18.465**
52.500	16.321	17.031	17.741	18.451	19.160
55.000	16.914	17.649	18.385	19.120	19.856
57.500	17.506	18.267	19.028	19.790	20.551
60.000	18.098	18.885	19.672	20.459	21.246
62.500	18.691	19.503	20.316	21.129	21.942
65.000	19.283	20.121	20.960	21.798	22.637
67.500	19.875	20.739	21.604	22.468	23.332
70.000	20.467	21.357	22.247	23.137	24.027
72.500	21.060	21.975	22.891	23.807	24.723
75.000	**21.652**	22.594	23.535	24.477	**25.418**
77.500	22.202	23.167	24.133	25.098	26.063
80.000	22.752	23.741	24.730	25.720	26.709
82.500	23.301	24.315	25.328	26.341	27.354
85.000	23.851	24.888	25.925	26.963	28.000
87.500	24.401	25.462	26.523	27.584	28.645
90.000	24.951	26.036	27.121	28.206	29.290
92.500	25.501	26.609	27.718	28.827	29.936
95.000	26.050	27.183	28.316	29.449	30.581
97.500	26.600	27.757	28.913	30.070	31.227
100.000	**27.150**	28.331	29.511	30.692	**31.872**
105.000	28.166	29.391	30.615	31.840	33.065
110.000	29.182	30.451	31.720	32.989	34.258
115.000	30.198	31.511	32.824	34.137	35.450
120.000	31.214	32.572	33.929	35.286	36.643
125.000	32.231	33.632	35.033	36.435	37.836
130.000	33.247	34.692	36.138	37.583	39.029
135.000	34.263	35.752	37.242	38.732	40.222
140.000	35.279	36.813	38.347	39.881	41.414
145.000	36.295	37.873	39.451	41.029	42.607

Honorartafel zu § 56 Abs. 1 – Technische Ausrüstung Honorarzone II

Anrechenbare Kosten Euro	Basishonorarsatz Euro	Viertelsatz Euro	Mittelsatz Euro	Dreiviertelsatz Euro	Oberer Honorarsatz Euro
150.000	**37.311**	38.933	40.556	42.178	**43.800**
160.000	39.153	40.855	42.557	44.259	45.962
170.000	40.994	42.776	44.559	46.341	48.124
180.000	42.836	44.698	46.560	48.423	50.285
190.000	44.677	46.620	48.562	50.505	52.447
200.000	46.519	48.541	50.564	52.586	54.609
210.000	48.360	50.463	52.565	54.668	56.771
220.000	50.202	52.384	54.567	56.750	58.933
230.000	52.043	54.306	56.569	58.832	61.094
240.000	53.885	56.227	58.570	60.913	63.256
250.000	**55.726**	58.149	60.572	62.995	**65.418**
275.000	59.794	62.393	64.993	67.593	70.193
300.000	63.861	66.638	69.415	72.191	74.968
325.000	67.929	70.882	73.836	76.789	79.743
350.000	71.996	75.127	78.257	81.388	84.518
375.000	76.064	79.371	82.679	85.986	89.293
400.000	80.132	83.616	87.100	90.584	94.068
425.000	84.199	87.860	91.521	95.182	98.843
450.000	88.267	92.105	95.942	99.780	103.618
475.000	92.334	96.349	100.364	104.378	108.393
500.000	**96.402**	100.594	104.785	108.977	**113.168**
525.000	100.037	104.386	108.736	113.085	117.435
550.000	103.671	108.179	112.687	117.194	121.702
575.000	107.306	111.972	116.637	121.303	125.968
600.000	110.941	115.764	120.588	125.412	130.235
625.000	114.576	119.557	124.539	129.520	134.502
650.000	118.210	123.350	128.490	133.629	138.769
675.000	121.845	127.143	132.440	137.738	143.036
700.000	125.480	130.935	136.391	141.847	147.302
725.000	129.114	134.728	140.342	145.955	151.569
750.000	**132.749**	138.521	144.293	150.064	**155.836**
775.000	136.123	142.042	147.960	153.879	159.797
800.000	139.498	145.563	151.628	157.693	163.758
825.000	142.872	149.084	155.296	161.508	167.720
850.000	146.247	152.605	158.964	165.322	171.681
875.000	149.621	156.126	162.632	169.137	175.642
900.000	152.995	159.647	166.299	172.951	179.603
925.000	156.370	163.168	169.967	176.766	183.564
950.000	159.744	166.690	173.635	180.580	187.526
975.000	163.119	170.211	177.303	184.395	191.487

Anrechenbare Kosten Euro	Basishonorarsatz Euro	Viertelsatz Euro	Mittelsatz Euro	Dreiviertelsatz Euro	Oberer Honorarsatz Euro
1.000.000	**166.493**	173.732	180.971	188.209	**195.448**
1.025.000	169.683	177.060	184.437	191.815	199.192
1.050.000	172.872	180.388	187.904	195.421	202.937
1.075.000	176.062	183.717	191.371	199.026	206.681
1.100.000	179.251	187.045	194.838	202.632	210.425
1.125.000	182.441	190.373	198.305	206.237	214.170
1.150.000	185.631	193.701	201.772	209.843	217.914
1.175.000	188.820	197.030	205.239	213.449	221.658
1.200.000	192.010	200.358	208.706	217.054	225.402
1.225.000	195.199	203.686	212.173	220.660	229.147
1.250.000	**198.389**	207.015	215.640	224.266	**232.891**
1.275.000	201.436	210.194	218.952	227.710	236.468
1.300.000	204.483	213.373	222.264	231.154	240.045
1.325.000	207.530	216.553	225.576	234.599	243.622
1.350.000	210.577	219.732	228.888	238.043	247.199
1.375.000	213.624	222.912	232.200	241.488	250.776
1.400.000	216.671	226.091	235.512	244.932	254.352
1.425.000	219.718	229.271	238.824	248.376	257.929
1.450.000	222.765	232.450	242.136	251.821	261.506
1.475.000	225.812	235.630	245.448	255.265	265.083
1.500.000	**228.859**	238.809	248.760	258.710	**268.660**
1.550.000	234.624	244.824	255.025	265.226	275.427
1.600.000	240.388	250.840	261.291	271.743	282.194
1.650.000	246.153	256.855	267.557	278.259	288.961
1.700.000	251.917	262.870	273.823	284.776	295.728
1.750.000	257.682	268.885	280.089	291.292	302.496
1.800.000	263.446	274.900	286.354	297.808	309.263
1.850.000	269.211	280.915	292.620	304.325	316.030
1.900.000	274.975	286.930	298.886	310.841	322.797
1.950.000	280.740	292.946	305.152	317.358	329.564
2.000.000	**286.504**	298.961	311.418	323.874	**336.331**
2.050.000	291.983	304.678	317.373	330.068	342.763
2.100.000	297.462	310.395	323.329	336.262	349.195
2.150.000	302.941	316.113	329.284	342.455	355.627
2.200.000	308.420	321.830	335.240	348.649	362.059
2.250.000	313.900	327.547	341.195	354.843	368.491
2.300.000	319.379	333.265	347.151	361.036	374.922
2.350.000	324.858	338.982	353.106	367.230	381.354
2.400.000	330.337	344.699	359.062	373.424	387.786
2.450.000	335.816	350.416	365.017	379.618	394.218

Honorartafel zu § 56 Abs. 1 – Technische Ausrüstung Honorarzone II

Anrechenbare Kosten Euro	Basishonorar-satz Euro	Viertelsatz Euro	Mittelsatz Euro	Dreiviertel-satz Euro	Oberer Honorarsatz Euro
2.500.000	**341.295**	356.134	370.973	385.811	**400.650**
2.550.000	346.525	361.591	376.657	391.723	406.789
2.600.000	351.755	367.048	382.342	397.635	412.929
2.650.000	356.984	372.505	388.026	403.547	419.068
2.700.000	362.214	377.963	393.711	409.459	425.208
2.750.000	367.444	383.420	399.396	415.371	431.347
2.800.000	372.674	388.877	405.080	421.283	437.486
2.850.000	377.904	394.334	410.765	427.195	443.626
2.900.000	383.133	399.791	416.449	433.107	449.765
2.950.000	388.363	405.249	422.134	439.019	455.905
3.000.000	**393.593**	410.706	427.819	444.931	**462.044**
3.050.000	398.620	415.951	433.282	450.614	467.945
3.100.000	403.646	421.196	438.746	456.296	473.846
3.150.000	408.673	426.441	444.210	461.978	479.746
3.200.000	413.699	431.686	449.673	467.660	485.647
3.250.000	418.726	436.932	455.137	473.343	491.548
3.300.000	423.753	442.177	460.601	479.025	497.449
3.350.000	428.779	447.422	466.064	484.707	503.350
3.400.000	433.806	452.667	471.528	490.389	509.250
3.450.000	438.832	457.912	476.992	496.072	515.151
3.500.000	**443.859**	463.157	482.456	501.754	**521.052**
3.550.000	448.714	468.223	487.733	507.242	526.751
3.600.000	453.569	473.290	493.010	512.730	532.451
3.650.000	458.424	478.356	498.287	518.219	538.150
3.700.000	463.279	483.422	503.565	523.707	543.850
3.750.000	468.135	488.488	508.842	529.195	549.549
3.800.000	472.990	493.554	514.119	534.684	555.248
3.850.000	477.845	498.620	519.396	540.172	560.948
3.900.000	482.700	503.687	524.674	545.660	566.647
3.950.000	487.555	508.753	529.951	551.149	572.347
4.000.000	**492.410**	513.819	535.228	556.637	**578.046**

Honorartafel zu § 56 Abs. 1 – Technische Ausrüstung Honorarzone III

Anrechenbare Kosten Euro	Basishonorarsatz Euro	Viertelsatz Euro	Mittelsatz Euro	Dreiviertelsatz Euro	Oberer Honorarsatz Euro
5.000	**2.990**	3.094	3.198	3.301	**3.405**
5.500	3.208	3.320	3.431	3.542	3.654
6.000	3.427	3.546	3.665	3.784	3.903
6.500	3.645	3.772	3.898	4.025	4.151
7.000	3.864	3.998	4.132	4.266	4.400
7.500	4.082	4.224	4.366	4.507	4.649
8.000	4.300	4.450	4.599	4.748	4.898
8.500	4.519	4.676	4.833	4.990	5.147
9.000	4.737	4.902	5.066	5.231	5.395
9.500	4.956	5.128	5.300	5.472	5.644
10.000	**5.174**	5.354	5.534	5.713	**5.893**
10.500	5.370	5.556	5.743	5.929	6.116
11.000	5.565	5.759	5.952	6.145	6.339
11.500	5.761	5.961	6.161	6.362	6.562
12.000	5.957	6.164	6.371	6.578	6.785
12.500	6.153	6.366	6.580	6.794	7.008
13.000	6.348	6.569	6.789	7.010	7.230
13.500	6.544	6.771	6.999	7.226	7.453
14.000	6.740	6.974	7.208	7.442	7.676
14.500	6.935	7.176	7.417	7.658	7.899
15.000	**7.131**	7.379	7.627	7.874	**8.122**
16.000	7.486	7.746	8.006	8.266	8.526
17.000	7.841	8.113	8.386	8.658	8.930
18.000	8.196	8.481	8.765	9.050	9.335
19.000	8.551	8.848	9.145	9.442	9.739
20.000	8.906	9.215	9.525	9.834	10.143
21.000	9.261	9.583	9.904	10.226	10.547
22.000	9.616	9.950	10.284	10.618	10.951
23.000	9.971	10.317	10.663	11.009	11.356
24.000	10.326	10.684	11.043	11.401	11.760
25.000	**10.681**	11.052	11.423	11.793	**12.164**
26.000	11.006	11.388	11.770	12.152	12.535
27.000	11.332	11.725	12.118	12.512	12.905
28.000	11.657	12.062	12.466	12.871	13.276
29.000	11.982	12.398	12.814	13.230	13.646
30.000	12.308	12.735	13.162	13.589	14.017
31.000	12.633	13.071	13.510	13.948	14.387
32.000	12.958	13.408	13.858	14.308	14.758
33.000	13.283	13.745	14.206	14.667	15.128
34.000	13.609	14.081	14.554	15.026	15.499

Anrechenbare Kosten Euro	Basishonorarsatz Euro	Viertelsatz Euro	Mittelsatz Euro	Dreiviertelsatz Euro	Oberer Honorarsatz Euro
35.000	**13.934**	14.418	14.902	15.385	**15.869**
36.500	14.387	14.887	15.386	15.886	16.385
38.000	14.840	15.355	15.871	16.386	16.901
39.500	15.293	15.824	16.355	16.886	17.417
41.000	15.746	16.293	16.840	17.386	17.933
42.500	16.200	16.762	17.324	17.887	18.449
44.000	16.653	17.231	17.809	18.387	18.965
45.500	17.106	17.700	18.293	18.887	19.481
47.000	17.559	18.168	18.778	19.387	19.997
48.500	18.012	18.637	19.262	19.888	20.513
50.000	**18.465**	19.106	19.747	20.388	**21.029**
52.500	19.160	19.825	20.491	21.156	21.821
55.000	19.856	20.545	21.234	21.924	22.613
57.500	20.551	21.264	21.978	22.691	23.405
60.000	21.246	21.984	22.721	23.459	24.197
62.500	21.942	22.703	23.465	24.227	24.989
65.000	22.637	23.423	24.209	24.995	25.780
67.500	23.332	24.142	24.952	25.762	26.572
70.000	24.027	24.862	25.696	26.530	27.364
72.500	24.723	25.581	26.439	27.298	28.156
75.000	**25.418**	26.301	27.183	28.066	**28.948**
77.500	26.063	26.967	27.870	28.773	29.676
80.000	26.709	27.633	28.557	29.480	30.404
82.500	27.354	28.299	29.243	30.188	31.132
85.000	28.000	28.965	29.930	30.895	31.860
87.500	28.645	29.631	30.617	31.603	32.589
90.000	29.290	30.297	31.304	32.310	33.317
92.500	29.936	30.963	31.990	33.017	34.045
95.000	30.581	31.629	32.677	33.725	34.773
97.500	31.227	32.295	33.364	34.432	35.501
100.000	**31.872**	32.961	34.051	35.140	**36.229**
105.000	33.065	34.197	35.330	36.462	37.594
110.000	34.258	35.433	36.609	37.784	38.960
115.000	35.450	36.669	37.888	39.107	40.325
120.000	36.643	37.905	39.167	40.429	41.691
125.000	37.836	39.141	40.446	41.751	43.056
130.000	39.029	40.377	41.725	43.073	44.421
135.000	40.222	41.613	43.004	44.396	45.787
140.000	41.414	42.849	44.283	45.718	47.152
145.000	42.607	44.085	45.562	47.040	48.518

Anrechenbare Kosten Euro	Basishonorarsatz Euro	Viertelsatz Euro	Mittelsatz Euro	Dreiviertelsatz Euro	Oberer Honorarsatz Euro
150.000	**43.800**	45.321	46.842	48.362	**49.883**
160.000	45.962	47.558	49.153	50.749	52.345
170.000	48.124	49.795	51.465	53.136	54.807
180.000	50.285	52.031	53.777	55.523	57.269
190.000	52.447	54.268	56.089	57.910	59.731
200.000	54.609	56.505	58.401	60.297	62.194
210.000	56.771	58.742	60.713	62.684	64.656
220.000	58.933	60.979	63.025	65.071	67.118
230.000	61.094	63.216	65.337	67.458	69.580
240.000	63.256	65.453	67.649	69.845	72.042
250.000	**65.418**	67.690	69.961	72.233	**74.504**
275.000	70.193	72.630	75.068	77.505	79.942
300.000	74.968	77.571	80.174	82.777	85.380
325.000	79.743	82.512	85.281	88.050	90.819
350.000	84.518	87.453	90.387	93.322	96.257
375.000	89.293	92.394	95.494	98.595	101.695
400.000	94.068	97.334	100.601	103.867	107.133
425.000	98.843	102.275	105.707	109.139	112.571
450.000	103.618	107.216	110.814	114.412	118.010
475.000	108.393	112.157	115.920	119.684	123.448
500.000	**113.168**	117.098	121.027	124.957	**128.886**
525.000	117.435	121.512	125.590	129.668	133.745
550.000	121.702	125.927	130.153	134.379	138.605
575.000	125.968	130.342	134.716	139.090	143.464
600.000	130.235	134.757	139.279	143.802	148.324
625.000	134.502	139.172	143.843	148.513	153.183
650.000	138.769	143.587	148.406	153.224	158.042
675.000	143.036	148.002	152.969	157.935	162.902
700.000	147.302	152.417	157.532	162.647	167.761
725.000	151.569	156.832	162.095	167.358	172.621
750.000	**155.836**	161.247	166.658	172.069	**177.480**
775.000	159.797	165.346	170.894	176.443	181.991
800.000	163.758	169.445	175.131	180.817	186.503
825.000	167.720	173.543	179.367	185.191	191.014
850.000	171.681	177.642	183.603	189.564	195.526
875.000	175.642	181.741	187.840	193.938	200.037
900.000	179.603	185.840	192.076	198.312	204.548
925.000	183.564	189.938	196.312	202.686	209.060
950.000	187.526	194.037	200.548	207.060	213.571
975.000	191.487	198.136	204.785	211.434	218.083

Anrechenbare Kosten Euro	Basishonorarsatz Euro	Viertelsatz Euro	Mittelsatz Euro	Dreiviertelsatz Euro	Oberer Honorarsatz Euro
1.000.000	**195.448**	202.235	209.021	215.808	**222.594**
1.025.000	199.192	206.109	213.025	219.942	226.858
1.050.000	202.937	209.983	217.030	224.076	231.123
1.075.000	206.681	213.857	221.034	228.210	235.387
1.100.000	210.425	217.732	225.038	232.345	239.651
1.125.000	214.170	221.606	229.043	236.479	243.916
1.150.000	217.914	225.480	233.047	240.613	248.180
1.175.000	221.658	229.355	237.051	244.748	252.444
1.200.000	225.402	233.229	241.055	248.882	256.708
1.225.000	229.147	237.103	245.060	253.016	260.973
1.250.000	**232.891**	240.978	249.064	257.151	**265.237**
1.275.000	236.468	244.679	252.889	261.100	269.311
1.300.000	240.045	248.380	256.715	265.050	273.384
1.325.000	243.622	252.081	260.540	268.999	277.458
1.350.000	247.199	255.782	264.365	272.949	281.532
1.375.000	250.776	259.483	268.191	276.898	285.606
1.400.000	254.352	263.184	272.016	280.848	289.679
1.425.000	257.929	266.885	275.841	284.797	293.753
1.450.000	261.506	270.586	279.666	288.747	297.827
1.475.000	265.083	274.287	283.492	292.696	301.900
1.500.000	**268.660**	277.989	287.317	296.646	**305.974**
1.550.000	275.427	284.991	294.554	304.118	313.681
1.600.000	282.194	291.993	301.791	311.590	321.388
1.650.000	288.961	298.995	309.028	319.062	329.095
1.700.000	295.728	305.997	316.265	326.534	336.802
1.750.000	302.496	312.999	323.502	334.006	344.509
1.800.000	309.263	320.001	330.739	341.478	352.216
1.850.000	316.030	327.003	337.976	348.950	359.923
1.900.000	322.797	334.005	345.213	356.422	367.630
1.950.000	329.564	341.007	352.450	363.894	375.337
2.000.000	**336.331**	348.009	359.688	371.366	**383.044**
2.050.000	342.763	354.664	366.566	378.468	390.369
2.100.000	349.195	361.320	373.445	385.570	397.694
2.150.000	355.627	367.975	380.323	392.671	405.020
2.200.000	362.059	374.630	387.202	399.773	412.345
2.250.000	368.491	381.285	394.080	406.875	419.670
2.300.000	374.922	387.941	400.959	413.977	426.995
2.350.000	381.354	394.596	407.837	421.079	434.320
2.400.000	387.786	401.251	414.716	428.181	441.646
2.450.000	394.218	407.906	421.594	435.283	448.971

Anrechenbare Kosten Euro	Basishonorarsatz Euro	Viertelsatz Euro	Mittelsatz Euro	Dreiviertelsatz Euro	Oberer Honorarsatz Euro
2.500.000	**400.650**	414.562	428.473	442.385	**456.296**
2.550.000	406.789	420.914	435.039	449.163	463.288
2.600.000	412.929	427.267	441.605	455.942	470.280
2.650.000	419.068	433.619	448.170	462.721	477.272
2.700.000	425.208	439.972	454.736	469.500	484.264
2.750.000	431.347	446.324	461.302	476.279	491.257
2.800.000	437.486	452.677	467.868	483.058	498.249
2.850.000	443.626	459.030	474.433	489.837	505.241
2.900.000	449.765	465.382	480.999	496.616	512.233
2.950.000	455.905	471.735	487.565	503.395	519.225
3.000.000	**462.044**	478.087	494.131	510.174	**526.217**
3.050.000	467.945	484.193	500.441	516.689	532.937
3.100.000	473.846	490.299	506.752	523.205	539.658
3.150.000	479.746	496.404	513.062	529.720	546.378
3.200.000	485.647	502.510	519.373	536.235	553.098
3.250.000	491.548	508.616	525.683	542.751	559.819
3.300.000	497.449	514.721	531.994	549.266	566.539
3.350.000	503.350	520.827	538.304	555.782	573.259
3.400.000	509.250	526.933	544.615	562.297	579.979
3.450.000	515.151	533.038	550.925	568.813	586.700
3.500.000	**521.052**	539.144	557.236	575.328	**593.420**
3.550.000	526.751	545.041	563.331	581.621	599.911
3.600.000	532.451	550.939	569.427	587.914	606.402
3.650.000	538.150	556.836	575.522	594.208	612.893
3.700.000	543.850	562.733	581.617	600.501	619.384
3.750.000	549.549	568.631	587.712	606.794	625.876
3.800.000	555.248	574.528	593.808	613.087	632.367
3.850.000	560.948	580.425	599.903	619.380	638.858
3.900.000	566.647	586.323	605.998	625.673	645.349
3.950.000	572.347	592.220	612.093	631.967	651.840
4.000.000	**578.046**	598.117	618.189	638.260	**658.331**

Honorartafel zu Anlage 1.1.2 – Umweltverträglichkeitsstudien Honorarzone I

Fläche ha	Basishonorarsatz Euro	Viertelsatz Euro	Mittelsatz Euro	Dreiviertelsatz Euro	Oberer Honorarsatz Euro
50	**10.176**	10.848	11.519	12.191	**12.862**
55	10.656	11.359	12.062	12.765	13.468
60	11.135	11.870	12.605	13.339	14.074
65	11.615	12.381	13.148	13.914	14.680
70	12.094	12.892	13.690	14.488	15.286
75	12.574	13.404	14.233	15.063	15.893
80	13.054	13.915	14.776	15.637	16.499
85	13.533	14.426	15.319	16.212	17.105
90	14.013	14.937	15.862	16.786	17.711
95	14.492	15.449	16.405	17.361	18.317
100	**14.972**	15.960	16.948	17.935	**18.923**
105	15.369	16.383	17.397	18.411	19.425
110	15.766	16.806	17.846	18.886	19.926
115	16.163	17.229	18.296	19.362	20.428
120	16.560	17.652	18.745	19.837	20.930
125	16.957	18.076	19.194	20.313	21.432
130	17.354	18.499	19.644	20.788	21.933
135	17.751	18.922	20.093	21.264	22.435
140	18.148	19.345	20.542	21.739	22.937
145	18.545	19.768	20.992	22.215	23.438
150	**18.942**	20.192	21.441	22.691	**23.940**
155	19.293	20.566	21.839	23.111	24.384
160	19.644	20.940	22.236	23.532	24.828
165	19.996	21.315	22.634	23.953	25.272
170	20.347	21.689	23.031	24.374	25.716
175	20.698	22.064	23.429	24.795	26.160
180	21.049	22.438	23.827	25.215	26.604
185	21.400	22.812	24.224	25.636	27.048
190	21.752	23.187	24.622	26.057	27.492
195	22.103	23.561	25.019	26.478	27.936
200	**22.454**	23.936	25.417	26.899	**28.380**
210	23.073	24.595	26.118	27.640	29.162
220	23.692	25.255	26.818	28.381	29.945
230	24.311	25.915	27.519	29.123	30.727
240	24.930	26.575	28.220	29.864	31.509
250	25.549	27.235	28.920	30.606	32.292
260	26.168	27.894	29.621	31.347	33.074
270	26.787	28.554	30.322	32.089	33.856
280	27.406	29.214	31.022	32.830	34.638
290	28.025	29.874	31.723	33.572	35.421

Fläche ha	Basishonorarsatz Euro	Viertelsatz Euro	Mittelsatz Euro	Dreiviertelsatz Euro	Oberer Honorarsatz Euro
300	**28.644**	30.534	32.424	34.313	**36.203**
310	29.191	31.117	33.043	34.969	36.895
320	29.739	31.701	33.663	35.624	37.586
330	30.286	32.284	34.282	36.280	38.278
340	30.833	32.867	34.902	36.936	38.970
350	31.381	33.451	35.521	37.591	39.662
360	31.928	34.034	36.141	38.247	40.353
370	32.475	34.618	36.760	38.902	41.045
380	33.022	35.201	37.380	39.558	41.737
390	33.570	35.784	37.999	40.214	42.428
400	**34.117**	36.368	38.619	40.869	**43.120**
410	34.616	36.900	39.184	41.467	43.751
420	35.116	37.432	39.749	42.066	44.382
430	35.615	37.965	40.314	42.664	45.013
440	36.114	38.497	40.879	43.262	45.644
450	36.614	39.029	41.445	43.860	46.276
460	37.113	39.561	42.010	44.458	46.907
470	37.612	40.094	42.575	45.056	47.538
480	38.111	40.626	43.140	45.654	48.169
490	38.611	41.158	43.705	46.253	48.800
500	**39.110**	41.690	44.271	46.851	**49.431**
525	40.220	42.874	45.527	48.181	50.834
550	41.330	44.057	46.784	49.510	52.237
575	42.440	45.240	48.040	50.840	53.640
600	43.550	46.424	49.297	52.170	55.043
625	44.661	47.607	50.553	53.500	56.446
650	45.771	48.790	51.810	54.829	57.849
675	46.881	49.974	53.066	56.159	59.252
700	47.991	51.157	54.323	57.489	60.655
725	49.101	52.340	55.579	58.819	62.058
750	**50.211**	53.524	56.836	60.149	**63.461**
775	51.190	54.567	57.945	61.322	64.699
800	52.170	55.611	59.053	62.495	65.936
825	53.149	56.655	60.162	63.668	67.174
850	54.128	57.699	61.270	64.841	68.412
875	55.108	58.743	62.379	66.014	69.650
900	56.087	59.787	63.487	67.187	70.887
925	57.066	60.831	64.596	68.360	72.125
950	58.045	61.875	65.704	69.533	73.363
975	59.025	62.919	66.813	70.706	74.600

Fläche ha	Basishonorarsatz Euro	Viertelsatz Euro	Mittelsatz Euro	Dreiviertelsatz Euro	Oberer Honorarsatz Euro
1000	**60.004**	63.963	67.921	71.880	**75.838**
1050	61.722	65.794	69.866	73.937	78.009
1100	63.440	67.625	71.810	75.995	80.180
1150	65.157	69.456	73.755	78.053	82.352
1200	66.875	71.287	75.699	80.111	84.523
1250	68.593	73.118	77.644	82.169	86.694
1300	70.311	74.949	79.588	84.227	88.865
1350	72.029	76.781	81.533	86.284	91.036
1400	73.746	78.612	83.477	88.342	93.208
1450	75.464	80.443	85.422	90.400	95.379
1500	**77.182**	82.274	87.366	92.458	**97.550**
1550	78.692	83.883	89.075	94.266	99.458
1600	80.201	85.492	90.784	96.075	101.366
1650	81.711	87.102	92.492	97.883	103.274
1700	83.220	88.711	94.201	99.691	105.182
1750	84.730	90.320	95.910	101.500	107.090
1800	86.240	91.929	97.619	103.308	108.997
1850	87.749	93.538	99.327	105.116	110.905
1900	89.259	95.147	101.036	106.925	112.813
1950	90.768	96.757	102.745	108.733	114.721
2000	**92.278**	98.366	104.454	110.541	**116.629**
2050	93.647	99.825	106.003	112.181	118.359
2100	95.015	101.283	107.552	113.820	120.088
2150	96.384	102.742	109.101	115.459	121.818
2200	97.752	104.201	110.650	117.099	123.547
2250	99.121	105.660	112.199	118.738	125.277
2300	100.489	107.118	113.748	120.377	127.007
2350	101.858	108.577	115.297	122.017	128.736
2400	103.226	110.036	116.846	123.656	130.466
2450	104.595	111.495	118.395	125.295	132.195
2500	**105.963**	112.954	119.944	126.935	**133.925**
2550	107.227	114.300	121.374	128.448	135.522
2600	108.490	115.647	122.805	129.962	137.119
2650	109.754	116.994	124.235	131.475	138.716
2700	111.017	118.341	125.665	132.989	140.313
2750	112.281	119.688	127.095	134.503	141.910
2800	113.544	121.035	128.526	136.016	143.507
2850	114.808	122.382	129.956	137.530	145.104
2900	116.071	123.729	131.386	139.044	146.701
2950	117.335	125.075	132.816	140.557	148.298

Fläche ha	Basishonorarsatz Euro	Viertelsatz Euro	Mittelsatz Euro	Dreiviertelsatz Euro	Oberer Honorarsatz Euro
3000	**118.598**	126.422	134.247	142.071	**149.895**
3100	120.892	128.867	136.843	144.818	152.794
3200	123.185	131.312	139.439	147.566	155.693
3300	125.479	133.757	142.035	150.313	158.591
3400	127.772	136.202	144.631	153.061	161.490
3500	130.066	138.646	147.227	155.808	164.389
3600	132.359	141.091	149.823	158.556	167.288
3700	134.653	143.536	152.420	161.303	170.187
3800	136.946	145.981	155.016	164.051	173.085
3900	139.240	148.426	157.612	166.798	175.984
4000	**141.533**	150.871	160.208	169.546	**178.883**
4100	143.595	153.068	162.541	172.015	181.488
4200	145.656	155.265	164.875	174.484	184.094
4300	147.718	157.463	167.208	176.954	186.699
4400	149.779	159.660	169.542	179.423	189.305
4500	151.841	161.858	171.875	181.893	191.910
4600	153.902	164.055	174.209	184.362	194.515
4700	155.964	166.253	176.542	186.831	197.121
4800	158.025	168.450	178.876	189.301	199.726
4900	160.087	170.648	181.209	191.770	202.332
5000	**162.148**	172.845	183.543	194.240	**204.937**
5100	164.152	174.981	185.811	196.640	207.470
5200	166.156	177.117	188.079	199.041	210.002
5300	168.159	179.253	190.347	201.441	212.535
5400	170.163	181.389	192.615	203.841	215.067
5500	172.167	183.525	194.884	206.242	217.600
5600	174.171	185.661	197.152	208.642	220.133
5700	176.175	187.797	199.420	211.043	222.665
5800	178.178	189.933	201.688	213.443	225.198
5900	180.182	192.069	203.956	215.843	227.730
6000	**182.186**	194.205	206.225	218.244	**230.263**
6100	184.075	196.218	208.362	220.506	232.650
6200	185.963	198.232	210.500	222.769	235.037
6300	187.852	200.245	212.638	225.031	237.424
6400	189.740	202.258	214.776	227.293	239.811
6500	191.629	204.271	216.914	229.556	242.198
6600	193.518	206.284	219.051	231.818	244.585
6700	195.406	208.298	221.189	234.081	246.972
6800	197.295	210.311	223.327	236.343	249.359
6900	199.183	212.324	225.465	238.605	251.746

Fläche ha	Basishonorarsatz Euro	Viertelsatz Euro	Mittelsatz Euro	Dreiviertelsatz Euro	Oberer Honorarsatz Euro
7000	**201.072**	214.337	227.603	240.868	**254.133**
7100	202.811	216.191	229.571	242.951	256.331
7200	204.551	218.046	231.540	245.035	258.530
7300	206.290	219.900	233.509	247.119	260.728
7400	208.030	221.754	235.478	249.202	262.927
7500	209.769	223.608	237.447	251.286	265.125
7600	211.508	225.462	239.416	253.370	267.323
7700	213.248	227.316	241.385	255.453	269.522
7800	214.987	229.170	243.354	257.537	271.720
7900	216.727	231.025	245.323	259.621	273.919
8000	**218.466**	232.879	247.292	261.704	**276.117**
8100	220.059	234.577	249.094	263.612	278.130
8200	221.652	236.274	250.897	265.520	280.143
8300	223.244	237.972	252.700	267.428	282.156
8400	224.837	239.670	254.503	269.336	284.169
8500	226.430	241.368	256.306	271.244	286.182
8600	228.023	243.066	258.109	273.152	288.195
8700	229.616	244.764	259.912	275.060	290.208
8800	231.208	246.462	261.715	276.968	292.221
8900	232.801	248.159	263.518	278.876	294.234
9000	**234.394**	249.857	265.321	280.784	**296.247**
9100	235.904	251.467	267.030	282.592	298.155
9200	237.414	253.076	268.739	284.401	300.064
9300	238.923	254.686	270.448	286.210	301.972
9400	240.433	256.295	272.157	288.018	303.880
9500	241.943	257.904	273.866	289.827	305.789
9600	243.453	259.514	275.575	291.636	307.697
9700	244.963	261.123	277.284	293.444	309.605
9800	246.472	262.733	278.993	295.253	311.513
9900	247.982	264.342	280.702	297.062	313.422
10000	**249.492**	265.952	282.411	298.871	**315.330**

Honorartafel zu Anlage 1.1.2 – Umweltverträglichkeitsstudien Honorarzone II

Fläche ha	Basishonorarsatz Euro	Viertelsatz Euro	Mittelsatz Euro	Dreiviertelsatz Euro	Oberer Honorarsatz Euro
50	**12.862**	13.498	14.134	14.770	**15.406**
55	13.468	14.134	14.800	15.466	16.132
60	14.074	14.770	15.466	16.162	16.858
65	14.680	15.406	16.132	16.858	17.584
70	15.286	16.042	16.798	17.554	18.310
75	15.893	16.678	17.464	18.250	19.036
80	16.499	17.314	18.130	18.946	19.762
85	17.105	17.951	18.796	19.642	20.488
90	17.711	18.587	19.462	20.338	21.214
95	18.317	19.223	20.128	21.034	21.940
100	**18.923**	19.859	20.795	21.730	**22.666**
105	19.425	20.385	21.346	22.306	23.267
110	19.926	20.912	21.897	22.883	23.868
115	20.428	21.438	22.449	23.459	24.469
120	20.930	21.965	23.000	24.035	25.070
125	21.432	22.491	23.551	24.611	25.671
130	21.933	23.018	24.103	25.187	26.272
135	22.435	23.544	24.654	25.763	26.873
140	22.937	24.071	25.205	26.340	27.474
145	23.438	24.597	25.757	26.916	28.075
150	**23.940**	25.124	26.308	27.492	**28.676**
155	24.384	25.590	26.796	28.002	29.208
160	24.828	26.056	27.284	28.512	29.740
165	25.272	26.522	27.772	29.022	30.271
170	25.716	26.988	28.260	29.531	30.803
175	26.160	27.454	28.748	30.041	31.335
180	26.604	27.920	29.235	30.551	31.867
185	27.048	28.386	29.723	31.061	32.399
190	27.492	28.852	30.211	31.571	32.930
195	27.936	29.318	30.699	32.081	33.462
200	**28.380**	29.784	31.187	32.591	**33.994**
210	29.162	30.604	32.047	33.489	34.931
220	29.945	31.425	32.906	34.387	35.868
230	30.727	32.246	33.766	35.285	36.805
240	31.509	33.067	34.626	36.184	37.742
250	32.292	33.888	35.485	37.082	38.679
260	33.074	34.709	36.345	37.980	39.616
270	33.856	35.530	37.205	38.879	40.553
280	34.638	36.351	38.064	39.777	41.490
290	35.421	37.172	38.924	40.675	42.427

Fläche ha	Basishonorarsatz Euro	Viertelsatz Euro	Mittelsatz Euro	Dreiviertelsatz Euro	Oberer Honorarsatz Euro
300	**36.203**	37.993	39.784	41.574	**43.364**
310	36.895	38.719	40.544	42.368	44.193
320	37.586	39.445	41.304	43.162	45.021
330	38.278	40.171	42.064	43.957	45.850
340	38.970	40.897	42.824	44.751	46.678
350	39.662	41.623	43.584	45.545	47.507
360	40.353	42.349	44.344	46.340	48.335
370	41.045	43.075	45.104	47.134	49.164
380	41.737	43.800	45.864	47.928	49.992
390	42.428	44.526	46.624	48.722	50.821
400	**43.120**	45.252	47.385	49.517	**51.649**
410	43.751	45.915	48.078	50.242	52.405
420	44.382	46.577	48.772	50.966	53.161
430	45.013	47.239	49.465	51.691	53.917
440	45.644	47.902	50.159	52.416	54.673
450	46.276	48.564	50.852	53.141	55.429
460	46.907	49.226	51.546	53.865	56.185
470	47.538	49.889	52.239	54.590	56.941
480	48.169	50.551	52.933	55.315	57.697
490	48.800	51.213	53.626	56.040	58.453
500	**49.431**	51.876	54.320	56.765	**59.209**
525	50.834	53.348	55.862	58.376	60.890
550	52.237	54.820	57.404	59.987	62.570
575	53.640	56.293	58.945	61.598	64.251
600	55.043	57.765	60.487	63.209	65.931
625	56.446	59.237	62.029	64.820	67.612
650	57.849	60.710	63.571	66.431	69.292
675	59.252	62.182	65.112	68.042	70.973
700	60.655	63.655	66.654	69.654	72.653
725	62.058	65.127	68.196	71.265	74.334
750	**63.461**	66.599	69.738	72.876	**76.014**
775	64.699	67.898	71.098	74.297	77.497
800	65.936	69.197	72.458	75.718	78.979
825	67.174	70.496	73.818	77.140	80.462
850	68.412	71.795	75.178	78.561	81.944
875	69.650	73.094	76.538	79.982	83.427
900	70.887	74.393	77.898	81.404	84.909
925	72.125	75.692	79.258	82.825	86.392
950	73.363	76.990	80.618	84.246	87.874
975	74.600	78.289	81.978	85.667	89.357

Fläche ha	Basishonorarsatz Euro	Viertelsatz Euro	Mittelsatz Euro	Dreiviertelsatz Euro	Oberer Honorarsatz Euro
1000	**75.838**	79.588	83.339	87.089	**90.839**
1050	78.009	81.867	85.724	89.582	93.440
1100	80.180	84.145	88.110	92.075	96.040
1150	82.352	86.424	90.496	94.569	98.641
1200	84.523	88.703	92.882	97.062	101.242
1250	86.694	90.981	95.268	99.555	103.843
1300	88.865	93.260	97.654	102.049	106.443
1350	91.036	95.538	100.040	104.542	109.044
1400	93.208	97.817	102.426	107.035	111.645
1450	95.379	100.095	104.812	109.529	114.245
1500	**97.550**	102.374	107.198	112.022	**116.846**
1550	99.458	104.376	109.295	114.213	119.131
1600	101.366	106.378	111.391	116.404	121.416
1650	103.274	108.381	113.488	118.595	123.702
1700	105.182	110.383	115.584	120.786	125.987
1750	107.090	112.385	117.681	122.976	128.272
1800	108.997	114.387	119.777	125.167	130.557
1850	110.905	116.390	121.874	127.358	132.842
1900	112.813	118.392	123.970	129.549	135.128
1950	114.721	120.394	126.067	131.740	137.413
2000	**116.629**	122.396	128.164	133.931	**139.698**
2050	118.359	124.211	130.064	135.917	141.770
2100	120.088	126.027	131.965	137.903	143.842
2150	121.818	127.842	133.866	139.890	145.913
2200	123.547	129.657	135.766	141.876	147.985
2250	125.277	131.472	137.667	143.862	150.057
2300	127.007	133.287	139.568	145.848	152.129
2350	128.736	135.102	141.468	147.835	154.201
2400	130.466	136.917	143.369	149.821	156.272
2450	132.195	138.733	145.270	151.807	158.344
2500	**133.925**	140.548	147.171	153.793	**160.416**
2550	135.522	142.224	148.925	155.627	162.329
2600	137.119	143.900	150.680	157.461	164.242
2650	138.716	145.576	152.435	159.295	166.154
2700	140.313	147.252	154.190	161.129	168.067
2750	141.910	148.928	155.945	162.963	169.980
2800	143.507	150.603	157.700	164.796	171.893
2850	145.104	152.279	159.455	166.630	173.806
2900	146.701	153.955	161.210	168.464	175.718
2950	148.298	155.631	162.965	170.298	177.631

Fläche ha	Basishonorarsatz Euro	Viertelsatz Euro	Mittelsatz Euro	Dreiviertelsatz Euro	Oberer Honorarsatz Euro
3000	**149.895**	157.307	164.720	172.132	**179.544**
3100	152.794	160.349	167.905	175.461	183.016
3200	155.693	163.392	171.091	178.789	186.488
3300	158.591	166.434	174.276	182.118	189.961
3400	161.490	169.476	177.462	185.447	193.433
3500	164.389	172.518	180.647	188.776	196.905
3600	167.288	175.560	183.833	192.105	200.377
3700	170.187	178.602	187.018	195.434	203.849
3800	173.085	181.644	190.204	198.763	207.322
3900	175.984	184.687	193.389	202.091	210.794
4000	**178.883**	187.729	196.575	205.420	**214.266**
4100	181.488	190.463	199.438	208.412	217.387
4200	184.094	193.197	202.301	211.404	220.508
4300	186.699	195.932	205.164	214.396	223.628
4400	189.305	198.666	208.027	217.388	226.749
4500	191.910	201.400	210.890	220.380	229.870
4600	194.515	204.134	213.753	223.372	232.991
4700	197.121	206.869	216.616	226.364	236.112
4800	199.726	209.603	219.479	229.356	239.232
4900	202.332	212.337	222.342	232.348	242.353
5000	**204.937**	215.071	225.206	235.340	**245.474**
5100	207.470	217.729	227.989	238.248	248.508
5200	210.002	220.387	230.772	241.156	251.541
5300	212.535	223.045	233.555	244.065	254.575
5400	215.067	225.703	236.338	246.973	257.608
5500	217.600	228.361	239.121	249.882	260.642
5600	220.133	231.018	241.904	252.790	263.676
5700	222.665	233.676	244.687	255.698	266.709
5800	225.198	236.334	247.470	258.607	269.743
5900	227.730	238.992	250.253	261.515	272.776
6000	**230.263**	241.650	253.037	264.423	**275.810**
6100	232.650	244.155	255.660	267.164	278.669
6200	235.037	246.660	258.283	269.905	281.528
6300	237.424	249.165	260.906	272.646	284.387
6400	239.811	251.670	263.529	275.388	287.246
6500	242.198	254.175	266.152	278.129	290.106
6600	244.585	256.680	268.775	280.870	292.965
6700	246.972	259.185	271.398	283.611	295.824
6800	249.359	261.690	274.021	286.352	298.683
6900	251.746	264.195	276.644	289.093	301.542

Fläche ha	Basishonorarsatz Euro	Viertelsatz Euro	Mittelsatz Euro	Dreiviertelsatz Euro	Oberer Honorarsatz Euro
7000	**254.133**	266.700	279.267	291.834	**304.401**
7100	256.331	269.007	281.683	294.359	307.034
7200	258.530	271.314	284.099	296.883	309.668
7300	260.728	273.621	286.515	299.408	312.301
7400	262.927	275.929	288.930	301.932	314.934
7500	265.125	278.236	291.346	304.457	317.568
7600	267.323	280.543	293.762	306.981	320.201
7700	269.522	282.850	296.178	309.506	322.834
7800	271.720	285.157	298.594	312.031	325.467
7900	273.919	287.464	301.010	314.555	328.101
8000	**276.117**	289.771	303.426	317.080	**330.734**
8100	278.130	291.884	305.638	319.391	333.145
8200	280.143	293.996	307.850	321.703	335.556
8300	282.156	296.109	310.062	324.015	337.968
8400	284.169	298.221	312.274	326.326	340.379
8500	286.182	300.334	314.486	328.638	342.790
8600	288.195	302.447	316.698	330.950	345.201
8700	290.208	304.559	318.910	333.261	347.612
8800	292.221	306.672	321.122	335.573	350.024
8900	294.234	308.784	323.334	337.885	352.435
9000	**296.247**	310.897	325.547	340.196	**354.846**
9100	298.155	312.899	327.644	342.388	357.132
9200	300.064	314.902	329.741	344.579	359.418
9300	301.972	316.905	331.838	346.771	361.703
9400	303.880	318.907	333.935	348.962	363.989
9500	305.789	320.910	336.032	351.153	366.275
9600	307.697	322.913	338.129	353.345	368.561
9700	309.605	324.915	340.226	355.536	370.847
9800	311.513	326.918	342.323	357.728	373.132
9900	313.422	328.921	344.420	359.919	375.418
10000	**315.330**	330.924	346.517	362.111	**377.704**

Honorartafel zu Anlage 1.1.2 – Umweltverträglichkeitsstudien Honorarzone III

Fläche ha	Basishonorar-satz Euro	Viertelsatz Euro	Mittelsatz Euro	Dreiviertel-satz Euro	Oberer Honorarsatz Euro
50	**15.406**	16.077	16.749	17.420	**18.091**
55	16.132	16.835	17.538	18.241	18.944
60	16.858	17.593	18.327	19.062	19.796
65	17.584	18.350	19.116	19.883	20.649
70	18.310	19.108	19.906	20.704	21.501
75	19.036	19.866	20.695	21.525	22.354
80	19.762	20.623	21.484	22.345	23.207
85	20.488	21.381	22.274	23.166	24.059
90	21.214	22.138	23.063	23.987	24.912
95	21.940	22.896	23.852	24.808	25.764
100	**22.666**	23.654	24.642	25.629	**26.617**
105	23.267	24.281	25.295	26.309	27.323
110	23.868	24.908	25.948	26.988	28.028
115	24.469	25.535	26.602	27.668	28.734
120	25.070	26.162	27.255	28.347	29.440
125	25.671	26.790	27.908	29.027	30.146
130	26.272	27.417	28.562	29.706	30.851
135	26.873	28.044	29.215	30.386	31.557
140	27.474	28.671	29.868	31.065	32.263
145	28.075	29.298	30.522	31.745	32.968
150	**28.676**	29.926	31.175	32.425	**33.674**
155	29.208	30.480	31.753	33.026	34.299
160	29.740	31.035	32.331	33.627	34.923
165	30.271	31.590	32.909	34.228	35.548
170	30.803	32.145	33.488	34.830	36.172
175	31.335	32.700	34.066	35.431	36.797
180	31.867	33.255	34.644	36.032	37.421
185	32.399	33.810	35.222	36.634	38.046
190	32.930	34.365	35.800	37.235	38.670
195	33.462	34.920	36.378	37.836	39.295
200	**33.994**	35.475	36.957	38.438	**39.919**
210	34.931	36.453	37.975	39.497	41.019
220	35.868	37.431	38.994	40.557	42.120
230	36.805	38.409	40.013	41.616	43.220
240	37.742	39.387	41.031	42.676	44.321
250	38.679	40.365	42.050	43.736	45.421
260	39.616	41.342	43.069	44.795	46.521
270	40.553	42.320	44.087	45.855	47.622
280	41.490	43.298	45.106	46.914	48.722
290	42.427	44.276	46.125	47.974	49.823

Fläche ha	Basishonorarsatz Euro	Viertelsatz Euro	Mittelsatz Euro	Dreiviertelsatz Euro	Oberer Honorarsatz Euro
300	**43.364**	45.254	47.144	49.033	**50.923**
310	44.193	46.118	48.044	49.970	51.896
320	45.021	46.983	48.945	50.907	52.869
330	45.850	47.848	49.846	51.844	53.842
340	46.678	48.712	50.747	52.781	54.815
350	47.507	49.577	51.647	53.718	55.788
360	48.335	50.442	52.548	54.655	56.761
370	49.164	51.306	53.449	55.591	57.734
380	49.992	52.171	54.350	56.528	58.707
390	50.821	53.035	55.250	57.465	59.680
400	**51.649**	53.900	56.151	58.402	**60.653**
410	52.405	54.689	56.973	59.257	61.541
420	53.161	55.478	57.795	60.112	62.428
430	53.917	56.267	58.617	60.966	63.316
440	54.673	57.056	59.438	61.821	64.204
450	55.429	57.845	60.260	62.676	65.092
460	56.185	58.634	61.082	63.531	65.979
470	56.941	59.422	61.904	64.385	66.867
480	57.697	60.211	62.726	65.240	67.755
490	58.453	61.000	63.548	66.095	68.642
500	**59.209**	61.789	64.370	66.950	**69.530**
525	60.890	63.543	66.196	68.850	71.503
550	62.570	65.297	68.023	70.750	73.477
575	64.251	67.050	69.850	72.650	75.450
600	65.931	68.804	71.677	74.550	77.424
625	67.612	70.558	73.504	76.451	79.397
650	69.292	72.312	75.331	78.351	81.370
675	70.973	74.065	77.158	80.251	83.344
700	72.653	75.819	78.985	82.151	85.317
725	74.334	77.573	80.812	84.051	87.291
750	**76.014**	79.327	82.639	85.952	**89.264**
775	77.497	80.874	84.251	87.628	91.005
800	78.979	82.421	85.863	89.304	92.746
825	80.462	83.968	87.474	90.981	94.487
850	81.944	85.515	89.086	92.657	96.228
875	83.427	87.062	90.698	94.333	97.969
900	84.909	88.609	92.310	96.010	99.710
925	86.392	90.156	93.921	97.686	101.451
950	87.874	91.704	95.533	99.363	103.192
975	89.357	93.251	97.145	101.039	104.933

Fläche ha	Basishonorarsatz Euro	Viertelsatz Euro	Mittelsatz Euro	Dreiviertelsatz Euro	Oberer Honorarsatz Euro
1000	**90.839**	94.798	98.757	102.715	**106.674**
1050	93.440	97.512	101.584	105.656	109.728
1100	96.040	100.226	104.411	108.596	112.782
1150	98.641	102.940	107.238	111.537	115.836
1200	101.242	105.654	110.066	114.478	118.890
1250	103.843	108.368	112.893	117.418	121.944
1300	106.443	111.082	115.720	120.359	124.997
1350	109.044	113.796	118.548	123.299	128.051
1400	111.645	116.510	121.375	126.240	131.105
1450	114.245	119.224	124.202	129.181	134.159
1500	**116.846**	121.938	127.030	132.121	**137.213**
1550	119.131	124.323	129.514	134.705	139.897
1600	121.416	126.707	131.998	137.289	142.580
1650	123.702	129.092	134.483	139.873	145.264
1700	125.987	131.477	136.967	142.457	147.947
1750	128.272	133.862	139.452	145.041	150.631
1800	130.557	136.247	141.936	147.625	153.315
1850	132.842	138.631	144.420	150.209	155.998
1900	135.128	141.016	146.905	152.793	158.682
1950	137.413	143.401	149.389	155.377	161.365
2000	**139.698**	145.786	151.874	157.961	**164.049**
2050	141.770	147.948	154.126	160.304	166.482
2100	143.842	150.110	156.378	162.647	168.915
2150	145.913	152.272	158.631	164.989	171.348
2200	147.985	154.434	160.883	167.332	173.781
2250	150.057	156.596	163.135	169.674	176.214
2300	152.129	158.758	165.388	172.017	178.646
2350	154.201	160.920	167.640	174.360	181.079
2400	156.272	163.082	169.892	176.702	183.512
2450	158.344	165.244	172.145	179.045	185.945
2500	**160.416**	167.407	174.397	181.388	**188.378**
2550	162.329	169.403	176.477	183.550	190.624
2600	164.242	171.399	178.556	185.713	192.871
2650	166.154	173.395	180.636	187.876	195.117
2700	168.067	175.391	182.715	190.039	197.363
2750	169.980	177.387	184.795	192.202	199.610
2800	171.893	179.384	186.874	194.365	201.856
2850	173.806	181.380	188.954	196.528	204.102
2900	175.718	183.376	191.033	198.691	206.348
2950	177.631	185.372	193.113	200.854	208.595

Fläche ha	Basishonorarsatz Euro	Viertelsatz Euro	Mittelsatz Euro	Dreiviertelsatz Euro	Oberer Honorarsatz Euro
3000	**179.544**	187.368	195.193	203.017	**210.841**
3100	183.016	190.992	198.967	206.943	214.918
3200	186.488	194.615	202.742	210.869	218.996
3300	189.961	198.239	206.517	214.795	223.073
3400	193.433	201.862	210.292	218.721	227.151
3500	196.905	205.486	214.067	222.647	231.228
3600	200.377	209.109	217.841	226.573	235.305
3700	203.849	212.733	221.616	230.499	239.383
3800	207.322	216.356	225.391	234.426	243.460
3900	210.794	219.980	229.166	238.352	247.538
4000	**214.266**	223.603	232.941	242.278	**251.615**
4100	217.387	226.860	236.333	245.807	255.280
4200	220.508	230.117	239.726	249.335	258.945
4300	223.628	233.374	243.119	252.864	262.609
4400	226.749	236.630	246.512	256.393	266.274
4500	229.870	239.887	249.905	259.922	269.939
4600	232.991	243.144	253.297	263.451	273.604
4700	236.112	246.401	256.690	266.979	277.269
4800	239.232	249.658	260.083	270.508	280.933
4900	242.353	252.914	263.476	274.037	284.598
5000	**245.474**	256.171	266.869	277.566	**288.263**
5100	248.508	259.337	270.167	280.996	291.825
5200	251.541	262.503	273.465	284.426	295.388
5300	254.575	265.669	276.763	287.856	298.950
5400	257.608	268.834	280.061	291.287	302.513
5500	260.642	272.000	283.359	294.717	306.075
5600	263.676	275.166	286.657	298.147	309.637
5700	266.709	278.332	289.955	301.577	313.200
5800	269.743	281.498	293.253	305.007	316.762
5900	272.776	284.663	296.551	308.438	320.325
6000	**275.810**	287.829	299.849	311.868	**323.887**
6100	278.669	290.813	302.957	315.101	327.244
6200	281.528	293.797	306.065	318.333	330.602
6300	284.387	296.780	309.173	321.566	333.959
6400	287.246	299.764	312.282	324.799	337.317
6500	290.106	302.748	315.390	328.032	340.674
6600	292.965	305.731	318.498	331.265	344.031
6700	295.824	308.715	321.606	334.498	347.389
6800	298.683	311.699	324.715	337.730	350.746
6900	301.542	314.682	327.823	340.963	354.104

Fläche ha	Basishonorar-satz Euro	Viertelsatz Euro	Mittelsatz Euro	Dreiviertel-satz Euro	Oberer Honorarsatz Euro
7000	**304.401**	317.666	330.931	344.196	**357.461**
7100	307.034	320.414	333.794	347.174	360.553
7200	309.668	323.162	336.657	350.151	363.646
7300	312.301	325.910	339.519	353.129	366.738
7400	314.934	328.658	342.382	356.106	369.830
7500	317.568	331.406	345.245	359.084	372.923
7600	320.201	334.154	348.108	362.061	376.015
7700	322.834	336.902	350.971	365.039	379.107
7800	325.467	339.650	353.833	368.016	382.199
7900	328.101	342.398	356.696	370.994	385.292
8000	**330.734**	345.147	359.559	373.972	**388.384**
8100	333.145	347.663	362.180	376.698	391.216
8200	335.556	350.179	364.802	379.425	394.047
8300	337.968	352.695	367.423	382.151	396.879
8400	340.379	355.212	370.045	384.878	399.710
8500	342.790	357.728	372.666	387.604	402.542
8600	345.201	360.244	375.287	390.331	405.374
8700	347.612	362.761	377.909	393.057	408.205
8800	350.024	365.277	380.530	395.784	411.037
8900	352.435	367.793	383.152	398.510	413.868
9000	**354.846**	370.310	385.773	401.237	**416.700**
9100	357.132	372.695	388.258	403.821	419.384
9200	359.418	375.080	390.743	406.406	422.068
9300	361.703	377.466	393.228	408.990	424.753
9400	363.989	379.851	395.713	411.575	427.437
9500	366.275	382.237	398.198	414.160	430.121
9600	368.561	384.622	400.683	416.744	432.805
9700	370.847	387.007	403.168	419.329	435.489
9800	373.132	389.393	405.653	421.913	438.174
9900	375.418	391.778	408.138	424.498	440.858
10000	**377.704**	394.164	410.623	427.083	**443.542**

Honorartafel zu Anlage 1.2.3 – Wärmeschutz und Energiebilanzierung Honorarzone I

Anrechenbare Kosten Euro	Basishonorarsatz Euro	Viertelsatz Euro	Mittelsatz Euro	Dreiviertelsatz Euro	Oberer Honorarsatz Euro
250.000	**1.757**	1.824	1.890	1.957	**2.023**
252.500	1.760	1.827	1.894	1.960	2.027
255.000	1.763	1.830	1.897	1.964	2.031
257.500	1.767	1.834	1.901	1.967	2.034
260.000	1.770	1.837	1.904	1.971	2.038
262.500	1.773	1.840	1.908	1.975	2.042
265.000	1.776	1.844	1.911	1.978	2.046
267.500	1.779	1.847	1.915	1.982	2.050
270.000	1.783	1.850	1.918	1.986	2.053
272.500	1.786	1.854	1.922	1.989	2.057
275.000	**1.789**	1.857	1.925	1.993	**2.061**
277.500	1.792	1.860	1.928	1.997	2.065
280.000	1.795	1.864	1.932	2.000	2.068
282.500	1.799	1.867	1.935	2.004	2.072
285.000	1.802	1.870	1.939	2.007	2.075
287.500	1.805	1.874	1.942	2.011	2.079
290.000	1.808	1.877	1.945	2.014	2.083
292.500	1.811	1.880	1.949	2.018	2.086
295.000	1.815	1.883	1.952	2.021	2.090
297.500	1.818	1.887	1.956	2.025	2.093
300.000	**1.821**	1.890	1.959	2.028	**2.097**
305.000	1.827	1.896	1.966	2.035	2.104
310.000	1.833	1.903	1.972	2.042	2.111
315.000	1.840	1.909	1.979	2.049	2.118
320.000	1.846	1.916	1.986	2.056	2.125
325.000	1.852	1.922	1.992	2.062	2.133
330.000	1.858	1.929	1.999	2.069	2.140
335.000	1.864	1.935	2.006	2.076	2.147
340.000	1.871	1.941	2.012	2.083	2.154
345.000	1.877	1.948	2.019	2.090	2.161
350.000	**1.883**	1.954	2.026	2.097	**2.168**
355.000	1.889	1.960	2.032	2.103	2.175
360.000	1.895	1.966	2.038	2.110	2.181
365.000	1.900	1.972	2.044	2.116	2.188
370.000	1.906	1.978	2.051	2.123	2.195
375.000	1.912	1.984	2.057	2.129	2.202
380.000	1.918	1.990	2.063	2.136	2.208
385.000	1.924	1.996	2.069	2.142	2.215
390.000	1.929	2.002	2.076	2.149	2.222
395.000	1.935	2.008	2.082	2.155	2.228

Anrechenbare Kosten Euro	Basishonorarsatz Euro	Viertelsatz Euro	Mittelsatz Euro	Dreiviertelsatz Euro	Oberer Honorarsatz Euro
400.000	**1.941**	2.015	2.088	2.162	**2.235**
410.000	1.952	2.026	2.100	2.174	2.247
420.000	1.963	2.037	2.111	2.186	2.260
430.000	1.973	2.048	2.123	2.198	2.272
440.000	1.984	2.059	2.134	2.210	2.285
450.000	1.995	2.071	2.146	2.222	2.297
460.000	2.006	2.082	2.158	2.234	2.309
470.000	2.017	2.093	2.169	2.246	2.322
480.000	2.027	2.104	2.181	2.258	2.334
490.000	2.038	2.115	2.192	2.270	2.347
500.000	**2.049**	2.127	2.204	2.282	**2.359**
510.000	2.059	2.137	2.214	2.292	2.370
520.000	2.068	2.147	2.225	2.303	2.381
530.000	2.078	2.157	2.235	2.314	2.393
540.000	2.088	2.167	2.246	2.325	2.404
550.000	2.098	2.177	2.256	2.336	2.415
560.000	2.107	2.187	2.267	2.346	2.426
570.000	2.117	2.197	2.277	2.357	2.437
580.000	2.127	2.207	2.288	2.368	2.449
590.000	2.136	2.217	2.298	2.379	2.460
600.000	**2.146**	2.227	2.309	2.390	**2.471**
615.000	2.159	2.240	2.322	2.404	2.486
630.000	2.171	2.254	2.336	2.418	2.500
645.000	2.184	2.267	2.349	2.432	2.515
660.000	2.197	2.280	2.363	2.446	2.529
675.000	2.210	2.293	2.377	2.460	2.544
690.000	2.222	2.306	2.390	2.475	2.559
705.000	2.235	2.319	2.404	2.489	2.573
720.000	2.248	2.333	2.418	2.503	2.588
735.000	2.260	2.346	2.431	2.517	2.602
750.000	**2.273**	2.359	2.445	2.531	**2.617**
775.000	2.290	2.376	2.463	2.550	2.636
800.000	2.306	2.394	2.481	2.568	2.655
825.000	2.323	2.411	2.499	2.587	2.675
850.000	2.340	2.428	2.517	2.605	2.694
875.000	2.357	2.446	2.535	2.624	2.713
900.000	2.373	2.463	2.553	2.642	2.732
925.000	2.390	2.480	2.571	2.661	2.751
950.000	2.407	2.498	2.589	2.680	2.771
975.000	2.423	2.515	2.607	2.698	2.790

Anrechenbare Kosten Euro	Basishonorarsatz Euro	Viertelsatz Euro	Mittelsatz Euro	Dreiviertelsatz Euro	Oberer Honorarsatz Euro
1.000.000	**2.440**	2.532	2.625	2.717	**2.809**
1.025.000	2.471	2.564	2.658	2.751	2.845
1.050.000	2.502	2.596	2.691	2.785	2.880
1.075.000	2.532	2.628	2.724	2.820	2.916
1.100.000	2.563	2.660	2.757	2.854	2.951
1.125.000	2.594	2.692	2.790	2.888	2.987
1.150.000	2.625	2.724	2.823	2.923	3.022
1.175.000	2.656	2.756	2.857	2.957	3.058
1.200.000	2.686	2.788	2.890	2.991	3.093
1.225.000	2.717	2.820	2.923	3.026	3.129
1.250.000	**2.748**	2.852	2.956	3.060	**3.164**
1.275.000	2.778	2.883	2.989	3.094	3.199
1.300.000	2.808	2.915	3.021	3.127	3.234
1.325.000	2.839	2.946	3.054	3.161	3.268
1.350.000	2.869	2.977	3.086	3.195	3.303
1.375.000	2.899	3.009	3.119	3.228	3.338
1.400.000	2.929	3.040	3.151	3.262	3.373
1.425.000	2.959	3.071	3.184	3.296	3.408
1.450.000	2.990	3.103	3.216	3.329	3.442
1.475.000	3.020	3.134	3.249	3.363	3.477
1.500.000	**3.050**	3.166	3.281	3.397	**3.512**
1.550.000	3.109	3.227	3.344	3.462	3.580
1.600.000	3.168	3.288	3.408	3.528	3.648
1.650.000	3.227	3.349	3.471	3.593	3.715
1.700.000	3.286	3.410	3.534	3.659	3.783
1.750.000	3.345	3.471	3.598	3.724	3.851
1.800.000	3.403	3.532	3.661	3.790	3.919
1.850.000	3.462	3.593	3.724	3.856	3.987
1.900.000	3.521	3.655	3.788	3.921	4.054
1.950.000	3.580	3.716	3.851	3.987	4.122
2.000.000	**3.639**	3.777	3.915	4.052	**4.190**
2.050.000	3.696	3.836	3.976	4.116	4.256
2.100.000	3.754	3.896	4.038	4.180	4.322
2.150.000	3.811	3.955	4.100	4.244	4.388
2.200.000	3.869	4.015	4.162	4.308	4.454
2.250.000	3.926	4.075	4.223	4.372	4.521
2.300.000	3.983	4.134	4.285	4.436	4.587
2.350.000	4.041	4.194	4.347	4.500	4.653
2.400.000	4.098	4.253	4.409	4.564	4.719
2.450.000	4.156	4.313	4.470	4.628	4.785

Anrechenbare Kosten Euro	Basishonorarsatz Euro	Viertelsatz Euro	Mittelsatz Euro	Dreiviertelsatz Euro	Oberer Honorarsatz Euro
2.500.000	**4.213**	4.373	4.532	4.692	**4.851**
2.600.000	4.325	4.488	4.652	4.816	4.980
2.700.000	4.436	4.604	4.772	4.940	5.108
2.800.000	4.548	4.720	4.892	5.064	5.237
2.900.000	4.659	4.836	5.012	5.189	5.365
3.000.000	4.771	4.952	5.132	5.313	5.494
3.100.000	4.883	5.067	5.252	5.437	5.622
3.200.000	4.994	5.183	5.372	5.561	5.751
3.300.000	5.106	5.299	5.492	5.686	5.879
3.400.000	5.217	5.415	5.612	5.810	6.008
3.500.000	**5.329**	5.531	5.733	5.934	**6.136**
3.650.000	5.491	5.698	5.906	6.114	6.322
3.800.000	5.652	5.866	6.080	6.294	6.508
3.950.000	5.814	6.034	6.254	6.474	6.694
4.100.000	5.975	6.201	6.428	6.654	6.880
4.250.000	6.137	6.369	6.601	6.834	7.066
4.400.000	6.298	6.537	6.775	7.014	7.252
4.550.000	6.460	6.704	6.949	7.193	7.438
4.700.000	6.621	6.872	7.123	7.373	7.624
4.850.000	6.783	7.039	7.296	7.553	7.810
5.000.000	**6.944**	7.207	7.470	7.733	**7.996**
5.250.000	7.203	7.476	7.748	8.021	8.294
5.500.000	7.462	7.744	8.027	8.310	8.592
5.750.000	7.720	8.013	8.305	8.598	8.890
6.000.000	7.979	8.282	8.584	8.886	9.188
6.250.000	8.238	8.550	8.862	9.174	9.487
6.500.000	8.497	8.819	9.141	9.463	9.785
6.750.000	8.756	9.087	9.419	9.751	10.083
7.000.000	9.014	9.356	9.698	10.039	10.381
7.250.000	9.273	9.625	9.976	10.327	10.679
7.500.000	**9.532**	9.893	10.255	10.616	**10.977**
7.750.000	9.782	10.153	10.524	10.894	11.265
8.000.000	10.032	10.412	10.793	11.173	11.553
8.250.000	10.282	10.672	11.062	11.451	11.841
8.500.000	10.532	10.931	11.331	11.730	12.129
8.750.000	10.783	11.191	11.600	12.008	12.417
9.000.000	11.033	11.451	11.869	12.286	12.704
9.250.000	11.283	11.710	12.138	12.565	12.992
9.500.000	11.533	11.970	12.407	12.843	13.280
9.750.000	11.783	12.229	12.676	13.122	13.568

Anrechenbare Kosten Euro	Basishonorarsatz Euro	Viertelsatz Euro	Mittelsatz Euro	Dreiviertelsatz Euro	Oberer Honorarsatz Euro
10.000.000	**12.033**	12.489	12.945	13.400	**13.856**
10.500.000	12.515	12.989	13.463	13.937	14.411
11.000.000	12.998	13.490	13.982	14.475	14.967
11.500.000	13.480	13.990	14.501	15.012	15.522
12.000.000	13.962	14.491	15.020	15.549	16.078
12.500.000	14.445	14.992	15.539	16.086	16.633
13.000.000	14.927	15.492	16.058	16.623	17.188
13.500.000	15.409	15.993	16.576	17.160	17.744
14.000.000	15.891	16.493	17.095	17.697	18.299
14.500.000	16.374	16.994	17.614	18.234	18.855
15.000.000	**16.856**	17.495	18.133	18.772	**19.410**
15.500.000	17.322	17.978	18.634	19.290	19.947
16.000.000	17.788	18.462	19.136	19.809	20.483
16.500.000	18.254	18.945	19.637	20.328	21.020
17.000.000	18.720	19.429	20.138	20.847	21.556
17.500.000	19.186	19.913	20.640	21.366	22.093
18.000.000	19.652	20.396	21.141	21.885	22.630
18.500.000	20.118	20.880	21.642	22.404	23.166
19.000.000	20.584	21.364	22.143	22.923	23.703
19.500.000	21.050	21.847	22.645	23.442	24.239
20.000.000	**21.516**	22.331	23.146	23.961	**24.776**
20.500.000	21.970	22.802	23.634	24.467	25.299
21.000.000	22.424	23.273	24.123	24.972	25.822
21.500.000	22.878	23.745	24.611	25.478	26.344
22.000.000	23.332	24.216	25.100	25.983	26.867
22.500.000	23.786	24.687	25.588	26.489	27.390
23.000.000	24.240	25.158	26.076	26.995	27.913
23.500.000	24.694	25.629	26.565	27.500	28.436
24.000.000	25.148	26.101	27.053	28.006	28.958
24.500.000	25.602	26.572	27.542	28.511	29.481
25.000.000	**26.056**	27.043	28.030	29.017	**30.004**

Honorartafel zu Anlage 1.2.3 – Wärmeschutz und Energiebilanzierung Honorarzone II

Anrechenbare Kosten Euro	Basishonorarsatz Euro	Viertelsatz Euro	Mittelsatz Euro	Dreiviertelsatz Euro	Oberer Honorarsatz Euro
250.000	**2.023**	2.116	2.209	2.302	**2.395**
252.500	2.027	2.120	2.213	2.306	2.400
255.000	2.031	2.124	2.217	2.311	2.404
257.500	2.034	2.128	2.221	2.315	2.409
260.000	2.038	2.132	2.226	2.319	2.413
262.500	2.042	2.136	2.230	2.324	2.418
265.000	2.046	2.140	2.234	2.328	2.422
267.500	2.050	2.144	2.238	2.332	2.427
270.000	2.053	2.148	2.242	2.337	2.431
272.500	2.057	2.152	2.246	2.341	2.436
275.000	**2.061**	2.156	2.251	2.345	**2.440**
277.500	2.065	2.160	2.255	2.349	2.444
280.000	2.068	2.163	2.259	2.354	2.449
282.500	2.072	2.167	2.263	2.358	2.453
285.000	2.075	2.171	2.267	2.362	2.458
287.500	2.079	2.175	2.271	2.366	2.462
290.000	2.083	2.179	2.275	2.370	2.466
292.500	2.086	2.182	2.279	2.375	2.471
295.000	2.090	2.186	2.283	2.379	2.475
297.500	2.093	2.190	2.287	2.383	2.480
300.000	**2.097**	2.194	2.291	2.387	**2.484**
305.000	2.104	2.201	2.298	2.395	2.492
310.000	2.111	2.209	2.306	2.403	2.501
315.000	2.118	2.216	2.314	2.411	2.509
320.000	2.125	2.223	2.321	2.419	2.517
325.000	2.133	2.231	2.329	2.427	2.526
330.000	2.140	2.238	2.337	2.435	2.534
335.000	2.147	2.246	2.344	2.443	2.542
340.000	2.154	2.253	2.352	2.451	2.550
345.000	2.161	2.260	2.360	2.459	2.559
350.000	**2.168**	2.268	2.368	2.467	**2.567**
355.000	2.175	2.275	2.375	2.475	2.575
360.000	2.181	2.282	2.382	2.483	2.583
365.000	2.188	2.289	2.390	2.490	2.591
370.000	2.195	2.296	2.397	2.498	2.599
375.000	2.202	2.303	2.404	2.506	2.607
380.000	2.208	2.310	2.412	2.513	2.615
385.000	2.215	2.317	2.419	2.521	2.623
390.000	2.222	2.324	2.426	2.529	2.631
395.000	2.228	2.331	2.434	2.536	2.639

Anrechenbare Kosten Euro	Basishonorarsatz Euro	Viertelsatz Euro	Mittelsatz Euro	Dreiviertelsatz Euro	Oberer Honorarsatz Euro
400.000	**2.235**	2.338	2.441	2.544	**2.647**
410.000	2.247	2.351	2.455	2.558	2.662
420.000	2.260	2.364	2.468	2.572	2.676
430.000	2.272	2.377	2.482	2.586	2.691
440.000	2.285	2.390	2.495	2.600	2.705
450.000	2.297	2.403	2.509	2.614	2.720
460.000	2.309	2.416	2.522	2.628	2.735
470.000	2.322	2.429	2.536	2.642	2.749
480.000	2.334	2.442	2.549	2.656	2.764
490.000	2.347	2.455	2.563	2.670	2.778
500.000	**2.359**	2.468	2.576	2.685	**2.793**
510.000	2.370	2.479	2.588	2.697	2.806
520.000	2.381	2.491	2.601	2.710	2.820
530.000	2.393	2.503	2.613	2.723	2.833
540.000	2.404	2.514	2.625	2.736	2.846
550.000	2.415	2.526	2.637	2.748	2.860
560.000	2.426	2.538	2.650	2.761	2.873
570.000	2.437	2.550	2.662	2.774	2.886
580.000	2.449	2.561	2.674	2.787	2.899
590.000	2.460	2.573	2.686	2.799	2.913
600.000	**2.471**	2.585	2.699	2.812	**2.926**
615.000	2.486	2.600	2.714	2.829	2.943
630.000	2.500	2.615	2.730	2.846	2.961
645.000	2.515	2.631	2.746	2.862	2.978
660.000	2.529	2.646	2.762	2.879	2.995
675.000	2.544	2.661	2.778	2.895	3.013
690.000	2.559	2.676	2.794	2.912	3.030
705.000	2.573	2.692	2.810	2.929	3.047
720.000	2.588	2.707	2.826	2.945	3.064
735.000	2.602	2.722	2.842	2.962	3.082
750.000	**2.617**	2.738	2.858	2.979	**3.099**
775.000	2.636	2.758	2.879	3.000	3.122
800.000	2.655	2.778	2.900	3.022	3.145
825.000	2.675	2.798	2.921	3.044	3.167
850.000	2.694	2.818	2.942	3.066	3.190
875.000	2.713	2.838	2.963	3.088	3.213
900.000	2.732	2.858	2.984	3.110	3.236
925.000	2.751	2.878	3.005	3.132	3.259
950.000	2.771	2.898	3.026	3.154	3.281
975.000	2.790	2.918	3.047	3.176	3.304

Anrechenbare Kosten Euro	Basishonorarsatz Euro	Viertelsatz Euro	Mittelsatz Euro	Dreiviertelsatz Euro	Oberer Honorarsatz Euro
1.000.000	**2.809**	2.939	3.068	3.198	**3.327**
1.025.000	2.845	2.976	3.107	3.238	3.369
1.050.000	2.880	3.013	3.146	3.278	3.411
1.075.000	2.916	3.050	3.184	3.319	3.453
1.100.000	2.951	3.087	3.223	3.359	3.495
1.125.000	2.987	3.124	3.262	3.399	3.537
1.150.000	3.022	3.161	3.301	3.440	3.579
1.175.000	3.058	3.198	3.339	3.480	3.621
1.200.000	3.093	3.236	3.378	3.521	3.663
1.225.000	3.129	3.273	3.417	3.561	3.705
1.250.000	**3.164**	3.310	3.456	3.601	**3.747**
1.275.000	3.199	3.346	3.494	3.641	3.788
1.300.000	3.234	3.383	3.532	3.680	3.829
1.325.000	3.268	3.419	3.570	3.720	3.871
1.350.000	3.303	3.455	3.608	3.760	3.912
1.375.000	3.338	3.492	3.646	3.799	3.953
1.400.000	3.373	3.528	3.684	3.839	3.994
1.425.000	3.408	3.565	3.722	3.878	4.035
1.450.000	3.442	3.601	3.760	3.918	4.077
1.475.000	3.477	3.637	3.798	3.958	4.118
1.500.000	**3.512**	3.674	3.836	3.997	**4.159**
1.550.000	3.580	3.745	3.910	4.074	4.239
1.600.000	3.648	3.816	3.984	4.152	4.320
1.650.000	3.715	3.887	4.058	4.229	4.400
1.700.000	3.783	3.957	4.132	4.306	4.480
1.750.000	3.851	4.028	4.206	4.383	4.561
1.800.000	3.919	4.099	4.280	4.460	4.641
1.850.000	3.987	4.170	4.354	4.537	4.721
1.900.000	4.054	4.241	4.428	4.615	4.801
1.950.000	4.122	4.312	4.502	4.692	4.882
2.000.000	**4.190**	4.383	4.576	4.769	**4.962**
2.050.000	4.256	4.452	4.648	4.844	5.040
2.100.000	4.322	4.521	4.720	4.920	5.119
2.150.000	4.388	4.590	4.793	4.995	5.197
2.200.000	4.454	4.660	4.865	5.070	5.275
2.250.000	4.521	4.729	4.937	5.145	5.354
2.300.000	4.587	4.798	5.009	5.221	5.432
2.350.000	4.653	4.867	5.081	5.296	5.510
2.400.000	4.719	4.936	5.154	5.371	5.588
2.450.000	4.785	5.005	5.226	5.446	5.667

Anrechenbare Kosten Euro	Basishonorarsatz Euro	Viertelsatz Euro	Mittelsatz Euro	Dreiviertelsatz Euro	Oberer Honorarsatz Euro
2.500.000	**4.851**	5.075	5.298	5.522	**5.745**
2.600.000	4.980	5.209	5.438	5.668	5.897
2.700.000	5.108	5.343	5.579	5.814	6.049
2.800.000	5.237	5.478	5.719	5.960	6.201
2.900.000	5.365	5.612	5.859	6.106	6.353
3.000.000	5.494	5.747	6.000	6.253	6.506
3.100.000	5.622	5.881	6.140	6.399	6.658
3.200.000	5.751	6.015	6.280	6.545	6.810
3.300.000	5.879	6.150	6.420	6.691	6.962
3.400.000	6.008	6.284	6.561	6.837	7.114
3.500.000	**6.136**	6.419	6.701	6.984	**7.266**
3.650.000	6.322	6.613	6.904	7.195	7.486
3.800.000	6.508	6.808	7.107	7.407	7.707
3.950.000	6.694	7.002	7.310	7.619	7.927
4.100.000	6.880	7.197	7.514	7.830	8.147
4.250.000	7.066	7.391	7.717	8.042	8.368
4.400.000	7.252	7.586	7.920	8.254	8.588
4.550.000	7.438	7.781	8.123	8.466	8.808
4.700.000	7.624	7.975	8.326	8.677	9.028
4.850.000	7.810	8.170	8.529	8.889	9.249
5.000.000	**7.996**	8.364	8.733	9.101	**9.469**
5.250.000	8.294	8.676	9.058	9.440	9.822
5.500.000	8.592	8.988	9.384	9.779	10.175
5.750.000	8.890	9.300	9.709	10.119	10.528
6.000.000	9.188	9.612	10.035	10.458	10.881
6.250.000	9.487	9.923	10.360	10.797	11.234
6.500.000	9.785	10.235	10.686	11.136	11.587
6.750.000	10.083	10.547	11.011	11.476	11.940
7.000.000	10.381	10.859	11.337	11.815	12.293
7.250.000	10.679	11.171	11.662	12.154	12.646
7.500.000	**10.977**	11.483	11.988	12.494	**12.999**
7.750.000	11.265	11.784	12.302	12.821	13.340
8.000.000	11.553	12.085	12.617	13.149	13.681
8.250.000	11.841	12.386	12.931	13.476	14.022
8.500.000	12.129	12.687	13.246	13.804	14.363
8.750.000	12.417	12.988	13.560	14.132	14.704
9.000.000	12.704	13.289	13.874	14.459	15.044
9.250.000	12.992	13.591	14.189	14.787	15.385
9.500.000	13.280	13.892	14.503	15.115	15.726
9.750.000	13.568	14.193	14.818	15.442	16.067

Anrechenbare Kosten Euro	Basishonorarsatz Euro	Viertelsatz Euro	Mittelsatz Euro	Dreiviertelsatz Euro	Oberer Honorarsatz Euro
10.000.000	**13.856**	14.494	15.132	15.770	**16.408**
10.500.000	14.411	15.075	15.739	16.402	17.066
11.000.000	14.967	15.656	16.345	17.034	17.724
11.500.000	15.522	16.237	16.952	17.667	18.381
12.000.000	16.078	16.818	17.558	18.299	19.039
12.500.000	16.633	17.399	18.165	18.931	19.697
13.000.000	17.188	17.980	18.772	19.563	20.355
13.500.000	17.744	18.561	19.378	20.195	21.013
14.000.000	18.299	19.142	19.985	20.828	21.670
14.500.000	18.855	19.723	20.591	21.460	22.328
15.000.000	**19.410**	20.304	21.198	22.092	**22.986**
15.500.000	19.947	20.865	21.784	22.703	23.621
16.000.000	20.483	21.427	22.370	23.313	24.257
16.500.000	21.020	21.988	22.956	23.924	24.892
17.000.000	21.556	22.549	23.542	24.535	25.527
17.500.000	22.093	23.110	24.128	25.145	26.163
18.000.000	22.630	23.672	24.714	25.756	26.798
18.500.000	23.166	24.233	25.300	26.366	27.433
19.000.000	23.703	24.794	25.886	26.977	28.068
19.500.000	24.239	25.355	26.472	27.588	28.704
20.000.000	**24.776**	25.917	27.058	28.198	**29.339**
20.500.000	25.299	26.464	27.629	28.793	29.958
21.000.000	25.822	27.011	28.200	29.388	30.577
21.500.000	26.344	27.557	28.771	29.984	31.197
22.000.000	26.867	28.104	29.342	30.579	31.816
22.500.000	27.390	28.651	29.913	31.174	32.435
23.000.000	27.913	29.198	30.484	31.769	33.054
23.500.000	28.436	29.745	31.055	32.364	33.673
24.000.000	28.958	30.292	31.626	32.959	34.293
24.500.000	29.481	30.839	32.197	33.554	34.912
25.000.000	**30.004**	31.386	32.768	34.149	**35.531**

Honorartafel zu Anlage 1.2.3 – Wärmeschutz und Energiebilanzierung Honorarzone III

Anrechenbare Kosten Euro	Basishonorar-satz Euro	Viertelsatz Euro	Mittelsatz Euro	Dreiviertel-satz Euro	Oberer Honorarsatz Euro
250.000	**2.395**	2.528	2.662	2.795	**2.928**
252.500	2.400	2.533	2.666	2.800	2.933
255.000	2.404	2.538	2.671	2.805	2.939
257.500	2.409	2.542	2.676	2.810	2.944
260.000	2.413	2.547	2.681	2.815	2.950
262.500	2.418	2.552	2.686	2.821	2.955
265.000	2.422	2.557	2.691	2.826	2.960
267.500	2.427	2.561	2.696	2.831	2.966
270.000	2.431	2.566	2.701	2.836	2.971
272.500	2.436	2.571	2.706	2.841	2.977
275.000	**2.440**	2.576	2.711	2.847	**2.982**
277.500	2.444	2.580	2.716	2.852	2.987
280.000	2.449	2.585	2.721	2.857	2.993
282.500	2.453	2.589	2.726	2.862	2.998
285.000	2.458	2.594	2.731	2.867	3.004
287.500	2.462	2.599	2.736	2.872	3.009
290.000	2.466	2.603	2.740	2.877	3.014
292.500	2.471	2.608	2.745	2.883	3.020
295.000	2.475	2.613	2.750	2.888	3.025
297.500	2.480	2.617	2.755	2.893	3.031
300.000	**2.484**	2.622	2.760	2.898	**3.036**
305.000	2.492	2.631	2.769	2.908	3.046
310.000	2.501	2.640	2.779	2.917	3.056
315.000	2.509	2.648	2.788	2.927	3.067
320.000	2.517	2.657	2.797	2.937	3.077
325.000	2.526	2.666	2.806	2.947	3.087
330.000	2.534	2.675	2.816	2.956	3.097
335.000	2.542	2.683	2.825	2.966	3.107
340.000	2.550	2.692	2.834	2.976	3.118
345.000	2.559	2.701	2.843	2.986	3.128
350.000	**2.567**	2.710	2.853	2.995	**3.138**
355.000	2.575	2.718	2.861	3.005	3.148
360.000	2.583	2.727	2.870	3.014	3.157
365.000	2.591	2.735	2.879	3.023	3.167
370.000	2.599	2.743	2.888	3.032	3.177
375.000	2.607	2.752	2.897	3.042	3.187
380.000	2.615	2.760	2.906	3.051	3.196
385.000	2.623	2.769	2.914	3.060	3.206
390.000	2.631	2.777	2.923	3.069	3.216
395.000	2.639	2.786	2.932	3.079	3.225

Anrechenbare Kosten Euro	Basishonorarsatz Euro	Viertelsatz Euro	Mittelsatz Euro	Dreiviertelsatz Euro	Oberer Honorarsatz Euro
400.000	**2.647**	2.794	2.941	3.088	**3.235**
410.000	2.662	2.809	2.957	3.105	3.253
420.000	2.676	2.825	2.974	3.122	3.271
430.000	2.691	2.840	2.990	3.139	3.289
440.000	2.705	2.856	3.006	3.156	3.307
450.000	2.720	2.871	3.022	3.173	3.325
460.000	2.735	2.887	3.039	3.190	3.342
470.000	2.749	2.902	3.055	3.208	3.360
480.000	2.764	2.917	3.071	3.225	3.378
490.000	2.778	2.933	3.087	3.242	3.396
500.000	**2.793**	2.948	3.104	3.259	**3.414**
510.000	2.806	2.962	3.118	3.274	3.430
520.000	2.820	2.976	3.133	3.290	3.446
530.000	2.833	2.990	3.148	3.305	3.463
540.000	2.846	3.004	3.163	3.321	3.479
550.000	2.860	3.018	3.177	3.336	3.495
560.000	2.873	3.032	3.192	3.352	3.511
570.000	2.886	3.046	3.207	3.367	3.527
580.000	2.899	3.060	3.222	3.383	3.544
590.000	2.913	3.074	3.236	3.398	3.560
600.000	**2.926**	3.089	3.251	3.414	**3.576**
615.000	2.943	3.107	3.270	3.434	3.597
630.000	2.961	3.125	3.290	3.454	3.618
645.000	2.978	3.143	3.309	3.474	3.640
660.000	2.995	3.162	3.328	3.494	3.661
675.000	3.013	3.180	3.347	3.515	3.682
690.000	3.030	3.198	3.367	3.535	3.703
705.000	3.047	3.216	3.386	3.555	3.724
720.000	3.064	3.235	3.405	3.575	3.746
735.000	3.082	3.253	3.424	3.596	3.767
750.000	**3.099**	3.271	3.444	3.616	**3.788**
775.000	3.122	3.295	3.469	3.642	3.816
800.000	3.145	3.319	3.494	3.669	3.844
825.000	3.167	3.343	3.519	3.695	3.871
850.000	3.190	3.367	3.545	3.722	3.899
875.000	3.213	3.392	3.570	3.749	3.927
900.000	3.236	3.416	3.595	3.775	3.955
925.000	3.259	3.440	3.621	3.802	3.983
950.000	3.281	3.464	3.646	3.828	4.010
975.000	3.304	3.488	3.671	3.855	4.038

Anrechenbare Kosten Euro	Basishonorarsatz Euro	Viertelsatz Euro	Mittelsatz Euro	Dreiviertelsatz Euro	Oberer Honorarsatz Euro
1.000.000	**3.327**	3.512	3.697	3.881	**4.066**
1.025.000	3.369	3.556	3.743	3.930	4.117
1.050.000	3.411	3.600	3.790	3.979	4.169
1.075.000	3.453	3.645	3.836	4.028	4.220
1.100.000	3.495	3.689	3.883	4.077	4.271
1.125.000	3.537	3.733	3.930	4.126	4.323
1.150.000	3.579	3.778	3.976	4.175	4.374
1.175.000	3.621	3.822	4.023	4.224	4.425
1.200.000	3.663	3.866	4.070	4.273	4.476
1.225.000	3.705	3.911	4.116	4.322	4.528
1.250.000	**3.747**	3.955	4.163	4.371	**4.579**
1.275.000	3.788	3.999	4.209	4.419	4.629
1.300.000	3.829	4.042	4.255	4.467	4.680
1.325.000	3.871	4.086	4.300	4.515	4.730
1.350.000	3.912	4.129	4.346	4.563	4.781
1.375.000	3.953	4.173	4.392	4.612	4.831
1.400.000	3.994	4.216	4.438	4.660	4.881
1.425.000	4.035	4.260	4.484	4.708	4.932
1.450.000	4.077	4.303	4.529	4.756	4.982
1.475.000	4.118	4.347	4.575	4.804	5.033
1.500.000	**4.159**	4.390	4.621	4.852	**5.083**
1.550.000	4.239	4.475	4.710	4.946	5.181
1.600.000	4.320	4.560	4.800	5.039	5.279
1.650.000	4.400	4.644	4.889	5.133	5.378
1.700.000	4.480	4.729	4.978	5.227	5.476
1.750.000	4.561	4.814	5.067	5.321	5.574
1.800.000	4.641	4.899	5.157	5.414	5.672
1.850.000	4.721	4.983	5.246	5.508	5.770
1.900.000	4.801	5.068	5.335	5.602	5.869
1.950.000	4.882	5.153	5.424	5.696	5.967
2.000.000	**4.962**	5.238	5.514	5.789	**6.065**
2.050.000	5.040	5.320	5.601	5.881	6.161
2.100.000	5.119	5.403	5.688	5.972	6.256
2.150.000	5.197	5.486	5.775	6.063	6.352
2.200.000	5.275	5.568	5.862	6.155	6.448
2.250.000	5.354	5.651	5.949	6.246	6.544
2.300.000	5.432	5.734	6.036	6.337	6.639
2.350.000	5.510	5.816	6.123	6.429	6.735
2.400.000	5.588	5.899	6.210	6.520	6.831
2.450.000	5.667	5.982	6.297	6.611	6.926

Anrechenbare Kosten Euro	Basishonorarsatz Euro	Viertelsatz Euro	Mittelsatz Euro	Dreiviertelsatz Euro	Oberer Honorarsatz Euro
2.500.000	**5.745**	6.064	6.384	6.703	**7.022**
2.600.000	5.897	6.225	6.553	6.880	7.208
2.700.000	6.049	6.385	6.722	7.058	7.394
2.800.000	6.201	6.546	6.891	7.235	7.580
2.900.000	6.353	6.706	7.060	7.413	7.766
3.000.000	6.506	6.867	7.229	7.590	7.952
3.100.000	6.658	7.028	7.398	7.767	8.137
3.200.000	6.810	7.188	7.567	7.945	8.323
3.300.000	6.962	7.349	7.736	8.122	8.509
3.400.000	7.114	7.509	7.905	8.300	8.695
3.500.000	**7.266**	7.670	8.074	8.477	**8.881**
3.650.000	7.486	7.902	8.318	8.734	9.150
3.800.000	7.707	8.135	8.563	8.991	9.419
3.950.000	7.927	8.367	8.808	9.248	9.689
4.100.000	8.147	8.600	9.053	9.505	9.958
4.250.000	8.368	8.832	9.297	9.762	10.227
4.400.000	8.588	9.065	9.542	10.019	10.496
4.550.000	8.808	9.297	9.787	10.276	10.765
4.700.000	9.028	9.530	10.032	10.533	11.035
4.850.000	9.249	9.762	10.276	10.790	11.304
5.000.000	**9.469**	9.995	10.521	11.047	**11.573**
5.250.000	9.822	10.368	10.913	11.459	12.004
5.500.000	10.175	10.740	11.305	11.871	12.436
5.750.000	10.528	11.113	11.698	12.282	12.867
6.000.000	10.881	11.485	12.090	12.694	13.299
6.250.000	11.234	11.858	12.482	13.106	13.730
6.500.000	11.587	12.231	12.874	13.518	14.161
6.750.000	11.940	12.603	13.266	13.930	14.593
7.000.000	12.293	12.976	13.659	14.341	15.024
7.250.000	12.646	13.348	14.051	14.753	15.456
7.500.000	**12.999**	13.721	14.443	15.165	**15.887**
7.750.000	13.340	14.081	14.822	15.563	16.304
8.000.000	13.681	14.441	15.201	15.961	16.721
8.250.000	14.022	14.801	15.580	16.358	17.137
8.500.000	14.363	15.161	15.958	16.756	17.554
8.750.000	14.704	15.520	16.337	17.154	17.971
9.000.000	15.044	15.880	16.716	17.552	18.388
9.250.000	15.385	16.240	17.095	17.950	18.805
9.500.000	15.726	16.600	17.474	18.348	19.221
9.750.000	16.067	16.960	17.853	18.745	19.638

Anrechenbare Kosten Euro	Basishonorar-satz Euro	Viertelsatz Euro	Mittelsatz Euro	Dreiviertel-satz Euro	Oberer Honorarsatz Euro
10.000.000	**16.408**	17.320	18.232	19.143	**20.055**
10.500.000	17.066	18.014	18.962	19.911	20.859
11.000.000	17.724	18.708	19.693	20.678	21.663
11.500.000	18.381	19.403	20.424	21.445	22.467
12.000.000	19.039	20.097	21.155	22.213	23.271
12.500.000	19.697	20.791	21.886	22.980	24.075
13.000.000	20.355	21.486	22.617	23.748	24.878
13.500.000	21.013	22.180	23.347	24.515	25.682
14.000.000	21.670	22.874	24.078	25.282	26.486
14.500.000	22.328	23.569	24.809	26.050	27.290
15.000.000	**22.986**	24.263	25.540	26.817	**28.094**
15.500.000	23.621	24.934	26.246	27.558	28.871
16.000.000	24.257	25.604	26.952	28.299	29.647
16.500.000	24.892	26.275	27.658	29.041	30.424
17.000.000	25.527	26.945	28.364	29.782	31.200
17.500.000	26.163	27.616	29.070	30.523	31.977
18.000.000	26.798	28.287	29.775	31.264	32.753
18.500.000	27.433	28.957	30.481	32.005	33.530
19.000.000	28.068	29.628	31.187	32.747	34.306
19.500.000	28.704	30.298	31.893	33.488	35.083
20.000.000	**29.339**	30.969	32.599	34.229	**35.859**
20.500.000	29.958	31.623	33.287	34.951	36.616
21.000.000	30.577	32.276	33.975	35.674	37.373
21.500.000	31.197	32.930	34.663	36.396	38.129
22.000.000	31.816	33.583	35.351	37.119	38.886
22.500.000	32.435	34.237	36.039	37.841	39.643
23.000.000	33.054	34.891	36.727	38.563	40.400
23.500.000	33.673	35.544	37.415	39.286	41.157
24.000.000	34.293	36.198	38.103	40.008	41.913
24.500.000	34.912	36.851	38.791	40.731	42.670
25.000.000	**35.531**	37.505	39.479	41.453	**43.427**

Honorartafel zu Anlage 1.2.3 – Wärmeschutz und Energiebilanzierung Honorarzone IV

Anrechenbare Kosten Euro	Basishonorarsatz Euro	Viertelsatz Euro	Mittelsatz Euro	Dreiviertelsatz Euro	Oberer Honorarsatz Euro
250.000	**2.928**	3.021	3.114	3.207	**3.300**
252.500	2.933	3.027	3.120	3.213	3.306
255.000	2.939	3.032	3.126	3.219	3.312
257.500	2.944	3.038	3.131	3.225	3.319
260.000	2.950	3.043	3.137	3.231	3.325
262.500	2.955	3.049	3.143	3.237	3.331
265.000	2.960	3.055	3.149	3.243	3.337
267.500	2.966	3.060	3.155	3.249	3.343
270.000	2.971	3.066	3.160	3.255	3.350
272.500	2.977	3.071	3.166	3.261	3.356
275.000	**2.982**	3.077	3.172	3.267	**3.362**
277.500	2.987	3.083	3.178	3.273	3.368
280.000	2.993	3.088	3.183	3.279	3.374
282.500	2.998	3.094	3.189	3.285	3.380
285.000	3.004	3.099	3.195	3.290	3.386
287.500	3.009	3.105	3.201	3.296	3.392
290.000	3.014	3.110	3.206	3.302	3.398
292.500	3.020	3.116	3.212	3.308	3.404
295.000	3.025	3.121	3.218	3.314	3.410
297.500	3.031	3.127	3.223	3.320	3.416
300.000	**3.036**	3.133	3.229	3.326	**3.422**
305.000	3.046	3.143	3.240	3.337	3.434
310.000	3.056	3.154	3.251	3.348	3.445
315.000	3.067	3.164	3.262	3.359	3.457
320.000	3.077	3.175	3.272	3.370	3.468
325.000	3.087	3.185	3.283	3.381	3.480
330.000	3.097	3.196	3.294	3.393	3.491
335.000	3.107	3.206	3.305	3.404	3.503
340.000	3.118	3.217	3.316	3.415	3.514
345.000	3.128	3.227	3.327	3.426	3.526
350.000	**3.138**	3.238	3.338	3.437	**3.537**
355.000	3.148	3.248	3.348	3.448	3.548
360.000	3.157	3.258	3.358	3.458	3.559
365.000	3.167	3.268	3.368	3.469	3.570
370.000	3.177	3.278	3.379	3.480	3.581
375.000	3.187	3.288	3.389	3.490	3.592
380.000	3.196	3.298	3.399	3.501	3.602
385.000	3.206	3.308	3.410	3.511	3.613
390.000	3.216	3.318	3.420	3.522	3.624
395.000	3.225	3.328	3.430	3.533	3.635

Anrechenbare Kosten Euro	Basishonorar-satz Euro	Viertelsatz Euro	Mittelsatz Euro	Dreiviertel-satz Euro	Oberer Honorarsatz Euro
400.000	**3.235**	3.338	3.441	3.543	**3.646**
410.000	3.253	3.356	3.460	3.563	3.666
420.000	3.271	3.375	3.479	3.583	3.687
430.000	3.289	3.393	3.498	3.602	3.707
440.000	3.307	3.412	3.517	3.622	3.727
450.000	3.325	3.430	3.536	3.642	3.748
460.000	3.342	3.449	3.555	3.661	3.768
470.000	3.360	3.467	3.574	3.681	3.788
480.000	3.378	3.486	3.593	3.701	3.808
490.000	3.396	3.504	3.612	3.721	3.829
500.000	**3.414**	3.523	3.632	3.740	**3.849**
510.000	3.430	3.539	3.649	3.758	3.867
520.000	3.446	3.556	3.666	3.776	3.885
530.000	3.463	3.573	3.683	3.793	3.904
540.000	3.479	3.590	3.700	3.811	3.922
550.000	3.495	3.606	3.718	3.829	3.940
560.000	3.511	3.623	3.735	3.846	3.958
570.000	3.527	3.640	3.752	3.864	3.976
580.000	3.544	3.656	3.769	3.882	3.995
590.000	3.560	3.673	3.786	3.900	4.013
600.000	**3.576**	3.690	3.804	3.917	**4.031**
615.000	3.597	3.712	3.826	3.940	4.055
630.000	3.618	3.734	3.849	3.964	4.079
645.000	3.640	3.755	3.871	3.987	4.103
660.000	3.661	3.777	3.894	4.010	4.127
675.000	3.682	3.799	3.916	4.033	4.151
690.000	3.703	3.821	3.939	4.057	4.174
705.000	3.724	3.843	3.961	4.080	4.198
720.000	3.746	3.865	3.984	4.103	4.222
735.000	3.767	3.887	4.006	4.126	4.246
750.000	**3.788**	3.909	4.029	4.150	**4.270**
775.000	3.816	3.937	4.059	4.180	4.301
800.000	3.844	3.966	4.088	4.210	4.333
825.000	3.871	3.995	4.118	4.241	4.364
850.000	3.899	4.023	4.147	4.271	4.395
875.000	3.927	4.052	4.177	4.302	4.427
900.000	3.955	4.081	4.206	4.332	4.458
925.000	3.983	4.109	4.236	4.362	4.489
950.000	4.010	4.138	4.265	4.393	4.520
975.000	4.038	4.167	4.295	4.423	4.552

Anrechenbare Kosten Euro	Basishonorarsatz Euro	Viertelsatz Euro	Mittelsatz Euro	Dreiviertelsatz Euro	Oberer Honorarsatz Euro
1.000.000	**4.066**	4.195	4.325	4.454	**4.583**
1.025.000	4.117	4.248	4.379	4.510	4.641
1.050.000	4.169	4.301	4.434	4.566	4.699
1.075.000	4.220	4.354	4.488	4.623	4.757
1.100.000	4.271	4.407	4.543	4.679	4.815
1.125.000	4.323	4.460	4.598	4.735	4.873
1.150.000	4.374	4.513	4.652	4.791	4.930
1.175.000	4.425	4.566	4.707	4.848	4.988
1.200.000	4.476	4.619	4.761	4.904	5.046
1.225.000	4.528	4.672	4.816	4.960	5.104
1.250.000	**4.579**	4.725	4.871	5.016	**5.162**
1.275.000	4.629	4.777	4.924	5.071	5.219
1.300.000	4.680	4.829	4.978	5.127	5.276
1.325.000	4.730	4.881	5.031	5.182	5.332
1.350.000	4.781	4.933	5.085	5.237	5.389
1.375.000	4.831	4.985	5.139	5.292	5.446
1.400.000	4.881	5.037	5.192	5.347	5.503
1.425.000	4.932	5.089	5.246	5.403	5.560
1.450.000	4.982	5.141	5.299	5.458	5.616
1.475.000	5.033	5.193	5.353	5.513	5.673
1.500.000	**5.083**	5.245	5.407	5.568	**5.730**
1.550.000	5.181	5.346	5.511	5.676	5.841
1.600.000	5.279	5.447	5.615	5.783	5.951
1.650.000	5.378	5.549	5.720	5.891	6.062
1.700.000	5.476	5.650	5.824	5.999	6.173
1.750.000	5.574	5.751	5.929	6.106	6.284
1.800.000	5.672	5.853	6.033	6.214	6.394
1.850.000	5.770	5.954	6.138	6.321	6.505
1.900.000	5.869	6.055	6.242	6.429	6.616
1.950.000	5.967	6.157	6.347	6.536	6.726
2.000.000	**6.065**	6.258	6.451	6.644	**6.837**
2.050.000	6.161	6.357	6.553	6.749	6.945
2.100.000	6.256	6.456	6.655	6.854	7.053
2.150.000	6.352	6.554	6.756	6.959	7.161
2.200.000	6.448	6.653	6.858	7.063	7.269
2.250.000	6.544	6.752	6.960	7.168	7.377
2.300.000	6.639	6.851	7.062	7.273	7.484
2.350.000	6.735	6.949	7.164	7.378	7.592
2.400.000	6.831	7.048	7.265	7.483	7.700
2.450.000	6.926	7.147	7.367	7.588	7.808

Anrechenbare Kosten Euro	Basishonorarsatz Euro	Viertelsatz Euro	Mittelsatz Euro	Dreiviertelsatz Euro	Oberer Honorarsatz Euro
2.500.000	**7.022**	7.246	7.469	7.693	**7.916**
2.600.000	7.208	7.437	7.667	7.896	8.126
2.700.000	7.394	7.629	7.865	8.100	8.335
2.800.000	7.580	7.821	8.062	8.304	8.545
2.900.000	7.766	8.013	8.260	8.507	8.754
3.000.000	7.952	8.205	8.458	8.711	8.964
3.100.000	8.137	8.396	8.656	8.915	9.174
3.200.000	8.323	8.588	8.853	9.118	9.383
3.300.000	8.509	8.780	9.051	9.322	9.593
3.400.000	8.695	8.972	9.249	9.526	9.802
3.500.000	**8.881**	9.164	9.447	9.729	**10.012**
3.650.000	9.150	9.442	9.733	10.024	10.315
3.800.000	9.419	9.719	10.019	10.319	10.619
3.950.000	9.689	9.997	10.305	10.614	10.922
4.100.000	9.958	10.275	10.592	10.909	11.226
4.250.000	10.227	10.553	10.878	11.204	11.529
4.400.000	10.496	10.830	11.164	11.498	11.832
4.550.000	10.765	11.108	11.451	11.793	12.136
4.700.000	11.035	11.386	11.737	12.088	12.439
4.850.000	11.304	11.664	12.023	12.383	12.743
5.000.000	**11.573**	11.941	12.310	12.678	**13.046**
5.250.000	12.004	12.386	12.768	13.150	13.532
5.500.000	12.436	12.832	13.227	13.623	14.019
5.750.000	12.867	13.277	13.686	14.095	14.505
6.000.000	13.299	13.722	14.145	14.568	14.991
6.250.000	13.730	14.167	14.604	15.041	15.478
6.500.000	14.161	14.612	15.063	15.513	15.964
6.750.000	14.593	15.057	15.521	15.986	16.450
7.000.000	15.024	15.502	15.980	16.458	16.936
7.250.000	15.456	15.947	16.439	16.931	17.423
7.500.000	**15.887**	16.393	16.898	17.404	**17.909**
7.750.000	16.304	16.823	17.341	17.860	18.379
8.000.000	16.721	17.253	17.785	18.317	18.849
8.250.000	17.137	17.683	18.228	18.773	19.318
8.500.000	17.554	18.113	18.671	19.230	19.788
8.750.000	17.971	18.543	19.115	19.686	20.258
9.000.000	18.388	18.973	19.558	20.143	20.728
9.250.000	18.805	19.403	20.001	20.599	21.198
9.500.000	19.221	19.833	20.444	21.056	21.667
9.750.000	19.638	20.263	20.888	21.512	22.137

Anrechenbare Kosten Euro	Basishonorarsatz Euro	Viertelsatz Euro	Mittelsatz Euro	Dreiviertelsatz Euro	Oberer Honorarsatz Euro
10.000.000	**20.055**	20.693	21.331	21.969	**22.607**
10.500.000	20.859	21.523	22.186	22.850	23.513
11.000.000	21.663	22.352	23.041	23.730	24.420
11.500.000	22.467	23.182	23.896	24.611	25.326
12.000.000	23.271	24.011	24.751	25.492	26.232
12.500.000	24.075	24.841	25.607	26.373	27.139
13.000.000	24.878	25.670	26.462	27.253	28.045
13.500.000	25.682	26.500	27.317	28.134	28.951
14.000.000	26.486	27.329	28.172	29.015	29.857
14.500.000	27.290	28.159	29.027	29.895	30.764
15.000.000	**28.094**	28.988	29.882	30.776	**31.670**
15.500.000	28.871	29.789	30.708	31.627	32.545
16.000.000	29.647	30.590	31.534	32.477	33.421
16.500.000	30.424	31.392	32.360	33.328	34.296
17.000.000	31.200	32.193	33.186	34.178	35.171
17.500.000	31.977	32.994	34.012	35.029	36.047
18.000.000	32.753	33.795	34.837	35.880	36.922
18.500.000	33.530	34.596	35.663	36.730	37.797
19.000.000	34.306	35.398	36.489	37.581	38.672
19.500.000	35.083	36.199	37.315	38.431	39.548
20.000.000	**35.859**	37.000	38.141	39.282	**40.423**
20.500.000	36.616	37.781	38.946	40.111	41.276
21.000.000	37.373	38.562	39.751	40.940	42.129
21.500.000	38.129	39.343	40.556	41.769	42.982
22.000.000	38.886	40.124	41.361	42.598	43.835
22.500.000	39.643	40.904	42.166	43.427	44.689
23.000.000	40.400	41.685	42.971	44.256	45.542
23.500.000	41.157	42.466	43.776	45.085	46.395
24.000.000	41.913	43.247	44.581	45.914	47.248
24.500.000	42.670	44.028	45.386	46.743	48.101
25.000.000	**43.427**	44.809	46.191	47.572	**48.954**

Honorartafel zu Anlage 1.2.3 – Wärmeschutz und Energiebilanzierung Honorarzone V

Anrechenbare Kosten Euro	Basishonorarsatz Euro	Viertelsatz Euro	Mittelsatz Euro	Dreiviertelsatz Euro	Oberer Honorarsatz Euro
250.000	**3.300**	3.367	3.433	3.500	**3.566**
252.500	3.306	3.373	3.439	3.506	3.573
255.000	3.312	3.379	3.446	3.513	3.579
257.500	3.319	3.385	3.452	3.519	3.586
260.000	3.325	3.392	3.459	3.526	3.593
262.500	3.331	3.398	3.465	3.532	3.600
265.000	3.337	3.404	3.472	3.539	3.606
267.500	3.343	3.411	3.478	3.546	3.613
270.000	3.350	3.417	3.485	3.552	3.620
272.500	3.356	3.423	3.491	3.559	3.626
275.000	**3.362**	3.430	3.498	3.565	**3.633**
277.500	3.368	3.436	3.504	3.572	3.640
280.000	3.374	3.442	3.510	3.578	3.646
282.500	3.380	3.448	3.516	3.584	3.653
285.000	3.386	3.454	3.523	3.591	3.659
287.500	3.392	3.460	3.529	3.597	3.666
290.000	3.398	3.467	3.535	3.604	3.672
292.500	3.404	3.473	3.541	3.610	3.679
295.000	3.410	3.479	3.548	3.616	3.685
297.500	3.416	3.485	3.554	3.623	3.692
300.000	**3.422**	3.491	3.560	3.629	**3.698**
305.000	3.434	3.503	3.572	3.641	3.710
310.000	3.445	3.514	3.584	3.653	3.723
315.000	3.457	3.526	3.596	3.666	3.735
320.000	3.468	3.538	3.608	3.678	3.748
325.000	3.480	3.550	3.620	3.690	3.760
330.000	3.491	3.561	3.632	3.702	3.772
335.000	3.503	3.573	3.644	3.714	3.785
340.000	3.514	3.585	3.656	3.726	3.797
345.000	3.526	3.597	3.668	3.739	3.810
350.000	**3.537**	3.608	3.680	3.751	**3.822**
355.000	3.548	3.619	3.691	3.762	3.834
360.000	3.559	3.631	3.702	3.774	3.846
365.000	3.570	3.642	3.714	3.786	3.858
370.000	3.581	3.653	3.725	3.797	3.870
375.000	3.592	3.664	3.737	3.809	3.882
380.000	3.602	3.675	3.748	3.821	3.893
385.000	3.613	3.686	3.759	3.832	3.905
390.000	3.624	3.697	3.771	3.844	3.917
395.000	3.635	3.709	3.782	3.856	3.929

Anrechenbare Kosten Euro	Basishonorarsatz Euro	Viertelsatz Euro	Mittelsatz Euro	Dreiviertelsatz Euro	Oberer Honorarsatz Euro
400.000	**3.646**	3.720	3.794	3.867	**3.941**
410.000	3.666	3.740	3.815	3.889	3.963
420.000	3.687	3.761	3.836	3.910	3.985
430.000	3.707	3.782	3.857	3.932	4.006
440.000	3.727	3.802	3.878	3.953	4.028
450.000	3.748	3.823	3.899	3.974	4.050
460.000	3.768	3.844	3.920	3.996	4.072
470.000	3.788	3.864	3.941	4.017	4.094
480.000	3.808	3.885	3.962	4.039	4.115
490.000	3.829	3.906	3.983	4.060	4.137
500.000	**3.849**	3.927	4.004	4.082	**4.159**
510.000	3.867	3.945	4.023	4.101	4.179
520.000	3.885	3.964	4.042	4.120	4.198
530.000	3.904	3.982	4.061	4.139	4.218
540.000	3.922	4.001	4.080	4.159	4.238
550.000	3.940	4.019	4.099	4.178	4.258
560.000	3.958	4.038	4.118	4.197	4.277
570.000	3.976	4.057	4.137	4.217	4.297
580.000	3.995	4.075	4.156	4.236	4.317
590.000	4.013	4.094	4.175	4.255	4.336
600.000	**4.031**	4.112	4.194	4.275	**4.356**
615.000	4.055	4.137	4.218	4.300	4.382
630.000	4.079	4.161	4.243	4.325	4.408
645.000	4.103	4.185	4.268	4.351	4.433
660.000	4.127	4.210	4.293	4.376	4.459
675.000	4.151	4.234	4.318	4.401	4.485
690.000	4.174	4.259	4.343	4.427	4.511
705.000	4.198	4.283	4.367	4.452	4.537
720.000	4.222	4.307	4.392	4.477	4.562
735.000	4.246	4.332	4.417	4.503	4.588
750.000	**4.270**	4.356	4.442	4.528	**4.614**
775.000	4.301	4.388	4.475	4.561	4.648
800.000	4.333	4.420	4.507	4.595	4.682
825.000	4.364	4.452	4.540	4.628	4.716
850.000	4.395	4.484	4.572	4.661	4.750
875.000	4.427	4.516	4.605	4.694	4.784
900.000	4.458	4.548	4.638	4.728	4.817
925.000	4.489	4.580	4.670	4.761	4.851
950.000	4.520	4.612	4.703	4.794	4.885
975.000	4.552	4.644	4.735	4.827	4.919

Anrechenbare Kosten Euro	Basishonorarsatz Euro	Viertelsatz Euro	Mittelsatz Euro	Dreiviertelsatz Euro	Oberer Honorarsatz Euro
1.000.000	**4.583**	4.676	4.768	4.861	**4.953**
1.025.000	4.641	4.735	4.828	4.922	5.016
1.050.000	4.699	4.794	4.889	4.983	5.078
1.075.000	4.757	4.853	4.949	5.045	5.141
1.100.000	4.815	4.912	5.009	5.106	5.203
1.125.000	4.873	4.971	5.069	5.168	5.266
1.150.000	4.930	5.030	5.130	5.229	5.329
1.175.000	4.988	5.089	5.190	5.290	5.391
1.200.000	5.046	5.148	5.250	5.352	5.454
1.225.000	5.104	5.207	5.310	5.413	5.516
1.250.000	**5.162**	5.266	5.371	5.475	**5.579**
1.275.000	5.219	5.324	5.430	5.535	5.640
1.300.000	5.276	5.382	5.489	5.595	5.702
1.325.000	5.332	5.440	5.548	5.655	5.763
1.350.000	5.389	5.498	5.607	5.715	5.824
1.375.000	5.446	5.556	5.666	5.776	5.886
1.400.000	5.503	5.614	5.725	5.836	5.947
1.425.000	5.560	5.672	5.784	5.896	6.008
1.450.000	5.616	5.730	5.843	5.956	6.069
1.475.000	5.673	5.788	5.902	6.016	6.131
1.500.000	**5.730**	5.846	5.961	6.077	**6.192**
1.550.000	5.841	5.958	6.076	6.194	6.312
1.600.000	5.951	6.071	6.191	6.311	6.431
1.650.000	6.062	6.184	6.306	6.429	6.551
1.700.000	6.173	6.297	6.422	6.546	6.670
1.750.000	6.284	6.410	6.537	6.663	6.790
1.800.000	6.394	6.523	6.652	6.781	6.910
1.850.000	6.505	6.636	6.767	6.898	7.029
1.900.000	6.616	6.749	6.882	7.016	7.149
1.950.000	6.726	6.862	6.997	7.133	7.268
2.000.000	**6.837**	6.975	7.113	7.250	**7.388**
2.050.000	6.945	7.085	7.225	7.365	7.505
2.100.000	7.053	7.195	7.337	7.479	7.621
2.150.000	7.161	7.305	7.449	7.594	7.738
2.200.000	7.269	7.415	7.562	7.708	7.854
2.250.000	7.377	7.525	7.674	7.822	7.971
2.300.000	7.484	7.635	7.786	7.937	8.088
2.350.000	7.592	7.745	7.898	8.051	8.204
2.400.000	7.700	7.855	8.011	8.166	8.321
2.450.000	7.808	7.965	8.123	8.280	8.437

Anrechenbare Kosten Euro	Basishonorarsatz Euro	Viertelsatz Euro	Mittelsatz Euro	Dreiviertelsatz Euro	Oberer Honorarsatz Euro
2.500.000	**7.916**	8.076	8.235	8.395	**8.554**
2.600.000	8.126	8.289	8.453	8.617	8.781
2.700.000	8.335	8.503	8.671	8.839	9.007
2.800.000	8.545	8.717	8.889	9.061	9.234
2.900.000	8.754	8.931	9.107	9.284	9.460
3.000.000	8.964	9.145	9.325	9.506	9.687
3.100.000	9.174	9.358	9.543	9.728	9.913
3.200.000	9.383	9.572	9.761	9.950	10.140
3.300.000	9.593	9.786	9.979	10.173	10.366
3.400.000	9.802	10.000	10.197	10.395	10.593
3.500.000	**10.012**	10.214	10.416	10.617	**10.819**
3.650.000	10.315	10.523	10.731	10.939	11.147
3.800.000	10.619	10.833	11.047	11.261	11.475
3.950.000	10.922	11.142	11.362	11.583	11.803
4.100.000	11.226	11.452	11.678	11.904	12.131
4.250.000	11.529	11.761	11.994	12.226	12.459
4.400.000	11.832	12.071	12.309	12.548	12.786
4.550.000	12.136	12.380	12.625	12.870	13.114
4.700.000	12.439	12.690	12.941	13.191	13.442
4.850.000	12.743	12.999	13.256	13.513	13.770
5.000.000	**13.046**	13.309	13.572	13.835	**14.098**
5.250.000	13.532	13.805	14.078	14.351	14.624
5.500.000	14.019	14.301	14.584	14.867	15.149
5.750.000	14.505	14.797	15.090	15.382	15.675
6.000.000	14.991	15.294	15.596	15.898	16.200
6.250.000	15.478	15.790	16.102	16.414	16.726
6.500.000	15.964	16.286	16.608	16.930	17.252
6.750.000	16.450	16.782	17.114	17.445	17.777
7.000.000	16.936	17.278	17.620	17.961	18.303
7.250.000	17.423	17.774	18.126	18.477	18.828
7.500.000	**17.909**	18.270	18.632	18.993	**19.354**
7.750.000	18.379	18.750	19.120	19.491	19.862
8.000.000	18.849	19.229	19.609	19.989	20.369
8.250.000	19.318	19.708	20.098	20.487	20.877
8.500.000	19.788	20.187	20.586	20.985	21.384
8.750.000	20.258	20.667	21.075	21.484	21.892
9.000.000	20.728	21.146	21.564	21.982	22.400
9.250.000	21.198	21.625	22.052	22.480	22.907
9.500.000	21.667	22.104	22.541	22.978	23.415
9.750.000	22.137	22.584	23.030	23.476	23.922

Anrechenbare Kosten Euro	Basishonorarsatz Euro	Viertelsatz Euro	Mittelsatz Euro	Dreiviertelsatz Euro	Oberer Honorarsatz Euro
10.000.000	**22.607**	23.063	23.519	23.974	**24.430**
10.500.000	23.513	23.987	24.461	24.935	25.409
11.000.000	24.420	24.912	25.404	25.897	26.389
11.500.000	25.326	25.836	26.347	26.858	27.368
12.000.000	26.232	26.761	27.290	27.819	28.348
12.500.000	27.139	27.686	28.233	28.780	29.327
13.000.000	28.045	28.610	29.176	29.741	30.306
13.500.000	28.951	29.535	30.118	30.702	31.286
14.000.000	29.857	30.459	31.061	31.663	32.265
14.500.000	30.764	31.384	32.004	32.624	33.245
15.000.000	**31.670**	32.309	32.947	33.586	**34.224**
15.500.000	32.545	33.201	33.858	34.514	35.170
16.000.000	33.421	34.094	34.768	35.442	36.116
16.500.000	34.296	34.987	35.679	36.370	37.062
17.000.000	35.171	35.880	36.589	37.299	38.008
17.500.000	36.047	36.773	37.500	38.227	38.954
18.000.000	36.922	37.666	38.411	39.155	39.899
18.500.000	37.797	38.559	39.321	40.083	40.845
19.000.000	38.672	39.452	40.232	41.012	41.791
19.500.000	39.548	40.345	41.142	41.940	42.737
20.000.000	**40.423**	41.238	42.053	42.868	**43.683**
20.500.000	41.276	42.108	42.941	43.773	44.605
21.000.000	42.129	42.979	43.828	44.677	45.527
21.500.000	42.982	43.849	44.716	45.582	46.449
22.000.000	43.835	44.719	45.603	46.487	47.371
22.500.000	44.689	45.590	46.491	47.392	48.293
23.000.000	45.542	46.460	47.378	48.296	49.214
23.500.000	46.395	47.330	48.266	49.201	50.136
24.000.000	47.248	48.200	49.153	50.106	51.058
24.500.000	48.101	49.071	50.041	51.010	51.980
25.000.000	**48.954**	49.941	50.928	51.915	**52.902**

Honorartafel zu Anlage 1.2.4 – Bauakustik Honorarzone I

Anrechenbare Kosten Euro	Basishonorarsatz Euro	Viertelsatz Euro	Mittelsatz Euro	Dreiviertelsatz Euro	Oberer Honorarsatz Euro
250.000	**1.729**	1.793	1.857	1.921	**1.985**
252.500	1.740	1.805	1.869	1.933	1.998
255.000	1.751	1.816	1.881	1.946	2.011
257.500	1.762	1.828	1.893	1.958	2.023
260.000	1.773	1.839	1.905	1.971	2.036
262.500	1.785	1.851	1.917	1.983	2.049
265.000	1.796	1.862	1.929	1.995	2.062
267.500	1.807	1.874	1.941	2.008	2.075
270.000	1.818	1.885	1.953	2.020	2.087
272.500	1.829	1.897	1.965	2.032	2.100
275.000	**1.840**	1.908	1.977	2.045	**2.113**
277.500	1.851	1.919	1.988	2.057	2.125
280.000	1.862	1.931	2.000	2.069	2.138
282.500	1.872	1.942	2.011	2.081	2.150
285.000	1.883	1.953	2.023	2.093	2.163
287.500	1.894	1.964	2.035	2.105	2.175
290.000	1.905	1.975	2.046	2.117	2.187
292.500	1.916	1.987	2.058	2.129	2.200
295.000	1.926	1.998	2.069	2.141	2.212
297.500	1.937	2.009	2.081	2.153	2.225
300.000	**1.948**	2.020	2.093	2.165	**2.237**
305.000	1.969	2.042	2.115	2.188	2.261
310.000	1.990	2.063	2.137	2.211	2.285
315.000	2.010	2.085	2.159	2.234	2.308
320.000	2.031	2.106	2.182	2.257	2.332
325.000	2.052	2.128	2.204	2.280	2.356
330.000	2.073	2.150	2.226	2.303	2.380
335.000	2.094	2.171	2.249	2.326	2.404
340.000	2.114	2.193	2.271	2.349	2.427
345.000	2.135	2.214	2.293	2.372	2.451
350.000	**2.156**	2.236	2.316	2.395	**2.475**
355.000	2.176	2.256	2.337	2.417	2.498
360.000	2.195	2.277	2.358	2.439	2.520
365.000	2.215	2.297	2.379	2.461	2.543
370.000	2.235	2.317	2.400	2.483	2.565
375.000	2.255	2.338	2.421	2.505	2.588
380.000	2.274	2.358	2.442	2.527	2.611
385.000	2.294	2.379	2.464	2.548	2.633
390.000	2.314	2.399	2.485	2.570	2.656
395.000	2.333	2.420	2.506	2.592	2.678

Anrechenbare Kosten Euro	Basishonorarsatz Euro	Viertelsatz Euro	Mittelsatz Euro	Dreiviertelsatz Euro	Oberer Honorarsatz Euro
400.000	**2.353**	2.440	2.527	2.614	**2.701**
410.000	2.390	2.478	2.567	2.655	2.744
420.000	2.427	2.517	2.607	2.696	2.786
430.000	2.464	2.555	2.647	2.738	2.829
440.000	2.501	2.594	2.686	2.779	2.871
450.000	2.539	2.632	2.726	2.820	2.914
460.000	2.576	2.671	2.766	2.861	2.957
470.000	2.613	2.709	2.806	2.903	2.999
480.000	2.650	2.748	2.846	2.944	3.042
490.000	2.687	2.786	2.886	2.985	3.084
500.000	**2.724**	2.825	2.926	3.026	**3.127**
510.000	2.759	2.861	2.963	3.065	3.167
520.000	2.793	2.896	3.000	3.103	3.206
530.000	2.828	2.932	3.037	3.141	3.246
540.000	2.862	2.968	3.074	3.180	3.286
550.000	2.897	3.004	3.111	3.218	3.326
560.000	2.931	3.040	3.148	3.257	3.365
570.000	2.966	3.075	3.185	3.295	3.405
580.000	3.000	3.111	3.222	3.333	3.445
590.000	3.035	3.147	3.259	3.372	3.484
600.000	**3.069**	3.183	3.297	3.410	**3.524**
615.000	3.117	3.233	3.349	3.464	3.580
630.000	3.166	3.283	3.401	3.518	3.635
645.000	3.214	3.333	3.453	3.572	3.691
660.000	3.263	3.384	3.505	3.625	3.746
675.000	3.311	3.434	3.557	3.679	3.802
690.000	3.359	3.484	3.609	3.733	3.858
705.000	3.408	3.534	3.661	3.787	3.913
720.000	3.456	3.584	3.713	3.841	3.969
735.000	3.505	3.635	3.765	3.894	4.024
750.000	**3.553**	3.685	3.817	3.948	**4.080**
775.000	3.627	3.761	3.896	4.030	4.165
800.000	3.701	3.838	3.975	4.112	4.249
825.000	3.774	3.914	4.054	4.194	4.334
850.000	3.848	3.991	4.134	4.276	4.419
875.000	3.922	4.067	4.213	4.358	4.504
900.000	3.996	4.144	4.292	4.440	4.588
925.000	4.070	4.220	4.371	4.522	4.673
950.000	4.143	4.297	4.451	4.604	4.758
975.000	4.217	4.373	4.530	4.686	4.842

Anrechenbare Kosten Euro	Basishonorarsatz Euro	Viertelsatz Euro	Mittelsatz Euro	Dreiviertelsatz Euro	Oberer Honorarsatz Euro
1.000.000	**4.291**	4.450	4.609	4.768	**4.927**
1.025.000	4.359	4.520	4.682	4.843	5.005
1.050.000	4.426	4.590	4.754	4.918	5.082
1.075.000	4.494	4.661	4.827	4.994	5.160
1.100.000	4.562	4.731	4.900	5.069	5.238
1.125.000	4.630	4.801	4.973	5.144	5.316
1.150.000	4.697	4.871	5.045	5.219	5.393
1.175.000	4.765	4.941	5.118	5.294	5.471
1.200.000	4.833	5.012	5.191	5.370	5.549
1.225.000	4.900	5.082	5.263	5.445	5.626
1.250.000	**4.968**	5.152	5.336	5.520	**5.704**
1.275.000	5.031	5.217	5.404	5.590	5.777
1.300.000	5.094	5.283	5.472	5.660	5.849
1.325.000	5.157	5.348	5.539	5.730	5.922
1.350.000	5.220	5.414	5.607	5.801	5.994
1.375.000	5.284	5.479	5.675	5.871	6.067
1.400.000	5.347	5.545	5.743	5.941	6.139
1.425.000	5.410	5.610	5.811	6.011	6.212
1.450.000	5.473	5.676	5.878	6.081	6.284
1.475.000	5.536	5.741	5.946	6.151	6.357
1.500.000	**5.599**	5.807	6.014	6.222	**6.429**
1.550.000	5.715	5.927	6.139	6.351	6.563
1.600.000	5.832	6.048	6.264	6.480	6.696
1.650.000	5.948	6.169	6.389	6.609	6.830
1.700.000	6.065	6.289	6.514	6.739	6.963
1.750.000	6.181	6.410	6.639	6.868	7.097
1.800.000	6.297	6.531	6.764	6.997	7.231
1.850.000	6.414	6.651	6.889	7.127	7.364
1.900.000	6.530	6.772	7.014	7.256	7.498
1.950.000	6.647	6.893	7.139	7.385	7.631
2.000.000	**6.763**	7.014	7.264	7.515	**7.765**
2.050.000	6.870	7.124	7.379	7.633	7.888
2.100.000	6.976	7.235	7.493	7.752	8.010
2.150.000	7.083	7.345	7.608	7.870	8.133
2.200.000	7.190	7.456	7.722	7.989	8.255
2.250.000	7.297	7.567	7.837	8.107	8.378
2.300.000	7.403	7.677	7.952	8.226	8.500
2.350.000	7.510	7.788	8.066	8.344	8.623
2.400.000	7.617	7.899	8.181	8.463	8.745
2.450.000	7.723	8.009	8.295	8.581	8.868

Anrechenbare Kosten Euro	Basishonorarsatz Euro	Viertelsatz Euro	Mittelsatz Euro	Dreiviertelsatz Euro	Oberer Honorarsatz Euro
2.500.000	**7.830**	8.120	8.410	8.700	**8.990**
2.600.000	8.024	8.321	8.618	8.915	9.212
2.700.000	8.217	8.522	8.826	9.130	9.435
2.800.000	8.411	8.722	9.034	9.345	9.657
2.900.000	8.604	8.923	9.242	9.561	9.879
3.000.000	8.798	9.124	9.450	9.776	10.102
3.100.000	8.992	9.325	9.658	9.991	10.324
3.200.000	9.185	9.525	9.866	10.206	10.546
3.300.000	9.379	9.726	10.074	10.421	10.768
3.400.000	9.572	9.927	10.282	10.636	10.991
3.500.000	**9.766**	10.128	10.490	10.851	**11.213**
3.650.000	10.024	10.395	10.767	11.138	11.509
3.800.000	10.282	10.663	11.044	11.424	11.805
3.950.000	10.540	10.930	11.321	11.711	12.101
4.100.000	10.798	11.198	11.598	11.997	12.397
4.250.000	11.056	11.465	11.875	12.284	12.694
4.400.000	11.313	11.732	12.152	12.571	12.990
4.550.000	11.571	12.000	12.429	12.857	13.286
4.700.000	11.829	12.267	12.706	13.144	13.582
4.850.000	12.087	12.535	12.983	13.430	13.878
5.000.000	**12.345**	12.802	13.260	13.717	**14.174**
5.250.000	12.722	13.193	13.664	14.136	14.607
5.500.000	13.099	13.584	14.069	14.554	15.040
5.750.000	13.476	13.975	14.474	14.973	15.472
6.000.000	13.853	14.366	14.879	15.392	15.905
6.250.000	14.230	14.757	15.284	15.811	16.338
6.500.000	14.606	15.148	15.689	16.230	16.771
6.750.000	14.983	15.538	16.093	16.649	17.204
7.000.000	15.360	15.929	16.498	17.067	17.636
7.250.000	15.737	16.320	16.903	17.486	18.069
7.500.000	**16.114**	16.711	17.308	17.905	**18.502**
7.750.000	16.450	17.059	17.668	18.278	18.887
8.000.000	16.785	17.407	18.029	18.651	19.272
8.250.000	17.121	17.755	18.389	19.023	19.658
8.500.000	17.456	18.103	18.750	19.396	20.043
8.750.000	17.792	18.451	19.110	19.769	20.428
9.000.000	18.128	18.799	19.470	20.142	20.813
9.250.000	18.463	19.147	19.831	20.515	21.198
9.500.000	18.799	19.495	20.191	20.887	21.584
9.750.000	19.134	19.843	20.552	21.260	21.969

Anrechenbare Kosten Euro	Basishonorarsatz Euro	Viertelsatz Euro	Mittelsatz Euro	Dreiviertelsatz Euro	Oberer Honorarsatz Euro
10.000.000	**19.470**	20.191	20.912	21.633	**22.354**
10.500.000	20.065	20.808	21.551	22.294	23.037
11.000.000	20.660	21.426	22.191	22.956	23.721
11.500.000	21.256	22.043	22.830	23.617	24.404
12.000.000	21.851	22.660	23.469	24.278	25.088
12.500.000	22.446	23.277	24.109	24.940	25.771
13.000.000	23.041	23.895	24.748	25.601	26.454
13.500.000	23.636	24.512	25.387	26.262	27.138
14.000.000	24.232	25.129	26.026	26.924	27.821
14.500.000	24.827	25.746	26.666	27.585	28.505
15.000.000	**25.422**	26.364	27.305	28.247	**29.188**
15.500.000	25.952	26.913	27.874	28.835	29.797
16.000.000	26.482	27.463	28.444	29.424	30.405
16.500.000	27.012	28.012	29.013	30.013	31.014
17.000.000	27.542	28.562	29.582	30.602	31.622
17.500.000	28.072	29.112	30.151	31.191	32.231
18.000.000	28.602	29.661	30.721	31.780	32.839
18.500.000	29.132	30.211	31.290	32.369	33.448
19.000.000	29.662	30.761	31.859	32.958	34.056
19.500.000	30.192	31.310	32.428	33.546	34.665
20.000.000	**30.722**	31.860	32.998	34.135	**35.273**
20.500.000	31.208	32.364	33.520	34.676	35.831
21.000.000	31.695	32.868	34.042	35.216	36.390
21.500.000	32.181	33.373	34.565	35.756	36.948
22.000.000	32.667	33.877	35.087	36.297	37.507
22.500.000	33.154	34.381	35.609	36.837	38.065
23.000.000	33.640	34.886	36.132	37.378	38.623
23.500.000	34.126	35.390	36.654	37.918	39.182
24.000.000	34.612	35.894	37.176	38.458	39.740
24.500.000	35.099	36.399	37.699	38.999	40.299
25.000.000	**35.585**	36.903	38.221	39.539	**40.857**

Honorartafel zu Anlage 1.2.4 – Bauakustik Honorarzone II

Anrechenbare Kosten Euro	Basishonorarsatz Euro	Viertelsatz Euro	Mittelsatz Euro	Dreiviertelsatz Euro	Oberer Honorarsatz Euro
250.000	**1.985**	2.060	2.135	2.209	**2.284**
252.500	1.998	2.073	2.148	2.223	2.299
255.000	2.011	2.086	2.162	2.238	2.313
257.500	2.023	2.100	2.176	2.252	2.328
260.000	2.036	2.113	2.190	2.266	2.343
262.500	2.049	2.126	2.203	2.280	2.358
265.000	2.062	2.139	2.217	2.295	2.372
267.500	2.075	2.153	2.231	2.309	2.387
270.000	2.087	2.166	2.245	2.323	2.402
272.500	2.100	2.179	2.258	2.337	2.416
275.000	**2.113**	2.193	2.272	2.352	**2.431**
277.500	2.125	2.205	2.285	2.365	2.445
280.000	2.138	2.218	2.299	2.379	2.460
282.500	2.150	2.231	2.312	2.393	2.474
285.000	2.163	2.244	2.325	2.407	2.488
287.500	2.175	2.257	2.339	2.421	2.503
290.000	2.187	2.270	2.352	2.434	2.517
292.500	2.200	2.283	2.365	2.448	2.531
295.000	2.212	2.296	2.379	2.462	2.545
297.500	2.225	2.308	2.392	2.476	2.560
300.000	**2.237**	2.321	2.406	2.490	**2.574**
305.000	2.261	2.346	2.431	2.516	2.601
310.000	2.285	2.371	2.457	2.543	2.629
315.000	2.308	2.395	2.482	2.569	2.656
320.000	2.332	2.420	2.508	2.595	2.683
325.000	2.356	2.445	2.533	2.622	2.711
330.000	2.380	2.469	2.559	2.648	2.738
335.000	2.404	2.494	2.584	2.675	2.765
340.000	2.427	2.519	2.610	2.701	2.792
345.000	2.451	2.543	2.635	2.728	2.820
350.000	**2.475**	2.568	2.661	2.754	**2.847**
355.000	2.498	2.591	2.685	2.779	2.873
360.000	2.520	2.615	2.710	2.804	2.899
365.000	2.543	2.638	2.734	2.830	2.925
370.000	2.565	2.662	2.758	2.855	2.951
375.000	2.588	2.685	2.783	2.880	2.978
380.000	2.611	2.709	2.807	2.905	3.004
385.000	2.633	2.732	2.831	2.931	3.030
390.000	2.656	2.756	2.856	2.956	3.056
395.000	2.678	2.779	2.880	2.981	3.082

Anrechenbare Kosten Euro	Basishonorarsatz Euro	Viertelsatz Euro	Mittelsatz Euro	Dreiviertelsatz Euro	Oberer Honorarsatz Euro
400.000	**2.701**	2.803	2.905	3.006	**3.108**
410.000	2.744	2.847	2.950	3.054	3.157
420.000	2.786	2.891	2.996	3.101	3.206
430.000	2.829	2.935	3.042	3.148	3.255
440.000	2.871	2.980	3.088	3.196	3.304
450.000	2.914	3.024	3.134	3.243	3.353
460.000	2.957	3.068	3.179	3.291	3.402
470.000	2.999	3.112	3.225	3.338	3.451
480.000	3.042	3.156	3.271	3.385	3.500
490.000	3.084	3.201	3.317	3.433	3.549
500.000	**3.127**	3.245	3.363	3.480	**3.598**
510.000	3.167	3.286	3.405	3.524	3.644
520.000	3.206	3.327	3.448	3.569	3.689
530.000	3.246	3.368	3.491	3.613	3.735
540.000	3.286	3.410	3.533	3.657	3.781
550.000	3.326	3.451	3.576	3.701	3.827
560.000	3.365	3.492	3.619	3.745	3.872
570.000	3.405	3.533	3.661	3.790	3.918
580.000	3.445	3.574	3.704	3.834	3.964
590.000	3.484	3.616	3.747	3.878	4.009
600.000	**3.524**	3.657	3.790	3.922	**4.055**
615.000	3.580	3.714	3.849	3.984	4.119
630.000	3.635	3.772	3.909	4.046	4.183
645.000	3.691	3.830	3.969	4.108	4.247
660.000	3.746	3.887	4.029	4.170	4.311
675.000	3.802	3.945	4.088	4.231	4.375
690.000	3.858	4.003	4.148	4.293	4.438
705.000	3.913	4.060	4.208	4.355	4.502
720.000	3.969	4.118	4.268	4.417	4.566
735.000	4.024	4.176	4.327	4.479	4.630
750.000	**4.080**	4.234	4.387	4.541	**4.694**
775.000	4.165	4.321	4.478	4.635	4.792
800.000	4.249	4.409	4.569	4.729	4.889
825.000	4.334	4.497	4.660	4.823	4.987
850.000	4.419	4.585	4.751	4.918	5.084
875.000	4.504	4.673	4.843	5.012	5.182
900.000	4.588	4.761	4.934	5.106	5.279
925.000	4.673	4.849	5.025	5.201	5.377
950.000	4.758	4.937	5.116	5.295	5.474
975.000	4.842	5.025	5.207	5.389	5.572

Anrechenbare Kosten Euro	Basishonorarsatz Euro	Viertelsatz Euro	Mittelsatz Euro	Dreiviertelsatz Euro	Oberer Honorarsatz Euro
1.000.000	**4.927**	5.113	5.298	5.484	**5.669**
1.025.000	5.005	5.193	5.382	5.570	5.758
1.050.000	5.082	5.274	5.465	5.656	5.848
1.075.000	5.160	5.354	5.549	5.743	5.937
1.100.000	5.238	5.435	5.632	5.829	6.027
1.125.000	5.316	5.516	5.716	5.916	6.116
1.150.000	5.393	5.596	5.799	6.002	6.205
1.175.000	5.471	5.677	5.883	6.089	6.295
1.200.000	5.549	5.758	5.966	6.175	6.384
1.225.000	5.626	5.838	6.050	6.262	6.474
1.250.000	**5.704**	5.919	6.134	6.348	**6.563**
1.275.000	5.777	5.994	6.211	6.429	6.646
1.300.000	5.849	6.069	6.289	6.510	6.730
1.325.000	5.922	6.144	6.367	6.590	6.813
1.350.000	5.994	6.220	6.445	6.671	6.897
1.375.000	6.067	6.295	6.523	6.752	6.980
1.400.000	6.139	6.370	6.601	6.832	7.063
1.425.000	6.212	6.445	6.679	6.913	7.147
1.450.000	6.284	6.521	6.757	6.994	7.230
1.475.000	6.357	6.596	6.835	7.074	7.314
1.500.000	**6.429**	6.671	6.913	7.155	**7.397**
1.550.000	6.563	6.810	7.057	7.304	7.551
1.600.000	6.696	6.948	7.200	7.452	7.704
1.650.000	6.830	7.087	7.344	7.601	7.858
1.700.000	6.963	7.226	7.488	7.750	8.012
1.750.000	7.097	7.364	7.631	7.898	8.166
1.800.000	7.231	7.503	7.775	8.047	8.319
1.850.000	7.364	7.641	7.919	8.196	8.473
1.900.000	7.498	7.780	8.062	8.344	8.627
1.950.000	7.631	7.919	8.206	8.493	8.780
2.000.000	**7.765**	8.057	8.350	8.642	**8.934**
2.050.000	7.888	8.184	8.481	8.778	9.075
2.100.000	8.010	8.311	8.613	8.914	9.216
2.150.000	8.133	8.439	8.745	9.051	9.357
2.200.000	8.255	8.566	8.876	9.187	9.498
2.250.000	8.378	8.693	9.008	9.323	9.639
2.300.000	8.500	8.820	9.140	9.460	9.779
2.350.000	8.623	8.947	9.271	9.596	9.920
2.400.000	8.745	9.074	9.403	9.732	10.061
2.450.000	8.868	9.201	9.535	9.868	10.202

Anrechenbare Kosten Euro	Basishonorarsatz Euro	Viertelsatz Euro	Mittelsatz Euro	Dreiviertelsatz Euro	Oberer Honorarsatz Euro
2.500.000	**8.990**	9.328	9.667	10.005	**10.343**
2.600.000	9.212	9.559	9.906	10.252	10.599
2.700.000	9.435	9.790	10.145	10.500	10.855
2.800.000	9.657	10.020	10.384	10.747	11.110
2.900.000	9.879	10.251	10.623	10.994	11.366
3.000.000	10.102	10.482	10.862	11.242	11.622
3.100.000	10.324	10.712	11.101	11.489	11.878
3.200.000	10.546	10.943	11.340	11.737	12.134
3.300.000	10.768	11.174	11.579	11.984	12.389
3.400.000	10.991	11.404	11.818	12.232	12.645
3.500.000	**11.213**	11.635	12.057	12.479	**12.901**
3.650.000	11.509	11.942	12.375	12.808	13.242
3.800.000	11.805	12.249	12.694	13.138	13.582
3.950.000	12.101	12.557	13.012	13.467	13.923
4.100.000	12.397	12.864	13.330	13.797	14.263
4.250.000	12.694	13.171	13.649	14.126	14.604
4.400.000	12.990	13.478	13.967	14.456	14.945
4.550.000	13.286	13.786	14.285	14.785	15.285
4.700.000	13.582	14.093	14.604	15.115	15.626
4.850.000	13.878	14.400	14.922	15.444	15.966
5.000.000	**14.174**	14.707	15.241	15.774	**16.307**
5.250.000	14.607	15.156	15.706	16.255	16.805
5.500.000	15.040	15.605	16.171	16.737	17.303
5.750.000	15.472	16.055	16.637	17.219	17.801
6.000.000	15.905	16.504	17.102	17.701	18.299
6.250.000	16.338	16.953	17.568	18.182	18.797
6.500.000	16.771	17.402	18.033	18.664	19.295
6.750.000	17.204	17.851	18.498	19.146	19.793
7.000.000	17.636	18.300	18.964	19.627	20.291
7.250.000	18.069	18.749	19.429	20.109	20.789
7.500.000	**18.502**	19.198	19.895	20.591	**21.287**
7.750.000	18.887	19.598	20.309	21.019	21.730
8.000.000	19.272	19.998	20.723	21.448	22.173
8.250.000	19.658	20.397	21.137	21.877	22.617
8.500.000	20.043	20.797	21.551	22.306	23.060
8.750.000	20.428	21.197	21.966	22.734	23.503
9.000.000	20.813	21.596	22.380	23.163	23.946
9.250.000	21.198	21.996	22.794	23.592	24.389
9.500.000	21.584	22.396	23.208	24.020	24.833
9.750.000	21.969	22.796	23.622	24.449	25.276

Anrechenbare Kosten Euro	Basishonorarsatz Euro	Viertelsatz Euro	Mittelsatz Euro	Dreiviertelsatz Euro	Oberer Honorarsatz Euro
10.000.000	**22.354**	23.195	24.037	24.878	**25.719**
10.500.000	23.037	23.904	24.771	25.638	26.505
11.000.000	23.721	24.614	25.506	26.399	27.292
11.500.000	24.404	25.323	26.241	27.159	28.078
12.000.000	25.088	26.032	26.976	27.920	28.864
12.500.000	25.771	26.741	27.711	28.681	29.651
13.000.000	26.454	27.450	28.446	29.441	30.437
13.500.000	27.138	28.159	29.180	30.202	31.223
14.000.000	27.821	28.868	29.915	30.962	32.009
14.500.000	28.505	29.577	30.650	31.723	32.796
15.000.000	**29.188**	30.287	31.385	32.484	**33.582**
15.500.000	29.797	30.918	32.039	33.161	34.282
16.000.000	30.405	31.549	32.694	33.838	34.982
16.500.000	31.014	32.181	33.348	34.515	35.682
17.000.000	31.622	32.812	34.002	35.192	36.382
17.500.000	32.231	33.444	34.657	35.870	37.083
18.000.000	32.839	34.075	35.311	36.547	37.783
18.500.000	33.448	34.706	35.965	37.224	38.483
19.000.000	34.056	35.338	36.619	37.901	39.183
19.500.000	34.665	35.969	37.274	38.578	39.883
20.000.000	**35.273**	36.601	37.928	39.256	**40.583**
20.500.000	35.831	37.180	38.528	39.877	41.226
21.000.000	36.390	37.759	39.129	40.498	41.868
21.500.000	36.948	38.339	39.729	41.120	42.511
22.000.000	37.507	38.918	40.330	41.741	43.153
22.500.000	38.065	39.498	40.930	42.363	43.796
23.000.000	38.623	40.077	41.531	42.984	44.438
23.500.000	39.182	40.656	42.131	43.606	45.081
24.000.000	39.740	41.236	42.732	44.227	45.723
24.500.000	40.299	41.815	43.332	44.849	46.366
25.000.000	**40.857**	42.395	43.933	45.470	**47.008**

Honorartafel zu Anlage 1.2.4 – Bauakustik Honorarzone III

Anrechenbare Kosten Euro	Basishonorarsatz Euro	Viertelsatz Euro	Mittelsatz Euro	Dreiviertelsatz Euro	Oberer Honorarsatz Euro
250.000	**2.284**	2.369	2.455	2.540	**2.625**
252.500	2.299	2.385	2.470	2.556	2.642
255.000	2.313	2.400	2.486	2.572	2.659
257.500	2.328	2.415	2.502	2.589	2.676
260.000	2.343	2.430	2.518	2.605	2.693
262.500	2.358	2.446	2.534	2.622	2.710
265.000	2.372	2.461	2.549	2.638	2.726
267.500	2.387	2.476	2.565	2.654	2.743
270.000	2.402	2.491	2.581	2.671	2.760
272.500	2.416	2.507	2.597	2.687	2.777
275.000	**2.431**	2.522	2.613	2.703	**2.794**
277.500	2.445	2.537	2.628	2.719	2.811
280.000	2.460	2.551	2.643	2.735	2.827
282.500	2.474	2.566	2.659	2.751	2.844
285.000	2.488	2.581	2.674	2.767	2.860
287.500	2.503	2.596	2.690	2.783	2.877
290.000	2.517	2.611	2.705	2.799	2.893
292.500	2.531	2.626	2.720	2.815	2.910
295.000	2.545	2.641	2.736	2.831	2.926
297.500	2.560	2.655	2.751	2.847	2.943
300.000	**2.574**	2.670	2.767	2.863	**2.959**
305.000	2.601	2.699	2.796	2.893	2.990
310.000	2.629	2.727	2.825	2.924	3.022
315.000	2.656	2.755	2.855	2.954	3.053
320.000	2.683	2.784	2.884	2.984	3.085
325.000	2.711	2.812	2.913	3.015	3.116
330.000	2.738	2.840	2.943	3.045	3.147
335.000	2.765	2.869	2.972	3.075	3.179
340.000	2.792	2.897	3.001	3.106	3.210
345.000	2.820	2.925	3.031	3.136	3.242
350.000	**2.847**	2.954	3.060	3.167	**3.273**
355.000	2.873	2.981	3.088	3.196	3.303
360.000	2.899	3.008	3.116	3.225	3.333
365.000	2.925	3.035	3.144	3.254	3.363
370.000	2.951	3.062	3.172	3.283	3.393
375.000	2.978	3.089	3.200	3.312	3.423
380.000	3.004	3.116	3.228	3.341	3.453
385.000	3.030	3.143	3.256	3.370	3.483
390.000	3.056	3.170	3.284	3.399	3.513
395.000	3.082	3.197	3.312	3.428	3.543

Anrechenbare Kosten Euro	Basishonorarsatz Euro	Viertelsatz Euro	Mittelsatz Euro	Dreiviertelsatz Euro	Oberer Honorarsatz Euro
400.000	**3.108**	3.224	3.341	3.457	**3.573**
410.000	3.157	3.275	3.393	3.511	3.629
420.000	3.206	3.326	3.446	3.566	3.686
430.000	3.255	3.377	3.498	3.620	3.742
440.000	3.304	3.428	3.551	3.675	3.798
450.000	3.353	3.478	3.604	3.729	3.855
460.000	3.402	3.529	3.656	3.784	3.911
470.000	3.451	3.580	3.709	3.838	3.967
480.000	3.500	3.631	3.762	3.893	4.023
490.000	3.549	3.682	3.814	3.947	4.080
500.000	**3.598**	3.733	3.867	4.002	**4.136**
510.000	3.644	3.780	3.916	4.052	4.189
520.000	3.689	3.827	3.965	4.103	4.241
530.000	3.735	3.875	4.014	4.154	4.294
540.000	3.781	3.922	4.063	4.205	4.346
550.000	3.827	3.970	4.113	4.256	4.399
560.000	3.872	4.017	4.162	4.306	4.451
570.000	3.918	4.064	4.211	4.357	4.504
580.000	3.964	4.112	4.260	4.408	4.556
590.000	4.009	4.159	4.309	4.459	4.609
600.000	**4.055**	4.207	4.358	4.510	**4.661**
615.000	4.119	4.273	4.427	4.581	4.735
630.000	4.183	4.339	4.495	4.652	4.808
645.000	4.247	4.405	4.564	4.723	4.882
660.000	4.311	4.472	4.633	4.794	4.955
675.000	4.375	4.538	4.702	4.865	5.029
690.000	4.438	4.604	4.770	4.936	5.102
705.000	4.502	4.671	4.839	5.007	5.176
720.000	4.566	4.737	4.908	5.078	5.249
735.000	4.630	4.803	4.976	5.149	5.323
750.000	**4.694**	4.870	5.045	5.221	**5.396**
775.000	4.792	4.971	5.150	5.329	5.508
800.000	4.889	5.072	5.255	5.437	5.620
825.000	4.987	5.173	5.359	5.546	5.732
850.000	5.084	5.274	5.464	5.654	5.844
875.000	5.182	5.375	5.569	5.762	5.956
900.000	5.279	5.476	5.674	5.871	6.068
925.000	5.377	5.577	5.778	5.979	6.180
950.000	5.474	5.679	5.883	6.088	6.292
975.000	5.572	5.780	5.988	6.196	6.404

Anrechenbare Kosten Euro	Basishonorarsatz Euro	Viertelsatz Euro	Mittelsatz Euro	Dreiviertelsatz Euro	Oberer Honorarsatz Euro
1.000.000	**5.669**	5.881	6.093	6.304	**6.516**
1.025.000	5.758	5.974	6.189	6.404	6.619
1.050.000	5.848	6.066	6.285	6.503	6.722
1.075.000	5.937	6.159	6.381	6.603	6.824
1.100.000	6.027	6.252	6.477	6.702	6.927
1.125.000	6.116	6.345	6.573	6.802	7.030
1.150.000	6.205	6.437	6.669	6.901	7.133
1.175.000	6.295	6.530	6.765	7.000	7.236
1.200.000	6.384	6.623	6.861	7.100	7.338
1.225.000	6.474	6.716	6.957	7.199	7.441
1.250.000	**6.563**	6.808	7.054	7.299	**7.544**
1.275.000	6.646	6.895	7.143	7.392	7.640
1.300.000	6.730	6.981	7.233	7.484	7.736
1.325.000	6.813	7.068	7.322	7.577	7.832
1.350.000	6.897	7.154	7.412	7.670	7.928
1.375.000	6.980	7.241	7.502	7.763	8.024
1.400.000	7.063	7.327	7.591	7.855	8.119
1.425.000	7.147	7.414	7.681	7.948	8.215
1.450.000	7.230	7.500	7.771	8.041	8.311
1.475.000	7.314	7.587	7.860	8.134	8.407
1.500.000	**7.397**	7.674	7.950	8.227	**8.503**
1.550.000	7.551	7.833	8.115	8.397	8.680
1.600.000	7.704	7.992	8.280	8.568	8.856
1.650.000	7.858	8.152	8.446	8.739	9.033
1.700.000	8.012	8.311	8.611	8.910	9.210
1.750.000	8.166	8.471	8.776	9.081	9.387
1.800.000	8.319	8.630	8.941	9.252	9.563
1.850.000	8.473	8.790	9.106	9.423	9.740
1.900.000	8.627	8.949	9.272	9.594	9.917
1.950.000	8.780	9.109	9.437	9.765	10.093
2.000.000	**8.934**	9.268	9.602	9.936	**10.270**
2.050.000	9.075	9.414	9.753	10.093	10.432
2.100.000	9.216	9.560	9.905	10.249	10.594
2.150.000	9.357	9.707	10.056	10.406	10.756
2.200.000	9.498	9.853	10.208	10.563	10.918
2.250.000	9.639	9.999	10.359	10.720	11.080
2.300.000	9.779	10.145	10.511	10.876	11.242
2.350.000	9.920	10.291	10.662	11.033	11.404
2.400.000	10.061	10.437	10.814	11.190	11.566
2.450.000	10.202	10.584	10.965	11.347	11.728

Anrechenbare Kosten Euro	Basishonorar-satz Euro	Viertelsatz Euro	Mittelsatz Euro	Dreiviertel-satz Euro	Oberer Honorarsatz Euro
2.500.000	**10.343**	10.730	11.117	11.503	**11.890**
2.600.000	10.599	10.995	11.391	11.788	12.184
2.700.000	10.855	11.260	11.666	12.072	12.478
2.800.000	11.110	11.526	11.941	12.357	12.772
2.900.000	11.366	11.791	12.216	12.641	13.066
3.000.000	11.622	12.057	12.491	12.926	13.360
3.100.000	11.878	12.322	12.766	13.210	13.654
3.200.000	12.134	12.587	13.041	13.494	13.948
3.300.000	12.389	12.853	13.316	13.779	14.242
3.400.000	12.645	13.118	13.591	14.063	14.536
3.500.000	**12.901**	13.383	13.866	14.348	**14.830**
3.650.000	13.242	13.737	14.232	14.727	15.222
3.800.000	13.582	14.090	14.598	15.105	15.613
3.950.000	13.923	14.443	14.964	15.484	16.005
4.100.000	14.263	14.797	15.330	15.863	16.396
4.250.000	14.604	15.150	15.696	16.242	16.788
4.400.000	14.945	15.503	16.062	16.621	17.180
4.550.000	15.285	15.857	16.428	17.000	17.571
4.700.000	15.626	16.210	16.794	17.379	17.963
4.850.000	15.966	16.563	17.160	17.757	18.354
5.000.000	**16.307**	16.917	17.527	18.136	**18.746**
5.250.000	16.805	17.433	18.062	18.690	19.318
5.500.000	17.303	17.950	18.597	19.244	19.891
5.750.000	17.801	18.467	19.132	19.798	20.463
6.000.000	18.299	18.983	19.667	20.351	21.036
6.250.000	18.797	19.500	20.203	20.905	21.608
6.500.000	19.295	20.016	20.738	21.459	22.180
6.750.000	19.793	20.533	21.273	22.013	22.753
7.000.000	20.291	21.050	21.808	22.567	23.325
7.250.000	20.789	21.566	22.343	23.120	23.898
7.500.000	**21.287**	22.083	22.879	23.674	**24.470**
7.750.000	21.730	22.543	23.355	24.167	24.980
8.000.000	22.173	23.002	23.831	24.660	25.489
8.250.000	22.617	23.462	24.308	25.153	25.999
8.500.000	23.060	23.922	24.784	25.646	26.508
8.750.000	23.503	24.382	25.260	26.139	27.018
9.000.000	23.946	24.841	25.737	26.632	27.527
9.250.000	24.389	25.301	26.213	27.125	28.037
9.500.000	24.833	25.761	26.689	27.618	28.546
9.750.000	25.276	26.221	27.166	28.111	29.056

Anrechenbare Kosten Euro	Basishonorarsatz Euro	Viertelsatz Euro	Mittelsatz Euro	Dreiviertelsatz Euro	Oberer Honorarsatz Euro
10.000.000	**25.719**	26.681	27.642	28.604	**29.565**
10.500.000	26.505	27.496	28.487	29.478	30.469
11.000.000	27.292	28.312	29.332	30.353	31.373
11.500.000	28.078	29.128	30.177	31.227	32.277
12.000.000	28.864	29.943	31.022	32.102	33.181
12.500.000	29.651	30.759	31.868	32.976	34.085
13.000.000	30.437	31.575	32.713	33.851	34.988
13.500.000	31.223	32.390	33.558	34.725	35.892
14.000.000	32.009	33.206	34.403	35.600	36.796
14.500.000	32.796	34.022	35.248	36.474	37.700
15.000.000	**33.582**	34.838	36.093	37.349	**38.604**
15.500.000	34.282	35.564	36.845	38.127	39.409
16.000.000	34.982	36.290	37.598	38.906	40.214
16.500.000	35.682	37.016	38.350	39.684	41.018
17.000.000	36.382	37.743	39.103	40.463	41.823
17.500.000	37.083	38.469	39.855	41.242	42.628
18.000.000	37.783	39.195	40.608	42.020	43.433
18.500.000	38.483	39.921	41.360	42.799	44.238
19.000.000	39.183	40.648	42.113	43.578	45.042
19.500.000	39.883	41.374	42.865	44.356	45.847
20.000.000	**40.583**	42.100	43.618	45.135	**46.652**
20.500.000	41.226	42.767	44.308	45.849	47.391
21.000.000	41.868	43.433	44.999	46.564	48.129
21.500.000	42.511	44.100	45.689	47.278	48.868
22.000.000	43.153	44.766	46.380	47.993	49.606
22.500.000	43.796	45.433	47.070	48.707	50.345
23.000.000	44.438	46.099	47.761	49.422	51.083
23.500.000	45.081	46.766	48.451	50.136	51.822
24.000.000	45.723	47.432	49.142	50.851	52.560
24.500.000	46.366	48.099	49.832	51.565	53.299
25.000.000	**47.008**	48.765	50.523	52.280	**54.037**

Honorartafel zu Anlage 1.2.5 – Raumakustik Honorarzone I

Anrechenbare Kosten Euro	Basishonorarsatz Euro	Viertelsatz Euro	Mittelsatz Euro	Dreiviertelsatz Euro	Oberer Honorarsatz Euro
50.000	**1.714**	1.842	1.970	2.098	**2.226**
52.500	1.723	1.852	1.980	2.109	2.238
55.000	1.732	1.862	1.991	2.120	2.249
57.500	1.741	1.871	2.001	2.131	2.261
60.000	1.750	1.881	2.012	2.142	2.273
62.500	1.760	1.891	2.022	2.153	2.285
65.000	1.769	1.901	2.032	2.164	2.296
67.500	1.778	1.910	2.043	2.175	2.308
70.000	1.787	1.920	2.053	2.186	2.320
72.500	1.796	1.930	2.064	2.197	2.331
75.000	**1.805**	1.940	2.074	2.209	**2.343**
77.500	1.814	1.949	2.084	2.219	2.354
80.000	1.822	1.958	2.094	2.230	2.366
82.500	1.831	1.968	2.104	2.241	2.377
85.000	1.840	1.977	2.114	2.251	2.389
87.500	1.849	1.986	2.124	2.262	2.400
90.000	1.857	1.996	2.134	2.273	2.411
92.500	1.866	2.005	2.144	2.284	2.423
95.000	1.875	2.015	2.154	2.294	2.434
97.500	1.883	2.024	2.164	2.305	2.446
100.000	**1.892**	2.033	2.175	2.316	**2.457**
105.000	1.909	2.051	2.194	2.336	2.479
110.000	1.926	2.070	2.213	2.357	2.501
115.000	1.943	2.088	2.233	2.378	2.523
120.000	1.960	2.106	2.252	2.398	2.545
125.000	1.977	2.124	2.272	2.419	2.567
130.000	1.993	2.142	2.291	2.440	2.588
135.000	2.010	2.160	2.310	2.460	2.610
140.000	2.027	2.178	2.330	2.481	2.632
145.000	2.044	2.197	2.349	2.502	2.654
150.000	**2.061**	2.215	2.369	2.522	**2.676**
155.000	2.077	2.232	2.387	2.542	2.697
160.000	2.094	2.250	2.406	2.562	2.718
165.000	2.110	2.268	2.425	2.582	2.740
170.000	2.127	2.285	2.444	2.602	2.761
175.000	2.143	2.303	2.463	2.622	2.782
180.000	2.159	2.320	2.481	2.642	2.803
185.000	2.176	2.338	2.500	2.662	2.824
190.000	2.192	2.356	2.519	2.682	2.846
195.000	2.209	2.373	2.538	2.702	2.867

Anrechenbare Kosten Euro	Basishonorarsatz Euro	Viertelsatz Euro	Mittelsatz Euro	Dreiviertelsatz Euro	Oberer Honorarsatz Euro
200.000	**2.225**	2.391	2.557	2.722	**2.888**
205.000	2.241	2.408	2.575	2.742	2.909
210.000	2.257	2.425	2.593	2.761	2.929
215.000	2.273	2.442	2.611	2.781	2.950
220.000	2.289	2.459	2.630	2.800	2.971
225.000	2.305	2.476	2.648	2.820	2.992
230.000	2.320	2.493	2.666	2.839	3.012
235.000	2.336	2.510	2.685	2.859	3.033
240.000	2.352	2.528	2.703	2.878	3.054
245.000	2.368	2.545	2.721	2.898	3.074
250.000	**2.384**	2.562	2.740	2.917	**3.095**
255.000	2.400	2.579	2.757	2.936	3.115
260.000	2.415	2.595	2.775	2.955	3.135
265.000	2.431	2.612	2.793	2.974	3.156
270.000	2.446	2.629	2.811	2.993	3.176
275.000	2.462	2.646	2.829	3.013	3.196
280.000	2.478	2.662	2.847	3.032	3.216
285.000	2.493	2.679	2.865	3.051	3.236
290.000	2.509	2.696	2.883	3.070	3.257
295.000	2.524	2.713	2.901	3.089	3.277
300.000	**2.540**	2.729	2.919	3.108	**3.297**
310.000	2.570	2.762	2.954	3.145	3.337
320.000	2.601	2.795	2.989	3.182	3.376
330.000	2.631	2.827	3.024	3.220	3.416
340.000	2.662	2.860	3.059	3.257	3.455
350.000	2.692	2.893	3.094	3.294	3.495
360.000	2.722	2.925	3.129	3.332	3.535
370.000	2.753	2.958	3.164	3.369	3.574
380.000	2.783	2.991	3.199	3.406	3.614
390.000	2.814	3.024	3.234	3.443	3.653
400.000	**2.844**	3.056	3.269	3.481	**3.693**
410.000	2.874	3.088	3.303	3.517	3.732
420.000	2.903	3.120	3.337	3.553	3.770
430.000	2.933	3.152	3.371	3.590	3.809
440.000	2.963	3.184	3.405	3.626	3.847
450.000	2.993	3.216	3.439	3.662	3.886
460.000	3.022	3.248	3.473	3.699	3.924
470.000	3.052	3.280	3.507	3.735	3.963
480.000	3.082	3.311	3.541	3.771	4.001
490.000	3.111	3.343	3.575	3.807	4.040

Anrechenbare Kosten Euro	Basishonorarsatz Euro	Viertelsatz Euro	Mittelsatz Euro	Dreiviertelsatz Euro	Oberer Honorarsatz Euro
500.000	**3.141**	3.375	3.610	3.844	**4.078**
525.000	3.213	3.453	3.692	3.932	4.171
550.000	3.285	3.530	3.775	4.020	4.265
575.000	3.357	3.607	3.857	4.108	4.358
600.000	3.429	3.684	3.940	4.196	4.451
625.000	3.501	3.762	4.023	4.284	4.545
650.000	3.572	3.839	4.105	4.371	4.638
675.000	3.644	3.916	4.188	4.459	4.731
700.000	3.716	3.993	4.270	4.547	4.824
725.000	3.788	4.071	4.353	4.635	4.918
750.000	**3.860**	4.148	4.436	4.723	**5.011**
775.000	3.930	4.222	4.515	4.808	5.101
800.000	3.999	4.297	4.595	4.893	5.191
825.000	4.069	4.372	4.675	4.978	5.282
850.000	4.138	4.446	4.755	5.063	5.372
875.000	4.208	4.521	4.835	5.148	5.462
900.000	4.277	4.596	4.915	5.233	5.552
925.000	4.347	4.670	4.994	5.318	5.642
950.000	4.416	4.745	5.074	5.403	5.733
975.000	4.486	4.820	5.154	5.488	5.823
1.000.000	**4.555**	4.895	5.234	5.574	**5.913**
1.050.000	4.689	5.039	5.388	5.738	6.087
1.100.000	4.823	5.183	5.542	5.902	6.261
1.150.000	4.957	5.327	5.696	6.066	6.436
1.200.000	5.091	5.471	5.851	6.230	6.610
1.250.000	5.226	5.615	6.005	6.394	6.784
1.300.000	5.360	5.759	6.159	6.559	6.958
1.350.000	5.494	5.903	6.313	6.723	7.132
1.400.000	5.628	6.048	6.467	6.887	7.307
1.450.000	5.762	6.192	6.621	7.051	7.481
1.500.000	**5.896**	6.336	6.776	7.215	**7.655**
1.550.000	6.026	6.475	6.925	7.374	7.823
1.600.000	6.155	6.614	7.074	7.533	7.992
1.650.000	6.285	6.754	7.223	7.691	8.160
1.700.000	6.415	6.893	7.372	7.850	8.328
1.750.000	6.545	7.033	7.521	8.009	8.497
1.800.000	6.674	7.172	7.670	8.167	8.665
1.850.000	6.804	7.311	7.819	8.326	8.833
1.900.000	6.934	7.451	7.968	8.484	9.001
1.950.000	7.063	7.590	8.117	8.643	9.170

Anrechenbare Kosten Euro	Basishonorarsatz Euro	Viertelsatz Euro	Mittelsatz Euro	Dreiviertelsatz Euro	Oberer Honorarsatz Euro
2.000.000	**7.193**	7.729	8.266	8.802	**9.338**
2.050.000	7.319	7.865	8.411	8.956	9.502
2.100.000	7.446	8.001	8.556	9.111	9.666
2.150.000	7.572	8.137	8.701	9.266	9.830
2.200.000	7.699	8.273	8.847	9.420	9.994
2.250.000	7.825	8.408	8.992	9.575	10.159
2.300.000	7.951	8.544	9.137	9.730	10.323
2.350.000	8.078	8.680	9.282	9.884	10.487
2.400.000	8.204	8.816	9.428	10.039	10.651
2.450.000	8.331	8.952	9.573	10.194	10.815
2.500.000	**8.457**	9.088	9.718	10.349	**10.979**
2.550.000	8.581	9.221	9.860	10.500	11.140
2.600.000	8.705	9.354	10.003	10.652	11.301
2.650.000	8.829	9.487	10.145	10.803	11.462
2.700.000	8.953	9.620	10.288	10.955	11.623
2.750.000	9.077	9.753	10.430	11.107	11.784
2.800.000	9.200	9.886	10.572	11.258	11.944
2.850.000	9.324	10.020	10.715	11.410	12.105
2.900.000	9.448	10.153	10.857	11.562	12.266
2.950.000	9.572	10.286	11.000	11.713	12.427
3.000.000	**9.696**	10.419	11.142	11.865	**12.588**
3.100.000	9.938	10.679	11.420	12.161	12.902
3.200.000	10.180	10.939	11.698	12.457	13.216
3.300.000	10.422	11.199	11.976	12.753	13.530
3.400.000	10.664	11.459	12.254	13.049	13.844
3.500.000	10.906	11.719	12.532	13.345	14.159
3.600.000	11.147	11.979	12.810	13.641	14.473
3.700.000	11.389	12.239	13.088	13.937	14.787
3.800.000	11.631	12.499	13.366	14.233	15.101
3.900.000	11.873	12.759	13.644	14.529	15.415
4.000.000	**12.115**	13.019	13.922	14.826	**15.729**
4.100.000	12.351	13.272	14.193	15.114	16.035
4.200.000	12.587	13.525	14.464	15.403	16.341
4.300.000	12.823	13.779	14.735	15.691	16.648
4.400.000	13.059	14.032	15.006	15.980	16.954
4.500.000	13.295	14.286	15.277	16.269	17.260
4.600.000	13.530	14.539	15.548	16.557	17.566
4.700.000	13.766	14.793	15.819	16.846	17.872
4.800.000	14.002	15.046	16.090	17.135	18.179
4.900.000	14.238	15.300	16.361	17.423	18.485

Anrechenbare Kosten Euro	Basishonorarsatz Euro	Viertelsatz Euro	Mittelsatz Euro	Dreiviertelsatz Euro	Oberer Honorarsatz Euro
5.000.000	**14.474**	15.553	16.633	17.712	**18.791**
5.100.000	14.705	15.802	16.898	17.995	19.091
5.200.000	14.936	16.050	17.164	18.278	19.391
5.300.000	15.168	16.299	17.430	18.561	19.692
5.400.000	15.399	16.547	17.695	18.844	19.992
5.500.000	15.630	16.796	17.961	19.127	20.292
5.600.000	15.861	17.044	18.227	19.409	20.592
5.700.000	16.092	17.292	18.492	19.692	20.892
5.800.000	16.324	17.541	18.758	19.975	21.193
5.900.000	16.555	17.789	19.024	20.258	21.493
6.000.000	**16.786**	18.038	19.290	20.541	**21.793**
6.100.000	17.013	18.282	19.551	20.819	22.088
6.200.000	17.241	18.526	19.812	21.098	22.383
6.300.000	17.468	18.771	20.073	21.376	22.678
6.400.000	17.696	19.015	20.335	21.654	22.973
6.500.000	17.923	19.259	20.596	21.932	23.269
6.600.000	18.150	19.504	20.857	22.210	23.564
6.700.000	18.378	19.748	21.118	22.488	23.859
6.800.000	18.605	19.992	21.380	22.767	24.154
6.900.000	18.833	20.237	21.641	23.045	24.449
7.000.000	**19.060**	20.481	21.902	23.323	**24.744**
7.050.000	19.172	20.602	22.031	23.461	24.890
7.100.000	19.285	20.723	22.160	23.598	25.036
7.150.000	19.397	20.843	22.290	23.736	25.182
7.200.000	19.510	20.964	22.419	23.873	25.328
7.250.000	19.622	21.085	22.548	24.011	25.474
7.300.000	19.734	21.206	22.677	24.149	25.620
7.350.000	19.847	21.327	22.806	24.286	25.766
7.400.000	19.959	21.447	22.936	24.424	25.912
7.450.000	20.072	21.568	23.065	24.561	26.058
7.500.000	**20.184**	21.689	23.194	24.699	**26.204**

Honorartafel zu Anlage 1.2.5 – Raumakustik Honorarzone II

Anrechenbare Kosten Euro	Basishonorarsatz Euro	Viertelsatz Euro	Mittelsatz Euro	Dreiviertelsatz Euro	Oberer Honorarsatz Euro
50.000	**2.226**	2.354	2.482	2.609	**2.737**
52.500	2.238	2.366	2.495	2.623	2.752
55.000	2.249	2.379	2.508	2.637	2.766
57.500	2.261	2.391	2.521	2.651	2.781
60.000	2.273	2.403	2.534	2.664	2.795
62.500	2.285	2.416	2.547	2.678	2.810
65.000	2.296	2.428	2.560	2.692	2.824
67.500	2.308	2.441	2.573	2.706	2.839
70.000	2.320	2.453	2.586	2.720	2.853
72.500	2.331	2.465	2.599	2.733	2.868
75.000	**2.343**	2.478	2.613	2.747	**2.882**
77.500	2.354	2.490	2.625	2.761	2.896
80.000	2.366	2.502	2.638	2.774	2.910
82.500	2.377	2.514	2.650	2.787	2.924
85.000	2.389	2.526	2.663	2.800	2.938
87.500	2.400	2.538	2.676	2.814	2.952
90.000	2.411	2.550	2.688	2.827	2.965
92.500	2.423	2.562	2.701	2.840	2.979
95.000	2.434	2.574	2.714	2.853	2.993
97.500	2.446	2.586	2.726	2.867	3.007
100.000	**2.457**	2.598	2.739	2.880	**3.021**
105.000	2.479	2.621	2.763	2.906	3.048
110.000	2.501	2.644	2.788	2.931	3.075
115.000	2.523	2.668	2.812	2.957	3.102
120.000	2.545	2.691	2.837	2.983	3.129
125.000	2.567	2.714	2.861	3.009	3.156
130.000	2.588	2.737	2.886	3.034	3.183
135.000	2.610	2.760	2.910	3.060	3.210
140.000	2.632	2.783	2.935	3.086	3.237
145.000	2.654	2.807	2.959	3.112	3.264
150.000	**2.676**	2.830	2.984	3.137	**3.291**
155.000	2.697	2.852	3.007	3.162	3.317
160.000	2.718	2.875	3.031	3.187	3.343
165.000	2.740	2.897	3.054	3.212	3.369
170.000	2.761	2.919	3.078	3.236	3.395
175.000	2.782	2.942	3.102	3.261	3.421
180.000	2.803	2.964	3.125	3.286	3.447
185.000	2.824	2.987	3.149	3.311	3.473
190.000	2.846	3.009	3.172	3.336	3.499
195.000	2.867	3.031	3.196	3.360	3.525

Anrechenbare Kosten Euro	Basishonorarsatz Euro	Viertelsatz Euro	Mittelsatz Euro	Dreiviertelsatz Euro	Oberer Honorarsatz Euro
200.000	**2.888**	3.054	3.220	3.385	**3.551**
205.000	2.909	3.076	3.243	3.410	3.577
210.000	2.929	3.098	3.266	3.434	3.602
215.000	2.950	3.119	3.289	3.458	3.628
220.000	2.971	3.141	3.312	3.482	3.653
225.000	2.992	3.163	3.335	3.507	3.679
230.000	3.012	3.185	3.358	3.531	3.704
235.000	3.033	3.207	3.381	3.555	3.730
240.000	3.054	3.229	3.404	3.580	3.755
245.000	3.074	3.251	3.427	3.604	3.781
250.000	**3.095**	3.273	3.451	3.628	**3.806**
255.000	3.115	3.294	3.473	3.652	3.831
260.000	3.135	3.316	3.496	3.676	3.856
265.000	3.156	3.337	3.518	3.699	3.881
270.000	3.176	3.358	3.541	3.723	3.906
275.000	3.196	3.380	3.563	3.747	3.931
280.000	3.216	3.401	3.586	3.771	3.955
285.000	3.236	3.422	3.608	3.794	3.980
290.000	3.257	3.444	3.631	3.818	4.005
295.000	3.277	3.465	3.653	3.842	4.030
300.000	**3.297**	3.487	3.676	3.866	**4.055**
310.000	3.337	3.528	3.720	3.912	4.104
320.000	3.376	3.570	3.764	3.958	4.152
330.000	3.416	3.612	3.808	4.005	4.201
340.000	3.455	3.654	3.852	4.051	4.249
350.000	3.495	3.696	3.897	4.097	4.298
360.000	3.535	3.738	3.941	4.144	4.347
370.000	3.574	3.779	3.985	4.190	4.395
380.000	3.614	3.821	4.029	4.236	4.444
390.000	3.653	3.863	4.073	4.283	4.492
400.000	**3.693**	3.905	4.117	4.329	**4.541**
410.000	3.732	3.946	4.160	4.374	4.588
420.000	3.770	3.986	4.203	4.419	4.636
430.000	3.809	4.027	4.246	4.465	4.683
440.000	3.847	4.068	4.289	4.510	4.731
450.000	3.886	4.109	4.332	4.555	4.778
460.000	3.924	4.149	4.375	4.600	4.825
470.000	3.963	4.190	4.418	4.645	4.873
480.000	4.001	4.231	4.461	4.690	4.920
490.000	4.040	4.272	4.504	4.736	4.968

Anrechenbare Kosten Euro	Basishonorarsatz Euro	Viertelsatz Euro	Mittelsatz Euro	Dreiviertelsatz Euro	Oberer Honorarsatz Euro
500.000	**4.078**	4.312	4.547	4.781	**5.015**
525.000	4.171	4.411	4.651	4.890	5.130
550.000	4.265	4.510	4.755	5.000	5.245
575.000	4.358	4.608	4.859	5.109	5.359
600.000	4.451	4.707	4.963	5.218	5.474
625.000	4.545	4.806	5.067	5.328	5.589
650.000	4.638	4.904	5.171	5.437	5.704
675.000	4.731	5.003	5.275	5.547	5.819
700.000	4.824	5.102	5.379	5.656	5.933
725.000	4.918	5.200	5.483	5.766	6.048
750.000	**5.011**	5.299	5.587	5.875	**6.163**
775.000	5.101	5.394	5.688	5.981	6.274
800.000	5.191	5.490	5.788	6.086	6.385
825.000	5.282	5.585	5.889	6.192	6.496
850.000	5.372	5.681	5.989	6.298	6.607
875.000	5.462	5.776	6.090	6.404	6.718
900.000	5.552	5.871	6.190	6.509	6.828
925.000	5.642	5.967	6.291	6.615	6.939
950.000	5.733	6.062	6.391	6.721	7.050
975.000	5.823	6.157	6.492	6.827	7.161
1.000.000	**5.913**	6.253	6.593	6.932	**7.272**
1.050.000	6.087	6.437	6.787	7.136	7.486
1.100.000	6.261	6.621	6.981	7.341	7.700
1.150.000	6.436	6.805	7.175	7.545	7.914
1.200.000	6.610	6.989	7.369	7.749	8.128
1.250.000	6.784	7.174	7.563	7.953	8.343
1.300.000	6.958	7.358	7.757	8.157	8.557
1.350.000	7.132	7.542	7.952	8.361	8.771
1.400.000	7.307	7.726	8.146	8.565	8.985
1.450.000	7.481	7.910	8.340	8.769	9.199
1.500.000	**7.655**	8.095	8.534	8.974	**9.413**
1.550.000	7.823	8.272	8.722	9.171	9.620
1.600.000	7.992	8.450	8.909	9.368	9.827
1.650.000	8.160	8.628	9.097	9.565	10.034
1.700.000	8.328	8.806	9.285	9.763	10.241
1.750.000	8.497	8.984	9.472	9.960	10.448
1.800.000	8.665	9.162	9.660	10.157	10.655
1.850.000	8.833	9.340	9.848	10.355	10.862
1.900.000	9.001	9.518	10.035	10.552	11.069
1.950.000	9.170	9.696	10.223	10.749	11.276

Anrechenbare Kosten Euro	Basishonorarsatz Euro	Viertelsatz Euro	Mittelsatz Euro	Dreiviertelsatz Euro	Oberer Honorarsatz Euro
2.000.000	**9.338**	9.874	10.411	10.947	**11.483**
2.050.000	9.502	10.048	10.593	11.139	11.685
2.100.000	9.666	10.221	10.776	11.332	11.887
2.150.000	9.830	10.395	10.959	11.524	12.088
2.200.000	9.994	10.568	11.142	11.716	12.290
2.250.000	10.159	10.742	11.325	11.909	12.492
2.300.000	10.323	10.915	11.508	12.101	12.694
2.350.000	10.487	11.089	11.691	12.293	12.896
2.400.000	10.651	11.262	11.874	12.486	13.097
2.450.000	10.815	11.436	12.057	12.678	13.299
2.500.000	**10.979**	11.610	12.240	12.871	**13.501**
2.550.000	11.140	11.780	12.419	13.059	13.699
2.600.000	11.301	11.950	12.599	13.248	13.897
2.650.000	11.462	12.120	12.778	13.436	14.094
2.700.000	11.623	12.290	12.957	13.625	14.292
2.750.000	11.784	12.460	13.137	13.813	14.490
2.800.000	11.944	12.630	13.316	14.002	14.688
2.850.000	12.105	12.800	13.495	14.191	14.886
2.900.000	12.266	12.971	13.675	14.379	15.083
2.950.000	12.427	13.141	13.854	14.568	15.281
3.000.000	**12.588**	13.311	14.034	14.756	**15.479**
3.100.000	12.902	13.643	14.384	15.125	15.865
3.200.000	13.216	13.975	14.734	15.493	16.252
3.300.000	13.530	14.307	15.084	15.861	16.638
3.400.000	13.844	14.639	15.434	16.229	17.024
3.500.000	14.159	14.972	15.785	16.598	17.411
3.600.000	14.473	15.304	16.135	16.966	17.797
3.700.000	14.787	15.636	16.485	17.334	18.183
3.800.000	15.101	15.968	16.835	17.702	18.569
3.900.000	15.415	16.300	17.185	18.071	18.956
4.000.000	**15.729**	16.632	17.536	18.439	**19.342**
4.100.000	16.035	16.956	17.877	18.798	19.719
4.200.000	16.341	17.280	18.218	19.157	20.095
4.300.000	16.648	17.604	18.560	19.516	20.472
4.400.000	16.954	17.927	18.901	19.875	20.848
4.500.000	17.260	18.251	19.243	20.234	21.225
4.600.000	17.566	18.575	19.584	20.593	21.602
4.700.000	17.872	18.899	19.925	20.952	21.978
4.800.000	18.179	19.223	20.267	21.311	22.355
4.900.000	18.485	19.546	20.608	21.670	22.731

Anrechenbare Kosten Euro	Basishonorarsatz Euro	Viertelsatz Euro	Mittelsatz Euro	Dreiviertelsatz Euro	Oberer Honorarsatz Euro
5.000.000	**18.791**	19.870	20.950	22.029	**23.108**
5.100.000	19.091	20.188	21.284	22.381	23.477
5.200.000	19.391	20.505	21.619	22.733	23.846
5.300.000	19.692	20.823	21.953	23.084	24.215
5.400.000	19.992	21.140	22.288	23.436	24.584
5.500.000	20.292	21.457	22.623	23.788	24.954
5.600.000	20.592	21.775	22.957	24.140	25.323
5.700.000	20.892	22.092	23.292	24.492	25.692
5.800.000	21.193	22.410	23.627	24.844	26.061
5.900.000	21.493	22.727	23.961	25.196	26.430
6.000.000	**21.793**	23.045	24.296	25.548	**26.799**
6.100.000	22.088	23.357	24.625	25.894	27.162
6.200.000	22.383	23.669	24.954	26.240	27.525
6.300.000	22.678	23.981	25.283	26.586	27.888
6.400.000	22.973	24.293	25.612	26.932	28.251
6.500.000	23.269	24.605	25.941	27.278	28.614
6.600.000	23.564	24.917	26.270	27.624	28.977
6.700.000	23.859	25.229	26.599	27.970	29.340
6.800.000	24.154	25.541	26.928	28.316	29.703
6.900.000	24.449	25.853	27.257	28.662	30.066
7.000.000	**24.744**	26.165	27.587	29.008	**30.429**
7.050.000	24.890	26.320	27.749	29.179	30.609
7.100.000	25.036	26.474	27.912	29.350	30.788
7.150.000	25.182	26.628	28.075	29.521	30.968
7.200.000	25.328	26.783	28.238	29.692	31.147
7.250.000	25.474	26.937	28.400	29.863	31.327
7.300.000	25.620	27.092	28.563	30.035	31.506
7.350.000	25.766	27.246	28.726	30.206	31.686
7.400.000	25.912	27.400	28.889	30.377	31.865
7.450.000	26.058	27.555	29.051	30.548	32.045
7.500.000	**26.204**	27.709	29.214	30.719	**32.224**

Honorartafel zu Anlage 1.2.5 – Raumakustik Honorarzone III

Anrechenbare Kosten Euro	Basishonorarsatz Euro	Viertelsatz Euro	Mittelsatz Euro	Dreiviertelsatz Euro	Oberer Honorarsatz Euro
50.000	**2.737**	2.873	3.008	3.144	**3.279**
52.500	2.752	2.888	3.024	3.160	3.296
55.000	2.766	2.903	3.040	3.177	3.314
57.500	2.781	2.918	3.056	3.193	3.331
60.000	2.795	2.933	3.072	3.210	3.348
62.500	2.810	2.949	3.088	3.227	3.366
65.000	2.824	2.964	3.103	3.243	3.383
67.500	2.839	2.979	3.119	3.260	3.400
70.000	2.853	2.994	3.135	3.276	3.417
72.500	2.868	3.009	3.151	3.293	3.435
75.000	**2.882**	3.025	3.167	3.310	**3.452**
77.500	2.896	3.039	3.182	3.326	3.469
80.000	2.910	3.054	3.198	3.342	3.485
82.500	2.924	3.068	3.213	3.358	3.502
85.000	2.938	3.083	3.228	3.374	3.519
87.500	2.952	3.098	3.244	3.390	3.536
90.000	2.965	3.112	3.259	3.406	3.552
92.500	2.979	3.127	3.274	3.422	3.569
95.000	2.993	3.141	3.289	3.438	3.586
97.500	3.007	3.156	3.305	3.454	3.602
100.000	**3.021**	3.171	3.320	3.470	**3.619**
105.000	3.048	3.199	3.350	3.500	3.651
110.000	3.075	3.227	3.379	3.531	3.684
115.000	3.102	3.255	3.409	3.562	3.716
120.000	3.129	3.284	3.439	3.593	3.748
125.000	3.156	3.312	3.468	3.624	3.781
130.000	3.183	3.340	3.498	3.655	3.813
135.000	3.210	3.369	3.528	3.686	3.845
140.000	3.237	3.397	3.557	3.717	3.877
145.000	3.264	3.425	3.587	3.748	3.910
150.000	**3.291**	3.454	3.617	3.779	**3.942**
155.000	3.317	3.481	3.645	3.809	3.973
160.000	3.343	3.508	3.674	3.839	4.004
165.000	3.369	3.536	3.702	3.869	4.036
170.000	3.395	3.563	3.731	3.899	4.067
175.000	3.421	3.590	3.760	3.929	4.098
180.000	3.447	3.618	3.788	3.959	4.129
185.000	3.473	3.645	3.817	3.989	4.160
190.000	3.499	3.672	3.845	4.018	4.192
195.000	3.525	3.699	3.874	4.048	4.223

Anrechenbare Kosten Euro	Basishonorarsatz Euro	Viertelsatz Euro	Mittelsatz Euro	Dreiviertelsatz Euro	Oberer Honorarsatz Euro
200.000	**3.551**	3.727	3.903	4.078	**4.254**
205.000	3.577	3.753	3.930	4.107	4.284
210.000	3.602	3.780	3.958	4.137	4.315
215.000	3.628	3.807	3.986	4.166	4.345
220.000	3.653	3.834	4.014	4.195	4.376
225.000	3.679	3.860	4.042	4.224	4.406
230.000	3.704	3.887	4.070	4.253	4.436
235.000	3.730	3.914	4.098	4.282	4.467
240.000	3.755	3.941	4.126	4.312	4.497
245.000	3.781	3.967	4.154	4.341	4.528
250.000	**3.806**	3.994	4.182	4.370	**4.558**
255.000	3.831	4.020	4.209	4.399	4.588
260.000	3.856	4.046	4.237	4.427	4.618
265.000	3.881	4.072	4.264	4.456	4.648
270.000	3.906	4.099	4.292	4.485	4.678
275.000	3.931	4.125	4.319	4.513	4.708
280.000	3.955	4.151	4.346	4.542	4.737
285.000	3.980	4.177	4.374	4.571	4.767
290.000	4.005	4.203	4.401	4.599	4.797
295.000	4.030	4.229	4.429	4.628	4.827
300.000	**4.055**	4.256	4.456	4.657	**4.857**
310.000	4.104	4.307	4.509	4.712	4.915
320.000	4.152	4.358	4.563	4.768	4.973
330.000	4.201	4.409	4.616	4.824	5.032
340.000	4.249	4.460	4.670	4.880	5.090
350.000	4.298	4.511	4.723	4.936	5.148
360.000	4.347	4.562	4.776	4.991	5.206
370.000	4.395	4.613	4.830	5.047	5.264
380.000	4.444	4.664	4.883	5.103	5.323
390.000	4.492	4.715	4.937	5.159	5.381
400.000	**4.541**	4.766	4.990	5.215	**5.439**
410.000	4.588	4.815	5.042	5.269	5.496
420.000	4.636	4.865	5.094	5.323	5.553
430.000	4.683	4.915	5.146	5.378	5.609
440.000	4.731	4.965	5.198	5.432	5.666
450.000	4.778	5.014	5.251	5.487	5.723
460.000	4.825	5.064	5.303	5.541	5.780
470.000	4.873	5.114	5.355	5.596	5.837
480.000	4.920	5.164	5.407	5.650	5.893
490.000	4.968	5.213	5.459	5.705	5.950

Anrechenbare Kosten Euro	Basishonorarsatz Euro	Viertelsatz Euro	Mittelsatz Euro	Dreiviertelsatz Euro	Oberer Honorarsatz Euro
500.000	**5.015**	5.263	5.511	5.759	**6.007**
525.000	5.130	5.383	5.637	5.891	6.145
550.000	5.245	5.504	5.763	6.023	6.282
575.000	5.359	5.624	5.889	6.154	6.420
600.000	5.474	5.745	6.016	6.286	6.557
625.000	5.589	5.865	6.142	6.418	6.695
650.000	5.704	5.986	6.268	6.550	6.832
675.000	5.819	6.106	6.394	6.682	6.970
700.000	5.933	6.227	6.520	6.814	7.107
725.000	6.048	6.347	6.646	6.945	7.245
750.000	**6.163**	6.468	6.773	7.077	**7.382**
775.000	6.274	6.584	6.894	7.205	7.515
800.000	6.385	6.701	7.016	7.332	7.648
825.000	6.496	6.817	7.138	7.459	7.780
850.000	6.607	6.933	7.260	7.587	7.913
875.000	6.718	7.050	7.382	7.714	8.046
900.000	6.828	7.166	7.504	7.841	8.179
925.000	6.939	7.282	7.625	7.969	8.312
950.000	7.050	7.399	7.747	8.096	8.444
975.000	7.161	7.515	7.869	8.223	8.577
1.000.000	**7.272**	7.632	7.991	8.351	**8.710**
1.050.000	7.486	7.856	8.226	8.596	8.967
1.100.000	7.700	8.081	8.462	8.842	9.223
1.150.000	7.914	8.306	8.697	9.088	9.480
1.200.000	8.128	8.530	8.932	9.334	9.736
1.250.000	8.343	8.755	9.168	9.580	9.993
1.300.000	8.557	8.980	9.403	9.826	10.249
1.350.000	8.771	9.204	9.638	10.072	10.506
1.400.000	8.985	9.429	9.873	10.318	10.762
1.450.000	9.199	9.654	10.109	10.564	11.019
1.500.000	**9.413**	9.879	10.344	10.810	**11.275**
1.550.000	9.620	10.096	10.572	11.047	11.523
1.600.000	9.827	10.313	10.799	11.285	11.771
1.650.000	10.034	10.530	11.027	11.523	12.019
1.700.000	10.241	10.748	11.254	11.761	12.267
1.750.000	10.448	10.965	11.482	11.998	12.515
1.800.000	10.655	11.182	11.709	12.236	12.763
1.850.000	10.862	11.399	11.937	12.474	13.011
1.900.000	11.069	11.617	12.164	12.712	13.259
1.950.000	11.276	11.834	12.392	12.949	13.507

Anrechenbare Kosten Euro	Basishonorarsatz Euro	Viertelsatz Euro	Mittelsatz Euro	Dreiviertelsatz Euro	Oberer Honorarsatz Euro
2.000.000	**11.483**	12.051	12.619	13.187	**13.755**
2.050.000	11.685	12.263	12.841	13.419	13.997
2.100.000	11.887	12.475	13.063	13.650	14.238
2.150.000	12.088	12.686	13.284	13.882	14.480
2.200.000	12.290	12.898	13.506	14.114	14.722
2.250.000	12.492	13.110	13.728	14.346	14.964
2.300.000	12.694	13.322	13.950	14.577	15.205
2.350.000	12.896	13.533	14.171	14.809	15.447
2.400.000	13.097	13.745	14.393	15.041	15.689
2.450.000	13.299	13.957	14.615	15.273	15.930
2.500.000	**13.501**	14.169	14.837	15.504	**16.172**
2.550.000	13.699	14.376	15.054	15.731	16.409
2.600.000	13.897	14.584	15.271	15.959	16.646
2.650.000	14.094	14.791	15.489	16.186	16.883
2.700.000	14.292	14.999	15.706	16.413	17.120
2.750.000	14.490	15.207	15.923	16.640	17.357
2.800.000	14.688	15.414	16.141	16.867	17.593
2.850.000	14.886	15.622	16.358	17.094	17.830
2.900.000	15.083	15.829	16.575	17.321	18.067
2.950.000	15.281	16.037	16.793	17.548	18.304
3.000.000	**15.479**	16.245	17.010	17.776	**18.541**
3.100.000	15.865	16.650	17.435	18.219	19.004
3.200.000	16.252	17.055	17.859	18.663	19.466
3.300.000	16.638	17.461	18.284	19.106	19.929
3.400.000	17.024	17.866	18.708	19.550	20.392
3.500.000	17.411	18.272	19.133	19.994	20.855
3.600.000	17.797	18.677	19.557	20.437	21.317
3.700.000	18.183	19.082	19.982	20.881	21.780
3.800.000	18.569	19.488	20.406	21.324	22.243
3.900.000	18.956	19.893	20.831	21.768	22.705
4.000.000	**19.342**	20.299	21.255	22.212	**23.168**
4.100.000	19.719	20.694	21.669	22.644	23.619
4.200.000	20.095	21.089	22.083	23.076	24.070
4.300.000	20.472	21.484	22.497	23.509	24.521
4.400.000	20.848	21.879	22.910	23.941	24.972
4.500.000	21.225	22.275	23.324	24.374	25.424
4.600.000	21.602	22.670	23.738	24.806	25.875
4.700.000	21.978	23.065	24.152	25.239	26.326
4.800.000	22.355	23.460	24.566	25.671	26.777
4.900.000	22.731	23.856	24.980	26.104	27.228

Anrechenbare Kosten Euro	Basishonorarsatz Euro	Viertelsatz Euro	Mittelsatz Euro	Dreiviertelsatz Euro	Oberer Honorarsatz Euro
5.000.000	**23.108**	24.251	25.394	26.536	**27.679**
5.100.000	23.477	24.638	25.799	26.960	28.121
5.200.000	23.846	25.025	26.205	27.384	28.563
5.300.000	24.215	25.413	26.610	27.808	29.005
5.400.000	24.584	25.800	27.016	28.232	29.447
5.500.000	24.954	26.188	27.422	28.656	29.890
5.600.000	25.323	26.575	27.827	29.079	30.332
5.700.000	25.692	26.962	28.233	29.503	30.774
5.800.000	26.061	27.350	28.638	29.927	31.216
5.900.000	26.430	27.737	29.044	30.351	31.658
6.000.000	**26.799**	28.124	29.450	30.775	**32.100**
6.100.000	27.162	28.505	29.848	31.192	32.535
6.200.000	27.525	28.886	30.247	31.608	32.970
6.300.000	27.888	29.267	30.646	32.025	33.404
6.400.000	28.251	29.648	31.045	32.442	33.839
6.500.000	28.614	30.029	31.444	32.859	34.274
6.600.000	28.977	30.410	31.843	33.276	34.709
6.700.000	29.340	30.791	32.242	33.693	35.144
6.800.000	29.703	31.172	32.641	34.110	35.578
6.900.000	30.066	31.553	33.040	34.526	36.013
7.000.000	**30.429**	31.934	33.439	34.943	**36.448**
7.050.000	30.609	32.122	33.636	35.149	36.663
7.100.000	30.788	32.311	33.833	35.356	36.878
7.150.000	30.968	32.499	34.030	35.562	37.093
7.200.000	31.147	32.687	34.228	35.768	37.308
7.250.000	31.327	32.876	34.425	35.974	37.523
7.300.000	31.506	33.064	34.622	36.180	37.738
7.350.000	31.686	33.252	34.819	36.386	37.953
7.400.000	31.865	33.441	35.017	36.592	38.168
7.450.000	32.045	33.629	35.214	36.798	38.383
7.500.000	**32.224**	33.818	35.411	37.005	**38.598**

Honorartafel zu Anlage 1.2.5 – Raumakustik Honorarzone IV

Anrechenbare Kosten Euro	Basishonorarsatz Euro	Viertelsatz Euro	Mittelsatz Euro	Dreiviertelsatz Euro	Oberer Honorarsatz Euro
50.000	**3.279**	3.407	3.535	3.662	**3.790**
52.500	3.296	3.425	3.553	3.682	3.810
55.000	3.314	3.443	3.572	3.701	3.830
57.500	3.331	3.461	3.590	3.720	3.850
60.000	3.348	3.479	3.609	3.740	3.870
62.500	3.366	3.497	3.628	3.759	3.890
65.000	3.383	3.515	3.646	3.778	3.910
67.500	3.400	3.533	3.665	3.798	3.930
70.000	3.417	3.551	3.684	3.817	3.950
72.500	3.435	3.569	3.702	3.836	3.970
75.000	**3.452**	3.587	3.721	3.856	**3.990**
77.500	3.469	3.604	3.739	3.874	4.009
80.000	3.485	3.621	3.757	3.893	4.029
82.500	3.502	3.639	3.775	3.911	4.048
85.000	3.519	3.656	3.793	3.930	4.067
87.500	3.536	3.673	3.811	3.949	4.087
90.000	3.552	3.691	3.829	3.967	4.106
92.500	3.569	3.708	3.847	3.986	4.125
95.000	3.586	3.725	3.865	4.005	4.144
97.500	3.602	3.743	3.883	4.023	4.164
100.000	**3.619**	3.760	3.901	4.042	**4.183**
105.000	3.651	3.794	3.936	4.078	4.220
110.000	3.684	3.827	3.971	4.114	4.258
115.000	3.716	3.861	4.006	4.150	4.295
120.000	3.748	3.894	4.040	4.187	4.333
125.000	3.781	3.928	4.075	4.223	4.370
130.000	3.813	3.961	4.110	4.259	4.407
135.000	3.845	3.995	4.145	4.295	4.445
140.000	3.877	4.029	4.180	4.331	4.482
145.000	3.910	4.062	4.215	4.367	4.520
150.000	**3.942**	4.096	4.250	4.403	**4.557**
155.000	3.973	4.128	4.283	4.438	4.593
160.000	4.004	4.161	4.317	4.473	4.629
165.000	4.036	4.193	4.350	4.508	4.665
170.000	4.067	4.225	4.384	4.542	4.701
175.000	4.098	4.258	4.418	4.577	4.737
180.000	4.129	4.290	4.451	4.612	4.773
185.000	4.160	4.323	4.485	4.647	4.809
190.000	4.192	4.355	4.518	4.682	4.845
195.000	4.223	4.387	4.552	4.716	4.881

Anrechenbare Kosten Euro	Basishonorarsatz Euro	Viertelsatz Euro	Mittelsatz Euro	Dreiviertelsatz Euro	Oberer Honorarsatz Euro
200.000	**4.254**	4.420	4.586	4.751	**4.917**
205.000	4.284	4.451	4.618	4.785	4.952
210.000	4.315	4.483	4.651	4.819	4.987
215.000	4.345	4.515	4.684	4.853	5.023
220.000	4.376	4.546	4.717	4.887	5.058
225.000	4.406	4.578	4.750	4.921	5.093
230.000	4.436	4.609	4.782	4.955	5.128
235.000	4.467	4.641	4.815	4.989	5.163
240.000	4.497	4.673	4.848	5.023	5.199
245.000	4.528	4.704	4.881	5.057	5.234
250.000	**4.558**	4.736	4.914	5.091	**5.269**
255.000	4.588	4.767	4.946	5.125	5.304
260.000	4.618	4.798	4.978	5.158	5.338
265.000	4.648	4.829	5.010	5.191	5.373
270.000	4.678	4.860	5.042	5.225	5.407
275.000	4.708	4.891	5.075	5.258	5.442
280.000	4.737	4.922	5.107	5.291	5.476
285.000	4.767	4.953	5.139	5.325	5.511
290.000	4.797	4.984	5.171	5.358	5.545
295.000	4.827	5.015	5.203	5.391	5.580
300.000	**4.857**	5.046	5.236	5.425	**5.614**
310.000	4.915	5.107	5.298	5.490	5.681
320.000	4.973	5.167	5.361	5.555	5.749
330.000	5.032	5.228	5.424	5.620	5.816
340.000	5.090	5.288	5.487	5.685	5.883
350.000	5.148	5.349	5.549	5.750	5.951
360.000	5.206	5.409	5.612	5.815	6.018
370.000	5.264	5.470	5.675	5.880	6.085
380.000	5.323	5.530	5.738	5.945	6.152
390.000	5.381	5.591	5.800	6.010	6.220
400.000	**5.439**	5.651	5.863	6.075	**6.287**
410.000	5.496	5.710	5.924	6.138	6.353
420.000	5.553	5.769	5.986	6.202	6.418
430.000	5.609	5.828	6.047	6.265	6.484
440.000	5.666	5.887	6.108	6.329	6.550
450.000	5.723	5.946	6.169	6.392	6.616
460.000	5.780	6.005	6.231	6.456	6.681
470.000	5.837	6.064	6.292	6.519	6.747
480.000	5.893	6.123	6.353	6.583	6.813
490.000	5.950	6.182	6.414	6.646	6.878

Anrechenbare Kosten Euro	Basishonorarsatz Euro	Viertelsatz Euro	Mittelsatz Euro	Dreiviertelsatz Euro	Oberer Honorarsatz Euro
500.000	**6.007**	6.241	6.476	6.710	**6.944**
525.000	6.145	6.384	6.624	6.863	7.103
550.000	6.282	6.527	6.772	7.017	7.262
575.000	6.420	6.670	6.920	7.170	7.421
600.000	6.557	6.813	7.068	7.324	7.580
625.000	6.695	6.956	7.217	7.478	7.739
650.000	6.832	7.098	7.365	7.631	7.897
675.000	6.970	7.241	7.513	7.785	8.056
700.000	7.107	7.384	7.661	7.938	8.215
725.000	7.245	7.527	7.809	8.092	8.374
750.000	**7.382**	7.670	7.958	8.245	**8.533**
775.000	7.515	7.808	8.101	8.394	8.687
800.000	7.648	7.946	8.244	8.542	8.840
825.000	7.780	8.084	8.387	8.690	8.994
850.000	7.913	8.222	8.530	8.839	9.147
875.000	8.046	8.360	8.674	8.987	9.301
900.000	8.179	8.498	8.817	9.136	9.455
925.000	8.312	8.636	8.960	9.284	9.608
950.000	8.444	8.774	9.103	9.432	9.762
975.000	8.577	8.912	9.246	9.581	9.915
1.000.000	**8.710**	9.050	9.390	9.729	**10.069**
1.050.000	8.967	9.316	9.666	10.016	10.366
1.100.000	9.223	9.583	9.943	10.302	10.662
1.150.000	9.480	9.849	10.219	10.589	10.959
1.200.000	9.736	10.116	10.496	10.875	11.255
1.250.000	9.993	10.382	10.772	11.162	11.552
1.300.000	10.249	10.649	11.049	11.448	11.848
1.350.000	10.506	10.915	11.325	11.735	12.145
1.400.000	10.762	11.182	11.602	12.021	12.441
1.450.000	11.019	11.448	11.878	12.308	12.738
1.500.000	**11.275**	11.715	12.155	12.594	**13.034**
1.550.000	11.523	11.972	12.422	12.871	13.321
1.600.000	11.771	12.230	12.689	13.148	13.607
1.650.000	12.019	12.488	12.956	13.425	13.894
1.700.000	12.267	12.745	13.224	13.702	14.180
1.750.000	12.515	13.003	13.491	13.979	14.467
1.800.000	12.763	13.261	13.758	14.256	14.754
1.850.000	13.011	13.518	14.026	14.533	15.040
1.900.000	13.259	13.776	14.293	14.810	15.327
1.950.000	13.507	14.034	14.560	15.087	15.613

Anrechenbare Kosten Euro	Basishonorarsatz Euro	Viertelsatz Euro	Mittelsatz Euro	Dreiviertelsatz Euro	Oberer Honorarsatz Euro
2.000.000	**13.755**	14.291	14.828	15.364	**15.900**
2.050.000	13.997	14.542	15.088	15.634	16.179
2.100.000	14.238	14.794	15.349	15.904	16.459
2.150.000	14.480	15.045	15.609	16.174	16.738
2.200.000	14.722	15.296	15.870	16.444	17.018
2.250.000	14.964	15.547	16.130	16.714	17.297
2.300.000	15.205	15.798	16.391	16.984	17.576
2.350.000	15.447	16.049	16.651	17.254	17.856
2.400.000	15.689	16.300	16.912	17.524	18.135
2.450.000	15.930	16.551	17.172	17.794	18.415
2.500.000	**16.172**	16.803	17.433	18.064	**18.694**
2.550.000	16.409	17.049	17.688	18.328	18.968
2.600.000	16.646	17.295	17.944	18.593	19.242
2.650.000	16.883	17.541	18.199	18.857	19.516
2.700.000	17.120	17.787	18.455	19.122	19.790
2.750.000	17.357	18.033	18.710	19.387	20.064
2.800.000	17.593	18.279	18.965	19.651	20.337
2.850.000	17.830	18.526	19.221	19.916	20.611
2.900.000	18.067	18.772	19.476	20.181	20.885
2.950.000	18.304	19.018	19.732	20.445	21.159
3.000.000	**18.541**	19.264	19.987	20.710	**21.433**
3.100.000	19.004	19.745	20.486	21.227	21.968
3.200.000	19.466	20.225	20.985	21.744	22.503
3.300.000	19.929	20.706	21.483	22.260	23.037
3.400.000	20.392	21.187	21.982	22.777	23.572
3.500.000	20.855	21.668	22.481	23.294	24.107
3.600.000	21.317	22.148	22.980	23.811	24.642
3.700.000	21.780	22.629	23.478	24.327	25.177
3.800.000	22.243	23.110	23.977	24.844	25.711
3.900.000	22.705	23.591	24.476	25.361	26.246
4.000.000	**23.168**	24.071	24.975	25.878	**26.781**
4.100.000	23.619	24.540	25.461	26.382	27.303
4.200.000	24.070	25.009	25.947	26.886	27.824
4.300.000	24.521	25.477	26.433	27.389	28.346
4.400.000	24.972	25.946	26.920	27.893	28.867
4.500.000	25.424	26.415	27.406	28.397	29.389
4.600.000	25.875	26.883	27.892	28.901	29.910
4.700.000	26.326	27.352	28.379	29.405	30.432
4.800.000	26.777	27.821	28.865	29.909	30.953
4.900.000	27.228	28.290	29.351	30.413	31.475

Anrechenbare Kosten Euro	Basishonorarsatz Euro	Viertelsatz Euro	Mittelsatz Euro	Dreiviertelsatz Euro	Oberer Honorarsatz Euro
5.000.000	**27.679**	28.758	29.838	30.917	**31.996**
5.100.000	28.121	29.218	30.314	31.411	32.507
5.200.000	28.563	29.677	30.791	31.904	33.018
5.300.000	29.005	30.136	31.267	32.398	33.529
5.400.000	29.447	30.596	31.744	32.892	34.040
5.500.000	29.890	31.055	32.221	33.386	34.552
5.600.000	30.332	31.514	32.697	33.880	35.063
5.700.000	30.774	31.974	33.174	34.374	35.574
5.800.000	31.216	32.433	33.650	34.868	36.085
5.900.000	31.658	32.892	34.127	35.361	36.596
6.000.000	**32.100**	33.352	34.604	35.855	**37.107**
6.100.000	32.535	33.804	35.072	36.341	37.610
6.200.000	32.970	34.255	35.541	36.827	38.112
6.300.000	33.404	34.707	36.010	37.312	38.615
6.400.000	33.839	35.159	36.478	37.798	39.117
6.500.000	34.274	35.611	36.947	38.284	39.620
6.600.000	34.709	36.062	37.416	38.769	40.123
6.700.000	35.144	36.514	37.884	39.255	40.625
6.800.000	35.578	36.966	38.353	39.740	41.128
6.900.000	36.013	37.418	38.822	40.226	41.630
7.000.000	**36.448**	37.869	39.291	40.712	**42.133**
7.050.000	36.663	38.093	39.522	40.952	42.382
7.100.000	36.878	38.316	39.754	41.192	42.630
7.150.000	37.093	38.539	39.986	41.432	42.879
7.200.000	37.308	38.763	40.218	41.672	43.127
7.250.000	37.523	38.986	40.449	41.912	43.376
7.300.000	37.738	39.210	40.681	42.153	43.624
7.350.000	37.953	39.433	40.913	42.393	43.873
7.400.000	38.168	39.656	41.145	42.633	44.121
7.450.000	38.383	39.880	41.376	42.873	44.370
7.500.000	**38.598**	40.103	41.608	43.113	**44.618**

Honorartafel zu Anlage 1.2.5 – Raumakustik Honorarzone V

Anrechenbare Kosten Euro	Basishonorarsatz Euro	Viertelsatz Euro	Mittelsatz Euro	Dreiviertelsatz Euro	Oberer Honorarsatz Euro
50.000	**3.790**	3.918	4.046	4.173	**4.301**
52.500	3.810	3.938	4.067	4.195	4.324
55.000	3.830	3.959	4.088	4.217	4.346
57.500	3.850	3.980	4.110	4.239	4.369
60.000	3.870	4.000	4.131	4.261	4.392
62.500	3.890	4.021	4.152	4.283	4.415
65.000	3.910	4.042	4.174	4.305	4.437
67.500	3.930	4.062	4.195	4.327	4.460
70.000	3.950	4.083	4.216	4.349	4.483
72.500	3.970	4.104	4.238	4.371	4.505
75.000	**3.990**	4.125	4.259	4.394	**4.528**
77.500	4.009	4.144	4.280	4.415	4.550
80.000	4.029	4.164	4.300	4.436	4.572
82.500	4.048	4.184	4.321	4.457	4.594
85.000	4.067	4.204	4.342	4.479	4.616
87.500	4.087	4.224	4.362	4.500	4.638
90.000	4.106	4.244	4.383	4.521	4.660
92.500	4.125	4.264	4.404	4.543	4.682
95.000	4.144	4.284	4.424	4.564	4.704
97.500	4.164	4.304	4.445	4.585	4.726
100.000	**4.183**	4.324	4.466	4.607	**4.748**
105.000	4.220	4.363	4.505	4.648	4.790
110.000	4.258	4.402	4.545	4.689	4.833
115.000	4.295	4.440	4.585	4.730	4.875
120.000	4.333	4.479	4.625	4.771	4.917
125.000	4.370	4.517	4.665	4.812	4.960
130.000	4.407	4.556	4.705	4.853	5.002
135.000	4.445	4.595	4.744	4.894	5.044
140.000	4.482	4.633	4.784	4.935	5.086
145.000	4.520	4.672	4.824	4.976	5.129
150.000	**4.557**	4.711	4.864	5.018	**5.171**
155.000	4.593	4.748	4.903	5.057	5.212
160.000	4.629	4.785	4.941	5.097	5.253
165.000	4.665	4.822	4.980	5.137	5.294
170.000	4.701	4.860	5.018	5.177	5.335
175.000	4.737	4.897	5.057	5.216	5.376
180.000	4.773	4.934	5.095	5.256	5.417
185.000	4.809	4.971	5.134	5.296	5.458
190.000	4.845	5.009	5.172	5.336	5.499
195.000	4.881	5.046	5.211	5.375	5.540

Anrechenbare Kosten Euro	Basishonorarsatz Euro	Viertelsatz Euro	Mittelsatz Euro	Dreiviertelsatz Euro	Oberer Honorarsatz Euro
200.000	**4.917**	5.083	5.249	5.415	**5.581**
205.000	4.952	5.119	5.287	5.454	5.621
210.000	4.987	5.156	5.324	5.492	5.661
215.000	5.023	5.192	5.362	5.531	5.701
220.000	5.058	5.229	5.399	5.570	5.741
225.000	5.093	5.265	5.437	5.609	5.781
230.000	5.128	5.301	5.474	5.647	5.820
235.000	5.163	5.338	5.512	5.686	5.860
240.000	5.199	5.374	5.549	5.725	5.900
245.000	5.234	5.410	5.587	5.764	5.940
250.000	**5.269**	5.447	5.625	5.802	**5.980**
255.000	5.304	5.482	5.661	5.840	6.019
260.000	5.338	5.518	5.698	5.878	6.058
265.000	5.373	5.554	5.735	5.916	6.097
270.000	5.407	5.589	5.772	5.954	6.136
275.000	5.442	5.625	5.809	5.992	6.176
280.000	5.476	5.661	5.845	6.030	6.215
285.000	5.511	5.696	5.882	6.068	6.254
290.000	5.545	5.732	5.919	6.106	6.293
295.000	5.580	5.768	5.956	6.144	6.332
300.000	**5.614**	5.803	5.993	6.182	**6.371**
310.000	5.681	5.873	6.064	6.256	6.448
320.000	5.749	5.942	6.136	6.330	6.524
330.000	5.816	6.012	6.208	6.404	6.601
340.000	5.883	6.082	6.280	6.479	6.677
350.000	5.951	6.151	6.352	6.553	6.754
360.000	6.018	6.221	6.424	6.627	6.830
370.000	6.085	6.290	6.496	6.701	6.907
380.000	6.152	6.360	6.568	6.775	6.983
390.000	6.220	6.430	6.640	6.850	7.060
400.000	**6.287**	6.499	6.712	6.924	**7.136**
410.000	6.353	6.567	6.782	6.996	7.211
420.000	6.418	6.635	6.852	7.068	7.285
430.000	6.484	6.703	6.922	7.141	7.360
440.000	6.550	6.771	6.992	7.213	7.434
450.000	6.616	6.839	7.062	7.285	7.509
460.000	6.681	6.907	7.132	7.358	7.583
470.000	6.747	6.975	7.202	7.430	7.658
480.000	6.813	7.042	7.272	7.502	7.732
490.000	6.878	7.110	7.342	7.574	7.807

Anrechenbare Kosten Euro	Basishonorarsatz Euro	Viertelsatz Euro	Mittelsatz Euro	Dreiviertelsatz Euro	Oberer Honorarsatz Euro
500.000	**6.944**	7.178	7.413	7.647	**7.881**
525.000	7.103	7.343	7.582	7.822	8.061
550.000	7.262	7.507	7.752	7.997	8.242
575.000	7.421	7.671	7.921	8.172	8.422
600.000	7.580	7.835	8.091	8.347	8.602
625.000	7.739	8.000	8.261	8.522	8.783
650.000	7.897	8.164	8.430	8.696	8.963
675.000	8.056	8.328	8.600	8.871	9.143
700.000	8.215	8.492	8.769	9.046	9.323
725.000	8.374	8.657	8.939	9.221	9.504
750.000	**8.533**	8.821	9.109	9.396	**9.684**
775.000	8.687	8.980	9.272	9.565	9.858
800.000	8.840	9.138	9.436	9.735	10.033
825.000	8.994	9.297	9.600	9.904	10.207
850.000	9.147	9.456	9.764	10.073	10.381
875.000	9.301	9.615	9.928	10.242	10.556
900.000	9.455	9.773	10.092	10.411	10.730
925.000	9.608	9.932	10.256	10.580	10.904
950.000	9.762	10.091	10.420	10.749	11.078
975.000	9.915	10.250	10.584	10.918	11.253
1.000.000	**10.069**	10.409	10.748	11.088	**11.427**
1.050.000	10.366	10.715	11.065	11.414	11.764
1.100.000	10.662	11.022	11.381	11.741	12.100
1.150.000	10.959	11.328	11.698	12.067	12.437
1.200.000	11.255	11.635	12.014	12.394	12.773
1.250.000	11.552	11.941	12.331	12.720	13.110
1.300.000	11.848	12.248	12.647	13.047	13.446
1.350.000	12.145	12.554	12.964	13.373	13.783
1.400.000	12.441	12.861	13.280	13.700	14.119
1.450.000	12.738	13.167	13.597	14.026	14.456
1.500.000	**13.034**	13.474	13.913	14.353	**14.792**
1.550.000	13.321	13.770	14.219	14.668	15.117
1.600.000	13.607	14.066	14.525	14.984	15.443
1.650.000	13.894	14.362	14.831	15.299	15.768
1.700.000	14.180	14.659	15.137	15.615	16.093
1.750.000	14.467	14.955	15.443	15.931	16.419
1.800.000	14.754	15.251	15.749	16.246	16.744
1.850.000	15.040	15.547	16.055	16.562	17.069
1.900.000	15.327	15.844	16.361	16.878	17.394
1.950.000	15.613	16.140	16.667	17.193	17.720

Anrechenbare Kosten Euro	Basishonorarsatz Euro	Viertelsatz Euro	Mittelsatz Euro	Dreiviertelsatz Euro	Oberer Honorarsatz Euro
2.000.000	**15.900**	16.436	16.973	17.509	**18.045**
2.050.000	16.179	16.725	17.271	17.817	18.362
2.100.000	16.459	17.014	17.569	18.124	18.679
2.150.000	16.738	17.303	17.867	18.432	18.997
2.200.000	17.018	17.592	18.166	18.740	19.314
2.250.000	17.297	17.881	18.464	19.048	19.631
2.300.000	17.576	18.169	18.762	19.355	19.948
2.350.000	17.856	18.458	19.061	19.663	20.265
2.400.000	18.135	18.747	19.359	19.971	20.583
2.450.000	18.415	19.036	19.657	20.279	20.900
2.500.000	**18.694**	19.325	19.956	20.586	**21.217**
2.550.000	18.968	19.608	20.248	20.888	21.528
2.600.000	19.242	19.891	20.540	21.189	21.839
2.650.000	19.516	20.174	20.833	21.491	22.149
2.700.000	19.790	20.457	21.125	21.793	22.460
2.750.000	20.064	20.740	21.417	22.094	22.771
2.800.000	20.337	21.024	21.710	22.396	23.082
2.850.000	20.611	21.307	22.002	22.697	23.393
2.900.000	20.885	21.590	22.294	22.999	23.703
2.950.000	21.159	21.873	22.587	23.300	24.014
3.000.000	**21.433**	22.156	22.879	23.602	**24.325**
3.100.000	21.968	22.709	23.450	24.191	24.932
3.200.000	22.503	23.262	24.021	24.780	25.539
3.300.000	23.037	23.815	24.592	25.369	26.146
3.400.000	23.572	24.367	25.163	25.958	26.753
3.500.000	24.107	24.920	25.734	26.547	27.360
3.600.000	24.642	25.473	26.304	27.136	27.967
3.700.000	25.177	26.026	26.875	27.725	28.574
3.800.000	25.711	26.579	27.446	28.314	29.181
3.900.000	26.246	27.132	28.017	28.903	29.788
4.000.000	**26.781**	27.685	28.588	29.492	**30.395**
4.100.000	27.303	28.224	29.145	30.066	30.987
4.200.000	27.824	28.763	29.701	30.640	31.579
4.300.000	28.346	29.302	30.258	31.214	32.170
4.400.000	28.867	29.841	30.815	31.788	32.762
4.500.000	29.389	30.380	31.371	32.363	33.354
4.600.000	29.910	30.919	31.928	32.937	33.946
4.700.000	30.432	31.458	32.485	33.511	34.538
4.800.000	30.953	31.997	33.041	34.085	35.129
4.900.000	31.475	32.536	33.598	34.660	35.721

Anrechenbare Kosten Euro	Basishonorarsatz Euro	Viertelsatz Euro	Mittelsatz Euro	Dreiviertelsatz Euro	Oberer Honorarsatz Euro
5.000.000	**31.996**	33.075	34.155	35.234	**36.313**
5.100.000	32.507	33.604	34.700	35.797	36.893
5.200.000	33.018	34.132	35.246	36.359	37.473
5.300.000	33.529	34.660	35.791	36.922	38.053
5.400.000	34.040	35.189	36.337	37.485	38.633
5.500.000	34.552	35.717	36.882	38.048	39.213
5.600.000	35.063	36.245	37.428	38.610	39.793
5.700.000	35.574	36.774	37.973	39.173	40.373
5.800.000	36.085	37.302	38.519	39.736	40.953
5.900.000	36.596	37.830	39.064	40.299	41.533
6.000.000	**37.107**	38.359	39.610	40.862	**42.113**
6.100.000	37.610	38.878	40.147	41.415	42.683
6.200.000	38.112	39.398	40.683	41.968	43.254
6.300.000	38.615	39.917	41.220	42.522	43.824
6.400.000	39.117	40.437	41.756	43.075	44.395
6.500.000	39.620	40.956	42.293	43.629	44.965
6.600.000	40.123	41.476	42.829	44.182	45.535
6.700.000	40.625	41.995	43.366	44.736	46.106
6.800.000	41.128	42.515	43.902	45.289	46.676
6.900.000	41.630	43.034	44.439	45.843	47.247
7.000.000	**42.133**	43.554	44.975	46.396	**47.817**
7.050.000	42.382	43.811	45.240	46.670	48.099
7.100.000	42.630	44.068	45.506	46.943	48.381
7.150.000	42.879	44.325	45.771	47.217	48.663
7.200.000	43.127	44.582	46.036	47.491	48.945
7.250.000	43.376	44.839	46.302	47.765	49.228
7.300.000	43.624	45.095	46.567	48.038	49.510
7.350.000	43.873	45.352	46.832	48.312	49.792
7.400.000	44.121	45.609	47.097	48.586	50.074
7.450.000	44.370	45.866	47.363	48.859	50.356
7.500.000	**44.618**	46.123	47.628	49.133	**50.638**

Honorartafel zu Anlage 1.3.4 – Geotechnik Honorarzone I

Anrechenbare Kosten Euro	Basishonorarsatz Euro	Viertelsatz Euro	Mittelsatz Euro	Dreiviertelsatz Euro	Oberer Honorarsatz Euro
50.000	**789**	897	1.006	1.114	**1.222**
52.500	805	916	1.026	1.137	1.247
55.000	821	934	1.047	1.159	1.272
57.500	838	952	1.067	1.182	1.297
60.000	854	971	1.088	1.205	1.322
62.500	870	989	1.109	1.228	1.347
65.000	886	1.008	1.129	1.251	1.372
67.500	902	1.026	1.150	1.273	1.397
70.000	919	1.044	1.170	1.296	1.422
72.500	935	1.063	1.191	1.319	1.447
75.000	**951**	1.081	1.212	1.342	**1.472**
77.500	965	1.097	1.229	1.361	1.493
80.000	978	1.112	1.246	1.380	1.514
82.500	992	1.127	1.263	1.399	1.535
85.000	1.005	1.143	1.280	1.418	1.556
87.500	1.019	1.158	1.298	1.437	1.577
90.000	1.032	1.173	1.315	1.456	1.597
92.500	1.046	1.189	1.332	1.475	1.618
95.000	1.059	1.204	1.349	1.494	1.639
97.500	1.073	1.219	1.366	1.513	1.660
100.000	**1.086**	1.235	1.384	1.532	**1.681**
102.500	1.098	1.248	1.399	1.549	1.699
105.000	1.110	1.262	1.414	1.565	1.717
107.500	1.121	1.275	1.429	1.582	1.736
110.000	1.133	1.288	1.444	1.599	1.754
112.500	1.145	1.302	1.459	1.615	1.772
115.000	1.157	1.315	1.474	1.632	1.790
117.500	1.169	1.329	1.489	1.648	1.808
120.000	1.180	1.342	1.504	1.665	1.827
122.500	1.192	1.355	1.519	1.682	1.845
125.000	**1.204**	1.369	1.534	1.698	**1.863**
127.500	1.215	1.381	1.547	1.713	1.879
130.000	1.225	1.393	1.560	1.728	1.896
132.500	1.236	1.405	1.574	1.743	1.912
135.000	1.246	1.417	1.587	1.758	1.928
137.500	1.257	1.429	1.601	1.773	1.945
140.000	1.267	1.440	1.614	1.787	1.961
142.500	1.278	1.452	1.627	1.802	1.977
145.000	1.288	1.464	1.641	1.817	1.993
147.500	1.299	1.476	1.654	1.832	2.010

Anrechenbare Kosten Euro	Basishonorarsatz Euro	Viertelsatz Euro	Mittelsatz Euro	Dreiviertelsatz Euro	Oberer Honorarsatz Euro
150.000	**1.309**	1.488	1.668	1.847	**2.026**
155.000	1.328	1.509	1.691	1.873	2.055
160.000	1.346	1.530	1.715	1.899	2.083
165.000	1.365	1.551	1.738	1.925	2.112
170.000	1.383	1.572	1.762	1.951	2.140
175.000	1.402	1.593	1.785	1.977	2.169
180.000	1.420	1.614	1.809	2.003	2.198
185.000	1.439	1.635	1.832	2.029	2.226
190.000	1.457	1.656	1.856	2.055	2.255
195.000	1.476	1.677	1.879	2.081	2.283
200.000	**1.494**	1.699	1.903	2.108	**2.312**
210.000	1.525	1.733	1.942	2.151	2.359
220.000	1.555	1.768	1.981	2.194	2.407
230.000	1.586	1.803	2.020	2.237	2.454
240.000	1.616	1.838	2.059	2.280	2.502
250.000	1.647	1.873	2.098	2.324	2.549
260.000	1.678	1.907	2.137	2.367	2.596
270.000	1.708	1.942	2.176	2.410	2.644
280.000	1.739	1.977	2.215	2.453	2.691
290.000	1.769	2.012	2.254	2.496	2.739
300.000	**1.800**	2.047	2.293	2.540	**2.786**
310.000	1.825	2.075	2.325	2.575	2.825
320.000	1.851	2.104	2.358	2.611	2.865
330.000	1.876	2.133	2.390	2.647	2.904
340.000	1.902	2.162	2.422	2.683	2.943
350.000	1.927	2.191	2.455	2.719	2.983
360.000	1.952	2.220	2.487	2.754	3.022
370.000	1.978	2.249	2.519	2.790	3.061
380.000	2.003	2.278	2.552	2.826	3.100
390.000	2.029	2.306	2.584	2.862	3.140
400.000	**2.054**	2.335	2.617	2.898	**3.179**
410.000	2.076	2.360	2.645	2.929	3.213
420.000	2.098	2.386	2.673	2.960	3.248
430.000	2.121	2.411	2.701	2.992	3.282
440.000	2.143	2.436	2.730	3.023	3.316
450.000	2.165	2.461	2.758	3.054	3.351
460.000	2.187	2.487	2.786	3.085	3.385
470.000	2.209	2.512	2.814	3.117	3.419
480.000	2.232	2.537	2.843	3.148	3.453
490.000	2.254	2.562	2.871	3.179	3.488

Anrechenbare Kosten Euro	Basishonorarsatz Euro	Viertelsatz Euro	Mittelsatz Euro	Dreiviertelsatz Euro	Oberer Honorarsatz Euro
500.000	**2.276**	2.588	2.899	3.211	**3.522**
525.000	2.322	2.640	2.958	3.276	3.594
550.000	2.369	2.693	3.017	3.342	3.666
575.000	2.415	2.746	3.076	3.407	3.738
600.000	2.462	2.799	3.136	3.473	3.810
625.000	2.508	2.851	3.195	3.538	3.882
650.000	2.554	2.904	3.254	3.604	3.953
675.000	2.601	2.957	3.313	3.669	4.025
700.000	2.647	3.010	3.372	3.735	4.097
725.000	2.694	3.062	3.431	3.800	4.169
750.000	**2.740**	3.115	3.491	3.866	**4.241**
775.000	2.779	3.159	3.540	3.920	4.301
800.000	2.817	3.203	3.589	3.974	4.360
825.000	2.856	3.247	3.638	4.029	4.420
850.000	2.894	3.290	3.687	4.083	4.479
875.000	2.933	3.334	3.736	4.137	4.539
900.000	2.971	3.378	3.785	4.191	4.598
925.000	3.010	3.422	3.834	4.246	4.658
950.000	3.048	3.465	3.883	4.300	4.717
975.000	3.087	3.509	3.932	4.354	4.777
1.000.000	**3.125**	3.553	3.981	4.408	**4.836**
1.050.000	3.189	3.626	4.062	4.499	4.935
1.100.000	3.253	3.698	4.144	4.589	5.034
1.150.000	3.317	3.771	4.225	4.679	5.133
1.200.000	3.381	3.844	4.307	4.770	5.232
1.250.000	3.445	3.917	4.388	4.860	5.332
1.300.000	3.509	3.989	4.470	4.950	5.431
1.350.000	3.573	4.062	4.551	5.041	5.530
1.400.000	3.637	4.135	4.633	5.131	5.629
1.450.000	3.701	4.208	4.714	5.221	5.728
1.500.000	**3.765**	4.281	4.796	5.312	**5.827**
1.550.000	3.818	4.341	4.864	5.387	5.909
1.600.000	3.871	4.401	4.932	5.462	5.992
1.650.000	3.925	4.462	4.999	5.537	6.074
1.700.000	3.978	4.522	5.067	5.612	6.156
1.750.000	4.031	4.583	5.135	5.687	6.239
1.800.000	4.084	4.643	5.203	5.762	6.321
1.850.000	4.137	4.704	5.270	5.837	6.403
1.900.000	4.191	4.764	5.338	5.912	6.485
1.950.000	4.244	4.825	5.406	5.987	6.568

Anrechenbare Kosten Euro	Basishonorarsatz Euro	Viertelsatz Euro	Mittelsatz Euro	Dreiviertelsatz Euro	Oberer Honorarsatz Euro
2.000.000	**4.297**	4.885	5.474	6.062	**6.650**
2.100.000	4.385	4.985	5.585	6.186	6.786
2.200.000	4.473	5.085	5.697	6.310	6.922
2.300.000	4.560	5.185	5.809	6.433	7.058
2.400.000	4.648	5.285	5.921	6.557	7.194
2.500.000	4.736	5.384	6.033	6.681	7.330
2.600.000	4.824	5.484	6.145	6.805	7.465
2.700.000	4.912	5.584	6.256	6.929	7.601
2.800.000	4.999	5.684	6.368	7.053	7.737
2.900.000	5.087	5.784	6.480	7.177	7.873
3.000.000	**5.175**	5.884	6.592	7.301	**8.009**
3.200.000	5.311	6.038	6.765	7.492	8.220
3.400.000	5.447	6.193	6.939	7.684	8.430
3.600.000	5.583	6.347	7.112	7.876	8.641
3.800.000	5.719	6.502	7.285	8.068	8.851
4.000.000	5.855	6.657	7.458	8.260	9.062
4.200.000	5.991	6.811	7.632	8.452	9.272
4.400.000	6.127	6.966	7.805	8.644	9.483
4.600.000	6.263	7.121	7.978	8.836	9.693
4.800.000	6.399	7.275	8.151	9.027	9.904
5.000.000	**6.535**	7.430	8.325	9.219	**10.114**
5.250.000	6.669	7.582	8.496	9.409	10.322
5.500.000	6.804	7.735	8.667	9.598	10.530
5.750.000	6.938	7.888	8.838	9.788	10.737
6.000.000	7.072	8.040	9.009	9.977	10.945
6.250.000	7.207	8.193	9.180	10.166	11.153
6.500.000	7.341	8.346	9.351	10.356	11.361
6.750.000	7.475	8.498	9.522	10.545	11.569
7.000.000	7.609	8.651	9.693	10.735	11.776
7.250.000	7.744	8.804	9.864	10.924	11.984
7.500.000	**7.878**	8.957	10.035	11.114	**12.192**
7.750.000	7.990	9.083	10.177	11.271	12.365
8.000.000	8.101	9.210	10.319	11.428	12.537
8.250.000	8.213	9.337	10.461	11.586	12.710
8.500.000	8.324	9.464	10.604	11.743	12.883
8.750.000	8.436	9.591	10.746	11.901	13.056
9.000.000	8.548	9.718	10.888	12.058	13.228
9.250.000	8.659	9.845	11.030	12.215	13.401
9.500.000	8.771	9.972	11.172	12.373	13.574
9.750.000	8.882	10.098	11.314	12.530	13.746

Anrechenbare Kosten Euro	Basishonorarsatz Euro	Viertelsatz Euro	Mittelsatz Euro	Dreiviertelsatz Euro	Oberer Honorarsatz Euro
10.000.000	**8.994**	10.225	11.457	12.688	**13.919**
10.500.000	9.179	10.435	11.692	12.948	14.205
11.000.000	9.363	10.645	11.927	13.208	14.490
11.500.000	9.548	10.855	12.162	13.469	14.776
12.000.000	9.732	11.064	12.397	13.729	15.061
12.500.000	9.917	11.274	12.632	13.989	15.347
13.000.000	10.101	11.484	12.867	14.250	15.633
13.500.000	10.286	11.694	13.102	14.510	15.918
14.000.000	10.470	11.903	13.337	14.770	16.204
14.500.000	10.655	12.113	13.572	15.031	16.489
15.000.000	**10.839**	12.323	13.807	15.291	**16.775**
15.500.000	10.992	12.497	14.002	15.507	17.012
16.000.000	11.146	12.672	14.198	15.724	17.250
16.500.000	11.299	12.846	14.393	15.940	17.487
17.000.000	11.453	13.021	14.588	16.156	17.724
17.500.000	11.606	13.195	14.784	16.373	17.962
18.000.000	11.759	13.369	14.979	16.589	18.199
18.500.000	11.913	13.544	15.174	16.805	18.436
19.000.000	12.066	13.718	15.370	17.022	18.673
19.500.000	12.220	13.892	15.565	17.238	18.911
20.000.000	**12.373**	14.067	15.761	17.454	**19.148**
20.500.000	12.507	14.219	15.931	17.643	19.355
21.000.000	12.640	14.370	16.101	17.831	19.561
21.500.000	12.774	14.522	16.271	18.019	19.768
22.000.000	12.907	14.674	16.441	18.208	19.975
22.500.000	13.041	14.826	16.611	18.396	20.182
23.000.000	13.174	14.978	16.781	18.585	20.388
23.500.000	13.308	15.129	16.951	18.773	20.595
24.000.000	13.441	15.281	17.121	18.961	20.802
24.500.000	13.575	15.433	17.291	19.150	21.008
25.000.000	**13.708**	15.585	17.462	19.338	**21.215**

Honorartafel zu Anlage 1.3.4 – Geotechnik Honorarzone II

Anrechenbare Kosten Euro	Basishonorarsatz Euro	Viertelsatz Euro	Mittelsatz Euro	Dreiviertelsatz Euro	Oberer Honorarsatz Euro
50.000	**1.222**	1.330	1.438	1.546	**1.654**
52.500	1.247	1.357	1.467	1.578	1.688
55.000	1.272	1.384	1.497	1.609	1.722
57.500	1.297	1.412	1.526	1.641	1.756
60.000	1.322	1.439	1.556	1.673	1.790
62.500	1.347	1.466	1.585	1.704	1.824
65.000	1.372	1.493	1.615	1.736	1.857
67.500	1.397	1.521	1.644	1.768	1.891
70.000	1.422	1.548	1.674	1.799	1.925
72.500	1.447	1.575	1.703	1.831	1.959
75.000	**1.472**	1.602	1.733	1.863	**1.993**
77.500	1.493	1.625	1.757	1.889	2.021
80.000	1.514	1.648	1.782	1.916	2.050
82.500	1.535	1.671	1.806	1.942	2.078
85.000	1.556	1.693	1.831	1.969	2.106
87.500	1.577	1.716	1.856	1.995	2.135
90.000	1.597	1.739	1.880	2.021	2.163
92.500	1.618	1.762	1.905	2.048	2.191
95.000	1.639	1.784	1.929	2.074	2.219
97.500	1.660	1.807	1.954	2.101	2.248
100.000	**1.681**	1.830	1.979	2.127	**2.276**
102.500	1.699	1.850	2.000	2.150	2.301
105.000	1.717	1.869	2.021	2.173	2.325
107.500	1.736	1.889	2.043	2.196	2.350
110.000	1.754	1.909	2.064	2.219	2.374
112.500	1.772	1.929	2.086	2.242	2.399
115.000	1.790	1.949	2.107	2.265	2.424
117.500	1.808	1.968	2.128	2.288	2.448
120.000	1.827	1.988	2.150	2.311	2.473
122.500	1.845	2.008	2.171	2.334	2.497
125.000	**1.863**	2.028	2.193	2.357	**2.522**
127.500	1.879	2.045	2.212	2.378	2.544
130.000	1.896	2.063	2.231	2.398	2.566
132.500	1.912	2.081	2.250	2.419	2.588
135.000	1.928	2.099	2.269	2.440	2.610
137.500	1.945	2.116	2.288	2.460	2.632
140.000	1.961	2.134	2.307	2.481	2.654
142.500	1.977	2.152	2.327	2.501	2.676
145.000	1.993	2.170	2.346	2.522	2.698
147.500	2.010	2.187	2.365	2.542	2.720

Anrechenbare Kosten Euro	Basishonorarsatz Euro	Viertelsatz Euro	Mittelsatz Euro	Dreiviertelsatz Euro	Oberer Honorarsatz Euro
150.000	**2.026**	2.205	2.384	2.563	**2.742**
155.000	2.055	2.236	2.418	2.599	2.781
160.000	2.083	2.267	2.451	2.636	2.820
165.000	2.112	2.298	2.485	2.672	2.858
170.000	2.140	2.330	2.519	2.708	2.897
175.000	2.169	2.361	2.553	2.744	2.936
180.000	2.198	2.392	2.586	2.781	2.975
185.000	2.226	2.423	2.620	2.817	3.014
190.000	2.255	2.454	2.654	2.853	3.052
195.000	2.283	2.485	2.687	2.889	3.091
200.000	**2.312**	2.517	2.721	2.926	**3.130**
210.000	2.359	2.568	2.777	2.986	3.194
220.000	2.407	2.620	2.833	3.046	3.258
230.000	2.454	2.671	2.888	3.106	3.323
240.000	2.502	2.723	2.944	3.166	3.387
250.000	2.549	2.775	3.000	3.226	3.451
260.000	2.596	2.826	3.056	3.286	3.515
270.000	2.644	2.878	3.112	3.346	3.579
280.000	2.691	2.929	3.167	3.406	3.644
290.000	2.739	2.981	3.223	3.466	3.708
300.000	**2.786**	3.033	3.279	3.526	**3.772**
310.000	2.825	3.075	3.325	3.575	3.825
320.000	2.865	3.118	3.372	3.625	3.878
330.000	2.904	3.161	3.418	3.675	3.932
340.000	2.943	3.204	3.464	3.724	3.985
350.000	2.983	3.246	3.510	3.774	4.038
360.000	3.022	3.289	3.557	3.824	4.091
370.000	3.061	3.332	3.603	3.874	4.144
380.000	3.100	3.375	3.649	3.923	4.198
390.000	3.140	3.417	3.695	3.973	4.251
400.000	**3.179**	3.460	3.742	4.023	**4.304**
410.000	3.213	3.498	3.782	4.066	4.350
420.000	3.248	3.535	3.822	4.110	4.397
430.000	3.282	3.572	3.863	4.153	4.443
440.000	3.316	3.610	3.903	4.196	4.490
450.000	3.351	3.647	3.943	4.240	4.536
460.000	3.385	3.684	3.984	4.283	4.582
470.000	3.419	3.722	4.024	4.326	4.629
480.000	3.453	3.759	4.064	4.370	4.675
490.000	3.488	3.796	4.105	4.413	4.722

Anrechenbare Kosten Euro	Basishonorarsatz Euro	Viertelsatz Euro	Mittelsatz Euro	Dreiviertelsatz Euro	Oberer Honorarsatz Euro
500.000	**3.522**	3.834	4.145	4.457	**4.768**
525.000	3.594	3.912	4.230	4.547	4.865
550.000	3.666	3.990	4.314	4.638	4.963
575.000	3.738	4.068	4.399	4.729	5.060
600.000	3.810	4.147	4.483	4.820	5.157
625.000	3.882	4.225	4.568	4.911	5.255
650.000	3.953	4.303	4.653	5.002	5.352
675.000	4.025	4.381	4.737	5.093	5.449
700.000	4.097	4.460	4.822	5.184	5.546
725.000	4.169	4.538	4.906	5.275	5.644
750.000	**4.241**	4.616	4.991	5.366	**5.741**
775.000	4.301	4.681	5.061	5.441	5.822
800.000	4.360	4.746	5.131	5.517	5.902
825.000	4.420	4.810	5.201	5.592	5.983
850.000	4.479	4.875	5.271	5.668	6.064
875.000	4.539	4.940	5.342	5.743	6.145
900.000	4.598	5.005	5.412	5.818	6.225
925.000	4.658	5.070	5.482	5.894	6.306
950.000	4.717	5.134	5.552	5.969	6.387
975.000	4.777	5.199	5.622	6.045	6.467
1.000.000	**4.836**	5.264	5.692	6.120	**6.548**
1.050.000	4.935	5.372	5.809	6.245	6.682
1.100.000	5.034	5.480	5.925	6.371	6.816
1.150.000	5.133	5.588	6.042	6.496	6.950
1.200.000	5.232	5.695	6.158	6.621	7.084
1.250.000	5.332	5.803	6.275	6.747	7.219
1.300.000	5.431	5.911	6.392	6.872	7.353
1.350.000	5.530	6.019	6.508	6.997	7.487
1.400.000	5.629	6.127	6.625	7.123	7.621
1.450.000	5.728	6.235	6.741	7.248	7.755
1.500.000	**5.827**	6.343	6.858	7.374	**7.889**
1.550.000	5.909	6.432	6.955	7.478	8.000
1.600.000	5.992	6.522	7.052	7.582	8.112
1.650.000	6.074	6.611	7.149	7.686	8.223
1.700.000	6.156	6.701	7.245	7.790	8.335
1.750.000	6.239	6.790	7.342	7.894	8.446
1.800.000	6.321	6.880	7.439	7.998	8.557
1.850.000	6.403	6.970	7.536	8.102	8.669
1.900.000	6.485	7.059	7.633	8.207	8.780
1.950.000	6.568	7.149	7.730	8.311	8.892

Anrechenbare Kosten Euro	Basishonorarsatz Euro	Viertelsatz Euro	Mittelsatz Euro	Dreiviertelsatz Euro	Oberer Honorarsatz Euro
2.000.000	**6.650**	7.238	7.827	8.415	**9.003**
2.100.000	6.786	7.386	7.986	8.587	9.187
2.200.000	6.922	7.534	8.146	8.759	9.371
2.300.000	7.058	7.682	8.306	8.930	9.555
2.400.000	7.194	7.830	8.466	9.102	9.739
2.500.000	7.330	7.978	8.626	9.274	9.923
2.600.000	7.465	8.126	8.786	9.446	10.106
2.700.000	7.601	8.274	8.946	9.618	10.290
2.800.000	7.737	8.421	9.106	9.790	10.474
2.900.000	7.873	8.569	9.266	9.962	10.658
3.000.000	**8.009**	8.717	9.426	10.134	**10.842**
3.200.000	8.220	8.946	9.673	10.400	11.127
3.400.000	8.430	9.176	9.921	10.667	11.412
3.600.000	8.641	9.405	10.169	10.933	11.697
3.800.000	8.851	9.634	10.417	11.200	11.982
4.000.000	9.062	9.863	10.665	11.466	12.268
4.200.000	9.272	10.092	10.912	11.732	12.553
4.400.000	9.483	10.321	11.160	11.999	12.838
4.600.000	9.693	10.550	11.408	12.265	13.123
4.800.000	9.904	10.780	11.656	12.532	13.408
5.000.000	**10.114**	11.009	11.904	12.798	**13.693**
5.250.000	10.322	11.235	12.148	13.061	13.974
5.500.000	10.530	11.461	12.393	13.324	14.256
5.750.000	10.737	11.687	12.637	13.587	14.537
6.000.000	10.945	11.913	12.882	13.850	14.818
6.250.000	11.153	12.140	13.126	14.113	15.100
6.500.000	11.361	12.366	13.371	14.376	15.381
6.750.000	11.569	12.592	13.615	14.639	15.662
7.000.000	11.776	12.818	13.860	14.902	15.943
7.250.000	11.984	13.044	14.104	15.165	16.225
7.500.000	**12.192**	13.271	14.349	15.428	**16.506**
7.750.000	12.365	13.458	14.552	15.646	16.740
8.000.000	12.537	13.646	14.756	15.865	16.974
8.250.000	12.710	13.834	14.959	16.083	17.207
8.500.000	12.883	14.022	15.162	16.302	17.441
8.750.000	13.056	14.210	15.365	16.520	17.675
9.000.000	13.228	14.398	15.569	16.739	17.909
9.250.000	13.401	14.586	15.772	16.957	18.143
9.500.000	13.574	14.774	15.975	17.176	18.376
9.750.000	13.746	14.962	16.178	17.394	18.610

Anrechenbare Kosten Euro	Basishonorarsatz Euro	Viertelsatz Euro	Mittelsatz Euro	Dreiviertelsatz Euro	Oberer Honorarsatz Euro
10.000.000	**13.919**	15.150	16.382	17.613	**18.844**
10.500.000	14.205	15.461	16.718	17.974	19.231
11.000.000	14.490	15.772	17.054	18.336	19.617
11.500.000	14.776	16.083	17.390	18.697	20.004
12.000.000	15.061	16.394	17.726	19.058	20.391
12.500.000	15.347	16.705	18.062	19.420	20.778
13.000.000	15.633	17.016	18.398	19.781	21.164
13.500.000	15.918	17.326	18.735	20.143	21.551
14.000.000	16.204	17.637	19.071	20.504	21.938
14.500.000	16.489	17.948	19.407	20.866	22.324
15.000.000	**16.775**	18.259	19.743	21.227	**22.711**
15.500.000	17.012	18.517	20.022	21.527	23.032
16.000.000	17.250	18.776	20.302	21.827	23.353
16.500.000	17.487	19.034	20.581	22.128	23.675
17.000.000	17.724	19.292	20.860	22.428	23.996
17.500.000	17.962	19.550	21.139	22.728	24.317
18.000.000	18.199	19.809	21.419	23.028	24.638
18.500.000	18.436	20.067	21.698	23.329	24.959
19.000.000	18.673	20.325	21.977	23.629	25.281
19.500.000	18.911	20.583	22.256	23.929	25.602
20.000.000	**19.148**	20.842	22.536	24.229	**25.923**
20.500.000	19.355	21.067	22.779	24.491	26.203
21.000.000	19.561	21.292	23.022	24.752	26.483
21.500.000	19.768	21.517	23.265	25.014	26.763
22.000.000	19.975	21.742	23.509	25.276	27.043
22.500.000	20.182	21.967	23.752	25.537	27.323
23.000.000	20.388	22.192	23.995	25.799	27.602
23.500.000	20.595	22.417	24.239	26.060	27.882
24.000.000	20.802	22.642	24.482	26.322	28.162
24.500.000	21.008	22.867	24.725	26.584	28.442
25.000.000	**21.215**	23.092	24.969	26.845	**28.722**

Honorartafel zu Anlage 1.3.4 – Geotechnik Honorarzone III

Anrechenbare Kosten Euro	Basishonorarsatz Euro	Viertelsatz Euro	Mittelsatz Euro	Dreiviertelsatz Euro	Oberer Honorarsatz Euro
50.000	**1.654**	1.767	1.880	1.992	**2.105**
52.500	1.688	1.803	1.918	2.033	2.148
55.000	1.722	1.839	1.957	2.074	2.191
57.500	1.756	1.875	1.995	2.115	2.235
60.000	1.790	1.912	2.034	2.156	2.278
62.500	1.824	1.948	2.072	2.197	2.321
65.000	1.857	1.984	2.111	2.238	2.364
67.500	1.891	2.020	2.149	2.278	2.407
70.000	1.925	2.057	2.188	2.319	2.451
72.500	1.959	2.093	2.226	2.360	2.494
75.000	**1.993**	2.129	2.265	2.401	**2.537**
77.500	2.021	2.159	2.297	2.435	2.573
80.000	2.050	2.189	2.329	2.469	2.609
82.500	2.078	2.220	2.361	2.503	2.645
85.000	2.106	2.250	2.393	2.537	2.681
87.500	2.135	2.280	2.426	2.571	2.717
90.000	2.163	2.310	2.458	2.605	2.752
92.500	2.191	2.340	2.490	2.639	2.788
95.000	2.219	2.371	2.522	2.673	2.824
97.500	2.248	2.401	2.554	2.707	2.860
100.000	**2.276**	2.431	2.586	2.741	**2.896**
102.500	2.301	2.457	2.614	2.771	2.927
105.000	2.325	2.484	2.642	2.800	2.959
107.500	2.350	2.510	2.670	2.830	2.990
110.000	2.374	2.536	2.698	2.860	3.022
112.500	2.399	2.563	2.726	2.890	3.053
115.000	2.424	2.589	2.754	2.919	3.084
117.500	2.448	2.615	2.782	2.949	3.116
120.000	2.473	2.641	2.810	2.979	3.147
122.500	2.497	2.668	2.838	3.008	3.179
125.000	**2.522**	2.694	2.866	3.038	**3.210**
127.500	2.544	2.718	2.891	3.065	3.238
130.000	2.566	2.741	2.916	3.091	3.266
132.500	2.588	2.765	2.941	3.118	3.294
135.000	2.610	2.788	2.966	3.144	3.322
137.500	2.632	2.812	2.991	3.171	3.350
140.000	2.654	2.835	3.016	3.197	3.378
142.500	2.676	2.859	3.041	3.224	3.406
145.000	2.698	2.882	3.066	3.250	3.434
147.500	2.720	2.906	3.091	3.277	3.462

Anrechenbare Kosten Euro	Basishonorarsatz Euro	Viertelsatz Euro	Mittelsatz Euro	Dreiviertelsatz Euro	Oberer Honorarsatz Euro
150.000	**2.742**	2.929	3.116	3.303	**3.490**
155.000	2.781	2.970	3.160	3.350	3.539
160.000	2.820	3.012	3.204	3.397	3.589
165.000	2.858	3.053	3.248	3.443	3.638
170.000	2.897	3.095	3.292	3.490	3.688
175.000	2.936	3.136	3.337	3.537	3.737
180.000	2.975	3.178	3.381	3.584	3.786
185.000	3.014	3.219	3.425	3.630	3.836
190.000	3.052	3.261	3.469	3.677	3.885
195.000	3.091	3.302	3.513	3.724	3.935
200.000	**3.130**	3.344	3.557	3.771	**3.984**
210.000	3.194	3.412	3.630	3.848	4.066
220.000	3.258	3.481	3.703	3.925	4.147
230.000	3.323	3.549	3.776	4.002	4.229
240.000	3.387	3.618	3.849	4.080	4.310
250.000	3.451	3.686	3.922	4.157	4.392
260.000	3.515	3.755	3.994	4.234	4.474
270.000	3.579	3.823	4.067	4.311	4.555
280.000	3.644	3.892	4.140	4.389	4.637
290.000	3.708	3.960	4.213	4.466	4.718
300.000	**3.772**	4.029	4.286	4.543	**4.800**
310.000	3.825	4.086	4.347	4.607	4.868
320.000	3.878	4.143	4.407	4.671	4.936
330.000	3.932	4.200	4.468	4.735	5.003
340.000	3.985	4.256	4.528	4.800	5.071
350.000	4.038	4.313	4.589	4.864	5.139
360.000	4.091	4.370	4.649	4.928	5.207
370.000	4.144	4.427	4.710	4.992	5.275
380.000	4.198	4.484	4.770	5.056	5.342
390.000	4.251	4.541	4.831	5.120	5.410
400.000	**4.304**	4.598	4.891	5.185	**5.478**
410.000	4.350	4.647	4.944	5.240	5.537
420.000	4.397	4.697	4.997	5.296	5.596
430.000	4.443	4.746	5.049	5.352	5.655
440.000	4.490	4.796	5.102	5.408	5.714
450.000	4.536	4.845	5.155	5.464	5.774
460.000	4.582	4.895	5.208	5.520	5.833
470.000	4.629	4.945	5.260	5.576	5.892
480.000	4.675	4.994	5.313	5.632	5.951
490.000	4.722	5.044	5.366	5.688	6.010

Anrechenbare Kosten Euro	Basishonorarsatz Euro	Viertelsatz Euro	Mittelsatz Euro	Dreiviertelsatz Euro	Oberer Honorarsatz Euro
500.000	**4.768**	5.093	5.419	5.744	**6.069**
525.000	4.865	5.197	5.529	5.861	6.193
550.000	4.963	5.301	5.640	5.978	6.317
575.000	5.060	5.405	5.750	6.095	6.440
600.000	5.157	5.509	5.861	6.212	6.564
625.000	5.255	5.613	5.971	6.330	6.688
650.000	5.352	5.717	6.082	6.447	6.812
675.000	5.449	5.821	6.192	6.564	6.936
700.000	5.546	5.925	6.303	6.681	7.059
725.000	5.644	6.029	6.413	6.798	7.183
750.000	**5.741**	6.133	6.524	6.916	**7.307**
775.000	5.822	6.219	6.616	7.013	7.410
800.000	5.902	6.305	6.707	7.110	7.512
825.000	5.983	6.391	6.799	7.207	7.615
850.000	6.064	6.477	6.891	7.304	7.718
875.000	6.145	6.564	6.983	7.402	7.821
900.000	6.225	6.650	7.074	7.499	7.923
925.000	6.306	6.736	7.166	7.596	8.026
950.000	6.387	6.822	7.258	7.693	8.129
975.000	6.467	6.908	7.349	7.790	8.231
1.000.000	**6.548**	6.995	7.441	7.888	**8.334**
1.050.000	6.682	7.138	7.593	8.049	8.505
1.100.000	6.816	7.281	7.746	8.211	8.675
1.150.000	6.950	7.424	7.898	8.372	8.846
1.200.000	7.084	7.568	8.051	8.534	9.017
1.250.000	7.219	7.711	8.203	8.695	9.188
1.300.000	7.353	7.854	8.355	8.857	9.358
1.350.000	7.487	7.997	8.508	9.018	9.529
1.400.000	7.621	8.141	8.660	9.180	9.700
1.450.000	7.755	8.284	8.813	9.341	9.870
1.500.000	**7.889**	8.427	8.965	9.503	**10.041**
1.550.000	8.000	8.546	9.092	9.637	10.183
1.600.000	8.112	8.665	9.218	9.771	10.325
1.650.000	8.223	8.784	9.345	9.906	10.466
1.700.000	8.335	8.903	9.471	10.040	10.608
1.750.000	8.446	9.022	9.598	10.174	10.750
1.800.000	8.557	9.141	9.725	10.308	10.892
1.850.000	8.669	9.260	9.851	10.442	11.034
1.900.000	8.780	9.379	9.978	10.577	11.175
1.950.000	8.892	9.498	10.104	10.711	11.317

Anrechenbare Kosten Euro	Basishonorarsatz Euro	Viertelsatz Euro	Mittelsatz Euro	Dreiviertelsatz Euro	Oberer Honorarsatz Euro
2.000.000	**9.003**	9.617	10.231	10.845	**11.459**
2.100.000	9.187	9.813	10.440	11.066	11.693
2.200.000	9.371	10.010	10.649	11.288	11.927
2.300.000	9.555	10.206	10.858	11.509	12.161
2.400.000	9.739	10.403	11.067	11.731	12.395
2.500.000	9.923	10.599	11.276	11.952	12.629
2.600.000	10.106	10.796	11.485	12.174	12.863
2.700.000	10.290	10.992	11.694	12.395	13.097
2.800.000	10.474	11.188	11.903	12.617	13.331
2.900.000	10.658	11.385	12.112	12.838	13.565
3.000.000	**10.842**	11.581	12.321	13.060	**13.799**
3.200.000	11.127	11.886	12.645	13.403	14.162
3.400.000	11.412	12.190	12.969	13.747	14.525
3.600.000	11.697	12.495	13.293	14.090	14.888
3.800.000	11.982	12.799	13.617	14.434	15.251
4.000.000	12.268	13.104	13.941	14.777	15.614
4.200.000	12.553	13.409	14.265	15.120	15.976
4.400.000	12.838	13.713	14.589	15.464	16.339
4.600.000	13.123	14.018	14.913	15.807	16.702
4.800.000	13.408	14.322	15.237	16.151	17.065
5.000.000	**13.693**	14.627	15.561	16.494	**17.428**
5.250.000	13.974	14.927	15.880	16.833	17.786
5.500.000	14.256	15.228	16.200	17.172	18.144
5.750.000	14.537	15.528	16.519	17.511	18.502
6.000.000	14.818	15.829	16.839	17.849	18.860
6.250.000	15.100	16.129	17.159	18.188	19.218
6.500.000	15.381	16.429	17.478	18.527	19.575
6.750.000	15.662	16.730	17.798	18.866	19.933
7.000.000	15.943	17.030	18.117	19.204	20.291
7.250.000	16.225	17.331	18.437	19.543	20.649
7.500.000	**16.506**	17.631	18.757	19.882	**21.007**
7.750.000	16.740	17.881	19.022	20.163	21.305
8.000.000	16.974	18.131	19.288	20.445	21.602
8.250.000	17.207	18.381	19.554	20.727	21.900
8.500.000	17.441	18.630	19.819	21.008	22.197
8.750.000	17.675	18.880	20.085	21.290	22.495
9.000.000	17.909	19.130	20.351	21.572	22.793
9.250.000	18.143	19.380	20.616	21.853	23.090
9.500.000	18.376	19.629	20.882	22.135	23.388
9.750.000	18.610	19.879	21.148	22.417	23.685

Anrechenbare Kosten Euro	Basishonorarsatz Euro	Viertelsatz Euro	Mittelsatz Euro	Dreiviertelsatz Euro	Oberer Honorarsatz Euro
10.000.000	**18.844**	20.129	21.414	22.698	**23.983**
10.500.000	19.231	20.542	21.853	23.164	24.475
11.000.000	19.617	20.955	22.292	23.630	24.967
11.500.000	20.004	21.368	22.732	24.096	25.460
12.000.000	20.391	21.781	23.171	24.562	25.952
12.500.000	20.778	22.194	23.611	25.027	26.444
13.000.000	21.164	22.607	24.050	25.493	26.936
13.500.000	21.551	23.020	24.490	25.959	27.428
14.000.000	21.938	23.433	24.929	26.425	27.921
14.500.000	22.324	23.846	25.369	26.891	28.413
15.000.000	**22.711**	24.260	25.808	27.357	**28.905**
15.500.000	23.032	24.603	26.173	27.743	29.314
16.000.000	23.353	24.946	26.538	28.130	29.723
16.500.000	23.675	25.289	26.903	28.517	30.131
17.000.000	23.996	25.632	27.268	28.904	30.540
17.500.000	24.317	25.975	27.633	29.291	30.949
18.000.000	24.638	26.318	27.998	29.678	31.358
18.500.000	24.959	26.661	28.363	30.065	31.767
19.000.000	25.281	27.004	28.728	30.452	32.175
19.500.000	25.602	27.347	29.093	30.839	32.584
20.000.000	**25.923**	27.691	29.458	31.226	**32.993**
20.500.000	26.203	27.990	29.776	31.563	33.349
21.000.000	26.483	28.289	30.094	31.900	33.706
21.500.000	26.763	28.588	30.412	32.237	34.062
22.000.000	27.043	28.887	30.730	32.574	34.418
22.500.000	27.323	29.186	31.049	32.912	34.775
23.000.000	27.602	29.485	31.367	33.249	35.131
23.500.000	27.882	29.784	31.685	33.586	35.487
24.000.000	28.162	30.083	32.003	33.923	35.843
24.500.000	28.442	30.382	32.321	34.260	36.200
25.000.000	**28.722**	30.681	32.639	34.598	**36.556**

Honorartafel zu Anlage 1.3.4 – Geotechnik Honorarzone IV

Anrechenbare Kosten Euro	Basishonorarsatz Euro	Viertelsatz Euro	Mittelsatz Euro	Dreiviertelsatz Euro	Oberer Honorarsatz Euro
50.000	**2.105**	2.213	2.321	2.429	**2.537**
52.500	2.148	2.258	2.369	2.479	2.589
55.000	2.191	2.304	2.416	2.529	2.641
57.500	2.235	2.349	2.464	2.579	2.693
60.000	2.278	2.395	2.512	2.629	2.745
62.500	2.321	2.440	2.559	2.678	2.798
65.000	2.364	2.486	2.607	2.728	2.850
67.500	2.407	2.531	2.655	2.778	2.902
70.000	2.451	2.576	2.702	2.828	2.954
72.500	2.494	2.622	2.750	2.878	3.006
75.000	**2.537**	2.667	2.798	2.928	**3.058**
77.500	2.573	2.705	2.837	2.969	3.101
80.000	2.609	2.743	2.877	3.011	3.145
82.500	2.645	2.781	2.916	3.052	3.188
85.000	2.681	2.818	2.956	3.094	3.231
87.500	2.717	2.856	2.996	3.135	3.275
90.000	2.752	2.894	3.035	3.176	3.318
92.500	2.788	2.932	3.075	3.218	3.361
95.000	2.824	2.969	3.114	3.259	3.404
97.500	2.860	3.007	3.154	3.301	3.448
100.000	**2.896**	3.045	3.194	3.342	**3.491**
102.500	2.927	3.078	3.228	3.378	3.529
105.000	2.959	3.111	3.263	3.415	3.567
107.500	2.990	3.144	3.297	3.451	3.604
110.000	3.022	3.177	3.332	3.487	3.642
112.500	3.053	3.210	3.367	3.523	3.680
115.000	3.084	3.243	3.401	3.559	3.718
117.500	3.116	3.276	3.436	3.596	3.756
120.000	3.147	3.309	3.470	3.632	3.793
122.500	3.179	3.342	3.505	3.668	3.831
125.000	**3.210**	3.375	3.540	3.704	**3.869**
127.500	3.238	3.404	3.570	3.737	3.903
130.000	3.266	3.434	3.601	3.769	3.937
132.500	3.294	3.463	3.632	3.801	3.970
135.000	3.322	3.493	3.663	3.834	4.004
137.500	3.350	3.522	3.694	3.866	4.038
140.000	3.378	3.551	3.725	3.898	4.072
142.500	3.406	3.581	3.756	3.931	4.106
145.000	3.434	3.610	3.787	3.963	4.139
147.500	3.462	3.640	3.818	3.995	4.173

Anrechenbare Kosten Euro	Basishonorarsatz Euro	Viertelsatz Euro	Mittelsatz Euro	Dreiviertelsatz Euro	Oberer Honorarsatz Euro
150.000	**3.490**	3.669	3.849	4.028	**4.207**
155.000	3.539	3.721	3.903	4.085	4.267
160.000	3.589	3.773	3.957	4.142	4.326
165.000	3.638	3.825	4.012	4.199	4.386
170.000	3.688	3.877	4.066	4.256	4.445
175.000	3.737	3.929	4.121	4.313	4.505
180.000	3.786	3.981	4.175	4.370	4.564
185.000	3.836	4.033	4.230	4.427	4.624
190.000	3.885	4.085	4.284	4.484	4.683
195.000	3.935	4.137	4.339	4.541	4.743
200.000	**3.984**	4.189	4.393	4.598	**4.802**
210.000	4.066	4.274	4.483	4.692	4.900
220.000	4.147	4.360	4.573	4.786	4.999
230.000	4.229	4.446	4.663	4.880	5.097
240.000	4.310	4.532	4.753	4.974	5.196
250.000	4.392	4.618	4.843	5.069	5.294
260.000	4.474	4.703	4.933	5.163	5.392
270.000	4.555	4.789	5.023	5.257	5.491
280.000	4.637	4.875	5.113	5.351	5.589
290.000	4.718	4.961	5.203	5.445	5.688
300.000	**4.800**	5.047	5.293	5.540	**5.786**
310.000	4.868	5.118	5.368	5.618	5.868
320.000	4.936	5.189	5.443	5.696	5.949
330.000	5.003	5.260	5.517	5.774	6.031
340.000	5.071	5.332	5.592	5.852	6.113
350.000	5.139	5.403	5.667	5.931	6.195
360.000	5.207	5.474	5.742	6.009	6.276
370.000	5.275	5.545	5.816	6.087	6.358
380.000	5.342	5.617	5.891	6.165	6.440
390.000	5.410	5.688	5.966	6.244	6.521
400.000	**5.478**	5.759	6.041	6.322	**6.603**
410.000	5.537	5.821	6.106	6.390	6.674
420.000	5.596	5.884	6.171	6.458	6.745
430.000	5.655	5.946	6.236	6.526	6.817
440.000	5.714	6.008	6.301	6.594	6.888
450.000	5.774	6.070	6.366	6.663	6.959
460.000	5.833	6.132	6.431	6.731	7.030
470.000	5.892	6.194	6.497	6.799	7.101
480.000	5.951	6.256	6.562	6.867	7.173
490.000	6.010	6.318	6.627	6.935	7.244

Anrechenbare Kosten Euro	Basishonorarsatz Euro	Viertelsatz Euro	Mittelsatz Euro	Dreiviertelsatz Euro	Oberer Honorarsatz Euro
500.000	**6.069**	6.381	6.692	7.004	**7.315**
525.000	6.193	6.511	6.829	7.146	7.464
550.000	6.317	6.641	6.965	7.289	7.614
575.000	6.440	6.771	7.102	7.432	7.763
600.000	6.564	6.901	7.238	7.575	7.912
625.000	6.688	7.031	7.375	7.718	8.062
650.000	6.812	7.162	7.511	7.861	8.211
675.000	6.936	7.292	7.648	8.004	8.360
700.000	7.059	7.422	7.784	8.147	8.509
725.000	7.183	7.552	7.921	8.290	8.659
750.000	**7.307**	7.682	8.058	8.433	**8.808**
775.000	7.410	7.790	8.171	8.551	8.932
800.000	7.512	7.898	8.284	8.670	9.055
825.000	7.615	8.006	8.397	8.788	9.179
850.000	7.718	8.114	8.510	8.907	9.303
875.000	7.821	8.222	8.624	9.025	9.427
900.000	7.923	8.330	8.737	9.143	9.550
925.000	8.026	8.438	8.850	9.262	9.674
950.000	8.129	8.546	8.963	9.380	9.798
975.000	8.231	8.654	9.076	9.499	9.921
1.000.000	**8.334**	8.762	9.190	9.617	**10.045**
1.050.000	8.505	8.941	9.378	9.814	10.251
1.100.000	8.675	9.121	9.566	10.011	10.457
1.150.000	8.846	9.300	9.754	10.208	10.662
1.200.000	9.017	9.480	9.943	10.405	10.868
1.250.000	9.188	9.659	10.131	10.602	11.074
1.300.000	9.358	9.839	10.319	10.799	11.280
1.350.000	9.529	10.018	10.507	10.996	11.486
1.400.000	9.700	10.198	10.696	11.193	11.691
1.450.000	9.870	10.377	10.884	11.390	11.897
1.500.000	**10.041**	10.557	11.072	11.588	**12.103**
1.550.000	10.183	10.706	11.228	11.751	12.274
1.600.000	10.325	10.855	11.385	11.915	12.445
1.650.000	10.466	11.004	11.541	12.078	12.616
1.700.000	10.608	11.153	11.697	12.242	12.787
1.750.000	10.750	11.302	11.854	12.406	12.958
1.800.000	10.892	11.451	12.010	12.569	13.128
1.850.000	11.034	11.600	12.166	12.733	13.299
1.900.000	11.175	11.749	12.323	12.897	13.470
1.950.000	11.317	11.898	12.479	13.060	13.641

Anrechenbare Kosten Euro	Basishonorarsatz Euro	Viertelsatz Euro	Mittelsatz Euro	Dreiviertelsatz Euro	Oberer Honorarsatz Euro
2.000.000	**11.459**	12.047	12.636	13.224	**13.812**
2.100.000	11.693	12.293	12.894	13.494	14.094
2.200.000	11.927	12.539	13.152	13.764	14.376
2.300.000	12.161	12.785	13.410	14.034	14.658
2.400.000	12.395	13.031	13.668	14.304	14.940
2.500.000	12.629	13.277	13.926	14.574	15.223
2.600.000	12.863	13.523	14.184	14.844	15.505
2.700.000	13.097	13.769	14.442	15.114	15.787
2.800.000	13.331	14.015	14.700	15.384	16.069
2.900.000	13.565	14.261	14.958	15.654	16.351
3.000.000	**13.799**	14.508	15.216	15.925	**16.633**
3.200.000	14.162	14.889	15.616	16.343	17.070
3.400.000	14.525	15.271	16.016	16.762	17.508
3.600.000	14.888	15.652	16.416	17.181	17.945
3.800.000	15.251	16.034	16.817	17.600	18.383
4.000.000	15.614	16.415	17.217	18.018	18.820
4.200.000	15.976	16.797	17.617	18.437	19.257
4.400.000	16.339	17.178	18.017	18.856	19.695
4.600.000	16.702	17.560	18.417	19.275	20.132
4.800.000	17.065	17.941	18.817	19.693	20.570
5.000.000	**17.428**	18.323	19.218	20.112	**21.007**
5.250.000	17.786	18.699	19.612	20.525	21.438
5.500.000	18.144	19.075	20.007	20.938	21.870
5.750.000	18.502	19.452	20.401	21.351	22.301
6.000.000	18.860	19.828	20.796	21.764	22.733
6.250.000	19.218	20.204	21.191	22.177	23.164
6.500.000	19.575	20.580	21.585	22.590	23.595
6.750.000	19.933	20.957	21.980	23.003	24.027
7.000.000	20.291	21.333	22.375	23.416	24.458
7.250.000	20.649	21.709	22.769	23.829	24.890
7.500.000	**21.007**	22.086	23.164	24.243	**25.321**
7.750.000	21.305	22.398	23.492	24.586	25.680
8.000.000	21.602	22.711	23.820	24.930	26.039
8.250.000	21.900	23.024	24.149	25.273	26.397
8.500.000	22.197	23.337	24.477	25.617	26.756
8.750.000	22.495	23.650	24.805	25.960	27.115
9.000.000	22.793	23.963	25.133	26.304	27.474
9.250.000	23.090	24.276	25.461	26.647	27.833
9.500.000	23.388	24.589	25.790	26.991	28.191
9.750.000	23.685	24.902	26.118	27.334	28.550

Anrechenbare Kosten Euro	Basishonorarsatz Euro	Viertelsatz Euro	Mittelsatz Euro	Dreiviertelsatz Euro	Oberer Honorarsatz Euro
10.000.000	**23.983**	25.215	26.446	27.678	**28.909**
10.500.000	24.475	25.732	26.989	28.245	29.502
11.000.000	24.967	26.249	27.531	28.813	30.095
11.500.000	25.460	26.767	28.074	29.381	30.688
12.000.000	25.952	27.284	28.617	29.949	31.281
12.500.000	26.444	27.802	29.159	30.517	31.875
13.000.000	26.936	28.319	29.702	31.085	32.468
13.500.000	27.428	28.836	30.245	31.653	33.061
14.000.000	27.921	29.354	30.787	32.221	33.654
14.500.000	28.413	29.871	31.330	32.788	34.247
15.000.000	**28.905**	30.389	31.873	33.356	**34.840**
15.500.000	29.314	30.819	32.323	33.828	35.333
16.000.000	29.723	31.248	32.774	34.300	35.826
16.500.000	30.131	31.678	33.225	34.772	36.319
17.000.000	30.540	32.108	33.676	35.244	36.812
17.500.000	30.949	32.538	34.127	35.716	37.305
18.000.000	31.358	32.968	34.578	36.188	37.797
18.500.000	31.767	33.398	35.028	36.659	38.290
19.000.000	32.175	33.827	35.479	37.131	38.783
19.500.000	32.584	34.257	35.930	37.603	39.276
20.000.000	**32.993**	34.687	36.381	38.075	**39.769**
20.500.000	33.349	35.062	36.774	38.486	40.198
21.000.000	33.706	35.436	37.167	38.897	40.628
21.500.000	34.062	35.811	37.560	39.308	41.057
22.000.000	34.418	36.185	37.952	39.720	41.487
22.500.000	34.775	36.560	38.345	40.131	41.916
23.000.000	35.131	36.934	38.738	40.542	42.345
23.500.000	35.487	37.309	39.131	40.953	42.775
24.000.000	35.843	37.684	39.524	41.364	43.204
24.500.000	36.200	38.058	39.917	41.775	43.634
25.000.000	**36.556**	38.433	40.310	42.186	**44.063**

Honorartafel zu Anlage 1.3.4 – Geotechnik Honorarzone V

Anrechenbare Kosten Euro	Basishonorarsatz Euro	Viertelsatz Euro	Mittelsatz Euro	Dreiviertelsatz Euro	Oberer Honorarsatz Euro
50.000	**2.537**	2.645	2.754	2.862	**2.970**
52.500	2.589	2.700	2.810	2.920	3.031
55.000	2.641	2.754	2.867	2.979	3.092
57.500	2.693	2.808	2.923	3.038	3.153
60.000	2.745	2.862	2.980	3.097	3.214
62.500	2.798	2.917	3.036	3.155	3.275
65.000	2.850	2.971	3.093	3.214	3.335
67.500	2.902	3.025	3.149	3.273	3.396
70.000	2.954	3.080	3.206	3.331	3.457
72.500	3.006	3.134	3.262	3.390	3.518
75.000	**3.058**	3.188	3.319	3.449	**3.579**
77.500	3.101	3.233	3.366	3.498	3.630
80.000	3.145	3.279	3.413	3.546	3.680
82.500	3.188	3.324	3.460	3.595	3.731
85.000	3.231	3.369	3.507	3.644	3.782
87.500	3.275	3.414	3.554	3.693	3.833
90.000	3.318	3.459	3.601	3.742	3.883
92.500	3.361	3.504	3.648	3.791	3.934
95.000	3.404	3.549	3.695	3.840	3.985
97.500	3.448	3.595	3.742	3.888	4.035
100.000	**3.491**	3.640	3.789	3.937	**4.086**
102.500	3.529	3.679	3.830	3.980	4.130
105.000	3.567	3.719	3.871	4.022	4.174
107.500	3.604	3.758	3.912	4.065	4.219
110.000	3.642	3.797	3.953	4.108	4.263
112.500	3.680	3.837	3.994	4.150	4.307
115.000	3.718	3.876	4.035	4.193	4.351
117.500	3.756	3.916	4.076	4.235	4.395
120.000	3.793	3.955	4.117	4.278	4.440
122.500	3.831	3.994	4.158	4.321	4.484
125.000	**3.869**	4.034	4.199	4.363	**4.528**
127.500	3.903	4.069	4.235	4.401	4.568
130.000	3.937	4.104	4.272	4.440	4.607
132.500	3.970	4.140	4.309	4.478	4.647
135.000	4.004	4.175	4.345	4.516	4.686
137.500	4.038	4.210	4.382	4.554	4.726
140.000	4.072	4.245	4.419	4.592	4.766
142.500	4.106	4.281	4.455	4.630	4.805
145.000	4.139	4.316	4.492	4.668	4.845
147.500	4.173	4.351	4.529	4.707	4.884

Anrechenbare Kosten Euro	Basishonorarsatz Euro	Viertelsatz Euro	Mittelsatz Euro	Dreiviertelsatz Euro	Oberer Honorarsatz Euro
150.000	**4.207**	4.386	4.566	4.745	**4.924**
155.000	4.267	4.448	4.630	4.812	4.994
160.000	4.326	4.510	4.695	4.879	5.063
165.000	4.386	4.572	4.759	4.946	5.133
170.000	4.445	4.634	4.824	5.013	5.203
175.000	4.505	4.697	4.889	5.081	5.273
180.000	4.564	4.759	4.953	5.148	5.342
185.000	4.624	4.821	5.018	5.215	5.412
190.000	4.683	4.883	5.082	5.282	5.482
195.000	4.743	4.945	5.147	5.349	5.551
200.000	**4.802**	5.007	5.212	5.416	**5.621**
210.000	4.900	5.109	5.318	5.527	5.736
220.000	4.999	5.212	5.425	5.638	5.851
230.000	5.097	5.314	5.532	5.749	5.966
240.000	5.196	5.417	5.639	5.860	6.081
250.000	5.294	5.520	5.745	5.971	6.197
260.000	5.392	5.622	5.852	6.082	6.312
270.000	5.491	5.725	5.959	6.193	6.427
280.000	5.589	5.827	6.066	6.304	6.542
290.000	5.688	5.930	6.172	6.415	6.657
300.000	**5.786**	6.033	6.279	6.526	**6.772**
310.000	5.868	6.118	6.368	6.618	6.868
320.000	5.949	6.203	6.456	6.710	6.963
330.000	6.031	6.288	6.545	6.802	7.059
340.000	6.113	6.373	6.634	6.894	7.154
350.000	6.195	6.458	6.722	6.986	7.250
360.000	6.276	6.544	6.811	7.078	7.346
370.000	6.358	6.629	6.900	7.170	7.441
380.000	6.440	6.714	6.988	7.263	7.537
390.000	6.521	6.799	7.077	7.355	7.632
400.000	**6.603**	6.884	7.166	7.447	**7.728**
410.000	6.674	6.958	7.243	7.527	7.811
420.000	6.745	7.033	7.320	7.607	7.895
430.000	6.817	7.107	7.397	7.688	7.978
440.000	6.888	7.181	7.475	7.768	8.061
450.000	6.959	7.255	7.552	7.848	8.145
460.000	7.030	7.330	7.629	7.928	8.228
470.000	7.101	7.404	7.706	8.009	8.311
480.000	7.173	7.478	7.784	8.089	8.394
490.000	7.244	7.552	7.861	8.169	8.478

Anrechenbare Kosten Euro	Basishonorarsatz Euro	Viertelsatz Euro	Mittelsatz Euro	Dreiviertelsatz Euro	Oberer Honorarsatz Euro
500.000	**7.315**	7.627	7.938	8.250	**8.561**
525.000	7.464	7.782	8.100	8.418	8.736
550.000	7.614	7.938	8.262	8.586	8.910
575.000	7.763	8.093	8.424	8.755	9.085
600.000	7.912	8.249	8.586	8.923	9.260
625.000	8.062	8.405	8.748	9.091	9.435
650.000	8.211	8.560	8.910	9.260	9.609
675.000	8.360	8.716	9.072	9.428	9.784
700.000	8.509	8.872	9.234	9.596	9.959
725.000	8.659	9.027	9.396	9.765	10.133
750.000	**8.808**	9.183	9.558	9.933	**10.308**
775.000	8.932	9.312	9.692	10.073	10.453
800.000	9.055	9.441	9.827	10.212	10.598
825.000	9.179	9.570	9.961	10.352	10.742
850.000	9.303	9.699	10.095	10.491	10.887
875.000	9.427	9.828	10.229	10.631	11.032
900.000	9.550	9.957	10.364	10.770	11.177
925.000	9.674	10.086	10.498	10.910	11.322
950.000	9.798	10.215	10.632	11.049	11.466
975.000	9.921	10.344	10.766	11.189	11.611
1.000.000	**10.045**	10.473	10.901	11.328	**11.756**
1.050.000	10.251	10.687	11.124	11.560	11.997
1.100.000	10.457	10.902	11.347	11.793	12.238
1.150.000	10.662	11.116	11.571	12.025	12.479
1.200.000	10.868	11.331	11.794	12.257	12.720
1.250.000	11.074	11.546	12.017	12.489	12.961
1.300.000	11.280	11.760	12.241	12.721	13.201
1.350.000	11.486	11.975	12.464	12.953	13.442
1.400.000	11.691	12.189	12.687	13.185	13.683
1.450.000	11.897	12.404	12.911	13.417	13.924
1.500.000	**12.103**	12.619	13.134	13.650	**14.165**
1.550.000	12.274	12.797	13.319	13.842	14.365
1.600.000	12.445	12.975	13.505	14.035	14.565
1.650.000	12.616	13.153	13.690	14.228	14.765
1.700.000	12.787	13.331	13.876	14.420	14.965
1.750.000	12.958	13.509	14.061	14.613	15.165
1.800.000	13.128	13.688	14.247	14.806	15.365
1.850.000	13.299	13.866	14.432	14.999	15.565
1.900.000	13.470	14.044	14.618	15.191	15.765
1.950.000	13.641	14.222	14.803	15.384	15.965

Anrechenbare Kosten Euro	Basishonorarsatz Euro	Viertelsatz Euro	Mittelsatz Euro	Dreiviertelsatz Euro	Oberer Honorarsatz Euro
2.000.000	**13.812**	14.400	14.989	15.577	**16.165**
2.100.000	14.094	14.694	15.295	15.895	16.495
2.200.000	14.376	14.989	15.601	16.213	16.825
2.300.000	14.658	15.283	15.907	16.531	17.156
2.400.000	14.940	15.577	16.213	16.849	17.486
2.500.000	15.223	15.871	16.519	17.168	17.816
2.600.000	15.505	16.165	16.825	17.486	18.146
2.700.000	15.787	16.459	17.132	17.804	18.476
2.800.000	16.069	16.753	17.438	18.122	18.807
2.900.000	16.351	17.047	17.744	18.440	19.137
3.000.000	**16.633**	17.342	18.050	18.759	**19.467**
3.200.000	17.070	17.798	18.525	19.252	19.979
3.400.000	17.508	18.254	18.999	19.745	20.491
3.600.000	17.945	18.710	19.474	20.238	21.003
3.800.000	18.383	19.166	19.949	20.732	21.515
4.000.000	18.820	19.622	20.423	21.225	22.027
4.200.000	19.257	20.078	20.898	21.718	22.538
4.400.000	19.695	20.534	21.373	22.211	23.050
4.600.000	20.132	20.990	21.847	22.705	23.562
4.800.000	20.570	21.446	22.322	23.198	24.074
5.000.000	**21.007**	21.902	22.797	23.691	**24.586**
5.250.000	21.438	22.352	23.265	24.178	25.091
5.500.000	21.870	22.801	23.733	24.664	25.596
5.750.000	22.301	23.251	24.201	25.151	26.101
6.000.000	22.733	23.701	24.669	25.637	26.606
6.250.000	23.164	24.151	25.137	26.124	27.111
6.500.000	23.595	24.600	25.605	26.610	27.615
6.750.000	24.027	25.050	26.074	27.097	28.120
7.000.000	24.458	25.500	26.542	27.583	28.625
7.250.000	24.890	25.950	27.010	28.070	29.130
7.500.000	**25.321**	26.400	27.478	28.557	**29.635**
7.750.000	25.680	26.774	27.867	28.961	30.055
8.000.000	26.039	27.148	28.257	29.366	30.475
8.250.000	26.397	27.522	28.646	29.770	30.895
8.500.000	26.756	27.896	29.035	30.175	31.315
8.750.000	27.115	28.270	29.425	30.580	31.735
9.000.000	27.474	28.644	29.814	30.984	32.154
9.250.000	27.833	29.018	30.203	31.389	32.574
9.500.000	28.191	29.392	30.593	31.794	32.994
9.750.000	28.550	29.766	30.982	32.198	33.414

Honorartafel zu Anlage 1.3.4 – Geotechnik Honorarzone V

Anrechenbare Kosten Euro	Basishonorarsatz Euro	Viertelsatz Euro	Mittelsatz Euro	Dreiviertelsatz Euro	Oberer Honorarsatz Euro
10.000.000	**28.909**	30.140	31.372	32.603	**33.834**
10.500.000	29.502	30.759	32.015	33.272	34.528
11.000.000	30.095	31.377	32.659	33.941	35.222
11.500.000	30.688	31.995	33.302	34.610	35.917
12.000.000	31.281	32.614	33.946	35.278	36.611
12.500.000	31.875	33.232	34.590	35.947	37.305
13.000.000	32.468	33.851	35.233	36.616	37.999
13.500.000	33.061	34.469	35.877	37.285	38.693
14.000.000	33.654	35.087	36.521	37.954	39.388
14.500.000	34.247	35.706	37.164	38.623	40.082
15.000.000	**34.840**	36.324	37.808	39.292	**40.776**
15.500.000	35.333	36.838	38.343	39.848	41.353
16.000.000	35.826	37.352	38.878	40.404	41.930
16.500.000	36.319	37.866	39.413	40.959	42.506
17.000.000	36.812	38.380	39.947	41.515	43.083
17.500.000	37.305	38.893	40.482	42.071	43.660
18.000.000	37.797	39.407	41.017	42.627	44.237
18.500.000	38.290	39.921	41.552	43.183	44.814
19.000.000	38.783	40.435	42.087	43.739	45.390
19.500.000	39.276	40.949	42.622	44.294	45.967
20.000.000	**39.769**	41.463	43.157	44.850	**46.544**
20.500.000	40.198	41.910	43.623	45.335	47.047
21.000.000	40.628	42.358	44.089	45.819	47.549
21.500.000	41.057	42.806	44.555	46.303	48.052
22.000.000	41.487	43.254	45.021	46.787	48.554
22.500.000	41.916	43.701	45.487	47.272	49.057
23.000.000	42.345	44.149	45.953	47.756	49.560
23.500.000	42.775	44.597	46.419	48.240	50.062
24.000.000	43.204	45.044	46.885	48.725	50.565
24.500.000	43.634	45.492	47.351	49.209	51.067
25.000.000	**44.063**	45.940	47.817	49.693	**51.570**

Honorartafel zu Anlage 1.4.8 Abs. 2 – Bauvermessung Honorarzone I

Anrechenbare Kosten Euro	Basishonorarsatz Euro	Viertelsatz Euro	Mittelsatz Euro	Dreiviertelsatz Euro	Oberer Honorarsatz Euro
50.000	**4.282**	4.407	4.532	4.657	**4.782**
52.500	4.319	4.445	4.571	4.697	4.823
55.000	4.355	4.482	4.610	4.737	4.864
57.500	4.392	4.520	4.648	4.776	4.905
60.000	4.428	4.558	4.687	4.816	4.946
62.500	4.465	4.595	4.726	4.856	4.987
65.000	4.502	4.633	4.765	4.896	5.027
67.500	4.538	4.671	4.803	4.936	5.068
70.000	4.575	4.708	4.842	4.976	5.109
72.500	4.611	4.746	4.881	5.015	5.150
75.000	**4.648**	4.784	4.920	5.055	**5.191**
77.500	4.683	4.820	4.957	5.094	5.231
80.000	4.719	4.857	4.994	5.132	5.270
82.500	4.754	4.893	5.032	5.171	5.310
85.000	4.790	4.929	5.069	5.209	5.349
87.500	4.825	4.966	5.107	5.248	5.389
90.000	4.860	5.002	5.144	5.286	5.428
92.500	4.896	5.039	5.182	5.325	5.468
95.000	4.931	5.075	5.219	5.363	5.507
97.500	4.967	5.112	5.257	5.402	5.547
100.000	**5.002**	5.148	5.294	5.440	**5.586**
105.000	5.070	5.218	5.366	5.514	5.662
110.000	5.138	5.288	5.439	5.589	5.739
115.000	5.207	5.359	5.511	5.663	5.815
120.000	5.275	5.429	5.583	5.737	5.891
125.000	5.343	5.499	5.655	5.811	5.968
130.000	5.411	5.569	5.728	5.886	6.044
135.000	5.479	5.640	5.800	5.960	6.120
140.000	5.548	5.710	5.872	6.034	6.196
145.000	5.616	5.780	5.944	6.108	6.273
150.000	**5.684**	5.850	6.017	6.183	**6.349**
155.000	5.750	5.918	6.086	6.255	6.423
160.000	5.816	5.986	6.156	6.326	6.496
165.000	5.882	6.054	6.226	6.398	6.570
170.000	5.948	6.122	6.296	6.470	6.644
175.000	6.014	6.190	6.366	6.542	6.718
180.000	6.080	6.258	6.436	6.613	6.791
185.000	6.146	6.326	6.505	6.685	6.865
190.000	6.212	6.394	6.575	6.757	6.939
195.000	6.278	6.462	6.645	6.829	7.012

Anrechenbare Kosten Euro	Basishonorar-satz Euro	Viertelsatz Euro	Mittelsatz Euro	Dreiviertel-satz Euro	Oberer Honorarsatz Euro
200.000	**6.344**	6.530	6.715	6.901	**7.086**
205.000	6.408	6.596	6.783	6.970	7.158
210.000	6.473	6.662	6.851	7.040	7.230
215.000	6.537	6.728	6.919	7.110	7.301
220.000	6.601	6.794	6.987	7.180	7.373
225.000	6.666	6.860	7.055	7.250	7.445
230.000	6.730	6.927	7.123	7.320	7.517
235.000	6.794	6.993	7.191	7.390	7.589
240.000	6.858	7.059	7.259	7.460	7.660
245.000	6.923	7.125	7.327	7.530	7.732
250.000	**6.987**	7.191	7.396	7.600	**7.804**
255.000	7.050	7.256	7.462	7.668	7.874
260.000	7.113	7.321	7.529	7.737	7.945
265.000	7.176	7.386	7.596	7.805	8.015
270.000	7.239	7.451	7.663	7.874	8.086
275.000	7.303	7.516	7.729	7.943	8.156
280.000	7.366	7.581	7.796	8.011	8.226
285.000	7.429	7.646	7.863	8.080	8.297
290.000	7.492	7.711	7.930	8.148	8.367
295.000	7.555	7.776	7.996	8.217	8.438
300.000	**7.618**	7.841	8.063	8.286	**8.508**
310.000	7.741	7.967	8.193	8.419	8.646
320.000	7.864	8.094	8.324	8.553	8.783
330.000	7.987	8.220	8.454	8.687	8.921
340.000	8.110	8.347	8.584	8.821	9.058
350.000	8.233	8.474	8.714	8.955	9.196
360.000	8.356	8.600	8.845	9.089	9.333
370.000	8.479	8.727	8.975	9.223	9.471
380.000	8.602	8.854	9.105	9.357	9.608
390.000	8.725	8.980	9.235	9.490	9.746
400.000	**8.848**	9.107	9.366	9.624	**9.883**
410.000	8.968	9.230	9.492	9.755	10.017
420.000	9.088	9.354	9.619	9.885	10.151
430.000	9.208	9.477	9.746	10.016	10.285
440.000	9.328	9.601	9.873	10.146	10.419
450.000	9.448	9.724	10.000	10.276	10.553
460.000	9.568	9.848	10.127	10.407	10.686
470.000	9.688	9.971	10.254	10.537	10.820
480.000	9.808	10.095	10.381	10.668	10.954
490.000	9.928	10.218	10.508	10.798	11.088

Honorartafel zu Anlage 1.4.8 Abs. 2 – Bauvermessung Honorarzone I

Anrechenbare Kosten Euro	Basishonorarsatz Euro	Viertelsatz Euro	Mittelsatz Euro	Dreiviertelsatz Euro	Oberer Honorarsatz Euro
500.000	**10.048**	10.342	10.635	10.929	**11.222**
510.000	10.166	10.462	10.759	11.056	11.353
520.000	10.283	10.583	10.884	11.184	11.485
530.000	10.401	10.704	11.008	11.312	11.616
540.000	10.518	10.825	11.133	11.440	11.747
550.000	10.636	10.946	11.257	11.568	11.879
560.000	10.753	11.067	11.381	11.696	12.010
570.000	10.871	11.188	11.506	11.823	12.141
580.000	10.988	11.309	11.630	11.951	12.272
590.000	11.106	11.430	11.755	12.079	12.404
600.000	**11.223**	11.551	11.879	12.207	**12.535**
615.000	11.396	11.729	12.062	12.395	12.728
630.000	11.568	11.907	12.245	12.583	12.921
645.000	11.741	12.084	12.427	12.771	13.114
660.000	11.914	12.262	12.610	12.958	13.307
675.000	12.087	12.440	12.793	13.146	13.500
690.000	12.259	12.618	12.976	13.334	13.692
705.000	12.432	12.795	13.159	13.522	13.885
720.000	12.605	12.973	13.341	13.710	14.078
735.000	12.777	13.151	13.524	13.898	14.271
750.000	**12.950**	13.329	13.707	14.086	**14.464**
775.000	13.230	13.617	14.004	14.391	14.777
800.000	13.511	13.906	14.301	14.696	15.090
825.000	13.791	14.194	14.597	15.001	15.404
850.000	14.072	14.483	14.894	15.306	15.717
875.000	14.352	14.772	15.191	15.611	16.030
900.000	14.632	15.060	15.488	15.916	16.343
925.000	14.913	15.349	15.785	16.221	16.656
950.000	15.193	15.637	16.081	16.526	16.970
975.000	15.474	15.926	16.378	16.831	17.283
1.000.000	**15.754**	16.215	16.675	17.136	**17.596**
1.050.000	16.295	16.771	17.248	17.724	18.200
1.100.000	16.836	17.328	17.820	18.313	18.805
1.150.000	17.377	17.885	18.393	18.901	19.409
1.200.000	17.918	18.442	18.966	19.490	20.013
1.250.000	18.460	18.999	19.539	20.078	20.618
1.300.000	19.001	19.556	20.111	20.667	21.222
1.350.000	19.542	20.113	20.684	21.255	21.826
1.400.000	20.083	20.670	21.257	21.844	22.430
1.450.000	20.624	21.227	21.829	22.432	23.035

Anrechenbare Kosten Euro	Basishonorarsatz Euro	Viertelsatz Euro	Mittelsatz Euro	Dreiviertelsatz Euro	Oberer Honorarsatz Euro
1.500.000	**21.165**	21.784	22.402	23.021	**23.639**
1.550.000	21.688	22.322	22.955	23.589	24.223
1.600.000	22.211	22.860	23.509	24.158	24.807
1.650.000	22.733	23.398	24.062	24.726	25.391
1.700.000	23.256	23.936	24.615	25.295	25.975
1.750.000	23.779	24.474	25.169	25.864	26.559
1.800.000	24.302	25.012	25.722	26.432	27.142
1.850.000	24.825	25.550	26.275	27.001	27.726
1.900.000	25.347	26.088	26.829	27.570	28.310
1.950.000	25.870	26.626	27.382	28.138	28.894
2.000.000	**26.393**	27.164	27.936	28.707	**29.478**
2.050.000	26.903	27.689	28.475	29.261	30.047
2.100.000	27.412	28.213	29.014	29.815	30.616
2.150.000	27.922	28.737	29.553	30.369	31.185
2.200.000	28.431	29.262	30.093	30.923	31.754
2.250.000	28.941	29.786	30.632	31.477	32.323
2.300.000	29.450	30.311	31.171	32.032	32.892
2.350.000	29.960	30.835	31.710	32.586	33.461
2.400.000	30.469	31.359	32.250	33.140	34.030
2.450.000	30.979	31.884	32.789	33.694	34.599
2.500.000	**31.488**	32.408	33.328	34.248	**35.168**
2.550.000	31.987	32.922	33.856	34.791	35.726
2.600.000	32.486	33.436	34.385	35.334	36.283
2.650.000	32.986	33.949	34.913	35.877	36.841
2.700.000	33.485	34.463	35.442	36.420	37.398
2.750.000	33.984	34.977	35.970	36.963	37.956
2.800.000	34.483	35.491	36.498	37.506	38.514
2.850.000	34.982	36.005	37.027	38.049	39.071
2.900.000	35.482	36.518	37.555	38.592	39.629
2.950.000	35.981	37.032	38.084	39.135	40.186
3.000.000	**36.480**	37.546	38.612	39.678	**40.744**
3.100.000	37.454	38.549	39.643	40.738	41.832
3.200.000	38.429	39.552	40.675	41.798	42.920
3.300.000	39.403	40.555	41.706	42.857	44.009
3.400.000	40.378	41.557	42.737	43.917	45.097
3.500.000	41.352	42.560	43.769	44.977	46.185
3.600.000	42.326	43.563	44.800	46.037	47.273
3.700.000	43.301	44.566	45.831	47.096	48.361
3.800.000	44.275	45.569	46.862	48.156	49.450
3.900.000	45.250	46.572	47.894	49.216	50.538

Honorartafel zu Anlage 1.4.8 Abs. 2 – Bauvermessung Honorarzone I

Anrechenbare Kosten Euro	Basishonorarsatz Euro	Viertelsatz Euro	Mittelsatz Euro	Dreiviertelsatz Euro	Oberer Honorarsatz Euro
4.000.000	**46.224**	47.575	48.925	50.276	**51.626**
4.100.000	47.174	48.552	49.930	51.308	52.687
4.200.000	48.123	49.529	50.935	52.341	53.747
4.300.000	49.073	50.507	51.940	53.374	54.808
4.400.000	50.022	51.484	52.945	54.407	55.868
4.500.000	50.972	52.461	53.951	55.440	56.929
4.600.000	51.922	53.439	54.956	56.473	57.990
4.700.000	52.871	54.416	55.961	57.505	59.050
4.800.000	53.821	55.393	56.966	58.538	60.111
4.900.000	54.770	56.371	57.971	59.571	61.171
5.000.000	**55.720**	57.348	58.976	60.604	**62.232**
5.250.000	58.017	59.712	61.407	63.102	64.798
5.500.000	60.314	62.076	63.839	65.601	67.363
5.750.000	62.611	64.440	66.270	68.099	69.929
6.000.000	64.908	66.805	68.701	70.598	72.494
6.250.000	67.205	69.169	71.133	73.096	75.060
6.500.000	69.502	71.533	73.564	75.595	77.626
6.750.000	71.799	73.897	75.995	78.093	80.191
7.000.000	74.096	76.261	78.426	80.592	82.757
7.250.000	76.393	78.625	80.858	83.090	85.322
7.500.000	**78.690**	80.990	83.289	85.589	**87.888**
7.750.000	80.909	83.273	85.637	88.002	90.366
8.000.000	83.127	85.556	87.986	90.415	92.844
8.250.000	85.346	87.840	90.334	92.828	95.322
8.500.000	87.564	90.123	92.682	95.241	97.800
8.750.000	89.783	92.407	95.030	97.654	100.278
9.000.000	92.002	94.690	97.379	100.067	102.755
9.250.000	94.220	96.973	99.727	102.480	105.233
9.500.000	96.439	99.257	102.075	104.893	107.711
9.750.000	98.657	101.540	104.423	107.306	110.189
10.000.000	**100.876**	103.824	106.772	109.719	**112.667**

Honorartafel zu Anlage 1.4.8 Abs. 2 – Bauvermessung Honorarzone II

Anrechenbare Kosten Euro	Basishonorarsatz Euro	Viertelsatz Euro	Mittelsatz Euro	Dreiviertelsatz Euro	Oberer Honorarsatz Euro
50.000	**4.782**	4.907	5.033	5.158	**5.283**
52.500	4.823	4.949	5.076	5.202	5.328
55.000	4.864	4.991	5.119	5.246	5.373
57.500	4.905	5.033	5.162	5.290	5.418
60.000	4.946	5.075	5.205	5.334	5.463
62.500	4.987	5.117	5.248	5.378	5.509
65.000	5.027	5.159	5.291	5.422	5.554
67.500	5.068	5.201	5.334	5.466	5.599
70.000	5.109	5.243	5.377	5.510	5.644
72.500	5.150	5.285	5.420	5.554	5.689
75.000	**5.191**	5.327	5.463	5.598	**5.734**
77.500	5.231	5.367	5.504	5.641	5.778
80.000	5.270	5.408	5.546	5.684	5.821
82.500	5.310	5.448	5.587	5.726	5.865
85.000	5.349	5.489	5.629	5.769	5.909
87.500	5.389	5.530	5.671	5.812	5.953
90.000	5.428	5.570	5.712	5.854	5.996
92.500	5.468	5.611	5.754	5.897	6.040
95.000	5.507	5.651	5.795	5.939	6.084
97.500	5.547	5.692	5.837	5.982	6.127
100.000	**5.586**	5.732	5.879	6.025	**6.171**
105.000	5.662	5.811	5.959	6.107	6.255
110.000	5.739	5.889	6.039	6.189	6.339
115.000	5.815	5.967	6.119	6.271	6.424
120.000	5.891	6.045	6.200	6.354	6.508
125.000	5.968	6.124	6.280	6.436	6.592
130.000	6.044	6.202	6.360	6.518	6.676
135.000	6.120	6.280	6.440	6.600	6.760
140.000	6.196	6.358	6.521	6.683	6.845
145.000	6.273	6.437	6.601	6.765	6.929
150.000	**6.349**	6.515	6.681	6.847	**7.013**
155.000	6.423	6.591	6.759	6.926	7.094
160.000	6.496	6.666	6.836	7.006	7.176
165.000	6.570	6.742	6.914	7.085	7.257
170.000	6.644	6.818	6.991	7.165	7.339
175.000	6.718	6.893	7.069	7.244	7.420
180.000	6.791	6.969	7.146	7.324	7.501
185.000	6.865	7.044	7.224	7.403	7.583
190.000	6.939	7.120	7.301	7.483	7.664
195.000	7.012	7.196	7.379	7.562	7.746

Anrechenbare Kosten Euro	Basishonorarsatz Euro	Viertelsatz Euro	Mittelsatz Euro	Dreiviertelsatz Euro	Oberer Honorarsatz Euro
200.000	**7.086**	7.271	7.457	7.642	**7.827**
205.000	7.158	7.345	7.532	7.719	7.906
210.000	7.230	7.419	7.608	7.797	7.986
215.000	7.301	7.492	7.683	7.874	8.065
220.000	7.373	7.566	7.759	7.952	8.145
225.000	7.445	7.640	7.835	8.029	8.224
230.000	7.517	7.713	7.910	8.107	8.303
235.000	7.589	7.787	7.986	8.184	8.383
240.000	7.660	7.861	8.061	8.262	8.462
245.000	7.732	7.935	8.137	8.339	8.542
250.000	**7.804**	8.008	8.213	8.417	**8.621**
255.000	7.874	8.081	8.287	8.493	8.699
260.000	7.945	8.153	8.361	8.569	8.777
265.000	8.015	8.225	8.435	8.645	8.854
270.000	8.086	8.297	8.509	8.721	8.932
275.000	8.156	8.370	8.583	8.797	9.010
280.000	8.226	8.442	8.657	8.872	9.088
285.000	8.297	8.514	8.731	8.948	9.166
290.000	8.367	8.586	8.805	9.024	9.243
295.000	8.438	8.659	8.879	9.100	9.321
300.000	**8.508**	8.731	8.954	9.176	**9.399**
310.000	8.646	8.872	9.098	9.324	9.551
320.000	8.783	9.013	9.243	9.473	9.703
330.000	8.921	9.154	9.387	9.621	9.854
340.000	9.058	9.295	9.532	9.769	10.006
350.000	9.196	9.436	9.677	9.917	10.158
360.000	9.333	9.577	9.821	10.066	10.310
370.000	9.471	9.718	9.966	10.214	10.462
380.000	9.608	9.859	10.111	10.362	10.613
390.000	9.746	10.000	10.255	10.510	10.765
400.000	**9.883**	10.142	10.400	10.659	**10.917**
410.000	10.017	10.279	10.541	10.803	11.065
420.000	10.151	10.416	10.682	10.947	11.213
430.000	10.285	10.554	10.823	11.092	11.361
440.000	10.419	10.691	10.964	11.236	11.509
450.000	10.553	10.829	11.105	11.381	11.657
460.000	10.686	10.966	11.246	11.525	11.805
470.000	10.820	11.103	11.387	11.670	11.953
480.000	10.954	11.241	11.528	11.814	12.101
490.000	11.088	11.378	11.669	11.959	12.249

Anrechenbare Kosten Euro	Basishonorarsatz Euro	Viertelsatz Euro	Mittelsatz Euro	Dreiviertelsatz Euro	Oberer Honorarsatz Euro
500.000	**11.222**	11.516	11.810	12.103	**12.397**
510.000	11.353	11.650	11.948	12.245	12.542
520.000	11.485	11.785	12.086	12.386	12.687
530.000	11.616	11.920	12.224	12.528	12.832
540.000	11.747	12.055	12.362	12.670	12.977
550.000	11.879	12.189	12.500	12.811	13.122
560.000	12.010	12.324	12.638	12.953	13.267
570.000	12.141	12.459	12.777	13.094	13.412
580.000	12.272	12.594	12.915	13.236	13.557
590.000	12.404	12.728	13.053	13.377	13.702
600.000	**12.535**	12.863	13.191	13.519	**13.847**
615.000	12.728	13.061	13.394	13.727	14.060
630.000	12.921	13.259	13.597	13.935	14.273
645.000	13.114	13.457	13.800	14.143	14.486
660.000	13.307	13.655	14.003	14.351	14.699
675.000	13.500	13.853	14.206	14.559	14.913
690.000	13.692	14.051	14.409	14.767	15.126
705.000	13.885	14.249	14.612	14.975	15.339
720.000	14.078	14.447	14.815	15.183	15.552
735.000	14.271	14.645	15.018	15.391	15.765
750.000	**14.464**	14.843	15.221	15.600	**15.978**
775.000	14.777	15.164	15.551	15.937	16.324
800.000	15.090	15.485	15.880	16.275	16.670
825.000	15.404	15.807	16.210	16.613	17.016
850.000	15.717	16.128	16.539	16.950	17.362
875.000	16.030	16.449	16.869	17.288	17.708
900.000	16.343	16.771	17.198	17.626	18.053
925.000	16.656	17.092	17.528	17.964	18.399
950.000	16.970	17.414	17.857	18.301	18.745
975.000	17.283	17.735	18.187	18.639	19.091
1.000.000	**17.596**	18.056	18.517	18.977	**19.437**
1.050.000	18.200	18.676	19.152	19.629	20.105
1.100.000	18.805	19.297	19.788	20.280	20.772
1.150.000	19.409	19.917	20.424	20.932	21.440
1.200.000	20.013	20.537	21.060	21.584	22.107
1.250.000	20.618	21.157	21.696	22.236	22.775
1.300.000	21.222	21.777	22.332	22.887	23.443
1.350.000	21.826	22.397	22.968	23.539	24.110
1.400.000	22.430	23.017	23.604	24.191	24.778
1.450.000	23.035	23.637	24.240	24.843	25.445

Honorartafel zu Anlage 1.4.8 Abs. 2 – Bauvermessung Honorarzone II

Anrechenbare Kosten Euro	Basishonorarsatz Euro	Viertelsatz Euro	Mittelsatz Euro	Dreiviertelsatz Euro	Oberer Honorarsatz Euro
1.500.000	**23.639**	24.258	24.876	25.495	**26.113**
1.550.000	24.223	24.857	25.490	26.124	26.758
1.600.000	24.807	25.456	26.105	26.754	27.403
1.650.000	25.391	26.055	26.719	27.384	28.048
1.700.000	25.975	26.654	27.334	28.013	28.693
1.750.000	26.559	27.253	27.948	28.643	29.338
1.800.000	27.142	27.853	28.563	29.273	29.983
1.850.000	27.726	28.452	29.177	29.903	30.628
1.900.000	28.310	29.051	29.792	30.532	31.273
1.950.000	28.894	29.650	30.406	31.162	31.918
2.000.000	**29.478**	30.249	31.021	31.792	**32.563**
2.050.000	30.047	30.833	31.619	32.405	33.192
2.100.000	30.616	31.417	32.218	33.019	33.820
2.150.000	31.185	32.001	32.817	33.633	34.449
2.200.000	31.754	32.585	33.416	34.247	35.077
2.250.000	32.323	33.169	34.015	34.860	35.706
2.300.000	32.892	33.753	34.613	35.474	36.335
2.350.000	33.461	34.337	35.212	36.088	36.963
2.400.000	34.030	34.920	35.811	36.701	37.592
2.450.000	34.599	35.504	36.410	37.315	38.220
2.500.000	**35.168**	36.088	37.009	37.929	**38.849**
2.550.000	35.726	36.660	37.595	38.530	39.465
2.600.000	36.283	37.233	38.182	39.131	40.081
2.650.000	36.841	37.805	38.769	39.733	40.697
2.700.000	37.398	38.377	39.356	40.334	41.313
2.750.000	37.956	38.949	39.942	40.935	41.929
2.800.000	38.514	39.521	40.529	41.537	42.544
2.850.000	39.071	40.093	41.116	42.138	43.160
2.900.000	39.629	40.666	41.703	42.739	43.776
2.950.000	40.186	41.238	42.289	43.341	44.392
3.000.000	**40.744**	41.810	42.876	43.942	**45.008**
3.100.000	41.832	42.927	44.021	45.116	46.210
3.200.000	42.920	44.043	45.166	46.289	47.412
3.300.000	44.009	45.160	46.311	47.463	48.614
3.400.000	45.097	46.277	47.457	48.637	49.816
3.500.000	46.185	47.393	48.602	49.810	51.019
3.600.000	47.273	48.510	49.747	50.984	52.221
3.700.000	48.361	49.627	50.892	52.157	53.423
3.800.000	49.450	50.743	52.037	53.331	54.625
3.900.000	50.538	51.860	53.182	54.505	55.827

Honorartafel zu Anlage 1.4.8 Abs. 2 – Bauvermessung Honorarzone II

Anrechenbare Kosten Euro	Basishonorarsatz Euro	Viertelsatz Euro	Mittelsatz Euro	Dreiviertelsatz Euro	Oberer Honorarsatz Euro
4.000.000	**51.626**	52.977	54.328	55.678	**57.029**
4.100.000	52.687	54.065	55.444	56.822	58.201
4.200.000	53.747	55.153	56.560	57.966	59.372
4.300.000	54.808	56.242	57.676	59.110	60.544
4.400.000	55.868	57.330	58.792	60.254	61.715
4.500.000	56.929	58.419	59.908	61.398	62.887
4.600.000	57.990	59.507	61.024	62.541	64.059
4.700.000	59.050	60.595	62.140	63.685	65.230
4.800.000	60.111	61.684	63.256	64.829	66.402
4.900.000	61.171	62.772	64.372	65.973	67.573
5.000.000	**62.232**	63.860	65.489	67.117	**68.745**
5.250.000	64.798	66.493	68.188	69.884	71.579
5.500.000	67.363	69.126	70.888	72.651	74.413
5.750.000	69.929	71.758	73.588	75.417	77.247
6.000.000	72.494	74.391	76.288	78.184	80.081
6.250.000	75.060	77.024	78.988	80.951	82.915
6.500.000	77.626	79.656	81.687	83.718	85.749
6.750.000	80.191	82.289	84.387	86.485	88.583
7.000.000	82.757	84.922	87.087	89.252	91.417
7.250.000	85.322	87.555	89.787	92.019	94.251
7.500.000	**87.888**	90.187	92.487	94.786	**97.085**
7.750.000	90.366	92.730	95.094	97.458	99.822
8.000.000	92.844	95.273	97.702	100.131	102.560
8.250.000	95.322	97.816	100.309	102.803	105.297
8.500.000	97.800	100.358	102.917	105.476	108.034
8.750.000	100.278	102.901	105.525	108.148	110.772
9.000.000	102.755	105.444	108.132	110.820	113.509
9.250.000	105.233	107.987	110.740	113.493	116.246
9.500.000	107.711	110.529	113.347	116.165	118.983
9.750.000	110.189	113.072	115.955	118.838	121.721
10.000.000	**112.667**	115.615	118.563	121.510	**124.458**

Honorartafel zu Anlage 1.4.8 Abs. 2 – Bauvermessung Honorarzone III

Anrechenbare Kosten Euro	Basishonorarsatz Euro	Viertelsatz Euro	Mittelsatz Euro	Dreiviertelsatz Euro	Oberer Honorarsatz Euro
50.000	**5.283**	5.422	5.561	5.700	**5.839**
52.500	5.328	5.468	5.609	5.749	5.889
55.000	5.373	5.515	5.656	5.797	5.939
57.500	5.418	5.561	5.704	5.846	5.989
60.000	5.463	5.607	5.751	5.895	6.039
62.500	5.509	5.654	5.799	5.944	6.089
65.000	5.554	5.700	5.846	5.992	6.138
67.500	5.599	5.746	5.894	6.041	6.188
70.000	5.644	5.792	5.941	6.090	6.238
72.500	5.689	5.839	5.989	6.138	6.288
75.000	**5.734**	5.885	6.036	6.187	**6.338**
77.500	5.778	5.930	6.082	6.234	6.386
80.000	5.821	5.975	6.128	6.281	6.434
82.500	5.865	6.019	6.174	6.328	6.483
85.000	5.909	6.064	6.220	6.375	6.531
87.500	5.953	6.109	6.266	6.422	6.579
90.000	5.996	6.154	6.312	6.469	6.627
92.500	6.040	6.199	6.358	6.517	6.675
95.000	6.084	6.244	6.404	6.564	6.724
97.500	6.127	6.288	6.450	6.611	6.772
100.000	**6.171**	6.333	6.496	6.658	**6.820**
105.000	6.255	6.420	6.584	6.749	6.913
110.000	6.339	6.506	6.673	6.840	7.006
115.000	6.424	6.593	6.761	6.930	7.099
120.000	6.508	6.679	6.850	7.021	7.192
125.000	6.592	6.765	6.939	7.112	7.286
130.000	6.676	6.852	7.027	7.203	7.379
135.000	6.760	6.938	7.116	7.294	7.472
140.000	6.845	7.025	7.205	7.385	7.565
145.000	6.929	7.111	7.293	7.476	7.658
150.000	**7.013**	7.198	7.382	7.567	**7.751**
155.000	7.094	7.281	7.468	7.654	7.841
160.000	7.176	7.365	7.553	7.742	7.931
165.000	7.257	7.448	7.639	7.830	8.021
170.000	7.339	7.532	7.725	7.918	8.111
175.000	7.420	7.615	7.811	8.006	8.201
180.000	7.501	7.699	7.896	8.094	8.291
185.000	7.583	7.782	7.982	8.181	8.381
190.000	7.664	7.866	8.068	8.269	8.471
195.000	7.746	7.949	8.153	8.357	8.561

Anrechenbare Kosten Euro	Basishonorarsatz Euro	Viertelsatz Euro	Mittelsatz Euro	Dreiviertelsatz Euro	Oberer Honorarsatz Euro
200.000	**7.827**	8.033	8.239	8.445	**8.651**
205.000	7.906	8.114	8.323	8.531	8.739
210.000	7.986	8.196	8.406	8.616	8.826
215.000	8.065	8.277	8.490	8.702	8.914
220.000	8.145	8.359	8.573	8.788	9.002
225.000	8.224	8.440	8.657	8.873	9.090
230.000	8.303	8.522	8.740	8.959	9.177
235.000	8.383	8.603	8.824	9.044	9.265
240.000	8.462	8.685	8.907	9.130	9.353
245.000	8.542	8.766	8.991	9.216	9.440
250.000	**8.621**	8.848	9.075	9.301	**9.528**
255.000	8.699	8.928	9.156	9.385	9.614
260.000	8.777	9.007	9.238	9.469	9.700
265.000	8.854	9.087	9.320	9.553	9.786
270.000	8.932	9.167	9.402	9.637	9.872
275.000	9.010	9.247	9.484	9.721	9.958
280.000	9.088	9.327	9.566	9.805	10.044
285.000	9.166	9.407	9.648	9.889	10.130
290.000	9.243	9.487	9.730	9.973	10.216
295.000	9.321	9.566	9.812	10.057	10.302
300.000	**9.399**	9.646	9.894	10.141	**10.388**
310.000	9.551	9.802	10.053	10.305	10.556
320.000	9.703	9.958	10.213	10.468	10.724
330.000	9.854	10.114	10.373	10.632	10.891
340.000	10.006	10.269	10.533	10.796	11.059
350.000	10.158	10.425	10.693	10.960	11.227
360.000	10.310	10.581	10.852	11.124	11.395
370.000	10.462	10.737	11.012	11.287	11.563
380.000	10.613	10.893	11.172	11.451	11.730
390.000	10.765	11.048	11.332	11.615	11.898
400.000	**10.917**	11.204	11.492	11.779	**12.066**
410.000	11.065	11.356	11.647	11.938	12.230
420.000	11.213	11.508	11.803	12.098	12.393
430.000	11.361	11.660	11.959	12.258	12.557
440.000	11.509	11.812	12.115	12.418	12.720
450.000	11.657	11.964	12.271	12.577	12.884
460.000	11.805	12.116	12.426	12.737	13.048
470.000	11.953	12.268	12.582	12.897	13.211
480.000	12.101	12.419	12.738	13.056	13.375
490.000	12.249	12.571	12.894	13.216	13.538

Anrechenbare Kosten Euro	Basishonorarsatz Euro	Viertelsatz Euro	Mittelsatz Euro	Dreiviertelsatz Euro	Oberer Honorarsatz Euro
500.000	**12.397**	12.723	13.050	13.376	**13.702**
510.000	12.542	12.872	13.202	13.532	13.862
520.000	12.687	13.021	13.355	13.689	14.022
530.000	12.832	13.170	13.507	13.845	14.183
540.000	12.977	13.318	13.660	14.001	14.343
550.000	13.122	13.467	13.813	14.158	14.503
560.000	13.267	13.616	13.965	14.314	14.663
570.000	13.412	13.765	14.118	14.471	14.823
580.000	13.557	13.914	14.270	14.627	14.984
590.000	13.702	14.062	14.423	14.783	15.144
600.000	**13.847**	14.211	14.576	14.940	**15.304**
615.000	14.060	14.430	14.800	15.170	15.540
630.000	14.273	14.649	15.024	15.400	15.775
645.000	14.486	14.867	15.248	15.629	16.011
660.000	14.699	15.086	15.473	15.859	16.246
675.000	14.913	15.305	15.697	16.089	16.482
690.000	15.126	15.523	15.921	16.319	16.717
705.000	15.339	15.742	16.146	16.549	16.953
720.000	15.552	15.961	16.370	16.779	17.188
735.000	15.765	16.180	16.594	17.009	17.424
750.000	**15.978**	16.398	16.819	17.239	**17.659**
775.000	16.324	16.753	17.183	17.612	18.041
800.000	16.670	17.108	17.547	17.985	18.424
825.000	17.016	17.463	17.911	18.359	18.806
850.000	17.362	17.818	18.275	18.732	19.189
875.000	17.708	18.173	18.639	19.105	19.571
900.000	18.053	18.528	19.003	19.478	19.953
925.000	18.399	18.883	19.368	19.852	20.336
950.000	18.745	19.238	19.732	20.225	20.718
975.000	19.091	19.593	20.096	20.598	21.101
1.000.000	**19.437**	19.949	20.460	20.972	**21.483**
1.050.000	20.105	20.634	21.163	21.692	22.221
1.100.000	20.772	21.319	21.866	22.412	22.959
1.150.000	21.440	22.004	22.568	23.132	23.697
1.200.000	22.107	22.689	23.271	23.853	24.435
1.250.000	22.775	23.374	23.974	24.573	25.173
1.300.000	23.443	24.060	24.677	25.293	25.910
1.350.000	24.110	24.745	25.379	26.014	26.648
1.400.000	24.778	25.430	26.082	26.734	27.386
1.450.000	25.445	26.115	26.785	27.454	28.124

Anrechenbare Kosten Euro	Basishonorarsatz Euro	Viertelsatz Euro	Mittelsatz Euro	Dreiviertelsatz Euro	Oberer Honorarsatz Euro
1.500.000	**26.113**	26.800	27.488	28.175	**28.862**
1.550.000	26.758	27.462	28.166	28.871	29.575
1.600.000	27.403	28.124	28.845	29.566	30.288
1.650.000	28.048	28.786	29.524	30.262	31.000
1.700.000	28.693	29.448	30.203	30.958	31.713
1.750.000	29.338	30.110	30.882	31.654	32.426
1.800.000	29.983	30.772	31.561	32.350	33.139
1.850.000	30.628	31.434	32.240	33.046	33.852
1.900.000	31.273	32.096	32.919	33.742	34.564
1.950.000	31.918	32.758	33.598	34.437	35.277
2.000.000	**32.563**	33.420	34.277	35.133	**35.990**
2.050.000	33.192	34.065	34.938	35.812	36.685
2.100.000	33.820	34.710	35.600	36.490	37.380
2.150.000	34.449	35.355	36.262	37.168	38.074
2.200.000	35.077	36.000	36.923	37.846	38.769
2.250.000	35.706	36.646	37.585	38.525	39.464
2.300.000	36.335	37.291	38.247	39.203	40.159
2.350.000	36.963	37.936	38.908	39.881	40.854
2.400.000	37.592	38.581	39.570	40.559	41.548
2.450.000	38.220	39.226	40.232	41.238	42.243
2.500.000	**38.849**	39.871	40.894	41.916	**42.938**
2.550.000	39.465	40.503	41.542	42.580	43.619
2.600.000	40.081	41.135	42.190	43.245	44.299
2.650.000	40.697	41.768	42.838	43.909	44.980
2.700.000	41.313	42.400	43.487	44.574	45.661
2.750.000	41.929	43.032	44.135	45.238	46.342
2.800.000	42.544	43.664	44.783	45.903	47.022
2.850.000	43.160	44.296	45.432	46.567	47.703
2.900.000	43.776	44.928	46.080	47.232	48.384
2.950.000	44.392	45.560	46.728	47.896	49.064
3.000.000	**45.008**	46.192	47.377	48.561	**49.745**
3.100.000	46.210	47.426	48.642	49.858	51.074
3.200.000	47.412	48.660	49.907	51.155	52.402
3.300.000	48.614	49.894	51.173	52.452	53.731
3.400.000	49.816	51.127	52.438	53.749	55.060
3.500.000	51.019	52.361	53.704	55.046	56.389
3.600.000	52.221	53.595	54.969	56.343	57.717
3.700.000	53.423	54.829	56.234	57.640	59.046
3.800.000	54.625	56.062	57.500	58.937	60.375
3.900.000	55.827	57.296	58.765	60.234	61.703

Honorartafel zu Anlage 1.4.8 Abs. 2 – Bauvermessung Honorarzone III

Anrechenbare Kosten Euro	Basishonorarsatz Euro	Viertelsatz Euro	Mittelsatz Euro	Dreiviertelsatz Euro	Oberer Honorarsatz Euro
4.000.000	**57.029**	58.530	60.031	61.531	**63.032**
4.100.000	58.201	59.732	61.264	62.795	64.327
4.200.000	59.372	60.935	62.497	64.059	65.622
4.300.000	60.544	62.137	63.730	65.323	66.917
4.400.000	61.715	63.339	64.964	66.588	68.212
4.500.000	62.887	64.542	66.197	67.852	69.507
4.600.000	64.059	65.744	67.430	69.116	70.801
4.700.000	65.230	66.947	68.663	70.380	72.096
4.800.000	66.402	68.149	69.897	71.644	73.391
4.900.000	67.573	69.352	71.130	72.908	74.686
5.000.000	**68.745**	70.554	72.363	74.172	**75.981**
5.250.000	71.579	73.463	75.346	77.230	79.113
5.500.000	74.413	76.371	78.329	80.288	82.246
5.750.000	77.247	79.280	81.313	83.345	85.378
6.000.000	80.081	82.188	84.296	86.403	88.511
6.250.000	82.915	85.097	87.279	89.461	91.643
6.500.000	85.749	88.006	90.262	92.519	94.775
6.750.000	88.583	90.914	93.245	95.577	97.908
7.000.000	91.417	93.823	96.229	98.634	101.040
7.250.000	94.251	96.731	99.212	101.692	104.173
7.500.000	**97.085**	99.640	102.195	104.750	**107.305**
7.750.000	99.822	102.449	105.076	107.703	110.330
8.000.000	102.560	105.259	107.958	110.657	113.356
8.250.000	105.297	108.068	110.839	113.610	116.381
8.500.000	108.034	110.877	113.720	116.564	119.407
8.750.000	110.772	113.687	116.602	119.517	122.432
9.000.000	113.509	116.496	119.483	122.470	125.457
9.250.000	116.246	119.305	122.364	125.424	128.483
9.500.000	118.983	122.115	125.246	128.377	131.508
9.750.000	121.721	124.924	128.127	131.330	134.534
10.000.000	**124.458**	127.733	131.009	134.284	**137.559**

Honorartafel zu Anlage 1.4.8 Abs. 2 – Bauvermessung Honorarzone IV

Anrechenbare Kosten Euro	Basishonorarsatz Euro	Viertelsatz Euro	Mittelsatz Euro	Dreiviertelsatz Euro	Oberer Honorarsatz Euro
50.000	**5.839**	5.964	6.089	6.214	**6.339**
52.500	5.889	6.015	6.141	6.267	6.393
55.000	5.939	6.066	6.193	6.320	6.447
57.500	5.989	6.117	6.245	6.373	6.502
60.000	6.039	6.168	6.297	6.427	6.556
62.500	6.089	6.219	6.349	6.480	6.610
65.000	6.138	6.270	6.401	6.533	6.664
67.500	6.188	6.321	6.453	6.586	6.718
70.000	6.238	6.372	6.505	6.639	6.773
72.500	6.288	6.423	6.557	6.692	6.827
75.000	**6.338**	6.474	6.610	6.745	**6.881**
77.500	6.386	6.523	6.660	6.797	6.933
80.000	6.434	6.572	6.710	6.848	6.986
82.500	6.483	6.622	6.760	6.899	7.038
85.000	6.531	6.671	6.811	6.951	7.091
87.500	6.579	6.720	6.861	7.002	7.143
90.000	6.627	6.769	6.911	7.053	7.195
92.500	6.675	6.819	6.962	7.105	7.248
95.000	6.724	6.868	7.012	7.156	7.300
97.500	6.772	6.917	7.062	7.207	7.353
100.000	**6.820**	6.966	7.113	7.259	**7.405**
105.000	6.913	7.061	7.210	7.358	7.506
110.000	7.006	7.156	7.307	7.457	7.607
115.000	7.099	7.252	7.404	7.556	7.708
120.000	7.192	7.347	7.501	7.655	7.809
125.000	7.286	7.442	7.598	7.754	7.911
130.000	7.379	7.537	7.695	7.853	8.012
135.000	7.472	7.632	7.792	7.952	8.113
140.000	7.565	7.727	7.889	8.052	8.214
145.000	7.658	7.822	7.986	8.151	8.315
150.000	**7.751**	7.917	8.084	8.250	**8.416**
155.000	7.841	8.009	8.177	8.346	8.514
160.000	7.931	8.101	8.271	8.441	8.611
165.000	8.021	8.193	8.365	8.537	8.709
170.000	8.111	8.285	8.459	8.633	8.807
175.000	8.201	8.377	8.553	8.729	8.905
180.000	8.291	8.469	8.647	8.824	9.002
185.000	8.381	8.561	8.740	8.920	9.100
190.000	8.471	8.653	8.834	9.016	9.198
195.000	8.561	8.745	8.928	9.112	9.295

Anrechenbare Kosten Euro	Basishonorarsatz Euro	Viertelsatz Euro	Mittelsatz Euro	Dreiviertelsatz Euro	Oberer Honorarsatz Euro
200.000	**8.651**	8.837	9.022	9.208	**9.393**
205.000	8.739	8.926	9.113	9.301	9.488
210.000	8.826	9.016	9.205	9.394	9.583
215.000	8.914	9.105	9.296	9.487	9.679
220.000	9.002	9.195	9.388	9.581	9.774
225.000	9.090	9.284	9.479	9.674	9.869
230.000	9.177	9.374	9.571	9.767	9.964
235.000	9.265	9.464	9.662	9.861	10.059
240.000	9.353	9.553	9.754	9.954	10.155
245.000	9.440	9.643	9.845	10.047	10.250
250.000	**9.528**	9.732	9.937	10.141	**10.345**
255.000	9.614	9.820	10.026	10.232	10.438
260.000	9.700	9.908	10.116	10.324	10.532
265.000	9.786	9.996	10.205	10.415	10.625
270.000	9.872	10.084	10.295	10.507	10.718
275.000	9.958	10.171	10.385	10.598	10.812
280.000	10.044	10.259	10.474	10.690	10.905
285.000	10.130	10.347	10.564	10.781	10.998
290.000	10.216	10.435	10.654	10.873	11.091
295.000	10.302	10.523	10.743	10.964	11.185
300.000	**10.388**	10.611	10.833	11.056	**11.278**
310.000	10.556	10.782	11.008	11.234	11.460
320.000	10.724	10.953	11.183	11.413	11.642
330.000	10.891	11.125	11.358	11.591	11.825
340.000	11.059	11.296	11.533	11.770	12.007
350.000	11.227	11.468	11.708	11.949	12.189
360.000	11.395	11.639	11.883	12.127	12.371
370.000	11.563	11.810	12.058	12.306	12.553
380.000	11.730	11.982	12.233	12.484	12.736
390.000	11.898	12.153	12.408	12.663	12.918
400.000	**12.066**	12.325	12.583	12.842	**13.100**
410.000	12.230	12.492	12.754	13.016	13.278
420.000	12.393	12.659	12.924	13.190	13.455
430.000	12.557	12.826	13.095	13.364	13.633
440.000	12.720	12.993	13.265	13.538	13.810
450.000	12.884	13.160	13.436	13.712	13.988
460.000	13.048	13.327	13.607	13.886	14.166
470.000	13.211	13.494	13.777	14.060	14.343
480.000	13.375	13.661	13.948	14.234	14.521
490.000	13.538	13.828	14.118	14.408	14.698

Anrechenbare Kosten Euro	Basishonorarsatz Euro	Viertelsatz Euro	Mittelsatz Euro	Dreiviertelsatz Euro	Oberer Honorarsatz Euro
500.000	**13.702**	13.996	14.289	14.583	**14.876**
510.000	13.862	14.159	14.456	14.753	15.050
520.000	14.022	14.323	14.623	14.924	15.224
530.000	14.183	14.486	14.790	15.094	15.398
540.000	14.343	14.650	14.957	15.265	15.572
550.000	14.503	14.814	15.125	15.435	15.746
560.000	14.663	14.977	15.292	15.606	15.920
570.000	14.823	15.141	15.459	15.776	16.094
580.000	14.984	15.305	15.626	15.947	16.268
590.000	15.144	15.468	15.793	16.117	16.442
600.000	**15.304**	15.632	15.960	16.288	**16.616**
615.000	15.540	15.873	16.206	16.539	16.872
630.000	15.775	16.113	16.451	16.789	17.127
645.000	16.011	16.354	16.697	17.040	17.383
660.000	16.246	16.594	16.942	17.291	17.639
675.000	16.482	16.835	17.188	17.541	17.895
690.000	16.717	17.075	17.434	17.792	18.150
705.000	16.953	17.316	17.679	18.043	18.406
720.000	17.188	17.556	17.925	18.293	18.662
735.000	17.424	17.797	18.170	18.544	18.917
750.000	**17.659**	18.038	18.416	18.795	**19.173**
775.000	18.041	18.428	18.815	19.202	19.588
800.000	18.424	18.819	19.214	19.609	20.003
825.000	18.806	19.209	19.612	20.016	20.419
850.000	19.189	19.600	20.011	20.423	20.834
875.000	19.571	19.991	20.410	20.830	21.249
900.000	19.953	20.381	20.809	21.237	21.664
925.000	20.336	20.772	21.208	21.644	22.079
950.000	20.718	21.162	21.606	22.051	22.495
975.000	21.101	21.553	22.005	22.458	22.910
1.000.000	**21.483**	21.944	22.404	22.865	**23.325**
1.050.000	22.221	22.697	23.174	23.650	24.126
1.100.000	22.959	23.451	23.943	24.435	24.927
1.150.000	23.697	24.205	24.713	25.220	25.728
1.200.000	24.435	24.958	25.482	26.006	26.529
1.250.000	25.173	25.712	26.252	26.791	27.331
1.300.000	25.910	26.466	27.021	27.576	28.132
1.350.000	26.648	27.219	27.791	28.362	28.933
1.400.000	27.386	27.973	28.560	29.147	29.734
1.450.000	28.124	28.727	29.330	29.932	30.535

Anrechenbare Kosten Euro	Basishonorarsatz Euro	Viertelsatz Euro	Mittelsatz Euro	Dreiviertelsatz Euro	Oberer Honorarsatz Euro
1.500.000	**28.862**	29.481	30.099	30.718	**31.336**
1.550.000	29.575	30.209	30.842	31.476	32.110
1.600.000	30.288	30.937	31.586	32.235	32.884
1.650.000	31.000	31.665	32.329	32.993	33.658
1.700.000	31.713	32.393	33.072	33.752	34.432
1.750.000	32.426	33.121	33.816	34.511	35.206
1.800.000	33.139	33.849	34.559	35.269	35.979
1.850.000	33.852	34.577	35.302	36.028	36.753
1.900.000	34.564	35.305	36.046	36.787	37.527
1.950.000	35.277	36.033	36.789	37.545	38.301
2.000.000	**35.990**	36.761	37.533	38.304	**39.075**
2.050.000	36.685	37.471	38.257	39.043	39.829
2.100.000	37.380	38.181	38.982	39.783	40.584
2.150.000	38.074	38.890	39.706	40.522	41.338
2.200.000	38.769	39.600	40.431	41.262	42.093
2.250.000	39.464	40.310	41.156	42.001	42.847
2.300.000	40.159	41.019	41.880	42.741	43.601
2.350.000	40.854	41.729	42.605	43.480	44.356
2.400.000	41.548	42.439	43.329	44.220	45.110
2.450.000	42.243	43.149	44.054	44.959	45.865
2.500.000	**42.938**	43.858	44.779	45.699	**46.619**
2.550.000	43.619	44.554	45.488	46.423	47.358
2.600.000	44.299	45.249	46.198	47.148	48.097
2.650.000	44.980	45.944	46.908	47.872	48.836
2.700.000	45.661	46.639	47.618	48.596	49.575
2.750.000	46.342	47.335	48.328	49.321	50.314
2.800.000	47.022	48.030	49.038	50.045	51.053
2.850.000	47.703	48.725	49.747	50.770	51.792
2.900.000	48.384	49.420	50.457	51.494	52.531
2.950.000	49.064	50.116	51.167	52.219	53.270
3.000.000	**49.745**	50.811	51.877	52.943	**54.009**
3.100.000	51.074	52.168	53.263	54.357	55.452
3.200.000	52.402	53.525	54.648	55.771	56.894
3.300.000	53.731	54.883	56.034	57.185	58.337
3.400.000	55.060	56.240	57.420	58.600	59.779
3.500.000	56.389	57.597	58.805	60.014	61.222
3.600.000	57.717	58.954	60.191	61.428	62.665
3.700.000	59.046	60.311	61.577	62.842	64.107
3.800.000	60.375	61.668	62.962	64.256	65.550
3.900.000	61.703	63.026	64.348	65.670	66.992

Anrechenbare Kosten Euro	Basishonorarsatz Euro	Viertelsatz Euro	Mittelsatz Euro	Dreiviertelsatz Euro	Oberer Honorarsatz Euro
4.000.000	**63.032**	64.383	65.734	67.084	**68.435**
4.100.000	64.327	65.705	67.084	68.462	69.841
4.200.000	65.622	67.028	68.434	69.841	71.247
4.300.000	66.917	68.351	69.785	71.219	72.653
4.400.000	68.212	69.673	71.135	72.597	74.059
4.500.000	69.507	70.996	72.486	73.975	75.465
4.600.000	70.801	72.319	73.836	75.353	76.870
4.700.000	72.096	73.641	75.186	76.731	78.276
4.800.000	73.391	74.964	76.537	78.109	79.682
4.900.000	74.686	76.287	77.887	79.488	81.088
5.000.000	**75.981**	77.609	79.238	80.866	**82.494**
5.250.000	79.113	80.809	82.504	84.199	85.895
5.500.000	82.246	84.008	85.771	87.533	89.296
5.750.000	85.378	87.208	89.037	90.867	92.696
6.000.000	88.511	90.407	92.304	94.201	96.097
6.250.000	91.643	93.607	95.571	97.534	99.498
6.500.000	94.775	96.806	98.837	100.868	102.899
6.750.000	97.908	100.006	102.104	104.202	106.300
7.000.000	101.040	103.205	105.370	107.535	109.700
7.250.000	104.173	106.405	108.637	110.869	113.101
7.500.000	**107.305**	109.604	111.904	114.203	**116.502**
7.750.000	110.330	112.695	115.059	117.423	119.787
8.000.000	113.356	115.785	118.214	120.643	123.072
8.250.000	116.381	118.875	121.369	123.863	126.356
8.500.000	119.407	121.965	124.524	127.083	129.641
8.750.000	122.432	125.056	127.679	130.303	132.926
9.000.000	125.457	128.146	130.834	133.522	136.211
9.250.000	128.483	131.236	133.989	136.742	139.496
9.500.000	131.508	134.326	137.144	139.962	142.780
9.750.000	134.534	137.417	140.299	143.182	146.065
10.000.000	**137.559**	140.507	143.455	146.402	**149.350**

Honorartafel zu Anlage 1.4.8 Abs. 2 – Bauvermessung Honorarzone V

Anrechenbare Kosten Euro	Basishonorarsatz Euro	Viertelsatz Euro	Mittelsatz Euro	Dreiviertelsatz Euro	Oberer Honorarsatz Euro
50.000	**6.339**	6.464	6.590	6.715	**6.840**
52.500	6.393	6.520	6.646	6.772	6.898
55.000	6.447	6.575	6.702	6.829	6.957
57.500	6.502	6.630	6.758	6.887	7.015
60.000	6.556	6.685	6.815	6.944	7.074
62.500	6.610	6.741	6.871	7.002	7.132
65.000	6.664	6.796	6.927	7.059	7.190
67.500	6.718	6.851	6.984	7.116	7.249
70.000	6.773	6.906	7.040	7.174	7.307
72.500	6.827	6.962	7.096	7.231	7.366
75.000	**6.881**	7.017	7.153	7.288	**7.424**
77.500	6.933	7.070	7.207	7.344	7.481
80.000	6.986	7.124	7.261	7.399	7.537
82.500	7.038	7.177	7.316	7.455	7.594
85.000	7.091	7.230	7.370	7.510	7.650
87.500	7.143	7.284	7.425	7.566	7.707
90.000	7.195	7.337	7.479	7.621	7.763
92.500	7.248	7.391	7.534	7.677	7.820
95.000	7.300	7.444	7.588	7.732	7.876
97.500	7.353	7.498	7.643	7.788	7.933
100.000	**7.405**	7.551	7.697	7.843	**7.989**
105.000	7.506	7.654	7.802	7.950	8.098
110.000	7.607	7.757	7.907	8.057	8.207
115.000	7.708	7.860	8.012	8.164	8.316
120.000	7.809	7.963	8.117	8.271	8.425
125.000	7.911	8.067	8.223	8.379	8.535
130.000	8.012	8.170	8.328	8.486	8.644
135.000	8.113	8.273	8.433	8.593	8.753
140.000	8.214	8.376	8.538	8.700	8.862
145.000	8.315	8.479	8.643	8.807	8.971
150.000	**8.416**	8.582	8.748	8.914	**9.080**
155.000	8.514	8.682	8.850	9.017	9.185
160.000	8.611	8.781	8.951	9.121	9.291
165.000	8.709	8.881	9.053	9.224	9.396
170.000	8.807	8.981	9.154	9.328	9.502
175.000	8.905	9.080	9.256	9.431	9.607
180.000	9.002	9.180	9.357	9.535	9.712
185.000	9.100	9.279	9.459	9.638	9.818
190.000	9.198	9.379	9.560	9.742	9.923
195.000	9.295	9.479	9.662	9.845	10.029

Anrechenbare Kosten Euro	Basishonorarsatz Euro	Viertelsatz Euro	Mittelsatz Euro	Dreiviertelsatz Euro	Oberer Honorarsatz Euro
200.000	**9.393**	9.578	9.764	9.949	**10.134**
205.000	9.488	9.675	9.863	10.050	10.237
210.000	9.583	9.772	9.962	10.151	10.340
215.000	9.679	9.870	10.061	10.251	10.442
220.000	9.774	9.967	10.160	10.352	10.545
225.000	9.869	10.064	10.259	10.453	10.648
230.000	9.964	10.161	10.358	10.554	10.751
235.000	10.059	10.258	10.457	10.655	10.854
240.000	10.155	10.355	10.556	10.756	10.956
245.000	10.250	10.452	10.655	10.857	11.059
250.000	**10.345**	10.549	10.754	10.958	**11.162**
255.000	10.438	10.644	10.851	11.057	11.263
260.000	10.532	10.740	10.948	11.155	11.363
265.000	10.625	10.835	11.045	11.254	11.464
270.000	10.718	10.930	11.142	11.353	11.565
275.000	10.812	11.025	11.239	11.452	11.666
280.000	10.905	11.120	11.336	11.551	11.766
285.000	10.998	11.215	11.433	11.650	11.867
290.000	11.091	11.310	11.530	11.749	11.968
295.000	11.185	11.406	11.627	11.847	12.068
300.000	**11.278**	11.501	11.724	11.946	**12.169**
310.000	11.460	11.687	11.913	12.139	12.366
320.000	11.642	11.872	12.102	12.332	12.562
330.000	11.825	12.058	12.292	12.525	12.759
340.000	12.007	12.244	12.481	12.718	12.955
350.000	12.189	12.430	12.670	12.911	13.152
360.000	12.371	12.615	12.860	13.104	13.348
370.000	12.553	12.801	13.049	13.297	13.545
380.000	12.736	12.987	13.238	13.490	13.741
390.000	12.918	13.173	13.428	13.683	13.938
400.000	**13.100**	13.359	13.617	13.876	**14.134**
410.000	13.278	13.540	13.802	14.064	14.326
420.000	13.455	13.721	13.986	14.252	14.517
430.000	13.633	13.902	14.171	14.440	14.709
440.000	13.810	14.083	14.356	14.628	14.901
450.000	13.988	14.264	14.540	14.816	15.093
460.000	14.166	14.445	14.725	15.005	15.284
470.000	14.343	14.626	14.910	15.193	15.476
480.000	14.521	14.808	15.094	15.381	15.668
490.000	14.698	14.989	15.279	15.569	15.859

Anrechenbare Kosten Euro	Basishonorarsatz Euro	Viertelsatz Euro	Mittelsatz Euro	Dreiviertelsatz Euro	Oberer Honorarsatz Euro
500.000	**14.876**	15.170	15.464	15.757	**16.051**
510.000	15.050	15.347	15.644	15.942	16.239
520.000	15.224	15.525	15.825	16.126	16.426
530.000	15.398	15.702	16.006	16.310	16.614
540.000	15.572	15.879	16.187	16.494	16.802
550.000	15.746	16.057	16.368	16.679	16.990
560.000	15.920	16.234	16.549	16.863	17.177
570.000	16.094	16.412	16.729	17.047	17.365
580.000	16.268	16.589	16.910	17.231	17.553
590.000	16.442	16.767	17.091	17.416	17.740
600.000	**16.616**	16.944	17.272	17.600	**17.928**
615.000	16.872	17.205	17.538	17.871	18.204
630.000	17.127	17.466	17.804	18.142	18.480
645.000	17.383	17.726	18.069	18.413	18.756
660.000	17.639	17.987	18.335	18.683	19.032
675.000	17.895	18.248	18.601	18.954	19.308
690.000	18.150	18.509	18.867	19.225	19.583
705.000	18.406	18.769	19.133	19.496	19.859
720.000	18.662	19.030	19.398	19.767	20.135
735.000	18.917	19.291	19.664	20.038	20.411
750.000	**19.173**	19.552	19.930	20.309	**20.687**
775.000	19.588	19.975	20.362	20.748	21.135
800.000	20.003	20.398	20.793	21.188	21.583
825.000	20.419	20.822	21.225	21.628	22.031
850.000	20.834	21.245	21.656	22.067	22.479
875.000	21.249	21.668	22.088	22.507	22.927
900.000	21.664	22.092	22.519	22.947	23.374
925.000	22.079	22.515	22.951	23.387	23.822
950.000	22.495	22.939	23.382	23.826	24.270
975.000	22.910	23.362	23.814	24.266	24.718
1.000.000	**23.325**	23.785	24.246	24.706	**25.166**
1.050.000	24.126	24.602	25.078	25.554	26.030
1.100.000	24.927	25.419	25.911	26.403	26.895
1.150.000	25.728	26.236	26.744	27.251	27.759
1.200.000	26.529	27.053	27.577	28.100	28.624
1.250.000	27.331	27.870	28.409	28.949	29.488
1.300.000	28.132	28.687	29.242	29.797	30.352
1.350.000	28.933	29.504	30.075	30.646	31.217
1.400.000	29.734	30.321	30.908	31.494	32.081
1.450.000	30.535	31.138	31.740	32.343	32.946

Anrechenbare Kosten Euro	Basishonorarsatz Euro	Viertelsatz Euro	Mittelsatz Euro	Dreiviertelsatz Euro	Oberer Honorarsatz Euro
1.500.000	**31.336**	31.955	32.573	33.192	**33.810**
1.550.000	32.110	32.744	33.377	34.011	34.645
1.600.000	32.884	33.533	34.182	34.831	35.480
1.650.000	33.658	34.322	34.986	35.651	36.315
1.700.000	34.432	35.111	35.791	36.470	37.150
1.750.000	35.206	35.900	36.595	37.290	37.985
1.800.000	35.979	36.690	37.400	38.110	38.820
1.850.000	36.753	37.479	38.204	38.930	39.655
1.900.000	37.527	38.268	39.009	39.749	40.490
1.950.000	38.301	39.057	39.813	40.569	41.325
2.000.000	**39.075**	39.846	40.618	41.389	**42.160**
2.050.000	39.829	40.616	41.402	42.188	42.974
2.100.000	40.584	41.385	42.186	42.987	43.788
2.150.000	41.338	42.154	42.970	43.786	44.602
2.200.000	42.093	42.923	43.754	44.585	45.416
2.250.000	42.847	43.693	44.538	45.384	46.230
2.300.000	43.601	44.462	45.322	46.183	47.043
2.350.000	44.356	45.231	46.107	46.982	47.857
2.400.000	45.110	46.000	46.891	47.781	48.671
2.450.000	45.865	46.770	47.675	48.580	49.485
2.500.000	**46.619**	47.539	48.459	49.379	**50.299**
2.550.000	47.358	48.293	49.227	50.162	51.096
2.600.000	48.097	49.046	49.995	50.945	51.894
2.650.000	48.836	49.800	50.764	51.727	52.691
2.700.000	49.575	50.553	51.532	52.510	53.489
2.750.000	50.314	51.307	52.300	53.293	54.286
2.800.000	51.053	52.061	53.068	54.076	55.083
2.850.000	51.792	52.814	53.836	54.859	55.881
2.900.000	52.531	53.568	54.605	55.641	56.678
2.950.000	53.270	54.321	55.373	56.424	57.476
3.000.000	**54.009**	55.075	56.141	57.207	**58.273**
3.100.000	55.452	56.546	57.641	58.735	59.830
3.200.000	56.894	58.017	59.140	60.263	61.386
3.300.000	58.337	59.488	60.640	61.791	62.943
3.400.000	59.779	60.959	62.139	63.319	64.499
3.500.000	61.222	62.430	63.639	64.847	66.056
3.600.000	62.665	63.901	65.138	66.375	67.612
3.700.000	64.107	65.373	66.638	67.903	69.169
3.800.000	65.550	66.844	68.137	69.431	70.725
3.900.000	66.992	68.315	69.637	70.959	72.282

Anrechenbare Kosten Euro	Basishonorarsatz Euro	Viertelsatz Euro	Mittelsatz Euro	Dreiviertelsatz Euro	Oberer Honorarsatz Euro
4.000.000	**68.435**	69.786	71.137	72.487	**73.838**
4.100.000	69.841	71.219	72.598	73.976	75.355
4.200.000	71.247	72.653	74.059	75.466	76.872
4.300.000	72.653	74.087	75.521	76.955	78.389
4.400.000	74.059	75.520	76.982	78.444	79.906
4.500.000	75.465	76.954	78.444	79.933	81.423
4.600.000	76.870	78.388	79.905	81.422	82.939
4.700.000	78.276	79.821	81.366	82.911	84.456
4.800.000	79.682	81.255	82.828	84.400	85.973
4.900.000	81.088	82.689	84.289	85.890	87.490
5.000.000	**82.494**	84.122	85.751	87.379	**89.007**
5.250.000	85.895	87.590	89.286	90.981	92.676
5.500.000	89.296	91.058	92.821	94.583	96.346
5.750.000	92.696	94.526	96.356	98.185	100.015
6.000.000	96.097	97.994	99.891	101.787	103.684
6.250.000	99.498	101.462	103.426	105.390	107.354
6.500.000	102.899	104.930	106.961	108.992	111.023
6.750.000	106.300	108.398	110.496	112.594	114.692
7.000.000	109.700	111.866	114.031	116.196	118.361
7.250.000	113.101	115.334	117.566	119.798	122.031
7.500.000	**116.502**	118.802	121.101	123.401	**125.700**
7.750.000	119.787	122.151	124.515	126.880	129.244
8.000.000	123.072	125.501	127.930	130.359	132.788
8.250.000	126.356	128.850	131.344	133.838	136.332
8.500.000	129.641	132.200	134.759	137.317	139.876
8.750.000	132.926	135.550	138.173	140.797	143.420
9.000.000	136.211	138.899	141.587	144.276	146.964
9.250.000	139.496	142.249	145.002	147.755	150.508
9.500.000	142.780	145.598	148.416	151.234	154.052
9.750.000	146.065	148.948	151.831	154.713	157.596
10.000.000	**149.350**	152.298	155.245	158.193	**161.140**

Honorartafel zu Anlage 1.4.8 Abs. 1 – Planungsbegleitende Vermessung Honorarzone I

Verrechnungs-einheiten VE	Basishonorar-satz Euro	Viertelsatz Euro	Mittelsatz Euro	Dreiviertel-satz Euro	Oberer Honorarsatz Euro
6	**658**	688	718	747	777
7,4	688	719	750	781	812
8,8	717	749	782	814	846
10,2	747	780	814	847	881
11,6	776	811	846	881	915
13,0	806	842	878	914	950
14,4	835	872	910	947	985
15,8	865	903	942	981	1.019
17,2	894	934	974	1.014	1.054
18,6	924	965	1.006	1.047	1.088
20	**953**	996	1.038	1.081	**1.123**
23,0	1.006	1.050	1.095	1.140	1.185
26,0	1.058	1.105	1.152	1.199	1.246
29,0	1.111	1.160	1.210	1.259	1.308
32,0	1.164	1.215	1.267	1.318	1.370
35,0	1.217	1.270	1.324	1.378	1.432
38,0	1.269	1.325	1.381	1.437	1.493
41,0	1.322	1.380	1.438	1.497	1.555
44,0	1.375	1.435	1.496	1.556	1.617
47,0	1.427	1.490	1.553	1.616	1.678
50	**1.480**	1.545	1.610	1.675	**1.740**
55,3	1.555	1.623	1.691	1.759	1.828
60,6	1.629	1.701	1.772	1.844	1.915
65,9	1.704	1.778	1.853	1.928	2.003
71,2	1.778	1.856	1.934	2.012	2.090
76,5	1.853	1.934	2.015	2.097	2.178
81,8	1.927	2.012	2.096	2.181	2.266
87,1	2.002	2.089	2.177	2.265	2.353
92,4	2.076	2.167	2.258	2.350	2.441
97,7	2.151	2.245	2.339	2.434	2.528
103	**2.225**	2.323	2.421	2.518	**2.616**
111,5	2.335	2.436	2.536	2.637	2.737
120,0	2.445	2.548	2.652	2.755	2.858
128,5	2.555	2.661	2.767	2.873	2.979
137,0	2.665	2.774	2.883	2.991	3.100
145,5	2.775	2.887	2.998	3.110	3.221
154,0	2.885	2.999	3.114	3.228	3.342
162,5	2.995	3.112	3.229	3.346	3.463
171,0	3.105	3.225	3.345	3.464	3.584
179,5	3.215	3.338	3.460	3.583	3.705

Verrechnungs-einheiten VE	Basishonorar-satz Euro	Viertelsatz Euro	Mittelsatz Euro	Dreiviertel-satz Euro	Oberer Honorarsatz Euro
188	**3.325**	3.450	3.576	3.701	**3.826**
197,0	3.425	3.553	3.681	3.809	3.937
206,0	3.524	3.655	3.786	3.916	4.047
215,0	3.624	3.757	3.891	4.024	4.158
224,0	3.723	3.859	3.996	4.132	4.268
233,0	3.823	3.962	4.101	4.240	4.379
242,0	3.922	4.064	4.206	4.347	4.489
251,0	4.022	4.166	4.311	4.455	4.600
260,0	4.121	4.268	4.416	4.563	4.710
269,0	4.221	4.371	4.521	4.671	4.821
278	**4.320**	4.473	4.626	4.778	**4.931**
286,1	4.404	4.558	4.712	4.866	5.021
294,2	4.487	4.643	4.799	4.954	5.110
302,3	4.571	4.728	4.885	5.042	5.200
310,4	4.654	4.813	4.972	5.130	5.289
318,5	4.738	4.898	5.058	5.218	5.379
326,6	4.822	4.983	5.145	5.306	5.468
334,7	4.905	5.068	5.231	5.394	5.558
342,8	4.989	5.153	5.318	5.482	5.647
350,9	5.072	5.238	5.404	5.570	5.737
359	**5.156**	5.324	5.491	5.659	**5.826**
366,6	5.229	5.399	5.569	5.739	5.909
374,2	5.301	5.474	5.647	5.819	5.992
381,8	5.374	5.549	5.724	5.900	6.075
389,4	5.446	5.624	5.802	5.980	6.158
397,0	5.519	5.699	5.880	6.060	6.241
404,6	5.591	5.774	5.958	6.141	6.324
412,2	5.664	5.849	6.035	6.221	6.407
419,8	5.736	5.925	6.113	6.302	6.490
427,4	5.809	6.000	6.191	6.382	6.573
435	**5.881**	6.075	6.269	6.462	**6.656**
442,1	5.948	6.143	6.338	6.533	6.729
449,2	6.014	6.211	6.408	6.605	6.801
456,3	6.081	6.279	6.477	6.676	6.874
463,4	6.147	6.347	6.547	6.747	6.947
470,5	6.214	6.415	6.617	6.818	7.020
477,6	6.281	6.484	6.686	6.889	7.092
484,7	6.347	6.552	6.756	6.960	7.165
491,8	6.414	6.620	6.826	7.032	7.238
498,9	6.480	6.688	6.895	7.103	7.310

Verrechnungs-einheiten VE	Basishonorar-satz Euro	Viertelsatz Euro	Mittelsatz Euro	Dreiviertel-satz Euro	Oberer Honorarsatz Euro
506	**6.547**	6.756	6.965	7.174	**7.383**
521,3	6.679	6.892	7.105	7.318	7.531
536,6	6.811	7.028	7.245	7.461	7.678
551,9	6.943	7.164	7.384	7.605	7.826
567,2	7.075	7.300	7.524	7.749	7.973
582,5	7.207	7.436	7.664	7.893	8.121
597,8	7.339	7.571	7.804	8.036	8.269
613,1	7.471	7.707	7.944	8.180	8.416
628,4	7.603	7.843	8.083	8.324	8.564
643,7	7.735	7.979	8.223	8.467	8.711
659	**7.867**	8.115	8.363	8.611	**8.859**
675,3	7.999	8.250	8.501	8.752	9.003
691,6	8.131	8.385	8.639	8.893	9.147
707,9	8.263	8.520	8.777	9.034	9.291
724,2	8.395	8.655	8.915	9.175	9.435
740,5	8.527	8.790	9.053	9.316	9.579
756,8	8.659	8.925	9.191	9.457	9.723
773,1	8.791	9.060	9.329	9.598	9.867
789,4	8.923	9.195	9.467	9.739	10.011
805,7	9.055	9.330	9.605	9.880	10.155
822	**9.187**	9.465	9.743	10.021	**10.299**
850,3	9.402	9.685	9.969	10.252	10.536
878,6	9.616	9.905	10.194	10.483	10.773
906,9	9.831	10.125	10.420	10.715	11.009
935,2	10.045	10.345	10.646	10.946	11.246
963,5	10.260	10.565	10.871	11.177	11.483
991,8	10.474	10.785	11.097	11.408	11.720
1.020,1	10.689	11.006	11.323	11.640	11.957
1.048,4	10.903	11.226	11.548	11.871	12.193
1.076,7	11.118	11.446	11.774	12.102	12.430
1.105	**11.332**	11.666	12.000	12.333	**12.667**
1.134,5	11.551	11.888	12.225	12.561	12.898
1.164,0	11.771	12.110	12.450	12.789	13.129
1.193,5	11.990	12.332	12.675	13.017	13.360
1.223,0	12.209	12.555	12.900	13.246	13.591
1.252,5	12.429	12.777	13.125	13.474	13.822
1.282,0	12.648	12.999	13.350	13.702	14.053
1.311,5	12.867	13.221	13.576	13.930	14.284
1.341,0	13.086	13.444	13.801	14.158	14.515
1.370,5	13.306	13.666	14.026	14.386	14.746

Verrechnungs-einheiten VE	Basishonorar-satz Euro	Viertelsatz Euro	Mittelsatz Euro	Dreiviertel-satz Euro	Oberer Honorarsatz Euro
1.400	**13.525**	13.888	14.251	14.614	**14.977**
1.463,3	13.944	14.318	14.691	15.065	15.439
1.526,6	14.363	14.747	15.132	15.516	15.901
1.589,9	14.782	15.177	15.572	15.968	16.363
1.653,2	15.201	15.607	16.013	16.419	16.825
1.716,5	15.620	16.036	16.453	16.870	17.287
1.779,8	16.038	16.466	16.894	17.321	17.749
1.843,1	16.457	16.896	17.334	17.773	18.211
1.906,4	16.876	17.325	17.775	18.224	18.673
1.969,7	17.295	17.755	18.215	18.675	19.135
2.033	**17.714**	18.185	18.656	19.126	**19.597**
2.101,0	18.132	18.614	19.096	19.577	20.059
2.169,0	18.550	19.043	19.536	20.028	20.521
2.237,0	18.968	19.472	19.976	20.479	20.983
2.305,0	19.386	19.901	20.416	20.930	21.445
2.373,0	19.804	20.330	20.856	21.381	21.907
2.441,0	20.222	20.759	21.296	21.832	22.369
2.509,0	20.640	21.188	21.736	22.283	22.831
2.577,0	21.058	21.617	22.176	22.734	23.293
2.645,0	21.476	22.046	22.616	23.185	23.755
2.713	**21.894**	22.475	23.056	23.636	**24.217**
2.784,7	22.312	22.904	23.496	24.087	24.679
2.856,4	22.730	23.333	23.936	24.538	25.141
2.928,1	23.148	23.762	24.376	24.989	25.603
2.999,8	23.566	24.191	24.816	25.440	26.065
3.071,5	23.984	24.620	25.256	25.891	26.527
3.143,2	24.402	25.049	25.696	26.342	26.989
3.214,9	24.820	25.478	26.136	26.793	27.451
3.286,6	25.238	25.907	26.576	27.244	27.913
3.358,3	25.656	26.336	27.016	27.695	28.375
3.430	**26.074**	26.765	27.456	28.146	**28.837**
3.581,9	26.910	27.623	28.336	29.048	29.761
3.733,8	27.746	28.481	29.216	29.950	30.685
3.885,7	28.582	29.339	30.096	30.852	31.609
4.037,6	29.418	30.197	30.976	31.754	32.533
4.189,5	30.254	31.055	31.856	32.656	33.457
4.341,4	31.090	31.913	32.736	33.558	34.381
4.493,3	31.926	32.771	33.616	34.460	35.305
4.645,2	32.762	33.629	34.496	35.362	36.229
4.797,1	33.598	34.487	35.376	36.264	37.153

Verrechnungs-einheiten VE	Basishonorar-satz Euro	Viertelsatz Euro	Mittelsatz Euro	Dreiviertel-satz Euro	Oberer Honorarsatz Euro
4.949	**34.434**	35.345	36.256	37.166	**38.077**
5.192,6	35.688	36.632	37.576	38.519	39.463
5.436,2	36.942	37.919	38.896	39.872	40.849
5.679,8	38.196	39.206	40.216	41.225	42.235
5.923,4	39.450	40.493	41.536	42.578	43.621
6.167,0	40.704	41.780	42.856	43.931	45.007
6.410,6	41.958	43.067	44.176	45.284	46.393
6.654,2	43.212	44.354	45.496	46.637	47.779
6.897,8	44.466	45.641	46.816	47.990	49.165
7.141,4	45.720	46.928	48.136	49.343	50.551
7.385	**46.974**	48.215	49.456	50.696	**51.937**
7.819,1	49.064	50.360	51.656	52.951	54.247
8.253,2	51.154	52.505	53.856	55.206	56.557
8.687,3	53.244	54.650	56.056	57.461	58.867
9.121,4	55.334	56.795	58.256	59.716	61.177
9.555,5	57.424	58.940	60.456	61.971	63.487
9.989,6	59.514	61.085	62.656	64.226	65.797
10.423,7	61.604	63.230	64.856	66.481	68.107
10.857,8	63.694	65.375	67.056	68.736	70.417
11.291,9	65.784	67.520	69.256	70.991	72.727
11.726	**67.874**	69.665	71.456	73.246	**75.037**

Honorartafel zu Anlage 1.4.8 Abs. 1 – Planungsbegleitende Vermessung Honorarzone II

Verrechnungs-einheiten VE	Basishonorar-satz Euro	Viertelsatz Euro	Mittelsatz Euro	Dreiviertel-satz Euro	Oberer Honorarsatz Euro
6	777	811	846	880	**914**
7,4	812	847	882	918	953
8,8	846	883	919	956	992
10,2	881	919	956	994	1.032
11,6	915	954	993	1.032	1.071
13,0	950	990	1.030	1.070	1.110
14,4	985	1.026	1.067	1.108	1.149
15,8	1.019	1.062	1.104	1.146	1.188
17,2	1.054	1.097	1.141	1.184	1.228
18,6	1.088	1.133	1.178	1.222	1.267
20	**1.123**	1.169	1.215	1.260	**1.306**
23,0	1.185	1.232	1.280	1.328	1.375
26,0	1.246	1.296	1.346	1.395	1.445
29,0	1.308	1.360	1.411	1.463	1.514
32,0	1.370	1.423	1.477	1.530	1.584
35,0	1.432	1.487	1.542	1.598	1.653
38,0	1.493	1.551	1.608	1.665	1.722
41,0	1.555	1.614	1.673	1.733	1.792
44,0	1.617	1.678	1.739	1.800	1.861
47,0	1.678	1.741	1.804	1.868	1.931
50	**1.740**	1.805	1.870	1.935	**2.000**
55,3	1.828	1.896	1.964	2.032	2.101
60,6	1.915	1.987	2.058	2.130	2.201
65,9	2.003	2.078	2.152	2.227	2.302
71,2	2.090	2.169	2.247	2.325	2.403
76,5	2.178	2.259	2.341	2.422	2.504
81,8	2.266	2.350	2.435	2.520	2.604
87,1	2.353	2.441	2.529	2.617	2.705
92,4	2.441	2.532	2.623	2.714	2.806
97,7	2.528	2.623	2.717	2.812	2.906
103	**2.616**	2.714	2.812	2.909	**3.007**
111,5	2.737	2.838	2.938	3.039	3.139
120,0	2.858	2.961	3.065	3.168	3.271
128,5	2.979	3.085	3.191	3.297	3.403
137,0	3.100	3.209	3.318	3.426	3.535
145,5	3.221	3.333	3.444	3.556	3.667
154,0	3.342	3.456	3.571	3.685	3.799
162,5	3.463	3.580	3.697	3.814	3.931
171,0	3.584	3.704	3.824	3.943	4.063
179,5	3.705	3.828	3.950	4.073	4.195

Verrechnungs-einheiten VE	Basishonorar-satz Euro	Viertelsatz Euro	Mittelsatz Euro	Dreiviertel-satz Euro	Oberer Honorarsatz Euro
188	**3.826**	3.951	4.077	4.202	**4.327**
197,0	3.937	4.065	4.193	4.321	4.449
206,0	4.047	4.178	4.309	4.439	4.570
215,0	4.158	4.291	4.425	4.558	4.692
224,0	4.268	4.404	4.541	4.677	4.813
233,0	4.379	4.518	4.657	4.796	4.935
242,0	4.489	4.631	4.773	4.914	5.056
251,0	4.600	4.744	4.889	5.033	5.178
260,0	4.710	4.857	5.005	5.152	5.299
269,0	4.821	4.971	5.121	5.271	5.421
278	**4.931**	5.084	5.237	5.389	**5.542**
286,1	5.021	5.176	5.332	5.487	5.643
294,2	5.110	5.268	5.427	5.585	5.743
302,3	5.200	5.361	5.522	5.683	5.844
310,4	5.289	5.453	5.617	5.780	5.944
318,5	5.379	5.545	5.712	5.878	6.045
326,6	5.468	5.637	5.807	5.976	6.145
334,7	5.558	5.730	5.902	6.074	6.246
342,8	5.647	5.822	5.997	6.171	6.346
350,9	5.737	5.914	6.092	6.269	6.447
359	**5.826**	6.006	6.187	6.367	**6.547**
366,6	5.909	6.091	6.273	6.454	6.636
374,2	5.992	6.175	6.359	6.542	6.725
381,8	6.075	6.260	6.445	6.629	6.814
389,4	6.158	6.344	6.531	6.717	6.903
397,0	6.241	6.429	6.617	6.804	6.992
404,6	6.324	6.513	6.703	6.892	7.081
412,2	6.407	6.598	6.789	6.979	7.170
419,8	6.490	6.682	6.875	7.067	7.259
427,4	6.573	6.767	6.961	7.154	7.348
435	**6.656**	6.851	7.047	7.242	**7.437**
442,1	6.729	6.925	7.122	7.319	7.515
449,2	6.801	6.999	7.197	7.395	7.593
456,3	6.874	7.073	7.273	7.472	7.672
463,4	6.947	7.148	7.348	7.549	7.750
470,5	7.020	7.222	7.424	7.626	7.828
477,6	7.092	7.296	7.499	7.703	7.906
484,7	7.165	7.370	7.575	7.780	7.984
491,8	7.238	7.444	7.650	7.856	8.063
498,9	7.310	7.518	7.726	7.933	8.141

Verrechnungs-einheiten VE	Basishonorar-satz Euro	Viertelsatz Euro	Mittelsatz Euro	Dreiviertel-satz Euro	Oberer Honorarsatz Euro
506	**7.383**	7.592	7.801	8.010	**8.219**
521,3	7.531	7.743	7.955	8.167	8.379
536,6	7.678	7.893	8.108	8.323	8.538
551,9	7.826	8.044	8.262	8.480	8.698
567,2	7.973	8.194	8.415	8.636	8.857
582,5	8.121	8.345	8.569	8.793	9.017
597,8	8.269	8.496	8.723	8.950	9.177
613,1	8.416	8.646	8.876	9.106	9.336
628,4	8.564	8.797	9.030	9.263	9.496
643,7	8.711	8.947	9.183	9.419	9.655
659	**8.859**	9.098	9.337	9.576	**9.815**
675,3	9.003	9.246	9.489	9.732	9.975
691,6	9.147	9.394	9.641	9.888	10.135
707,9	9.291	9.542	9.793	10.044	10.294
724,2	9.435	9.690	9.945	10.199	10.454
740,5	9.579	9.838	10.097	10.355	10.614
756,8	9.723	9.986	10.248	10.511	10.774
773,1	9.867	10.134	10.400	10.667	10.934
789,4	10.011	10.282	10.552	10.823	11.093
805,7	10.155	10.430	10.704	10.979	11.253
822	**10.299**	10.578	10.856	11.135	**11.413**
850,3	10.536	10.820	11.104	11.388	11.672
878,6	10.773	11.062	11.352	11.641	11.931
906,9	11.009	11.304	11.600	11.895	12.190
935,2	11.246	11.547	11.847	12.148	12.449
963,5	11.483	11.789	12.095	12.401	12.708
991,8	11.720	12.031	12.343	12.655	12.966
1.020,1	11.957	12.274	12.591	12.908	13.225
1.048,4	12.193	12.516	12.839	13.162	13.484
1.076,7	12.430	12.758	13.087	13.415	13.743
1.105	**12.667**	13.001	13.335	13.668	**14.002**
1.134,5	12.898	13.237	13.577	13.916	14.255
1.164,0	13.129	13.474	13.819	14.163	14.508
1.193,5	13.360	13.710	14.061	14.411	14.761
1.223,0	13.591	13.947	14.303	14.658	15.014
1.252,5	13.822	14.183	14.545	14.906	15.267
1.282,0	14.053	14.420	14.787	15.153	15.520
1.311,5	14.284	14.656	15.029	15.401	15.773
1.341,0	14.515	14.893	15.271	15.648	16.026
1.370,5	14.746	15.129	15.513	15.896	16.279

Verrechnungs-einheiten VE	Basishonorar-satz Euro	Viertelsatz Euro	Mittelsatz Euro	Dreiviertel-satz Euro	Oberer Honorarsatz Euro
1.400	**14.977**	15.366	15.755	16.143	**16.532**
1.463,3	15.439	15.839	16.239	16.638	17.038
1.526,6	15.901	16.312	16.723	17.133	17.544
1.589,9	16.363	16.785	17.207	17.628	18.050
1.653,2	16.825	17.258	17.691	18.123	18.556
1.716,5	17.287	17.731	18.175	18.618	19.062
1.779,8	17.749	18.204	18.659	19.113	19.568
1.843,1	18.211	18.677	19.143	19.608	20.074
1.906,4	18.673	19.150	19.627	20.103	20.580
1.969,7	19.135	19.623	20.111	20.598	21.086
2.033	**19.597**	20.096	20.595	21.093	**21.592**
2.101,0	20.059	20.569	21.079	21.588	22.098
2.169,0	20.521	21.042	21.563	22.083	22.604
2.237,0	20.983	21.515	22.047	22.578	23.110
2.305,0	21.445	21.988	22.531	23.073	23.616
2.373,0	21.907	22.461	23.015	23.568	24.122
2.441,0	22.369	22.934	23.499	24.063	24.628
2.509,0	22.831	23.407	23.983	24.558	25.134
2.577,0	23.293	23.880	24.467	25.053	25.640
2.645,0	23.755	24.353	24.951	25.548	26.146
2.713	**24.217**	24.826	25.435	26.043	**26.652**
2.784,7	24.679	25.299	25.919	26.538	27.158
2.856,4	25.141	25.772	26.403	27.033	27.664
2.928,1	25.603	26.245	26.887	27.528	28.170
2.999,8	26.065	26.718	27.371	28.023	28.676
3.071,5	26.527	27.191	27.855	28.518	29.182
3.143,2	26.989	27.664	28.339	29.013	29.688
3.214,9	27.451	28.137	28.823	29.508	30.194
3.286,6	27.913	28.610	29.307	30.003	30.700
3.358,3	28.375	29.083	29.791	30.498	31.206
3.430	**28.837**	29.556	30.275	30.993	**31.712**
3.581,9	29.761	30.502	31.243	31.983	32.724
3.733,8	30.685	31.448	32.211	32.973	33.736
3.885,7	31.609	32.394	33.179	33.963	34.748
4.037,6	32.533	33.340	34.147	34.953	35.760
4.189,5	33.457	34.286	35.115	35.943	36.772
4.341,4	34.381	35.232	36.083	36.933	37.784
4.493,3	35.305	36.178	37.051	37.923	38.796
4.645,2	36.229	37.124	38.019	38.913	39.808
4.797,1	37.153	38.070	38.987	39.903	40.820

Verrechnungs-einheiten VE	Basishonorar-satz Euro	Viertelsatz Euro	Mittelsatz Euro	Dreiviertel-satz Euro	Oberer Honorarsatz Euro
4.949	**38.077**	39.016	39.955	40.893	**41.832**
5.192,6	39.463	40.435	41.407	42.378	43.350
5.436,2	40.849	41.854	42.859	43.863	44.868
5.679,8	42.235	43.273	44.311	45.348	46.386
5.923,4	43.621	44.692	45.763	46.833	47.904
6.167,0	45.007	46.111	47.215	48.318	49.422
6.410,6	46.393	47.530	48.667	49.803	50.940
6.654,2	47.779	48.949	50.119	51.288	52.458
6.897,8	49.165	50.368	51.571	52.773	53.976
7.141,4	50.551	51.787	53.023	54.258	55.494
7.385	**51.937**	53.206	54.475	55.743	**57.012**
7.819,1	54.247	55.571	56.895	58.218	59.542
8.253,2	56.557	57.936	59.315	60.693	62.072
8.687,3	58.867	60.301	61.735	63.168	64.602
9.121,4	61.177	62.666	64.155	65.643	67.132
9.555,5	63.487	65.031	66.575	68.118	69.662
9.989,6	65.797	67.396	68.995	70.593	72.192
10.423,7	68.107	69.761	71.415	73.068	74.722
10.857,8	70.417	72.126	73.835	75.543	77.252
11.291,9	72.727	74.491	76.255	78.018	79.782
11.726	**75.037**	76.856	78.675	80.493	**82.312**

Honorartafel zu Anlage 1.4.8 Abs. 1 – Planungsbegleitende Vermessung Honorarzone III

Verrechnungs-einheiten VE	Basishonorar-satz Euro	Viertelsatz Euro	Mittelsatz Euro	Dreiviertel-satz Euro	Oberer Honorarsatz Euro
6	**914**	948	983	1.017	**1.051**
7,4	953	989	1.024	1.059	1.095
8,8	992	1.029	1.066	1.102	1.139
10,2	1.032	1.069	1.107	1.145	1.182
11,6	1.071	1.110	1.149	1.187	1.226
13,0	1.110	1.150	1.190	1.230	1.270
14,4	1.149	1.190	1.232	1.273	1.314
15,8	1.188	1.231	1.273	1.315	1.358
17,2	1.228	1.271	1.315	1.358	1.401
18,6	1.267	1.311	1.356	1.401	1.445
20	**1.306**	1.352	1.398	1.443	**1.489**
23,0	1.375	1.423	1.471	1.518	1.566
26,0	1.445	1.494	1.544	1.594	1.643
29,0	1.514	1.566	1.617	1.669	1.720
32,0	1.584	1.637	1.691	1.744	1.797
35,0	1.653	1.708	1.764	1.819	1.875
38,0	1.722	1.780	1.837	1.894	1.952
41,0	1.792	1.851	1.910	1.969	2.029
44,0	1.861	1.922	1.984	2.045	2.106
47,0	1.931	1.994	2.057	2.120	2.183
50	**2.000**	2.065	2.130	2.195	**2.260**
55,3	2.101	2.169	2.237	2.306	2.374
60,6	2.201	2.273	2.345	2.416	2.488
65,9	2.302	2.377	2.452	2.527	2.602
71,2	2.403	2.481	2.559	2.637	2.716
76,5	2.504	2.585	2.667	2.748	2.830
81,8	2.604	2.689	2.774	2.859	2.943
87,1	2.705	2.793	2.881	2.969	3.057
92,4	2.806	2.897	2.988	3.080	3.171
97,7	2.906	3.001	3.096	3.190	3.285
103	**3.007**	3.105	3.203	3.301	**3.399**
111,5	3.139	3.240	3.341	3.441	3.542
120,0	3.271	3.375	3.478	3.582	3.685
128,5	3.403	3.509	3.616	3.722	3.828
137,0	3.535	3.644	3.753	3.862	3.971
145,5	3.667	3.779	3.891	4.002	4.114
154,0	3.799	3.914	4.028	4.143	4.257
162,5	3.931	4.048	4.166	4.283	4.400
171,0	4.063	4.183	4.303	4.423	4.543
179,5	4.195	4.318	4.441	4.563	4.686

Verrechnungs-einheiten VE	Basishonorar-satz Euro	Viertelsatz Euro	Mittelsatz Euro	Dreiviertel-satz Euro	Oberer Honorarsatz Euro
188	**4.327**	4.453	4.578	4.704	**4.829**
197,0	4.449	4.577	4.705	4.833	4.961
206,0	4.570	4.701	4.832	4.963	5.094
215,0	4.692	4.825	4.959	5.093	5.226
224,0	4.813	4.949	5.086	5.222	5.359
233,0	4.935	5.074	5.213	5.352	5.491
242,0	5.056	5.198	5.340	5.482	5.623
251,0	5.178	5.322	5.467	5.611	5.756
260,0	5.299	5.446	5.594	5.741	5.888
269,0	5.421	5.571	5.721	5.871	6.021
278	**5.542**	5.695	5.848	6.000	**6.153**
286,1	5.643	5.797	5.951	6.105	6.259
294,2	5.743	5.899	6.054	6.210	6.366
302,3	5.844	6.001	6.158	6.315	6.472
310,4	5.944	6.103	6.261	6.420	6.579
318,5	6.045	6.205	6.365	6.525	6.685
326,6	6.145	6.307	6.468	6.630	6.791
334,7	6.246	6.409	6.572	6.735	6.898
342,8	6.346	6.511	6.675	6.840	7.004
350,9	6.447	6.613	6.779	6.945	7.111
359	**6.547**	6.715	6.882	7.050	**7.217**
366,6	6.636	6.806	6.976	7.146	7.317
374,2	6.725	6.898	7.071	7.243	7.416
381,8	6.814	6.989	7.165	7.340	7.516
389,4	6.903	7.081	7.259	7.437	7.615
397,0	6.992	7.173	7.353	7.534	7.715
404,6	7.081	7.264	7.448	7.631	7.814
412,2	7.170	7.356	7.542	7.728	7.914
419,8	7.259	7.448	7.636	7.825	8.013
427,4	7.348	7.539	7.730	7.921	8.113
435	**7.437**	7.631	7.825	8.018	**8.212**
442,1	7.515	7.710	7.906	8.101	8.296
449,2	7.593	7.790	7.987	8.184	8.381
456,3	7.672	7.870	8.068	8.267	8.465
463,4	7.750	7.950	8.150	8.349	8.549
470,5	7.828	8.029	8.231	8.432	8.634
477,6	7.906	8.109	8.312	8.515	8.718
484,7	7.984	8.189	8.393	8.598	8.802
491,8	8.063	8.269	8.475	8.680	8.886
498,9	8.141	8.348	8.556	8.763	8.971

Verrechnungs-einheiten VE	Basishonorar-satz Euro	Viertelsatz Euro	Mittelsatz Euro	Dreiviertel-satz Euro	Oberer Honorarsatz Euro
506	**8.219**	8.428	8.637	8.846	**9.055**
521,3	8.379	8.592	8.805	9.017	9.230
536,6	8.538	8.755	8.972	9.189	9.406
551,9	8.698	8.919	9.140	9.360	9.581
567,2	8.857	9.082	9.307	9.532	9.757
582,5	9.017	9.246	9.475	9.703	9.932
597,8	9.177	9.409	9.642	9.875	10.107
613,1	9.336	9.573	9.810	10.046	10.283
628,4	9.496	9.736	9.977	10.218	10.458
643,7	9.655	9.900	10.145	10.389	10.634
659	**9.815**	10.064	10.312	10.561	**10.809**
675,3	9.975	10.226	10.477	10.728	10.979
691,6	10.135	10.388	10.642	10.896	11.150
707,9	10.294	10.551	10.807	11.064	11.320
724,2	10.454	10.713	10.972	11.232	11.491
740,5	10.614	10.876	11.138	11.399	11.661
756,8	10.774	11.038	11.303	11.567	11.831
773,1	10.934	11.201	11.468	11.735	12.002
789,4	11.093	11.363	11.633	11.903	12.172
805,7	11.253	11.526	11.798	12.070	12.343
822	**11.413**	11.688	11.963	12.238	**12.513**
850,3	11.672	11.953	12.234	12.514	12.795
878,6	11.931	12.218	12.504	12.791	13.078
906,9	12.190	12.482	12.775	13.067	13.360
935,2	12.449	12.747	13.045	13.344	13.642
963,5	12.708	13.012	13.316	13.620	13.925
991,8	12.966	13.277	13.587	13.897	14.207
1.020,1	13.225	13.541	13.857	14.173	14.489
1.048,4	13.484	13.806	14.128	14.450	14.771
1.076,7	13.743	14.071	14.398	14.726	15.054
1.105	**14.002**	14.336	14.669	15.003	**15.336**
1.134,5	14.255	14.594	14.933	15.272	15.611
1.164,0	14.508	14.853	15.197	15.542	15.886
1.193,5	14.761	15.111	15.461	15.811	16.161
1.223,0	15.014	15.370	15.725	16.081	16.436
1.252,5	15.267	15.628	15.989	16.350	16.711
1.282,0	15.520	15.887	16.253	16.620	16.986
1.311,5	15.773	16.145	16.517	16.889	17.261
1.341,0	16.026	16.404	16.781	17.159	17.536
1.370,5	16.279	16.662	17.045	17.428	17.811

Verrechnungs-einheiten VE	Basishonorar-satz Euro	Viertelsatz Euro	Mittelsatz Euro	Dreiviertel-satz Euro	Oberer Honorarsatz Euro
1.400	**16.532**	16.921	17.309	17.698	**18.086**
1.463,3	17.038	17.438	17.837	18.237	18.636
1.526,6	17.544	17.955	18.365	18.776	19.186
1.589,9	18.050	18.472	18.893	19.315	19.736
1.653,2	18.556	18.989	19.421	19.854	20.286
1.716,5	19.062	19.506	19.949	20.393	20.836
1.779,8	19.568	20.023	20.477	20.932	21.386
1.843,1	20.074	20.540	21.005	21.471	21.936
1.906,4	20.580	21.057	21.533	22.010	22.486
1.969,7	21.086	21.574	22.061	22.549	23.036
2.033	**21.592**	22.091	22.589	23.088	**23.586**
2.101,0	22.098	22.608	23.117	23.627	24.136
2.169,0	22.604	23.125	23.645	24.166	24.686
2.237,0	23.110	23.642	24.173	24.705	25.236
2.305,0	23.616	24.159	24.701	25.244	25.786
2.373,0	24.122	24.676	25.229	25.783	26.336
2.441,0	24.628	25.193	25.757	26.322	26.886
2.509,0	25.134	25.710	26.285	26.861	27.436
2.577,0	25.640	26.227	26.813	27.400	27.986
2.645,0	26.146	26.744	27.341	27.939	28.536
2.713	**26.652**	27.261	27.869	28.478	**29.086**
2.784,7	27.158	27.778	28.397	29.017	29.636
2.856,4	27.664	28.295	28.925	29.556	30.186
2.928,1	28.170	28.812	29.453	30.095	30.736
2.999,8	28.676	29.329	29.981	30.634	31.286
3.071,5	29.182	29.846	30.509	31.173	31.836
3.143,2	29.688	30.363	31.037	31.712	32.386
3.214,9	30.194	30.880	31.565	32.251	32.936
3.286,6	30.700	31.397	32.093	32.790	33.486
3.358,3	31.206	31.914	32.621	33.329	34.036
3.430	**31.712**	32.431	33.149	33.868	**34.586**
3.581,9	32.724	33.465	34.205	34.946	35.686
3.733,8	33.736	34.499	35.261	36.024	36.786
3.885,7	34.748	35.533	36.317	37.102	37.886
4.037,6	35.760	36.567	37.373	38.180	38.986
4.189,5	36.772	37.601	38.429	39.258	40.086
4.341,4	37.784	38.635	39.485	40.336	41.186
4.493,3	38.796	39.669	40.541	41.414	42.286
4.645,2	39.808	40.703	41.597	42.492	43.386
4.797,1	40.820	41.737	42.653	43.570	44.486

Verrechnungs-einheiten VE	Basishonorar-satz Euro	Viertelsatz Euro	Mittelsatz Euro	Dreiviertel-satz Euro	Oberer Honorarsatz Euro
4.949	**41.832**	42.771	43.709	44.648	**45.586**
5.192,6	43.350	44.322	45.293	46.265	47.236
5.436,2	44.868	45.873	46.877	47.882	48.886
5.679,8	46.386	47.424	48.461	49.499	50.536
5.923,4	47.904	48.975	50.045	51.116	52.186
6.167,0	49.422	50.526	51.629	52.733	53.836
6.410,6	50.940	52.077	53.213	54.350	55.486
6.654,2	52.458	53.628	54.797	55.967	57.136
6.897,8	53.976	55.179	56.381	57.584	58.786
7.141,4	55.494	56.730	57.965	59.201	60.436
7.385	**57.012**	58.281	59.549	60.818	**62.086**
7.819,1	59.542	60.866	62.189	63.513	64.836
8.253,2	62.072	63.451	64.829	66.208	67.586
8.687,3	64.602	66.036	67.469	68.903	70.336
9.121,4	67.132	68.621	70.109	71.598	73.086
9.555,5	69.662	71.206	72.749	74.293	75.836
9.989,6	72.192	73.791	75.389	76.988	78.586
10.423,7	74.722	76.376	78.029	79.683	81.336
10.857,8	77.252	78.961	80.669	82.378	84.086
11.291,9	79.782	81.546	83.309	85.073	86.836
11.726	**82.312**	84.131	85.949	87.768	**89.586**

Honorartafel zu Anlage 1.4.8 Abs. 1 – Planungsbegleitende Vermessung Honorarzone IV

Verrechnungs-einheiten VE	Basishonorar-satz Euro	Viertelsatz Euro	Mittelsatz Euro	Dreiviertel-satz Euro	Oberer Honorarsatz Euro
6	**1.051**	1.081	1.111	1.140	**1.170**
7,4	1.095	1.126	1.157	1.188	1.219
8,8	1.139	1.171	1.203	1.236	1.268
10,2	1.182	1.216	1.250	1.283	1.317
11,6	1.226	1.261	1.296	1.331	1.366
13,0	1.270	1.306	1.342	1.378	1.415
14,4	1.314	1.351	1.389	1.426	1.463
15,8	1.358	1.396	1.435	1.474	1.512
17,2	1.401	1.441	1.481	1.521	1.561
18,6	1.445	1.486	1.528	1.569	1.610
20	**1.489**	1.532	1.574	1.617	**1.659**
23,0	1.566	1.611	1.656	1.700	1.745
26,0	1.643	1.690	1.737	1.784	1.831
29,0	1.720	1.770	1.819	1.868	1.917
32,0	1.797	1.849	1.900	1.952	2.003
35,0	1.875	1.928	1.982	2.036	2.090
38,0	1.952	2.008	2.064	2.120	2.176
41,0	2.029	2.087	2.145	2.203	2.262
44,0	2.106	2.166	2.227	2.287	2.348
47,0	2.183	2.246	2.308	2.371	2.434
50	**2.260**	2.325	2.390	2.455	**2.520**
55,3	2.374	2.442	2.510	2.579	2.647
60,6	2.488	2.559	2.631	2.702	2.774
65,9	2.602	2.677	2.751	2.826	2.901
71,2	2.716	2.794	2.872	2.950	3.028
76,5	2.830	2.911	2.992	3.074	3.155
81,8	2.943	3.028	3.113	3.197	3.282
87,1	3.057	3.145	3.233	3.321	3.409
92,4	3.171	3.262	3.354	3.445	3.536
97,7	3.285	3.380	3.474	3.569	3.663
103	**3.399**	3.497	3.595	3.692	**3.790**
111,5	3.542	3.643	3.743	3.844	3.944
120,0	3.685	3.788	3.892	3.995	4.098
128,5	3.828	3.934	4.040	4.146	4.252
137,0	3.971	4.080	4.189	4.297	4.406
145,5	4.114	4.226	4.337	4.449	4.560
154,0	4.257	4.371	4.486	4.600	4.714
162,5	4.400	4.517	4.634	4.751	4.868
171,0	4.543	4.663	4.783	4.902	5.022
179,5	4.686	4.809	4.931	5.054	5.176

Verrechnungs-einheiten VE	Basishonorar-satz Euro	Viertelsatz Euro	Mittelsatz Euro	Dreiviertel-satz Euro	Oberer Honorarsatz Euro
188	**4.829**	4.954	5.080	5.205	**5.330**
197,0	4.961	5.089	5.217	5.345	5.474
206,0	5.094	5.225	5.355	5.486	5.617
215,0	5.226	5.360	5.493	5.627	5.761
224,0	5.359	5.495	5.631	5.768	5.904
233,0	5.491	5.630	5.769	5.908	6.048
242,0	5.623	5.765	5.907	6.049	6.191
251,0	5.756	5.900	6.045	6.190	6.335
260,0	5.888	6.036	6.183	6.331	6.478
269,0	6.021	6.171	6.321	6.471	6.622
278	**6.153**	6.306	6.459	6.612	**6.765**
286,1	6.259	6.415	6.571	6.727	6.882
294,2	6.366	6.524	6.683	6.841	7.000
302,3	6.472	6.633	6.795	6.956	7.117
310,4	6.579	6.743	6.907	7.071	7.235
318,5	6.685	6.852	7.019	7.185	7.352
326,6	6.791	6.961	7.130	7.300	7.469
334,7	6.898	7.070	7.242	7.415	7.587
342,8	7.004	7.179	7.354	7.529	7.704
350,9	7.111	7.288	7.466	7.644	7.822
359	**7.217**	7.398	7.578	7.759	**7.939**
366,6	7.317	7.499	7.681	7.863	8.045
374,2	7.416	7.600	7.783	7.967	8.150
381,8	7.516	7.701	7.886	8.071	8.256
389,4	7.615	7.802	7.988	8.175	8.361
397,0	7.715	7.903	8.091	8.279	8.467
404,6	7.814	8.004	8.193	8.383	8.572
412,2	7.914	8.105	8.296	8.487	8.678
419,8	8.013	8.206	8.398	8.591	8.783
427,4	8.113	8.307	8.501	8.695	8.889
435	**8.212**	8.408	8.603	8.799	**8.994**
442,1	8.296	8.493	8.690	8.887	9.084
449,2	8.381	8.579	8.777	8.975	9.174
456,3	8.465	8.665	8.864	9.064	9.263
463,4	8.549	8.750	8.951	9.152	9.353
470,5	8.634	8.836	9.038	9.241	9.443
477,6	8.718	8.922	9.125	9.329	9.533
484,7	8.802	9.007	9.212	9.417	9.623
491,8	8.886	9.093	9.299	9.506	9.712
498,9	8.971	9.179	9.386	9.594	9.802

Verrechnungs-einheiten VE	Basishonorar-satz Euro	Viertelsatz Euro	Mittelsatz Euro	Dreiviertel-satz Euro	Oberer Honorarsatz Euro
506	**9.055**	9.264	9.474	9.683	**9.892**
521,3	9.230	9.443	9.655	9.867	10.079
536,6	9.406	9.621	9.836	10.051	10.267
551,9	9.581	9.799	10.018	10.236	10.454
567,2	9.757	9.978	10.199	10.420	10.641
582,5	9.932	10.156	10.380	10.604	10.829
597,8	10.107	10.335	10.562	10.789	11.016
613,1	10.283	10.513	10.743	10.973	11.203
628,4	10.458	10.691	10.924	11.157	11.390
643,7	10.634	10.870	11.106	11.342	11.578
659	**10.809**	11.048	11.287	11.526	**11.765**
675,3	10.979	11.222	11.465	11.708	11.951
691,6	11.150	11.397	11.643	11.890	12.137
707,9	11.320	11.571	11.822	12.072	12.323
724,2	11.491	11.745	12.000	12.254	12.509
740,5	11.661	11.920	12.178	12.437	12.695
756,8	11.831	12.094	12.356	12.619	12.881
773,1	12.002	12.268	12.534	12.801	13.067
789,4	12.172	12.442	12.713	12.983	13.253
805,7	12.343	12.617	12.891	13.165	13.439
822	**12.513**	12.791	13.069	13.347	**13.625**
850,3	12.795	13.079	13.363	13.646	13.930
878,6	13.078	13.367	13.656	13.945	14.234
906,9	13.360	13.655	13.950	14.244	14.539
935,2	13.642	13.943	14.243	14.543	14.844
963,5	13.925	14.231	14.537	14.843	15.149
991,8	14.207	14.518	14.830	15.142	15.453
1.020,1	14.489	14.806	15.124	15.441	15.758
1.048,4	14.771	15.094	15.417	15.740	16.063
1.076,7	15.054	15.382	15.711	16.039	16.367
1.105	**15.336**	15.670	16.004	16.338	**16.672**
1.134,5	15.611	15.951	16.290	16.630	16.969
1.164,0	15.886	16.231	16.576	16.921	17.266
1.193,5	16.161	16.512	16.862	17.213	17.563
1.223,0	16.436	16.792	17.148	17.504	17.860
1.252,5	16.711	17.073	17.434	17.796	18.157
1.282,0	16.986	17.353	17.720	18.087	18.454
1.311,5	17.261	17.634	18.006	18.379	18.751
1.341,0	17.536	17.914	18.292	18.670	19.048
1.370,5	17.811	18.195	18.578	18.962	19.345

Verrechnungs-einheiten VE	Basishonorar-satz Euro	Viertelsatz Euro	Mittelsatz Euro	Dreiviertel-satz Euro	Oberer Honorarsatz Euro
1.400	**18.086**	18.475	18.864	19.253	**19.642**
1.463,3	18.636	19.036	19.436	19.836	20.236
1.526,6	19.186	19.597	20.008	20.419	20.830
1.589,9	19.736	20.158	20.580	21.002	21.424
1.653,2	20.286	20.719	21.152	21.585	22.018
1.716,5	20.836	21.280	21.724	22.168	22.612
1.779,8	21.386	21.841	22.296	22.751	23.206
1.843,1	21.936	22.402	22.868	23.334	23.800
1.906,4	22.486	22.963	23.440	23.917	24.394
1.969,7	23.036	23.524	24.012	24.500	24.988
2.033	**23.586**	24.085	24.584	25.083	**25.582**
2.101,0	24.136	24.646	25.156	25.666	26.176
2.169,0	24.686	25.207	25.728	26.249	26.770
2.237,0	25.236	25.768	26.300	26.832	27.364
2.305,0	25.786	26.329	26.872	27.415	27.958
2.373,0	26.336	26.890	27.444	27.998	28.552
2.441,0	26.886	27.451	28.016	28.581	29.146
2.509,0	27.436	28.012	28.588	29.164	29.740
2.577,0	27.986	28.573	29.160	29.747	30.334
2.645,0	28.536	29.134	29.732	30.330	30.928
2.713	**29.086**	29.695	30.304	30.913	**31.522**
2.784,7	29.636	30.256	30.876	31.496	32.116
2.856,4	30.186	30.817	31.448	32.079	32.710
2.928,1	30.736	31.378	32.020	32.662	33.304
2.999,8	31.286	31.939	32.592	33.245	33.898
3.071,5	31.836	32.500	33.164	33.828	34.492
3.143,2	32.386	33.061	33.736	34.411	35.086
3.214,9	32.936	33.622	34.308	34.994	35.680
3.286,6	33.486	34.183	34.880	35.577	36.274
3.358,3	34.036	34.744	35.452	36.160	36.868
3.430	**34.586**	35.305	36.024	36.743	**37.462**
3.581,9	35.686	36.427	37.168	37.909	38.650
3.733,8	36.786	37.549	38.312	39.075	39.838
3.885,7	37.886	38.671	39.456	40.241	41.026
4.037,6	38.986	39.793	40.600	41.407	42.214
4.189,5	40.086	40.915	41.744	42.573	43.402
4.341,4	41.186	42.037	42.888	43.739	44.590
4.493,3	42.286	43.159	44.032	44.905	45.778
4.645,2	43.386	44.281	45.176	46.071	46.966
4.797,1	44.486	45.403	46.320	47.237	48.154

Verrechnungs-einheiten VE	Basishonorar-satz Euro	Viertelsatz Euro	Mittelsatz Euro	Dreiviertel-satz Euro	Oberer Honorarsatz Euro
4.949	**45.586**	46.525	47.464	48.403	**49.342**
5.192,6	47.236	48.208	49.180	50.152	51.124
5.436,2	48.886	49.891	50.896	51.901	52.906
5.679,8	50.536	51.574	52.612	53.650	54.688
5.923,4	52.186	53.257	54.328	55.399	56.470
6.167,0	53.836	54.940	56.044	57.148	58.252
6.410,6	55.486	56.623	57.760	58.897	60.034
6.654,2	57.136	58.306	59.476	60.646	61.816
6.897,8	58.786	59.989	61.192	62.395	63.598
7.141,4	60.436	61.672	62.908	64.144	65.380
7.385	**62.086**	63.355	64.624	65.893	**67.162**
7.819,1	64.836	66.160	67.484	68.808	70.132
8.253,2	67.586	68.965	70.344	71.723	73.102
8.687,3	70.336	71.770	73.204	74.638	76.072
9.121,4	73.086	74.575	76.064	77.553	79.042
9.555,5	75.836	77.380	78.924	80.468	82.012
9.989,6	78.586	80.185	81.784	83.383	84.982
10.423,7	81.336	82.990	84.644	86.298	87.952
10.857,8	84.086	85.795	87.504	89.213	90.922
11.291,9	86.836	88.600	90.364	92.128	93.892
11.726	**89.586**	91.405	93.224	95.043	**96.862**

Honorartafel zu Anlage 1.4.8 Abs. 1 – Planungsbegleitende Vermessung Honorarzone V

Verrechnungs-einheiten VE	Basishonorar-satz Euro	Viertelsatz Euro	Mittelsatz Euro	Dreiviertel-satz Euro	Oberer Honorarsatz Euro
6	**1.170**	1.200	1.230	1.259	**1.289**
7,4	1.219	1.250	1.281	1.312	1.343
8,8	1.268	1.300	1.332	1.365	1.397
10,2	1.317	1.350	1.384	1.417	1.451
11,6	1.366	1.400	1.435	1.470	1.505
13,0	1.415	1.451	1.487	1.523	1.559
14,4	1.463	1.501	1.538	1.575	1.612
15,8	1.512	1.551	1.589	1.628	1.666
17,2	1.561	1.601	1.641	1.680	1.720
18,6	1.610	1.651	1.692	1.733	1.774
20	**1.659**	1.701	1.744	1.786	**1.828**
23,0	1.745	1.790	1.834	1.879	1.923
26,0	1.831	1.878	1.925	1.972	2.018
29,0	1.917	1.966	2.015	2.065	2.114
32,0	2.003	2.055	2.106	2.157	2.209
35,0	2.090	2.143	2.197	2.250	2.304
38,0	2.176	2.232	2.287	2.343	2.399
41,0	2.262	2.320	2.378	2.436	2.494
44,0	2.348	2.408	2.469	2.529	2.590
47,0	2.434	2.497	2.559	2.622	2.685
50	**2.520**	2.585	2.650	2.715	**2.780**
55,3	2.647	2.715	2.784	2.852	2.920
60,6	2.774	2.846	2.917	2.989	3.060
65,9	2.901	2.976	3.051	3.126	3.201
71,2	3.028	3.106	3.184	3.263	3.341
76,5	3.155	3.237	3.318	3.400	3.481
81,8	3.282	3.367	3.452	3.536	3.621
87,1	3.409	3.497	3.585	3.673	3.761
92,4	3.536	3.627	3.719	3.810	3.902
97,7	3.663	3.758	3.852	3.947	4.042
103	**3.790**	3.888	3.986	4.084	**4.182**
111,5	3.944	4.045	4.145	4.246	4.347
120,0	4.098	4.201	4.305	4.408	4.512
128,5	4.252	4.358	4.464	4.571	4.677
137,0	4.406	4.515	4.624	4.733	4.842
145,5	4.560	4.672	4.783	4.895	5.007
154,0	4.714	4.828	4.943	5.057	5.171
162,5	4.868	4.985	5.102	5.219	5.336
171,0	5.022	5.142	5.262	5.381	5.501
179,5	5.176	5.299	5.421	5.544	5.666

Verrechnungs-einheiten VE	Basishonorar-satz Euro	Viertelsatz Euro	Mittelsatz Euro	Dreiviertel-satz Euro	Oberer Honorarsatz Euro
188	**5.330**	5.455	5.581	5.706	**5.831**
197,0	5.474	5.602	5.730	5.858	5.986
206,0	5.617	5.748	5.879	6.009	6.140
215,0	5.761	5.894	6.028	6.161	6.295
224,0	5.904	6.040	6.177	6.313	6.449
233,0	6.048	6.187	6.326	6.465	6.604
242,0	6.191	6.333	6.475	6.616	6.758
251,0	6.335	6.479	6.624	6.768	6.913
260,0	6.478	6.625	6.773	6.920	7.067
269,0	6.622	6.772	6.922	7.072	7.222
278	**6.765**	6.918	7.071	7.223	**7.376**
286,1	6.882	7.037	7.191	7.345	7.499
294,2	7.000	7.156	7.311	7.467	7.623
302,3	7.117	7.274	7.432	7.589	7.746
310,4	7.235	7.393	7.552	7.711	7.869
318,5	7.352	7.512	7.672	7.832	7.993
326,6	7.469	7.631	7.793	7.954	8.116
334,7	7.587	7.750	7.913	8.076	8.239
342,8	7.704	7.869	8.033	8.198	8.362
350,9	7.822	7.988	8.154	8.320	8.486
359	**7.939**	8.107	8.274	8.442	**8.609**
366,6	8.045	8.215	8.385	8.555	8.725
374,2	8.150	8.323	8.495	8.668	8.841
381,8	8.256	8.431	8.606	8.781	8.957
389,4	8.361	8.539	8.717	8.895	9.073
397,0	8.467	8.647	8.828	9.008	9.189
404,6	8.572	8.755	8.938	9.121	9.304
412,2	8.678	8.863	9.049	9.235	9.420
419,8	8.783	8.971	9.160	9.348	9.536
427,4	8.889	9.079	9.270	9.461	9.652
435	**8.994**	9.188	9.381	9.575	**9.768**
442,1	9.084	9.279	9.474	9.669	9.864
449,2	9.174	9.370	9.567	9.763	9.960
456,3	9.263	9.462	9.660	9.858	10.056
463,4	9.353	9.553	9.753	9.952	10.152
470,5	9.443	9.644	9.846	10.047	10.248
477,6	9.533	9.736	9.938	10.141	10.344
484,7	9.623	9.827	10.031	10.236	10.440
491,8	9.712	9.918	10.124	10.330	10.536
498,9	9.802	10.010	10.217	10.425	10.632

Verrechnungs-einheiten VE	Basishonorar-satz Euro	Viertelsatz Euro	Mittelsatz Euro	Dreiviertel-satz Euro	Oberer Honorarsatz Euro
506	**9.892**	10.101	10.310	10.519	**10.728**
521,3	10.079	10.292	10.505	10.718	10.931
536,6	10.267	10.483	10.700	10.917	11.134
551,9	10.454	10.675	10.895	11.116	11.337
567,2	10.641	10.866	11.090	11.315	11.540
582,5	10.829	11.057	11.286	11.514	11.743
597,8	11.016	11.248	11.481	11.713	11.945
613,1	11.203	11.439	11.676	11.912	12.148
628,4	11.390	11.631	11.871	12.111	12.351
643,7	11.578	11.822	12.066	12.310	12.554
659	**11.765**	12.013	12.261	12.509	**12.757**
675,3	11.951	12.202	12.453	12.704	12.955
691,6	12.137	12.391	12.645	12.899	13.153
707,9	12.323	12.580	12.837	13.094	13.351
724,2	12.509	12.769	13.029	13.289	13.549
740,5	12.695	12.958	13.221	13.484	13.747
756,8	12.881	13.147	13.413	13.679	13.945
773,1	13.067	13.336	13.605	13.874	14.143
789,4	13.253	13.525	13.797	14.069	14.341
805,7	13.439	13.714	13.989	14.264	14.539
822	**13.625**	13.903	14.181	14.459	**14.737**
850,3	13.930	14.213	14.497	14.780	15.064
878,6	14.234	14.524	14.813	15.102	15.391
906,9	14.539	14.834	15.128	15.423	15.718
935,2	14.844	15.144	15.444	15.744	16.045
963,5	15.149	15.454	15.760	16.066	16.372
991,8	15.453	15.765	16.076	16.387	16.698
1.020,1	15.758	16.075	16.392	16.708	17.025
1.048,4	16.063	16.385	16.707	17.030	17.352
1.076,7	16.367	16.695	17.023	17.351	17.679
1.105	**16.672**	17.006	17.339	17.673	**18.006**
1.134,5	16.969	17.308	17.647	17.986	18.325
1.164,0	17.266	17.611	17.955	18.300	18.644
1.193,5	17.563	17.913	18.263	18.613	18.963
1.223,0	17.860	18.216	18.571	18.927	19.282
1.252,5	18.157	18.518	18.879	19.240	19.601
1.282,0	18.454	18.821	19.187	19.554	19.920
1.311,5	18.751	19.123	19.495	19.867	20.239
1.341,0	19.048	19.426	19.803	20.181	20.558
1.370,5	19.345	19.728	20.111	20.494	20.877

Verrechnungs-einheiten VE	Basishonorar-satz Euro	Viertelsatz Euro	Mittelsatz Euro	Dreiviertel-satz Euro	Oberer Honorarsatz Euro
1.400	**19.642**	20.031	20.419	20.808	**21.196**
1.463,3	20.236	20.636	21.035	21.435	21.834
1.526,6	20.830	21.241	21.651	22.062	22.472
1.589,9	21.424	21.846	22.267	22.689	23.110
1.653,2	22.018	22.451	22.883	23.316	23.748
1.716,5	22.612	23.056	23.499	23.943	24.386
1.779,8	23.206	23.661	24.115	24.570	25.024
1.843,1	23.800	24.266	24.731	25.197	25.662
1.906,4	24.394	24.871	25.347	25.824	26.300
1.969,7	24.988	25.476	25.963	26.451	26.938
2.033	**25.582**	26.081	26.579	27.078	**27.576**
2.101,0	26.176	26.686	27.195	27.705	28.214
2.169,0	26.770	27.291	27.811	28.332	28.852
2.237,0	27.364	27.896	28.427	28.959	29.490
2.305,0	27.958	28.501	29.043	29.586	30.128
2.373,0	28.552	29.106	29.659	30.213	30.766
2.441,0	29.146	29.711	30.275	30.840	31.404
2.509,0	29.740	30.316	30.891	31.467	32.042
2.577,0	30.334	30.921	31.507	32.094	32.680
2.645,0	30.928	31.526	32.123	32.721	33.318
2.713	**31.522**	32.131	32.739	33.348	**33.956**
2.784,7	32.116	32.736	33.355	33.975	34.594
2.856,4	32.710	33.341	33.971	34.602	35.232
2.928,1	33.304	33.946	34.587	35.229	35.870
2.999,8	33.898	34.551	35.203	35.856	36.508
3.071,5	34.492	35.156	35.819	36.483	37.146
3.143,2	35.086	35.761	36.435	37.110	37.784
3.214,9	35.680	36.366	37.051	37.737	38.422
3.286,6	36.274	36.971	37.667	38.364	39.060
3.358,3	36.868	37.576	38.283	38.991	39.698
3.430	**37.462**	38.181	38.899	39.618	**40.336**
3.581,9	38.650	39.391	40.131	40.872	41.612
3.733,8	39.838	40.601	41.363	42.126	42.888
3.885,7	41.026	41.811	42.595	43.380	44.164
4.037,6	42.214	43.021	43.827	44.634	45.440
4.189,5	43.402	44.231	45.059	45.888	46.716
4.341,4	44.590	45.441	46.291	47.142	47.992
4.493,3	45.778	46.651	47.523	48.396	49.268
4.645,2	46.966	47.861	48.755	49.650	50.544
4.797,1	48.154	49.071	49.987	50.904	51.820

Verrechnungs-einheiten VE	Basishonorar-satz Euro	Viertelsatz Euro	Mittelsatz Euro	Dreiviertel-satz Euro	Oberer Honorarsatz Euro
4.949	**49.342**	50.281	51.219	52.158	**53.096**
5.192,6	51.124	52.096	53.067	54.039	55.010
5.436,2	52.906	53.911	54.915	55.920	56.924
5.679,8	54.688	55.726	56.763	57.801	58.838
5.923,4	56.470	57.541	58.611	59.682	60.752
6.167,0	58.252	59.356	60.459	61.563	62.666
6.410,6	60.034	61.171	62.307	63.444	64.580
6.654,2	61.816	62.986	64.155	65.325	66.494
6.897,8	63.598	64.801	66.003	67.206	68.408
7.141,4	65.380	66.616	67.851	69.087	70.322
7.385	**67.162**	68.431	69.699	70.968	**72.236**
7.819,1	70.132	71.456	72.779	74.103	75.426
8.253,2	73.102	74.481	75.859	77.238	78.616
8.687,3	76.072	77.506	78.939	80.373	81.806
9.121,4	79.042	80.531	82.019	83.508	84.996
9.555,5	82.012	83.556	85.099	86.643	88.186
9.989,6	84.982	86.581	88.179	89.778	91.376
10.423,7	87.952	89.606	91.259	92.913	94.566
10.857,8	90.922	92.631	94.339	96.048	97.756
11.291,9	93.892	95.656	97.419	99.183	100.946
11.726	**96.862**	98.681	100.499	102.318	**104.136**

Wolters Kluwer
Ihr neuer Arbeitsplatz: die Pole-Position.
Bis zu 30 % Zeitersparnis in der Fallbearbeitung
CaseWorx Baurecht
Die Expertenlösung für alle, die in Führung gehen wollen.
Lange Fallbearbeitungszeiten waren gestern: CaseWorx Baurecht ist die Speed-Revolution in der Baurechtspraxis! Die innovative LegalTech-Lösung bietet eine automatische Strukturierung und Visualisierung Ihrer komplexen Baurechtsmandate.
Jetzt den Turbo zünden und unverbindlich testen.
+49 221 94373 7100 | caseworx@wolterskluwer.com
caseworx-baurecht.de
Jetzt mit vielen neuen Funktionen und Kanzleisoftware-Schnittstelle
caseworx-baurecht.de